Computer Networks

개정3판

컴퓨터 네트워크

정진욱 · 안성진 · 김현철 · 조강홍 · 유수현 공저

생능출판

컴퓨터 네트워크

초판발행 2003년 1월 25일
제3판4쇄 2025년 1월 13일

지은이 정진욱, 안성진, 김현철, 조강홍, 유수현
펴낸이 김승기, 김민수
펴낸곳 (주)생능출판사 / **주소** 경기도 파주시 광인사길 143
출판사 등록일 2005년 1월 21일 / **신고번호** 제406-2005-000002호
대표전화 (031)955-0761 / **팩스** (031)955-0768
홈페이지 www.booksr.co.kr

책임편집 신성민 / **편집** 이종무, 최동진 / **디자인** 유준범, 노유안
마케팅 최복락, 심수경, 차종필, 백수정, 송성환, 최태웅, 명하나, 김민정
인쇄 성광인쇄(주) / **제본** 일진제책사

ISBN 978-89-7050-937-2 93560
정가 34,000원

- 이 도서의 국립중앙도서관 출판예정도서목록(CIP)은 서지정보유통지원시스템 홈페이지(http://seoji.nl.go.kr)와 국가자료공동목록시스템(http://www.nl.go.kr/kolisnet)에서 이용하실 수 있습니다. (CIP제어번호: 2017031197)

머리말

“모든 길은 인터넷으로 통한다.”라는 말에서 의미하듯이 인터넷으로 대표되는 컴퓨터 네트워크는 이제 전자 우편, 온라인 게임을 포함한 업무, 레저, 문화에 이르기까지 생활 전반에 걸쳐 필수적인 요소로 자리 잡게 되었다. 현대인들의 대부분은 하루라도 네트워크가 없는 생활에서는 제대로 삶을 영위할 수 없는 상황에까지 이르게 되었다. 아울러 IT 산업을 기반으로 한 신경제의 흐름은 인터넷과 이동통신이라는 거대한 두 축으로 대변할 수 있는데, 이러한 네트워크를 이용한 다양한 서비스는 이미 사회, 경제, 정치를 모두 망라한 영역에서 인류의 삶에 깊숙이 스며들어 새로운 패러다임의 변화를 촉진하며 인류의 모든 것을 바꾸어 놓고 있다.

향후 인터넷과 네트워크는 사용자의 이동성을 보장하는 다양한 기술의 등장과 더불어 유·무선 네트워크 기술을 통합한 NGcN(Next Generation converged Network) 형태로 구축될 것이며, 현재까지의 컴퓨터 네트워크 기술은 이러한 NGcN의 핵심적인 기초기술로서 그 역할을 수행할 것이다. 그러나 정보통신 기술의 거대한 흐름 한 가운데에서 삶을 영위하고 있는 대부분의 사용자들은 네트워크를 이용한 서비스에만 관심을 기울일 뿐 컴퓨터 네트워크의 바탕이 되는 원리와 기술은 철저히 외면하고 있는 실정이다. 특히, 컴퓨터 네트워크 기술은 하루가 다르게 지속적으로 발전하고 있으며, 또한 새로운 네트워크와 서비스가 계속해서 생겨나는 현실을 감안하면 네트워크의 기본이 되는 원리와 기술을 이해하지 못한다면 향후 IT 시대의 흐름을 감지할 수 없고 네트워크를 기반으로 제공되는 양질의 삶을 영위할 수 없을 것이다. 이에 본서에서는 정보통신과 컴퓨터 네트워크의 기본이 되는 기술과 원리를 중심으로 다양한 주제를 설명하고, 이러한 기술과 원리를 적용한 새로운 기술을 함께 소개함으로써 독자에게 보다 쉽게 네트워크를 이해할 수 있도록 배려하였다.

이 책은 다음과 같은 큰 특징으로 이루어져 있다. 첫 번째로는 현재의 정보통신 네트워크가 있기까지의 다양한 네트워크 기술들을 순차적으로 설명하였고, 이러한 다양한 주제를 알기 쉽게 설명하고 요약·정리하였다는 것이다. 물론 많은 컴퓨터 네트워크 관련 저서들이 다양한 주제를 언급하고 있지만, 이들을 효과적으로 정리함과 동시에 해설을 수록한 책은 그리 많지 않다. 본서는 각 장의 끝 부분에 전체적인 요약을 제시함과 동시에 중간 중간에 미니 요약을 통하여 독자에게 중요한 부분을 다시 한 번 상기시켜 이해를 극대화하고자 하였다. 두 번째는 컴퓨터 네트워크와 관련 있는 여러 가지 기술과 이야기를 미니강의 형식으로 추가하였다는 것이다. 이러한 내용은 강의하는 현장에서나 들을 수 있는 중요하고 유용한 내용으로 독자들의 정보통신에 대한 이해력을 높이는 데 효과적으로 사용될 수 있을 것이다.

본서는 저자가 출간한 정보통신과 컴퓨터 네트워크 관련 서적의 세 번째 저서이다. 가장 기초적이고 광범위한 내용을 다루고 있는 "정보통신 배움터"와 컴퓨터 네트워크의 계층1과 계층2의 내용을 주로 설명한 "데이터 통신" 그리고 계층3 이상의 네트워크 프로토콜을 설명한 "컴퓨터 네트워크", 마지막으로 인터넷의 기본 프로토콜인 TCP/IP를 실제 네트워크에서 캡처한 패킷 분석을 통해 상세히 설명한 "TCP/IP와 인터넷"에 대해서도 상세히 기술하고 있다. 정보통신과 네트워크 전분야를 공부하고자 하는 독자는 위에 설명된 순서대로 공부하면 도움이 될 것으로 생각된다.

본서가 다른 컴퓨터 네트워크 관련 저서들과 비교하여 갖는 차별성 및 특징은 다음과 같다.

- 장마다 제공하는 요약과 더불어 중요한 부분을 상기시키는 미니요약을 제공하고 있다.
- 독자들의 이해를 돕기 위해 컴퓨터 네트워크와 관련된 기술들을 미니강의 형식으로 제공하고 있다.
- 최근의 표준안 문서를 기반으로 한 신기술 및 표준에 대해서 제공하고 있다.
- 장마다 다양한 문제들을 제공함으로써 독자들의 이해의 폭을 확대시켰다.
- 데이터 통신 기술을 기반으로 네트워크 서비스에 대한 기반 지식을 제공함으로써 컴퓨터 네트워크 기술의 발전사를 쉽게 이해할 수 있다.
- 강의의 편의를 위해 본문의 내용을 강의자료 형식으로 제공하고 있다.

본서의 독자 수준은 컴퓨터 네트워크를 처음 접하는 초보자부터 컴퓨터 네트워크를 전공하고 있는 실무자까지 매우 광범위하게 포함하고자 하였으며, 이를 위해서 컴퓨터 네트워크의 원리와 핵심 기술에서부터 그 응용에 이르기까지 다양하고 폭 넓은 내용을 수록하였다.

〈개정3판〉에 대하여

컴퓨터 네트워크 초판이 나온 이후 네트워크 환경과 기술에도 많은 변화가 일어났고, 지금이 시간에도 그 변화는 현재 진행형이다. 이러한 기술적이고 환경적인 변화를 시기 적절하게 반영하기 위해서, 늦었지만 이런 변화된 내용 등을 수록한 〈개정3판〉을 출간하게 되었다. 〈개정3판〉의 특징은 다음과 같다.

- 데이터 통신을 배우지 않고 네트워크를 바로 공부하는 독자들을 위해 0장 네트워크 개요를 추가하여 컴퓨터 네트워크의 정의, 역사, 표준 등을 시대별로 간략하게 소개하여 전반적인 기술의 흐름을 이해할 수 있게 하였다.
- 또한, 비교적 사용 빈도가 적어지거나 현재 사용되지 않는 네트워크 기술들에 대한 내용을 삭제하고 미니강의로 간략하게 기술적인 내용들만 소개하였다. 여기에는 X.25, ISDN, Frame relay, ATM 등이 해당된다.
- 중요성이 확대되고 있는 무선 LAN(Wi-Fi Network)과 네트워크 보안(Network Level Security) 등은 새로운 장을 설정하여 오늘의 네트워크를 이해하기 수월하도록 설명하였으며, 새로운 네트워크 기술로 떠 오르고 있는 SDN(Software Defined Network), NFV(Network Function Virtualization) 등을 소개하는 장을 추가하여, 향후의 중심기술로 대두될 클라우드(Cloud) 및 IoT(Internet of Things) 등을 이해하는 데 미력하나마 도움이 되도록 하였다.
- 현재 표준화가 완료된 기술들은 되도록이면 짧게나마 미니강의로 언급을 하여 해당 분야의 최신 기술을 습득할 수 있도록 하였으나, 진행 중인 기술들에 대해서는 향후 표준화 완료 후 관련 기술을 정확히 이해하는 것이 나을 것이다.
- 더불어 앞선 분들이 잘 정리된 이론을 조금 더 쉽게 그리고 보다 편리하게 이해를 하기 바라는 마음으로 삽화를 삽입하여 이해도 증진에 도움이 되고자 하였으며, 해당 분야의 신기술들도 추가하여 오늘날의 기술을 이해하는 데 도움이 되고자 하였다.

본서를 통해 컴퓨터 네트워크를 공부하려는 독자들의 감사 어린 충고와 본서의 부족한 점을 수렴하기 위하여 언제든지 다음의 전자 우편 주소로 연락을 주면, 보다 나은 책으로 거듭나기 위한 노력을 게을리 하지 않을 것이며, 향후 새로운 기술들이 표준화되고 보편적인 기술로 자리매김할 시는 가능한 한 빠른 시일 내에 이를 반영할 것을 약속한다.

jwchung@skku.edu

hckim@nsu.ac.kr

khcho@dongyang.ac.kr

sjahn@comedu.skku.ac.kr

dace1001@naver.com

마지막으로 본 〈개정3판〉의 출간에는 기존 저자와 정보통신연구실 연구원들의 수고와 더불어 새로 저자로 참여한 유수현님의 헌신적인 노력이 있었음을 밝히고자 한다. 아울러 본서의 출간을 위해 물심양면으로 도움을 준 생능출판사의 모든 분들께 감사의 말씀을 드리는 바이다.

2017년 12월
저자 일동

차례

CHAPTER 03 대도시통신망과 메트로 이더넷

CHAPTER 04 무선 LAN

CHAPTER 05 광 네트워크

CHAPTER 06 TCP/IP

CHAPTER 14 SDN & NFV

CHAPTER 00

컴퓨터 네트워크 개요

contents

CHAPTER 00

컴퓨터 네트워크 개요

컴퓨터 네트워크!

어느덧 우리 몸의 일부요, 생활의 중요 수단이자 생활 그 자체로서의 위치를 확고히 하고 있는 컴퓨터 네트워크는 모바일(Mobile)이라는 모습으로, 인터넷(Internet)이라는 이름으로, 또는 최근에 대중매체에서 자주 이슈화되고 있는 클라우드, IoT(Internet on Things)나 IoE(Internet on Everything) 등의 이름으로 우리들의 생활에 어느덧 밀접하게 다가와 있다.

이와 같은 환경에서 우리는 컴퓨터 네트워크를 출·퇴근 또는 등·하교하는 지하철에서, 안락한 휴식처인 가정에서 그리고 매일 출·퇴근하는 회사나 학교 책상 위에서 자연스럽게 마주치며 사용하고 있다. 우리는 그 속에서 내 생활을 보다 편리하게, 그리고 윤택하게 하는 생활의 도구로써 인터넷을 접하고 있는 것이다. 이런 생활의 도구로써 사용하는 컴퓨터 네트워크의 진정한 모습과 그것이 오늘날 우리에게 그런 모습으로 나타나기까지의 변천 과정 그리고 생활에서의 편리함을 제공해주기까지의 발전 과정 등을 이해하며, 이런 서비스를 제공하는 네트워크의 원리 및 기술과 그와 연관된 여러 가지 관련기술들에 대하여 이해하고, 이를 바탕으로 보다 진일보한 활용을 할 수 있도록 돕고자 한다.

본 장에서 소개할 중요 내용은 다음과 같다.

- 통신과 데이터 통신 그리고 통신의 분류
- 컴퓨터 네트워크의 역사
- 컴퓨터 네트워크의 분류
- 통신 프로토콜과 네트워크 계층구조 모델
- 네트워크의 기술 표준

0.1 데이터 통신과 컴퓨터 네트워크의 분류 및 역사

두 지점 또는 두 대의 컴퓨터를 연결 시, 이를 가능하게 하는 데이터 통신 및 네트워크의 발전 과정과, 다양한 관점에서의 분류 등을 무엇보다 먼저 살펴보아야 할 것이다. 물론 이러한 내용의 대부분은 일반적인 데이터 통신 교과서에 상세히 소개되어 있는 내용일 것이지만, 앞으로의 내용을 이해하는데 이와 같은 내용들이 필수 불가결하기 때문에 이에 대한 준비과정의 의미로 먼저 설명을 해야 할 필요가 있다.

0.1.1 통신(Telecommunication)과 데이터 통신(Data Communication)의 분류

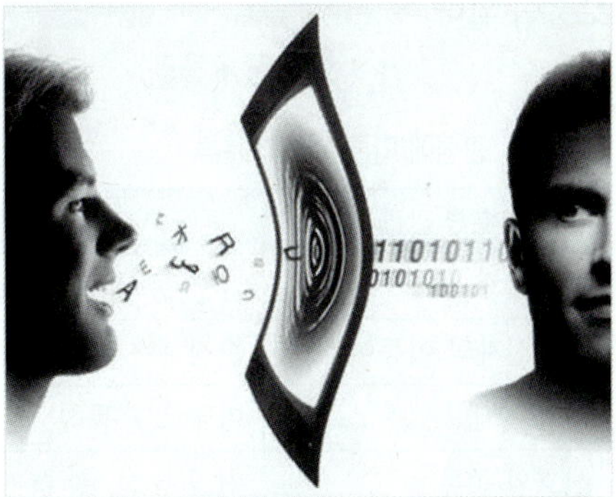

통신(Telecommunication)은 기본적으로 서로 멀리 떨어져 있는 다른 사람(들) 또는 다른 기기(들)와(과) 정보를 주고 받기 위한 행위로부터 시작되었다. 이렇게 서로에게 필요한 정보를 주고 받기 위해서는 무엇보다도 먼저, 정보가 일단 상대방에게 전송이 가능한 형태로 표현 되어야만 한다. 인간이 소유한 가장 원초적인 정보의 표현 방법은 음성 언어 즉, 말(소리) 이었기 때문에 당연히 처음 이루어진 통신은 음성 통신이었다.

물론 여기에서의 통신(Telecommunication)이라는 것은 떨어져 있는 원격지 간의 정보의 교류, 즉 대화 통신을 의미하는 것이었다. 이때 인간이 발성한 소리 에너지인 음성이 영향을 미치는 범위 내에서의 통신은 전기 · 전자적인 기술의 도움 없이도 이루어질 수 있기 때문에, 일반적으로 통신(Telecommunication)이라고 하면 전기 · 전자적 혹은 빛을 이용하는 기술 또는 장치의 도움을 받아서 원격지와 원격지간에 이루어지는 정보의 교류인 통신을 의미한다.

반면 데이터 통신(Data Communication)이라 함은 음성이 아닌 문자, 숫자, 기호 등 텍스트 형태로 전달하고자 하는 정보를 표현하고, 이를 원격지까지 보내는 통신을 의미한다. 이러한 텍스트를 원격지에 보낼 필요성이 등장한 것은 컴퓨터가 통신기능을 갖게 된 이후부터이며, 컴퓨터에서는 전달하고자 하는 텍스트에 쓰여진 정보를 데이터라고 부르기 때문에, 텍스트 통신이라는 표현보다는 데이터 통신이라는 표현이 쓰이기 시작했고, 일반화 되었다.

사실 컴퓨터가 정보의 송수신자가 되는 데이터 통신 이외에도 전신이나 텔렉스의 경우에도 데이터 통신의 한 종류로 이 범주에 포함이 가능하나, 이 경우에 데이터 통신이라는 용어는 사용되지 않았으며, 데이터 통신은 두 대의 인접한 점대점(Point-to-Point) 컴퓨터간의 통신이라는 의미로 통용되었고, 이후 두 대 이상 복수의 컴퓨터간의 멀티 홉(Hop) 통신의 필요성 때문에 네트워크가 등장하게 되나, 멀티 홉간의 통신에서도 기본은 이웃한 두 지점간의 통신이기 때문에 컴퓨터 네트워크를 이해 하기 위해서는 데이터 통신을 먼저 이해하는 것이 필요하다.

데이터 통신을 명확히 이해하기 위해서는 먼저 관점에 따른 통신의 분류를 살펴 보는 것이 도움이 된다.

〈표 0-1〉 관점에 따른 통신의 분류

분류 관점	통신의 종류
전송매체	유선 통신, 무선 통신
송수신자의 이동여부	고정 통신, 이동 통신
신호 형태	아날로그 통신, 디지털 통신
신호의 종류	전기 통신, 광 통신
이용 대상	공중(Public) 통신, 전용(Private) 통신
정보의 표현 형태	음성 통신, 데이터 통신, 화상 통신, 영상 통신, 멀티미디어 통신

위의 〈표 0-1〉은 여러 분류 관점에 따라 통신을 분류하고 있다. 분류 관점에서 살펴보면, 정보의 표현 형태에 따른 분류가 있는데, 사람이 정보를 전송하기 위해 정보는 먼저 표현되어야 하며, 앞에서 살펴 본대로 표현 형태는 음성, 텍스트, 화상(이미지), 영상(비디오), 멀티미디어 등으로 표현된다. 통신의 종류는 이에 따라 음성 통신, 화상 통신, 멀티미디어 통신 등으로도 분류되며 특히, 텍스트 형태로 표현된 정보를 주로 전송하는 경우를 데이터 통신이라고 부른다.

여기서 멀티미디어는 다른 모든 정보의 표현 방법이 혼합된 표현 방법을 말하며, 이러한 혼합된 형태의 정보를 전송하는 통신이 멀티미디어 통신으로 향후 그 지위와 방법 등이 더욱 활발히 개선 및 발전되어 나갈 것이다.

| 미니요약 | 홉(Hop)

홉이란 원래의 영어 어원적인 의미는 "건너뛰는 모습"이라는 의미를 가진다. 데이터 통신망에서 각 패킷이 매 노드(또는 라우터)를 건너가는 모습을 비유적으로 표현한 것이다. 이러한 체계를 Hop-by-Hop 체계라고 한다.

0.1.2 컴퓨터 네트워크의 역사

컴퓨터 네트워크의 역사는 물리적/지역적으로 어떤 네트워크들이 존재했는지 하는 관점에서 볼 수도 있고, 네트워크 기술적으로 어떤 방식의 스위칭 방식, 통신 프로토콜을 사용하여 네트워크 서비스가 이루어졌는지 하는 관점에서 볼 수도 있다. 이 두 가지 관점은 완전히 독립적이지는 않고 서로간에 연관성을 갖고 있다.

오늘날, 네트워크 역사는 곧 인터넷의 역사가 되었지만, 인터넷의 역사가 시작된 1969년의 ARPA 네트워크 이전인 1960년대 초에도 네트워킹의 역사가 존재하고 있었다.

(1) 1960년대: 패킷 교환 기술의 출발

1960년대, 컴퓨터 네트워크(인터넷 망) 이전에도 전신과 전화망이 이미 존재하였다. 전신망은 텍스트 형태의 정보를, 전화망은 음성 형태의 정보를 네트워크를 통해 원격에 떨어져 있는 정보나 대화를 원하는 상대방에게 전달하는 역할을 수행하였다.

송신자와 수신자 사이에는 정해진 대역폭을 갖는 물리적 회선이 정보 전송 수행 이전에 연결되어 있어야 하는 방식이었다. 이 연결을 담당하는 기술을 회선교환(Circuit Switching) 방식이라고 부르고 회선교환방식은 초창기 아날로그 방식의 데이터 전송에 주로 이용되었으며, 디지털 전송회선이 없는 지역에서는 여전히 유효한 전송방식으로 상당기간 이용되었다.

국내에서도 xDSL 기술이 도입되기 전 다이얼 모뎀을 이용한 PC 통신이 주로 인터넷 접속에 사용되었다. 이 방식은 저속이며 데이터 트래픽이 많지 않은 경우, 추가 투자 없이 기존에 투자 및 시설되어 사용되고 있던 아날로그 회선 교환망을 활용할 수 있는 장점이 있기 때문에 데이터 통신의 초창기에 세계적으로 많이 이용되었다. 그러나 정해진 고정된 대역폭을 사용함으로써 증가하는 여러 가지 다양한 속도의 데이터 전송 요구를 충족시킬 수 없었으며, 대역폭 이용효율 또한 매우 낮은 단점 때문에 데이터 전송에 적합한 새로운 스위칭 기술의 개발이 절실히 요구되었다.

1960년대 타임 쉐어링(Time Sharing)기술이 등장하였고, 원격지에서 다수의 이용자들이 컴퓨터를 이용하고자 하는 요구가 빈번히 등장하게 되면서, 데이터 트래픽은 음성 트래픽과 다르게 컴퓨터와 컴퓨터 단말기 혹은 컴퓨터와 컴퓨터 사이에 전용의 통신 회선을 연결하여 데이터를 전송할 필요성이 점차 증대되었다.

음성 통신이 사람과 사람간의 통신이었다면, 데이터 통신은 정보 기기간의 정보 송수신이 주된 목적이었으며, 전송의 대상이 음성과 데이터라는 차이뿐만 아니라, 송수신자가 지능을 갖고 있는 인간이 아닌 지능이 없는 컴퓨터 기기간의 통신이라는 확연히 구별되는 차이점을 갖는다.

이 두 가지 사실은 매우 큰 차이로 통신이 음성 중심의 통신에서 데이터 중심의 통신으로 변화 또는 발전되어가는 것을 의미하며, 이는 음성만을 전송하는 기술에서 데이터를 전송하는 기술로의 변화가 필요하게 되었음을 말해주고 있었다. 다시 말해 음성 전송만을 염두에 두고 만들어진 회선 교환기술이 데이터 전송에는 적합하지 않거나 부적당한 면이 많기 때문에 필연적으로 데이터 전송에 적합한 패킷교환(Packet Switching)이라는 새로운 데이터 교환기술의 등장 기반이 되었다.

패킷교환 기술은 1960년대 초에 클라인락(후에 UCLA 교수)이 MIT 박사학위 논문에서, 음성과는 달리 집중적(Bursty)으로 발생하는 데이터 트래픽을 전송할 때, 패킷전송방식이 효율적임을 입증함으로써 시작되었다. 이 아이디어는 후에 ARPAnet에 적용되었고, 무선 패킷 프로토콜인 알로하 네트, X.25, 이더넷, 여러 컴퓨터 제조사들의 네트워킹 프로토콜들에 영향을 미쳤으며, 현재의 TCP/IP 기반의 인터넷 기본 사상을 이루고 있다.

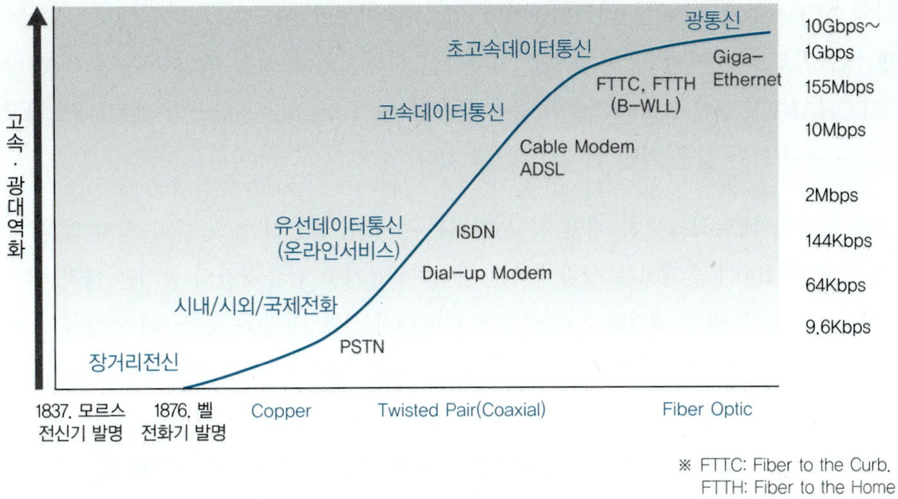

[그림 0-1] 유선 통신 기술의 발전 단계

(2) 1970년대: 표준화 이전의 네트워크와 인터네트워킹의 시작

인터넷의 역사는 1969년에 시작된 ARPA(Advanced Research Project)net이다. ARPA(1972년에 DARPA로 기관명이 변경됨)는 1957년 소련이 인류 최초의 인공위성 스푸트니크 발사를 성공시킨 데에 자극 받아 미국의 안보를 위해 혁신적인 기술개발에 투자를 담당하기 위해 만들어진 국방성 산하 기구이다.

초기에는 제조사가 서로 다른 컴퓨터들은 상호 통신이 불가능함으로써 연구원들이 연구 결과를 공유하는 데 어려움이 있어 연구의 효율성이 떨어졌다. ARPA는 이 문제를 해결하기 위해 여러 컴퓨터 제조 회사들의 컴퓨터간 통신이 가능하도록 하는 방안의 필요성을 인식했고, 이 문제를 해결하기 위한 연구과제로 ARPAnet를 시작하였다. 1967년에 처음 이러한 아이디어가 제안되었고 연구에 참여하는 4개 대학간의 컴퓨터를 상호 연결하여 정보를 공유 하도록 하는 것이 1차 목표였다.

이를 위해 각 컴퓨터는 IMP(Interface Message Professor)라는 컴퓨터를 두고 먼저 IMP와 연결하고 IMP간을 상호 연결하여 통신을 원하는 컴퓨터는 IMP를 경유하여 통신할 수 있도록 하였다. 이때 NCP(Network Control Protocol) 소프트웨어가 통신을 담당하였다. ARPA의 초창기 형태 인터네트워킹은 현재의 TCP/IP 표준 프로토콜 이전의 상태였을 뿐만 아니라 IBM을 비롯한 여러 컴퓨터 제조사들이 각자 회사의 네트워크방식(Proprietary Network)으로 자사간의 컴퓨터끼리만 통신할 수 있는 형태였다.

초기의 ARPAnet는 폐쇄형 네트워크였다. IMP를 이용한 ARPAnet 이외에도 비표준 폐쇄형 네트워크로는 여러 개의 섬으로 이루어진 하와이의 특성을 반영한 무선 패킷 방식인 ALOHANET, ARPAnet 기술이 응용된 BBN의 Telenet, 프랑스의 패킷 네트워크인 Cyclade 등이 이와 같은 기반 위에서 개발되었다.

이렇게 다양한 네트워크들이 개발 및 운영되는 추세를 보였지만, 표준화 되지 않은 상태의 통신 프로토콜이 혼재하는 상황에서는 여전히 이 기종 컴퓨터간의 통신은 불가능한 상태였다. 이러한 문제를 해결하기 위해 네트워크간의 상호 연결을 위한, 여러 종류의 폐쇄형 네트워크를 통합할 수 있는 네트워크 아키텍처를 개발할 필요성이 대두되었고, 1974년 DARPA의 지원으로 오늘날 인터넷의 아버지로 불리는 빈튼서프와 로버트 칸의 주도하에 네트워크들의 네트워크인 인터네트워킹에 대한 연구가 시작되어 오늘날과는 다르지만 TCP 초기 버전이 만들어졌다.

TCP의 초기버전은 종단간의 재전송에 의해 순서와 신뢰성이 보장된 전송을 행하는 형태였다. 현재의 IP와 UDP 등의 기능이 TCP 초기 실험 버전에는 포함된 모양새였다. 1970년대 말까지 이러한 형태가 유지되었으나, 흐름제어기능이 제공되지 않는 비 신뢰성전송, 패킷화된 음성전송 등의 필요성이 제기되면서 TCP는 TCP, IP, UDP로 분리되었다.

또 하나의 중요한 프로토콜의 등장은 하와이 대학의 에브럼슨 교수에 의해 시작된 ALOHA 네트워크 프로토콜이다. 여러 개의 섬에 분포된 컴퓨터간의 통신이 필요한 하와이의 지역적 특성을 극복하기 위해 무선 네트워크가 필요하였고, 무선 네트워크의 특성상 방송형태의 전송을 할 수밖에 없는 상황에서, 다중접속(Multiple Access) 프로토콜의 등장은 필연적이었다. 초기의 무선환경에서의 알로하 프로토콜은 여러 번 개선이 이루어졌으며 멧캘프와 보그에 의해 1976년 Ethernet 프로토콜로 계승되었다.

현재 인터넷에서 사용되는 핵심 프로토콜인 TCP/IP 프로토콜과 LAN을 위한 CSMA/CD 프로토콜이 1970년대에 이러한 배경에서 탄생되었던 것이다.

(3) 1980년대: 네트워크의 확장 시기

1970년대 후반까지 약 200여대의 컴퓨터가 ARPAnet에 연결되었고, 그 후 10년이 지난 1980년대 말에는 인터넷에 연결된 컴퓨터의 수는 10만대에 이르게 된다. 이러한 폭발적인 성장은 주로 대학들의 네트워크가 인터넷에 연결되면서 이루어졌다.

BITNET은 미국 동북부 지역 대학들간의 전자우편과 파일전송을 가능하게 하였으며, CSNET(Computer Science Network)은 ARPAnet과 직접 연결이 없었던 대학의 연구자들에게 링크를 만들어 주었다. 1986년에는 NSF(National Science Foundation, 미국 국립과학 재단)가 지원하는 슈퍼컴퓨팅센터가 인터넷에 접근 가능하도록 NSFNET이 만들어졌다.

1983년 1월 1일에는 초창기 프로토콜인 NCP를 대체하는 TCP/IP(Transmission Control Protocol / Internet Protocol)가 공식적으로 표준 프로토콜로 자리잡게 된다. 이로써 오늘날과 같은 모든 호스트가 TCP/IP를 사용하게 되는 새로운 역사가 시작되었다. 1980년대 말에는 호스트간에 혼잡제어가 가능하도록 TCP의 기능 확장이 가능한, 현재 IPv4의 32비트 주소체계와 DNS가 도입되어, 네트워크 접속의 대중화가 촉진되었다. 한편 프랑스에서는 X.25를 기본으로 한 패킷 네트워크 구조의 미니텔이 출범하게 되고 프랑스 정부가 미니텔 단말기를 원하는 사람들에게 무상 보급하여, 각 가정에서도 전화 번호 검색 서비스, 홈뱅킹 서비스, 연구 정보 검색 서비스 등 많은 서비스를 이용할 수 있게 되었다.

(4) 1990년대: 인터넷의 폭발적 성장

1990년대에는 여러 가지 큰 변화를 거쳐 상업적인 인터넷이 등장하게 되고, 인터넷은 폭발적 성장을 계속하게 된다. 인터넷의 가장 큰 변화는 WWW(World Wide Web)의 등장이다. 1989년과 1991년 사이에 CERN(유럽의 원자핵 공동연구소, 스위스 소재)에서 버너스 리에 의해 만들어진 WWW는 HTML, HTTP, 웹서버, 브라우저로 이루어져 인터넷상에서의 정보 제공과 이용을 손쉽게 만들어 전문가들만 이용 가능하던 인터넷을 누구나 이용 가능한 인터넷으로 변화시킴으로써 초등학교 학생들로부터 가정 주부, 시니어 계층까지 누구나 이용 가능한 인터넷으로 대 변화를 가져오게 했다.

1993년에만 200여 개의 웹 서버가 등장해 대변혁의 조짐을 보였다. 인터넷 대중화의 큰 공로는 그래픽을 이용한 브라우저의 등장으로 초기 모자익, 네트스케이프가 이에 해당된다. 이전까지 문자 위주의 인터페이스에서 그래픽 인터페이스로의 변화는 이용자 편의성을 획기적으로 높여 인터넷 대중화의 기폭제 역할을 한 셈이다.

1990년대 후반은 주요 대기업뿐만 아니라 벤처기업들까지 인터넷 관련 제품과 서비스를 생산하기 시작하여 인터넷에 엄청난 성장과 혁신이 일어나게 되었다. 이때 현재 사용중인 대부분의 인터넷 서비스가 시작되었다. 전자우편, 전자상거래, 메세징, P2P에 의한 음악 파일 공유, 인터넷 주식거래 등이 대표적인 서비스이다. 마이크로소프트, 시스코, 야후, 이베이, 구글, 아마존 등의 기업들도 이 시기에 탄생하거나 크게 성장하였다.

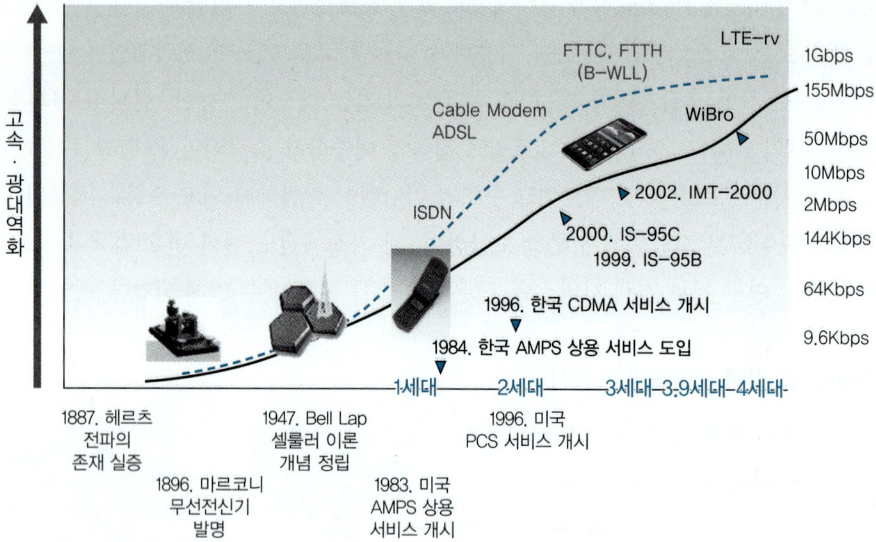

[그림 0-2] 무선 통신 기술의 발전 단계

(5) 2000년대 이후: 새로운 기술과 새로운 서비스의 등장

2000년 이후 네트워크 측면에서는 백본 네트워크 및 액세스 전송 속도가 놀라우리 만치 빨라졌고 관련 장비(라우터, 스위치 등)들 역시 고속화, 다기능화를 거듭하여 이용자들의 인터넷 접속 속도가 수 Kbps에서 현재 Giga(1G~100G) bps로까지 고속화 되었으며, 네트워크의 초고속화, 모바일 기술의 획기적인 성장 등으로 네트워크의 형태에도 많은 변화를 가져왔다.

그런 기술변화들 중 중요한 몇 가지 기술들을 정리하면 다음과 같다.

① DSL, FTTH, 케이블 전송기술

DSL(Digital Subscriber Line) 기술과 케이블TV를 전송하기 위해 설치된 방송 케이블을 이용한 데이터 전송이 가능해지고, 가정까지 광전송(FTTH: Fiber To The Home)이 가능해지면서 가정에서도 일반전화망(PSTN: Public Switched Telephone Network)에 모뎀을 이용해 데이터 전송 시 서비스되던 Kbps급의 전송 속도에서 Mbps급, Gbps급 등의 데이터 전송 서비스가 가능해지면서 대용량의 데이터 전송이 가능해졌다. 즉, 기존의 텍스트 위주의 서비스만 가능했던 인터넷에서 영상 전송이 실시간으로 가능해지고 이에 따라 유투브, 넷프릭스, 스카이프 등 영상 위주의 서비스가 등장하면서 인터넷 서비스 제공자, 이용자가 폭발적으로 증가하게 된다.

② 와이파이(Wi-Fi), 모바일(Mobile) 기술

Mbps로 시작된 와이파이 기술이 Gbps로 발전되고 학교나 기업내부뿐만 아니라, 공항, 호텔, 지하철 등의 공공장소와 시내 등 거의 모든 장소에 설치되어 서비스됨에 따라, 그만큼 인터넷 접속이 가능한 장소가 확대되고 급격한 이동전화(스마트 폰) 보급으로 이용자가 이동 중에도 거의 모든 장소에서 24시간 인터넷 접속이 가능한 환경이 구축되면서 또 한번의 크나큰 변화가 초래되었다. 아이폰과 안드로이드폰이 시장에서 스마트폰의 대중화 시대를 열면서, 인터넷에서도 무선 이용자의 수가 유선 이용자의 수를 넘어서는 역전 현상이 일어나게 되고 새로운 서비스와 새로운 이용자가 새로이 인터넷에 등장하게 된다.

③ SNS, E-Commerce, 포털, 인터넷금융 전성시대

인터넷 이용자들에게 새로운 대화 및 소통의 수단으로 자리잡은 트위터, 페이스북 등의 SNS가 생활의 일부분을 차지하게 되었으며, 아마존, 이베이, G마켓 등의 인터넷쇼핑 등이 생활을 보다 편하고 윤택하게 만들었으며, 구글, 네이버 등의 포털 등이 손쉽게 정보와 자료들을 제공하고 있고, 각종 금융과 증권거래 등의 금융 서비스들 또한 모두 유 · 무선 인터넷을 통해 이루어지며, 이와 같은 서비스들이 현재의 인터넷 트래픽의 주종을 이루고 있다. 또한 클라우드 서비스(Cloud Service), IoT(Internet of Things) 및 모바일 트래픽 등이 활성화 되면서 네트워크 구조 또한 그 변화된 서비스들을 제공하기 위하여 새로운 모습으로 탈바꿈하게 하였다.

④ 소프트웨어 정의 네트워크 및 네트워크 기능 가상화(SDN & NFV)

인터넷 및 모바일의 데이터 트래픽 증가 속도는 점점 가파르게 가속 및 증대되어 가고 있는 환경에서, 이와 같은 상황에 적절하게 대처하기 위한 새로운 다양한 소프트웨어의 수용 및 서비스 제공을 위하여, 네트워크 확장은 필수 불가결해졌으며 이를 위하여 많은 투자가 요구되는 환경이 도래되었고, 이에 대응하기 위하여 지금까지의 소프트웨어 수용을 위한 네

트워크 하드웨어의 증가라는 기존의 굴레에서 벗어나, 소프트웨어와 하드웨어를 분리함으로써, 보다 효율적이고 효과적으로 대처할 수 있도록 하는 방법이 연구되었다.

시스템 측면에서는 SDN(Software Defined Network, 소프트웨어 정의 네트워크), 네트워크 측면에서는 NFV(Network Function Virtualization, 네트워크 기능 가상화)가 이에 대한 해결책으로 [그림 0-3]과 같이 현재 도입 및 구현되고 있다.

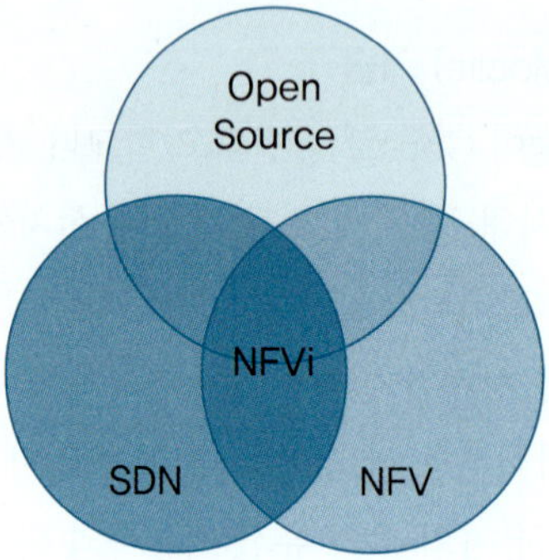

[그림 0-3] SDN과 NFV와의 관계

0.2 통신 프로토콜과 네트워크 계층구조 모델

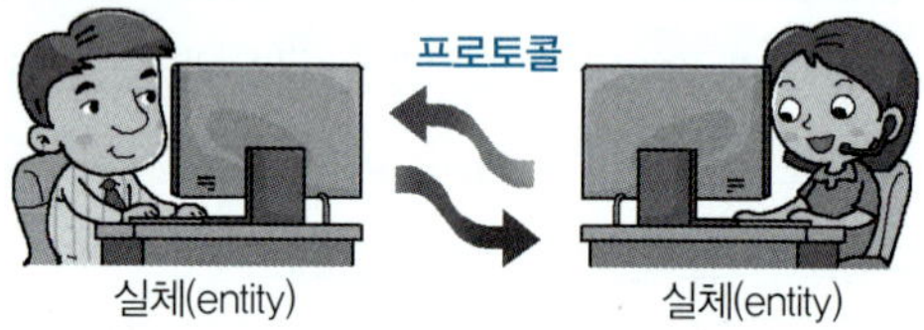

사람과 사람 사이에 서로 대화를 하고자 한다면 우리는 언어라는 표준 방법을 통하듯이, 정보 기기와 정보 기기 사이에서 정보를 교환하고자 하는 경우, 이를 원활하고 효과적으로 하기 위하여 인간 사이의 언어와 같이 서로가 정한 다양한 규칙과 방법에 대한 약속(즉, 우리는 이를 통신규약이라고 부른다)이 필요하다.

통신규약은 상호간의 통신이나 전달방식, 통신방식, 자료의 형식 및 효과적인 통신을 위한 다양한 오류검출 방식 및 전송 속도 등에 대하여 정하고, 이를 지켜나가는 것을 의미한다. 가장 대표적인 통신규약으로는 최근 인터넷에서 주로 사용하고 있는 TCP/IP 프로토콜을 들 수 있다.

이와 같은 프로토콜을 활용하여 정보 전달을 하기 위해서는 전달하고자 하는 정보를 전기 신호로 변환하여야 하고, 변환된 전기 정보 신호를 목적지까지 전달하기 위해서는 프로토콜이라는 규약을 준수하여 전달되어야 하며, 이때 OSI의 7계층의 계층구조 모델을 통하여 효율적으로 전달된다.

0.2.1 통신 프로토콜(Communication Protocol)

L7	응용 계층 (Application Layer)
L6	표현 계층 (Presentation Layer)
L5	세션 계층 (Session Layer)
L4	전송 계층 (Transport Layer)
L3	네트워크 계층 (Network Layer)
L2	데이터 링크 계층 (Data Link Layer)
L1	물리 계층 (Physical Layer)

통신 프로토콜이란, 통신 서비스 또는 통신 기능 수행을 위해 관련 통신 당사자간 교환하는 정보의 종류와 표현 형식, 교환 절차, 그리고 교환 과정에서 실행해야 할 행위(Actions)에 관한 규약(Specification)을 말한다. 대표적인 통신 프로토콜로는 IBM에서 사용된 폐쇄형 망 구조에서의 SNA(System Network Architecture) 프로토콜과 개방형 망 구조의 대표적인 프로토콜인 ISO/OSI와 TCP/IP를 들 수 있다. TCP/IP의 경우 응용 계층에 적용된 대표적인 프로토콜로는 전자 우편 서비스를 위한 SMTP(Simple Mail Transfer Service), 파일 전송 서비스를 위한 FTP(File Transfer Protocol), 망 관리(network management) 서비스를 위한 SNMP(Simple Network Management Protocol), 그리고 우리가 많이 사용하고 있는 웹 서비스(web service)를 위한 HTTP(Hyper Text Transfer Protocol) 등이 있다.

즉, 프로토콜이란 데이터 통신에 있어서 신뢰성 있고, 효율적이며, 안전하게 정보를 주고받기 위하여 정보의 송수신측 또는 네트워크 내에서, 사전에 약속된 규약이나 규범을 말한다. 이제 프로토콜의 주요 요소와 기능에 대해서 알아보도록 하자.

(1) 프로토콜 구성 요소

프로토콜의 주요 구성 요소는 구문과 의미 그리고 타이밍이다.

▶ **구문(Syntax)**

데이터, 즉 전송할 정보가 어떠한 구조와 순서로 표현되는지를 나타내며 형식(Format), 부호화(Coding), 신호레벨(Signal Level) 등을 나타낸다.

예제 어떤 프로토콜에서 데이터의 처음 8비트가 송신지 주소인지 또는 상대방 주소인지를 정의한다.

▶ **의미(Semantics)**

각각의 비트가 가지는 의미를 나타내는 것으로, 해당 패턴에 대한 해석과 그 해석에 따른 전송오류, 오류수정 등에 관한 제어정보를 규정하는 영역이다.

예제 프로토콜의 주소부분 데이터는 메시지가 전달될 경로 또는 상대방 최종 목적지를 나타낸다.

▶ **타이밍(Timing)**

두 객체간의 통신속도를 조정하거나 메시지의 전송 시간 및 전송 순서 등에 대한 특성 등을 가리킨다.

예제 송신자가 데이터를 10Mbps의 속도로 전송하는데 수신자가 이를 1Mbps의 속도로 수신한다면, 이때 두 객체간에 타이밍이 맞지 않아 데이터의 유실이 발생할 수 있다.

| 미니강의 | 프로토콜의 유래

프로토콜은 원래 외교상의 언어로 국가와 국가 간의 교류를 원활하게 하기 위하여 외교에 관한 의례나 국가 간의 약속을 정한 의정서이다. 또한 외국의 국빈이 우리나라를 방문하였을 경우에, 그 방문 신문기사에 등장하는 프로토콜이란 단어는 국빈을 대접하는 의전 절차라는 의미로 쓰인 것이다. 예를 들어, 외국 원수의 공식방문 시 우리나라에서는 국무총리나 외무부 장관이 기내에 들어가서 영접을 하고 난 후, 의장대를 사열하고, 이어서 환영 연설을 하며, 저녁에는 대통령과의 만찬을 한다. 방문객의 지위나 방문 형태에 따라서 프로토콜은 달라진다. 이러한 프로토콜의 의미를 통신에 적용한 것이 통신 프로토콜(Communication Protocol)이다.

(2) 프로토콜의 기능

프로토콜은 여러 가지 기능들의 복합적인 종합으로 구성되는데, 이때 모든 프로토콜들이 모든 기능들을 다 갖고 있는 것은 아니며, 경우에 따라서는 몇 가지 같은 기능이 다른 계층의 프로토콜에서 구현되기도 한다.

그럼 이러한 프로토콜의 대표적인 기능들을 살펴 보자.

① 단편화와 재결합(Fragmentation and Reassembly)

응용 계층에서는 데이터 전송의 논리적인 단위를 메시지(Message)라고 하며, 응용 개체에서 이것을 연속적인 비트스트림(Bit Stream)으로 보내면, 하위 계층에서는 이 데이터를 임의의 작은 블록으로 잘라야 하는데, 이 작업을 단편화(Fragmentation)라고 한다. 임의의 크기인 메시지는 일정한 데이터 단위인 패킷(Packet)으로 나뉘고, 최종적으로 프레임(Frame)으로 변환되어 물리매체를 통해 전송된다.

단편화의 반대 개념은 재결합(Reassembly)으로써, 어떤 계층에서 단편화하여 전송된 데이터를 상대방과 동등(Peer)한 계층에서 수신하고 이를 다시 하나로 합치는 기능을 말한다.

② 연결제어(Connection Control)

한 개체에서 다른 개체로 데이터를 전송하는 방법에는 두 가지가 있다. 우선 두 개체가 논리적인 연결 없이 데이터를 보내는 방식을 비연결형 데이터 전송(Connectionless Data Transfer)이라고 하며 대표적인 예로 데이터그램(Datagram) 방식을 들 수 있다. 그리고 데이터를 송수신하는 개체 간에 논리적인 연결을 맺은 후 데이터를 전송하는 방식을 연결형 데이터 전송(Connection-oriented Data Transfer)이라고 하며 대표적인 예로 가상회선(Virtual Circuit)이 있다. 이러한 연결의 설정, 해제 그리고 조정기능을 총칭하여 연결제어라 한다.

| 미니강의 | 연결형 vs 비연결형 데이터 전송

- 연결형(Connection-Oriented)

송신자와 수신자 사이에 논리적인 연결을 우선하여 확립하고, 이 다음에 데이터를 전송하는 방식으로써 패킷들의 순서가 일정하여 전송 위험이 적고, 오류 발생 시 재전송을 하여 신뢰성이 높은 전송이다.

- 비연결형(Connectionless)

송신자와 수신자 사이에 논리적인 연결을 확립하지 않고 데이터를 전송하는 방식으로, 전송 시 오류 확인을 하지 못하므로 신뢰성이 없는 전송이라고 할 수 있다. 하지만 연결 확립을 위한 시간이 필요 없어 빠르게 원하는 데이터를 전송할 수 있다.

③ 흐름제어(Flow Control)

송수신 개체 간에 전송하고자 하는 데이터의 양이나 속도를 조절하는 기능을 말한다. 즉, 통신을 할 때 송신측과 수신측의 속도차이나 네트워크 내부 문제 등으로 인하여 수신측에서 데이터의 일부분을 수신하지 못하는 정보의 손실이 발생한 경우 이를 제어해야 하는데, 이때 이러한 제어 기능을 흐름제어라고 한다.

가장 간단한 흐름제어 기법으로는 정지-대기(Stop-and-Wait) 흐름제어 기법이 있는데, 수신측으로부터 확인신호(ACK: Acknowledgement)를 받기 전에는 송신측에서 데이터를 전송할 수 없게 하는 기법을 말하며, 확인신호를 수신하기 전에 데이터의 양을 미리 정해주는 전송률-기반(Rate-Based) 흐름제어 기법 그리고 여러 개의 프레임을 동시에 전송할 때 유용한 슬라이딩-윈도우(Sliding Window) 기법 등이 있다.

④ 오류제어(Error Control)

정보 전송 시 채널이나 네트워크 요소의 불안정성으로 데이터나 제어정보가 파손되는 경우 이를 처리하는 기법을 오류제어라 하며, 대부분의 오류제어 기법은 프레임의 순서를 검사하여 오류를 찾고, 프로토콜 데이터 단위(PDU: Protocol Data Unit)를 재전송하는 형태를 취한다.

오류검출 기법으로는 패리티 비트를 이용하여 수신 측에서 패리티 비트의 이상 유무를 검출하는 패리티 검사-코드(Parity Check) 방식과 다항식 코드를 이용하여 오류를 검출하는 순환-잉여도-검사(Cyclic Redundancy Check) 방식 등이 있다.

⑤ 동기화(Synchronization)

프로토콜 개체 사이에 정보를 송수신할 때 초기화 상태, 종료 상태 등의 동작 단계를 잘 맞추어야 하는데, 이러한 동작을 동기화라 한다.

예를 들어 송수신 간에 서로 한 비트의 시간 길이가 다르다면 전송 받은 신호를 유효한 정보로 변환할 수 없게 된다. 따라서 정보의 정확한 전송을 위해서는 동기화 과정이 필수적으로 필요하다.

⑥ 순서화(Sequencing)

데이터들이 올바른 순서로 전달되기 위해서 필요한 기능이 순서화 기능이다. 순서화는 데이터들의 보내진 순서를 명시하는 기능으로, 연결형 데이터 전송에 주로 사용되며 순서에 맞는 전달과 순서번호를 이용한 오류 검출이 주된 목적이다. 또한 흐름제어나 오류제어와도 밀접한 관계를 갖는다. 예를 들어 TCP/IP 네트워크에서 TCP 계층의 순서번호(Sequence Number)를 생각할 수 있다.

0.2.2 네트워크 계층구조 모델

OSI 7계층 모델(OSI 7 Layer Model)에 따르면, 네트워크에 연결된 호스트는 아래 그림과 같이 7개 계층으로 모듈화된 통신 기능을 갖추어야 한다. 일반 사용자는 OSI 7계층 맨 위에 있는 응용 계층을 통해 데이터의 송수신을 요청하며, 이 요청은 하위 계층으로 순차적으로 전달되어 맨 아래에 있는 물리 계층을 통해 상대 호스트에 전송된다. 그리고 요청이 각 계층으로 하달되는 과정에서 계층별로 담당하는 기능을 수행해 데이터를 안전하게 원하는 위치로 전달된다.

데이터를 수신한 호스트에서는 송신 호스트와 반대 과정으로 처리한다. 즉, 물리 계층으로 들어온 데이터는 순차적인 상향 전달 과정을 거쳐 응용 계층으로 올라가며, 처리가 완료된 결과를 회신하는 경우에는 반대 과정을 순차적으로 밟아서 송신 호스트로 되돌아간다. 따라서 데이터를 송수신하는 최종 주체는 송수신 호스트 양쪽에 위치한 응용 계층이며, 하부의 계층은 데이터 전송에 필요한 기능만 나누어서 처리한다.

① OSI 7계층 모델의 계층별 기능

OSI 7계층 모델의 각 계층은 각각의 고유 기능을 수행하는데, 하위 계층의 경우에는 바로 위 계층에 서비스를 제공하는 형식으로 동작한다. 31쪽에 나오는 [그림 0-4]는 이런 OSI 참조모델과 대표적인 프로토콜인 TCP/IP와의 관계를 보여주고 있다. 여기서는 OSI 참조모델의 각 계층에서 제공하는 기능만 간단히 살펴보도록 하자.

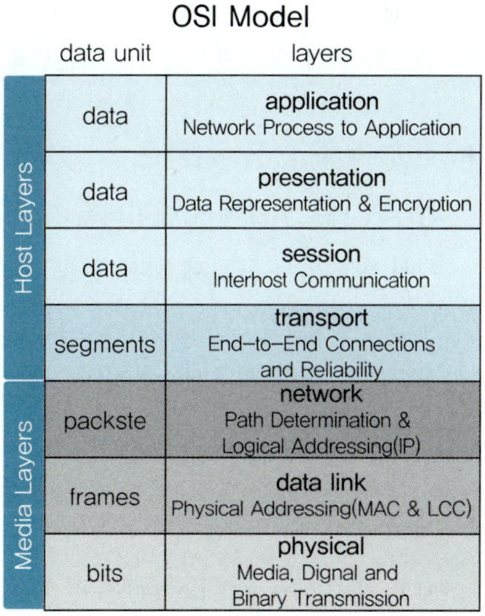

▶ 물리 계층

네트워크에서 호스트가 데이터를 전송하려면 반드시 전송 매체로 연결되어 있어야 하는데, 물리 계층(Physical Layer)은 호스트를 전송 매체와 연결하기 위한 인터페이스 규칙과 전송 매체의 특성 등을 다룬다.

▶ 데이터링크 계층

물리 계층으로 데이터를 전송하는 과정에서는 잡음(Noise)과 같은 여러 외부 요인에 의해 물리적 오류가 발생할 수 있다. 데이터 링크 계층(Data Link Layer)은 물리적 전송 오류를 감지(Sense)하는 기능을 제공해 송수신 호스트가 오류를 인지할 수 있게 해준다.

발생 가능한 물리적 오류의 종류에는 데이터가 도착하지 못하는 데이터 분실과 내용이 깨져서 도착하는 데이터 변형이 있다. 일반적으로 컴퓨터 네트워크에서의 오류제어(Error Control)는 송신자가 원 데이터를 재전송(Retransmission)하는 방법으로 처리한다.

▶ 네트워크 계층

송신 호스트에서 전송된 데이터가 수신 호스트까지 도착하려면 여러 중개 시스템을 거친다. 이 과정에서 데이터가 올바른 경로를 선택할 수 있도록 지원하는 계층이 네트워크 계층(Network Layer)이다.

중개 시스템의 기능은 일반적으로 라우터(Router) 장비가 수행하는데, 네트워크 부하가 증가하면 특정 지역에 혼잡(Congestion)이 발생할 수도 있는데, 이것도 데이터의 전송 경로와 관계가 있으므로 네트워크 계층이 이를 제어한다.

▶ 전송 계층

컴퓨터 네트워크에서 데이터를 교환하는 최종 주체는 호스트 시스템이 아니고, 호스트에서 실행되는 프로세스다. 전송 계층(Transport Layer)은 송신 프로세스와 수신 프로세스 간의 연결(Connection) 기능을 제공하기 때문에 프로세스 사이의 안전한 데이터 전송을 지원한다. 4계층까지의 기능은 운영체제에서 시스템 콜(System Call) 형태로 상위 계층에 제공하며, 5~7계층의 기능은 사용자 프로그램으로 작성된다.

▶ 세션 계층

세션 계층(Session Layer)은 전송 계층의 연결과 유사한 세션 연결을 지원하지만 이보다 더 상위의 논리적 연결이다. 즉, 응용 환경에서의 사용자 간의 대화(Dialog) 개념의 연결로 사용되기 때문에 전송 계층의 연결과는 구분된다.

▶ 표현 계층

표현 계층(Presentation Layer)은 전송되는 데이터의 의미(Semantic)를 잃지 않도록 올바르게 표현하는 방법(Syntax)을 다룬다. 즉, 정보를 교환하는 시스템이 표준화된 방법으로 데이터를 인식할 수 있도록 해주는 역할을 한다.

표현 계층의 주요 기능은 압축과 암호화다. 동영상과 같은 대용량의 멀티미디어 데이터를 압축(Compression)해 전송 데이터의 양을 줄여 주기도 하며, 암호화는 외부의 침입자로부터 데이터를 안전하게 보호하는 기능으로써, 최근에는 전자상거래의 증가 추세로 그 중요도가 커지고 있다.

▶ 응용 세층

응용 계층(Application Layer)은 사용자의 다양한 네트워크 응용 환경을 지원한다. 기능은 한 분야에 한정되지 않고 매우 광범위하다고 할 수 있다.

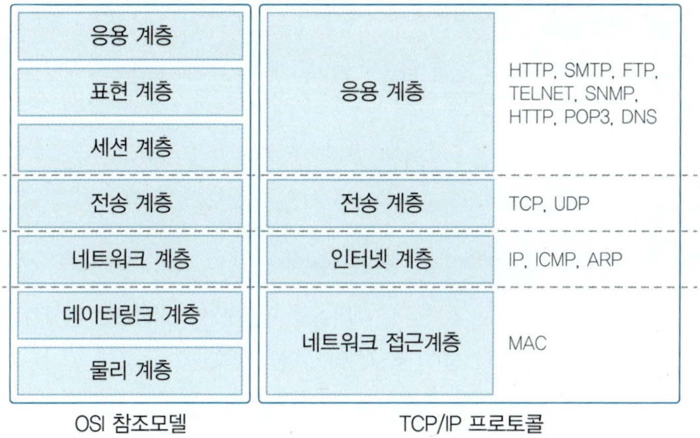

[그림 0-4] OSI 참조모델과 TCP/IP 프로토콜과의 관계

0.3 네트워크 기술 표준

사람과 사람 또는 기기와 기기간에 어떤 정보를 주고 받을 때, 처음에는 서로간의 약속에 의해서 통신이 가능하였지만, 그 대상이 점차 늘어가면서 서로간의 약속이 호환되지 않아 이 기종간의 정보 통신에 어려움이 생겼고, 이로 인해 효율적으로 이용하는 데에도 그리고 하드웨어의 자원 공유에도 어려움 및 통신 불가능의 경우가 발생하였다.

1976년 국제전신전화자문위원회(CCITT: International Telegraph and Telephone Consultative Committee)에서는 이와 같은 문제점들을 해결할 것을 권고하여, 국제표준화기구(ISO: International Organization for Standardization)에서 OSI(Open Systems Interconnection) 참조 모델을 발표하여 여러 문제점들을 해결하고자 하였다.

즉, 서로간에 공통된 또는 약속된 방식을 이용하여 서로간에 발생하였던 여러 문제점들을 없애고자 하였는데, 이를 네트워크 표준이라고 하며, 많은 국제적인 기관이나 조직들이 이를 위한 작업을 진행하였고, 현재도 지속적으로 진행해오고 있는 실정이다.

| 미니요약 | OSI(Open Systems Interconnection)

개방형 시스템간 상호 접속.
서로 다른 컴퓨터나 네트워크간의 상호 접속을 용이하게 하기 위해 ISO가 규정한 네트워크 프로토콜을 말한다.

| 미니요약 | 표준과 표준화(Standard vs. Standardization)

표준(Standard)은 정보통신망 또는 정보통신 서비스를 제공하거나 이용하는 당사자간의 서로 합의된 약속의 집합으로서, 공통성, 호환성 및 통일성이 있어야 한다.
표준화(Standardization)는 표준이 되는 약속이나 규약을 정립하는 활동이나 조직적인 행동을 말한다.

(1) 표준 종류

표준의 종류는 분류하는 방법에 따라 〈표 0-2〉와 같이 다양하게 나눌 수 있다.

〈표 0-2〉 표준의 분류

분류 방법	분류 내용
적용 범위에 따라	국제 표준, 지역 표준, 국가 표준, 단체 표준, 사내 표준 등
표준 규정에 따라	기본 표준, 기능 표준, 이용자 표준, 시험 표준 등
적용 방법에 따라	강제 표준, 권고 표준 등

(2) 표준화 기구

표준을 제정하고 이를 표준화로 추진하는 대표적인 국제적인 기구들을 살펴보면 〈표 0-3〉과 같다.

〈표 0-3〉 국제 표준화 기구

기구명	내용
국제 표준화 기구 ISO(International Standards Organization)	국제적으로 통일된 표준을 제정함으로써, 상품과 서비스의 교역을 촉진하고 과학, 기술, 경제 전반의 국제 협력 증진을 목적으로 하는 국제 기구. 1926년 각국의 표준화 단체에 의해 ISA(International Federation of National Standardization)의 업무를 계승하여 1947년에 설립되었으며, 각국을 대표하는 1개의 표준화 기관만이 의결권을 갖는 회원이고 기타 기관은 참관인으로 가맹하며, 70% 이상이 정부 기관 또는 표준화 기관이다. 19,500건 이상의 국제 표준을 제정, 공표하였으며 국제전기통신연합(ITU)와 협력하여 통신 표준화를 추진하였다. ISO/IEC JTC1을 설치하여 정보 기술의 국제 표준화를 합동 관리하고도 있다. 이외에도 TC46(정보 및 문서화), TC68(은행업무), TC130(그래픽 기술), TC184(공장 자동화 시스템) 등의 전문 위원회가 있다. 2010년 현재 162개국이 회원국으로 있으며, 우리나라는 1963년 전(前) 공업진흥청 표준 국이KBS(Korean Bureau of Standards)로 가입하여 1999년 이후 기술표준원이 정회원으로 활동하고 있다.

국제전기표준회의 IEC(International Electronical Commission)	전기 기술에 관한 표준화 문제의 국제적 통일과 조정을 목적으로 관련 문제에 대한 국제적 협력을 증진하고 세계시장의 요구에 효율적으로 대처하기 위해 설립된 국제 기구. 1906년에 설립되었으며, 1947년 ISO(국제 표준화기구)가 발족됨에 따라 ISO의 전기 부문으로서 가입했다. 80개의 기술 위원회가 있으며, 현재까지 약 2,000개의 국제규격(IEC Publication)을 제정하였고, 우리나라는 1963년 5월 공업진흥청이 가입하였다.
국제전기통신연합 ITU-T(International Telecommunications Union-Telecommunication Standards Sector)	통신 분야의 표준을 책정하기 위하여 국제전신연합과 더불어 1865년에 설립되었으며, 1947년 국제 연합의 전문 부서가 되었고 국제전신과(CCITT)는 1956년에 창설되었다. 이것이 1993년 ITU-T라는 이름으로 바뀌었다. ITU-T는 모든 전기통신 분야에 적용하는 표준을 효율적으로 만들어내는 것이며, 또한 국제 전기 통신 서비스를 위한 규정, 요금과 회계 원칙 등을 정의 하기도 한다. 또한 제정하는 국제 표준들은 "권고"(Recommendation)라고 불리며 국제법의 일부로 채택되었을 경우에만 의무사항임을 알려준다. 현재 ITU(국제전기통신연합)에는 약 180여 개국이 가입해 있으며, 각 국의 주 관청은ITU-T의 구성원이 된다.
미국표준협회 ANSI(American National Standards Institute)	1928년에 ASA(American Standards Association)로 설립되어 1966년 USASI(United States of American Standards Institute)로 명칭이 변경되었다가 그 후에 현재의 ANSI로 변경된 미국의 규격, 공업 표준을 제정하는 비 정부 기관이며 국제 표준화 기구(ISO)의 미국 대표 단체이고 국제전기 표준회의(IEC)의 일원이다. 주요 규격 작성 기관이 제정한 규격 중, 미국 전체에서 중요하다고 생각되는 것에 ANSI의 규격 번호를 부여하여 표준으로 제정하고 있으며, ANSI의 규격이나 원안은 ISO의 초안으로 채택되는 경우가 많다.
미국전자공업협회 EIA(Electronic Industries Association)	신호 품질, 디지털 인터페이스 및 통신망 인터페이스 등 주로 하드웨어에 관한 규격을 개발하는 미국의 전자기기 제조업 분야를 대표하는 무역 통산 단체로서 1924년에 RMA(Radio Manufacturers Association)라는 명칭으로 발족하여 1957년 미국전자공업협회(EIA) 변경되었다. 폭넓은 분야의 표준화와 표준의 보급 활동을 전개하며, 특히 정보통신 분야에서는 주로 물리매체의 인터페이스에 관한 표준을 제정하여 EIA-RS(Recommendation Standard)로 공표하고 있다.

미국통신산업협회 TIA(Telecommunication Industry Association)	1988년 미국전화공급자협회와 미국전자공업협회(EIA)의 정보통신기술그룹(ITG)가 합병하여 설립된 협회로 EIA의 전기통신 부로서 활동하고 있다. 북미 방식의 이동통신 표준을 담당하고 있는데, 대표적인 것은 CDMA방식의 표준인 IS-95를 들 수 있다.
국제전기전자기술자협회 IEEE(Institute of Electronical & Electronics Engineers)	1884년에 설립된 미국전기학회(AIEE: American Institute of Electrical Engineers)와 1912년에 설립된 무선학회(IRE: Institute of Radio Engineers)가 1963년에 합병하여 설립된 단체로서, 전기, 전자, 전기통신, 컴퓨터 분야의 전문가 단체이다. 특히 여기서 발간하는 학술지는 이 분야 세계 최고의 권위를 인정받고 있다. 등록된 기술직 전문가는 컴퓨터 엔지니어, 생의학 전문가, 정보통신 전문가, 전력 관련 업계 종사자나 우주공학 관련 기술자, 소비 전자제품의 생산에 관련된 엔지니어들이 포함되며, 각각의 분야마다 독립적인 위원회를 구성하여 관련 기술의 표준화를 추진하고 있다. 36개의 협회로 구성되어 있으며, 매년 250개의 주요 기술 의회를 후원하고도 있다.
유럽전기통신표준협회 ETSI(European Telecommunications Standards Institute)	유럽 전체의 정보통신 표준화 기구로서 1988년 유럽공동체(EC)에 의해 설립되었으며, 종전의 유럽 우편전기통신 주관청 회의(CEPT: Conference of European Postal and Telecommunications Administration)에서 수행하던 표준화 기능과 조직을 모체로 정보기술, 통신, 방송 등 정보통신 전 분야의 표준화를 유럽(전기)표준위원회(CEN/CENELEC) 및 유럽방송연합(EBU: European Broadcasting union) 등과 협력하여 추진하고 있다. 대표적인 표준화로서는 GSM(Global System for Mobile Communication), 및 ISDN(Integrated Service Digital Network) 등을 들 수 있다.
유럽(전기)표준화 위원회 CEN/CENELEC(European Committee for Standardization/ ComiteEuropeene De NormalisationElectrotectnique)	유럽 공동체(EC) 및 유럽 자유 무역 지역(EFTA) 가맹 국가의 전기 표준 위원회 또는 이를 위임 받은 조직들의 연합체. 임무는 주고 전기안전, 전자파 적합성(EMC) 전기전자에 관한 사항 특히 표시 및 증명을 일치시켜 회원 국가의 무역 장벽을 제거하는 것이다. 여기서 제정하는 표준을 ENs(European Norms)라고 하며, 국제 표준화 기구(ISO)와 국제 전기 표준 회의(IEC)의 표준화 활동에 관한 유럽 전체의 입장을 협의 조정한다.

이외에도, 유럽전자계산기공업회(ECMA: European Computer Manufactures Associacion), 프랑스표준협회(AFNOR: Association Francaise de NORmalisations), 영국표준협회(BSI: British Standards Institution), 일본공업표준협회(JISC: Japanese Industrial Standards Committee) 등이 있다.

세계적인 표준화 기구들의 표준화 작업에 준하여 이를 국내에서 수행하거나 참여하는 대표적인 국내 표준화 기구들은 〈표 0-4〉와 같다.

〈표 0-4〉 국내 표준화 기구

기구명	내용
한국정보통신기술협회 TTA(Telecommunication Technology Association)	전기통신방식, 통신절차, 접속 등의 국내 표준 작성 및 보급과 국내외 표준화 조사 및 연구, ISO나 ITU의 국제 연구단 구성 및 운영, 국제표준화 기관과의 협력 등의 표준화 활동을 수행하기 위하여 1988년 설립되었다.
한국표준정보원 KASI(Korean Agency for Standards Information)	국가 표준, 국제와 해외 표준, 국내외 표준화 동향 정보 등 신속 정확한 표준화 정보를 제공하기 위하여 2014년에 설립된 기관.
한국정보화진흥원 NIA(National Information society Agency)	국가 정보화 정책, 기술 지원 기관인 한국정보사회 진흥원과 정보격차해소 글로벌 전문기관인 한국정보문화진흥원이 통합하여 2009년 5월에 출범한 ICT정책 기술 전문 기관이다. 초고속 정보통신 기반 구축, 전자정부 지원, 빅데이터나 IoT(Internet of Things) 등 신 정보기술 적용 및 정보화 인프라 고도화가 주된 업무 영역이다.

이외에도 (사)개방형컴퓨터통신연구회, 정보통신산업진흥원(NIPA: National IT Industry Promotion Agency), 한국전자통신연구소(ETRI) 등의 기관들이 있다.

요약

01 떨어져 있는 두 지점간에 정보의 전송을 위한 방법을 통신이라 하며, 이는 크게 음성 통신과 데이터 통신으로 구분된다.

02 데이터 통신은 전송 매체, 신호 형태, 신호의 종류, 이용 대상 및 정보의 표현 형태에 따라서 분류되며, 앞으로는 멀티미디어 통신의 발전이 가장 눈부실 것이다.

03 네트워크의 역사는 1960년대로 거슬러 올라가야 하며, 1990년대 인터넷의 개방과 함께 그 전성 시대를 맞이하고 있다.

04 2000년대 이후 광통신 및 무선 통신의 발전은 상당히 눈부시며, 무선 통신도 무선 통신(Wi-Fi)과 모바일로 세분되어 특히 최근에는 모바일의 발전이 가장 눈부시다.

05 프로토콜은 단편화와 재결합, 연결 제어, 흐름 제어 및 오류 제어, 동기화 및 순서화 등의 기능들을 수행한다.

06 OSI의 7계층 모델은 통신의 가장 중요한 표준 프로토콜 모델로서, 향후 모든 프로토콜의 표준 모델이 된다.

1계층: 물리 계층,	2계층: 데이터 링크 계층,	3계층: 네트워크 계층
4계층: 전송 계층,	5계층: 세션 계층,	6계층: 표현 계층
7계층: 응용 계층		

07 프로토콜은 단편화와 재결합, 연결 제어, 흐름 제어 및 오류 제어, 동기화 및 순서화 등의 기능들을 수행한다.

08 네트워크 표준은 분류하는 방법에 따라 다양하게 표현된다.

09 표준을 제정하고 표준화를 추구하는 국제적인 기구들로는 국제 표준화 기구(ISO), 국제전기표준회의(IEC), 국제전기통신연합(ITU-T), 미국표준협회(ANSI), 미국전자공업협회(EIA), 국제전기전자기술자협회(IEEE), 유럽전기통신표준협회(ETSI) 외 다수가 있다.

10 국내 표준화 기구들로는 한국정보통신기술협회(TTA), 한국표준정보원(KASI) 및 한국정보화 진흥원(NIA) 외 다수의 기관들이 있다.

연습문제

01 컴퓨터 네트워킹의 역사 중 잘못 연결된 것은?

a. 1960년대: 패킷 교환 기술

b. 1970년대: 네트워크와 인터넷의 시작

c. 1980년대: 네트워크의 확장

d. 2000년대: 새로운 기술과 서비스의 등장

02 다음 중 프로토콜의 구성 요소가 아닌 것은?

a. 구문(Syntax) b. 의미(Semantics)

c. 규약(Rule) d. 시간(Timing)

03 다음 중 프로토콜의 기능이 아닌 것은?

a. 단편화와 재결합 b. 흐름 제어

c. 네트워크 분석 d. 오류 제어

04 OSI 7계층과 그와 관련된 계층별 유닛을 연결하시오.

a. 4계층	1. 프레임(Frame)
b. 3계층	2. 세그먼트(Segment)
c. 2계층	3. 비트(Bit)
d. 1계층	4. 패킷(Packet)

05 데이터 전송 중 물리적인 전송 오류 등을 주로 감지하는 계층은?

a. 4계층(전송 계층) b. 3계층(네트워크 계층)

c. 1계층(물리 계층) d. 2계층(데이터 링크 계층)

06 OSI 7계층을 서술하고 각각의 계층이 하는 주요 기능을 간략하게 표현하시오.

07 표준과 표준화에 대하여 간략하게 서술하시오.

08 다음 중 표준 분류 방법이 아닌 것은?

a. 적용 범위
b. 적용 방법
c. 적용 국가
d. 표준 규정

| 참고 사이트 |

- http://www.itu.int: 국제전기통신연합(ITU) 홈페이지로 관련 표준화 활동에 관한 내용이 있다.
- http://www.etsi.org: 유럽전기통신표준협회 홈페이지로 관련 표준화 활동에 관한 내용이 있다.
- http://grouper.ieee.org/groups/802/: IEEE 802 LAN/MAN 표준 위원회에서 행하는 모든 LAN에 대한 표준화 활동에 관한 내용이 있다.
- http://www.cisco.com/public/support/tac/home.shtml: Cisco의 기술 지원 센터로 네트워크에 관한 다양한 기술 정보를 얻을 수 있다.
- http://www.cisco.com/warp/public/473/: LAN에 관한 기술적인 내용 담고 있는 Cisco의 기술 문서이다.
- http:// beankhan.tistory.com/68: OSI 7계층에 대한 내용을 담고 있다.
- http://en.wikipedia.org/wiki/OSI_model: OSI 7계층에 대한 내용을 담고 있다.

| 참고문헌 |

- Fred Halsall, Data Communications, Computer Networks and Open Systems, 4th ed, Addison Wesley, pp 269–422, 1996
- James Martin, Local Area Networks, Prentice–Hall, 1989
- Radia Perlman, Internetworking, 2nd ed, Addison–Wesley, 1999
- Grigonis, Richard(2000). Computer telephony– encyclopaedia. CMP. p. 331. ISBN 9781578200450.
- "Internetworking Technology Handbook – Internetworking Basics [Internet working]". Cisco. 15 January 2014. Retrieved 14 August 2015.
- Walter Goralski. The Illustrated Network: How TCP/IP Works in a Modern Network(PDF). Morgan Kaufmann. p.26. ISBN 978–0123745415.

CHAPTER

01

근거리 통신망

contents

CHAPTER

01 근거리 통신망(LAN: Local Area Network)

이 장에서는 근거리 통신망인 LAN(Local Area Network)에 대해 살펴보고자 한다. LAN은 지능적인 시스템, 즉 컴퓨터 기기와 같은 시스템들에게 상대적으로 짧은 거리에서의 통신을 가능하게 하는 통신시스템으로 초창기에는 1Mbps의 속도를 지원하였으나, 높은 통신 속도에 대한 요구가 커지면서 지원하는 속도가 현재 10/100Gbps에 이르고 있다. 또한 IEEE 802.11 a/b/g 및 IEEE802.11 n/ac/ad와 같은 고속 무선(Wi-Fi)LAN 또한 모바일 통신의 발전에 더하여 폭발적인 성장세를 지속해 가고 있다. 이 장은 다음과 같은 LAN의 기술들을 다루고자 한다.

- LAN에 대한 기본적인 정의와 그 표준안에 대하여 알아본다.
- LAN의 토폴로지, 전송매체 및 매체접근제어방식에 따른 LAN의 분류 및 종류들에 대하여 알아본다.
- LAN의 매체 접근 제어 방식인 CSMA/CD, 토큰 링과 토큰 버스에 대해 알아본다.

1.1 LAN의 개요

LAN은 1970년대 초 Xerox사의 PARC(Palo Alto Research Center)에서 로버트 맷칼프에 의해 고안된 후 연구가 이루어지기 시작했으며, 이후 이더넷(Ethernet)이란 이름으로 상용화 되었다. 이러한 LAN은 1985년 IEEE(전기 전자 기술자 협회)의 LAN 표준화 위원회에서 802 프로젝트를 시작했으며, 이로 인해 LAN 표준이 제정되었다.

그 후 이더넷 방식인 CSMA/CD 외에도 토큰 버스(Token Bus), 토큰 링(Token Ring) 등 다양한 매체 접근방식에 대한 표준화 작업이 이루어졌다.

1.1.1 LAN의 정의

IEEE 표준 위원회에서는 LAN을 '다수의 독립된 컴퓨터 기기들이 상호 간에 통신이 가능하도록 하는 데이터통신 시스템'으로 정의하고 있다. 즉 짧은 통신 거리에서의 통신 시스템을 말하고 있다.

Kenneth J.Thurber와 Harvey A. Freeman은 IEEE가 정의한 LAN에 대한 정의에 "한정된 거리"와 "고속 통신"이란 개념을 덧붙이고 있다. 또한 Fred Halsall은 그의 저서에서 LAN을 "하나의 건물 혹은 지역적인 빌딩의 그룹 내에 위치하는 컴퓨터 기반의 DTE(Data Terminal Equipment, 데이터 단말 장치)들의 상호 연결된 분산 공동체"로 정의하고 있다. 이 외에도 "좁은 지역 내에서 다양한 통신기기의 상호연결을 가능하게 하는 통신 네트워크", "사무실, 빌딩, 공장 등과 같이 제한된 지역에서 정보처리장치들을 연결하기 위하여 최적화되고, 신뢰성 있는 고속의 통신 채널을 제공하는 네트워크" 등으로 정의하는 사람도 있다.

1.1.2 LAN의 특징

LAN은 비교적 짧은 거리에 있는 정보 기기들을 선로를 이용하여 데이터를 전송하는 방식이므로, 전송 에러율이 매우 낮을 뿐 아니라, 패킷을 수신하는 데 걸리는 시간이 매우 짧기 때문에 패킷 지연 시간 또한 최소화 된다. 또한 공유 매체를 사용하므로 IP 라우팅과 같이 전송 경로에 대한 결정 없이 매체에 연결된 모든 호스트로 데이터를 전송하는 방식이다.

다음은 LAN이 제공하고 있는 이점들을 나열하고 있다.

- Plug-In 연결만으로 네트워크의 확장, 단말 장치의 이동 및 변경이 가능하다.
- 다양한 응용을 수용할 수 있으며, 많은 수의 단말을 연결할 수 있다.
- 상대적으로 낮은 비용이 드는 매체로 높은 대역폭을 제공할 수 있다.
- 게이트웨이, 브리지, 라우터 등의 네트워킹 장비들을 이용하여 다른 네트워크와 연동이 가능하다.
- 중앙에 집중되어 있는 컴퓨팅 자원을 가장 편리한 장소에 분배하여 위치시킬 수 있다.

- 하나의 중앙 지점에서 네트워크에 대한 모니터링이 가능하기 때문에 네트워크의 이용률이나 가용성 등을 보장하기 위한 네트워크 관리가 용이한 편이다.
- 오랜 기간의 사용으로 LAN 기술 자체가 검증되었으며, 숙련된 LAN 기술자가 많기 때문에 구축 및 운영, 유지가 편리하다.

그러나 LAN은 짧은 거리에서의 통신만을 지원하므로, 거리를 확장하기 위해서는 리피터, 허브 또는 브리지나 라우터와 같은 네트워킹 장비를 사용하여야만 한다. 또한 매체에 대한 접근 제어 방식으로 CSMA/CD를 사용할 경우에는 한 매체에 연결되는 호스트의 수가 제한적이다.

1.1.3 IEEE 802 표준

1980년대 초부터 많은 네트워크 장비 벤더들로부터 출시되는 LAN 장비들이 서로 호환성을 가지고 연동될 수 있게 하기 위해 IEEE(전기 전자 전문가 협회)는 802 위원회를 조직하고, 그곳에서 LAN에 관한 표준화를 추진하고자 하였다.

대표적인 LAN 표준안으로 CSMA/CD방식인 이더넷(Ethernet), 토큰 버스 방식인 DataPoint 사의 Arcnet, 토큰 링 방식인 IBM의 LAN을 기준 삼았다.

〈표 1-1〉은 IEEE 802 위원회 하부 조직의 표준화 작업 분야를 나타내고 있다.

〈표 1-1〉 IEEE 802 표준

조직 명	주요 업무
IEEE 802.3	이더넷(Ethernet) LAN에 대한 표준화
IEEE 802.4	토큰 버스(Token Bus) LAN에 대한 표준화
IEEE 802.5	토큰 링(Token Ring) LAN에 대한 표준화
IEEE 802.6	MAN(Metropolitan Area Network)에 대한 표준화
IEEE 802.9	음성 · 데이터 통합화에 대한 표준화
IEEE 802.10	LAN / MAN에 대한 보안 표준화
IEEE 802.11	무선(Wi-Fi) LAN에 대한 표준화
IEEE 802.12	100Mbps 이더넷 방식인 100VG-AnyLAN에 대한 표준화

IEEE 802.15	개인구역 네트워크에 대한 표준화
IEEE 802.16	광대역 무선 액세스에 대한 표준화
IEEE 802.17	패킷링(Packet Ring)의 프로토콜에 대한 표준화

IEEE 802 위원회에서는 LAN을 OSI 참조 모델에서의 2계층인 데이터 링크 계층을 LLC(Logical Link Control)와 MAC(Medium Access Control)으로 기능상 구분하였다. LLC계층은 상위 부계층으로 IEEE 802.2에 규정되어 있으며 에러제어와 흐름제어를 담당하는 역할을 수행하며, MAC계층은 공유매체에 대한 접근 제어를 담당하는 계층으로 구성상 CSMA/CD(IEEE 802.3), 토큰 버스(IEEE 802.4), 토큰 링(IEEE 802.5) 및 무선(IEEE 802.11)으로 나뉜다.

[그림 1-1]은 OSI 참조 모델과 IEEE의 802 표준을 비교한 그림이다.

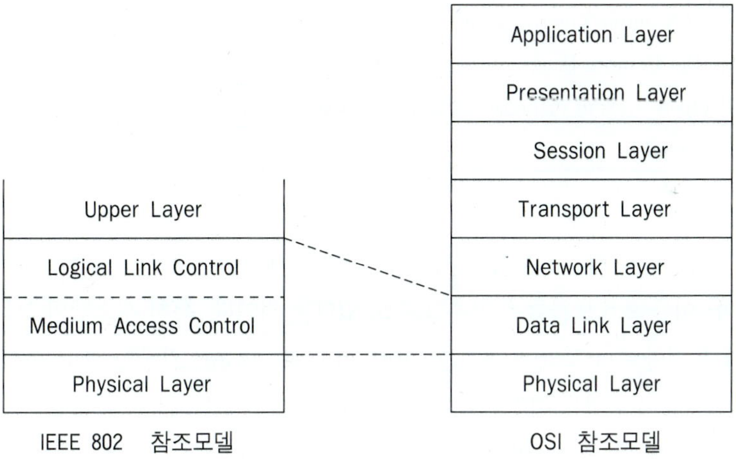

[그림 1-1] OSI 참조 모델과 IEEE 802 표준

(1) LLC(Logical Link Control, 논리링크제어)

LLC는 기본적으로 상위 계층인 3계층 네트워크 계층과 같은 2계층 데이터 링크 계층의 MAC 계층을 연결시켜 주는 인터페이스 계층으로 IEEE 802.2에 의해 정의되었다. LLC는 DSAP(Destination Service Access Point)와 SSAP(Source Service Access Point)로 구성된다. 이때 SSAP는 메시지를 송신하는 측의 논리적인 네트워크를 나타내며, DSAP

는 메시지를 수신하는 측의 논리적 네트워크를 가리킨다. 다음 〈표 1-2〉는 각 네트워크 프로토콜에 해당하는 SAP(Service Access Point)의 값들과 그 의미를 나타내고 있다([그림 1-15] 참조).

〈표 1-2〉 SAP

SAP	Assignment
00	Null
04	IBM SNA(station operations)
05	IBM SNA(group operations)
06	Internet Protocol(IP of TCP/IP)
80	Xerox Networking Services(XNS)
E0	Novell NetWare
F0	IBM NetBIOS
F4	LAN management(station)
F5	LAN management(group)
F8	IBM Remote Program Load(RPL)
FE	Open System Interconnect(OSI) network layer
FF	Global

SAP의 중요성은 물리적인 LAN을 공유하는 다양한 네트워크 프로토콜들을 수용할 수 있다는 것이며, 이들 프로토콜들은 공존할 수도 있다는 점이다. 특히 시스템이 브로드캐스트 프레임이나 특정한 주소로의 프레임을 수신하였을 때, DSAP 필드를 보고 수신한 프레임을 어떻게 처리할 것인가를 결정한다. 만약 알려지지 않은 SAP 값일 경우에는 메시지를 거절하거나 무시하게 된다. 하지만 만약 알려진 SAP 값이면 해당 SAP를 처리하는 프로그램 혹은 서비스로 메시지를 넘기게 된다. IEEE 802.3, IEEE 802.5와 IBM의 토큰 링이 이러한 SAP 필드를 사용하는데, 802.3과 프레임 형식이 다른 이더넷은 프레임 내의 TYPE 필드를 통해 네트워크 프로토콜을 구분한다.

(2) MAC(Medium Access Control or Media Access Control, 매체액세스제어)

다음으로 MAC 계층은 물리 네트워크에 대한 접근 제어를 담당한다. 즉, 하나의 네트워크 상에서 동시에 두 개 혹은 그 이상의 호스트가 데이터를 보내려고 하는 시도를 막는 것이다. 이러한 제어 기능을 수행하기 위해서는 MAC 어드레싱, 프레임 형태 인식, 프레임 제어, 프레임 복사 등의 기능이 필요하다.

MAC 어드레싱은 네트워크에 연결된 각 호스트의 물리적인 주소를 처리할 수 있는 방법을 의미한다. 그러한 주소는 미리 정의된 호스트의 그룹(그룹 주소) 혹은 모든 호스트(브로드캐스트 주소)로 표현이 가능하다. 이러한 MAC 주소를 통하여 프레임의 물리적인 송신지와 수신지를 구별한다. 프레임 형태에 대한 인식은 해당 프레임이 어떤 형식의 프레임인지에 대한 구분을 가능하게 하는 것으로, 미리 정의된 비트열인 프리엠블을 통하여 각각의 프레임을 제어한다. 또한 FCS(Frame Check Sequence)를 통하여 수신한 프레임에 에러가 발생하였는지 또는 그렇지 않은지를 판별하게 된다. 우선 프레임이 호스트에 도착하면 목적지 주소가 자신의 주소인지 확인하고 맞을 시에는 해당 프레임을 복사한다. 실제적으로 프레임을 복사하는 동작은 이더넷 카드 내의 버퍼 공간으로 프레임을 옮겨놓는 과정이다. 또한 이더넷 카드에서는 프리엠블과 시작 지시자를 제거한 정보필드를 호스트 내의 메모리로 전송하게 된다. [그림 1-2]는 IEEE 802에 정의된 여러 종류의 방식을 나타내고 있다. 이중 대표적인 것은 최근 모든 네트워크의 기본인 이더넷(Ethernet) 방식인 IEEE 802.3 CSMA/CD 방식과 최근 폭 넓게 그리고 다양하게 활용되고 있는 IEEE 802.11 무선랜(Wireless or Wi-Fi) 방식이다.

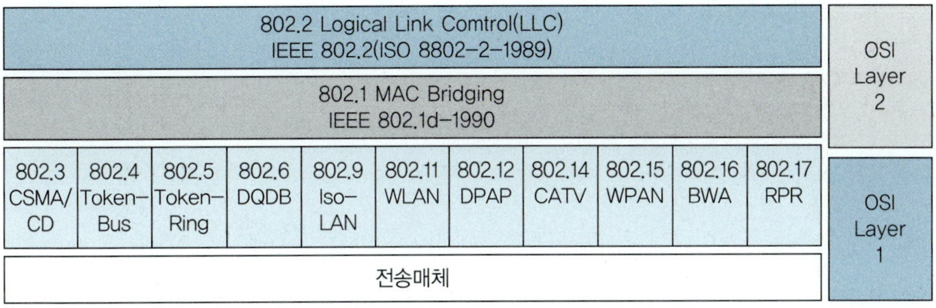

[그림 1-2] IEEE 802 계층 구조

| 미니강의 | MAC 주소(Address)

IEEE에서 정의한 LAN 및 ANSI에서 정의한 FDDI 등과 같은 LAN 표준은 6바이트(48비트)의 MAC 주소를 이용한다. MAC 주소는 12개의 16진수로 표기되며, 처음의 3바이트는 OUI(Organizationally Unique Identifier, Manufacturer 코드라고도 함)코드로 Ethernet 인터페이스를 제작하는 벤더들에게 부여된 코드이고, 나머지 3바이트는 OUI 코드를 부여 받은 벤더들이 제작한 인터페이스 카드에 부여되는 개별적인 유일 코드이다.

다음은 대표적인 벤더들의 OUI 코드이다.

CISCO(00000C, 00067C, 0006C1 등), AT&T(000055), 0000AA(XEROX), DEC(0000F8), IEEE 802(000143), IBM(0004AC), 삼성(0000F0), 삼보(004026), 현대(00803F) 등

| 미니요약 | LLC(Logical Link Control, 논리링크제어)

OSI 참조 모델의 2계층 데이터 링크 계층과 유사하며,

- 프레임을 목적지로 전송하는 흐름제어
- 프레임을 오류 없이 전송하기 위한 오류 제어

등의 역할을 수행하는 상위 계층임.

| 미니요약 | MAC(Medium Access Control or Media Access Control, 매체액세스제어)

LLC 계층과 물리적인 네트워크 사이의 인터페이스 역할을 수행하며,

- 정상 프레임 수신 / 전송
- 반이중 재전송 및 백 오프 가능
- FCS 추가(프레임 체크 순서)
- 오류 프레임 폐기
- 반이중 호환성: MAC 주소 추가 / 제거

등의 역할을 수행하는 2계층의 하위에 존재하는 계층임.

1.2 LAN의 분류

LAN을 분류하는 방법에는 토폴로지(Topology)에 의한 분류, 전송매체에 의한 분류, 전송신호 및 매체 접근 방법에 따른 분류 등으로 분류할 수 있다. 또한 매체 접근 방법에 따라서는 IEEE 802.3 CSMA/CD, IEEE 802.4 토큰 버스, IEEE 802.5 토큰 링 등으로 분류할 수도 있다.

1.2.1 토폴로지(Topology)

LAN의 토폴로지는 네트워크에서 호스트들을 연결하는 케이블의 구조, 방법 혹은 기하학적인 모양을 의미한다. 보통의 데이터 통신 네트워크들과는 달리 다양한 방식으로 구성되는 대부분의 LAN은 특정한 토폴로지를 따르는 호스트 간의 연결에 기초하여 구성된다. 이러한 LAN의 토폴로지는 [그림 1-3]과 같이 성형(Star Topology), 버스형(Bus Topology), 트리형(Tree Topology), 링형(Ring Topology) 등이 있다.

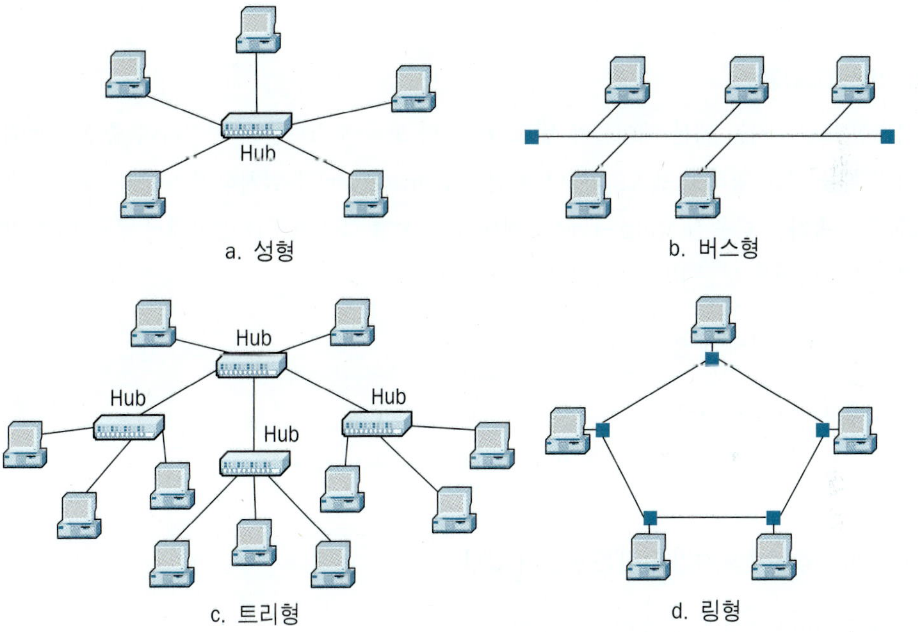

[그림 1-3] LAN의 토폴로지

(1) 성(Star)형

각 호스트가 허브(Hub)라고 불리는 중앙 전송 제어 장치와 점대점(Point-to-Point) 링크에 의해 접속되어 있는 형태로 성형 토폴로지의 통신망 처리 능력과 신뢰성은 중앙 전송 제어 장치에 의해 좌우된다. 그러므로 중앙 전송 제어 장치는 교환기능을 포함한 지능화 기능을 보유하고 있어야 한다.

성형 토폴로지의 장점은 다음과 같다.

- 고장 발견이 쉽고 유지 보수가 용이하다.
- 한 호스트의 고장이 전체 네트워크에 영향을 미치지 않는다.
- 확장이 용이하다.

또한 성형 토폴로지의 단점은 다음과 같다.

- 중앙 전송 제어 장치가 고장이 나면 네트워크는 동작이 불가능해진다.
- 설치 시에 케이블링에 많은 노력과 비용이 든다.
- 호스트의 설치 시 거리에 제한을 받는다.

(2) 버스(Bus)형

버스형 토폴로지는 백본 케이블에 네트워크상의 모든 호스트들을 연결하여 중추 네트워크의 역할을 하는 형태로 탭(Tap)이나 송신기(Transceiver)를 설치하여 노드들(또는 호스트들)을 접속하는 다중점(Multi-Point) 형태이다. 보통 CSMA/CD 방식에서 주로 이용되며, 경우에 따라서는 토큰 버스방식에서도 이용된다.

버스형 토폴로지의 장점은 다음과 같다.

- 설치하기가 용이하다.
- 케이블 설치 및 호스트 연결을 위해 소요되는 비용이 최소이다.

또한 버스형 토폴로지의 단점은 다음과 같다.

- 재구성이나 결합 분리의 어려움이 있다.
- 탭에서 일어나는 신호의 반사는 신호의 질을 저하시킬 수 있다.
- 기저대역(Baseband) 전송 방식을 사용할 경우, 거리에 민감하여 거리가 멀어질수록 중계기가 반드시 필요하다.
- 버스 케이블에 결함이 발생하면 전체 노드들(또는 호스트들)은 모든 전송을 할 수 없게 된다.
- 호스트의 수가 증가하면 처리 능력은 급격히 감소한다.
- 네트워크에 부하가 많으면 응답시간이 늦어진다.

(3) 트리(Tree)형

트리형은 성형의 변형으로 트리에 연결된 노드(또는 호스트)는 중앙 전송 제어 장치(1차 허브)에 연결되어 있지만 모든 장치가 중앙 전송제어 장치에 연결되어 있지는 않다. 또한 중앙 전송 제어 장치는 능동적인 허브로 데이터를 전송하기 전에 받은 신호를 재생 또는 증폭하는 중계기(Repeater)의 역할을 포함하고 있다. 이러한 트리형 토폴로지의 장점과 단점은 성형과 비슷하며 [그림 1-3]의 (c)와 같이 2차 허브를 연결하는 구조로 하여 구성함으로써 다음과 같은 장점을 얻을 수 있다.

- 하나의 1차 허브에 또 다른 2차, 3차 허브를 연결함으로써 더 많은 노드(또는 호스트)를 하나의 LAN에 연결할 수 있다.
- 허브가 중계기의 역할을 수행함으로써 각 호스트 간의 신호의 이동거리를 증가시킬 수 있다.
- 2차 허브로 네트워크를 분리하거나 해당 네트워크의 우선순위를 부가할 수 있다.

(4) 링(Ring)형

링형은 닫힌 루프 형태로 각 노드(또는 호스트)가 단지 자신의 양쪽 호스트와 물리적으로 점대점 연결된 형태이다. 링형에서 신호는 한 방향으로만 전송되며 각 노드(또는 호스트)는 중계기를 가지고 있어 다른 노드(또는 호스트)가 보낸 신호를 받으면 중계기로 신호를 재생하여 반대편 노드(또는 호스트)에게 전달한다.

링형 토폴로지의 장점은 다음과 같다.

- 구조가 단순하여 설치와 재구성이 쉽다.
- 장애가 발생한 호스트를 쉽게 찾을 수 있다.
- 노드(또는 호스트)의 수가 늘어나도 네트워크의 성능에는 별로 영향을 미치지 않는다.
- 성형보다 케이블링에 드는 비용이 적다.

또한 링형 토폴로지의 단점은 다음과 같다.

- 링을 제어하기 위한 절차가 복잡하여 기본적인 지연이 있다.
- 단방향 전송이기 때문에 링에 결함이 발생하면 전체 네트워크를 사용할 수 없게 된다. 이에 대한 해결책으로 이중 링을 구성하여 문제를 해결할 수 있다.
- 새로 노드(또는 호스트)를 추가하기 위해서는 물리적으로 링을 단절하고 노드(또는 호스

트)를 추가하여야 한다.

1.2.2 전송 매체

데이터 전송을 위하여 물리적 계층에서는 다양한 전송 매체가 사용된다. 각 매체는 대역폭, 전송 지연 등에서 고유한 특성을 가지고 있다. 이러한 전송 매체로는 [그림 1-4]와 같이 트위스티드 페어 케이블(Twisted Pair Cable), 동축케이블(Coaxial Cable) 및 광케이블(Fiber Optical Cable) 등을 사용할 수 있다.

(a) Fiber Optic　　(b) Twisted Pair　　(c) Coaxial (Thin)

[그림 1-4] LAN 전송 매체

(1) 광케이블(Fiber Optic Cable)

광케이블은 데이터 신호가 전송 매체 구간에서 빛(Light)으로 전송되는 방식으로서 전자기파의 간섭에 무관하며, 트위스티드 페어나 동축케이블에서 지원할 수 없는 높은 속도를 제공한다. 또한 전자기파를 방사하지 않으므로 도청이 불가능해 철저한 보안이 요구되는 경우에 사용된다. 이러한 광케이블을 이용하기 위해서는 빛을 전기적 신호로, 또 그 반대로 신호변환을 수행하는 송수신 신호변환기가 필요하다.

최근에는 고속 및 장거리, 그리고 백본급의 케이블 연결 시에 이용되며, FTTH(Fiber To The Home) 구축으로 일반 가정까지도 연결되고 있는 상황이다. [그림 1-5]는 이런 광케이블이 종류 및 타입을 보여주고 있다.

▶ 싱글모드(Single-Mode) 광케이블

코어 직경이 9㎛정도로 광대역, 장거리 전송에 주로 사용되며, 대략 50Km까지 전송이 가능하다. 케이블 색상은 주로 노란색이 사용된다.

▶ 멀티모드(Multi-Mode) 광케이블

코어 직경이 50~100㎛ 정도이며 단거리에서 많이 사용된다. 케이블 색상은 주로 주황색이 사용된다.

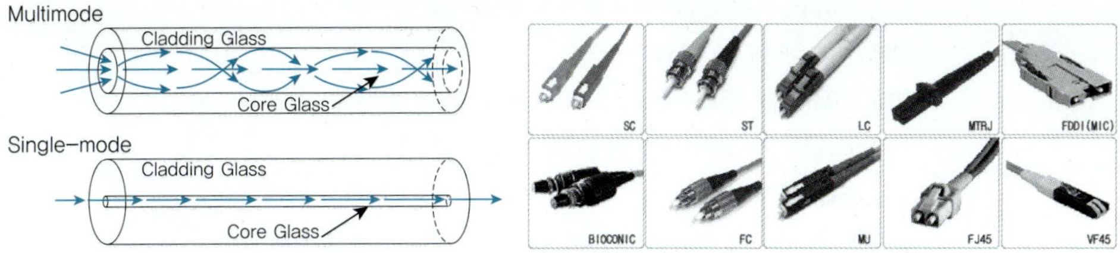

[그림 1-5] 광케이블 종류 및 타입

(2) 트위스티드 페어 케이블(Twisted Pair Cable)

트위스티드 페어 케이블은 두 선을 꼬아서 만든 케이블로 전자파 장애(EMI) 억제 능력이 뛰어나고 다른 매체에 비해 가격이 저렴하며 설치가 용이하다. 종류에는 비차폐 트위스티드 페어(Unshielded Twisted Pair, UTP) 케이블과 차폐 트위스티드 페어(Shielded Twisted Pair, STP) 케이블이 있다.

▶ 비차폐 트위스티드 페어(UTP: Unshielded Twisted Pair) 케이블

기존의 전화 시스템에 사용되는 매체이기 때문에 모양 및 설치가 용이하다는 않는 장점이 있지만 전송 속도에 따라 다양한 종류가 존재한다. 비교적 소규모 및 실내 LAN 환경 구축 시에 주로 쓰인다. 종류로는 CATEGORY 3(~16Mbps), CATEGORY 4(~20Mbps), CATEGORY 5(~100Mbps), CATEGORY 6(~200Mbps, ~250Mbps) 등이 있다.

▶ 차폐 트위스티드 페어(STP: Shielded Twisted Pair) 케이블

UTP의 간섭과 잡음의 영향을 줄인 것으로 비용이 비싸고 작업하기 어려운 단점이 있으나, 신호 간섭이 많은 공장이나 야외, 또는 빠른 통신 속도가 필요한 곳에 주로 사용된다.

〈표 1-3〉 Twisted Pair 케이블 종류 및 표준

종류	특징
Category 1	(TIA/EIA미 지원) POTS전화 통신, ISDN 등에 사용.
Category 2	(TIA/EIA 미지원) 초당 4Mbps의 토큰 링 네트워크에 주로 사용.
Category 3	(TIA/EIA-568-B 지원) 최대 16MHz의 주파수를 사용하는 데이터망에 사용. 10Mbps급의 Ethernet에 가장 많이 사용되었음.
Category 4	(TIA/EIA 미지원) 20MHz의 성능을 제공하여 16Mbps 토큰 링 네트워크에 사용.
Category 5	(TIA/EIA 미지원) 100MHz 성능을 제공하여 Fast Ethernet에 주로 사용되었음.
Category 5e	(TIA/EIA-568-B 지원) 최대 100NHz의 성능을 제공하여 Fast Ethernet 및 Gigabit Ethernet의 단말 연결용에 주로 사용.
Category 6	(TIA/EIA-568-B 지원) 최대 250MHz의 성능을 제공하여 Gigabit Ethernet의 메인 케이블로 사용.
Category 6a	(ANSI/TIA/EIA-568-B.2-10 지원) 최대 500MHz의 성능을 제공하여 10GBase-T에 사용.
Category 7	(ISO/IEC 11801클래스 F 케이블링에 적용된 케이블) 4개의 개별 실드 처리된 STP에 적합하며 최대 600Hz 전송 성능.

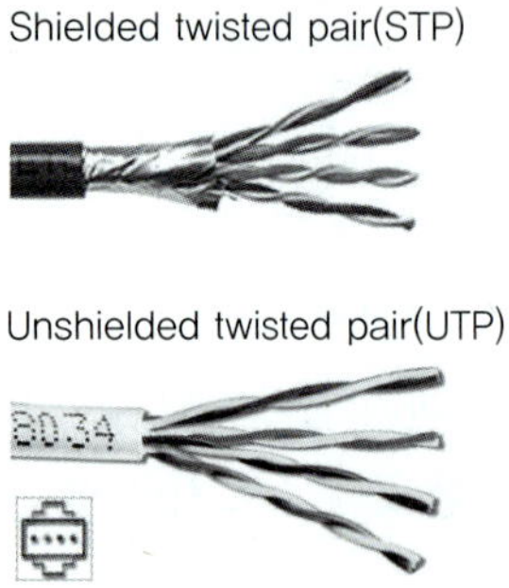

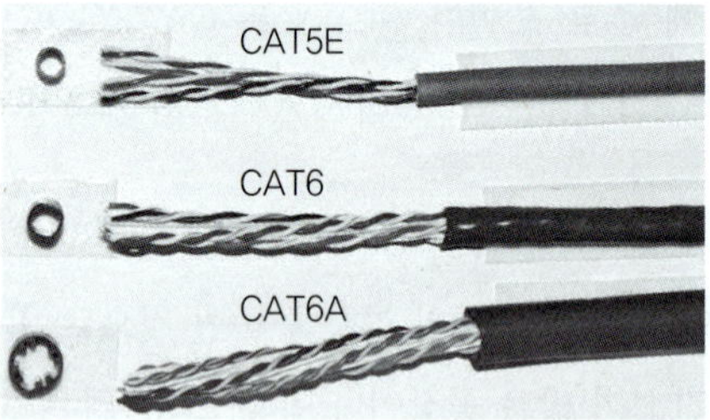

[그림 1-6] Twisted Pair 케이블 및 UTP 케이블 구분

(3) 동축케이블(Coaxial Cable)

동축케이블은 트위스티드 페어보다 우수한 주파수 특성을 가지고 있으므로 높은 주파수와 빠른 데이터 전송이 가능하다. [그림 1-7]은 이런 동축케이블을 보여주고 있는데, 동축케이블은 일반 통신이나 케이블 TV망에서 널리 사용되는 케이블로서 기저대역 방식(Baseband)과 광대역 방식(Broadband)으로 구분된다.

▶ **기저대역 전송 방식의 동축케이블**

동축케이블을 기저대역 방식으로 사용하는 경우는 디지털 신호를 그대로 전송하는 경우로, 광대역 방식의 동축케이블에 비해 값이 싸다는 장점이 있다. 그러나 디지털 신호를 사용함으로 주파수 분할 다중화 방식을 이용하여 다중 채널을 사용할 수는 없다.

디지털 신호는 트리 구조와 같은 분기점을 통과하기가 어렵기 때문에 이 방식은 주로 버스 토폴로지에서 사용한다.

▶ **광대역 전송 방식의 동축케이블**

광대역 방식을 사용하는 동축케이블은 아날로그 신호로 전송하며, 전송 시에는 해당 대역폭을 할당하여 사용할 수 있다. 또한 주파수 분할 다중화를 통해 독립적인 채널을 가질 수 있으므로 음성, 영상, 데이터 등을 동시에 전송할 수도 있다. 그리고 광대역 방식은 기저대역 방식보다 장거리 전송 능력이 우수하기 때문에 여러 개의 빌딩간 또는 대규모의 공장 등에서 많이 사용된다.

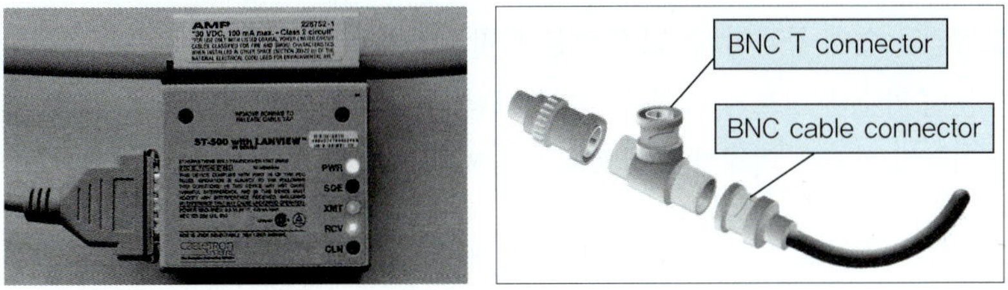

[그림 1-7] 동축(Coaxial)케이블 - 10Base-5 & 10Base-2

1.2.3 전송신호

LAN에서 사용하는 전송매체 중 트위스티드 페어는 디지털 신호에 사용되며, 광케이블은 아날로그 신호에 주로 사용된다. 그리고 동축케이블은 디지털이나 아날로그 신호 양쪽 모두 사용이 가능하다. [그림 1-8]에서 (a), (b)는 기저대역 전송방식에서의 TDM 방식을 나타내고 있으며 (c)는 광대역 전송방식에서의 두 호스트 간의 동작을 나타내고 있다.

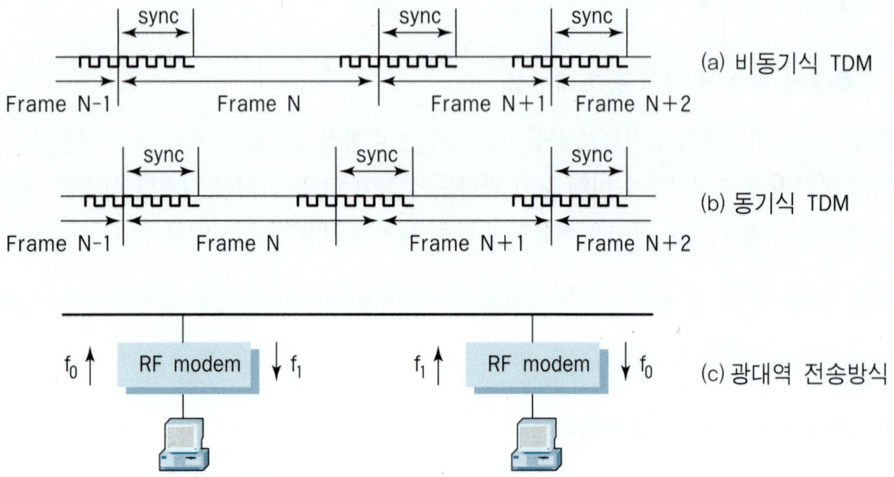

[그림 1-8] 기저대역 전송방식과 광대역 전송방식

(1) 기저대역(Baseband) 전송방식

데이터를 변조하지 않은 상태, 즉 디지털 신호를 그대로 전송하는 방식으로 10Mbps 혹은 이 보다 높은 전송률을 가지는 하나의 전송 채널을 사용한다. 보통 이진 데이터를 맨체스터 혹은 차등(Differential) 맨체스터 부호화 방식을 사용하여 부호화한 다음에 전송한다. 이 방식은 분기점을 쉽게 통과할 수 없기 때문에 버스 토폴로지에 주로 사용된다. 또한 디지털 신호는 높은 주파수대 신호의 감쇠가 심하므로 최대 1km로 거리에 제한을 둔다. 이러한 이유로 네트워크의 확장을 위해서는 신호를 새로 재생시키는 리피터(Repeater)가 사용된다.

또한, 이 방식은 데이터 전송 시 하나의 전송 채널을 사용하므로 공유 매체 상에서는 다중점(Multi-point) 혹은 멀티드롭(Multi-drop) 구성상에서 시간 분할 다중화 방식(TDM)을 사용하여 데이터를 전송하며, 또한 두 호스트 간에 점대점(Point-to-Point)방식으로 연결하여 사용되기도 한다.

(2) 광대역(Broadband) 전송방식

광대역 전송방식은 아날로그 신호로 변조하여 전송하는 방식이다. 아날로그 신호는 잡음과 감쇠에 의한 데이터의 변조가 디지털 신호에 비해 훨씬 약하므로 장거리 전송이 가능하며, 한번에 한 방향으로만 전송이 가능하다. 또한 하나의 전송 매체 상에서 여러 개의 채널을 사용하기 위해 주파수 분할 다중화 방식(FDM)을 사용하며, 이 경우 RF(Radio Frequency) 모뎀을 이용한다.

공유 매체 상에서 각 노드(또는 호스트)는 각기 다른 송신(Outbound) 및 수신(Inbound) 채널을 사용하여 데이터를 전송한다.

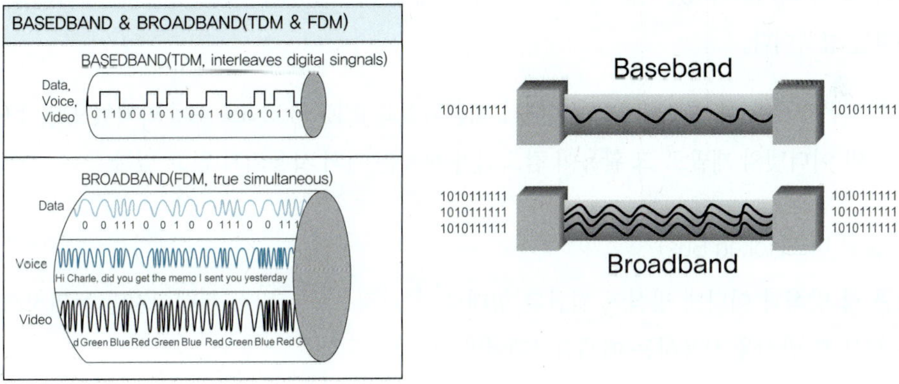

[그림 1-9] 전송신호 방식에 의한 분류

1.2.4 매체접근제어방식

LAN은 하나의 노드(또는 호스트)가 데이터를 전송하면, 동일 LAN상 연결되어 있는 모든 다른 노드(또는 호스트)로 해당 데이터가 전송되는 방송형 네트워크이다. 이러한 방송형 네트워크는 어떠한 채널을 동시에 사용하려 할 때 누가, 언제 사용하도록 하는가를 결정하는 것이 제일 중요하다. 이러한 채널의 할당에 대한 문제를 해결하는 방식을 매체접근제어방식이라 한다.

종류로는 CSMA/CD, 토큰 링(Token Ring), 토큰 버스(Token Bus) 방식 등이 있다.

(1) CSMA/CD(반송파 감지 다중 접속 및 충돌탐지, Carrier Sense multiple Access with Collision Detection)

노드(또는 호스트)가 채널의 상태를 감지해 충돌을 피하는 방식이다. 만일 충돌이 검출되면 일정 시간 대기한 후 다시 채널의 상태를 감지해 충돌을 확인하고, 충돌이 검출되지 않으면 데이터를 전송하는 매체 접근 제어 방식이다.

CSMA/CD방식은 OSI 참조모델의 2계층에 속하지만, OSI 7계층 모델의 프로토콜은 아니다.

(2) 토큰 링(Token Ring)

토큰이라는 짧은 프레임을 사용하여 데이터를 보낼 권리를 정하여 데이터를 전송하는 방식이다. 보낼 데이터가 있는 호스트는 자신의 차례에, 즉 토큰을 가지고 있을 때 데이터를 전송하는 방식이다.

이 방식은 1980년대 초반 IBM에 의해서 개발되었고 IEEE 802.5로 표준화되었으나, 1990년 초반 이더넷의 개발로 그 활용이 감소되어 현재는 거의 사용되지 않고 있다.

(3) 토큰 버스(Token Bus)

토큰 링 방식과 이더넷 방식이 결합된 형태로, 물리적으로는 버스 형태이지만 논리적으로는 토큰 링 방식을 사용하는 매체접근제어방식이다.

| 미니강의 | 메트로 이더넷(Metro Ethernet)

가정이나 회사와 같이 특정한 영역에서만 제한적으로 사용되었던 LAN을 건물 밖 수 킬로미터의 영역까지 그 대상을 확장한 것을 메트로 이더넷이라 한다.
즉, 실내에서 사용되었던 이더넷(Ethernet) 기술을 메트로(Metro, 대도시권으로 반경 70~100㎞의 영역까지 확대 적용한 기술을 말하며, 고품질을 제공하면서도 가격이 저렴하고 구축 비용 및 네트워크 망이 단순화 된다.

특징 및 적용 기술

- Ring Topology 형태의 망으로 구성된다.
- TDM 기반의 SDH/SONET 전송망을 사용한다.
- IEEE 802.1q VLAN, RPR (Resilient Packet Ring), NG-SDH/SONET, ATM/SONET, MPLS VPN 기반의 기술을 구현한다.

1.3 LAN을 구성하기 위한 장비

LAN에서는 매체의 특성에 의한 거리의 제한을 극복하기 위해 리피터 및 같은 물리 계층에서 동작하는 장비와 노드(또는 호스트)간의 연결성, LAN 네트워크 간의 연결성, 트래픽의 분산 등 여러 가지 목적을 위하여 허브, 브리지, 라우터 등과 같은 다양한 종류의 네트워크 장비들이 사용된다.

1.3.1 리피터(Repeater)

리피터는 OSI 모델의 1계층인 물리계층에서 동작하는 장비로 동일 LAN상에서 거리의 연장이나 접속 시스템의 수를 증가시키기 위하여 사용하는 장비이다. 리피터는 주로 전자기 또는 광학전송매체 상에서, 전송되는 신호가 약해지거나 잡음 등이 원인에 의해서 원래의 신호가 훼손되는 것을 막기 위해, 전송 신호를 원래의 신호로 재생 또는 증폭하여 이를 다시 전송하는 역할을 한다.

[그림 1-10]은 네트워크 상에서 리피터를 사용한 경우를 나타낸 것이다.

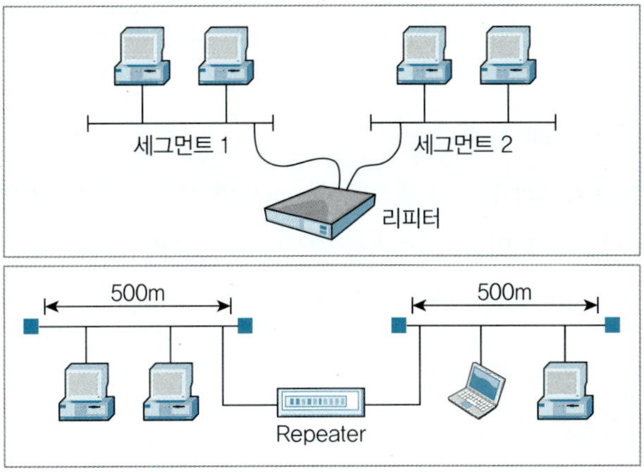

[그림 1-10] LAN상에서의 리피터 사용 예

1.3.2 허브(Hub)

허브는 차 바퀴의 중심부분과 같이 각 컴퓨터들의 중앙 연결지점을 제공하는 네트워크 장비이다. 허브는 단순히 하나의 호스트에서 수신한 신호를 정확히 재생하여 연결된 모든 다른 쪽으로 내보내는 장치로 다음과 같이 기능상 구분된다.

(1) 더미 허브(Dumb Hub)

더미 허브는 단지 네트워크 상에 연결되어 있는 컴퓨터들 간의 중계 역할 만을 담당하는 장비를 말한다. 이 장비는 일반적으로 네트워크의 전체 대역폭을 각 호스트가 분할하여 쓰는 방식으로 허브에 연결된 호스트가 어느 정도 이상 증가하게 되면 네트워크의 심각한 속도 저하가 발생하게 된다. 보통 10대 정도의 소규모 네트워크 환경에서 주로 사용된다.

(2) 스위칭 허브(Switching Hub)

장치 내부에 네트워크 스위칭 기능을 가지고 있는 허브로 호스트들을 각각 점대점(Point-to-Point) 방식으로 접속하는 장비이다. 반이중/전이중 방식으로의 선택적 통신이 가능하며, CSMA/CD 방식의 네트워크에서도 충돌이 발생하지 않기 때문에 더미 허브보다 훨씬 우수한 전송 속도 및 여러 가지 기능(2계층/3계층 기능)들을 구현할 수 있다.

(3) 스태커블 허브(Stackable Hub)

스태커블 허브는 네트워크의 확장이 필요할 때, 허브와 허브 사이를 연결하여 용량을 손쉽게 확장할 수 있게 하는 허브이다. 스태커블 허브에서 허브끼리는 케스케이드(Cascade) 케이블이라고 하는 전용 케이블을 사용하여 확장한다.

허브와 허브를 일반 허브로 연결하는 경우보다 안정적이면서, 신뢰성과 고속의 전송 속도를 보장할 수 있는 기능들을 제공한다.

1.3.3 브리지(Bridge)

브리지는 복수의 LAN또는 서로 다른 목적으로 구축된 LAN 간을 연결하기 위한 장비로 데이터 링크 계층(OSI 참조모델 2계층)에서 동작하는 네트워킹 장

비이다. 즉, 두 개 이상의 LAN을 하나의 네트워크로 만드는 장비로 IEEE 802.1에 의해 표준화되었다.

브리지는 리피터와는 달리 전체 프레임을 수신할 때까지 전송하지 않지만, 프레임의 내용을 변경하지 않는다는 점은 리피터와 유사하다. [그림 1-11]은 브리지로 연결된 네트워크를 나타내고 있다. [그림 1-11]에서 A에서 B로 프레임을 전송할 때, 브리지는 LAN 2와 LAN 4로 프레임을 전달하지 않으며, 같은 LAN인 LAN 1의 모든 호스트는 A가 보낸 프레임을 수신한다. 만약 A에서 D로 프레임을 전송할 때에는 브리지가 LAN 1의 프레임을 LAN 2로만 중계하게 된다. 이렇게 브리지는 물리 계층에서 작동하는 리피터의 기능과 데이터 링크 계층의 프레임 필터링 기능을 한다고 볼 수 있다.

브리지가 하는 역할을 요약해 보면 다음과 같다.

- 서로 다른 LAN들을 목적에 따라 서로 연결함으로써 LAN들 간의 상호 작용성을 높일 수 있다.
- 전체 네트워크에 대한 호스트의 수 혹은 거리를 확장할 수 있다.
- 네트워크에 연결된 많은 수의 호스트에 의해 야기되는 트래픽 병목현상을 줄일 수 있다.
- 네트워크를 분산적으로 구성함으로써 보안성을 높일 수 있다.

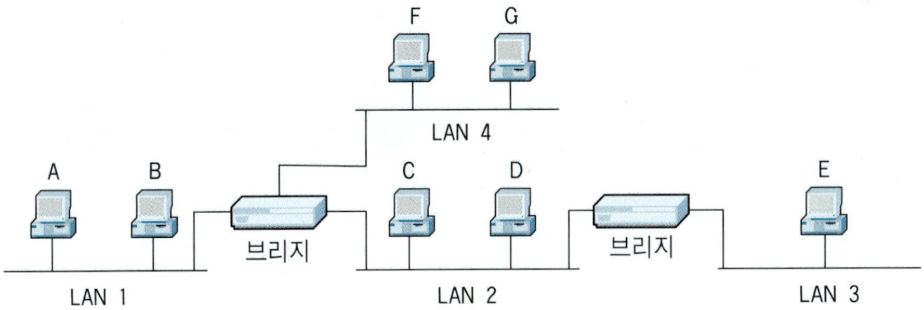

[그림 1-11] LAN을 연동하는 브리지

브리지의 동작과정을 보면 프레임이 브리지에 도착하면 브리지는 먼저 신호를 재생하고, 그 다음 목적지 주소를 검사하여 그 목적지 주소가 속해 있는 해당 LAN으로 재생한 프레임을 전송한다.

이러한 브리지는 크게 투명 브리지(Transparent Bridge, Spanning Tree Bridge라고도 불림)와 소스 라우팅 브리지(Source Routing Bridge)로 구분된다. 투명 브리지는 비연결형으로 각 프레임을 다른 프레임들로부터 독립적으로 필터링하는 브리지이다. 이 브리지는 설치 초기에 자동적으로 구성되며 별도의 어떠한 네트워크 관리도 필요하지 않다. 이에 반해 소스 라우팅 브리지는 연결형으로 발견 프레임(Discovery Frame)을 근거로 필터링 테이블을 만들고 이 테이블을 이용하여 필터링 기능을 수행한다. 이 방식을 사용하면 각 호스트는 브리지 방식을 완전히 알아야 하며 초기 설치 시 수동적으로 관리자가 설치하여야 한다. 그러나 최적의 필터링을 할 수 있다는 장점이 있다.

1.3.4 라우터(Router)

일반적으로 라우터는 인터넷에서 서로 상이하게 구축된 IP 네트워크들 간을 연결하거나, IP 네트워크와 인터넷 간을 연결하기 위해 사용하는 장비로 네트워크 계층(OSI 참조모델 3계층)에서 동작한다. 라우터를 사용하여 LAN을 구성할 때, 라우터는 이기종 LAN 간의 연결, LAN을 WAN에 연결, 효율적인 경로를 선택하는 라우팅 기능, 에러 패킷에 대한 폐기 등의 기능들을 수행하게 된다. [그림 1-12]는 라우터로 연결된 네트워크를 보여주고 있다.

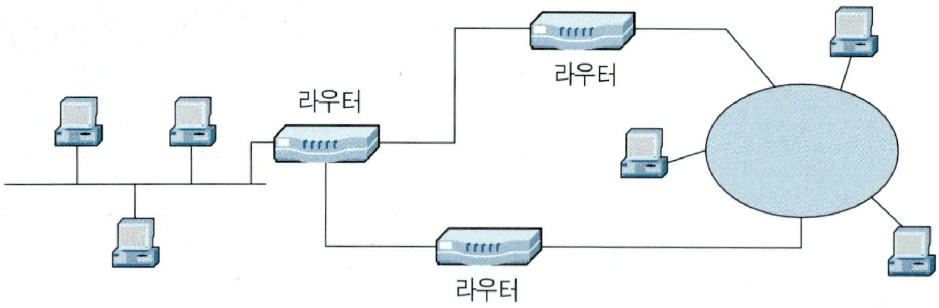

[그림 1-12] LAN을 연결하는 라우터

라우터에서 라우팅을 하기 위한 라우팅 테이블의 관리 기법을, 다음과 같은 두 가지의 방식으로 분류된다. 라우터 상에서 관리자가 수동적인 방법으로 라우팅 테이블을 관리하는 정적 라우팅(Static Routing)과 라우팅 정보의 교환을 통하여 라우팅 테이블을 자동적으로 관리하는 동적 라우팅(Dynamic Routing)으로 구분된다.

1.4 CSMA/CD(반송파 감지 다중 접속 및 충돌탐지, Carrier Sense multiple Access with Collision Detection)

1.4.1 개요

LAN과 같이 많은 노드(또는 호스트)의 사용자가 하나의 회선에 동시에 접근하면 신호가 겹쳐서 전송하고자 하는 신호가 손상되거나 신호 자체가 소실될 가능성이 있다. 각 호스트가 동시에 자주 네트워크를 접속할수록, 또는 호스트에서 전송할 데이터가 많아질수록 이러한 충돌 발생 빈도도 증가하게 된다. 이러한 충돌을 피하면서 많은 양의 프레임을 전송하기 위해서는 매체 접근 제어 메커니즘이 필요하다. CSMA/CD는 매체 접근 제어 메커니즘 중의 한 방법으로 IEEE 802.3 표준인 이더넷(Ethernet)이 이를 채용하여 사용하고 있다.

1.4.2 정의

CSMA/CD는 호스트가 채널의 상태를 감지해 충돌을 피하는 매체 접근 방식이다. 초기의 다중접근 방식(MA: Multiple Access)은 두 개 이상의 장치가 동시에 매체에 접근할 확률을 매우 낮은 것으로 보고, 전송하고자 하는 프레임이 다른 것들에 의해 손상되지 않았다는 확인응답을 받은 호스트가 전송에 성공한 것으로 간주하는 방식인 알로하(ALOHA) 방식을 사용했다. 다음에 등장한 CSMA(Carrier Sense Multiple Access)방식은 호스트가 전송하기 전에 매체의 전압을 점검하여 회선이 사용되지 않는 상태임을 확인하고 전송을 시작한다. CSMA방식에 충돌을 검출하는 기능을 추가한 것이 바로 CSMA/CD방식이다. [그림 1-13]은 CSMA/CD의 발전과정을 보여주고 있다.

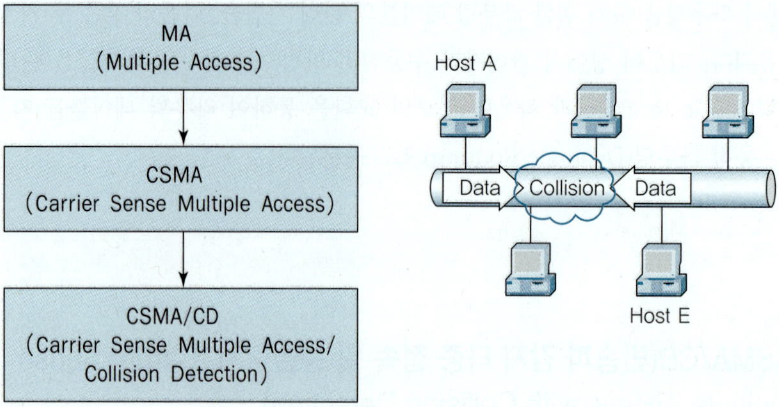

[그림 1-13] CSMA/CD 발전과정 및 구동 원리

| 미니요약 | CSMA/CD(반송파 감지 다중 접속 및 충돌탐지, Carrier Sense multiple Access with Collision Detection)

CSMA/CD는 호스트가 채널의 상태를 감지해 충돌을 피하는 매체 접근 방식이다.

| 미니강의 | 이더넷(Ethernet)의 역사

이더넷의 시작은 하와이 섬들을 연결하는 무선 통신 시스템인 ALOHA(Additive Links On-Line Hawaii Area) 시스템이다. 그 후 1972년 Xerox PARC는 캐리어 감지 기술이 더해서 1Km의 케이블에 100개의 개인 웍스테이션을 연결할 수 있는 2.94Mbps의 CSMA/CD 시스템, 즉 이더넷을 개발하였다. 최초로 상업화된 이더넷은 Xerox, Digital Equipment, Intel 사의 공동 작업에 의해 개발된 이더넷 버전 1이다. 그 후 1982년에 몇 차례 수정을 거쳐 버전 2가 개발되었다.

802.3은 IEEE 802 위원회에서 제정한 LAN 표준 중 하나로 1983년에 개발된 것이다. 802.3은 이더넷 버전 1을 기초로 하여 개발되었지만 기존의 이더넷 버전 1과는 호환되지 못하였다. 이러한 이유로 물리적으로 동일한 LAN에서 802.3과 동시에 존재할 수 있게 하기 위해 이더넷 버전 2가 개발된 것이다.

1.4.3 802.2/802.3과 이더넷의 프레임 형식

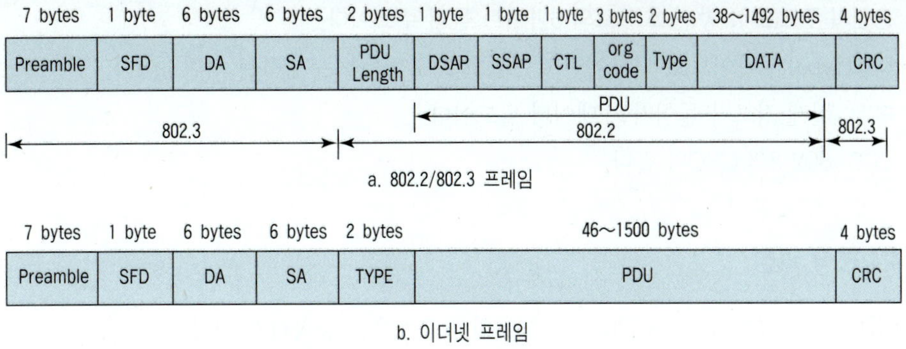

[그림 1-14] 802.2/802.3과 이더넷의 프레임 형식

▶ 802.2/802.3 프레임 필드

- 프리엠블(Preamble): 7바이트 길이의 필드로 프레임의 도착을 알리고, 입력 타이밍을 동기화할 수 있도록 '1010101'과 같은 0과 1의 반복으로 구성되어 있다.
- 시작 프레임 지시자(Start Frame Delimiter; SFD): 프레임의 시작을 의미하는 필드로 수신자에게 다음 필드에 주소와 데이터가 있다는 것을 표시하고 있다.
- 목적지 주소(Destination Address; DA): 6바이트의 목적지 물리주소를 포함하고 있다. 즉 NIC(Network Interface Card)에 부여된 고유의 주소이다. 다른 네트워크, 즉 다른 LAN으로 전송될 프레임은, 해당 프레임의 DA 필드에 현재 LAN의 디폴트 라우터의 MAC 주소가 설정되어야 한다.
- 송신지 주소(Source Address; SA): 6바이트의 길이로 프레임을 전송하는 송신지 물리주소를 포함하고 있다.
- PDU 길이/유형: PDU의 바이트 수를 나타내는 필드로, 그 길이가 고정되어 있다면 프레임의 종류를 나타내고 있는 것이다.
- PDU: 프레임의 유형이나 정보 필드의 길이에 따라 46~1,500바이트의 길이를 갖는 802.2 프레임으로 LLC 계층에 의해 생성된다. 만약 이 필드의 길이가 최소길이보다 짧다면 PAD를 덧붙여 차이를 보상한다.
- CRC(Cyclic Redundancy Check): CRC-32와 같은 오류검출 정보가 들어있다.

▶ 이더넷 프레임 필드

- 프리엠블(Preamble): 802.3의 프리엠블 필드와 같다.
- 시작 프레임 지시자(SFD): 802.3의 시작 프레임 지시자 필드와 같다.

- 목적지 주소(DA): 프레임을 수신하기 위한 6바이트의 목적지 물리주소 혹은 호스트의 그룹주소이다.
- 송신지 주소(SA): 송신 호스트의 6바이트 물리 주소이다.
- 타입(Type): 2바이트로 이루어진 네트워크 프로토콜을 구별하는 식별자이다.
- PDU: 실제 정보가 들어가는 데이터 필드이다.
- CRC: 802.3의 CRC와 같다.

1.4.4 동작 과정

[그림 1-15]와 같이 CSMA/CD는 다음과 같은 과정으로 동작하게 된다.

① 노드(또는 호스트)는 데이터를 전송하기 전에 회선이 사용 중인지 점검한다.
② 회선이 사용 중이면 임의의 시간만큼 기다린 후 다시 회선의 사용 유무를 점검한다.
③ 회선이 사용되지 않는 것이 확인되면 데이터를 전송한다.
④ 데이터 전송 중 충돌이 검출되면 충돌 발생 사실을 모든 노드(또는 호스트)에 간단한 통보신호(Jam 신호)를 보낸다.
⑤ 충돌이 발생하면 임의의 시간 동안 대기한 후 다시 데이터를 전송한다.

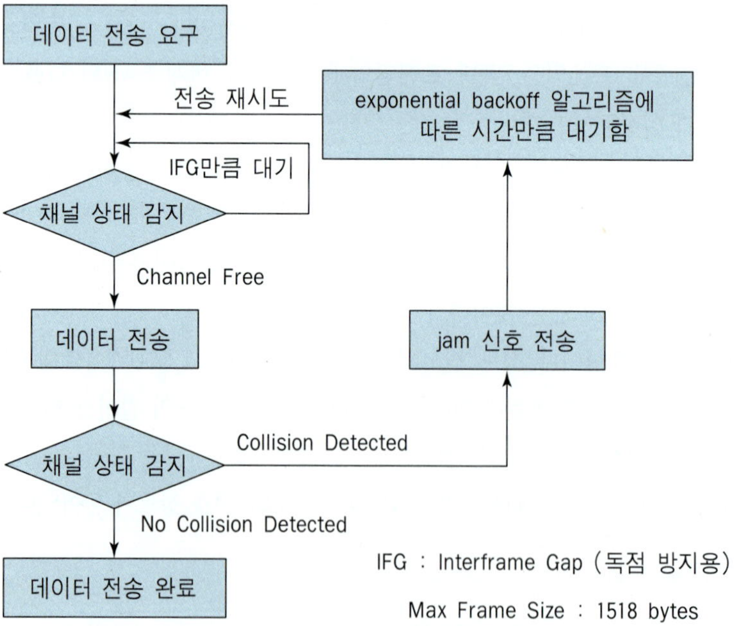

[그림 1-15] CSMA/CD의 동작 과정

1.4.5 충돌 윈도우(Collision Window)

CSMA/CD에서 충돌 윈도우의 개념은 그 크기에 따라서 LAN 세그먼트의 길이와 함께 최소 프레임 크기가 정해진다는 점에서 중요한 의미를 갖는다. 즉, 두 노드(또는 호스트)가 동시에 데이터 전송을 시도할 때에 충돌이 발생하면, 충돌이 발생하였다는 사실을 각 노드(또는 호스트)가 반드시 알 수 있어야 하는데 이때 사용되는 개념이 충돌 윈도우이다. 가장 멀리 떨어져 있는 두 노드(또는 호스트) 사이의 신호 전송 시간을 "t"라고 가정하자. 어느 특정한 시점에서 하나의 호스트(A)가 전송을 시작할 때, 이 호스트에서 가장 먼 거리에 있는 다른 호스트(B)가 (A)호스트로부터의 신호를 수신하기 전에 전송을 시작했다면, (B)호스트는 전송 직후 아주 짧은 순간에 충돌을 감지하고 다른 모든 호스트에 jam 신호를 보낼 것이다. 그러나 (A)호스트는 2t의 시간이 흐른 후에 이러한 충돌 사실을 확인할 수 있다. 즉 (A)호스트가 아주 짧은 프레임을 약 2t 시간 내에 전송하였다면, (A)호스트는 프레임이 충돌 없이 전송되었나라고 판단할 것이다. 이러한 현상을 방지하기 위해『CSMA/CD에서는 최소 전송 프레임의 길이를 전송 프레임의 첫 비트가 케이블 전체에 전파되는 시간의 최소 두 배 이상이 되어야 한다』라고 정하고 있다. 즉, 충돌 윈도우는 각 호스트가 데이터를 전송하고 나서 충돌을 감지하는 데까지 걸리는 시간을 의미한다. 따라서 802.3에서는 최대 LAN 세그먼트의 길이가 2,500m로 규정되어 있기 때문에 프레임은 최소한 51.2us(64bytes)의 전송시간을 가져야 한다.

1.4.6 재전송 알고리즘

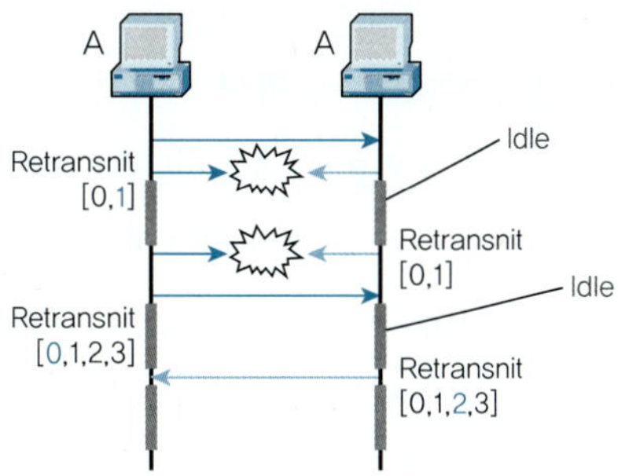

프레임 전송 중 충돌이 발생하면『시도 임계치(Attempt Limit)』로 알려진 최대 재전송 시도 횟수만큼 재전송을 시도한다. 반복되는 충돌은 현재 매체의 통신량이 많다는 것을 의미하므로 MAC 개체는 재전송할 때의 대기 시간을 늘려 매체의 통신량을 조절한다. 이것은 슬롯 타임(Slot Time)의 임의의 정수 배만큼 대기한 후 재전송하는『Binary Exponential Backoff 알고리즘』으로 구현한다. 즉 i번의 충돌이 발생하였다면, 0과 2^i-1 사이의 임의의 수를 선택하여 그만큼의 슬롯 타임 동안 대기한다. 슬롯 타임은 충돌감지가 가능한 최대 지연 시간으로 다음과 같이 표현할 수 있다.

슬롯타임 = 2 × 전송지연시간 + 여유마진

여기에서 전송지연시간은 네트워크 상에서 송신지에서 수신지로 신호를 전송하는 데 필요한 최대 시간을 의미한다. 즉, 슬롯 타임은 전송지연시간의 두 배에 여유 마진을 더한 값이다.

1.4.7 채널 획득 방법

LAN 상의 한 노드(또는 호스트)가 프레임을 전송 완료한 직후, 다른 노드(또는 호스트)가 프레임을 전송할 준비가 되어 있는 상태이면, 프레임 전송을 위하여 채널의 상태를 검사하여야 한다. 채널의 상태를 검사하여 채널을 획득하는 방법은 [그림 1-16]과 같이 Non-persistent 방식, 1-persistent 방식, P-persistent 방식이 있다.

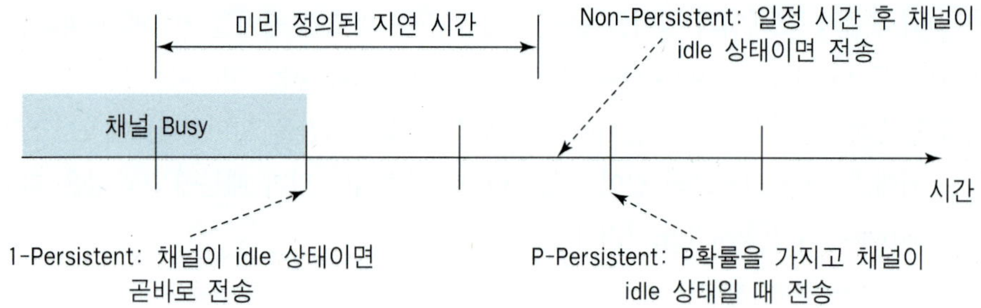

[그림 1-16] CSMA/CD의 채널 획득 방식

(1) Non-Persistent 방식

노드(또는 호스트)는 프레임을 전송하기 전에 채널을 검사한다. 만약 LAN 상의 다른 노드들이 전송을 하고 있지 않으면 스스로 데이터를 전송하기 시작한다. 그러나 호스트는 만약 채널이 이미 누군가에 의해 사용 중이면, 즉 채널이 Busy상태이면, 이전 전송작업의 종료를 확인하기 위해 채널의 상태를 계속적으로 검사하지 않고 임의의 시간이 지난 후 채널의 상태를 검사한다.

(2) 1-Persistent 방식

노드(또는 호스트)가 전송할 데이터를 가지고 있을 때, 그 순간 다른 호스트가 전송을 하고 있는지를 확인하기 위해 채널의 상태를 검사한다. 만약 채널이 Busy상태이면 호스트는 채널이 Idle상태일 때까지 기다리고 채널이 Idle상태이면 즉시 프레임을 전송하기 시작한다. 충돌이 발생하면 임의의 시간 동안 대기한 후 다시 채널을 검사한다. 이 방식은 채널이 Idle 상태일 때마다 1의 확률을 가지고 프레임을 전송하기 때문에 1-Persistent 방식이라 한다. 현재 CSMA/CD 매체접근제어방식으로는 대부분 1-Persistent 방식을 사용한다.

(3) P-Persistent 방식

이 방식은 채널이 각 슬롯(Slot)으로 나뉜 슬롯 채널에서 사용된다. 노드(또는 호스트)가 전송할 준비가 되어 있으면 채널의 상태를 검사하며, 만약 채널이 Idle상태이면 p의 확률을 가지고 전송을 시작한다. 그리고 확률 q=1-p를 가지고 다음 슬롯까지 기다린다. 만약 그 후 그 슬롯의 상태가 idle상태로 변하면 p 혹은 q 확률을 가지고 전송하거나 혹은 기다린다. 이러한 과정은 프레임이 전송되거나 다른 노드(또는 호스트)가 전송을 시작할 때까지 반복된다. 다른 노드(또는 호스트)가 전송을 시작할 때에는 마치 충돌이 있었던 것처럼 임의의 시간 동안 대기한 후 다시 전송을 시작한다. 만약 노드(또는 호스트)가 초기에 채널이 Busy 상태임을 감지한다면 다음 슬롯까지 기다린 후 다시 위의 과정을 시작한다.

1.4.8 네트워크 구성

이더넷(Ethernet)과 IEEE 802.3의 구조는 버스형과 트리형 토폴로지의 복합적인 연결로 이루어지게 된다. 대규모의 이더넷 및 IEEE 802.3의 네트워크는 보통 LAN의 백본(Backbone)이라 불리는 중앙의 버스 케이블과 중앙의 백본에서 각 그룹의 시스템이 트리 형태로 연동되어 있다.

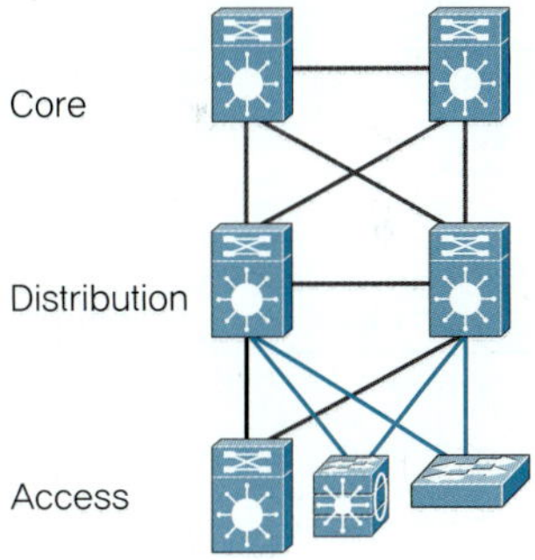

이더넷과 노드(또는 호스트)의 연결은 트랜시버(Transceiver)라 불리는 연결장비를 사용하여 이루어진다. 트랜시버(트랜스미터(Transmitter)와 리시버(Receiver)의 합성어)는 물리적인 확장 장비로 네트워크 어댑터와 같은 역할을 하는 이더넷 장비이다. IEEE 802.3에서는 트랜시버와 같은 네트워크 어댑터의 역할을 하는 MAU(Medium Attachment Unit)가 있는데, 트랜시버와 MAU의 주요한 역할은 시스템 내의 디지털 정보를 연결되어 있는 물리매체에 맞는 전기적인 형태로 변환시켜 주는 것이다. 또한 이런 변환된 신호를 송신 및 수신하는 기능, 전송 시 충돌을 감지하는 기능 등을 한다. 또한 네트워크의 확장을 위해서 리피터, 브리지, 라우터 등의 장비를 이용하기도 한다.

최근의 네트워크 구성은 이런 추세의 변화 및 개선된 모습으로 백본 역할의 코어(Core) 영역, 중간의 분배(Distribution) 영역 그리고 실제로 실 사용자들을 연동하는 억세스(Access) 영역 등의 3단계(3-Tier) 구성으로 네트워크의 확장성, 신속성 및 관리/운영성과 편리성 등을 추구한다.

1.4.9 IEEE 802.3과 이더넷의 차이점

IEEE 802.3과 이더넷은 프레임 형식이 동일 LAN 환경에서 동시에 존재 가능할 정도로 유사하지만 차이점이 있다. 네트워크 내의 시스템들은 이러한 이더넷 프레임과 IEEE 802.3 프레임을 명백히 구별할 수 있어야 한다. 두 프레임 형식사이의 가장 큰 차이점은 프레임, 네트워크, 네트워크 프로토콜 등을 구분하는 이더넷의 타입 필드이다. 〈표 1-4〉는 이더넷에서 타입 필드 값과 해당 네트워크 프로토콜을 나타낸 것이다.

〈표 1-4〉 이더넷의 타입 필드

Type	Assignment
0800	Department of Defense Internet Protocol(IP)
0806	Address Resolution Protocol(ARP)
0807	Xerox XNS network protocol
0BAD	Banyan Systems network protocol
6000-6009	Digital Equipment Corporation protocols
6010-6014	3Com network protocols
8137-8138	Novell network protocols

반대로 IEEE 802.3 프레임은 해당 프레임이 어느 네트워크에서 수신한 프레임인지 혹은 어느 네트워크로 송신할 프레임인지를 구분하는 IEEE 802.2 LLC의 SSAP와 DSAP필드를 가지고 있다.

[그림 1-17]은 Ethernet과 IEEE 802.3의 필드 정의 값이다.

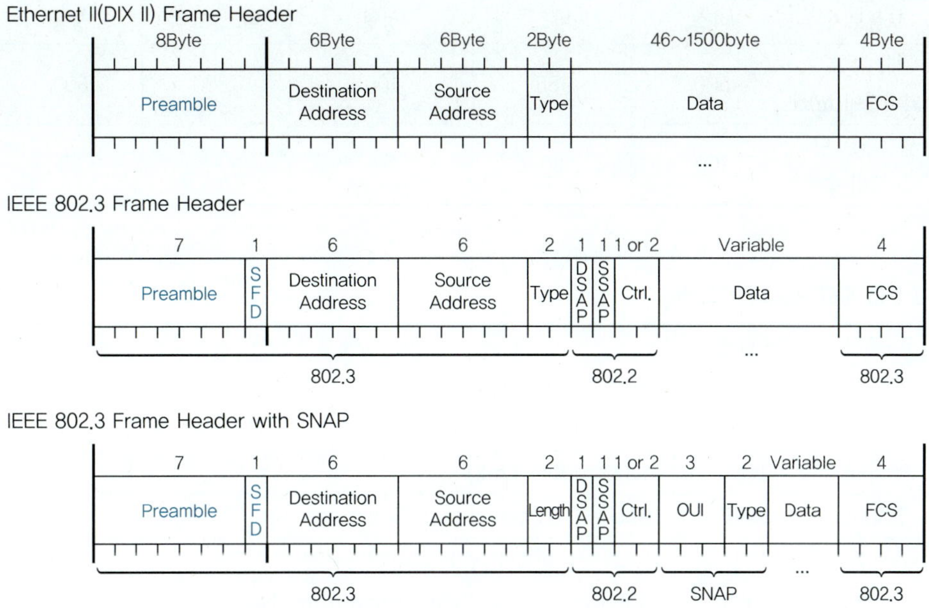

[그림 1-17] 이더넷 vs. IEEE 802.3 타입 필드

1.4.10 IEEE 802.3의 물리적인 규격

IEEE에서는 케이블 유형과 연결 그리고 5가지 이더넷 구현에 사용하는 신호에 대해서 규정하고 있으며 다음과 같이 표기하고 있다.

〈데이터 전송속도(Mbps단위)〉〈신호〉〈사용할 수 있는 최대 거리(100m단위)〉

예를 들어 10BASE5는 10Mbps의 전송속도를 내며 기저대역 신호를 사용하여 그 최대 허용거리는 500m임을 의미한다. 〈표 1-5〉는 IEEE 802.3에서 제정한 10Mbps 이더넷의 물리 계층에서의 매체 종류별 특성을 보여주고 있다.

〈표 1-5〉 IEEE 802.3의 물리 매체 및 특성

	10BASE5	10BASE2	10BASE-T	10BROD36	10BASE-FP
전송매체	동축케이블 (50 ohm)	동축케이블 (50 ohm)	비차폐 트위스티드 페어	동축케이블 (50 ohm)	광케이블
신호방식	기저대역 (맨체스터)	기저대역 (맨체스터)	기저대역 (맨체스터)	광대역 (DPSK)	맨체스터 (ON/OFF)

토폴로지	버스	버스	성형	버스/트리	성형
세그먼트 최대길이(m)	500	185	100	1800	500
세그먼트 당 노드의 수	100	30	–	–	33

〈표 1-6〉 IEEE 802.3 표준화 현황

표준화 명	표준화 년도	내 용
802.3a	1985	10Base-2 (Thin Ethernet)
802.3c	1986	10Mb/s Repeater Specifications
802.3d	1987	FOIRL (Fiber Link)
802.3i	1990	10Base-T (Twisted Pair Cable)
802.3j	1993	10Base-F (Fiber optic Cable)
802.3u	1995	100Base-T (Fast Ethernet and Auto-Negotiation)
802.3x	1997	Full Duplex
802.3z	1998	1000Base-X (Gigabit Ethernet)
802.3ab	1999	1000Base-T (Gigabit Ethernet over Twisted Pair)
802.3ac	1998	VLAN Tag (Frame Size Extension to 1522Bytes)
802.3ad	2000	Parallel Links (Link Aggregation)
802.3ae	2002	10Gigabit Ethernet
802.3as	2005	Frame Expansion
802.3at	2005	Power over Ethernet Plus

| 미니강의 | ALOHA(Additive Links On-line Hawaii Area) 시스템 소개

ALOHA는 하와이 대학의 노만 에이브람슨과 그의 동료들에 의해 1970년대에 개발된 UHF 프레임(Frame) 라디오 통신 시스템이다. 이 시스템의 목적은 하와이의 여러 섬에 분산되어 있는 사용자들에게 Oahu 섬 등에 집중되어 있는 중앙컴퓨터(HP2100)의 이용을 값싸고 쉽게 제공하기 위한 것이었다. 즉, 여러 사용자들에게 단일 분할 채널을 균등하게 사용할 수 있도록 하는 네트워크를 제공하는 것이었다.

ALOHA에서 불연속적인 슬롯으로 시간을 나누느냐, 그렇지 않느냐에 따라 순수(Pure) ALOHA와 슬롯(Slotted) ALOHA로 구분된다.

• 순수 ALOHA

순수 ALOHA는 사용자들이 데이터를 보낼 필요가 있을 때에 다른 터미널로부터의 프레임 전송과는 무관하게 프레임을 전송하는 방식이다. 이때 물론 충돌은 발생할 것이며 충돌한 프레임은 손상된다. 이러한 충돌로 인한 프레임의 손상은 임의의 시간을 대기한 후 다시 재전송함으로써 전송을 완료하게 된다. 이러한 하나의 채널을 복수의 사용자로 하여금 경쟁을 유발하여 사용하게 하는 시스템을 경쟁 시스템(Contention System)이라 한다. 또한 순수 ALOHA 방식에서는 프레임의 길이를 서로 같게 하는데, 이는 ALOHA 시스템의 작업 처리량을 최대화하기 위한 방법이다.

• 슬롯 ALOHA

슬롯 ALOHA 방식은 기존 ALOHA 시스템의 처리능력을 두 배 늘리기 위한 방법으로 1972년, 로버트(Robert Metcalffe)에 의해 제안되었다. 이 방식의 배경은 하나의 프레임을 전송할 수 있는 불연속적인 시간 슬롯을 두는 것이다. 이를 위해서는 슬롯이 유효할 때 다른 호스트에게 각 슬롯의 시작에서 신호를 방출하는 동기화를 위한 한 호스트가 필요하다. 이 방식은 해당 슬롯에 프레임을 정렬시킴으로써 전송 중 발생하는 신호의 중첩을 감소시킬 수 있다. 그러나 호스트들은 그들이 프레임을 송신하기 전에 시간 슬롯의 시작위치를 기다려야 한다. 또한 해당 프레임은 다른 호스트들에 의해 같은 슬롯에 올려놓을 때 유실하게 된다.

1.5 토큰 링(Token Ring)

1.5.1 개요

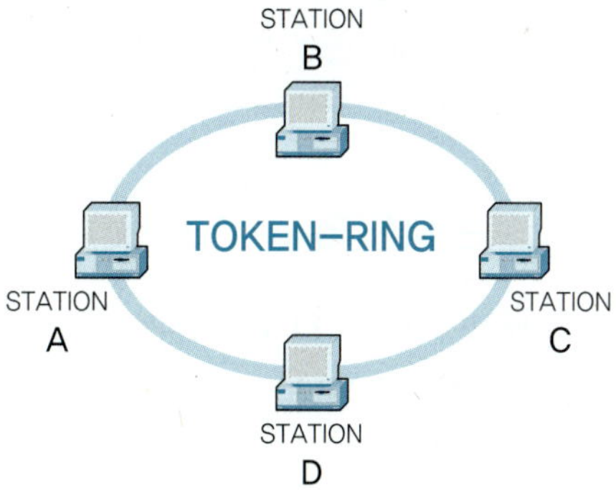

이더넷에서는 여러 노드(또는 호스트)가 동시에 회선을 확보하기 위해 회선의 사용유무를 확인하는 과정에서 충돌로 인한 지연이 발생한다. 노드(또는 호스트)들의 통신량이 증가하면 이러한 현상은 더욱 심해져 예측하기 힘든 지연이 발생하게 된다. 이에 반하여 토큰 링은 각 노드(또는 호스트)가 순서대로 데이터를 보내게 함으로써 이더넷에서 발생하는 지연현상을 극복하고 있으며, IEEE에서는 IEEE 802.5로 표준화하였다.

1990년대 초반 이더넷의 등장으로 토큰 링의 사용은 하양 곡선을 타기 시작하였으며, IBM이 이더넷보다 더 빠르고 안정적이라고 주장하였지만 성공적이지 못해 결국 사양화 되었다.

1.5.2 정의

토큰 링 네트워크는 여러 노드(또는 호스트)들을 하나의 링 형태로 구성하고, 토큰 패싱 방식을 사용하여 매체를 접근하는 방식이다. 즉 3바이트로 구성된 토큰이라는 짧은 길이의 프레임을 사용하여 데이터를 보낼 수 있는 자격을 한정하며, 노드(또는 호스트)는 자신의 차례가 되어 토큰을 받았을 때만 데이터를 전송할 수 있게 된다.

| 미니강의 | IBM의 토큰 링 네트워크

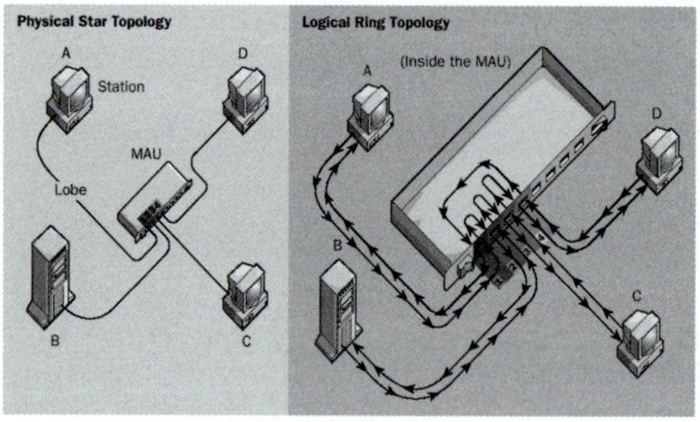

IBM의 토큰 링 네트워크는 TMS380 LAN으로 디자인된 Texas Instrument의 칩셋을 사용하여 구현되었다. 실제 IBM의 토큰 링 네트워크는 스타형태의 토폴로지에 논리적인 링 방식이 결합된 네트워크이다. 그리고 트위스티드 페어 케이블 혹은 광 케이블 상에서 16Mbps(초기에는 4Mbps의 속도를 냄)의 전송속도를 지원하고 있다. 트위스티드 페어 사용 시에는 두 쌍의 선을 이용해 각 호스트를 연결하고 있다. 이는 하나는 다운링크, 다른 하나는 업링크로 4선을 이용하여 전이중 전송을 가능하게 하고 있다. 즉, 이중링(Dual Ring)의 형태를 하고 있다.

1.5.3 토큰 패싱(Token Passing)

토큰 패싱이란 네트워크에서의 토큰 순환을 조절하는 메커니즘으로 [그림 1-18]과 같은 과정으로 동작하게 된다.

① 일반적으로 3바이트 길이를 갖는 토큰은 전송할 데이터를 가지고 있는 호스트를 만날 때까지 링을 순환한다.

② 보낼 데이터를 가지고 있는 호스트에 'free' 토큰이 도착하면 자신의 NIC에 있는 비트를

설정하고, 전송할 데이터 프레임을 보낸다.

③ 각 호스트는 목적지 주소 필드를 검사하여 그 프레임의 목적지 주소가 자신이 아니면 이웃하는 호스트로 전달한다.

④ 프레임 수신국은 자신의 주소를 확인한 다음, 메시지를 복사하고, 오류를 확인한다.

⑤ 수신국은 프레임의 마지막 바이트에 있는 4비트를 변경하여 프레임을 복사했다는 것을 나타낸다.

⑥ 그 후 프레임은 송신국으로 되돌아올 때까지 링을 따라 계속 순환하다 송신국에서 송신지 주소 부분으로 송신자가 자신임을 확인한다.

⑦ 주소확인 비트를 검사하여 프레임이 수신되었음을 확인하고 해당 프레임을 버린 후 'free' 토큰을 링으로 보낸다.

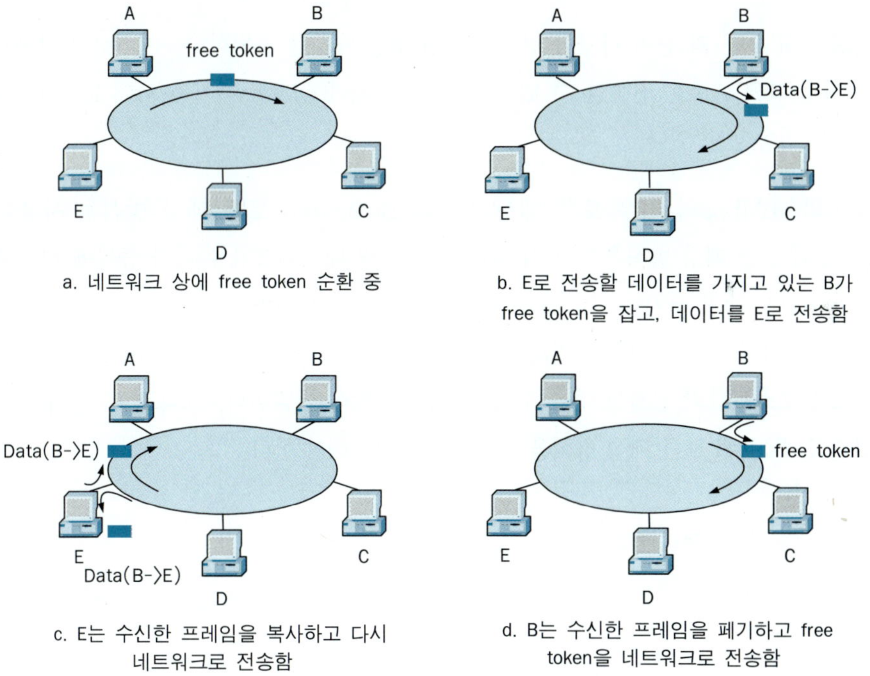

[그림 1-18] 토큰 패싱의 동작 과정

1.5.4 특징

토큰 링 네트워크는 4Mbps 혹은 16Mbps로 동작한다. IBM의 초기 토큰 링은 대개 2KB의 프레임을 4Mbps 속도로 전송하였다. 이러한 속도와 프레임 크기는 이더넷의 성능과 비교해 볼 때 토큰 링의 단점으로 볼 수 있다. 이러한 점을 보강하기 위해 프레임의 크기를 늘여 4Mbps의 속도로 4KB의 프레임을 전송하며, 16Mbps에서는 16KB의 프레임을 전송할 수 있도록 하였다.

토큰 링 방식의 장점은 네트워크 내의 모든 호스트에게 전송을 위한 기회를 보장해 준다는 것이다. 게다가 토큰 링은 논리적인 순서에 맞게 데이터 프레임과 토큰 프레임이 네트워크 상을 순환하기 때문에 토큰 링의 동작이 미리 예측 가능하다는 점이다. 그러나 대규모의 토큰 링 네트워크에서는 한 네트워크에 호스트의 수가 많아지면 그 만큼 전송할 기회가 줄어드는 단점이 있다.

1.5.5 IEEE 802.5 물리 매체 규격

802.5는 〈표 1-7〉과 같이 다양한 전송 속도와 전송 매체를 지원한다. 4Mbps의 전송 속도로는 최대 4550byte를 전송할 수 있으며, 16Mbps와 100Mbps에서는 최대 18,200byte의 프레임을 전송할 수 있다.

4Mbps와 16Mbps의 경우 토큰 패싱 방식과 Dedicated 토큰 패싱 방식을 사용한다. Dedicated 토큰 패싱 방식은 기존의 하나의 공유 링 네트워크가 아니라 중앙에 허브 혹은 스위치와 같은 중앙 장치를 두어 모든 호스트가 전이중 점-대-점 연결을 가지는 네트워크에서, 중앙 장치가 비트 레벨의 리피터 역할이 아니라 프레임 레벨의 중계를 해줌으로써 즉각적으로 호스트간의 연결을 맺을 수 있게 해주는 방식을 말한다. 그리고 100Mbps에서는 이러한 Dedicated 토큰 패싱 방식을 의무적으로 사용해야 한다.

〈표 1-7〉 IEEE 802.5의 물리 매체 및 특성

	4 Mbps	16 Mbsp	100 Mbps
전송 매체	UTP, STP, Fiber	UTP, STP, Fiber	UTP, STP, Fiber
전송 신호 방식	Differential Manchester	Differential Manchester	MLT-3 or 4B5B/NRZI
프레임의 최대 크기 (Byte)	4,550	18,200	18,200
MAC	TP 혹은 DTR	TP 혹은 DTR	DTR

※ TP: 토큰 패싱
DTP: Dedicated 토큰 링

1.5.6 IBM의 토큰링(Token-Ring)과 IEEE 802.5의 차이점

IBM의 토큰링과 802.5의 차이점은 이더넷과 IEEE 802.3의 차이점과 비교하여 그리 큰 편이 아니다. 첫 번째 차이점은 연결할 수 있는 호스트의 수이다. IBM의 토큰링은 260개의 호스트를 연결할 수 있지만, IEEE 802.5는 250개의 호스트를 연결할 수 있다. 두 번째로 IBM은 브리지를 이용한 소스 라우팅 기능이 있는 반면, IEEE 802.5는 가지고 있지 않다. 소스 라우팅의 경우 시스템은 목적지 호스트의 위치를 알고, 브리지가 적합한 링으로 경로를 설정할 수 있도록 메시지 내에 돌아오는 경로의 주소를 가지고 있다. 브리지와 호스트 모두 경로의 탐색 및 설정에 참여한다. IEEE 802.5의 경우는 소스 라우팅 기능을 가지고 있지 않다. 즉, 링 내의 호스트로부터 브리지는 독립적으로 경로 설정을 수행한다는 것이다. 여기서 지능화된 브리지가 사용될 수 있다.

1.6 토큰 버스(Token Bus)

1.6.1 개요 및 정의

토큰 버스(Token Bus, IEEE 802.4)는 이더넷(Ethernet, IEEE 802.3)과 토큰 링(Token Ring, IEEE 802.5) 전송 방식의 특징을 결합한 것으로, 물리적으로는 버스 접속형태이지만 논리적으로는 토큰 패싱 방식을 사용하여 매체를 제어하는 방식이다. 호스트들은 논리적인 링 형태로 구성되며, 토큰은 각 호스트에 차례대로 전달된다. 만약 어떤 호스트가 데이터 전송을 원하면, 기다렸다가 토큰을 확보해야 하며, 이더넷처럼 각 호스트는 공통 버스를 통하여 통신하게 된다.

이러한 토큰 버스 방식은 최소 지연 시간 또는 실시간(Real-Time) 처리가 요구되는 공장 자동화(FA: Factory Automation)와 같은 응용에 적용될 수 있는 방식이다.

1.6.2 특징

토큰 버스는 주로 동축케이블을 전송매체로 사용한다. 또한 기저대역 모드나 캐리어 대역 모드(Carrier Band Mode)에서 동작한다.

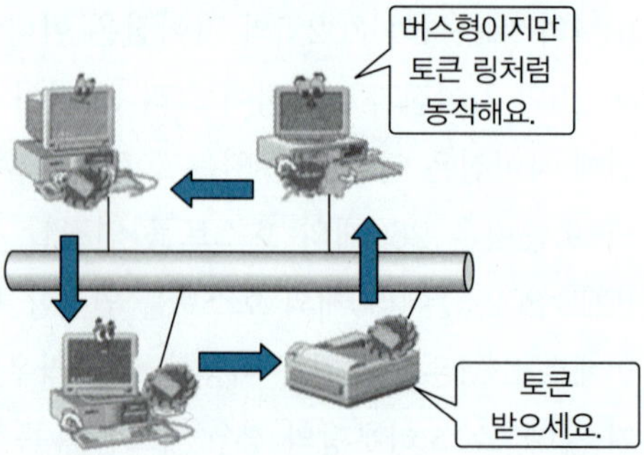

1.6.3 동작 과정

토큰 버스에서 토큰은 논리적인 링을 따라 하나의 호스트에서 다른 호스트로 짧은 토큰 프레임의 형태로 전달된다. 그러므로 각각의 호스트들은 논리적 링에서 다음 호스트(Successor)의 주소만 기억하고 있으면 된다. 만약 호스트가 토큰을 수신할 수 없으면 이전 호스트(Predecessor)는 적절한 복구 절차를 거쳐 토큰의 다음 수신 호스트를 찾는다. 이외에 토큰 버스가 처음 가동될 때, 새로운 호스트가 추가될 때, 호스트가 링에서 삭제될 때에도 링에서 토큰이 정상적으로 동작하기 위한 절차가 존재한다.

| 미니요약 | **토큰 버스 네트워크(Token Bus Network)**

토큰 버스는 물리적으로는 버스 접속형태이지만 논리적으로는 토큰 패싱 방식을 사용하여 매체를 제어하는 네트워크 방식이다.

요약

01 LAN은 제한된 지역 내에 있는 다수의 독립된 컴퓨터 기기들로 하여금 상호 통신이 가능하도록 하는 데이터 통신 시스템이다.

02 IEEE 802 프로젝트에서는 LAN의 OSI 2계층을 MAC과 LLC, 두 개의 부 계층으로 나누고 있으며 각각의 역할은 다음과 같다.

- LLC: 에러제어와 흐름제어 담당한다.
- MAC: 충돌을 피하기 위한 공유매체에 대한 접근 제어를 담당한다.

03 LAN의 분류는 다음과 같다.

- 토폴로지: 성형, 버스형, 트리형, 링형
- 전송매체: 트위스티드 페어, 동축케이블, 광케이블
- 매체접근제어방식: CSMA/CD, Token Ring, Token Bus 등

04 LAN의 각 토폴로지의 특징을 비교하면 〈표 1-8〉과 같다.

〈표 1-8〉 토폴로지별 장점 및 단점

	장점	단점
성형, 트리형	• 유지 보수가 용이하다. • 한 호스트의 고장이 전체 네트워크에 영향을 미치지 않는다. • 확장이 용이하다.	• 중앙 전송 제어 장치가 고장이 네트워크에 치명적인 문제를 야기한다. • 설치 시에 케이블링이 비용이 많이 든다. • 통신량이 많은 경우 전송 지연이 발생한다.
버스형	• 설치하기가 용이하다. • 케이블링에 소요되는 비용이 적다. • 한 호스트의 고장이 네트워크 내의 다른 부분에 아무런 영향을 주지 않는다.	• 재구성이나 결합 분리의 어려움이 있다. • 버스 케이블에 결함이 발생하면 전체 호스트는 모든 전송을 할 수 없게 된다.
링형	• 단순하며 설치와 재구성이 쉽다. • 장애가 발생한 호스트를 쉽게 찾을 수 있다. • 호스트의 수가 늘어나도 네트워크의 성능에는 별로 영향을 미치지 않는다.	• 링을 제어하기 위한 절차가 복잡하여 기본적인 지연이 있다. • 단방향 전송이기 때문에 링에 결함이 발생하면 전체 네트워크를 사용할 수 없다. 이중 링을 통해 이를 해결한다. • 새로 호스트를 추가하기 위해서는 물리적으로 링을 절단하고 호스트를 추가해야 한다.

05 LAN에 사용되는 각 전송매체의 특징은 〈표 1-9〉와 같다.

〈표 1-9〉 전송 매체별 특징

전송매체	특징
트위스티드 페어	• 기존의 전화선으로 설치 비용이 적게 들지만 전송 속도에 제한이 있다. • 종류: CATEGORY 3(~16Mbps), CATEGORY 4(~20Mbps), CATEGORY 5(~100Mbps), CATEGORY 6(~200Mbps, ~250Mbps)
동축케이블	• 트위스티드 페어보다 높은 주파수를 사용하며 빠른 전송이 가능하다. • 기저대역 방식의 동축케이블: 디지털 신호 전송, 광대역 방식에 비해 값이 비싸다. • 광대역 방식의 동축케이블: 아날로그 신호의 전송으로 기저대역에서보다 더 멀리 전송할 수 있다. 또한 주파수 분할 다중화를 통해 독립적인 채널을 가질 수 있으므로 음성, 영상, 데이터 등을 동시에 다룰 수 있다.
광케이블	• 트위스티드 페어나 동축 케이블에서 지원할 수 없는 높은 속도를 제공한다. • 데이터 신호가 빛에 의해 전송되므로 전자기파의 간섭에 무관하다. • 전자기파를 방사하지 않으므로 도청이 불가능해 철저한 보안이 요구되는 경우에 사용된다.

06 LAN에 사용되는 매체접근제어방식은 〈표 1-10〉과 같다.

〈표 1-10〉 접근제어방식별 특징

접근제어방식	특징
CSMA/CD	• 호스트가 채널의 상태를 감지해 충돌을 피하는 매체 접근 방식이다. • 보통 기저대역은 맨체스터 디지털 부호화 방식을 사용하며 광대역에서는 디지털/아날로그 부호화(차등 PSK)를 사용한다. • 회선의 제어권은 모든 호스트에게 있으며, 1 Mbps에서 100Mbps까지의 데이터 전송 속도를 제공한다. • 채널 획득 방법: Non-persistent 방식, 1-persistent 방식, P-persistent 방식 • 물리적인 규격: 10BASE5, 10BASE2, 10BASE-T, 10BROD36, 10BASE-FP
토큰 링	• 링 형태로 네트워크를 구성하고, 토큰 패싱 방식을 사용하여 매체를 접근하는 방식이다. • 차등 맨체스터 디지털 신호 방식을 사용한다. • 4 Mbps에서 최고 16 Mbps까지의 데이터 전송률을 지원한다.
토큰 버스	• 물리적으로는 버스 접속형태이지만 논리적으로는 토큰 패싱 방식을 사용하여 매체를 제어하는 방식이다. • 주로 동축케이블을 전송매체로 사용한다. • 기저대역 모드나 캐리어 밴드 모드에서 동작한다.

07 광케이블은 코어 직경이 9㎛정도로 장거리 전송에 주로 사용되는 싱글모드 광케이블과 코어 직경이 50~100㎛정도이며 단거리 전송에 많이 사용되는 멀티모드 광케이블로 나뉜다.

08 트위스트 페어 케이블(UTP)의 경우는 특성에 따라 Category 1부터 Category 7까지 나뉘는데, 각각 전송 특성 및 전송 대역폭이 다르다.

09 동축케이블의 경우는 기저대역 전송 방식의 케이블과 광대역 전송 방식의 케이블로 나뉘는데, 신호의 전송 방식에 따라 구분된다.

10 네트워크에 사용되는 장비들은 그 역할에 따라 리피터, 허브, 브리지 및 라우터 구분되며, 각각의 장비들은 네트워크에서의 역할로 구분된다.

연습문제

01 LAN에 관한 표준을 제정하는 기관은?

a. EIA(Electronic Industries Association)

b. IEEE(Institute of Electrical and Electronics Engineers)

c. ITU-T(International Telecommunications Union -Telecommunications Sector)

d. ISO(International Standards for Organization)

02 LAN의 특징과 거리가 먼 것은?

a. 광대역 전송 매체의 사용으로 고속 통신이 가능하다.

b. 라우팅과 같은 경로선택이 필요하다.

c. 하나의 네트워크 회선 자원을 공동으로 이용할 수 있다.

d. 네트워크에 연결된 모든 기기와 통신이 가능하다.

03 제한된 지역 내에 있는 다수의 독립된 컴퓨터 기기들로 하여금 상호 통신이 가능하도록 하는 데이터 통신 시스템으로 한정된 지역에서의 고속통신을 지원하는 시스템을 무엇이라 하는가?

a. LAN　　b. WAN

c. VPN　　d. ISDN

04 IEEE 802 프로젝트의 내용으로 잘못 짝지어진 것은?

a. 802.2 – LLC　　b. 802.3 – CSMA/CD

c. 802.4 – Token bus　　d. 802.5 – FDDI

05 다음 중 MAC에 대한 설명으로 바르지 않은 것은?

a. 매체 접근 제어를 수행한다.

b. LAN을 공유하는 다양한 네트워크 프로토콜을 수용한다.

c. 프레임의 순서를 정렬한다.

d. 프리엠블을 통하여 프레임의 형식을 구분하고 각각의 프레임을 제어한다.

06 다음 중 브리지의 기능으로 올바르지 않은 것은?

a. 트래픽의 병목현상을 줄일 수 있다.

b. 이기종의 LAN을 연결할 수 있다.

c. 전체 네트워크의 거리를 확장할 수 있다.

d. LAN 사이의 상호 작용성을 높일 수 있다.

07 CSMA/CD의 특징이 아닌 것은?

a. 회선의 제어권은 모든 지국에 있다.

b. 충돌이 발생하면 임의의 시간 동안 대기하므로 지연 시간을 예측하기 어렵다.

c. 통신량이 적을 때는 회선 이용률이 낮다.

d. 회선의 어느 한 호스트가 고장이 나도 다른 호스트의 통신에는 아무런 영향을 미치지 않는다.

08 이더넷의 프레임 필드 중 7바이트의 길이로 프레임의 도착을 알리고 입력 타이밍을 동기화할 수 있도록 하는 필드는 무엇인가?

a. 프리엠블 b. 시작프레임 지시자

c. CRC d. PDU

09 이더넷과 802.3 프레임 형식의 가장 큰 차이점은 이더넷 프레임의 어떤 필드인가?

a. 타입 필드 b. 프리엠블

c. CRC d. SFD

10 링 형태로 네트워크를 구성하고, 토큰 패싱 방식을 사용하여 매체에 접근하는 LAN 매체 접근 제어 방식은?

a. CSMA/CD b. Token Ring

c. Token Bus d. CSMA

11 다음 중 토큰 링에 대한 설명으로 올바르지 못한 것은?

a. 한 호스트가 고장나도 다른 호스트는 영향이 없다.

b. 토큰의 동작이 미리 예측 가능하다.

c. 호스트의 수가 많아지면 전송할 기회가 줄어든다.

d. 모든 호스트에게 전송의 기회를 보장한다.

12 이더넷과 토큰 링의 특징을 결합한 것으로 물리적으로는 버스 접속형태이지만 논리적으로는 토큰 패싱 방식을 사용하는 매체 접근 제어 방식은?

a. CSMA/CD
b. Token Ring
c. Token Bus
d. CSMA

13 버스형 토폴로지의 특징으로 잘못된 것은?

a. 재구성이나 결합 분리의 어려움이 있다.
b. 버스 케이블에 결함이 생기면 전체 호스트는 모두 전송을 할 수 없게 된다.
c. 각 호스트의 고장이 네트워크 내의 다른 부분에 영향을 미친다.
d. 탭에서 일어나는 반사는 신호의 질을 저하시킬 수 있다.

14 CSMA/CD의 물리적 규격으로 잘못 짝지어진 것은?

a. 10BASE5 버스, 동축케이블
b. 10BASE2 버스, 동축케이블,
c. 10BASE-T 성형, 비차폐 트위스티드페어
d. 10BROD36 성형, 동축케이블

15 LAN에서 기저대역 전송 방식의 설명으로 잘못된 것은?

a. 디지털 신호를 그대로 전송하는 방식이다.
b. 양방향 전송이 가능하다.
c. 네트워크의 확장을 위해 리피터가 필요하다.
d. 통신을 위해 두 개의 채널(inbound, outbound)이 필요하다.

16 IEEE에서 제정한 무선 LAN의 표준은 무엇인가?

a. 802.3
b. 802.7
c. 802.9
d. 802.11b

17 LAN이 갖는 장점을 설명하시오.

18 IEEE 802 프로젝트는 LAN을 두 개의 부 계층으로 구분하고 있다. 각각이 무엇인지 적고, 그 기능에 대해서 간략히 적으시오.

19 CSMA/CD의 동작과정을 설명하시오.

20 네트워크에서 사용하는 광케이블의 종류를 적고, 간략하게 그 특징을 서술하시오.

| 참고 사이트 |

- http://grouper.ieee.org/groups/802/: IEEE 802 LAN/MAN 표준 위원회에서 행하는 모든 LAN에 대한 표준화 활동에 관한 내용이 있다.
- http://www.cisco.com/public/support/tac/home.shtml: Cisco의 기술 지원 센터로 네트워크에 관한 다양한 기술 정보를 얻을 수 있다.
- http://www.cisco.com/warp/public/473/: LAN에 관한 기술적인 내용 담고 있는 Cisco의 기술 문서이다.
- http://www.larscom.com/support/techlib/whitepapers/wp_native LAN.htm: "Native LAN Service"에 관한 기술적인 내용을 담고 있다.
- http://www.erg.abdn.ac.uk/users/gorry/course/: 데이터 통신에 관한 전반적인 기술들이 있다.
- http://www.cisco.com/univercd/cc/td/doc/cisintwk/ics/cs010.htm: VLAN에 관한 Cisco의 기술문서이다.
- http://www.techfest.com/networking/lan.htm: LAN에 관한 전체적인 기술들이 소개되어 있다.
- http://wirelessman.org/: 광대역 무선 접속 기술에 관한 IEEE 802.16 워킹 그룹의 활동 내용들이 있다.
- http://www.cisco.com/univercd/cc/td/doc/cisintwk/ito_doc/ethernet. htm: Cisco의 이더넷에 관한 기술적인 내용들을 다루고 있다.
- http://www.bluetooth.com: 블루투스의 공식 웹사이트로 블루투스 최신동향 및 기술적인 정보들이 있다.
- http://www.palowireless.com/: 블루투스, HIPERLAN, IEEE802.1, OFDM, WAP 등의 무선 기술에 관하여 포괄적으로 다루고 있다.
- http://www.motorola.com/bluetooth/: 모토롤라에서 제공하는 블루투스에 관한 웹사이트이다.
- http://www.brightcom.com: 블루투스에 관한 솔루션을 제공하는 웹사이트이다.
- http://www.optical-ethernet.com/optical/index.htm: 광이더넷 기술에 관한 내용을 담고 있다.
- http://www.oiforum.com/: 광케이블을 이용한 네트워크 기술에 대한 포럼이다
- http://etsi.org/: 유럽의 무선 통신에 관한 표준을 담당하고 있는 ETSI의 활동에 관한 내용이 있다.
- http://www.10gigabit-ethernet.or.kr/: 국내에서 활동 중인 이더넷 포럼의 웹사이트이다.

- http://www.hiperlan2.com/: HiperLAN/2 글로벌 포럼의 웹사이트이다.

| 참고문헌 |

- Fred Halsall, Data Communications, Computer Networks and Open Systems, 4th ed, Addison Wesley, pp 269–422, 1996
- James Martin, Local Area Networks, Prentice–Hall, 1989
- Radia Perlman, Internetworking, 2nd ed, Addison–Wesley, 1999
- Andrew S.Tanenbaum, Computer Networks 3rd ed, Prentice–Hall, pp 243–338, 1996
- James F. Kurose, Keith W. Ross, Computer Networking, Addision–Wesley, pp 323–410, 2000
- Michael A. Miller, Data& Network Communications, Delmar, pp 227–300, 2000
- Ata Elahi, Network Communications Technology, Delmar, pp 59–200, 2001
- Behrouz A. Forouzan, Data Communication and Networking, 2nd ed, McGraw–Hill, pp 369–412, 20

CHAPTER

02

고속&기가비트 이더넷

contents

CHAPTER 02

고속&기가비트 이더넷(Fast & Gigabit Ethernet)

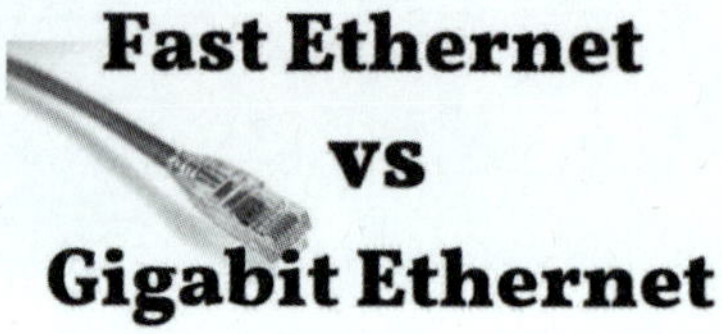

본 장에서는 LAN 네트워크의 대역폭 확장 기술로 각광을 받고 있는 LAN 스위칭 기술과 고속 이더넷 기술 및 기가비트 이더넷 기술 등을 설명한다.

LAN 스위칭(Switching) 기술은 일반적인 LAN에 스위칭 기능을 탑재한 것으로 기존의 매체 공유 방식의 LAN이 아닌, 각 호스트가 서로 직접 연결된 형태의 LAN네트워크 구조를 일컫는다. 또한 고속(Fast)LAN은 기존의 LAN 프로토콜의 형태는 그대로 유지하면서 100Mbps의 전송 속도를 갖는 LAN네트워크 구조를 말하며, 기가비트(Gigabit) 이더넷은 대용량 고속의 전달 매체인 광섬유나 특정의 고속 UTP 케이블을 사용하여 사용자에게 기가비트급 속도를 제공할 수 있게 하는 LAN 네트워크 기술을 말한다.

이번 장에서는 이러한 고속 LAN 및 기가비트 이더넷의 구성 및 특성 등에 대하여 알아보도록 하자.

중요 내용은 다음과 같다.

- LAN 스위칭(Switching)의 정의 및 전반적인 개요에 대해 알아본다.
- 기존의 LAN과 스위칭 LAN의 차이점을 살펴본다.
- 스위치의 종류, 구조, 동작원리 등을 알아봄으로써 스위칭 LAN에 사용되는 스위치를 이해한다.
- 고속 이더넷(Fast Ethernet)의 개요 및 구조, 특징에 대하여 알아본다.
- 기가비트 이더넷(Gigabit Ethernet)의 특성을 이해한다.
- 기가비트 이더넷의 계층 구조별 역할을 이해한다.
- 10G 기가비트 이더넷의 등장배경 및 특징, 구조를 이해한다.

2.1 LAN 스위칭의 개요

일반적으로 기존의 LAN에서는 적정한 노드(또는 호스트)가 연결된 환경에서 짧은 시간에 많은 양의 데이터를 전송하는 트래픽 패턴이 빈번히 발생하였기 때문에 공유 LAN 상의 어느 시점에서 한대의 노드(또는 호스트)가 대역폭 전체를 사용하는 것은 어느 정도 괜찮았다. 그러나 네트워크를 더 많은 노드(또는 호스트)들이 실시간으로 사용하고자 할 경우 혹은 대량의 데이터를 전송하여야 하는 경우에는 이러한 공유매체를 사용하는 LAN은 부적절하였다.

이러한 이유로 스위칭 LAN은 네트워크 분야에서 가장 빨리 성장한 기술이 되었다. 스위치는 네트워크의 전송 성능을 높이고 신뢰성을 향상시키기 위하여 LAN 세그먼트를 연결하는 데 사용되는 특정 장치를 사용하여, 수신 포트로 프레임을 수신하고, 목적지 주소를 검사하여 목적지 주소가 있는 출력 포트로 해당 프레임을 전송하는 기능을 제공하는 네트워크 구조이다.

[그림 2-1] 공유(Shared)와 스위칭(Switching)

기존의 이더넷은 가장 널리 사용되고 있는 LAN이지만, 하나의 LAN에 연결되는 노드(또는 호스트) 수가 많아지면, 충돌율의 증가로 인하여 네트워크의 성능은 급격히 떨어지는 단점이 있었다. 초기에는 브리지(Bridge)라는 네트워크 장비를 통하여 LAN을 분할하여("Segmentation") 네트워크의 트래픽을 분산시키거나, OSI 3계층인 네트워크 계층에 속하는 라우터(Router)라는 장비를 사용하여 보다 정교하게 네트워크를 분할하였다. 그러나 이렇게 네트워크를 분할해도 한 세그먼트에 접속될 수 있는 호스트의 수를 어느 정도 일정하게 유지해야만 하였다. 이러한 네트워크의 한계를 극복하고 보다 향상된 성능을 제공하기 위하여 각각의 LAN 세그먼트들을 스위치의 포트에 연결하여 앞의 기능들을 통합한 것이 LAN 스위칭 구조이다. 이로 인해 각각의 LAN 세그먼트는 독립적인 LAN으로 동작하며, 충돌 도메인 또한 각각의 LAN 세그먼트로 한정되게 되었고, 처리 속도 면에서 기존의 브리지나 라우터를 능가하며, 기능들을 하나의 장비에 통합할 수 있게 되었다.

이를 가능하게 하는 핵심 기술로는 ASIC(Application Specific Integrated Circuit) 기술을 들 수 있다. ASIC 기술의 발전으로 스위칭을 장비의 중앙처리장치(CPU)가 아닌, ASIC이라는 하드웨어가 수행하게 함으로써, 스위칭 속도를 획기적으로 향상시킬 수 있었다.

예를 들어 만약 이더넷 LAN이 20개의 노드(또는 호스트)로 구성되어 있으면, 각 노드(또는 호스트)의 대역폭은 네트워크 대역폭의 1/20이 된다. 또한 이러한 LAN을 다섯 개의 세그먼트로 나누고 스위치에 각각을 연결하면 각 호스트는 전체 대역폭의 1/4씩을 사용하게 된다.

2.2 공유 LAN과 스위칭 LAN

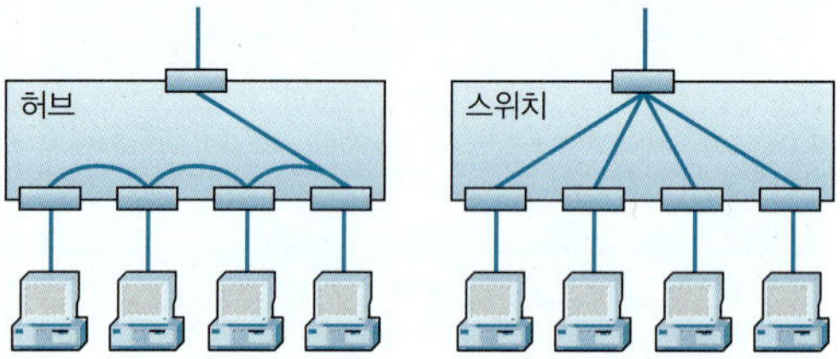

역사적으로 LAN은 공유 환경에서 몇 개의 LAN 접근 제어 기법에 의해 성장했다. 예를 들어 CSMA/CD, 토큰 패싱 등의 MAC 프로토콜은 공유된 물리 매체 상에서 데이터를 어떻게 전송할 것인지를 결정하는 각각의 규칙을 가지고 있다. [그림 2-2]의 (a)와 같이 전통적인 이더넷은 공통의 버스 형태의 토폴로지 상에서 10Mbps의 전송 속도로 동작한다. 그리고 노드(또는 호스트)는 물리적으로 하나의 브로드캐스팅 도메인을 생성하는 허브, 리피터 등을 통하여 공통의 버스에 연결된다. 이러한 환경에서 각 노드(또는 호스트)는 모든 노드(또는 호스트)로부터 전송되는 데이터를 모두 수신할 뿐만 아니라 반이중 방식으로 동작한다. 즉 노드(또는 호스트)는 동시에 데이터를 송수신할 수 없다는 것이다. 거기에다가 이더넷 네트워크의 노드들은 CSMA/CD 프로토콜을 사용하기 때문에 세그먼트 내에서 단지 하나의 노드만이 어느 한 시점에 데이터를 전송할 수 있다. 만약 동시에 프레임을 전송하고자 하면 충돌이 발생하기 때문에 다음과 같은 두 가지 경우에 데이터 전송 시간이 증가된다. 먼저 두 노드가 동시에 데이터를 전송하려고 할

때, 충돌이 발생하며, 그와 동시에 두 노드는 전송을 중단하고 잠시 후 다시 재전송을 시도한다. 다음으로는 한 노드에서 프레임이 전송되기 시작할 때, 다른 한 노드는 프레임이 종단 호스트까지 도착되기 전까진 어떤 다른 데이터도 전송할 수 없다.

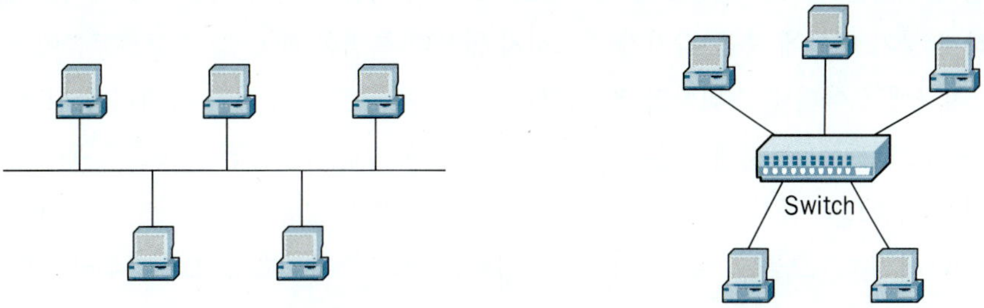

(a) 기존의 이더넷(CSMA/CD) (b) 스위칭 LAN

[그림 2-2] 기존 LAN과 스위칭 LAN

브리지(Bridge)는 특정 영역에 존재하는 네트워크들을 물리적인 다수의 세그먼트들로 나누고(업무 성격상 또는 사용자 구분상 등), 한 세그먼트상에서 목적지가 상이한 프레임만 브리지라는 네트워크 장비를 통해 전송이 요구된 세그먼트로 전달될 수 있게 허용 및 전송한다. 즉, 필요할 때만 프레임을 전달함으로써 충돌 도메인을 각 세그먼트로 한정하여 충돌률을 줄이는 것이다. 이와는 달리 라우터(Router)는 다양한 논리적인 네트워크를 연결하여 물리적으로는 다른 네트워크에서 충돌 도메인을 분리한다. 즉, 물리적인 세그먼트를 나누는 OSI 참조모델의 2계층에서 동작하는 브리지의 기능과 파이어월(Firewall)로 불리는 논리적인 세그먼트 기능을 동시에 제공한다. 브리지와 라우터는 공유 매체에서 기본적으로 버스 형태의 구조라는 점이 유사하다. 반면에 스위치는 네트워크의 길이가 늘어나면 전송 지연 시간이 커져서 확장성이 떨어지는 버스구조의 단점을 극복하였다. 또한 브리지나 라우터의 지연 시간이 1,518바이트의 프레임에 대해 1~2ms인 반면 스위치는 0.20ms로 처리 속도 또한 향상된 구조를 갖는다.

이더넷 스위치는 [그림 2-2]의 (b)와 같이 하나의 LAN을 많은 병렬 전용회선 형태로 세그먼트화 함으로써 충돌이 발생하지 않는 확장성 있는 네트워크를 구축할 수 있게 하였다. 스위치의 포트에는 많은 노드(또는 호스트)들이 연결된 하나의 세

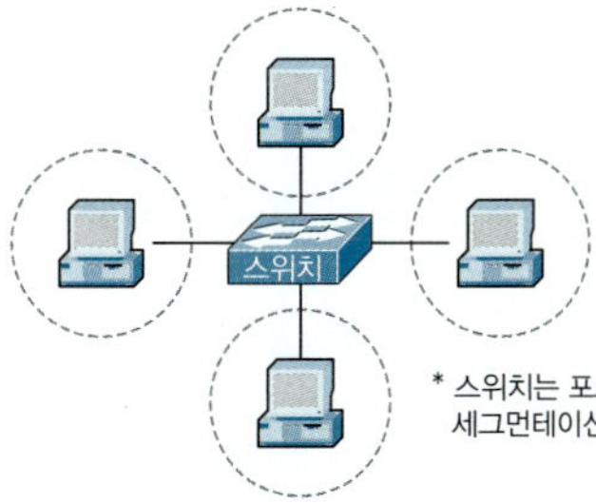

* 스위치는 포트별로 세그먼테이션을 해준다.

그먼트 혹은 하나의 노드(또는 호스트)로 연결이 가능하다. 하나의 세그먼트가 연결된 경우에는 해당 세그먼트가 충돌 도메인이 되며 CSMA/CD 프로토콜에 의한 충돌이 일어난다. 또한 세그먼트 상의 단 하나의 노드(또는 호스트)만이 특정 시점에 해당 스위치 포트로 데이터를 전송할 수 있다. 하나의 LAN 노드(또는 호스트)가 스위치의 포트에 직접적으로 연결된 경우에는 전이중 전송(Full Duplex Mode)이 가능하다. 전이중 모드에서는 충돌이 발생하지 않기 때문에 충돌 감지가 필요하지 않으며 특별한 매체 접근 프로토콜이 필요치 않다. 여기에서 이더넷 스위치의 총 대역폭은 스위치 포트의 수만큼 증가하게 된다. 전이중 모드의 스위칭은 동시에 송수신을 할 수 있다. 즉, 10Mbps의 전송 속도로 동작하는 이더넷이 전이중으로 동작한다면 네트워크 대역폭은 20Mbps(송신 10Mbps, 수신 10Mbps)로 늘어나게 된다. 오늘날에는 브리지라는 장비는 거의 존재하지 않으며 라우터만 망 연동을 위하여 사용되고 있는 상황이며, 스위치가 라우터나 브리지의 세그먼트화 기능을 수행하고 있다. 즉, 스위치는 10/100/1000Mbps의 공유 세그먼트를 노드(또는 호스트) 각각이 10/100/1000Mbps로 연결된 형태의 전용회선 형태의 네트워크로 구성할 수 있게 해준다. 즉, 10/100/1000Mbps의 스위치를 사용하면 10/100Mbps의 공유 세그먼트에서의 전송을 10/100/1000Mbps의 LAN 세그먼트로 송수신할 수 있게 한다는 것이다.

| 미니강의 | 반 이중(Half Duplex) 방식 vs. 전 이중(Full Duplex) 방식

- 반 이중 방식(Half Duplex Mode)
  양 방향으로 데이터가 전송될 수는 있으나, 동시에 전송하는 것은 불가능한 방식으로 즉, 한 번에 한 쪽 방향으로만 데이터 전송이 가능한 단방향 통신 방식
- 전 이중 방식(Full Duplex Mode)
  하나의 전송 선로에서 데이터가 동시에 양 방향으로 전송될 수 있는 방식으로 충돌이 발생하지 않음

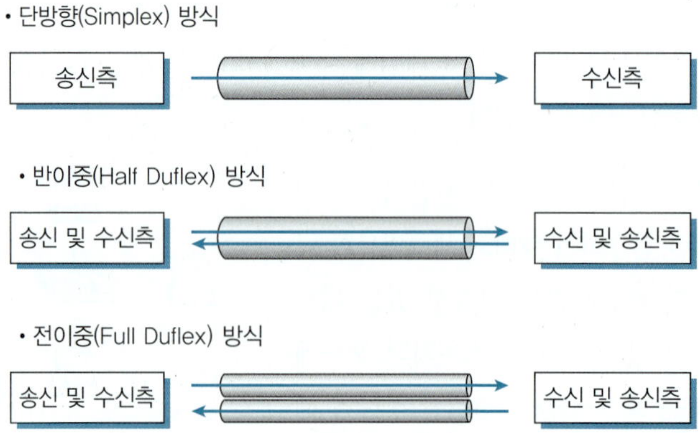

| 미니강의 | VLAN(Virtual LAN)

VLAN(IEEE 802.1Q)은 네트워크 관리자로 하여금 그룹 단위 혹은 세그먼트 포트 단위의 유용성을 보장하기 위해 논리적인 개별 스위칭 동작을 하게 하는 스위칭 LAN의 옵션 구성이다. 보통 동일 LAN 세그먼트에 있는 호스트들은 브로드캐스트를 통하여 데이터를 전송한다. 즉, 하나의 LAN 세그먼트는 동일한 브로드캐스트 도메인에 있다. VLAN은 가상적인 브로드캐스트 도메인을 생성함으로써 전체 브로드캐스트 트래픽을 제한할 수 있다. 즉, VLAN으로 생성된 가상 세그먼트는 인증된 VLAN 구성원만이 접근할 수 있다.

VLAN의 종류에는 포트기반 VLAN, MAC주소기반 VLAN, 프로토콜기반 VLAN, 네트워크기반 VLAN, IP 서브넷을 이용한 VLAN, 다중 VLAN 등이 있다.

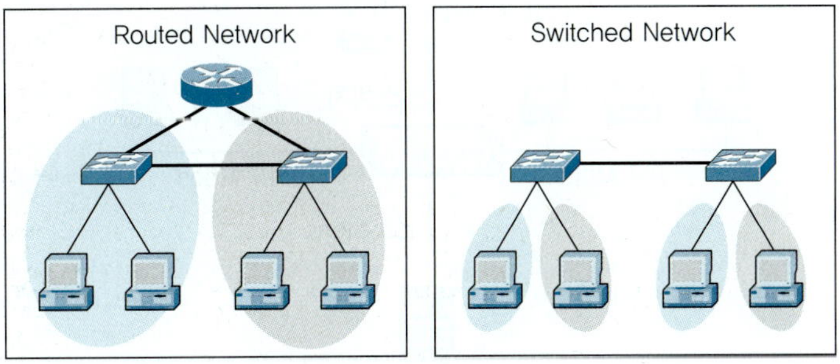

2.3 스위치(Switch)

2.3.1 스위치의 종류

스위치에는 응용 방법에 의해 [그림 2-3]과 같이 대칭 스위치와 비대칭 스위치가 있다. 대칭 스위치는 동일 대역폭을 가진 LAN 세그먼트에 대한 스위칭을 말하며, 비대칭 스위치는 서로 다른 대역폭을 가진 LAN 세그먼트에 대한 스위칭을 말한다.

또한 스위치를 OSI 참조 모델에 기초로 하여 구분하면 2계층 스위치, 3계층 스위치와 4계층 스위치로 나눌 수 있다.

2계층 스위치(Layer-2 Switch)는 OSI 참조 모델의 데이터 링크 계층에서 동작하는 스위치이다. 네트워크를 여러 개의 네트워크로 분리하거나 여러 개의 작업그룹(Workgroup)을 생성하는데 사용한다. 스위치의 한 포트로 입력된 프레임은 프레임의 MAC 주소를 기반으

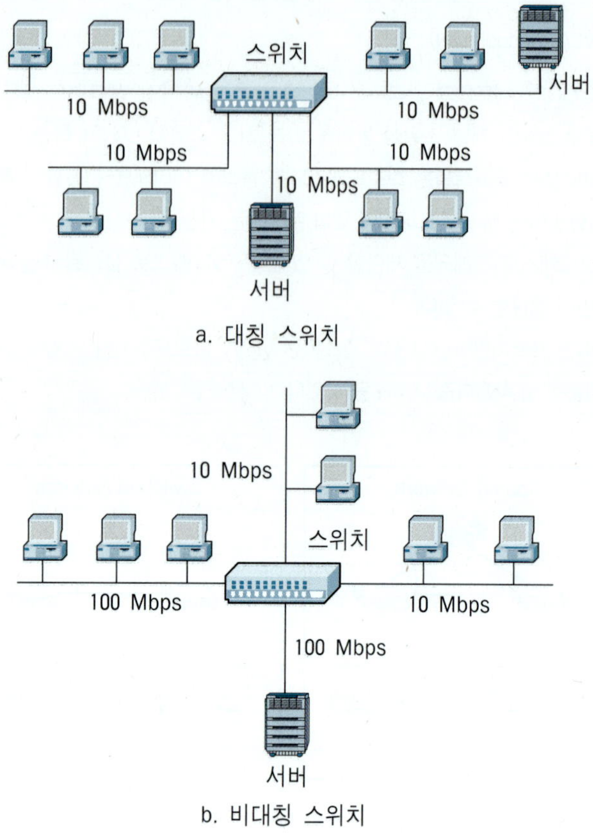

[그림 2-3] 대칭 스위치와 비대칭 스위치

로 적절한 포트로 전송된다. 만약 브로드캐스트(Broadcast) 프레임이라면 스위치의 모든 포트로 전달한다. 2계층 스위치는 모든 포트에 연결된 호스트의 MAC 주소를 학습하여 스위칭 테이블을 생성, 갱신한다. 스위치는 이 테이블을 기초로 하여 프레임을 전달한다.

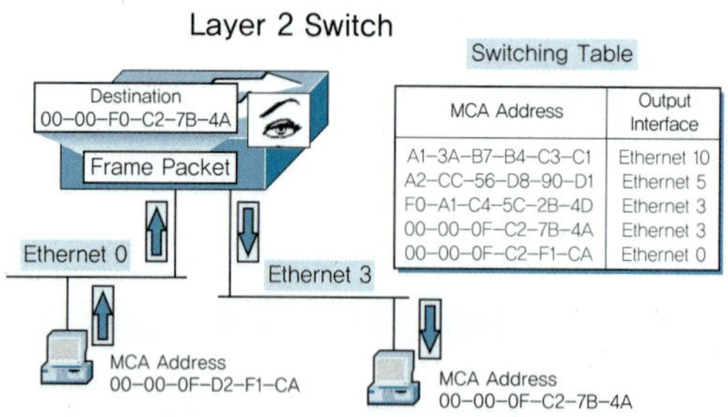

3계층 스위치(Layer-3 Switch)는 소프트웨어보다는 하드웨어를 사용한 라우터의 한 형태라고 할 수 있다. 이러한 이유로 라우팅 스위치(Routing Switch)라고 불리기도 한다. 3계층 스위치는 크로스바(crossbar) 스위치와 같은 ASIC 스위칭 기술을 이용하며 OSI 참조 모델의 네트워크 계층에서 동작한다. 3계층 스위치의 기능은 3계층의 논리적인 주소(IP주

소)를 기반으로 패킷의 경로를 정한다. 스위치는 입력 포트로부터 패킷을 수신하고 IP와 같은 논리적인 주소를 기반으로 적절한 포트로 해당 패킷을 전달한다. 성능 향상을 위해 스위치는 첫 패킷에 대한 경로를 찾고 패킷의 나머지 부분을 전달하기 위해 입력 포트와 출력 포트 사이의 직접적인 연결을 확립하기도 한다.

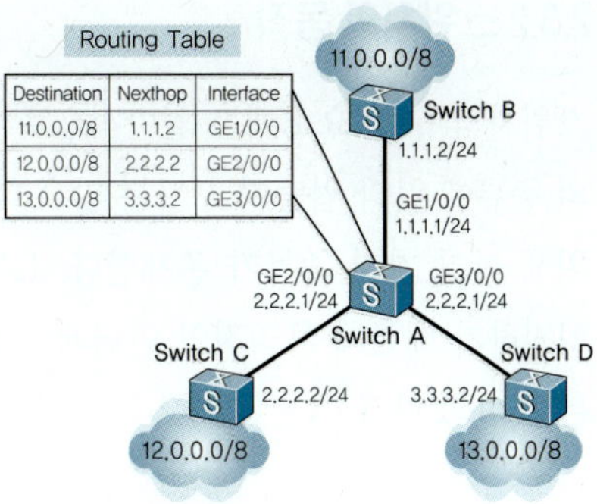

4계층 스위치(Layer-4 Switch)는 OSI 참조 모델의 전송계층에서 동작한다. TCP, UDP와 같은 프로토콜이 인터넷 프로토콜의 전송계층으로 TCP 헤더는 송신지 포트 번호와 수신지 포트 번호를 가지고 있다. 송신지 포트 번호는 입력 패킷의 송신지 전송 계층의 프로토콜을 명시하고 있으며 수신지 포트 번호는 입력 패킷에 대한 수신지의 전송 계층 프로토콜을 명시하고 있다. 4계층 스위치는 이러한 포트 번호를 기준으로 패킷을 전송한다. 4계층 스위치는 주로 네트워크의 암호화나 애플리케이션 프로토콜에 기반한 패킷 필터링에 사용된다.

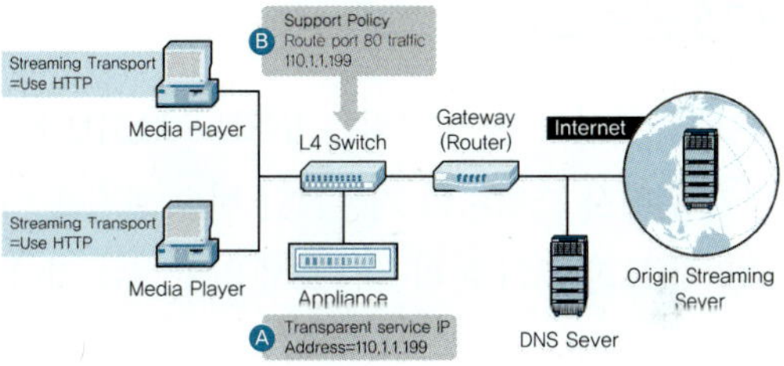

| 미니요약 | 스위치(Switch)

스위치를 OSI 참조 모델에 기초하여 구분했을 때,

2계층 스위치(Layer-2 Switch)는 데이터 링크 계층에서 동작하는 스위치로 모든 포트에 연결된 호스트의 MAC주소를 학습한 후 스위칭 테이블을 생성한다.

3계층 스위치(Layer-3 Switch)는 라우팅 스위치라고도 불리며 하드웨어를 사용한 라우터의 한 형태라고 할 수 있다. 노드의 IP 주소를 참조하여 패킷을 전송한다.

4계층 스위치(Layer-4 Switch)는 TCP/UDP의 포트 번호를 기준으로 패킷을 전송한다.

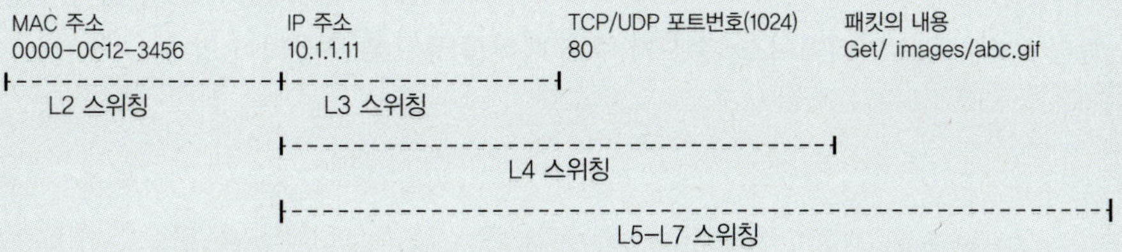

2.3.2 스위치의 동작

스위치의 구성 요소에는 일반적으로 전송 로직과 입출력 포트를 들 수 있다. LAN 스위치의 종류에 따라 입출력 포트는 많은 타입의 물리적인 네트워크와의 인터페이스를 지원하기 위해 여러 가지 종류가 존재한다. LAN 스위치의 전송 로직은 입출력 포트와는 상관없이 일정하기 때문에 물리적인 인터페이스보다 이러한 전송 로직을 이용하여 스위치를 구분하는 것이 보편적이다.

2.3.3 전송 로직

LAN 스위치의 전송 로직은 IEEE 802.11D에 정의되어 있다. LAN 스위치의 동작을 이해하기 위해서 스위치의 기본적인 전송 로직을 이해하는 것이 필요하다. [그림 2-4]는 LAN 스위치(브리지)의 논리적인 모델을 표현한 것이다.

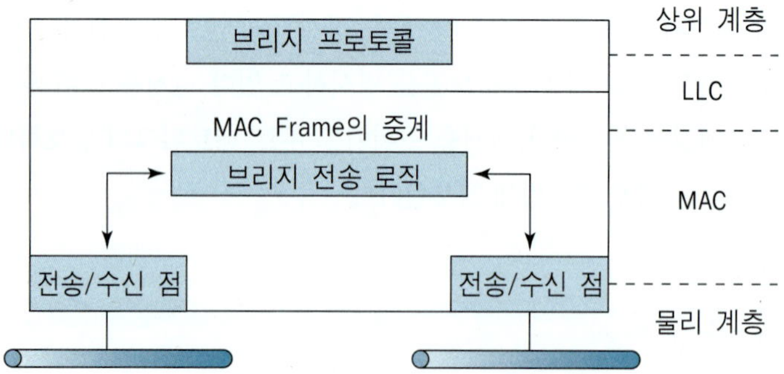

[그림 2-4] LAN 스위치의 논리적인 모델

이 그림에서 스위치는 OSI 참조 모델의 3계층까지를 정의하고 있다. 기본적인 동작은 2계층에서의 MAC 계층의 프레임을 중계하는 것이다. 또한 LAN 혹은 MAN과 연결할 수 있는 물리적인 인터페이스가 필요하며, 스패닝 트리 알고리즘과 같은 관리 행위를 할 수 있는 상위 계층이 존재해야 한다. 전송 로직은 2계층에 존재하며, [그림 2-5]와 같이 필터/전송 로직, 학습 로직, 포트 인터페이스, 송신지 주소 테이블 등으로 구성되어 있다.

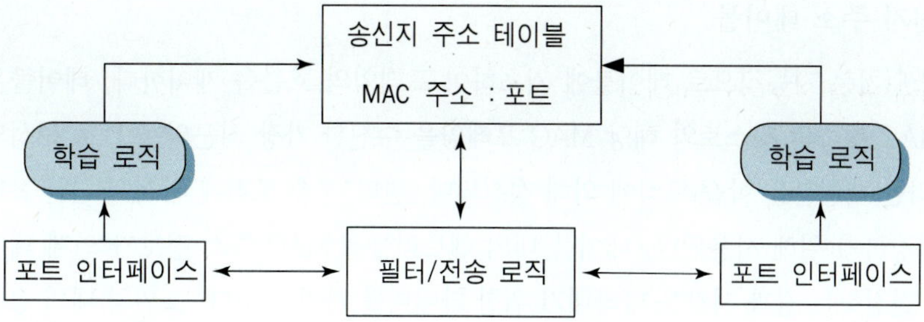

[그림 2-5] LAN 스위치의 전송 로직

▶ 필터/전송 로직

필터/전송 로직은 스위치에 수신되는 모든 프레임의 운명을 결정한다. 수신한 프레임의 목적지 주소를 전송 로직에서 검사하고, 송신지 주소 테이블의 엔트리와 비교한다. 만약 프레임의 목적지 주소가 송신지 주소 테이블에 존재하고 목적지의 위치가 수신한 포트가 아닌 다른 포트이면, 프레임을 해당 포트로 전송한다. 만약 송신지 주소 테이블의 목적지가 현재 프레임을 수신한 포트와 같다면, 그 프레임을 폐기함으로써 필터링한다. 만약 송신지 주소 테이블이 목적지 주소에 관한 어떠한 정보도 가지고 있지 않다면, 해당 프레임을 모든 포트로 플러딩(Flooding)시킨다.

▶ 학습 로직

송신지 주소 테이블은 동적인 엔트리이다. 스위치가 처음에 초기화될 때에는 LAN 상의 각 호스트의 MAC 정보를 아무것도 가지고 있지 않다. 스위치의 학습 로직은 호스트들의 MAC 주소와 송신지 주소 테이블의 위치 정보를 수집하여 주소 테이블을 갱신한다. 이러한 학습은 수신한 프레임이 결과적으로 전송되든 혹은 폐기되든 상관없이 프레임이 수신될 때마다 수행된다. 수신한 각 프레임에 대해 학습 로직은 송신지 주소를 검사하며, 송신지 주소 테이블에 새로운 호스트의 MAC 주소와 해당 포트를 위한 엔트리를 추가하거나 존재하는 엔트리에 대한 경과 시간 타이머를 갱신한다.

▶ 포트 인터페이스

포트 인터페이스는 물리적인 포트의 논리적인 인터페이스이다. 포트 인터페이스에서는 1계층과 2계층의 기능이 수행된다. 즉, 1계층의 정보를 2계층의 MAC 프레임으로 변환한다.

▶ 송신지 주소 테이블

LAN 스위치는 지능적으로 테이블에 기초하여 프레임의 흐름을 제어한다. 테이블은 호스트의 MAC 주소의 리스트와 해당 MAC 프레임을 수신한 가장 최근의 포트로 구성되어 있다. 이러한 테이블은 학습 로직에 의해 갱신되며, 필터/전송 로직에 의해 수신한 프레임 전송을 결정하기 위해 사용된다. 테이블 내의 엔트리들은 MAC 주소 정보가 언제 폐기될 것인가를 결정하는 경과 시간을 나타내기 위한 타이머를 가지고 있다. 스위치 내의 송신지 주소 테이블의 크기는 제한되어 있기 때문에, 하나의 LAN 스위치가 담당할 수 있는 MAC 주소의 수, 즉 호스트의 수는 제한적이다.

스위치 A의 송신지 주소 테이블

송신지 MAC 주소	포트
1	1
2	1
3	2
4	2
5	2
6	2

스위치 B의 송신지 주소 테이블

송신지 MAC 주소	포트
1	1
2	1
3	1
4	1
5	2
6	2

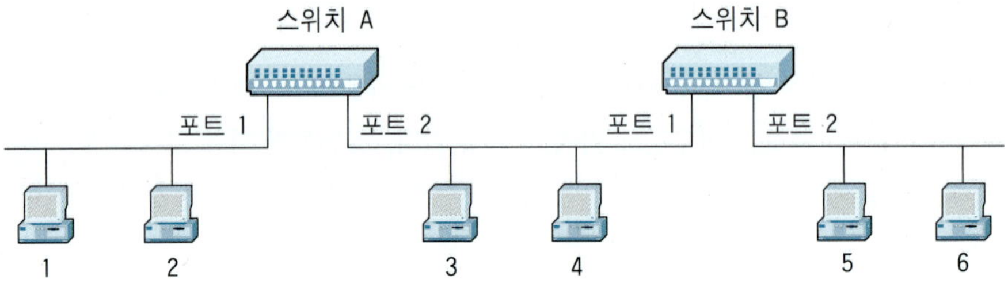

[그림 2-6] 2계층 LAN 스위치의 동작 원리

[그림 2-6]과 같은 네트워크를 구성하고, 이를 바탕으로 스위치의 실제 동작을 살펴보자. 네트워크 구성 초기에 스위치 A, 스위치 B의 송신지 주소 테이블은 빈 상태이다. 예를 들어 호스트 1이 호스트 3으로 데이터 전송을 한다면, 해당 전송 프레임의 송신지 MAC 주소는 1로 수신지 MAC 주소는 3으로 설정된다. 이러한 프레임을 스위치 A가 수신하면, 스위치는 송신지 MAC 주소 1과 해당 포트 번호인 1을 송신지 주소 테이블에 추가한다. 이러한 식으로 각 호스트에 해당하는 MAC 주소와 호스트에 연결되는 해당 스위치의 포트를 송신

지 주소 테이블에 추가하여 각 스위치의 송신지 주소 테이블을 완성한다. 그리고 스위치는 이러한 송신지 주소 테이블을 이용하여 각 호스트의 데이터를 전송한다. 예를 들어 호스트 2가 호스트 5로 데이터를 전송하는 경우, 전송되는 해당 프레임의 송신지 MAC 주소는 2로 수신지 MAC 주소는 5로 설정된다. 먼저 스위치 A가 해당 프레임을 수신하면 송신지 MAC 주소 5에 해당하는 출력 포트를 찾기 위해 송신지 주소 테이블을 검색한다. 검색 결과 해당 포트가 2이므로 스위치 A는 해당 프레임을 자신의 포트 2로 전송하게 된다. 그 후 스위치 B 또한 해당 프레임을 수신하게 되며 스위치 A에서와 같은 방법으로 프레임을 전송한다. 스위치 B의 송신지 주소 테이블 상에 송신지 MAC 주소 5에 해당하는 출력 포트는 2이므로, 스위치 B는 해당 프레임을 자신의 출력 포트 2로 전달한다. 이러한 방법으로 호스트 2와 호스트 5사이의 데이터 전송이 이루어지게 된다.

이와 유사한 방법으로 3계층 스위치의 경우는 2계층의 MAC 주소 대신에 3계층의 IP 주소를 매개체로 하여 원하는 데이터를 송수신하게 된다. [그림 2-7]은 이런 모습을 보여주고 있다. 단, 여기서는 Hop 카운터라는 것을 기억하여 향후 최적의 전송을 보장하게 된다.

R1 Routing Table

10.1.0.0	E0	0
10.2.0.0	S0	0
10.3.0.0	S0	1
10.4.0.0	S0	2

R2 Routing Table

10.2.0.0	S0	0
10.3.0.0	S1	0
10.4.0.0	S1	1
10.1.0.0	S0	1

R3 Routing Table

10.3.0.0	S0	0
10.4.0.0	E0	0
10.2.0.0	S0	1
10.1.0.0	S0	2

[그림 2-7] 3계층 LAN 스위치의 동작 원리

| 미니요약 | 전송 로직

전송 로직은 2계층에서는 MAC 계층의 프레임을, 3계층에서는 IP 계층의 프레임을 중계하는 것으로 필터/전송 로직, 학습 로직, 포트 인터페이스, 송신지 주소 테이블 등으로 구성되어 있다.

2.3.4 입출력 포트

LAN 스위치의 두 번째 구성 요소는 입출력 포트이다. LAN 스위치는 2계층 및 3계층 상에서 구성 필요에 의해 2계층의 경우 동일 지역에 존재하는 여러 개의 네트워크를 연결할 때 사용되며, 3계층의 경우는 상이한 여러 개의 네트워크를 연결할 때 사용된다. 이러한 경우 다양한 종류의 2/3계층 네트워크가 존재하기 때문에 LAN 스위치에는 다양한 종류의 물리적 인터페이스가 존재한다. 입출력 포트의 중요성은 네트워크를 연결할 때, 다양한 물리적 인터페이스에 상관없이 기본적인 스위치의 전송 로직은 바뀌지 않아도 된다는 점이다. 여기서 액세스(access) 포트와 네트워크 업링크(network uplink) 포트라는 두 용어를 살펴볼 필요가 있다.

액세스 포트는 스위치가 LAN 상에 있는 각 노드(또는 호스트)들을 연동하기 위해 사용하는 물리적인 인터페이스이다. 그리고 네트워크 업링크 포트는 스위치 구성상 한 스위치를 다른 스위치와 연결할 때 사용하는 포트이다. 보통 네트워크 업링크 포트는 액세스 포트 보다 대용량의 링크로 연결된다. 그 이유는 네트워크 업링크 포트는 구조상 스위치에 연결된 많은 액세스 포트에서 수신하는 트래픽까지 수용해야 하기 때문이다. [그림 2-8]은 이러한 액세스 포트와 네트워크 업링크 포트의 개념을 보여주고 있다.

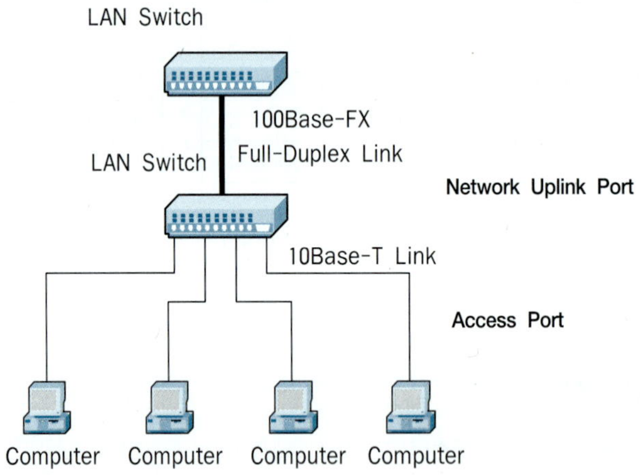

[그림 2-8] 액세스 포트와 네트워크 업링크 포트

네트워크 업링크 포트의 기본적인 정의는 몇 개의 액세스 포트로부터의 트래픽을 전송할 수 있는 적절한 대역폭을 가지고 있어야 한다는 것이다. 액세스 포트의 정의는 단순히 호스트, 혹은 공유 세그먼트를 연결하는 스위치와 연결되어야 한다는 것이다. 네트워크에서 스위치의 구성 및 특성에 따라 액세스 포트 혹은 네트워크 업링크 포트의 수 및 접속 구성은 다양하다.

| 미니요약 | 입출력 포트

액세스 포트는 스위치가 LAN 상에 있는 각 노드(또는 호스트)들을 연동하기 위해 사용하는 물리적인 인터페이스이며, 업 링크 포트는 한 스위치가 다른 상위 개념의 스위치와 연결할 때 사용하는 포트를 말한다.

2.3.5 스위칭 방법에 따른 분류

LAN 스위치는 성능을 향상시키기 위해 RISC(Reduced Instruction Set Computer) 프로세서와 ASIC(Application Specific Integrated Circuit)칩을 사용한다. 스위치들은 모든 스위치 동작을 하드웨어로 구현하였기 때문에 그만큼 성능이 우수하다.

LAN 스위칭 기술은 전송 로직, 즉 스위칭 구현 방법에 따라 Cut-Through 스위치, Interim Cut-Through 스위치, Store-and-Forward 스위지 등으로 구분할 수 있다.

- Cut-Through 스위칭: Cut-Through 스위칭은 전체 프레임이 수신되기를 기다리는 것 대신에 프레임의 송신지 및 수신지 주소를 얻기 위해 프레임의 첫 번째 몇 바이트만을 읽는다. 그리고 해당 프레임은 에러에 대한 검사 없이 해당 목적지 세그먼트로 전달된다. 이렇게 함으로써 프레임의 대기시간을 최소화할 수 있다. 즉, Cut-Through 방식은 프레임의 중계 시간을 최소화하기 위한 방식이다. 또 다른 방식인 Store-and Forward 방식에 비해 대기시간이 1/20밖에 되지 않는다. 그러나 이 방식은 전체 프레임이 수신되기 전에 중계를 함으로써, 프레임의 최소 규격(64바이트)보다 작은 런트(runt) 프레임과 CRC 에러에 대한 검출을 할 수 없다는 점이 단점이다. 또한 복수의 포트에서 어느 한 포트로 프레임이 동시에 전송될 때, 한 포트만이 프레임을 전송할 수 있고, 나머지 포트의 프레임을 버퍼에 저장하거나 폐기해야 하는데, 트래픽이 많은 상황에서는 이러한 현상이 자주 발생하게 된다. 또한 송신 포트에 접속되어 있는 장치가 프레임을 전송 중일 경우도 같은 현상이 발생하는데, 이러한 혼잡 문제 또한 Cut-Through의 주요 단점이다. 이러한 이유로 Cut-Through 방식만을 사용해 스위칭을 하는 것은 적절치 못하므로 다음에 설명하는 Store-and-Forward 방식과 병행하여 사용하는 것이 일반적이다.

이러한 Cut-Through 스위칭는 주로 ASIC 프로세서 칩을 사용하여 구현된다.

- **Interim Cut-Through(FragmentFree) 스위칭**: Interim Cut-Through 스위칭은 Cut-Through 스위칭의 단점 중 크기가 작은 런트 프레임의 중계를 막는 기능을 보강한 스위칭 방식이다. 동작을 보면 먼저 수신하는 프레임의 시작 부분부터 버퍼(FIFO)에 저장하기 시작한다. 그 후 저장한 프레임의 길이가 64바이트 이하인 경우에 저장한 프레임을 버퍼에서 삭제한다. 즉, 프레임의 시작 부분부터 64바이트 부분까지를 버퍼에 저장하기 시작하여 수신한 전체 프레임의 크기가 64바이트 이하이면 해당 프레임을 버퍼에서 삭제하는 것이다. 이와 같은 방법을 사용하면 런트 프레임은 처리할 수 있지만, 여전히 에러가 난 프레임은 처리하지 못하고 그대로 중계하게 된다. 이 외의 기존의 Cut-Through 스위칭의 혼잡 문제도 그대로 존속되게 된다.
- **Store-and-Forward 스위칭**: Store-and-Forward 스위칭은 프레임을 전송하기 전에 전체 프레임을 수신하는 방식으로 기존의 브리지와 거의 같은 방식으로 스위칭한다. 즉, 해당 프레임 전체를 버퍼에 저장하고 에러 검사를 한 후 중계한다. 만약 에러가 발생한 프레임이라면 해당 프레임을 버리고, 그렇지 않다면 해당 목적지 포트로 프레임을 전달한다. Store-and-Forward 스위칭은 에러가 있는 프레임을 다른 네트워크로 전달하지

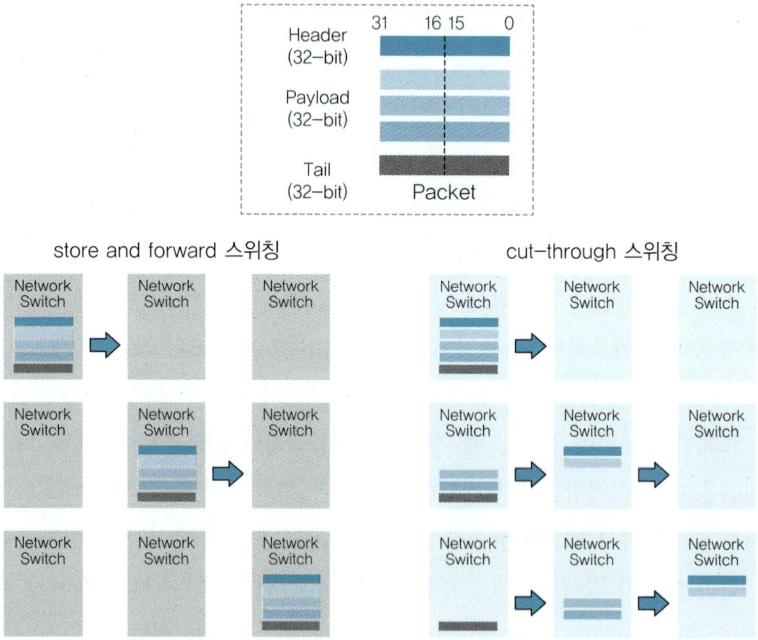

[그림 2-9] Cut-Through vs Store-and-Forward 스위칭

않음으로써 그만큼 네트워크의 충돌율을 줄일 수 있으므로 이더넷 네트워크에 적합하다. 또한 런트 프레임 검사나 CRC에 대한 검출이 가능한 장점이 있지만, 전체 프레임을 버퍼링하는 과정에서 프레임의 대기 시간이 길어진다는 단점이 있다.

2.3.6 스위치의 구조

스위치 간의 차이점을 결정하는 중요한 요소로 스위칭 구조가 있다. 대부분의 스위치는 각 업체의 독특한 ASIC 기술을 이용하여 제작되었기 때문에, ASIC 칩의 설계, 그 칩의 입출력 버퍼 및 스위치에 집적되는 방법 등에 의해 많은 차이가 있다. ASIC 칩은 기본적으로 두 가지 종류가 있는데, 하나는 큰 ASIC 칩을 이용하는 것과 그것보다 좀 더 작은 ASIC 칩의 배열을 이용하는 것이 있다. 이러한 특징에 의해 LAN 스위칭은 크로스바(Cross-bar) 구조, 공유 메모리(Shared memory) 구조, 고속 버스(High-bus) 구조로 구분될 수 있다.

(1) 크로스바(Cross-bar) 구조

크로스바 구조는 점대점 연결을 최적화하기 위해 설계된 것으로, 마치 여러 개의 도로가 하나의 교차로를 지나는 형태와 유사하다. 이러한 구조는 트래픽이 많지 않을 때에는 Cut-Through 스위치처럼 프레임을 버퍼에 저장하지 않고 출력 포트로 전송할 수 있다. 그러나 트래픽이 많을 때에는 곧바로 출력 포트로 전송될 수 없어, 해당 프레임을 입력버퍼에 저장한다. 이 구조는 가격이 싸고 최초의 스위치 제품에 탑재된 구조이다. 그러나 저속의 인터페이스(이더넷 혹은 토큰링)를 고속의 인터페이스(ATM 혹은 FDDI)로 변환하는 데에는 적당치 않다.

(2) 공유 메모리(Share memory) 구조

공유 메모리 구조에서는 입력 버퍼들이 하나의 주 메모리에 있는 구조이다. 스위치가 프레임을 주 메모리에 저장하는 구조로 Store-and-Forward 스위치로 동작한다. 이러한 구조에서는 한 포트에서 다른 포트로 데이터를 전송할 필요가 없기 때문에 고속버스 스위치보다 가격 면에서 유리하다.

(3) 고속버스(High-speed Bus) 구조

고속 버스 구조에서는 스위칭 ASIC 칩들 사이에 고속의 데이터 버스가 연결되어 있다. 프레임은 전송하기 적절한 형태로 변환된 후, 이 버스를 통해 출력 포트로 전송된다. 이 버스는 각 포트의 최대 전송 속도를 동시에 처리할 수 있어서 데이터 경로의 병목 현상이 없으므로 "Non-Blocking" 스위치로 여겨진다.

| 미니요약 | 스위치의 구조

스위치 구조는 크로스바(Cross-bar)구조, 공유 메모리(Shared memory)구조, 고속 버스(High-bus) 구조로 구분된다.

- 크로스바 구조는 여러 개의 도로가 하나의 교차로를 지나는 형태로 점대점 연결을 최적화하기 위해 설계되었다.
- 공유메모리 구조는 입력 버퍼들이 하나의 주 메모리에 있는 구조로 Store-and-Forward 스위치로 동작한다.
- 고속버스 구조에서는 스위칭 ASIC 칩들 사이에 고속의 데이터 버스가 연결되어 있는 구조다.

2.4 고속 이더넷(Fast Ethernet)

2.4.1 고속 이더넷의 개요

고속 이더넷은 기존 이더넷의 전송 속도를 향상시키기 위해 나타난 기술로 1970년대 중반에 설계되었다. 몇몇 대형 벤더를 중심으로 고속 이더넷을 위한 컨소시엄을 구성하였고 이 컨소시엄에서 802.3u와 같은 IEEE의 고속 이더넷 규격을 제정하였다. IEEE 802.3u는 802.3의 확장으로 1995년에 고속 이더넷의 표준으로 권고되었다.

고속 이더넷은 이더넷 프로토콜을 사용하여 데이터 전송 속도를 100Mbps로 향상 시킨 이더넷 표준의 확장이다. 고속 이더넷의 목표는 기존의 CSMA/CD 프로토콜을 사용하면서 이더넷의 대역폭을 증가시키는 것이었다. 고속 이더넷의 CSMA/CD 프로토콜의 사용은 기존의 10BaseT와 100BaseT를 스위치를 통하여 서로 연결할 수 있는 호환성을 제공하고 있다.

고속 이더넷은 기존의 LAN의 선로 구성과 MAC 프로토콜을 그대로 받아들이면서 전송 거리를 줄여 100Mbps의 속도를 낸다. 이더넷의 최소 프레임 길이는 기존의 64바이트로 유지하고 전송 속도를 높이더라도 케이블의 길이를 짧게 하면 CSMA/CD 방식을 사용할 수 있다. 즉, 고속 이더넷은 최대 케이블의 길이를 줄이고 최소 프레임의 길이는 기존의 이더넷과 동일하게 함으로써 전송 속도를 향상시킨 것이다.

| 미니요약 | 고속 이더넷(Fast Ethernet)

고속 이더넷은 기존의 이더넷 프로토콜을 사용하여 데이터 전송 속도를 100Mbps로 향상시킨 이더넷 표준의 확장으로 최소 프레임의 길이는 기존의 이더넷과 동일하고 최대 케이블의 길이를 줄임으로써 전송 속도를 향상시킨 방식이다.

2.4.2 고속 이더넷의 구조

고속 이더넷의 구조는 [그림 2-10]과 같다. Convergence Sublayer(CS)의 역할은 다른 전송 매체를 이용하여 높은 전송 속도로 전송하기 위한 MAC 계층과 Physical Medium Dependent(PMD) Sublayer 사이의 인터페이스를 제공하는 것이다. Media Independent Interface(MII)는 CS와 PMD의 인터페이스이다. MII는 보통 40핀으로 구성된 커넥터로 특정 규격이 아닌 다양한 규격의 매체와 연결할 수 있는 일종의 미디어 어댑터(트랜시버)이다. 만약 네트워크 장비 설치 시 100BASE-TX와 같은 특정 규격의 연결을 위해 100BASE-TX 전용 트랜시버와 해당 매체를 구입했다고 가정하자. 이 규격만을 사용하면 문제가 없겠지만 다른 규격의 매체를 사용하고자 한다면, 매체뿐만이 아니라 100BASE-TX가 아닌 다른 트랜시버를 또 구입해야 한다. 즉, MII는 네트워크 장비 및 매체의 설치 시 비용의 절감 및 효율적인 매체 연결을 위한 공통 커넥터로써 존재한다.

8P8C Wiring(TIA/EIA-568-B T568B)

Pin	Pair	Wire	Color
1	2	+/tip	white/orange
2	2	−/ring	orange
3	3	+/tip	white/green
4	1	−/ring	blue
5	1	+/tip	white/blue
6	3	−/ring	green
7	4	+/tip	white/brown
8	4	−/ring	brown

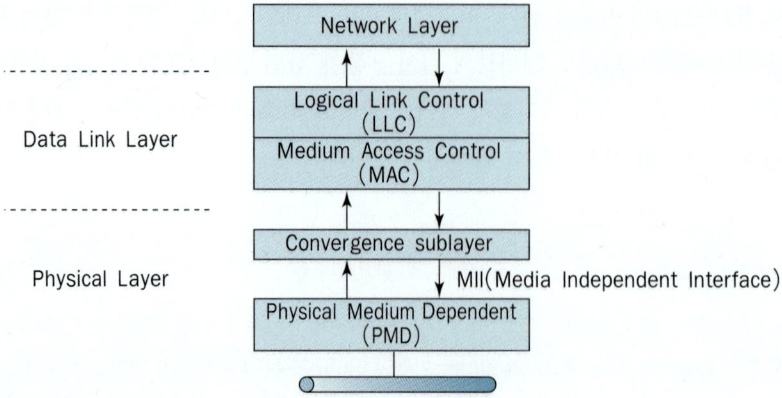

[그림 2-10] 고속 이더넷의 계층 구조

2.4.3 고속 이더넷의 특징 및 응용

네트워크의 수용 범위는 리피터, 스위치 및 브리지와 같은 네트워킹 장비로 연결된 두 종단 호스트 사이의 거리이다. 이러한 네트워크의 수용 범위는 전파 지연(Propagation Delay)과 밀접한 관련이 있다. 전파 지연은 전송 시간과 신호의 수신 시간 사이의 차이로 정의될 수 있다. 이러한 차이는 케이블, NIC 그리고 리피터와 같은 네트워크 구성 요소들에 의해 야기된다. 네트워크 내에서의 이러한 전파 지연은 비트 타임(Bit Time)으로 측정되는데, 1 비트 타임은 네트워크 상의 1비트의 지속시간이다. 예를 들어 10Mbps 이더넷의 비트 타임은 1/10㎲=0.1㎲이며, 한 프레임의 첫 번째 비트는 반드시 마지막 비트가 송신지에서 출발하기 전에 수신지에 도착해야 한다. 〈표 2-1〉은 고속 이더넷 구성 요소들의 전파 지연을 보여주고 있다. 네트워크의 수용 범위를 측정하기 위해 네트워크 전체 구성 요소들의 전파 지연의 합은 512비트 타임보다 적어야 한다. EIA(Electronic Industries Association)의 고속 이더넷의 케이블링 규칙에 의하면, 트위스티드 페어(100BaseTX와 100BaseT4)를 이용한 고속 이더넷의 수용 범위는 205미터이다. 〈표 2-2〉는 고속 이더넷 리피터의 종류에 따른 네트워크 최대 수용 범위를 보여주고 있다.

〈표 2-1〉 고속 이더넷 네트워크 구성 요소들의 전파지연

네트워크 구성 요소	비트 타임
두 개의 TX NIC 혹은 두 개의 FX NIC	100
두 개의 T4 NIC	138
한 개의 TX NIC와 한 개의 T4 NIC	127

한 개의 FX NIC와 한 개의 TX NIC	127
100미터의 Category-3 UTP	114
100미터의 Category-4 UTP	114
100미터의 Category-5 UTP	111
100미터의 STP	111
412미터의 광 케이블	미터당 1 혹은 412
Class Ⅰ 리피터	140
Class Ⅱ 리피터	92

〈표 2-2〉 고속 이더넷 네트워크의 최대 수용 범위(직경)

리피터의 종류	100BaseTX 혹은 100BaseT4	100BaseFX
리피터가 없는 호스트 간의 연결	100m	412m
한 대의 Class Ⅰ 리피터	200m	272m
한 대의 Class Ⅱ 리피터	200m	320m
두 대의 Class Ⅱ 리피터	205m	N/A

| 미니강의 | 이더넷 케이블 표준

이더넷 타입 별 전송 대역폭 및 사용 케이블 타입과 전송거리는 다음과 같다.

이더넷 타입	대역폭	케이블 타입	최대 전송 거리
10Base-T	10Mbps	Cat.3 / Cat.5 UTP	100m
100Base-TX	100Mbps	Cat.5 UTP	100m
100Base-TX	200Mbps	Cat.5 UTP	100m
100Base-FX	100Mbps	Multi-Mode Fiber	400m
100Base-FX	200Mbps	Multi-Mode Fiber	2km
1000Base-T	1Gbps	Cat.5e UTP	100m
1000Base-TX	1Gbps	Cat.6 UTP	100m
1000Base-SX	1Gbps	Multi-Mode Fiber	550m
1000Base-LX	1Gbps	Single-Mode Fiber	2km
10GBase-T	10Gbps	Cat.6a / Cat.7 UTP	100m
10GBase-LX	10Gbps	Multi-Mode Fiber	100m
10GBase-LX	10Gbps	Single-Mode Fiber	10km

| 미니강의 | IEEE 802 표준 현황

IEEE 802 위원회의 년도 별 이더넷 표준 제정 현황은 다음과 같다.

년도	IEEE 표준	표준 명	전송 속도	최대 전송 거리
1990	802.3i	10Base-T	10 b/s	Cat.3케이블링
1995	802.3u	100Base-TX	100 b/s*	Cat.5 케이블링
1998	802.3z	1000Base-SX	1 Gb/s	멀티모드 광케이블
	802.3z	1000Base-LX/EX	1 Gb/s	싱글모드 광케이블
1999	802.3ab	1000Base-T	1 Gb/s*	Cat.5e 및 그 이상급 케이블링
2003	802.3ae	10GBase-SR	10 Gb/s	Laser-Optimized MMF
	802.3ae	10GBase-LR/ER	10 Gb/s	싱글모드 광케이블
2006	802.3an	10GBase-T	10 Gb/s*	Cat.6a 케이블링
2015	802.3bq	40GBase-T	40 Gb/s*	Cat.8 (Class I & II) 케이블링
2010	802.3ba	40GBase-SR4/LR4	40 Gb/s	Laser-Optimized MMF or SMF
	802.3ba	100GBase-SR10/LR4/ER4	100 Gb/s	Laser-Optimized MMF or SMF
2015	802.3bm	100GBase-SR4	100 Gb/s	Laser-Optimized MMF
2016	SG	Under Development	400 Gb/s	Laser-Optimized MMF or SMF

주) * : Auto Negotiation 기능 포함

2.5 기가비트 이더넷(Gigabit Ethernet)

2.5.1 기가비트 이더넷 등장 배경

1994년 100Mbps를 지원하는 고속 이더넷이 소개된 후로 수년이 경과하면서 이를 이용한 상용 인터넷의 이용자 수는 급격히 증가하였다. 서버 또는 데스크탑 간의 100BASE-T 기술을 이용한 네트워킹 기술이 보편화 되면서 대용량 파일 전송이 증가하였고, 데이터 웨어하우스(Data warehouse)의 보급은 수 기가바이트에서 수 테라바이트에 이르는 대역폭을 지원할 수 있는 고속의 네트워킹 기술을 요구하였다. 기존 네

트워크 인프라 및 서비스 연동을 위해 이러한 고속 네트워킹 기술은 기존 네트워크와의 호환성, 네트워크 유지 보수의 용이성, 저비용 등의 특성을 만족시켜야 하며, 더욱이 멀티미디어 시대를 맞아 영상 및 음성 등을 취급하는 멀티미디어 데이터가 활성화 되면서 기존의 이더넷에서 지원하지 않았던 네트워크 애플리케이션에 대한 서비스 품질(QoS: Quality of Service) 또한 충족시켜야 하였다. 이러한 인터넷 환경의 변화를 배경으로 100BASE-T 표준이 제정된 1995년에 고속 이더넷의 대역폭을 획기적으로 향상시키려는 또 다른 시도를 하게 되었다. 그러한 노력의 결과로 1Gbps의 대역폭을 제공할 수 있을 뿐만 아니라, 기존의 이더넷 설비, 단말기 및 네트워크 관리 기술을 포함한 모든 이더넷 인프라를 그대로 활용할 수 있는 기가비트 이더넷(Giabit Ethernet) 기술이 등장하게 된다.

2.5.2 기가비트 이더넷 표준화

100BASE-T 표준이 제정된 1995년 11월에 1Gbps의 전송 속도를 갖는 이더넷을 목적으로 IEEE 802.3 작업 그룹 내에 HSSG(High Speed Study Group)가 생기게 되었고, 다음 해인 1996년 5월에 기가비트 이더넷의 표준화를 검토하는 IEEE 802.3z 기가비트 이더넷 태스크 포스(Task Force)가 설치되었다. 또한 주요 네트워크 및 서버 업체들인 미국 3Com, 시스코 시스템즈, 인텔, 선 마이크로시스템즈 등 11개 업체가 연합하여 GEA(Gigabit Ethernet Alliance)를 1996년 5월에 설립하였다. GEA는 IEEE 802.3의 표준화 활동을 주로 지원하는데, 개방적이고 호환성 있는 기가비트 네트워크를 제안한다는 취지 하에서 참가 회원의 기술적 의견을 모아 IEEE에 규격을 제출하거나, 제출된 규격의 호환성에 대한 상호 운용성을 시험하는 등의 일을 수행하였다.

이와 같은 노력의 결실로 1998년 6월에 IEEE802.3z 표준이 제정되었는데, 이때에는 광케이블을 주 통신 선로로 활용하였다. 802.3z는 1000Base-X로 불리는 것이 일반적이다.

- IEEE 802.3ab: 1999년에 승인되었으며, UTP Cat.5/5e 케이블의 기가비트 이더넷 전송을 정의하였으며, 1000Base-T로 알려지게 된다.
- IEEE 802.3ah: 2004년에 승인되었으며, 두 개 이상의 기가비트 광케이블 표준을 추가하였다. 하나는 1000Base-LX10이고 나머지는 1000Base-BX10으로서 이더넷 인 더 퍼스트 마일(Ethernet in the First Mile)로 알려진 대형 프로토콜들의 일부이다.

표준화된 내용을 살펴보면, 우선 물리층 규격으로는 파이버 채널(Fibre Channel)을 기본으로 하였는데 ANSI NCITS T11(구 ANSI X3T11) 파이버 채널 규격에서 채택하고 있는 8B/10B 부호화 방식을 기가비트 이더넷에서도 그대로 수용하고 있다.

[그림 2-11]은 기가비트 이더넷이 기존의 IEEE 802.3 이더넷과 ANSI NCITS T11 파이버 채널 세부사항에서 증명된 프로토콜들을 따르고 있음을 보여주는 기가비트 이더넷 프로토콜 구조도 이다.

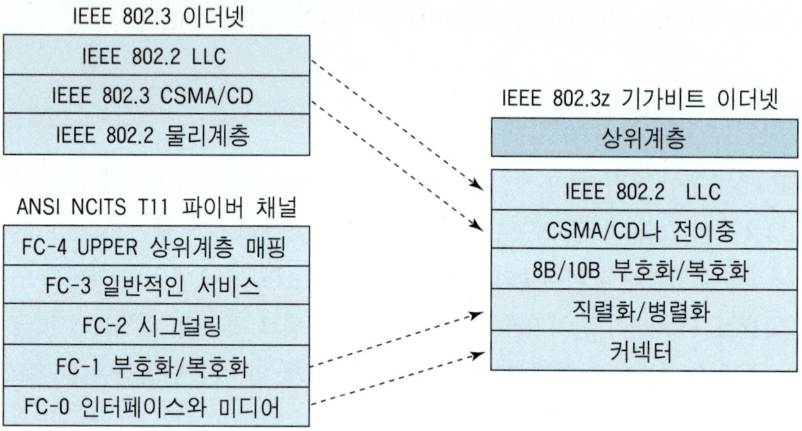

[그림 2-11] 기가비트 이더넷 프로토콜 구조

기가비트 이더넷의 전송매체로는 기본적으로 광섬유를 사용하며, 1000BASE-X라 불리는 다음과 같은 3가지 타입의 표준 방식이 있다.

- 1000Base-SX(S: Short Wavelength): 멀티모드 광섬유 상에서 단파장(850nm) 레이저를 사용하여 송수신 한다.
- 1000Base-LX(L: Long Wavelength): 멀티모드 광섬유와 싱글모드 광섬유 상에서 장파장(1300nm) 레이저를 사용하여 송수신 한다.
- 1000Base-CX(C: Coax): 2심 동축케이블을 사용하는 단거리 접속용 구리선 방식이다.

또한, 이러한 광섬유를 사용하는 1000BASE-X 사양의 표준화와 병행하여 고속 이더넷과 동일한 UTP(Unshielded Twisted Pair) 케이블을 사용하는 1000BASE-T에 대한 표준화가 진행되었다. 1000BASE-T는 고속의 신호 변조방식과 신호 다중화 기술 등을 이용하여

4쌍(Pair)의 카테고리 5 UTP 케이블(최대 100m)로 1Gbps의 데이터 전송을 실현할 목적으로 표준화가 진행되었다. 1000BASE-T는 1000BASE-X의 기가비트 이더넷 규격의 표준화(IEEE 802.3z)와 구분되어 802.3ab(z까지 사용하였기 때문에 ab라는 2개의 문자로 표현한다) 태스크 포스에서 표준화가 진행되었다.

기가비트 이더넷은 1996년 6월 심의가 시작된 이후로 1998년 6월에 IEEE 802.z로 표준화가 완료되었고, 1000BASE-T 규격(IEEE 802.3ab)은 1999년 3월에 표준화를 완료하여 기가비트 이더넷 규격의 일부로서 이용되고 있다.

[그림 2-12]는 이러한 기가비트 이더넷을 구성하는 표준화된 기능 요소들을 나타내고 있다.

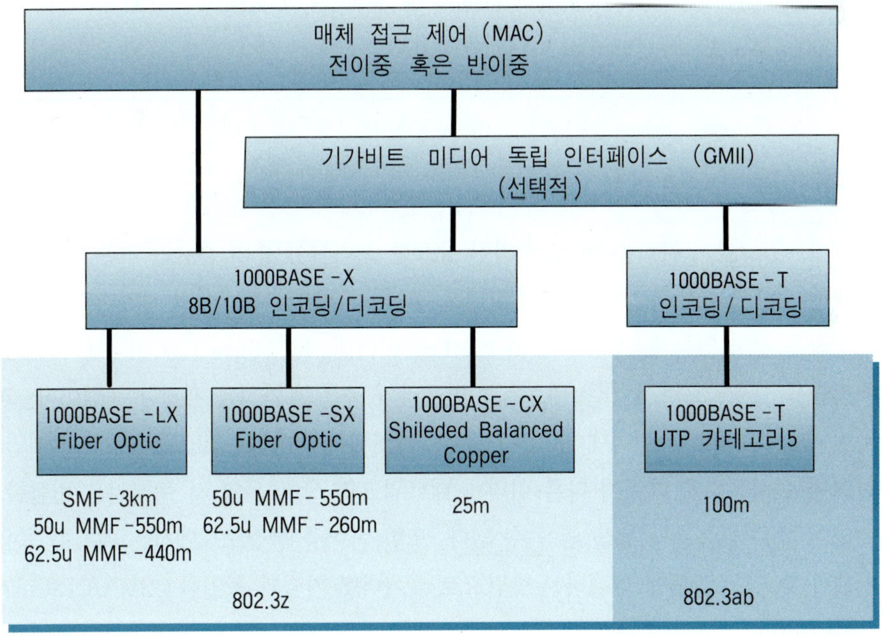

[그림 2-12] 기가비트 이더넷 기능 요소

| 미니강의 | 기가비트 이더넷(Gigabit Ethernet) 표준 현황

기가비트 이더넷 표준 현황을 살펴보면 다음과 같다.

이름	매개체	최대 전송 거리
1000Base-CX	STP Cable	25m
1000Base-SX	Multi-Mode Fiber Optic Cable	220~550 m
1000Base-LX	Multi-Mode Fiber Optic Cable	550 m
1000Base-LX	Single-Mode Fiber Optic Cable	5 ㎞
1000Base-LX10	Single-Mode Fiber Optic Cable (1,310nm파장)	10 ㎞
1000Base-ZX	Single-Mode Fiber Optic Cable (1,550nm파장)	~ 70 ㎞
1000Base-BX10	Single-Mode Fiber Optic Cable (1,490nm 다운스트림, 1,310nm 업스트림)	10 ㎞
1000Base-T	UTP (Cat.5 / Cat.5e / Cat.6 / Cat.7) Cable	100 m
1000Base-TX	UTP (Cat.6 / Cat.7) Cable	100 m

2.5.3 기가비트 이더넷 특징

새로운 네트워크를 구축하는 데 있어 가장 중요한 고려사항 중의 하나는 기존의 네트워크와 최대한 호환성을 유지할 수 있어야 한다는 것이다. 이러한 측면에서 기가비트 이더넷은 여러 장점을 갖고 있는데, 우선 기존의 10Mbps 이더넷, 100Mbps 고속 이더넷 기술과 동일한 기술을 사용함으로써 기존 네트워크 인프라와 높은 호환성을 지닌다는 점이다. 기가비트 이더넷은 10Mbps 이더넷, 100M 고속 이더넷에서 사용하는 IEEE 802.3 프레임 형태를 그대로 사용하기 때문에 다른 이더넷 네트워크와 상호 운영 시 프레임을 변환할 필요가 없기 때문에 높은 성능을 얻을 수 있다. 또한 반이중 통신모드에서는 매체를 공유할 때 발생할 수 있는 충돌을 해결하는 방법으로서 이더넷 기술과 동일한 CSMA/CD(Carrier Sense Multiple Access/Collision Detection)를 이용하므로 기존의 이더넷 네트워크와 효과적으로 호환성을 유지할 수 있다. 따라서 기가비트 이더넷은 기가급 전송 속도를 제공한다는 것 이외에는 기존의 이더넷 기술과 유사하다. [그림 2-13]은 기존의 고속 이더넷 네트워크가 기가비트 이더넷 적용 시 변화되는 모습을 보여주고 있다.

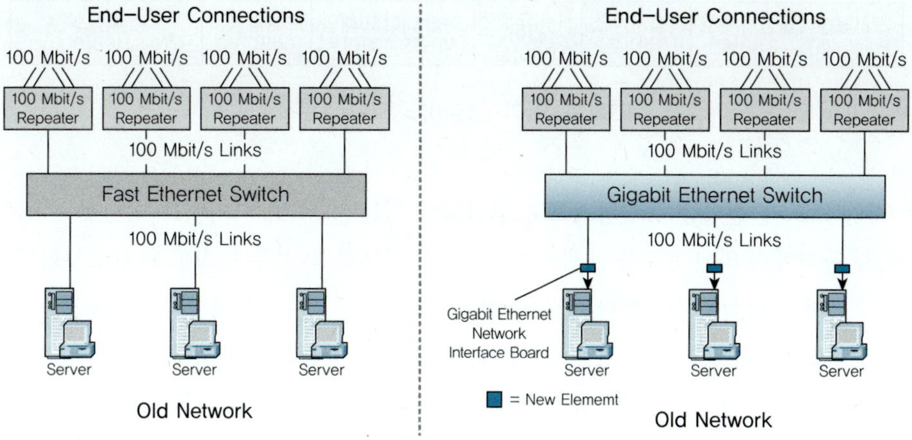

[그림 2-13] 기가비트 이더넷 구성

이와 같은 기가비트 이더넷의 특성을 요약하면 다음과 같다.

- 1Gbps 속도에서 전이중, 반이중 통신 방식 지원
- 802.3의 이더넷 프레임 형식 사용
- CSMA/CD MAC 이용
- 10Base-T, 100Base-T 이더넷 기술과의 완전한 호환성을 제공

기존의 저속 이더넷 장치를 고속의 기가비트 이더넷 장치인 스위치 혹은 라우터 등에 접속시키기 위해서는 단지 이들 사이의 물리적인 속도만을 정합시켜주면 된다. 이것은 기가비트 이더넷 기술이 이더넷이나 고속 이더넷에서 사용하는 것과 동일한 가변길이(64에서 1,518바이트 크기)의 프레임 포맷을 사용하기 때문이다. 즉, 프레임 포맷과 크기가 모든 이더넷 네트워크에서 동일하기 때문에 이들간에 연동을 위해서 네트워크 구조와 프레임 포맷의 변환을 필요로 하지 않는다. 이와는 다르게 다른 고속 LAN 기술에서는 이더넷 프레임과 다른 포맷을 사용할 수 있는데, 예를 들어 ATM의 경우는 53바이트 고정길이의 데이터 셀을 이용하고 있다. 이는 기존의 이더넷을 ATM과 접속할 때, 라우터 혹은 스위치에서 ATM 셀과 이더넷 프레임간의 변환 기능을 수행해야 함을 의미한다.

[그림 2-14]는 기가비트 이더넷의 프레임 형식을 나타낸다.

프리앰블 (Preamble)	발신지 주소 (6바이트)	목적지 주소 (6바이트)	타입/프레임 길이 (2바이트)	송신 데이터/패딩 (46~1500 바이트)	프레임 검사 (4바이트)	확장 (0~448 바이트)

[그림 2-14] 기가비트 이더넷 프레임 구성

두 개의 노드가 전이중 통신방식으로 연결되어 있는 경우에, 기가비트 이더넷은 IEEE 802.3x 규격에 정의된 표준을 채택하여 네트워크 과부하 및 폭주 방지를 위해 표준화된 이더넷 흐름제어 방식을 사용한다. 반이중 통신방식에서는 공유매체에서의 충돌현상을 해결하기 위하여 CSMA/CD 방식을 사용하는데, 기가비트 이더넷의 CSMA/CD 방식은 기가비트의 속도에서 200m 범위내의 충돌 현상을 관리하기 위해 고안된 것으로, 송신 호스트가 충돌을 감지하기 전에 최소크기의 이더넷 패킷을 송신 완료하는 경우를 방지하기 위한 것이다. 이러한 문제를 해결하기 위하여 최소 이더넷 프레임 크기를 64바이트에서 512바이트로 확장하였다. 그러나 최소 패킷 길이는 예전과 마찬가지로 64바이트이다. 512바이트보다 짧은 패킷의 경우는 캐리어 확장(Carrier Extension)을 하여 크기를 맞춰준다. 해당 프레임 크기의 증가로 인해 발생할 수 있는 짧은 패킷의 전송 시의 성능 저하를 막기 위하여, 패킷 버스팅(Packet Bursting)이라는 새로운 방법을 CSMA/CD에 반영하였다. 즉, 패킷 버스팅은 대역폭을 효과적으로 이용하기 위하여 서버, 스위치 등의 장치가 짧은 길이의 패킷을 모아서 한꺼번에 송수신할 수 있도록 하는 기법을 말한다.

기가비트 이더넷에서는 네트워크 관리 또한 예전의 네트워크 관리 객체를 그대로 적용하고 있다. 예를 들어, SNMP(Simple Network Management Protocol)는 각 장치들의 이더넷 정보를 수집하기 위한 표준화된 프로토콜인데, 이를 위하여 송수신 패킷수, 에러율, 충돌 횟수 등의 통계정보를 기록하기 위한 MIB(Management Information Base)를 사용하고 있다. 또한 부가적인 정보는 네트워크 관리 애플리케이션을 통한 통계를 위하여 RMON(Remote Network Monitoring) 에이전트에 의하여 수집되고 있다. 기가비트 이더넷은 표준의 이더넷 프레임을 사용하고 있기 때문에 기존의 이더넷과 동일한 MIB과 RMON 에이전트를 네트워크 관리를 위하여 그대로 사용할 수 있다.

2.5.4 기가비트 이더넷의 구조

(1) 기가비트 이더넷의 구성

기가비트 이더넷에서는 기존의 이더넷과 거의 유사한 구조를 가진다. 기가비트 이더넷의 계층별 구조를 보면 [그림 2-15]와 같다.

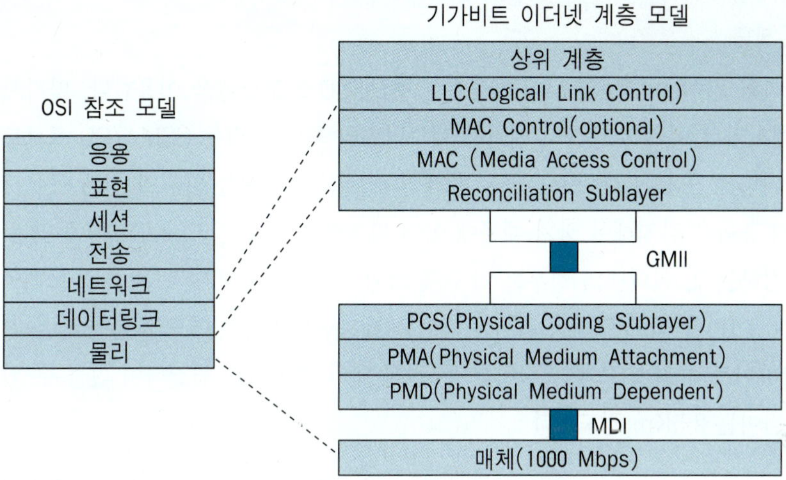

[그림 2-15] 기가비트 이더넷의 계층 구조

CSMA/CD를 지원하기 위해 MAC계층은 약간 강화되었지만, 데이터링크계층은 거의 변함이 없다. RS(Reconciliation Sublayer)는 고속 이더넷과 비슷하게 MAC계층과 물리계층 사이를 연결해주기 위한 인터페이스이며 MAC계층에서는 8비트 단위로 GMII(Gigabit Media Independent Interface: 매체 비의존 기가비트 인터페이스) 인터페이스를 통해 물리계층으로 전달한다. 고속 이더넷의 MII(Media Independent Interface)에서 데이터 신호는 송신 4비트, 수신 4비트이며, 전송 클럭은 25MHz(100Mbps 전송 시)이지만, GMII에서는 1Gbps의 전송 속도를 실현하기 위하여 데이터 신호를 송신 8비트, 수신 8비트로 높이고 전송 클럭 또한 125MHz로 올렸다. 물리계층의 구성요소는 고속 이더넷과 비슷하다. 그러나, 고속 이더넷의 물리계층은 FDDI의 시그널링을 이용하고 FDDI의 세부 기준에 맞게 설계되었으나, 기가비트 이더넷은 파이버 채널(FC: Fiber Channel)이 기가비트 이더넷의 전송 속도에 가장 가깝기 때문에 이에 기초해서 설계되었다.

고속 이더넷과 비교하여 변경된 내용을 살펴보면 다음과 같다.

- MAC계층과 물리계층의 인터페이스인 MII가 GMII로 변경되었다.
- 4B5B(FDDI의 물리층) 방식을 사용하지 않고 8B10B(화이버 채널의 물리층, FC-0, FC-1)의 부호화/복호화 방식을 사용하고 있다.

- MAC층과 LLC층 사이에, 선택사항으로 MAC 제어 계층이 존재한다.(MAC 제어 계층은 전이중 통신을 수행할 때 흐름 제어를 하는 IEEE 802.3x가 구현되어 있다).

(2) MAC계층

상기한 바와 같이 이더넷의 MAC계층은 CSMA/CD 프로토콜을 이용한다. 따라서 기존의 이더넷에서와 같이 호스트간의 케이블 세그먼트의 최대 거리는 CSMA/CD 프로토콜에 의해 제한된다. CSMA/CD 프로토콜은 프레임이 완전히 전송을 마치기 전에 공유 전송매체 상에서의 충돌을 감지해야 하기 때문에 이에 필요한 슬롯 타임(Slot Time)에 맞는 슬롯 크기를 설정하는데, 이더넷의 경우는 이 슬롯 크기가 64바이트이며 이는 최소 프레임 길이를 나타낸다. 이러한 최소 프레임 길이는 케이블 세그먼트의 길이에도 제한을 받는다. 이더넷에서 64바이트의 최소 프레임 길이를 두고 네 개의 리피터를 연결하여 만들 수 있는 최대 케이블 길이는 2.5Km 정도이다.

기가비트 이더넷도 CSMA/CD를 이용하기 때문에 같은 64바이트의 최소 프레임 길이를 사용한다. 하지만 기가비트 이더넷의 경우 10Mbps의 이더넷보다 100배정도 빠른 전송 속도를 갖기 때문에 프레임이 케이블의 끝에 도달하는 데에는 더욱 짧은 시간이 소요된다. 따라서 이더넷과 동일한 슬롯 타임을 적용할 경우에는 연결할 수 있는 케이블의 길이가 매우 짧아야 한다. 이러한 문제를 해결하기 위해 기가비트 이더넷에서는 '캐리어 확장(Carrier Extension)' 기술을 사용하며, 데이터 전송 효율을 높이기 위한 기술로 '프레임 버스팅(Frame Bursting)'을 사용한다. 이와 같은 기술들은 기가비트 이더넷에서 반이중 통신 방법을 사용하는 경우에 사용되며, 전이중 통신에서는 충돌이 발생하지 않기 때문에 이를 사용하지 않는다.

① 캐리어 확장(Carrier Extension)

기가비트 이더넷에서 CSMA/CD의 최소 캐리어 슬롯 타임을 기존 64바이트 타임에서 512바이트 타임으로 확장하는 것을 캐리어 확장이라 한다. 즉, 실질적으로 전송되는 프레임의 길이는 변하지 않고 프레임이 전송되는 시간을 늘리기 위한 방법이다. 이를 위해서 송신 측에서는 기존의 이더넷 프레임 형식에 데이터 부분이 아닌 필드를 추가하고, 수신 측에서는 이러한 추가적인 필드를 무시하는 방법을 사용하는데, 이때 이러한 추가적인 필드는 물리계층에서 자동으로 추가하게 된다. 예를 들면 송신할 데이터의 크기가 512바이트 보다 작은 경우 CSMA/CD의 최소 프레임 크기인 64바이트를 변경하면 기존 이더넷과의 호환성에 문제가 발생할 수 있기 때문에 최소 프레임의 길이는 그대로 유지하고, 캐리어 확장 필드에 일종의 패딩(Padding)을 추가하여 512바이트의 길이로 만들어 전송한다. 캐리어 확장 프레임을 포함한 기가비트 이더넷 프레임 구조는 [그림 2-16]과 같다.

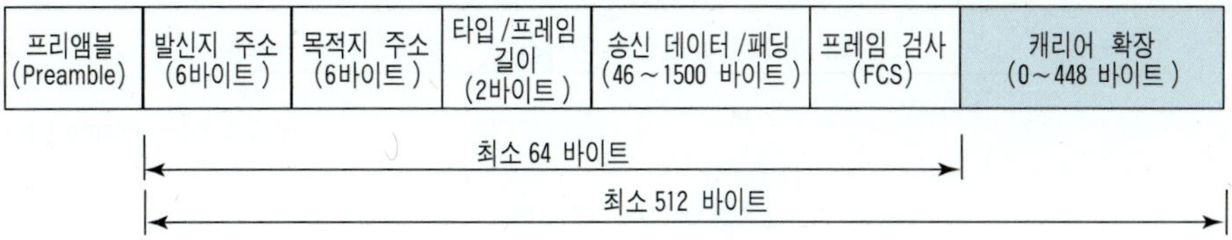

[그림 2-16] 기가비트 이더넷의 캐리어 확장 프레임

② 프레임 버스팅(Frame Bursting)

캐리어 확장에 의한 전송 방법은 사용자가 512바이트 미만의 짧은 프레임을 전송하려고 할 때, 매 프레임마다 패딩을 추가하여야 하기 때문에 정보 전송의 효율이 저하되며 네트워크의 성능에 악영향을 미칠 수 있다. 이러한 전송 효율의 저하를 줄이기 위한 방법으로 제안된 것이 프레임 버스팅이다.

프레임 버스팅은 여러 개의 짧은 프레임을 보내려고 할 때, 이런 짧은 프레임들을 모아서 한번에 보내는 방식이다. 기존의 이더넷은 한 호스트가 송신을 완료한 후에는 캐리어를 해제시키고 일단 송신을 중지하지만, 이와는 달리 프레임 버스팅은 한 호스트가 최초의 프레임을 충돌 없이 송신 완료한 후에 캐리어를 해제하지 않고 다음 프레임을 송신하는 것을 의미한다. 또한 캐리어를 해제시키지 않기 때문에 다른 호스트는 캐리어 해제 대기상태가 계속되고 충돌은 발생하지 않는다. 이와 같은 버스트 송신은 최초 프레임 송신에서 버스트 타이머 제한 길이(8192바이트 시간: 8192×8비트÷1000Mbps=65.536㎲)까지 가능하다.

프레임 버스팅 기법을 이용하여 프레임을 전송하는 방법을 살펴보면 다음 [그림 2-17]과 같다. 프레임을 송신할 때, 제일 처음 전송하는 프레임의 길이가 512바이트가 안될 경우 캐리어 확장을 사용하여 추가적인 필드를 붙인다. 그 후에는 CSMA/CD의 최소 캐리어 접속 시간(65.536㎲)이 보장되기 때문에 8192바이트만큼의 데이터를 연속해서 충돌 없이 송신할 수 있다. 물론 이 경우, 최초의 프레임을 제외한 연속된 프레임은 캐리어 확장이 필요 없다. 따라서 프레임 버스팅은 이러한 프레임 다중화를 통하여 효율적인 프레임 전송을 가능하게 한다. [그림 2-17]은 프레임 버스팅이 수행된 프레임 내부 구조를 나타내고 있다.

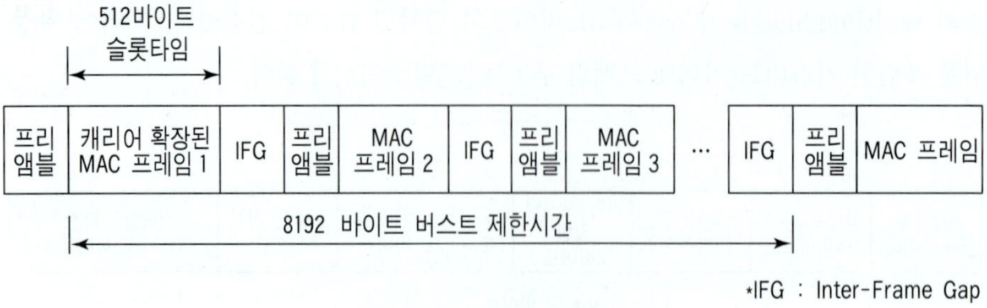

[그림 2-17] 프레임 버스팅

반이중 전송 방식에서 캐리어 확장은 반드시 구현되어야 하는 부분이지만 프레임 버스팅은 선택 사항이다.

(3) GMII(Gigabit Media Independent Interface)

GMII는 MAC계층과 물리계층 사이에서 MAC계층이 어떤 종류의 물리계층에서도 독립적으로 동작할 수 있도록 하는 인터페이스이다. 즉, GMII는 동일한 기가비트 이더넷 MAC 컨트롤러를 사용하여 차폐(shielded)/비차폐(unshielded) 트위스트 페어나 싱글 모드(Single-Mode)/멀티 모드(Multi-Mode) 광케이블과 같은 다양한 매체 타입을 연결하기 위한 표준화된 인터페이스이다. GMII는 10, 100, 1000Mbps의 다양한 전송 속도를 지원한다. 또한 고속 이더넷과는 다르게 1000Mbps의 속도를 실현하기 위해서 송신과 수신이 각각 8비트의 전송폭을 갖고 있으며, 전송 클럭은 125MHz가 사용된다. 전송 방식은 반이중 전송과 전이중 전송은 모두 지원한다.

이러한 GMII의 하위 계층으로는 PCS, PMA, PMD의 세 개의 부계층이 있는데, 각 부계층의 기능 및 역할을 보면 다음과 같다.

- PCS(Physical Coding Sublayer): 모든 전송매체에 대해 하나의 인터페이스를 제공하기 위한 계층으로서 광섬유 채널과 같이 8B/10B 코딩을 사용한다. 이것은 고속 이더넷에서 사용하는 4B/5B와 비슷하게 8비트 데이터 기호를 10비트 코드로 전송하는 방식으로 2비트는 제어비트로 이용된다. PCS 부계층에서는 캐리어 센스와 충돌을 감지할 뿐만 아니라 네트워크에서 통신을 할 때 속도를 10, 100, 1000Mbps 중에서 어떤 것으로 할 것인지를 결정하고, 전이중, 반이중 등의 동작모드의 결정 또한 담당한다.
- PMA(Physical Medium Attachement): 여러 매체로부터 수신되는 비트 신호를 상위 계층인

PCS 부계층과 연결시키는 기능을 수행하는 부계층이다. 즉, 다양한 전송매체에 독립적인 수단을 제공하여 데이터 송신 시 PCS 부계층에서 수신한 10비트의 코드 그룹을 연속적인 비트 직렬신호로 변환하여 PMD 부계층에 전달하며, 역 과정으로 수신된 비트 신호들을 코드로 바꾸어 상위 계층으로 제공하는 역할을 한다.

- PMD(Physical Medium Dependent): PMA 부계층과 함께 다양한 물리 매체를 PCS 부계층과 연결시키는 역할을 하는 부계층이다. 다양한 물리 매체를 위하여 물리계층의 시그널링을 정의한다. 즉, PMA 부계층에서 전달받은 비트 신호들을 양의 전압과 음의 전압을 갖는 펄스파로 바꾸어준다. 또한 이 PMD 부계층에서 MDI(Medium Dependent Interface)는 다양한 방식의 매체에 대한 실제 물리적 연결을 정의하는 물리계층 인터페이스이다.

① 부호화 방식

▶ 부호화 방식의 필요성

LAN의 전송 속도가 고속화 되면서 물리적인 전송로의 주파수 대역 제한 때문에 여러 문제가 발생한다. 송신 데이터 부호간의 상호간섭 문제나 전송 손실의 증가에 의한 신호대 잡음비 저하 등은 고속 진송을 어렵게 하는 주요 원인 중의 히나이며, 이러한 원인들로 인하여 수신신호를 정확하게 재생하기가 어렵게 된다. 케이블의 거리에 따라 신호의 감쇄량이 크게 변하기 때문에 신호를 정확하게 재생하기 위해서는 직류성분을 포함한 전송부호는 적당하지 않다. 0과 1로 구성된 송신 데이터를 그대로 시분할 다중화하여 송신한다는 것은 데이터 패턴에 의하여 직류성분이 변할 수 있기 때문에 수신측에서는 정확하게 재생하기가 어렵게 된다. 따라서 전송로가 필요한 주파수 대역을 줄이고 직류성분을 포함하지 않도록 하는 여러 전송 부호화 기술이 등장하고 있고, 실제로 사용되고 있다. 고속 이더넷에서는 4B/5B 부호화 방식을 사용하지만 기가비트 이더넷에서는 8B/10B 부호화 방식을 사용한다.

▶ 8B/10B 데이터 부호화

1000BASE-X에서는 송신 데이터를 8B/10B 데이터 부호화하여 신호 전송한다. 8B/10B 부호화는 상위층의 MAC 계층으로부터 입력되는 8비트 데이터를 하나의 니블(Nibble)로 취급하여, 각 니블을 물리층에서 10비트의 부호로 변환한다. 8B/10B 부호화의 목적은 크게 두 가지로 볼 수 있는데, 첫 번째는 8비트의 데이터를 10비트의 부호로 변환하면서 남는 부호의 여분을 제어부호로 활용하여 사용하는 것에 있다. 두 번째는 기본적인 부호화의 필

요성에 부합하여 신호 전송 시 클럭 재생을 위한 전송 밀도를 확보하는 것이다.

그 외에도 8B/10B 데이터 부호화에는 러닝 디스패리티(RD: Running Disparity)라는 에러 검출 메커니즘이 있다. 러닝 디스패리티는 직전의 송신 부호 열의 값에 근거하여 러닝 디스패리티 값(RD 값)을 결정하고, 이 값에 따라 다음에 송신할 부호의 RD 값을 바꾸는 에러 검출 방법이다. 수신측에서는 수신한 신호의 RD 값에 따라 다음에 수신할 RD 값을 예측할 수 있으므로, 예측과는 다른 RD 값을 갖는 부호를 수신할 경우 이를 송신 에러가 발생한 것으로 판단한다. 러닝 디스패리티는 에러를 효과적으로 검출하는 방법으로써 8B/10B 데이터 부호화에 사용된다.

| 미니강의 | MII(Medium Independent Interface, 매체 비의존 인터페이스)

서로 상이한 LAN 물리계층 매체들에 의존하지 않도록, 공통적인 논리 인터페이스를 MAC 부계층에 제공하는 역할을 수행.

이름	적용 이더넷	비 고
AUI	10M Ethernet	
MII	100M Fast Ethernet	TxD,RxD 각 4비트 클럭은 25MHz
GMII	1G Gigabit Ethernet	TxD,RxD 각 8비트 클럭은 125MHz
XGMII	10G 10Gigabit Ethernet	TxD,RxD 각 32비트 클럭은 156.25MHz
XIGMII	40G 40Gigabit Ethernet	
CGMII	100G 100Gigabit Ethernet	

이외에도 RGMII (TxD, RxD 각 4비트, 클럭 125MHz, TxD, RxD를 Double Rate로 사용)와 SGMII(TxD, RxD 각 1비트 Diff신호선, 클럭 625MHz) 등이 있다.

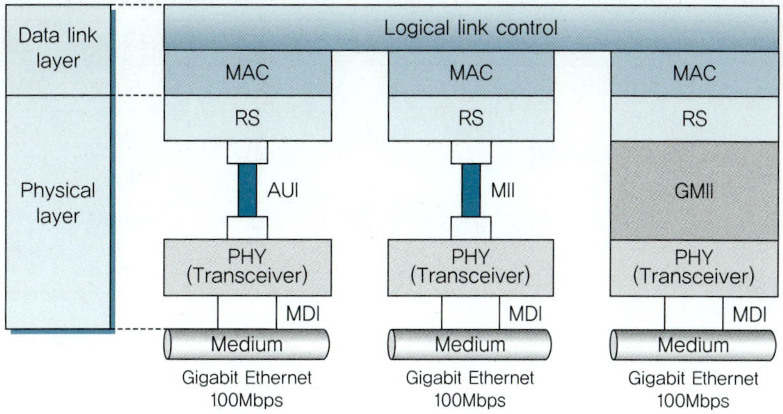

(4) 물리 계층

기가비트 이더넷의 물리계층은 기존 이더넷과 ANSI NCITS T11 파이버 채널 세부사항에서 증명된 기술들을 모두 수용하고 있다. 기가비트 이더넷은 네 가지 매체타입을 지원하며 이는 802.3z(1000BASE-X)와 802.3ab(1000BASE-T)에 규정되어 있다. 1000BASE-X는 파이버 채널 물리층에 기초하여 만들어진 기가비트 이더넷의 총칭이다. 파이버 채널은 네 개층으로 이루어져 있으며 맨 아래의 인터페이스와 미디어를 담당하는 FC-0와 인코드(encode), 디코드(decode)를 제공하는 FC-1 두 계층이 기가비트 이더넷에서 이용된다. 기가비트 이더넷에서 사용하는 전송 미디어로는 다음과 같은 세가지 매체가 있다.

- 1000BASE-SX: 멀티 모드 광섬유로 단파장 레이저(850nm 레이저)를 사용하는 방식
- 1000BASE-LX: 멀티 모드 광섬유와 싱글모드 광섬유로 장파장 레이저(1300nm 레이저)를 사용하는 방식
- 1000BASE-CX: 25m까지의 단거리 접속용으로 구리선 미디어(Short haul copper STP)를 사용하는 방식

또한 IEEE 802.3ab 태스크 포스에서 표준화된 1000BASE-T는 롱홀 구리선 미디어(Long haul copper UTP)를 지원하기 위한 표준이며, 최대 100m거리에서 카테고리 5 UTP케이블을 통해 기가비트 이더넷을 이용할 수 있는 방식이다.

이와 같은 물리계층에서의 기가비트 이더넷 규격을 요약하면 〈표 2-3〉과 같다.

〈표 2-3〉 기가비트 이더넷 규격

<table>
<tr><th>대구분</th><th>소구분</th><th>물리매체 종류</th><th>코어 직경(㎛)</th><th>밴드폭(MHz)</th><th>전송거리(m)</th></tr>
<tr><td rowspan="9">1000BASE-X
(802.3z)</td><td rowspan="4">1000BASE-SX</td><td rowspan="3">멀티모드 광섬유</td><td>62.5</td><td>500</td><td>550</td></tr>
<tr><td rowspan="2">50</td><td>400</td><td>550</td></tr>
<tr><td>400</td><td>550</td></tr>
<tr><td>싱글모드 광섬유</td><td>9</td><td>제한없음</td><td>50000</td></tr>
<tr><td rowspan="4">1000BASE-LX</td><td rowspan="4">멀티모드 광섬유</td><td rowspan="2">62.5</td><td>160</td><td>220</td></tr>
<tr><td>200</td><td>275</td></tr>
<tr><td rowspan="2">50</td><td>400</td><td>500</td></tr>
<tr><td>500</td><td>550</td></tr>
<tr><td>1000BASE-CX</td><td colspan="3">STP</td><td>25</td></tr>
<tr><td>1000BASE-T
(802.3ab)</td><td>1000BASW-T</td><td colspan="3">UTP</td><td>100</td></tr>
</table>

① 1000BASE-X

1000BASE-X는 데이터의 송신과 수신 시 8B/10B 부호화를 사용하는 방식이다. 850nm까지의 단파장을 사용한 통신이 1000BASE-SX이며, 사용되는 케이블은 멀티모드 광섬유로 코어 직경은 50nm이며 550m까지의 배선연장이 가능하다. 주로 수평적이고 짧은 단거리 백본용에서 사용하는 것을 목표로 정의되었다. 1000BASE-LX는 파장이 1,300nm까지의 통신을 사용하는 방식으로 싱글모드 광섬유도 사용한다는 점에서 1000BASE-SX 방식과 차이가 있다. 1000BASE-SX와 마찬가지로 멀티모드에서는 코어 직경 50nm이며 최대 550m까지 배선연장이 가능하다. 1000BASE-LX의 경우, 멀티모드는 빌딩 백본을, 싱글모드는 캠퍼스 백본을 각각 대상으로 하고 있다.

1000BASE-CX는 물리 인터페이스가 단거리(Short-Haul)인 클러스터에서 장치들의 상호 접속을 지원하며 배선 연장 거리 25m의 짧은 연결이 필요한 스위칭 장치 등에서 사용된다. 1000BASE-CX는 저렴하게 구현될 수 있으며 설치가 빠르다는 장점이 있다.

② 1000BASE-T

1000BASE-T에서는 카테고리 5 UTP 케이블을 사용한다. 다만, 통신 부하를 분산시키기 위해 2쌍이 아닌 4쌍을 사용하도록 하고 있다. 기가비트 이더넷에서 카테고리 5 UTP를 사용하는 것은 데이터 전송 시 발생되는 지연이 문제가 된다. 1000BASE-T는 100m까지 배선 거리를 보장하는 표준이다.

| 미니요약 | 기가비트 이더넷

기가비트 이더넷의 지원 매체에 따른 표준으로는 1000BASE-SX, 1000BASE-LX, 1000BASE-CX, 1000BASE-T가 있다.

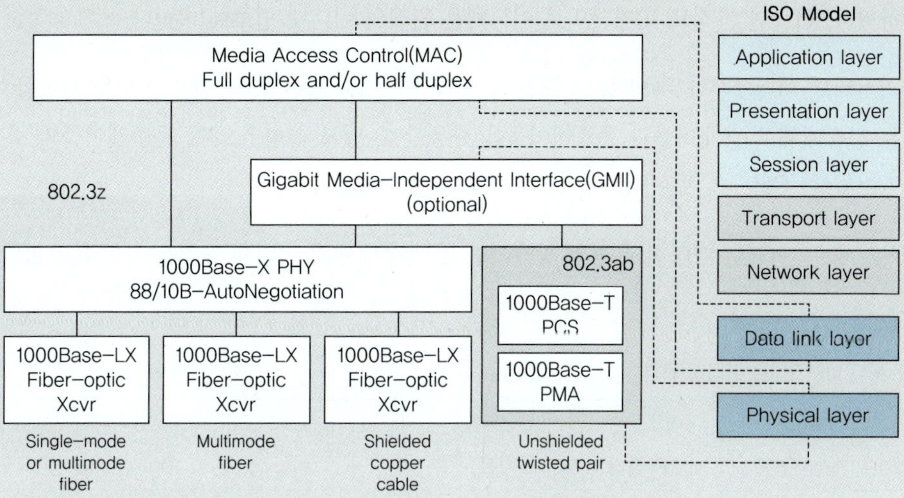

2.6 10G~ 기가비트 이더넷(10G~ Gigabit Ethernet)

2.6.1 10기가비트 이더넷 등장 배경

1998년 기가비트 이더넷 표준이 발표된 이후, 사용자들 특히 LAN에 값 비싼 ATM 기술 들의 채택을 꺼려하던 많은 사용자 들의 관심 속에 안정적으로 그 위치를 확고히 하여 왔다. 하지만 계속적으로 더 고속의 네트워크에 대한 수요와 기대 그리고 필요성은 지속적인 이더넷의 개발 필요성을 요구하고 있다.

서버의 지속적인 성능 향상과 고성능의 SSD 장착 그리고 가상화 및 클라우드와 빅데이터 등의 대형 솔루션 등이 실제 업무에 적용됨으로써, 늘어나는 요구 대역폭을 충족시키기 위해서는 저비용으로 구축 및 유지 관리가 가능한 10G/40G/100G 등으로 지속적인 성능 향상을 계속해 나갈 것이다.

2.6.2 10기가비트 이더넷 특징

10기가비트 이더넷은 IEEE 802.3ae-2002 표준으로부터 시작되었으나, 과거의 이더넷들과는 달리 '전 이중 방식'(Point-to-Point Full Duplex)만 지원하도록 정의되어 기존의 이더넷 방식의 주류인 반 이중 방식(Half Duplex)이나 중계기(Repeater Hub)의 수용을 포기하였다. 하지만 아직도 10기가비트 이더넷은 원래의 이더넷 범주에 속한다.

10기가비트 이더넷은 고속의 통신 환경 즉, 10×10^9 또는 10Gb/s의 전송 속도를 감당할 수 있는 전송매체로 광케이블과 동축케이블을 사용할 수 있도록 하였으며, 동축케이블의 경우는 Cat.6a나 Cat.7/Class F급 케이블의 사용을 권장하였다.

〈표 2-4〉는 이러한 다양한 유형의 광케이블 및 전송매체의 이더넷 규격을 보여주고 있다.

〈표 2-4〉 10기가비트 이더넷 규격

인터페이스	전송매체	전송거리
10GBase-SX	MMF(멀티모드 광케이블)	100~300m
10GBase-LX	SMF & MMF(싱글/멀티모드 광케이블)	5 - 15km
10GBase-EX	SMF(싱글모드 광케이블)	〉40 km
10GBase-CX	동축케이블(Twinax)	〈 20 m
10GBase-T	동축케이블(Cat.6a/7)	100 m

10기가비트 이더넷은 기간 통신망인 SONET/SDH와 직접 연결이 가능함으로써 지금까지 기가비트 이더넷의 제한적인 적용 범위에서 벗어날 수 있는 바탕이 되었으며, 이를 위하여 기존의 기가비트 이더넷은 여러 가지 코딩 기술을 고려되고 있다. 즉, 기존의 기가 비트 이더넷과의 호환을 위하여 8B/10B인코딩 기술뿐만 아니라 SONET과 유사한 스크램블 인코딩 기술 및 15B/16B, MB810 및 PAM-5 등의 인코딩 기술 등도 적용을 고려하고 있다.

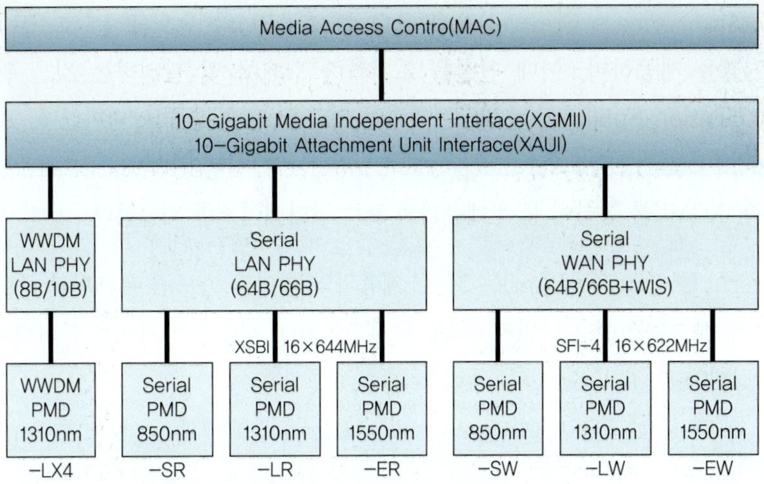

[그림 2-18] 10기가비트 이더넷의 기능 요소

2.6.3 10기가비트 이더넷 구조

[그림 2-19]는 10기가비트 이더넷의 프로토콜 계층 구조도이다.

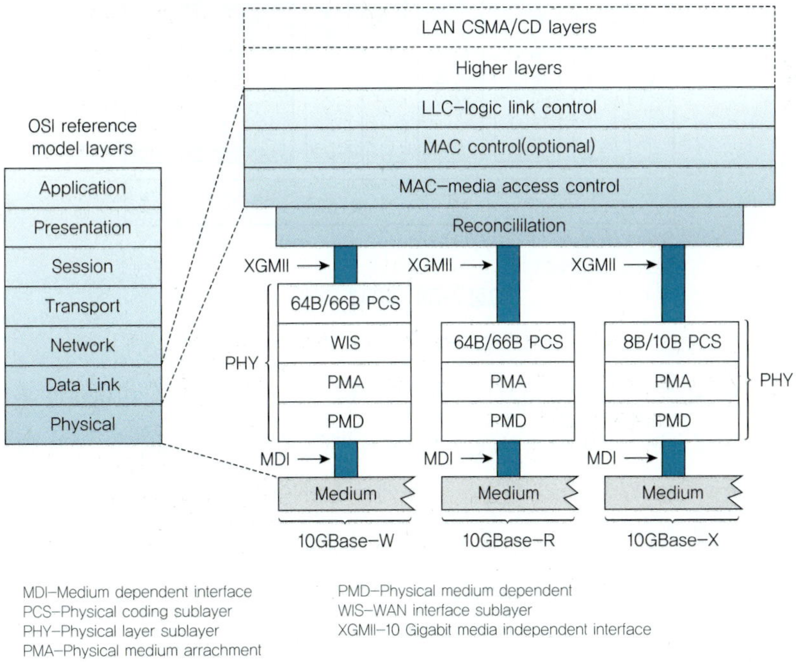

[그림 2-19] 10기가비트 이더넷의 계층 구조

MAC(Medium Access Control)은 노드(또는 호스트)와 노드(또는 호스트)간의 논리적인 연결을 제공하며, 이때 연결을 초기화하고 제어 및 관리하는 것을 관장하며, RS(Reconciliation Sublayer)는 MAC 계층의 명령을 전기 신호로 변환한다. 또한 기존의 MII(100M Ethernet Media Independent Interface), GMII(1000M Ethernet)에 이어 10GMII 즉, XGMII를 통하여 물리 계층과의 표준 인터페이스를 제공한다.

PCS(Physical Coding Sublayer)는 MAC 계층과의 데이터 스트림 부호화를 주어진 코딩 기술에 근거하여 수행하며, 나머지 PMA, PMD 및 MDI 계층은 기가비트 이더넷과 동일한 동작을 담당한다.

(1) MAC 계층

10기가비트 이더넷의 MAC 계층은 이전 이더넷 기술의 MAC 계층과 유사한 역할을 담당한다. 즉, 동일한 이더넷 주소 및 프레임 형식을 사용하지만 반이중 모드를 지원하지 않는다. 속도 적응 및 흐름 제어를 위한 페이싱 매커니즘을 사용하여 10Gb/s 이하의 데이터 속도를 지원한다.

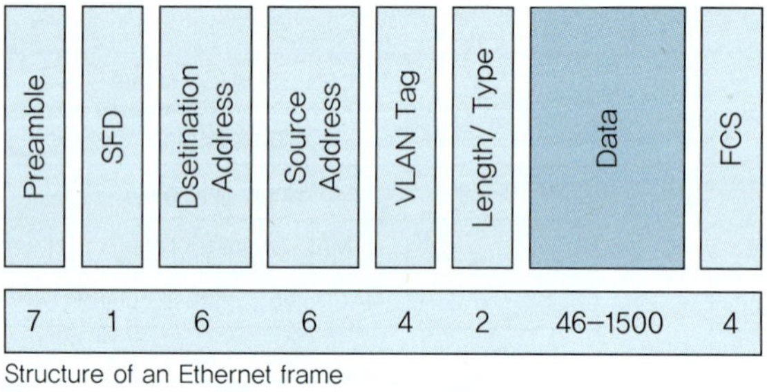

[그림 2-20] 이더넷 프레임

기존의 이더넷 표준과 동일한 MAC 프레임을 사용함으로써 기존의 이더넷과 완벽한 통합을 이룰 수 있으며, 전이중 방식만 사용하기 때문에 거리의 제약을 받지 않게 되었다. 하지만 현존하는 WAN과의 완벽한 연동에는 LAN에서의 10Gb/s의 속도는 OC-192 9.584640Gb/s의 속도와 호환하는 데 문제가 존재하였고 이를 해결한 것이 페이싱 매커니즘이다. 이를 통하여 두 매체간의 접속을 가능하게 한 것이다.

(2) 물리 계층

10GMII(XGMII, 매체 독립 인터페이스)는 MAC 계층과 물리 계층 간의 인터페이스를 제공하는데, 이는 MAC 계층이 다양한 물리 계층의 형태들을 지원할 수 있도록 한다.

10기가비트 이더넷은 물리 계층으로 하나의 고속 PCS/PMA/PMD 회로 블록을 사용하는 직렬 방식과 더 낮은 속도로 여러 PCS/PMA/PMD를 사용하는 병렬 방식이 사용된다.

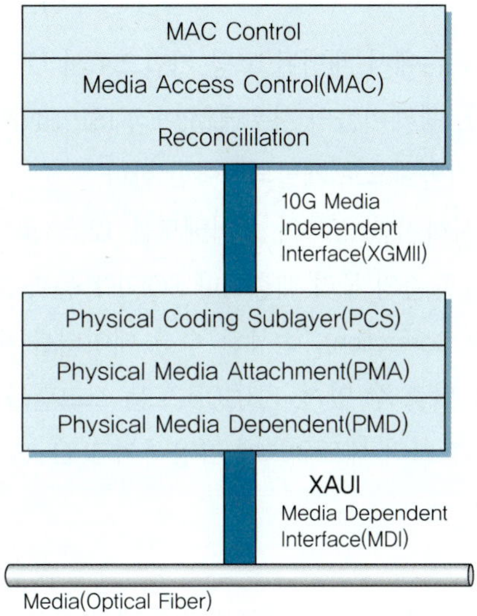

[그림 2-21] 10기가비트 이더넷 물리계층

(3) 코딩 기법

- **8B / 10B**: IBM에 의해 고안된 기술로서, 탁월한 DC 밸런스 특성을 갖고 있으며 대역폭 및 클락 지터에 대한 요구 사항이 단순하여 전송 안정성을 향상시킬 수 있어 간단하게 적은 비용으로 구현이 가능한 기술이다. 또한 이 코드는 기가비트 이더넷(IEEE 802.3z)과 10기가비트 이더넷의 호환성을 제공하여 적은 비용, 노력 및 마이그레이션을 위한 시간들을 절감할 수 있게 해준다.
  이 코딩 기법의 단점은 25%에 달하는 오버 헤드와 적은 대역폭 효율성인데, 10Gb/s의 전송 속도를 구현하려면 12.5Gb/s의 회선 속도를 요구하나, 이를 통신 선로에서 지원하기에는 많은 어려움이 있다.
- **스크램블링**: SONET/WAN에서 제안된 코딩 기법으로서, 오버 헤드가 없고 대역폭 효율

이 향상되어 원거리송수신이 가능하며, 간단하게 하드웨어로 구현이 가능하다. 또한 이 코딩 기법을 적용하면 LAN, MAN 그리고 WAN에서 완벽한 이더넷을 구현할 수 있으나, IEEE 802.3z 표준과의 호환성이 부족한 문제가 있다.
그러므로 8B/10B 인코딩 기법은 LAN/MAN에서 사용되고, WAN 영역에서 이 기술이 사용될 가능성이 높은 기술이다.

- **MB810**: 8B/10B와 비슷한 코딩 기법으로서 기존의 8B/10B보다 50% 향상된 대역폭 효율을 제공한다. 하지만 아직 이 코딩 기법에 대한 기술의 우월성 입증은 진행중인 기술이다.
- **PAM-5**: 1000Base-T 표준에서 채택된 코딩 기법으로서 UTP케이블 상에서는 3dB 코딩 이득으로 효과적이나, 광케이블의 경우에는 아직 ISI, SNR 및 다중 진폭 신호에서의 비 선형성 패널티 등이 지속적으로 개발되어야만 한다.
- **16B/18B**: 8B/10B와 유사하지만 25%의 오버헤드를 12.5%로 줄이는 것이 가능한 코딩 기법이나, IEEE 802.3z 표준의 물리 계층이나 SONET 등과 호환되지 않는다.
- **오류 정정(Forward Error Correction)**: 손상된 수신 데이터를 수정할 수 있는 기능이 있어 비트 오류율(BER)을 낮출 수 있어, 8B/10B 또는 스크램블 인코딩과 함께 사용이 가능하다. 즉, 이 기술은 장거리 네트워크에 유용하여 10G-SONET에 채택될 가능성이 높다.

위에 열거한 거와 같이 지속적으로 고속 네트워킹에 대한 수요로 이더넷은 기가비트 이더넷, 10기가비트 이더넷 등으로 진화하고 있으며, 10기가비트 이더넷이 기존의 기가비트 이더넷보다 속도면에서는 10배 빠른 10Gb/s의 전송 속도를 갖지만 실제적인 구축 비용은 2~3배 정도로 개발을 진행하였다.

LAN, MAN 그리고 WAN이 함께 아우르는 앞으로의 네트워크의 모습은 10기가비트 이더넷, 40기가비트 이더넷 그리고 100기가비트 이더넷 등의 모습으로 지속적으로 발전해 나갈 것이다.

| 미니강의 | 40/100기가비트 이더넷

40G/100G 기가비트 이더넷의 계층 구조의 모습은 다음과 같을 것이다.

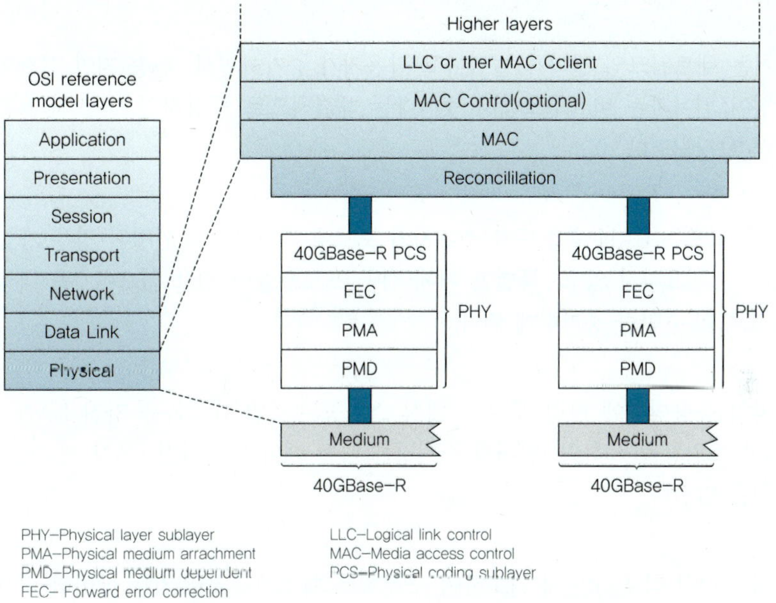

그리고 이들을 수용하기 위한 전송매체들의 채용 및 특성들은 다음과 같다.

Application	Standard	IEEE Reference	Media	Speed	Target Distance
10-Gigabit Ethernet	10GBASE-SR	802.3ae	MMF	10Gb/s	33m(OM1) 82m(OM2) 300m(OM3) 400m(OM4)
	10GBASE-LR		SMF		10km
	10GBASE-LX4		MMF		300m
	10GBASE-ER		SMF		40km
	10GBASE-LRM	802.3aq	MMF		220m(OM1/OM2) 300m(OM3)
40-Gigabit Ethernet	40GBASE-SR4	802.3bm	MMF	40Gb/s	100m(OM3) 150m(OM4)
	40GBASE-LR4		SMF		10km
	40GBASE-FR		SMF		2km
	40GBASE-ER4		SMF		10km
100-Gigabit Ethernet	100GBASE-SR10		MMF		100m(OM3) 150m(OM4)
	100GBASE-LR4		SMF		10km
	100GBASE-SR4		SMF		70m(OM3) 100m(OM4)
	100GBASE-ER4		SMF		40km

요약

01 스위치는 네트워크의 길이가 늘어나고 사용자가 증가하면서, 전송 지연 시간이 커져서 확장성이 떨어지는 버스구조에서 벗어나는 해결책으로 등장하였으며, 처리속도에서도 상당히 향상되었다.

02 전 이중 모드는 LAN 호스트가 스위치의 포트에 직접적으로 연결된 경우 가능하며 충돌 감지가 필요하지 않고, 특별한 매체 접근 프로토콜이 필요 없으며, 총 대역폭은 스위치 포트의 수만큼 증가하게 된다.

03 스위치의 응용방법에 따라 구분한 대칭 스위칭은 동일 대역폭을 가진 LAN 세그먼트에 대한 스위칭을 말하며, 비대칭 스위칭은 다른 대역폭을 가진 LAN 세그먼트에 대한 스위칭을 말한다.

04 스위치를 OSI 참조 모델에 기초하여 구분했을 때 2계층 스위치는 데이터 링크 계층에서 동작하는 스위치로 모든 포트에 연결된 호스트의 MAC주소를 학습한 후 스위칭 테이블을 생성한다. 이에 반해 3계층 스위치는 라우팅 스위치라고도 불리며 하드웨어를 사용한 라우터의 한 형태라고 할 수 있다. 한편 4계층 스위치는 포트 번호를 기준으로 패킷을 전송한다.

05 스위치는 전송 로직과 입출력 포트로 구성되어 있다.

- 전송 로직은 2계층에서 MAC 계층의 프레임을 중계하는 것으로 필터/전송 로직, 학습 로직, 포트 인터페이스, 송신지 주소 테이블 등으로 구성되어 있다.
- 입출력 포트에서 먼저 액세스 포트는 스위치가 LAN 상에 있는 각 호스트를 연결하기 위해 사용하는 물리적인 인터페이스이며, 업 링크 포트는 스위치 구성 상 한 스위치가 다른 스위치와의 연결할 때 사용하는 포트이다.

06 스위칭 방법에 따라서 Cut-Through 스위치, Interim Cut-Through 스위치, Store-and-Forward 스위치로 구분된다.

- Cut-Through 스위치는 중계시간을 최소화한 방식으로 프레임의 송신지 및 수신지 주소를 얻기 위해 프레임의 첫 번째 몇 바이트만을 읽은 후 전송한다. 프레임의 최소

규격보다 작은 런트 프레임과 CRC 에러에 대한 검출을 할 수 없다는 것이 단점이다.

- Interim Cut-Through 스위치는 프레임을 버퍼에 저장하고 최소규격보다 작으면 삭제함으로써 런트 프레임은 처리할 수 있지만 에러가 난 프레임은 처리하지 못한다.
- Store-and-Forward 스위치는 프레임을 전송하기 전에 전체 프레임을 수신한 후 전송하는 방식이다.

07 스위치 구조는 크로스바(Cross-bar)구조, 공유 메모리(Shared memory)구조, 고속 버스(High-bus) 구조로 구분된다.

- 크로스바 구조는 여러 개의 도로가 하나의 교차로를 지나는 형태로 점대점 연결을 최적화하기 위해 설계되었다.
- 공유메모리 구조는 입력 버퍼들이 하나의 주 메모리에 있는 구조로 Store-and-Forward 스위치로 동작한다.
- 고속버스 구조에서는 스위칭 ASIC 칩들 사이에 고속의 데이터 버스가 연결되어 있는 구조다.

08 고속 이더넷은 기존의 이더넷 프로토콜을 사용하여 데이터 전송 속도를 100Mbps로 향상시키기 위해서 최소 프레임의 길이를 기존의 이더넷과 동일하게 하고 최대 케이블의 길이를 줄였다.

09 Convergence Sublayer(CS)는 MAC 계층과 Physical Medium Dependent(PMD) Sublayer 사이의 인터페이스이며 Media Independent Interface(MII)는 CS와 PMD의 인터페이스로 다양한 규격의 매체와 연결할 수 있는 일종의 미디어 어댑터이다.

10 전파 지연은 네트워크 수용 범위에 영향을 미치며 이는 전송 시간과 신호의 수신 시간 사이의 차이로 정의 될 수 있다. 이러한 차이는 케이블, NIC와 리피터와 같은 네트워크 구성 요소들에 의해 야기된다.

11 기가비트 이더넷은 파이버 채널 기술을 사용한다.

12 기가비트 이더넷과 관련된 표준으로는 IEEE 802.3z와 IEEE 802.3ab가 있다. 이 중 802.3z는 1000BASE-X에 관한 표준을 나타내고, 802.3ab는 1000BASE-T에 관한 표준을 나타낸다.

13 기가비트 이더넷은 802.3의 이더넷 프레임 형식을 이용하고, CSMA/CD 프로토콜을 사용함으로써 기존의 이더넷과 좋은 호환성을 유지한다.

14 MAC 계층에서는 효율성을 높이기 위한 방법으로 캐리어 확장과 프레임 버스팅을 이용한다.

15 캐리어 확장과 프레임 버스팅은 기가비트 이더넷의 반이중 통신에서만 사용한다. 캐리어 확장은 반드시 필요하지만 프레임 버스팅은 선택 사항이다.

16 GMII의 하위 계층으로는 PCS, PMA, PMD의 세 개의 부계층이 있다.

17 기가비트 이더넷에서는 8B/10B 부호화 방식을 사용한다.

18 기가비트 이더넷의 지원 매체에 따른 표준으로는 1000BASE-SX, 1000BASE-LX, 1000BASE-CX, 1000BASE-T가 있다.

19 10기가비트 이더넷은 LAN, MAN 그리고 OC-192c의 WAN과 통합할 수 있는 기술이다.

20 10기가비트 이더넷은 기가비트 이더넷의 GMII 확장판인 10GMII를 사용한다.

21 10기가비트 이더넷에서는 기존 기가비트 이더넷의 8B/10B 코딩 이외에도 스크램블링, MB810, PAM-5 및 16B/18B 등 여러 신개념의 코딩 기법 등이 제안되고 있다.

22 10기가비트 이더넷의 지원 매체에 따른 표준은 10GBASE-SX, 10GBASE-LX, 10GBASE-EX, 10GBASE-CX 및 10GBASE-T가 있다.

연습문제

01 다음 중 스위칭 LAN에 대한 설명으로 올바르지 않은 것은 무엇인가?

a. 대역폭을 공유하는 방식이다.
b. 멀티 포트를 가지고 있는 장치이다.
c. LAN 세그먼트를 스위치의 포트에 연결한다.
d. ASIC 기술의 발전으로 스위칭을 CPU에서 수행하게 되었다.

02 다음 중 스위치가 라우터, 브리지와 비교해서 유일하게 갖는 특징은 무엇인가?

a. 네트워크를 물리적으로 2개의 세그먼트로 나눈다.
b. 전송 시간을 줄여 전송 속도를 높이는데 사용한다.
c. 버스구조에서 벗어나서 확장성을 가진다.
d. 논리적인 네트워크를 연결하여 충돌 도메인을 분리한다.

03 다음 중 4계층 스위치에 대한 설명으로 올바른 것은?

a. IP와 같은 논리적인 주소를 기반으로 적절한 포트로 패킷을 전달한다.
b. 여러 개의 작업그룹을 생성하는데 사용된다.
c. 애플리케이션 프로토콜에 기반한 패킷 필터링에 사용된다.
d. 크로스바 스위치와 같은 ASIC 스위칭 기술을 이용한다.

04 다음 중 LAN 스위치의 전송 로직의 구성요소가 아닌 것은?

a. 학습 로직
b. 포트 인터페이스
c. 입출력 포트
d. 필터 로직

05 다음 중 LAN 스위치의 구성요소 중 송신지 주소를 검사하여 엔트리의 추가를 수행하는 것은?

a. 학습 로직
b. 포트 인터페이스
c. 필터 로직
d. 주소 테이블

06 LAN 스위치의 송신지 주소 테이블에 대한 설명으로 바르지 않은 것은?

a. 언제 생성된 것인지를 나타내는 타이머를 가지고 있다.
b. MAC 주소의 리스트와 포트로 구성되어 있다.
c. 테이블의 크기는 제한되어 있다.
d. 프레임의 흐름을 지능적으로 제어한다.

07 다음 LAN 스위치의 입출력 포트에서 액세스 포트를 설명하는 것으로 올바르지 못한 것은 무엇인가?

a. 각 호스트에 연결하기 위해 사용하는 물리적인 인터페이스이다.
b. 업링크 포트 비해 대용량의 링크에 연결된다.
c. 같은 LAN 기술로 연결된 호스트를 연결한다.
d. 스위치의 구성 및 특성에 따라 액세스 포트의 수는 다양하다.

08 LAN 스위칭 기술을 구분할 때 Cut-Through 스위치, Interim Cut-Through 스위치, Store-and-Forward 스위치로 나눌 때, 어떤 구성요소의 동작에 대한 것인가?

a. 학습 로직　　b. 포트 인터페이스
c. 전송 로직　　d. 입출력 포트

09 다음 중 Store-and-Forward 스위치에 대한 설명으로 올바른 것은?

a. 기존의 브리지와 거의 같은 방식으로 스위칭 한다.
b. 프레임의 대기시간을 최소화 한다.
c. 트래픽이 많을 때 한 포트만이 프레임을 전송하는 문제가 발생한다.
d. 런트 프레임을 검출할 수 없다.

10 다음 중 스위치의 고속 버스 구조에 대한 설명은 무엇인가?

a. 점대점 연결을 최적화 한다.
b. 가격 면에서 저렴하다.
c. Store-and-Forward 스위치로 동작한다.
d. 데이터의 병목 현상이 거의 없다.

11 고속 이더넷의 특징으로 올바른 것은?

a. 10Mbps의 전송 속도를 낸다.

b. 맨체스터 부호화 방식을 사용한다.

c. 매체 접근 제어 방식으로는 CSMA/CD를 사용한다.

d. 8B/5B혹은 8B/10B 부호화 방식을 사용한다.

12 다음 중 카테고리 5 UTP 케이블을 사용하는 기가비트 이더넷의 표준은 무엇인가?

a. 1000BASE-T　　b. 1000BASE-CX

c. 1000BASE-LX　　d. 1000BASE-SX

13 다음 중 기가비트 이더넷에 대한 설명으로 맞지 않는 것은?

a. IEEE 802.3 프레임 형태를 사용한다.

b. CSMA/CD 프로토콜을 사용하여 매체를 공유한다.

c. 기존 고속 이더넷과의 호환을 위해 특정 컨버터를 사용한다.

d. GEA라는 표준화 활동 기구가 있다.

14 기가비트 이더넷 프레임 포맷에 속하지 않는 필드는?

a. 목적지/발신지 주소 필드　　b. TTL(Time to Live) 필드

c. 프리엠블 필드　　d. 프레임 검사 필드

15 기가비트 이더넷에서 사용하는 기본 프레임의 크기로 맞는 것은?

a. 64바이트　　b. 128바이트

b. 512바이트　　d. 1024바이트

16 기가비트 이더넷과 관련 있는 부호화 방식은?

a. 4B5B　　b. 8B10B

c. 8B6T　　d. 64B66B

17 10기가비트 이더넷과 관련 없는 부호화 방식은?

a. 4B5B　　b. 8B10B

c. MB810　　d. 16B18B

18 GMII의 하위 부계층에 속하지 않는 것은?

a. PCS　　b. PMA

c. PMD　　d. WIS

19 다음 중 연관 관계가 잘못 연결된 것은?

a. MII - 고속 이더넷　　b. XGMII- 10기가비트 이더넷

c. SMII - 이더넷　　d. GMII - 기가비트 이더넷

20 스위칭 LAN의 전송 로직의 구성요소에 대해 간단히 설명하시오.

21 스위칭 방식에 의해 스위치를 구분하고 장단점을 설명하시오.

22 반 이중 방식과 전 이중 방식을 비교, 설명하시오.

23 고속 이더넷이 100Mbps의 속도를 얻는 방법은 무엇인지 설명하시오.

24 기가비트 이더넷은 CSMA/CD의 최소 캐리어 슬롯 타임을 확장하는 캐리어 확장 방법을 사용한다. 이 방법을 사용할 때 송신 데이터의 크기가 작을 경우 발생할 수 있는 비효율적인 문제를 해결하기 위한 방법으로는 무엇이 있는지 설명하시오.

25 8B/10B 데이터 부호화에서 사용하는 에러 검출 방법을 설명하시오.

| 참고 사이트 |

- http://www.iol.unh.edu/training/fe.html: 고속 이더넷에 대한 전반적인 내용을 담고 한다.
- http://www.cisco.com/univercd/cc/td/doc/cisintwk/idg4/nd2012.htm: 스위칭 LAN에 대한 전반적인 내용을 다루고 있다.
- http://www.networking.ibm.com/mse/mse0c01.html: IBM에서 스위칭 LAN과 고속 이더넷에 대한 내용을 제공한다.
- ftp://ftp.netlab.ohio-state.edu/pub/jain/courses/cis788-97/lan_switching/index.htm: LAN 스위칭에 대한 기술적인 내용을 다루고 있다.
- http://www.ethermanage.com/ethernet/descript-100quickref.html: 고속 이더넷에 대한 내용을 제공한다.
- http://grouper.ieee.org/groups/802/3/z/public/: IEEE 802.3z에 대한 내용을 살펴볼 수 있다.
- http://www.3com.com: 이더넷 생산 업체로서 이더넷에 대한 기술 자료를 제공한다.
- http://www.10gea.org/Tech-whitepapers.htm: GEA의 홈페이지로 기가비트 이더넷에 대한 다양한 기술 자료를 볼 수 있다.
- http://www.iol.unh.edu/consortiums/ge/: 기가비트 이더넷 컨소시움으로써 여러 자료와 테스트에 대한 결과를 살펴볼 수 있다.
- http://www.cse.wustl.edu/~jain/cis788-99/ftp/10gbe/: 10기가비트 이더넷에 대한 기술 및 동향에 대해 살펴볼 수 있다.
- http://http://grouper.ieee.org/groups/802/3/10G_study/public/: 10기가비트 이더넷 및 기타 고속 이더넷에 대한 기술 자료를 볼 수 있다.

| 참고문헌 |

- Jone J.Roese, Switched LAN, McGraw-Hill, pp2~37, 1998
- Kennedy Clark, Kevin Hamilton, CCIE PROFESSIONAL DEVELOPMENT CISCO LAN SWITCHING, Cisco Proess, pp5~25, 1999
- Ata Elahi, Ph.D, Network Communications Technology, Delmar Thomson Learning, Hall, pp149~158, 2001
- Martin Nemzow, Fast Ethernet Implementation and Migration Solutions, McGraw-Hill, p55~123, 1997

- Rich Seifert, Gigabit Ethernet, Addison-Wesley, 1998
- David G. Cunningham & William G. Lane, Gigabit Ethernet Networking, Macmillan Technical Publishing, 1999
- 일본 멀티미디어 통신연구회(강철희 외 3명 역), 기가비트 이더넷, 교보문고, 2000
- Paul Izzo, Gigabit Networks, John Wiley & Sons, Inc, 2000

CHAPTER 03

대도시통신망과 메트로 이더넷

contents

CHAPTER 03

대도시통신망과 메트로 이더넷 (Metropolitan Area Network(MAN) / Metro Ethernet)

기업의 규모가 커지고, 경제활동 지역이 다양화됨에 따라 기업의 형태는 다양하게 변화해 왔다. 기업은 하나의 도시에 하나의 건물에만 위치하지 않고 지리적으로 분산되어 있으며, 이들은 모두 네트워크로 연결되어왔다. 따라서 지리적으로 분산되어 있는 네트워크들을 효과적으로 연결하여 기업의 활동에 있어 업무의 일원화와 전산화를 구축할 수 있는 인프라(Infrastructure)를 구축하는 것이 중요한 문제로 대두되었다. 이를 위해 대도시통신망(이하 MAN)이 탄생되었다. 그러나 기존의 MAN은 여러 문제점들로 인해서 충분한 성능을 서비스하지 못하여 왔으며, 이러한 MAN의 다양한 서비스들을 보완하기 위해 많은 연구가 진행되어 왔다. 그러한 연구의 결과로 메트로 이더넷이 탄생되었다. 본 장에서는 MAN이 어떠한 것인지 살펴보고, 그 결정체인 메트로 이더넷에 대하여 심도 있게 학습해보기로 한다.

중요 내용은 다음과 같다.

- MAN이란 무엇이며, 어떠한 토폴로지로 구성되어 있는지 알아본다.
- MAN의 특징 및 구성기술과 그 문제점에 대하여 알아본다.
- 메트로 이더넷의 개념과, 등장배경에 대하여 살펴본다.
- 메트로 이더넷이 갖고 있는 특징 및 구성에 대하여 학습한다.
- 메트로 이더넷을 구축하는 데 있어 필요한 기능들에 대하여 짚어본다.

3.1 MAN의 개요

MAN은 LAN(Local Area Network)과 LAN을 연결해 주는 역할을 하는 네트워크 구성 방법 중 하나이다. Metropolitan이라는 말에서 느껴지듯이 하나의 대도시에 산재해 있는 기업 네트워크를 하나로 연동시켜 이들 간의 원활한 통신서비스를 제공하고 또 백본(Backbone) 네트워크와 LAN들 간의 유기적인 접속을 제공하는 기능을 수행하는 것을 MAN이라 한다.

3.1.1 MAN의 정의

앞서 언급했듯이 MAN은 LAN과 LAN을 연결해 주며, 백본 네트워크로 가는 길목역할을 하는 네트워크 기술이라 생각할 수 있다. 하나의 도시에 분산되어 있는 여러 곳의 자사 네트워크를 연결하려 할 때, 각 LAN들을 전용선을 이용해 개별적으로 연결하는 것은 비용면에서 비효율적이며 회선 및 장비의 낭비를 초래한다. MAN은 이러한 낭비를 획기적으로 줄이고, 통합 관리를 통한 통합 네트워크를 구축할 수 있게 하며, 한편으로는 인터넷으로의 연결을 원활히 할 수 있도록 고안된 기술이다.

3.1.2 MAN 토폴로지

MAN이 백본과 LAN의 다리 역할을 하려면 LAN과 LAN의 효과적인 연결 방법과, 다수의 LAN 간의 원활한 통신 지원에 관한 문제를 동시에 해결해야 한다. 이러한 요구 사항을 반영하여 DQDB(Distributed Queue Dual Bus)가 정의되었다. DQDB는 두 개의 버스를 연결하는 구조와, 링형태(혹은 루프형태)의 토폴로지를 지원한다. [그림 3-1]은 DQDB를 이용한 MAN의 구성을 보여준다.

DQDB는 [그림 3-1]과 같이 이중버스(Dual Bus) 형태로 구성되어 있고, 분산 큐(Distributed Queue)라고 하는 큐잉(Queueing) 방식을 이용하여 전송하기에 앞서 미리 준비된 큐에 데이터를 삽입하고 자기 차례가 되었을 때 전송하는 방식을 취한다.

기존의 MAN은 일반적으로 버스형 구조가 아닌 링형 구조를 갖고 있으며 ADM(Add/Drop Multiplexer)이라고 하는 장비를 이용하여 네트워크 구성요소들을 링으로 연결하고 있다. [그림 3-2]는 링 구조의 MAN을 전체 네트워크 구조와 함께 보여주고 있다.

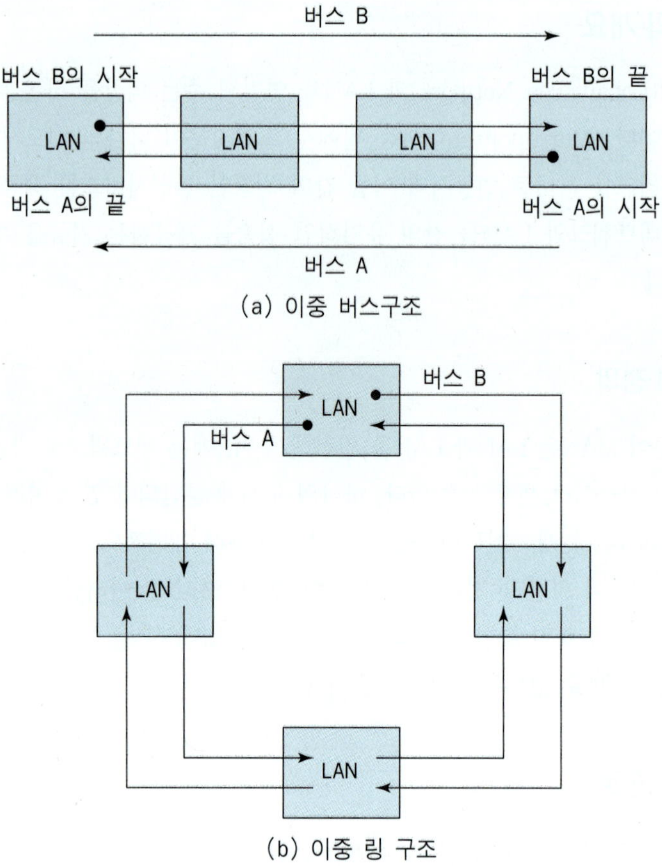

[그림 3-1] DQDB를 이용한 MAN

[그림 3-2]에서 메트로 액세스 구간에는 일반 가입자나 기업들이 위치해 있다. 즉 메트로 액세스 네트워크는 가입자 네트워크가 된다. 이러한 가입자들은 CO(Central Office)라고 불리는 가까운 전화국으로 연결되어 있으며 각 CO는 링 구조로 서로 연결되어 있다. CO들은 POP(Point Of Presence)라고 하는 백본 네트워크와 연결시켜주는 대형 전화국과 연결되어 있으며 POP는 각 도시를 연결해주는 백본 네트워크로 데이터를 주고받는 역할을 하고 있다. 이에 대해서는 3.2절에서 자세히 살펴보도록 하자.

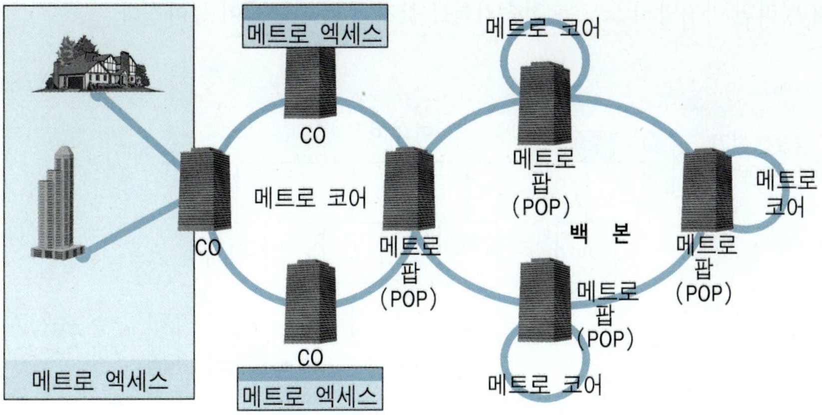

[그림 3-2] 링(Ring) 구조 MAN

3.1.3 DQDB(Distributed Queue Dual Bus)

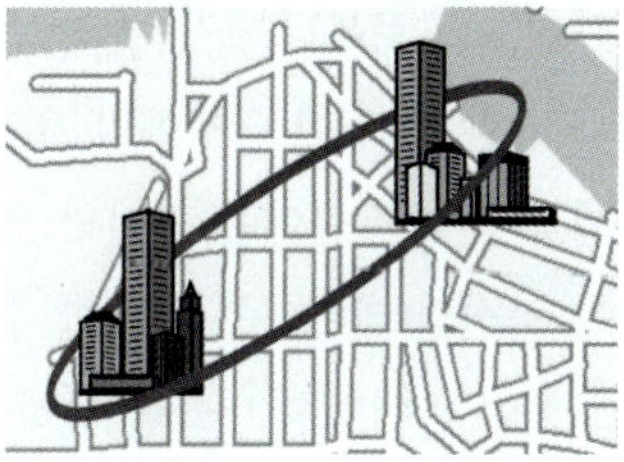

DQDB는 보통 반경 25km 이내에 있는 LAN의 상호 연결을 제공하는 기능을 수행한다. IEEE 802.6 표준에 정의된 전송방식으로써 광케이블이나 동축케이블을 이용하여 2.048Mbps에서 155Mbps까지의 전송 속도를 지원한다. 또한 DQDB는 회선 교환 및 패킷 교환 서비스 모두를 제공한다. 이중 버스 구조를 갖는 DQDB에서는 버스의 양쪽 시작 부분에 53바이트의 슬롯을 주기적으로 생성하는 슬롯 생성기(Slot Generator)가 있다. 각 노드는 데이터 링크 계층내의 MAC계층 데이터를 48바이트씩 받아서 5바이트의 헤더를 붙인 후 53바이트를 만들어 가용한 슬롯에 실어 전송한다. 각 슬롯 헤더에는 데이터의 유무를 판별할 수 있는 B(Busy) 비트가 있고, 반대편 버스의 슬롯을 예약하는데 사용되는 R(Request)비트가 있다. [그림 3-1]에서 살펴보았던 버스구조를 보다 상세하게 설명하면 [그림 3-3]과 같다.

DQDB는 [그림 3-3]에서와 같이 각 노드에 두 개의 버스가 연동된다. 버스 A의 관점에서 보면 노드 A는 노드 B에게 하향스트림(Downstream)이고 버스 B에서 보면 상향스트림(Upstream)이 된다. 이러한 버스구조는 각 버스의 시작 노드에서 빈 프레임을 슬롯을 생성하여 버스 상에 전달하고 나머지 노드들은 빈 프레임을 받았을 때만 전송할 수 있다. 그러나 이런 방식은 버스의 마지막 부분으로 갈수록 가용 대역폭이 줄어드는 기아(Starvation)현상이 발생하게 된다. 즉, 버스의 출발 지점부터 앞선 노드들이 슬롯을 계속 사용해 버리면 마지막의 노드는 전송기회를 갖지 못할 가능성이 높아진다.

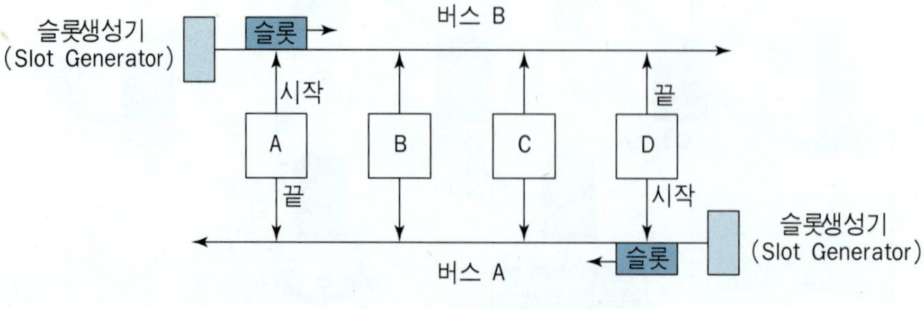

[그림 3-3] DQDB의 버스 구조

이 문제의 해결책으로 분산 큐(Distributed Queue)가 고안되었다. 분산 큐 방식에서 각 노드는 자신이 연결된 각 버스 당 하나씩의 큐를 만들고, 해당 버스로 지나가는 슬롯을 살펴 다른 노드로부터 슬롯 예약정보가 오면 해당 정보를 큐에 하나씩 삽입하고, 자신이 전송하고자 할 때 또한 슬롯예약 요청 정보를 큐에 삽입하고 지나가는 슬롯에 예약정보를 싣는다. 이렇게 하면 큐에는 자신의 슬롯을 전송하기 전에 다른 노드를 위한 슬롯이 몇 개가 지나가야 자신의 데이터를 전송할 수 있는지 알 수 있다. [그림 3-4]는 분산 큐를 이용하여 각 노드들이 반대방향 버스를 통하여 예약하고, 데이터를 전송하는 과정을 나타내고 있다.

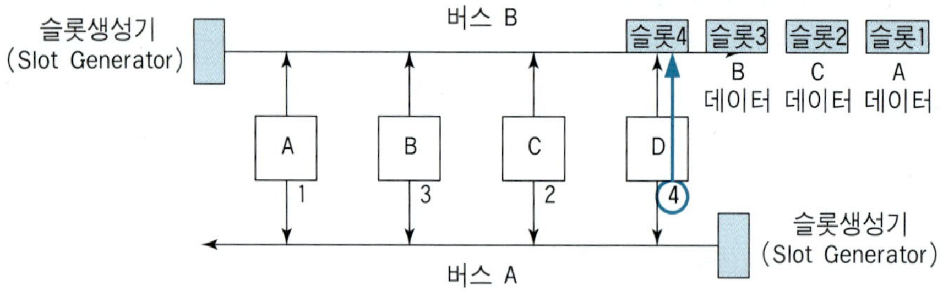

[그림 3-4] 분산 큐(Queue)에 의한 예약전송

노드 A는 버스 A에서 버스 B에 대한 전송 예약을 할 때 첫 번째로 예약을 했다. 이후 노드 A는 슬롯 생성기에서 최초의 슬롯을 받으면 예약된 첫 번째 가용 슬롯임을 인지하고 자신의 데이터를 슬롯에 실어 전송한다. 마찬가지로 B와 C, D도 각각 버스 A에서 예약한 순서대로 버스 B의 해당 슬롯에 자신의 데이터를 삽입하여 전송한다. 분산 큐 방식은 반대편 버스를 이용해서 사용 순서를 예약하는 방식으로 한 노드의 독점과 이로 인해 발생할 수 있는 다른 노드의 기아상태를 방지할 수 있다. [그림 3-5]는 DQDB의 프레임 구조를 표현한 그림이다.

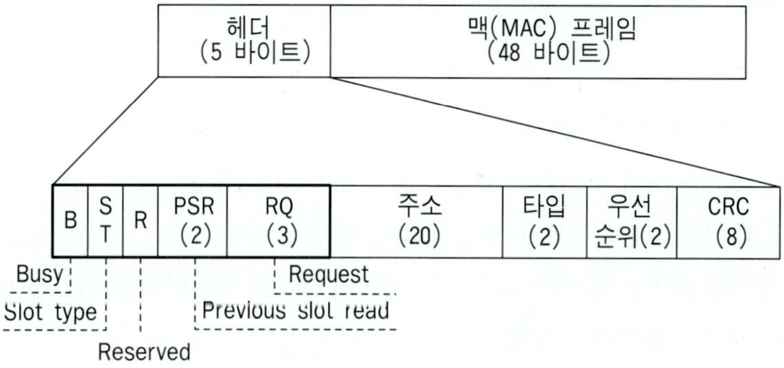

[그림 3-5] DQDB 프레임 구조

DQDB 프레임의 각 필드에 대해서 살펴보면 다음과 같다.

- B(Busy): 현재 셀에 유효한 데이터가 있는지 여부를 표시한다.
- ST(Slot Type): 전송 슬롯의 두 가지 유형을 나타낸다.(Data, Real-Time Data)
- R(Reserved): 추후 사용을 위해 예약된 필드이다.(Reserved)
- PSR(Previous Slot Read): 슬롯을 읽은 노드에 의해 0으로 된다.
- RQ(ReQuest): 3개의 비트를 이용하여 전송 우선권을 구분하는 것으로 각 노드에서 예약을 할 때 설정한다.
- 주소(Address): MAN과 WAN에 사용되는 가상 채널 식별자(VCI: Virtual channel identi fier)이다.
- 타입(Type): 일반 데이터, 제어용 데이터 등의 MAC 프레임 데이터에 대한 유형을 구분한다.
- 우선순위(Priority): 전송 우선순위를 명시한다.
- CRC(Cyclic Redundancy Check): 에러검출용 필드이다.(x^8+x^2+x+1)

| 미니강의 | DQDB(Distributed Queue Dual Bus)

DQDB는 OSI 7계층의 2계층인 Data-Link 계층의 통신 프로토콜로서, MAN(Metropolitan Area Network)을 위해 개발되었으며, IEEE 802.6으로 표준화 된 전송방식이다. 이 방식은 데이터, 음성 및 화상의 전송을 셀 스위칭 기술로 전송이 가능하며, 두 개의 단방향 논리 버스로 다수의 노드(혹은 시스템)들을 연결할 수 있도록 한 개방형 표준으로 SMDS 등과 같은 통신용 전송 표준과 호환이 가능하도록 설계된 프로토콜이다.

[그림 3-6]은 DQDB의 동작방식을 상세히 보여준다. 그림 (a)는 버스 B에서 생성된 슬롯에 노드 B가 예약을 하여 R 비트가 설정된 것을 보여준다. 이것은 노드 B가 버스 A를 이용하여 자신의 데이터를 전송하고자 하는 것을 나타낸다. 이때 [그림 3-6]의 오른쪽은 각 노드의 큐의 상태를 보여준 것이다. 노드 B는 자신이 슬롯을 예약하여 R 비트를 설정한 반대편 큐에 자신이 전송할 차례를 삽입한다.

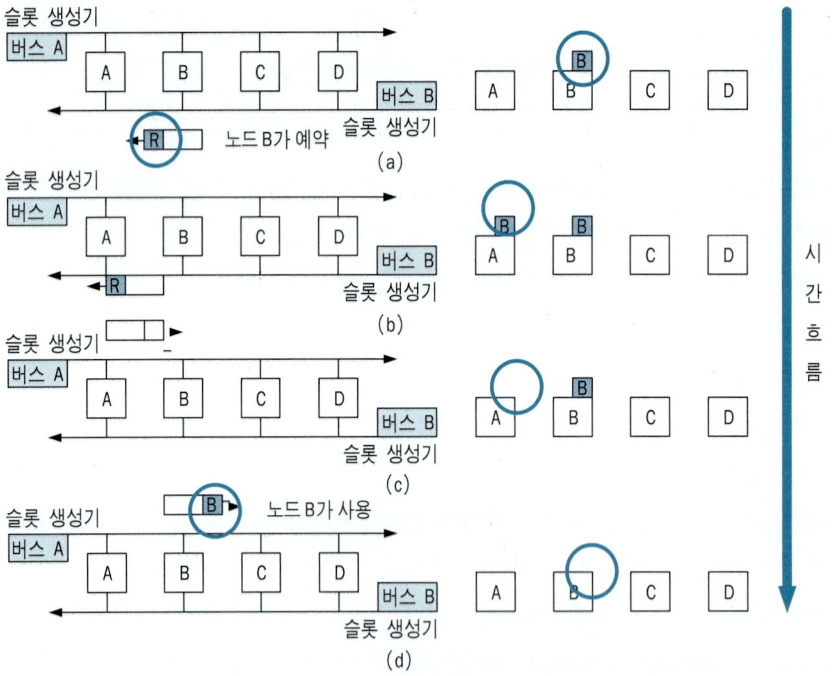

[그림 3-6] 단순한 DQDB 동작과정(모든 큐가 비어있는 상태에서 시작)

그림 (b)를 보자. 그림 (b)에서 버스 B의 슬롯은 노드 A를 지난다. 노드 A는 슬롯을 받아 예약 비트가 설정되어 있는 것을 확인하고 마찬가지로 반대편 큐에 그 사실을 삽입한다. 이렇게 하면 노드 A는 버스 A에서 생성되는 슬롯을 노드 B가 사용할 것임을 알게 되며 그림 (c)와 같이 버스 A에서 생성된 슬롯을 그냥 통과시킨다. 그리고 자신의 큐에 삽입된 노드 B의 전송예약 정보를 삭제한다. 노드 B는 이 슬롯을 받아서 자신이 사용할 것임을 알고 데이터를 포함시켜 전송하게 된다. 이때 데이터가 포함되어 있다는 것을 알리기 위해 Busy 비트(B) 설정하여 전송한다. 그렇게 되면 노드 C와 D는 B비트가 설정되어 있음을 알아차리고 데이터 전송을 하지 않는다.

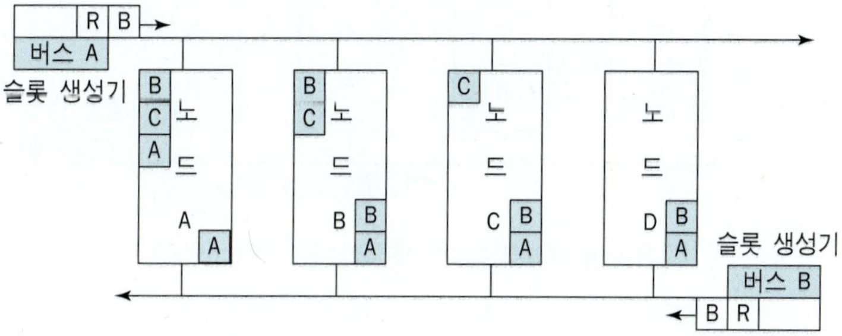

[그림 3-7] DQDB의 동작과정 초기상태

[그림 3-7]은 보다 복잡한 상황에서의 DQDB 동작과정을 보이고 있다. 각 노드들의 큐에는 몇 개의 예약정보가 삽입되어 있다. 각 노드의 좌측 상단의 큐는 버스 A에 대한 예약을 표시하는 큐이며, 우측 하단의 큐는 버스 B의 예약 상태를 나타내는 큐이다. 각 슬롯의 [R]은 예약비트를 [B]는 Busy 비트를 나타낸다. 이 상태에서 양쪽 슬롯 생성기에서 각 하나씩의 슬롯이 생성되었다.

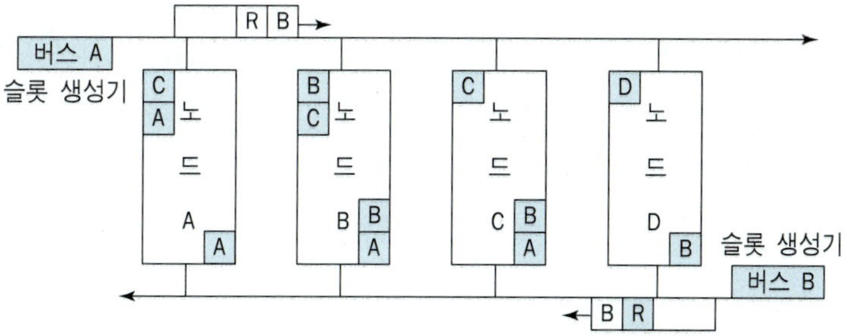

[그림 3-8] DQDB의 동작과정(노드 D의 예약)

이러한 상황에서 시작하여 [그림 3-8]에서처럼 노드 D가 버스 B에서 생성된 슬롯에 예약을 수행하였다. 또한 버스 B 상에 하나의 슬롯이 통과했으므로 예약상황을 알리던 큐에서 하나를 삭제 했다. 버스 A를 보자. 버스 A에서 역시 노드 A는 자신의 전송순서가 아니라는 것을 알고 생성된 슬롯을 통과시키며 버스 A의 예약상황을 알리는 큐에서 하나를 삭제한다.

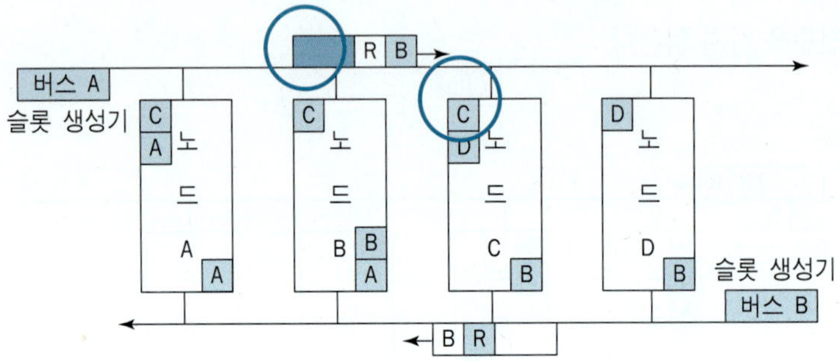

[그림 3-9] DQDB의 동작과정(노드 B의 데이터 전송)

[그림 3-9]의 버스 A는 노드 B가 버스 A의 슬롯에 자신의 데이터를 삽입하고, [B] 비트를 설정, 버스 A에 대한 예약 큐에서 자신의 예약 정보를 삭제한 상태이다. 한편 버스 B에서는 노드 C가 새로운 슬롯을 받고 예약비트가 설정되어 있음을 확인한다. 노드 C는 곧 버스 A의 예약 큐에 새로운 예약정보를 삽입하고 해당 슬롯을 통과시킨다.

3.1.4 SMDS(Switched Multimegabit Data Services)

SMDS는 MAN에서 고속통신을 지원하기 위해서 고안된 서비스이다. SMDS는 비연결(Connectionless) 지향형 고속 통신서비스를 제공하며 1.5Mbps ~ 45Mbps를 지원하는 광 선로기반 링 구조에 근간을 두고 있다. 또한 다수의 LAN들을 연결할 때 완전 그물형(Full-Mesh) 형태로 연결하는 것은 비효율적이기 때문에 SMDS는 스위칭 시스템을 이용하여 보다 효율적인 LAN간 통신 서비스를 제공한다. [그림 3-10]은 완전 그물형으로 구성된 LAN간 연결을 보여주고 있다.

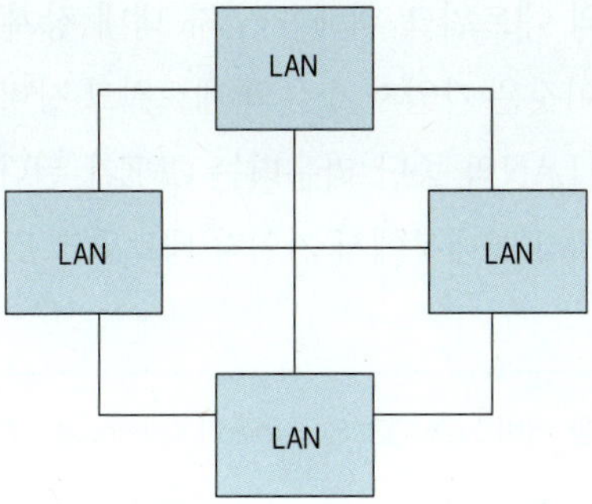

[그림 3-10] 그물형으로 연동된 LAN들

[그림 3-10]에서와 같이 완전 그물형으로 네트워크를 구축하는 것은 상당한 비용을 필요로 하며 또한 비 경제적이다. T1이나 T3급의 임대회선(Leased Line)을 이용하여 구성할 경우 상당한 임대비용을 지불해야 하고, 더욱이 비싼 임대회선을 100% 활용한다는 보장을 할 수도 없다. TDM(Time Division Multiplexing) 전송 방식만을 지원하는 T1과 T3 라인은 다중화(Multiplexing) 방식에 기인하여 가격이 높을 수밖에 없다. 그래서 서비스 제공업체에서는 DQDB를 이용하여 LAN을 스위칭 시스템에 연결하고, 데이터그램 기반의 스위칭 기법을 사용하여 좀 더 넓은 대역폭을 제공하면서 좀 너 많은 사용자를 확보할 수 있고, 사용자 입장에서는 비싼 임대회선 비용을 절감하여야만 하였다.

[그림 3-11]은 SMDS를 이용하여 구현한 예를 보여주고 있다.

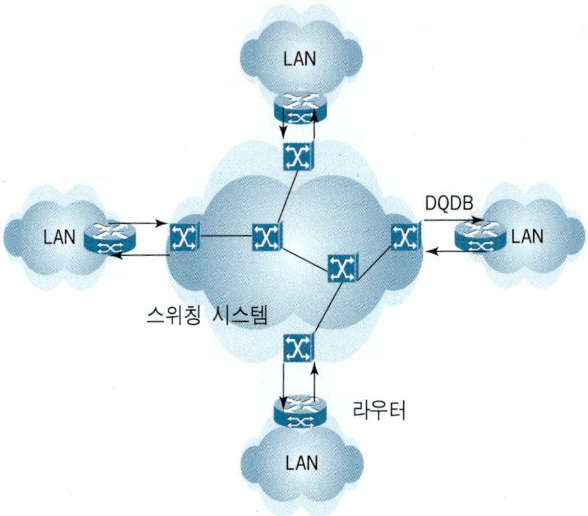

[그림 3-11] SMDS를 이용하여 구축된 네트워크 구조

일반적으로 가입자는 자신의 네트워크 내에 가입자 댁내 장치 CPE(Customer Premises Equipment)를 갖고 있다. 이것은 가입자 소유의 네트워크 장비인데, 일반적으로 라우터를 일컫는다. [그림 3-11]에서 LAN의 종단 라우터는 CPE가 된다고 할 수 있다. SMDS에서 DQDB를 이용하는 부분은 SMDS 내부에서 가입자 네트워크 CPE까지가 된다.

| 미니강의 | 고속 패킷 교환 서비스(SMDS: Switched Multimegabit Data Service)

LAN 상호 접속을 위한 비연결형(Connectionless)의 광역망 서비스로, 미국 벨코어(Bellcore)가 규격을 제안한 고속 데이터 교환 서비스로 IEEE 802.6의 MAN 서비스의 일부분이다. 비연결형 데이터 통신을 대상으로 하기에 주로 원격지의 LAN들을 상호 연동하는데 사용되며, T1(1.544Mbps) 나 T3(45Mbps)의 회선을 SIP 프로토콜(SMDS Interface Protocol)을 이용하여 접속한다.

미국뿐만 아니라 유럽이나 오스트레일리아 등에서도 사용되었으나, 프레임 릴레이(Frame Relay)가 등장하여 이를 대체하였다.

지금까지 MAN의 대표적인 두 가지 기술에 대하여 간략히 살펴보았다. 그렇다면 실제의 MAN은 어떻게 구축되어 있을까? 3.2절에서는 현재 구축되어 활용되고 있는 MAN에 대해 살펴보기로 한다.

3.2 현대의 MAN

현재의 MAN, 특히 국내에 구축되어 있는 MAN은 대부분 링형태로 구성되어 있다. 90년대 중반부터 말까지 최대 화두가 되었던 ATM 이나 SONET/SDH(Synchronous Optical NETwork/Synchronous Digital Hierarchy)가 MAN의 인프라로 자리 잡고 있으며 ATM과 SONET은 DQDB가 지원하는 최대 대역폭인 155Mbps를 훨씬 넘는 기가비트(Gigabit per second)급 대역폭을 제공하고 있다.

MAN에서 SONET/SDH를 사용하여 링형태로 백본 네트워크와의 가교역할을 하는 구간을 메트로 코어(Metro Core)라 하고, 가정이나 기업에서 메트로 코어로 접속 기능을 제공하는 지역을 메트로 액세스(Metro Access)라 한다.

예전에는 가정에서 인터넷을 사용하기 위해서는 SLIP(Serial Line Internet Protocol)이나

PPP(Point-to-Point Protocol)를 이용한 전화접속 방법을 이용하여 접속했었다. 그러나 통신 기술의 발달로 동일한 구리선으로 수 메가바이트(Megabyte) 급의 속도를 낼 수 있는 ADSL(Asymmetric Digital Subscriber Line)이나 VDSL(Very high-data rate Digital Subscriber Line) 전송 기술이 메트로 액세스 네트워크에서 많이 사용되었고 이 기술은 국내 인터넷 발전에 중요한 역할을 했다. 이 시점에서 일반 기업체에서는 주로 T1이나 T3라인 등의 전용회선을 이용하여 메트로 코어구간으로 접근하였다. 이와 같은 xDSL 기술의 발전은 주요 통신선로를 광케이블을 이용하는 FTTx(Fiber To The x)로 발전되었고, 기간망은 메트로 이더넷(Metro Ethernet)으로 대체되어 현재의 광네트워크의 시대로 발전되었다. 이러한 변화에 대하여 MAN이 하고 있는 역할과 그 구성 및 문제점 등에 대하여 살펴보기로 한다.

3.2.1 MAN의 역할

MAN은 [그림 3-12]에서와 같이 롱홀이라 불리는 백본 네트워크와 메트로 액세스구간을 연결시켜주는 역할을 한다. 이것은 네트워크의 계위에서 주로 언급되는 내용인데, [그림 3-12]를 통해 MAN 구성 요소의 역할을 살펴보면 다음과 같다.

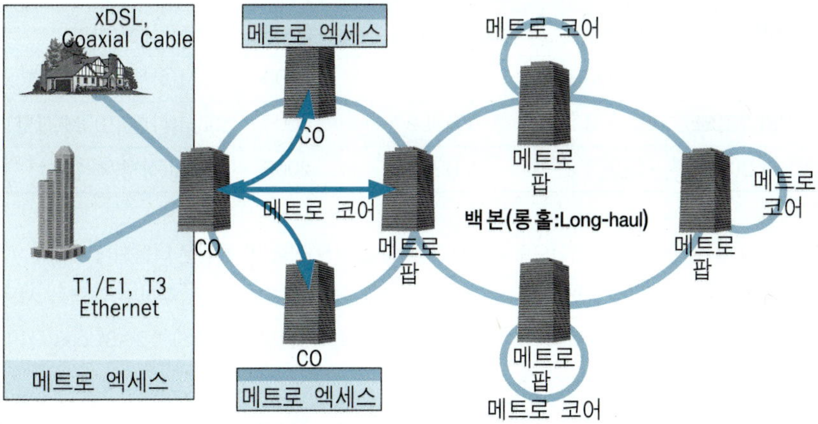

[그림 3-12] 전체 네트워크 계위에서 MAN의 위치와 역할

| 미니강의 | xDSL(Digital Subscriber Line)

기존 동선 가입자 케이블에 증폭기나 중계기 없이 광대역을 전송하는 변조 기술을 총칭하는 말로써, ISDN의 디지털 가입자선 전송기술(DSL)에 근거를 두고 있으나 기술적인 차이는 매우 크다.

xDSL은 크게 대칭형과 비대칭형, 기업용과 일반 사용자용 그리고 고정과 가변 속도 등으로 구분된다.

- 대칭형: 상향 및 하향 속도가 동일하다.(HDSL, SDSL, IDSL, SHDSL)
  비대칭형: 상향 및 하향 속도가 다르다.(ADSL, VDSL, UADSL)
- 기업용: HDSL, SHDSL 등
  일반 사용자용: ADSL, IDSL 등
- 고정 속도용: HDSL, IDSL 등
  가변 속도용: ADSL, VDSL, SHDSL 등

〈xDSL 비교표〉

분 류	ITU표준	명 칭	승인	전송속도
ADSL	G.992.1	G.dmt	1999	7M(하향), 80K(상향)
ADSL2	G.992.3	G.dmt.bis	2002	8M(하향), 1M(상향)
ADSL2+	G.992.5	ADSL2Plus	2003	24M(하향), 1M(상향)
ADSL2-FE	G.992.3	Reach Extended	2003	8M(하향), 1M(상향)
SHDSL	G.991.2	G.SHDSL	2003	5.6M(상향/하향)
VDSL	G.993.1	VDSL	2003	55M(하향), 15M(상향)
VDSL2(12㎒)	G.993.2	VDSL2	2005	55M(하향), 30M(상향)
VDSL2(30㎒)	G.993.2	VDSL2	2005	100M(상향/하향)

여러 xDSL 기술 중 가장 보편적으로 우리에게 많이 알려진 기술 및 특징은 다음과 같다.

- ADSL: 전화회선의 양 단에 ADSL 모뎀을 설치해 전화신호와는 다른 주파수 대역을 사용하여 통신 채널을 형성한다. DSL 기술 중 가장 주목 받는 기술로 하향속도 1.5~8Mbps, 상향속도 16~640Kbps로 전송이 가능하다.
- VDSL: 전화회선을 사용하는 서비스 중 가장 빠른 속도를 나타내는데 이론적으로 300m~4km 거리에서 비대칭형 서비스로 하향 13~52Mbps, 상향 1.6~6.4Mbps, 대칭형 서비스는 양방향 25Mbps~13Mbps의 속도를 제공이 가능하다.

[그림 3-12]에서 보는 바와 같이 메트로 코어는 메트로 액세스 네트워크와 다른 메트로 액세스 네트워크 간을 연결하는 기능과 메트로 액세스 네트워크와 백본 네트워크(롱홀: Long-haul)을 연결해 주는 기능을 동시에 수행한다. 백본 네트워크로 직접 연결하지 않고 메트로 코어 네트워크를 거쳐 백본 네트워크로 접속되기 때문에 트래픽이 불필요하게 백본 네트워크로 직접 나가는 것을 방지해 주면서, 백본 네트워크 내에서의 대역폭 낭비를 줄이는 역할도 동시에 수행한다.

| 미니강의 | MAN(Metropolitan Area Network)

MAN 네트워크는 불필요하게 백본으로 전송되는 트래픽을 MAN 구간 내에서 처리하여 백본 네트워크의 대여폭 낭비를 사전에 방지할 수 있게 하는 역할을 수행한다.

3.2.2 MAN의 구성

앞서 설명한 바와 같이 MAN은 주로 링 구조로 되어 있다. 링은 SONET/SDH 기반의 이중 링으로 구성되어 있는데, SONET을 사용하는 이유는 다수의 메트로 액세스 구간의 트래픽을 처리해야 하는 부담과 광범위에 걸쳐 있는 네트워크의 안정성과 신속한 복구 때문이다. SONET은 TDM을 기반으로 운용되는데 그 이유는 SONET이 음성 통신 네트워크에서 출발했기 때문이다. 즉, SONET은 전화 네트워크를 지원하기 위해 설계되었기 때문에 TDM을 기반으로 운영되며 현재는 이러한 SONET을 컴퓨터 네트워크에 활용하고 있다.

SONET 링에서 중요한 역할을 하는 요소로는 앞서 말한 ADM(Add/Drop Multiplexer)이라는 장비가 있다. 이것은 링 내에서 흐르는 데이터들을 특정 CO(전화국)로 보내주거나, 특정 CO에서 링 내로 유입되는 트래픽을 다중화해서 링으로 실어주는 역할을 한다. [그림 3-13]은 SONET/SDH 망에서의 ADM의 동작을 설명하고 있다.

ADM은 링에서 특정 데이터를 추출해서 CO로 전달해 주며, CO가 링으로 데이터를 보내면, ADM은 이 데이터와 CO로 전달되지 않고 ADM을 그대로 통과(Bypass)하게 되는 데이터들을 다중화 하여 링으로 전송하는 기능을 수행한다.

ADM이 제공하는 기능을 이용해서 CO는 불필요한 데이터들을 받아 보지 않아도 된다. 따라서 CO가 링 내의 모든 데이터를 검사해야 하는 오버헤드가 감소하여 네트워크 효율을 향상시킬 수 있다. 일반적으로 소규모 광 네트워크에서는 ADM을 필요로 하지 않는다. 소

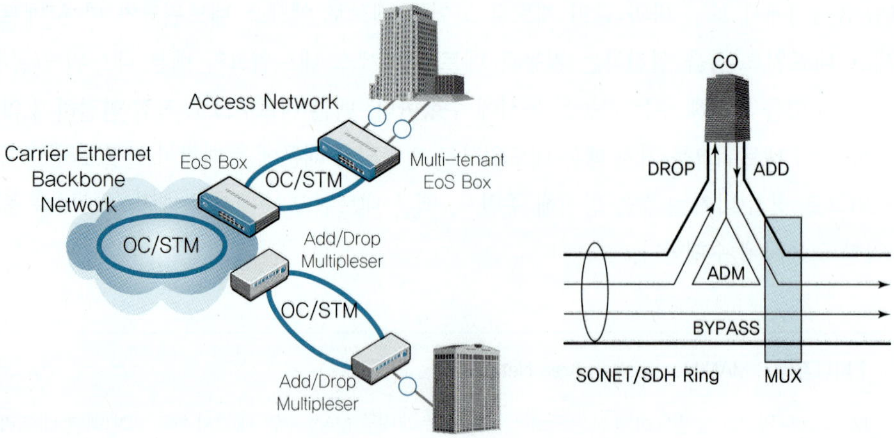

[그림 3-13] SONET/SDH 네트워크에서의 ADM의 동작

규모 네트워크에서 발생되는 트래픽은 각 노드(또는 호스트 등의 통신 장비)들이 충분히 처리할 능력이 되기 때문에 굳이 비싼 ADM을 도입할 이유가 없다. 그러나 MAN처럼 대규모의 데이터를 처리해야 하는 네트워크에서는 ADM은 필수 요소가 된다.

이렇게 MAN의 네트워크는 SONET의 링으로 이루어져 있으며, 광통신을 주 전송매체로 한다는 특징이 있다. 넓은 대역폭을 제공하는 광통신은 대용량 데이터를 빠르게 전송할 수 있어 MAN에는 매우 적합한 통신 방법이다.

SONET의 이중 링 구조에 대해서 살펴보면 다음과 같다. SONET은 두 개의 링 중 하나를 데이터 전송용으로 사용하고, 다른 하나(복구용 링)는 데이터 전송 회선에 문제가 생겼을 경우 예비 데이터 전송을 위해서 사용한다. [그림 3-14]는 이러한 이중 링 구조를 이용하여 장애를 신속하게 복구하는 SONET의 특징을 도시하고 있다.

[그림 3-14]의 왼쪽은 정상적으로 동작하는 데이터 전송로와 예비 데이터(장애 발생 시 복구용) 전송로를 보여주고 있다. 이때, 오른쪽 그림과 같이 장애가 발생하면, ADM은 이를 감지하고 신속하게 데이터 전송 경로를 변경하여 데이터 전송 상에 문제가 발생하지 않도록 한다. 이러한 장애복구는 단지 50ms 내에 수행된다. 이러한 강력한 네트워크 복구 능력은 SONET이 장거리 대용량 데이터를 전송함에 있어 부각되는 가장 큰 장점이다. SONET/SDH에 대한 상세한 내용은 뒷장에서 상세히 다루겠다. 고속의 대용량 데이터를 처리하는데 있어 단 1초의 손실은 전송용량만큼의 데이터가 사라지는 것을 의미하기 때문에 신속한 장애 복구는 양질의 서비스 품질과 운영비용을 줄이는 핵심적인 요소라고 할 수 있다.

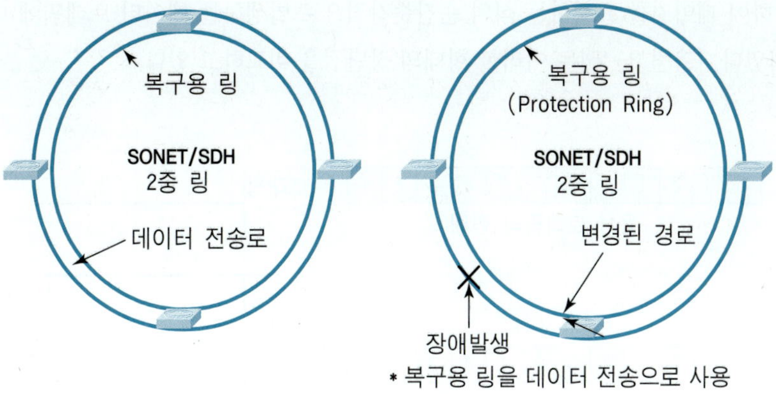

[그림 3-14] SONET/SDH 네트워크의 복구 능력

> **| 미니강의 |** SONET(Synchronous Optical NETwork)
>
> SONET 네트워크는 대용량의 데이터를 고속으로 전송하기 때문에 선로 장애에 민감하다. SONET은 이중 링을 이용하여 선로 장애에 대비하고 있는데, 만약 전송 중에 네트워크 선로에 장애가 발생하면 바로 데이터 전송을 복구용 링을 이용하여 수행한다.
>
> **SONET/SDH**

3.2.3 MAN의 문제점

MAN은 TDM기반의 SONET/SDH의 회선 교환 네트워크(Circuit Switching Network) 형태로 이루어져 있다. SONET은 음성 서비스를 위해서 설계된 네트워크이기 때문에 64kbps를 기반으로 하는 음성 트래픽에 적합한 구조를 갖고 있다. 이러한 이유로 인해 데이터 통신 서비스를 제공하는 데는 몇 가지 단점이 있다. 이를 이용하여 구축된 MAN의 문제점에 대하여 살펴보도록 하자.

(1) TDM(Time Division Multiplexing)기반 SONET/SDH

데이터 트래픽에 비해 음성 트래픽이 차지하는 비중이 상당히 중요한 시점일 때, 네트워크의 구축이 시작되었기 때문에 MAN구간은 초기 TDM을 기반으로 설계 및 구축되었다. 음성 네트워크는 TDM을 기반으로 DS0부터 T1, T3 등의 다중화를 거쳐 SONET을 이용하여 전송하는 것이 일반적이었다. 음성 통신 서비스는 지속적인 트래픽을 발생시키기 때문에 TDM이 매우 적합하였지만 한번의 클릭으로 페이지를 다운받고, 한 동안 읽어 내려가며 다시 클릭 하여 페이지를 요청하는 식의 순간순간적으로 발생하는 데이터 트래픽에 대해서는 부적합하였다. [그림 3-15]는 이러한 형태의 장단점을 비교하고 있다.

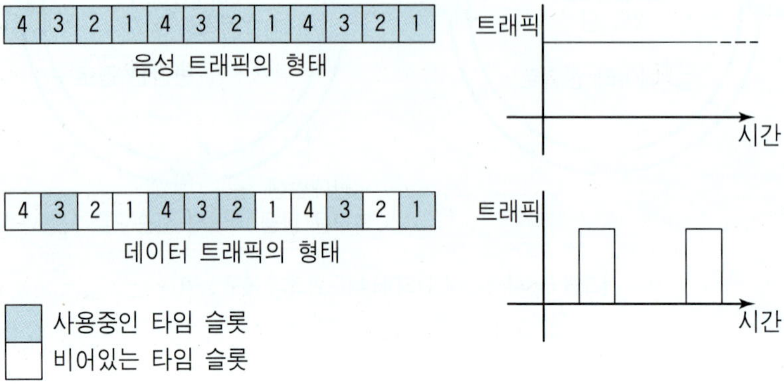

[그림 3-15] TDM에서의 타임 슬롯

[그림 3-15]에서 나타내고 있는 바와 같이 음성 트래픽의 경우에는 일단 슬롯이 사용자에게 할당되면 사용자는 전화를 끊기 전까지 지속적으로 트래픽이 발생하기 때문에 네트워크의 효율이 상당히 좋은 것을 볼 수 있다. 그러나 아래의 데이터 트래픽의 경우에는 트래픽이 지속적이지 못하기 때문에 사용자가 전화접속(Dial-Up)을 통해서 타임 슬롯을 고정적으로 할당 받게 되더라도 그 사용량은 불규칙적이며, 지속적이지도 않다. 따라서 [그림 3-15]에서와 같이 빈 슬롯이 발생하고, 이는 네트워크의 효율을 저하시키며 자원을 낭비하게 되는 원인이 된다. 즉, 회선을 계속 점유하고 있는 이유로 인해 사용비용은 많이 드는 반면, 전체 네트워크의 효율은 떨어지는 현상이 발생하게 된다. 실제로 T1이나 T3 전용선을 임대하는 것은 PC방이나 기업이 아니라면 감당하기 힘든 사용료를 지불해야 한다. 즉, 인터넷과 같은 데이터 네트워크에는 TDM이 그다지 바람직하지 않다는 결론에 이르게 된다. 또한 회선 교환방식을 위주로 설계된 네트워크를 이용하여 데이터 통신을 하는 것은 전체 네트워크 내에서 상당한 대역폭 손실을 유발시키며 접속 상의 문제를 유발시킨다. 일반적으로 전화 네트워크 설계 시에는 전화통화 시간을 수분 내로 계산하여 다중화기를 설계했으나, 모뎀(MODEM: MOdulator/DEModulator)을 사용하여 컴퓨터 통신을 하게 되면 수분이 아닌 수십 분에서 한두 시간까지 그 사용시간이 길어진다. 이렇게 되면 결국 다른 사용자들은 해당 대역폭을 그 시간만큼 사용할 수 없게 되어 다중화 효율이 떨어진다.

[그림 3-16]은 서울에서 부산까지 모뎀을 이용하여 일대일 통신을 하는 경우, 통신 회선의 대역폭이 독점되는 모습을 나타내었다.

[그림 3-16] TDM 통신에서의 대역폭 독점

| 미니강의 | TDM(시분할 다중화, Time Division Multiplexing)

회선교환 방식 중 TDM 방식을 이용한 다중화는 접속한 사용자가 생성한 데이터를 전송하고자 하는 경우, 슬롯에 데이터를 채워서 전송하지만 접속한 이후에 더 이상 전송할 데이터가 없다면, 빈 슬롯만이 전송되어 대역폭을 낭비하고, 다른 사용자가 접속할 수 있는 기회를 제한시킨다. 예를 들어 전화 접속이 순간적으로 폭주하여 일부 사용자가 블록(Block)되는 현상이 발생하는 것이다.

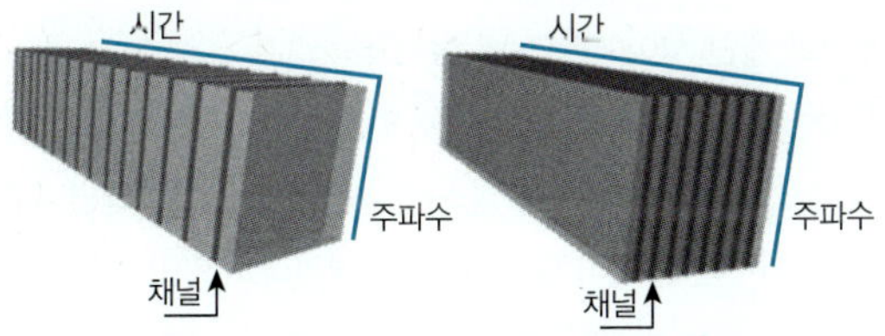

(a) 주파수분할 다중화 (b) 시분할 다중화

(2) 가입자 네트워크 접속형태 변화

28.8Kbps, 56Kbps 등의 속도를 지원하는 모뎀을 통한 네트워크 접속 환경에서 1~8Mbps를 지원하는 ADSL, 13~52Mbps를 지원하는 VDSL 그리고 수~수십 Gbps를 지원하는 FTTH 광가입자 네트워크 접속 환경으로의 변화가 가입자 네트워크 접속환경에서 이루어졌다. 소규모 기업에서의 접속환경 또한 일반 가정의 가입자 환경의 변화와 대등하게 변화되었고, 이를 통하여 보다 신속하고 한결 빨라진 기업 네트워크 환경을 구축 및 사용할 수 있게 되었다. 즉, 기업은 이더넷 기술의 발달 및 인터넷 환경의 발전으로 기업내부 트래픽의 양도 기하급수적으로 급증하고 있는 실정이다. 이러한 트래픽 처리를 위한 백본 네트워크 또한 기가비트급이나 테라비트(Terabit)급으로 발전하고 있다.

(3) 인터넷 서비스 사업의 형태 변화

최근의 많은 인터넷 서비스 사업자들은 사업 규모가 세계화 되면서 하나의 서버로 집중되는 트래픽을 분산하기 위해 몇몇 지역에 서버 분산화를 추진하고 있다. 이렇게 함으로써 사용자 트래픽을 분산화 하는 것뿐만 아니라, 이러한 서버를 MAN구간에 위치시킴으로써 사용자는 백본으로 나가지 않고 빠르게 MAN구간 내에서 서비스를 받을 수 있다는 장점을 얻을 수 있다. 또한 P2P(Peer to Peer) 기술의 보편화와 VoIP(Voice over Internet Protocol) 및 기업을 위한 VPN(Virtual Private Network) 등과 같은 서비스로 메트로 액세스 및 메트로 코어 구간의 트래픽을 더욱 더 급증시키고 있다.

| 미니강의 | P2P(동등 계층간 통신망, Peer-to-Peer)

P2P는 개인과 개인간의 파일 공유 기술이라 할 수 있다. 기존의 FTP 서버 방식은 하나 혹은 몇 개의 FTP 서버에 공유하고자 하는 파일들을 업로드(Upload)시킨 후 필요한 사용자들이 해당 FTP 서버로 접속하여 필요한 파일들을 다운로드(Download)받는 방식이었다. 그러나 P2P는 개인과 개인 사이에 별도의 장치가 없어도 파일 공유가 가능하도록 서로의 IP주소를 이용하여 개별적으로 통신하는 방식이다. P2P에도 크게 두 가지 방식이 있다. '소리바다'나 '냅스터(Napster)'와 같이 일단 특정 서버에 접속한 후 서버가 개인간의 접속을 도와주는 방식이 있는가 하면, 개인과 개인이 직접적으로 IP 주소를 교환하여 별도의 중계 없이 직접 통신하는 방식이 있다.

| 미니강의 | VoIP(Voice over Internet Protocol)

네트워크 또는 인터넷을 통하여 기존의 데이터 통신망에 음성을 디지털화하여 전송하는 기술을 VoIP라 한다. 다수의 사용자가 동시에 저렴한 비용으로 음성 통화 및 데이터 통신을 동시에 기존의 IP 네트워크 상에서 사용할 수 있으며, 손쉬운 설치 및 운영, 관리로 다양한 기능들을 제공할 수 있게 한다.

음성 네트워크와 데이터 네트워크의 통합으로 향후 다양한 서비스의 창출 및 개발이 가능함으로 이를 통한 향상된 서비스의 제공이 가능해진다.

(4) 멀티미디어의 발달

상기한 여러 문제점 이외에 VOD(Video On Demand) 등과 같은 다양한 멀티미디어 서비스가 활성화 되면 MAN구간의 병목현상 문제는 엄청난 대역폭 문제를 내포하고 있다. 멀티미디어 응용프로그램(SNS, U-Tube, Facebook, Twitter 등의 App들이 대표적임)들이 발생시키는 트래픽은 일반 데이터에 비하여 수배에서 수십, 수백 배 가량이며 현재 인터넷 환경은 멀티미디어화 되어 있음으로 이에 대한 대책이 시급한 형편이다.

3.3 메트로 이더넷

메트로 이더넷은 앞서 말한 MAN이 갖고 있는 여러 가지 문제점들을 해결하면서 고속의 광대역 네트워크 서비스에 대한 요구에 대응하고자 도입된 기술 중 하나이다. 즉, 기존의 ATM, SONET 등과 같은 장비들이 혼재해 있는 네트워크를 기업 환경에서 폭넓게 사용되고 있는 이더넷 기술을 활용하여 단순화시키고 병목현상을 해결하고자 도입을 하였다. 메트로 이더넷 서비스는 ISP(Internet Service Provider)가 데이터 링크 계층 프로토콜로 이더넷 프로토콜을 사용하는 네트워크 서비스를 사용자에게 제공하는 것이며, 메트로 이더넷은 이러한 메트로 이더넷 서비스를 위해 구성된 ISP가 보유한 네트워크를 의미한다. 그러나 메트로 이더넷이 현재의 네트워크를 완전히 대체하는 것은 아니다. 메트로 이더넷이 사용하는 매체는 MAN구간에 설치되어 있는 다크 파이버(Dark Fiber)이다. 광섬유를 지하에 매설할 때에는 매설 비용이 많이 들기 때문에 매설 당시의 수요량 이상을 설치한다. 마치 나중을 대비해 하수도관을 커다란 파이프로 묻는 것과 같은 이치이다. 다크 파이버란 현재 매설되어 있는 광섬유 중 사용하지 않는 여분의 광섬유를 의미하기도 하며, 광섬유를 대여해 주는 서비스를 말하기도 한다. 메트로 이더넷은 이러한 다크 파이버를 이용하여 이더넷 네트워크를 구축하여, 기존 MAN의 인프라로 자리 매김을 해 나갈 것이다.

이더넷은 1980년대 초 표준으로 인정된 이후 프로토콜의 커다란 변화 없이 지속적으로 발전하고 있는 프로토콜이다. 1980년대 10Mbps의 이더넷이 표준화 된 이후 1990년대 중반 100Mbps를 지원하는 고속 이더넷이, 1990년대 말에는 1Gbps를 지원하는 기가비트 이더넷이 표준화 되었다. 게다가 2001년 말에는 10Gbps를 지원하는 10기가비트 이더넷이 표준화 되면서 이를 지원하는 장비 기술과 응용 프로그램이 또한 급속도로 발전하고 범용화 하였다. 이러한 발전을 토대로 하여 이더넷을 사용하는 LAN 환경은 급속히 변화하고 있으며, 트래픽 발생량 역시 현저하게 증가하고 있다. 앞서 언급했던 MAN의 병목현상은 LAN의 발전으로 더욱 가속화 되었으며, 또한 이더넷은 1980년대부터 꾸준히 연구 및 개발, 관리되어 관련 장비 및 관리 인력이 상당히 풍부하고, 관련 업체가 많아 설치가 용이하며, 비용이 저렴하다는 장점이 있다. 특히 LAN에서 MAN으로, MAN에서 LAN으로, 패킷을 교환할 때 프로토콜의 변환과정이 필요 없기 때문에 고속으로 패킷을 전달할 수 있는 여건을 제공한다. 이러한 배경은 이더넷을 기반으로 용이한 MAN 구축을 가능하게 하여 메트로 이더넷의 확장을 유도하였다.

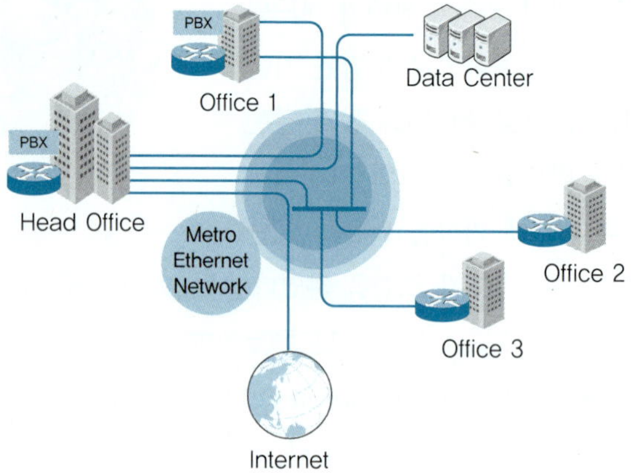

[그림 3-17] 메트로 이더넷

3.3.1 메트로 이더넷의 특징

일상생활에서 메트로 이더넷을 접할 수 있는 기회는 그리 많지 않다. ADSL 및 VDSL 등과 같은 기술들은 각 가정에 도입되고 유용하게 인터넷 구축에 활용되고 있으나, 기업에서는 이와 같은 xDSL 기술을 이용하여 네트워크를 구축한 사례는 극히 드물다. 이는 기존의 xDSl 기술이 기존 통신 회선을 활용한 기술이고, 상향 및 하향의 속도 차이 및 안정적인 회선 대역폭의 확보 측면에서 그리 안정적이지 않기 때문에, 대부분의 회사는 안정적으로 회선의 대역폭을 제공하는 56K, 128K, 512K 및 T1 등의 고정적인 회선 대역폭을 제공하는 전용선을 이용하여 내부 네트워크를 인터넷 및 원격지 사무실과 연결하고 있었다.

T1(1.544Mbps)은 분명 ADSL(1.5 ~8Mbps)보다 빠르지 않지만 그럼에도 불구하고 기업에서 T1 회선을 사용하는 주된 이유는 대칭적인 상향, 하향 속도를 보장하고, 고정 IP를 사용하기 때문이다. 그러나 ADSL의 경우에는 주로 유동 IP를 사용하고, 가정에서 인터넷을 사용하는 일반적인 형태에 적합하도록 하향 속도가 상향 속도에 비해 월등히 뛰어나기 때문에 가정 보급률이 상대적으로 높게 시설되었다고 할 수 있다. 위와 같은 이유로 기업에서는 상 · 하향 속도가 보장되고, T1과 같은 전용회선의 고비용 문제를 해결 할 수 있는 대안으로 메트로 이더넷을 선호하게 된 것이며, 가정에서 메트로 이더넷을 접할 기회는 그리 많지 않은 것이다. 그렇다면 MAN 구간을 왜 이더넷으로 구축하는 것일까?

(1) 이더넷의 발전

이더넷은 1980년대부터 계속해서 발전해 오고 있으며, 오랜 시간 동안 축적된 기술과 다양한 공급사, 많은 관련 기술자 등의 지원이 풍부하다. 이러한 자원은 원활한 네트워크 구축과, 관리를 가능하게 해 준다. 즉, 이더넷을 이용할 경우 네트워크 구축비용과 관리비용이 절감되며, 오랜 기간 동안 사용한 프로토콜로 그 안정성과 성능이 입증되었기 때문에, 효과적으로 네트워크 인프라를 구축할 수 있다. 또한 이더넷 장비의 공급업체들 간의 경쟁으로 구축비용이 상당히 저렴하며 손쉽게 구축 및 인터넷 연동이 가능하다는 특징을 갖고 있다.

(2) 패킷 교환 방식

음성위주의 회선교환 방식에서는 가입자는 통신 상태에서는 항상 일정량의 대역폭을 독점하고 있다. 즉, 사용하지 않는 시간(연결은 되어 있으나, 데이터의 송수신이 없는 시간)에도 대역폭을 독점하고 있어 다른 가입자들을 수용할 수 없어, 해당 회선에 대한 비싼 임대료를 부담할 수밖에 없다. 이것을 패킷 교환방식의 이더넷으로 전환하면, 서비스 제공 업체는 더 많은 가입자를 동시에 유치할 수 있고, 그런 이유로 가입자의 부담은 그만큼 줄어들게 된다. 또한 패킷 교환 방식은 T1, T3과 같은 전용회선의 미리 정해진 대역폭이 아닌 자신이 필요로 하는 만큼, 필요로 하는 시간에, 다양한 대역폭을 할당 받을 수 있는 장점을 갖고 있다.

(3) 프로토콜 변환

현재 90% 이상의 LAN은 이더넷을 기반으로 구축되어 있으며, 이미 가입자들의 네트워크 기반이 주로 이더넷으로 구성되어 있는 반면에, 가입자를 제외한 메트로 액세스 네트워크에서 메트로 코어 네트워크까지 SONET/SDH, TDM, MPLS 및 WDM 등을 사용하고 있다는 것은 사용자 네트워크의 이더넷 프로토콜이 타 지역 또는 다른 네트워크로 전송되기 위해서는 해당 데이터의 변환과정이 필요하다는 사실이고 이는 상당히 비효율 적이며, 즉시적인 전송이 불가능하다는 것을 말해주고 있다. 따라서 프로토콜 변환과정을 거치면서 이더넷 프레임들은 SONET/SDH 또는 MPLS나 WDM 등의 셀로 변환되었다가, 목적하는 네트워크에 도착 후 다시 이더넷 프레임으로 변환되어야 하는데, 이때 발생되는 오버헤드는 통신량의 증가에 따라 심각한 문제가 된다. 그러나 기존의 전송 프로토콜인 SONET이나 MPLS, WDM 등의 프로토콜들을 이더넷으로 교체하면 액세스 네트워크의 이더넷 프레임들은 MAN 또는 백본 네트워크에서 그대로 이더넷 프레임으로 전송되어 짐으로 프로토콜 변환 과정이 필요 없게 된다. 이러한 프로토콜의 통합과정에서 얻을 수 있는 장점으로는 기존 이더넷에서 사용하던 VLAN(Virtual LAN)과 같은 기술을 그대로 사용할 수 있다는 점이다.

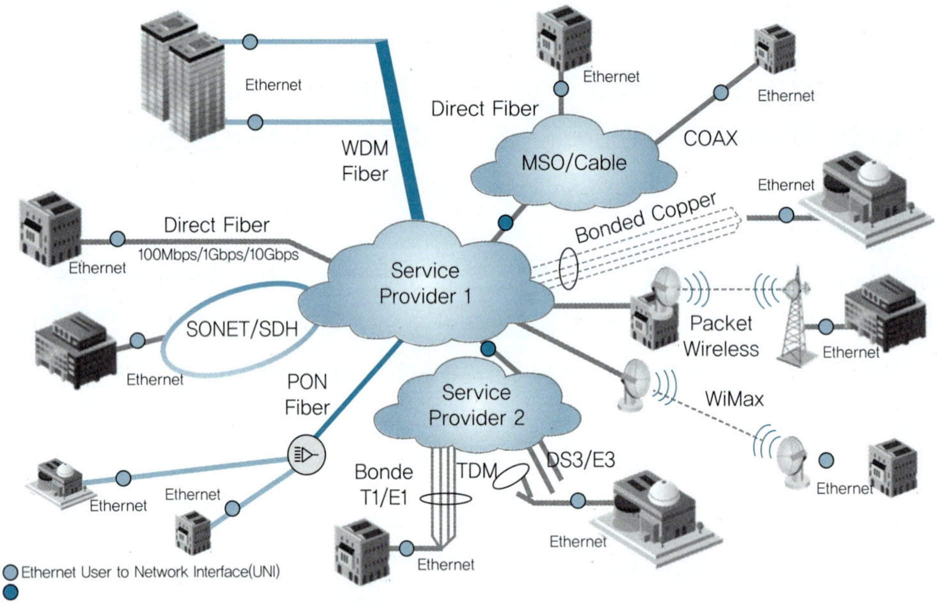

[그림 3-18] 기간 네트워크 구성도

| 미니강의 | 이더넷(Ethernet)

이더넷(Ethernet)은 1980년에 미국의 제록스(Xerox)와 디지털 이퀴프먼트(DEC: Digital Equipment), 인텔(Intel)이 공동으로 개발하여 상품화하였다. 또한 이더넷은 IEEE로부터 표준방식의 하나로 채택되어 현재까지 가장 많이 사용되는 프로토콜로 인정받고 있다.

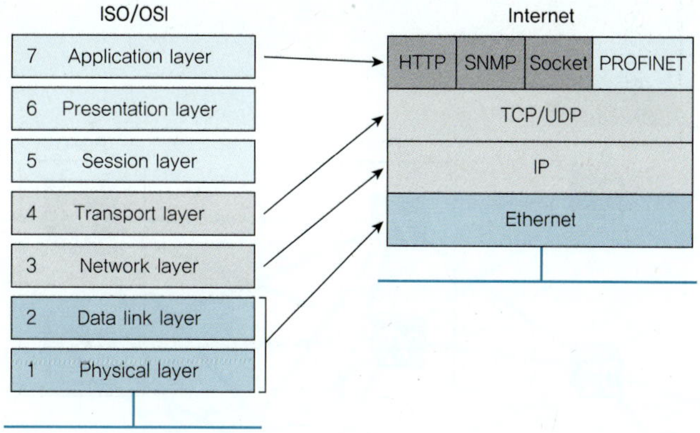

3.3.2 메트로 이더넷의 구성

앞서 살펴본 바와 같이 기존의 MAN은 대부분 SONET을 이용하여 구축되었고 SONET 네트워크의 물리적 토폴로지는 링형태를 갖는다. 메트로 이더넷에서도 SONET과 유사한 물리적 토폴로지를 갖는데 메트로 이더넷은 2계층 및 3계층 스위치를 다크 파이버를 이용해서 직접 연결함으로써 네트워크를 구축한다. 이때 [그림 3-19]에서와 같이 점대점 완전 그물형 토폴로지 또는 링 구조의 토폴로지로 네트워크를 구성할 수 있다.

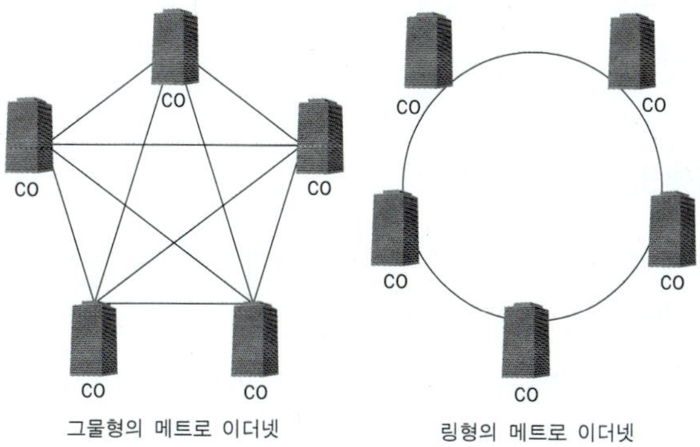

[그림 3-19] 메트로 이더넷의 토폴로지

[그림 3-19]와 같은 토폴로지를 구성하는데 있어서 각 CO들을 연결하는 장비는 2계층 또는 3계층 스위치가 된다. 메트로 이더넷에서는 메트로 액세스 구간과 메트로 코어 구간 모두를 이더넷을 사용하기 때문에 물리적 주소(Physical Address)를 이용한 2계층 스위칭만으로도 경로설정이 가능하다. [그림 3-20]은 스위치를 이용한 완전 그물형 메트로 코어 네트워크 구조를 보여주고 있다.

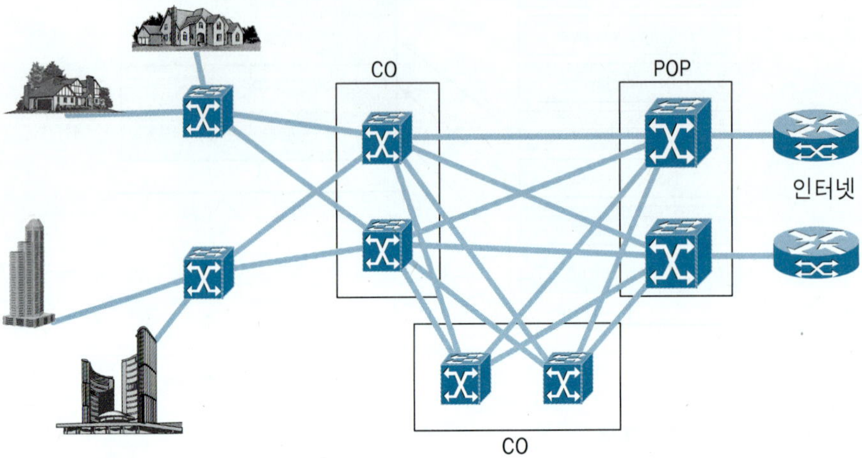

[그림 3-20] 완전 그물형의 메트로 코어 네트워크

메트로 액세스 구간에는 네트워크 종단에서 유입되는 트래픽을 CO로 전송하는 스위치들이 위치하고 CO내에는 메트로 액세스 구간과 메트로 코어 구간을 상호 연동해 주는 스위치들이 존재한다. 이때 메트로 구간 내에서 처리 되지 않는 트래픽들은 POP을 통해 인터넷 라우터로 전달되며, 이러한 트래픽은 백본 네트워크를 통해 외부로 전달된다. 즉, MAN구간은 모두 고속 이더넷 스위치로 이루어지며 프레임 변환과정 없이 이더넷 프레임을 기반으로 프레임 전달이 이루어진다.

3.3.3 메트로 이더넷의 기능

메트로 이더넷은 분명 획기적인 기술이다. 그러나 메트로 이더넷이 새로운 기술로 정착하기 위해서는 기존의 네트워크가 지원했던 기술 및 서비스를 그대로 수용할 수 있어야 하고, 또 새로운 서비스 창출을 위해 좀 더 나은 기술을 제공해야 한다. 네트워크가 발달하고, 서비스의 질이 차별화 되어 가면서 가장 큰 화제가 되는 것은 다름 아닌 QoS(Quality of

Service)이다. 예를 들어 원격진료를 한다고 하자. 119 대원이 응급환자의 상태를 원격지의 병원에 있는 의사에게 알리고 싶다. 의료 관련 데이터는 생명과 직결되는 중요한 데이터이기 때문에 손실 및 지연이 발생하게 되면 매우 치명적인 결과를 초래하게 된다. QoS가 기반이 되는 네트워크에서는 이러한 데이터를 최우선 사항의 데이터로 분류하여 빠르고 정확하게 전달해 주어야 한다. 본 절에서는 메트로 이더넷이 MAN의 인프라로 발전하기 위해 갖추어야 할 여러 가지 기술적인 사항에 대하여 살펴보기로 한다.

(1) 패킷 분류화

패킷 분류화 작업은 모든 패킷에 대해 서비스 등급을 부여하고, 등급별로 서비스 품질을 달리 적용 하고자 하는 것이다. 예를 들어 의료서비스와 같이 정확하고 실시간 처리를 요구하는 서비스는 서비스의 품질을 높이기 위해 보다 높은 등급을 부여하여 패킷의 차별화를 실행하는 것이 패킷 분류화의 목적이다. 그러나 이더넷은 그 자체로는 패킷 분류화 기능이 없다. 그 이유는 이더넷 네트워크가 비 연결형으로 구성되어 있으며 이더넷 네트워크 내의 패킷들이 어떠한 서비스를 원하는지 알 수 없었기 때문이다. 기본적인 이더넷 네트워크를 이용하여 패킷을 분류하려면 이더넷 헤더와 IP 헤더, 포트번호 등을 검사해야 한다. 그러나 이 방법은 네트워크 노드에 적잖은 부담을 주기 때문에 IEEE 802.1p나 Diff-Serv(Differentiated Service), MPLS(Multi-Protocol Label Switching)를 이용하여 이러한 단점을 해결하려 하고 있다. 이러한 패킷 분류화 작업은 뒤에 소개될 포트 유입율 제어, QoS 등의 기술적인 바탕이 되고 있다.

| 미니강의 | 패킷 분류 및 트래픽 분류(Packet / Traffic Classification)

- 패킷 분류화: 개별 패킷별 중요도 등에 따라 분류하는 기능으로서 네트워크에 유입되는 패킷들을 특성에 따라 분류하고 이를 그 특성에 맞게 차별적으로 처리하는 것.(예: Traffic Priority, Traffic Class, ACL(접근제어 목록) 등)
- 패킷 흐름 분류화: 패킷 흐름별 차별화하는 기능으로서 자원과 보안 등 동일 특성을 갖는 패킷들의 연속적인 흐름의 패킷 흐름과 패킷 플로(Packet Flow) 단위로 차별화된 서비스를 제공할 수 있게 분류화 하는 등의 연결지향성 기능 제공 시 사용되는 기능
- 표준별 트래픽 또는 서비스 구분 예

	UP (User Priority)	WiFi Alliance	IEEE	
		AC (Access Priority)	802.1D/802.1p	802.1Q
lowest priority	1	AC_BK (Background)	BK (Background)	BK (Background)
↑	2		–	EE (Excellent Effort)
	0	AC_BE (Best Effort)	BE (Best Effort)	BE (Best Effort)
	3		EE (Excellent Effort)	CA (Critical Application)
	4	AC_VI (Video)	CL (Controlled Load)	VI(Video) < 100ms latency and jitter
	5		VI(Video)	VO(Voice) < 10ms latency and jitter
↓	6	AC_VO (Voice)	VO(Voice)	IS (Internetwork Control)
highest priority	7		NC (Network Control)	NC (Network Control)
	각 MSDU 마다 부여되는 User Priority	Traffic Category		

(2) 포트 유입률 제어

포트 유입률 제어란 가입자와 서비스 제공자간의 계약에 따라 가입자가 보낼 수 있는 최대 트래픽 양을 제어하는 것이다. 기존의 TDM 방식의 회선교환 네트워크에서는 회선 자체의 대역폭에 따른 서비스를 제공 하였으나, 메트로 이더넷에서는 동일한 회선을 사용하더라도 가입자와의 계약에 따라 서로 다른 대역폭을 보장하기 위해 포트로 유입되는 데이터 전송률을 제어해 주어야 한다. 또한 포트 유입률 제어 기능은 부가서비스를 위한 용도로 사용되는데 서비스의 수준에 따라 높은 수준의 서비스는 대역폭 할당을 확실히 보장해 주어야 한다. 즉, 가용한 대역폭이 부족하더라도 높은 등급의 서비스는 지정된 대역폭만큼을 보장해 줄 수 있어야 한다.

[그림 3-21] 서비스 수준에 따른 대역폭 변화

[그림 3-21]은 네트워크에 부하가 심해져 대역폭 조정이 불가피할 경우 각 가입자들의 낮은 수준의 서비스 대역폭을 조절하여 네트워크 부하를 줄이는 방법을 나타내고 있다. 이때 높은 수준의 서비스 대역폭은 가능한 한 그대로 유지되어야 하며 낮은 수준의 서비스에 대해서는 대역폭을 조절하여 네트워크 부하를 조절하게 된다.

(3) QoS(Quality of Service)

QoS는 특정 사용자가 발생시키는 트래픽에 대해서 우선순위를 책정하여 일정 기준 이상의 서비스 품질을 보장해 주는 것을 의미한다. 예를 들어 인터넷을 통해서 전화를 하는 경우에 어느 수준 이상의 QoS를 보장해 주지 않으면 음성이 끊기거나 에코(Echo)가 발생할 수 있다. 음성트래픽의 경우는 지속적으로 일정 크기의 데이터들이 발생하는 것이 보통인데 이러한 서비스를 인터넷에서 제공하기 위해서는 대역폭의 보장 메커니즘이 반드시 필요하다. 이것은 앞서 살펴본 포트 유입률 제어와도 관련 있는 부분이기도 하다. QoS의 보장이 이루어지면 VPN이나 VoIP와 같은 고급 기술을 효과적으로 도입 및 적용할 수 있게 된다.

| 미니강의 | QoS(Quality of Service)

응용 프로그램, 사용자, 데이터 흐름 등에 우선 순위를 정하여, 데이터 전송에 특정 수준의 성능을 보장하기 위한 기술로서, 인터넷 네트워크상에서 특정 데이터에 대한 우선권의 부여가 이루어지지 않아 전송 지연 및 전송 불가능의 문제를 해당 데이터의 중요도에 따라 우선적으로 처리하여 중요 데이터의 전송을 보장하기 위하여 도입된 기술이다.

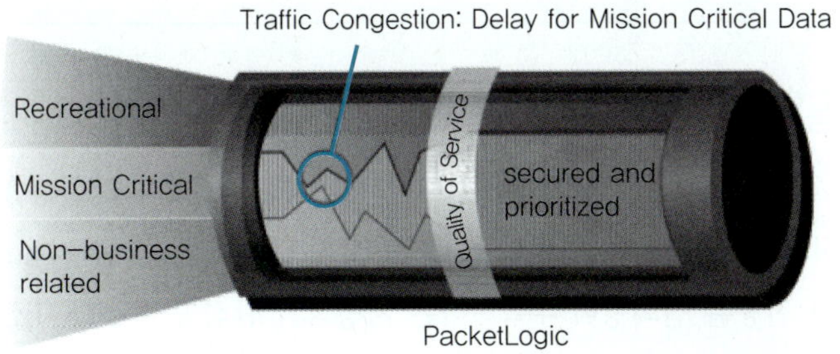

PacketLogic Traffic Shaping optimizes the bandwidth utilization and applies Quality of Service(Qos).

(4) VPN(가상 사설망, Virtual Private Network)

이더넷을 이용하여 VPN을 구현하는 것은 상당히 위험하고도 어려운 일이다. 기본적으로 이더넷은 보안성을 제공하지 않으며 비연결 지향형이기 때문이다. 그러나 이더넷 VLAN 기술을 이용하여 VPN을 구현하려는 노력의 결실로 이루어졌다. VLAN은 데이터링크 계층에서 브로드캐스트 도메인(Broadcast Domain)을 나누기 위해 사용하는 기술이다. 이 기술에 따르면 각 스위치들은 하나의 브로드캐스트 프레임에 대하여 동일 브로드캐스트 그룹이 아닌 곳에는 전달하지 않는다는 조건을 바탕으로 하고 있는데, 이것은 스위치가 VLAN에서 사용되는 프로토콜인 802.1q의 VLAN 태그(12비트)와 목적지 MAC주소(또는 물리주소)를 참조하여 프레임을 전달하기 때문이다. 스위치 들은 VLAN 태그가 상이한 네트워크에서의 접근을 근본적으로 차단하여 보안성을 유지하게 된다. 이렇게 도착한 데이터는 해당 목적지에 왔을 때 마치 동일한 LAN 상에서 받은 데이터인 것과 같은 효과를 낸다.

| 미니강의 | VPN(가상 사설망, Virtual Private Network)

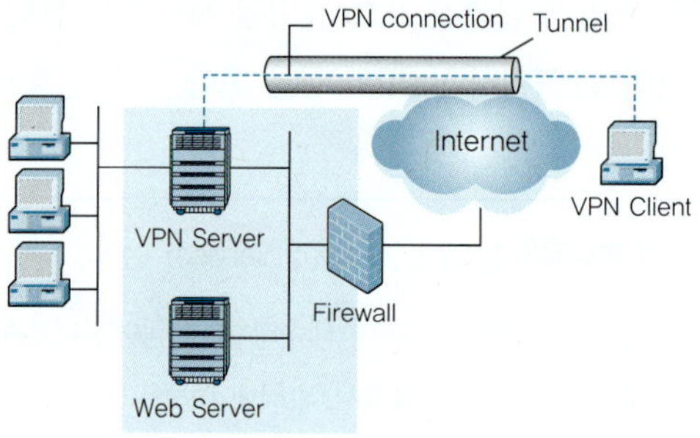

공중 통신망(또는 네트워크)을 통해 한 회사나 단체가 마치 자체 네트워크처럼 공중망에 연결된 노드들과 통신하기 위해 구축한 사설 통신망 방식.

인터넷이 활성화 되면서 이를 업무 환경에 적용하였으나, 본사와 다수의 지사 또는 국내와 국외 지사 등과의 전용선 구축 시 수반되는 비용 등을 포함한 여러가지 한계를 극복하고 보안 등의 문제를 동시에 해결하기 위하여 구축된 네트워크 기술을 말한다.

IPSec, SSL, L2TP, L2TPv3 및 PPTP 등 구현 방법에 따라 여러 종류로 나뉜다.

(5) 네트워크 복구 능력

앞서 SONET은 50ms 내에 회선의 장애를 감지하고 대처할 수 있다고 설명했다. 그러나 이더넷은 이러한 장애 복구 기술이 근본적으로 제공되지 않는다. 이러한 이유로 이더넷을 이용한 고속 데이터 전송은 신뢰성이 부족하다는 치명적인 단점을 갖는다. IEEE는 이 문제를 해결하기 위해 802.17 워킹그룹(Working Group)을 발족시켰고 802.17 워킹그룹은 RPR(Resilient Packet Ring)이라는 새로운 기술을 표준화 하였다. RPR은 WAN과 MAN에서의 패킷 스위칭을 향상시키기 위해 광 통신의 특징인 유동성, 효율성, 신뢰성을 이더넷에 접목시킨 기술이다. RPR은 네트워크를 단순화 해 주고 50ms 이내에 네트워크 복구능력을 제공할 수 있다. RPR 기술이 적용되는 네트워크는 이중 링형태를 갖으며, 이것들은 코어 라우터(Core Router)에서 사용된다.

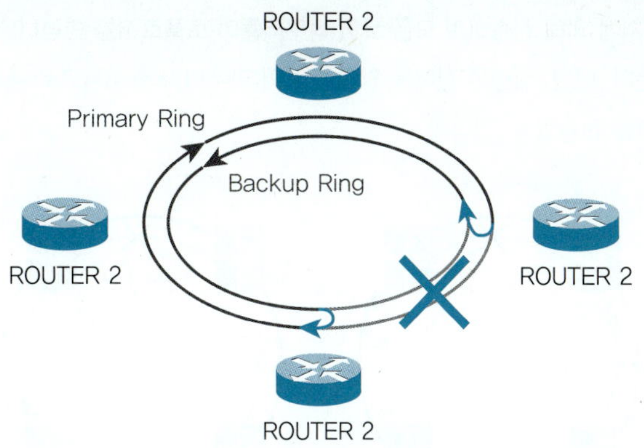

[그림 3-22] RPR에서의 네트워크 복구

[그림 3-22]의 X모양 부분에서 회선 절단이 일어났다고 가정하자. RPR은 두 가지 네트워크 복구 방법을 사용한다. 스티어링(Steering)과 래핑(Wrapping)이 그것인데, 스티어링은 의무적으로 지원해야 하는 방법이며 래핑은 선택사항이다. 스티어링은 회선 절단 사실을 알아차리고 다른 코어 라우터들에게 경로를 변경할 것을 알린다. 스티어링은 토폴로지를 기반으로 데이터를 전달하는데 장애가 발생하더라도 다른 코어 라우터들이 장애에 대한 메시지를 수신하고 토폴로지를 변경하기 전까지 전송된 데이터 들은 복구할 수 없게 된다. 이와는 달리 래핑은 장애 부분과 연결된 코어 라우터에서 자발적으로 또 다른 링으로 랩백(Wrap Back)을 수행하여 데이터를 중단 없이 전송할 수 있다. 또한 RPR은 두 개 코어 라우터 간에 하나의 작은 링처럼 동작할 수 있도록 지원한다. 즉, 두 개의 링으로 구성된 네트워크에서 인접한 두 개의 코어 라우터는 서로 작은 논리적 링으로 묶여 있는 것처럼 동작할 수 있어 링 전체의 트래픽을 효과적으로 분산 시킬 수 있다. 메트로 이더넷은 RPR기술을 이용하여 SONET이 갖고 있던 장점인 네트워크 복구 능력을 보안할 수 있다.

| 미니강의 | RPR(Resilient Packet Ring, IEEE 802.17)

RPR은 두 가지의 네트워크 복구 방법을 제공한다. 스티어링(Steering)과 래핑(Wrapping)이 있다. 스티어링은 토폴로지에 의해 전송하여 모든 코어 라우터들이 토폴로지를 변경하기 전까지는 전송경로가 변경되지 않는다. 반면, 래핑은 장애를 감지한 코어 라우터가 즉각적으로 경로를 변경하여 또 다른 링으로 데이터를 전송할 수 있다.

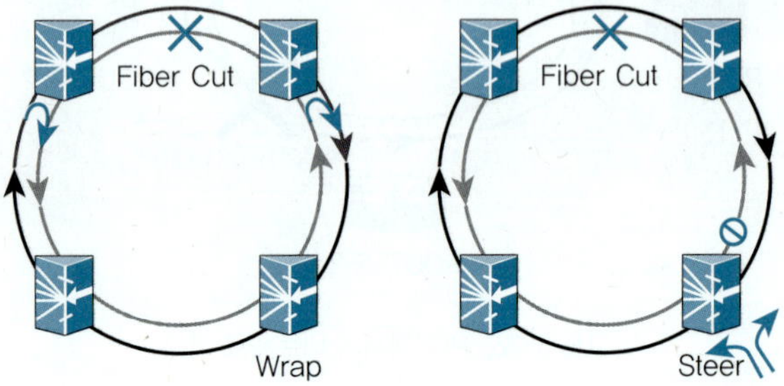

| 미니강의 | 가입자단에서 사라지는 라우터

현재 각 가입자 네트워크의 종단에는 라우터가 위치해 있다. 이것은 LAN에서 외부로 나가는 트래픽의 경로를 설정하기 위하여 IP 라우팅 과정을 거쳐야 하기 때문이다. 그러나 메트로 이더넷이 활성화되면 가입자 네트워크에서 나오는 트래픽을 굳이 IP 헤더를 보고 라우팅 할 필요가 없어지고 MAC 주소만으로도 경로가 설정되므로 가입자단에서는 라우터가 사라지고 스위치(메트로 이더넷 스위치)만이 존재할 수 있다.

요약

01 MAN은 LAN과 백본 네트워크(공중 통신망 또는 인터넷 네트워크)를 연결해 주는 다리 역할을 한다.

02 MAN은 DQDB와 SMDS를 이용하여 다수의 LAN을 유기적으로 연결하고 고속통신을 가능하게 한다.

03 DQDB는 두 개의 버스를 사용하는데 서로 반대방향을 갖고 있다. 각 노드는 반대편 버스를 예약하기 위해 슬롯내의 R 비트를 이용한다.

04 SMDS는 스위치를 이용하여 LAN간의 거리차이를 극복했으며, 라우터와 스위치를 DQDB를 이용하여 연결하였다.

05 MAN은 SONET/SDH 링을 주로 이용하여 구성되었으며, 가입자와 SONET/SDH 링 사이에는 ATM 장비가 있기도 하였다. SONET/SDH 링에는 각 지역의 전화국(CO)들이 연결되어 있으며 이 중 백본 네트워크와 연결되어 있는 전화국을 POP라고 한다.

06 MAN은 LAN와 백본 네트워크 사이에서 백본 네트워크로 불필요하게 유입되는 트래픽을 MAN 내부에서 처리해 주어 백본 네트워크의 대역폭을 효율적으로 관리할 수 있게 한다.

07 SONET/SDH 링은 대용량의 전송량을 지원하는 만큼 선로 장애에 민감하다. 그래서 이중 링을 이용하여 빠른 네트워크 복구 능력을 실현하였다.

08 MAN의 문제점은 다음과 같다.

1) 회선교환 방식의 TDM을 사용하는 SONET/SDH를 사용

2) 가입자네트워크의 접속 형태 변화

- 가정: 모뎀에서 xDSL로 접속 속도가 대폭 개선되었다.
- 기업: 10/100 Mbps 이더넷에서 기가비트 이더넷으로 발전하였다

3) 인터넷 서비스 사업의 형태 변화: 서버를 MAN 구간 내에 분산시키고 있다.

4) 멀티미디어의 발달

09 메트로 이더넷은 꾸준히 발전해 온 이더넷을 기존의 MAN에 도입하고자 개발된 기술이다.

10 메트로 이더넷은 종단인 LAN에서부터 MAN구간까지 이더넷으로 통합하여 패킷 교환방식으로 보다 많은 가입자들을 수용할 수 있고, 다양한 대역폭을 지원할 수 있으며 별도의 프로토콜 변환이 필요하지 않다.

11 메트로 코어는 완전 그물형이나 링 형의 토폴로지를 갖는다.

12 메트로 이더넷의 주요 기능으로는 다음과 같은 것이 있다.

1) 패킷 분류화: 각 패킷을 유형별로 등급을 매겨 서비스 품질을 보장하는 기술이다.

2) 포트 유입률 제어: 가입자와 서비스 제공자와의 계약에 따른 대역폭을 제한하는 기술이다.

3) QoS: 패킷 분류화와 포트 유입률 제어를 통해 특정 서비스에 대한 품질을 보장해주는 기술이다. 또한, 이 기술을 이용하여 VPN, VoIP와 같은 고급 기술을 효과적으로 도입할 수 있다.

4) VPN 구현

5) 네트워크 복구 능력

13 메트로 이더넷의 네트워크 복구 능력은 RPR 기술을 도입하여 해결한다. RPR 기술은 네트워크에 장애가 발생했을 때 장애 메시지를 코어 라우터들에게 전송하여 네트워크의 토폴로지를 변경하는 방법으로 스티어링과 래핑의 두 가지 복구 방법이 있다.

연습문제

01 다음 중 DQDB에 대한 설명으로 틀린 것은?

a. 다수의 LAN을 빠르게 연결 해 줄 수 있다.
b. 두 개의 버스를 운용하는데 하나는 데이터 전송용으로 다른 하나는 에러 복구용으로 사용된다.
c. 전송 예약은 R 비트를 사용한다.
d. LAN의 종단 라우터와 SMDS네트워크의 스위치와의 통신용으로도 사용된다.

02 다음 중 SMDS가 고속의 통신을 지원하고 다수의 LAN을 연결하기 위해 사용하는 장비는?

a. 스위치(Switch)
b. 게이트웨이(Gateway)
c. 브리지(Bridge)
d. 허브(Hub)

03 다음 중 현재 가입자 네트워크에서 주로 사용되는 통신 방법으로 올바르게 나열된 것은?

a. 전화선을 이용한 모뎀 및 xDSL(ADSL, VDSL 등), 전용선(T1, E1, T3 등)
b. SONET을 이용한 광 선로, 전용선(T1, E1, T3 등)
c. 동축케이블(Coaxial Cable), SONET을 이용한 광 선로
d. 무선 통신, 테라비트 이더넷

04 다음 중 SONET에 대한 설명 중 틀린 것은?

a. 초기 설계 시 64Kbps 음성 네트워크를 기반으로 설계되었다.
b. 메트로 코어에서는 ADM을 이용하여 CO들에게 데이터를 주고받을 수 있다.
c. 메트로 코어에서는 완전 그물형 구조로 사용된다.
d. SONET은 광통신에서 주로 사용되는 프로토콜이다.

05 다음 중 ADM이 SONET 링에서 CO로 데이터를 보내주는 행위를 나타낸 것은?

a. Add
b. Upload
c. Download
d. Drop

06 P2P의 통신 방식을 올바르게 설명한 것은?

a. 개인과 개인이 일대일로 IP 주소를 통하여 통신한다.
b. 개인과 개인이 특정 서버로 접속하여 서버를 통하여서만 통신한다.
c. FTP 서버를 이용하여 개인이 해당 서버로부터 파일을 수신한다.
d. 다수의 사용자가 하나의 서버를 통해 통신한다.

07 다음 중 이더넷에 대하여 올바르게 서술한 것은?

a. 패킷교환 방식을 사용한다.
b. 주기적으로 생성되는 슬롯에 데이터를 삽입하는 방식이다.
c. 네트워크 계층 프로토콜이다.
d. DQDB로부터 발전했다.

08 다음 중 메트로 이더넷의 장점이 아닌 것은?

a. 프로토콜 변환과정이 필요 없다.
b. 패킷교환 방식이다.
c. 네트워크 복구 능력이 필요 없다..
d. 널리 보급된 기술을 사용하여 관리 및 설치가 편리하다.

09 다음 중 패킷 분류화를 올바르게 설명한 것은?

a. 패킷의 전달 속도를 일정하게 유지한다.
b. 패킷을 분류하여 등급을 매기고 높은 등급에 대하여 더 높은 서비스 품질을 제공해 준다.
c. 가입자와 서비스 제공자간의 계약에 따라 특정 분류의 패킷을 차단하는 것이다.
d. MPLS를 이용하면 패킷 분류화의 구현은 불가능하다.

10 다음의 RPR에 대한 설명 중 틀린 것은?

a. 스티어링은 토폴로지에 의해 전송하여 모든 코어 라우터 들이 토폴로지를 변경하기 전까지는 전송경로가 변경되지 않는다.
b. 래핑은 의무사항으로 장애가 발생했을 때 스티어링보다 신속한 조치가 가능하다.
c. RPR은 ITU-T에서 2003년 중 표준으로 제정하려고 워킹그룹을 조직하여 연구 중이다.
d. RPR은 이중 링을 이용하여 인접한 코어 라우터 간을 논리적인 링으로 묶을 수 있으며, 이를 이용하여 링 전체의 트래픽을 감소시킬 수 있다.

11 [그림 3-1]의 링 구조 DQDB를 이용한 MAN에서 하나의 노드에 장애가 발생하여 더 이상 사용할 수 없게 되었다. 이때 네트워크 구조는 어떻게 변경되는지 도시하시오.

12 메트로 이더넷에서 가입자 네트워크가 메트로 코어로 진입하는 구간을 무엇이라 하는가?

13 메트로 이더넷이 등장하게 된 배경에 대하여 서술하시오.

14 SONET/SDH링에서 CO와 링 사이의 트래픽 관리를 효율적으로 하기 위한 장비는 무엇인가? 그리고 그 장비가 지원하는 기능은 무엇인가?

15 기존 MAN이 문제점으로 TDM 방식의 다중화가 거론되고 있다. 이유를 간략히 쓰시오.

16 가입자 네트워크의 접속형태가 어떻게 변화하였는지 가정 내의 관점에서 서술하시오.

17 데이터 통신에서 패킷 교환 방식이 회선 교환 방식보다 다중화에 좋은 이유를 서술하시오.

18 패킷 분류화 기능이 필요한 예를 드시오.

19 메트로 이더넷을 구축하여 VPN 서비스를 시행하려 할 때 VLAN 태그를 이용하면 VPN의 개수는 VLAN 태그로 인해 제한을 받게 된다. 이에 대한 대안으로 본 교재에 소개된 기술은?

20 RPR을 사용하여 네트워크 복구 능력을 향상시키려 한다. RPR은 두 가지 방법을 제공한다. 이 두 가지 방법에 대하여 간략하게 서술하시오.

| 참고 사이트 |

- http://www.sekyung.co.kr/solutions/gbe.htm: 기가비트 이더넷에 대하여 간략한 정보를 제공하고 있다.
- http://www.ieee802.org/17/documents.htm: IEEE 802.17 RPR 워킹그룹 홈페이지이다.
- http://www.bcr.com/bcrmag/1998/07/p24.asp: IP over DWDM에 대한 많은 자료를 얻을 수 있다.
- http://www.lightreading.com/document.asp?doc_id=995&print=true: Metro Optical Network에 대한 지식을 습득할 수 있다.
- http://www.iec.org/online/tutorials/opt_net/index.html: 알카텔(Alcatel)의 광 이더넷 소개 홈 페이지 이다.
- http://www.riverstonenet.com/technology/whitepapers.shtml: 리버스톤(Riverstone)의 홈페이지로 메트로 이더넷 관련 기술들이 매우 상세하게 정리되어 있다.
- http://www.netmanias.com: 메트로 이더넷 발표 자료 및 전자 학습(e-learning) 시스템이 잘 구축되어 있으며 이 외에도 MPLS, VoIP, 기가비트이더넷 등의 신기술 관련 자료가 풍부하다.
- http://xanthus-consulting.com/IntelliGrid_Architecture/Technology_Analysis: 네트워크 특히 통신망에 대한 설명을 얻을 수 있다.
- http://ktword.co.kr: 정보통신기술 용어관련 해설 사이트로 간략한 정보를 제공하고 있다.

| 참고문헌 |

- Michael A. Gallo, William M. Hancock, Computer Communications and Networking Technologies, Brooks/Cole, pp 441-457, 2002
- Uyless Black, Emerging Communications Technologies 2nd Ed., Prentice Hall, pp 144-187, 1997
- John J. Roese, Switched LANs, McGraw-Hill, pp 338-344, 1998

CHAPTER 04

무선 LAN

contents

CHAPTER 04

무선 LAN(Wi-Fi Network)

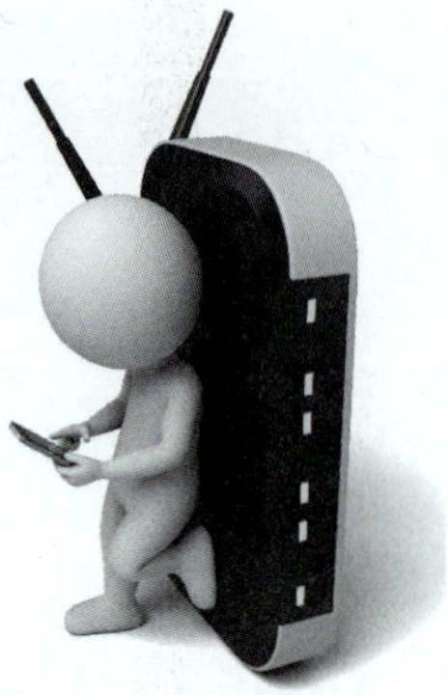

본 장에서는 최근 가장 활발하게 그 사용 영역을 넓혀가고 있는 무선 LAN(Wireless Network 또는 Wi-Fi Network)의 무선 관련 기술과 동작 원리에 관하여 설명한다.

초기에 무선 LAN 기술은 유선 LAN 기술을 보조하기 위하여 등장하였으나, 사용의 편리성 및 설치의 용이성 그리고 확장성 등으로 네트워크 사용자들에게 밀착되었고, 최근에는 모바일 통신과의 연동으로 영역을 확장하고 있다. 하지만 이러한 무선 LAN도 기업 및 관공서에서는 보안 및 해킹 등의 안정성 문제로 손쉽게 적용되지 못하여 왔다. 그러나 여러 가지 보안 솔루션 및 관련 기술들의 개발로 그 지위 및 입지를 넓혀 네트워크 기술로 자리매김을 하고 있는 것이다. 전기 전자 기술자협회(IEEE) 802.11 표준에 의해 최근에는 유선 네트워크의 전송 대역폭인 Gbps 데이터의 전송도 가능해 졌고, 여러 표준화된 관련 기술들의 등장으로 안정성 및 활용도도 다양화되어 일반적인 네트워크 관련 기술로 우뚝 선 것이다. 언제, 어디서나 손쉽게 인터넷 접속이 가능하고, 또한 필요로 하는 업무의 이동성이 지원되며, 기가급 데이터 전송 속도 지원 등도 오늘날 가능해진 것이다.

이번 장에서는 이러한 무선 LAN의 구성 및 특성 등에 대하여 알아보도록 하자.

중요 내용은 다음과 같다.

- 무선 LAN의 정의 및 전반적인 개요
- 무선 LAN의 표준화 동향 및 현황
- 무선 LAN 종류별 구조, 동작원리
- 무선 LAN의 보안에 관한 기본 개념
- 무선 LAN의 앞으로 변화될 모습

4.1 무선 LAN 개요

1970년 하와이 대학교에서 네 개의 섬과 오아후섬을 연결하기 위하여 알로하넷을 개발하였고, 1979년 F.R. Gfeller와 U. Bapst가 적외선 통신을 이용하여 무선 LAN을 선보였으며, 1980년 P. Ferret가 확산 대역 라디오 주파수의 실험적인 응용을 발표하였다. 1985년 5월 Marcus는 ISM 밴드를 선언하고, M. Kavehrad는 코드분할다중접속(CDMA)을 이용한 무선 PBX 시스템을 개발하여 무선 LAN의 기반을 마련하였다.

1991년 NCR과 AT&T는 최초의 무선 LAN인 웨이브랜(Wave LAN)을 개발하여 상용화 하였으며, 1997년에 다다라서야 802.11에 근거한 최대 2Mbit/sec의 링크 속도를 제공하는 제품으로 향상되었다. 1999년에 이르면 비로서 IEEE 802.11b로 향상된 11Mbit/s의 제품이 대중화되고 와이파이 얼라이언스(Wi-Fi Alliance)가 설립되었다.

[그림 4-1] Wi-Fi Alliance 로고 및 표준화 현황

무선 LAN에서 사용되는 모든 제품이나 장비는 그럼으로 전기 전자 기술자 협회(IEEE)의 802.11 표준을 준수하여야 하며, 이를 통하여 장비간, 기술간 호환성을 보장받을 수 있게 되었다.

전기 전자 기술자 협회(IEEE) 802.11 표준은 2.4, 3.6, 5, 60GHz 주파수 대역에서 무선 LAN을 사용하여 컴퓨터 통신을 구현하기 위하여, 매체 접근 제어(MAC)와 물리 계층(PHY) 사양의 표준을 정의한 것이다. 이들은 전기 전자 기술자 협회(IEEE) LAN/MAN 표준 위원회(IEEE 802)에 의해 생성, 관리되고 있다. 이 표준의 기반이 되는 버전은 1997년에 출시되었으며, 이후 개정판 및 보완판들이 계속 나왔다. 이러한 표준 및 개선판들은 와이파이 브랜드를 사용하는 무선 네트워크 제품을 위한 기초를 제공하였다.

4.2 무선 LAN 표준

IEEE 802.11 표준과 와이파이(Wi-Fi)는 사실상 동의어로 사용되고 있으나, 엄밀하게 구분하면 서로 다르다고 할 수 있다. 즉, IEEE 802.11은 무선 LAN의 기술적인 표준을 말하는 것이지만, 와이파이는 표준에 근거한 무선 LAN 장비들에 대한 상표명이라고 할 수 있다. 그러나 최근에는 통상적으로 그 의미를 동일시하여 혼용되어 사용하고 있다.

〈표 4-1〉은 IEEE 802.11 표준에 근거한 무선 LAN들의 특성을 비교한 표이다.

〈표 4-1〉 IEEE 802.11 표준별 특성 비교

<table>
<tr><th>802.11</th><th>배포</th><th>주파수 [GHz]</th><th>대역폭 [MHz]</th><th>스트림 당 데이터 속도[Mbit/sec]</th><th>가능한 MIMO 안테나수</th><th>변조 방식</th><th>대략적인 실내 범위 (m)</th><th>대략적인 실외 범위 (m)</th></tr>
<tr><td>(초기버전)</td><td>1997년 1월</td><td>2.4</td><td>20</td><td>1.2</td><td>1</td><td>DSSS, FHSS</td><td>20</td><td>100</td></tr>
<tr><td rowspan="2">a</td><td rowspan="2">1999년 9월</td><td>5</td><td rowspan="2">20</td><td rowspan="2">6, 9, 12, 18, 24, 36, 48, 54</td><td rowspan="2">1</td><td rowspan="2">OFDM</td><td>35</td><td>120</td></tr>
<tr><td>3.7</td><td>-</td><td>5000</td></tr>
<tr><td>b</td><td>1999년 9월</td><td>2.4</td><td>20</td><td>1, 2, 5.5, 11</td><td>1</td><td>DSSS</td><td>35</td><td>140</td></tr>
<tr><td>g</td><td>2003년 1월</td><td>2.4</td><td>20</td><td>6, 9, 12, 18, 24, 36, 48, 54</td><td>1</td><td>OFDM, DSSS</td><td>38</td><td>140</td></tr>
<tr><td rowspan="2">n</td><td rowspan="2">2009년 10월</td><td rowspan="2">2.4/5</td><td>20</td><td>7.2, 14.4, 21.7, 28.9, 43.3, 57.8, 65, 72.2</td><td rowspan="2">4</td><td rowspan="6">OFDM</td><td>70</td><td>250</td></tr>
<tr><td>40</td><td>15, 30, 45, 60, 90, 120, 135, 150</td><td>70</td><td>250</td></tr>
<tr><td rowspan="4">ac(초안)</td><td rowspan="4">2012년 12월</td><td rowspan="4">5</td><td>20</td><td>87.6까지</td><td rowspan="4">8</td><td></td><td></td></tr>
<tr><td>40</td><td>200까지</td><td></td><td></td></tr>
<tr><td>80</td><td>433.3까지</td><td></td><td></td></tr>
<tr><td>160</td><td>866.7까지</td><td></td><td></td></tr>
<tr><td>ad</td><td>~2014년 2월</td><td>2.4/5/60</td><td></td><td>700까지</td><td></td><td></td><td></td><td></td></tr>
</table>

- **IEEE 802.11(초기 버전)**: 802.11 초기 버전은 2Mbps의 속도로 개발되었고, 적외선 신호나 ISM 대역인 2.4GHz 대역, CSMA/CA 기술을 사용하였다. 이 버전의 경우는 표준이 정해지지 않아서 제품 사이에 호환성이 부족했고, 속도가 저하되어 널리 사용되지는 않았다.

- IEEE 802.11b: 802.11 규격 기반으로 전송속도 11Mbps, CSMA/CA 기술을 구현하였으나, 실제적으로는 6~7Mbps 정도의 효율을 나타내었다. 이더넷의 속도에 어느 정도 근접하게 됨으로써 기업이나 가정 등에 폭 넓게 보급되었다.
- IEEE 802.11a: 2.4GHz 대역이 아닌 5GHz 대역, OFDM 기술 등을 사용하여 최고 54Mbps까지 전송 속도를 향상시켰으며, 신호의 특성상 다른 통신기기와의 간섭이 적고 더 넓은 전파 대역을 사용할 수 있게 되었지만, 장애물이나 건물 등의 주변 환경에 영향을 쉽게 받고 2.4GHZ 대역을 지원하는 802.11g의 등장으로 제한적으로 사용되었다.
- IEEE 802.11g: 802.11a와 같이 54Mbps를 지원하며 기존의 2.4GHz 대역을 사용함으로써 802.11b와의 호환성으로 폭 넓게 사용되고 있다.
- IEEE 802.11n: 2.4GHz와 5GHz 대역을 사용하며 최대 600Mbps까지 전송이 가능하다. 초기 주파수 점유대역폭 문제(2개의 채널 점유)로 최대 150Mbps 이하로 제한되었으나 2007년 10월 300Mbps 이상까지 사용할 수 있도록 되었고, 2009년 IEEE 802.11n-2009 표준안으로 최대 600Mbps까지 전송이 가능해졌다.
- IEEE 802.11ac: 다중 단말의 전송 속도는 최소 1Gbit/s, 단일 링크 최대 속도는 500Mbit/s까지 지원한다. 넓은 주파수 대역폭(160MHz), 최대 8개까지의 MIMO 안테나 지원, 다중 사용자 지원 MIMO, 그리고 높은 밀도의 변조(최대 256QAM) 등으로 802.11n의 개념을 확장하였다.
- IEEE 802.11ad: 빔포밍 기술을 이용하여 최대 7Gb/s를 지원하는 전송 규약으로서 기존의 2.5GHz/5GHz 대신 60GHz 대역을 사용하며, 대용량의 데이터나 HD급 비디오와 같은 스트리밍 전송에 적합한 기술이다. 주파수 대역이 높아 장애물 통과가 어려워 최대 10m 이내의 공간 내에서만 가능하였으나, 2.5GHz/5GHz 대역을 동시에 지원하게 됨으로써 범용 무선 LAN의 위치를 잡았다.

4.3 무선 LAN 기술

이동성, 확장성 그리고 편리성 등으로 확산 일로에 있는 무선 LAN은 기업용 네트워크 솔루션에서 기업, 공공장소, 학교 캠퍼스 및 일반 가정에까지 노트북, PDA, 스마트 폰에 이르기까지 다양하게 활용되고 있다. 그러나 관리 및 사용상의 무관심과 정보보호 마인드의 부재로 아직도 공공 기관이나 일부 보안을 중요시하는 장소의 경우 제한적인 네트워크 기술로 취급되고 있는 것도 또한 현실이다.

[그림 4-2]는 가장 일반적인 무선 LAN 구성도를 보여주고 있다. 그럼 여기서부터 가장 쉽게 접하게 되는 기술들을 알아보도록 하자.

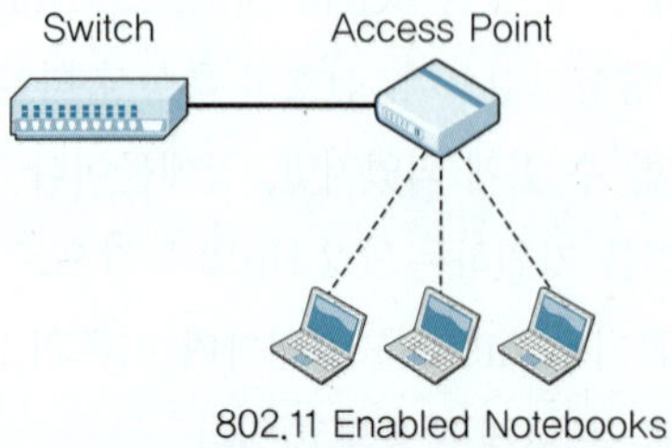

[그림 4-2] 표준 무선 LAN 구성 예

4.3.1 CSMA/CA(Carrier Sense Multiple Access with Collision Avoidance)

무선 LAN에서 일반적으로 사용되는 MAC 알고리즘으로써 이더넷의 CSMA/CD와는 달리 데이터의 전송이 없는 경우라도 충돌을 대비하여 확인을 위한 신호를 전송하여 확인되면 이어서 데이터를 전송한다.

아래 [그림 4-3], [그림 4-4]는 이를 도식화하여 표현한 것이다.

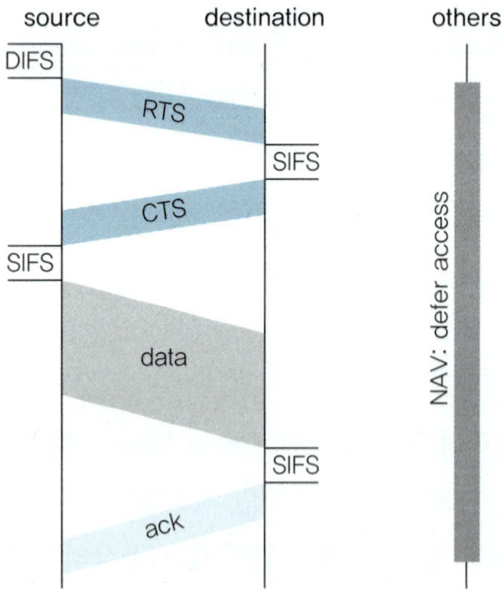

[그림 4-3] CSMA/CA 동작 원리(1)

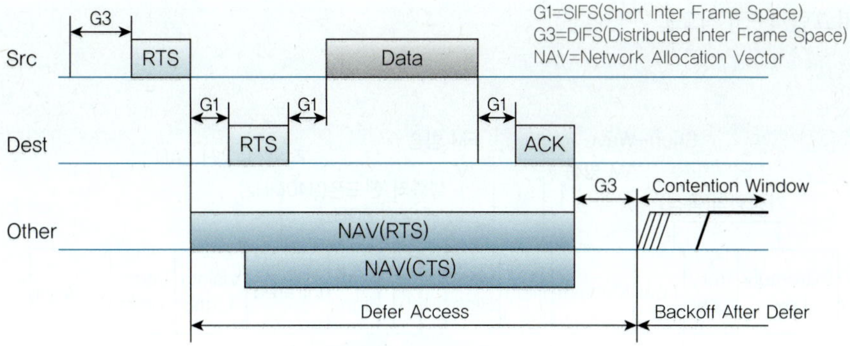

[그림 4-4] CSMA/CA 동작 원리(2)

- 만약 수신측에서 CTS(Clear To Send)를 받지 못하면 일정 횟수만큼 RTS(Request To Send)를 보낸 다음, 그래도 CTS를 받지 못하면 일정 시간을 대기한 후에 앞의 방법을 반복한다.
- 두 노드 간이 통신 중일 때는 다른 노드들은 그 시간 동안 채널을 이용할 수 없게 된다.

만약 노드ⓐ가 다른 곳에 위치한 노드ⓑ에게 데이터를 전송하고자 한다면,우선 노드ⓐ는 네트워크에 있는 다른 노드들이 데이터를 송신 중인지 여부를 체크하기 위하여 반송파 감지를 한다. 이때, 네트워크내의 다른 노드들이 송신 중이라면 대기모드로 대기하게 되며, 그렇지 않다면 노드ⓑ에게 송신해야 할 데이터의 송신을 시작한다.

이와 같이 CSMA/CA 방식은 OSI 모델의 MAC 계층에서 동작하는 방식으로 전송을 원하는 노드가 데이터를 송신하기 전에 먼저 네트워크 사용 여부를 검사하여, 사용 중임이 파악되면 임의의 설정 시간만큼 대기한 후에 다시 송신을 하는 방식이다. 그러므로 이 방식은 데이터에 우선 순위를 할당 할 수 없으며, 충돌 발생 시에는 상위 계층에서 이를 처리하여야 한다. 그러므로 이 방식은 네트워크의 사용 빈도가 증가하면 충돌 방지 신호가 매우 느려져서 전송 지연도 발생하게 되는 단점이 있다.

4.3.2 DSSS(Direct Sequence Spread Spectrum)

확산 스펙트럼 기술방식은 DSSS(Direct Sequence Spread Spectrum) 기술 방식과 FHSS(Frequency Hopping Spread Spectrum) 기술 방식으로 나뉘는데, 이때 두 방식은 ISM 대역인 902~928MHz, 2.4~2.48GHz 그리고 5.725~5.85GHz 주파수 대역을 사용

한다([그림 4-5] 참조).

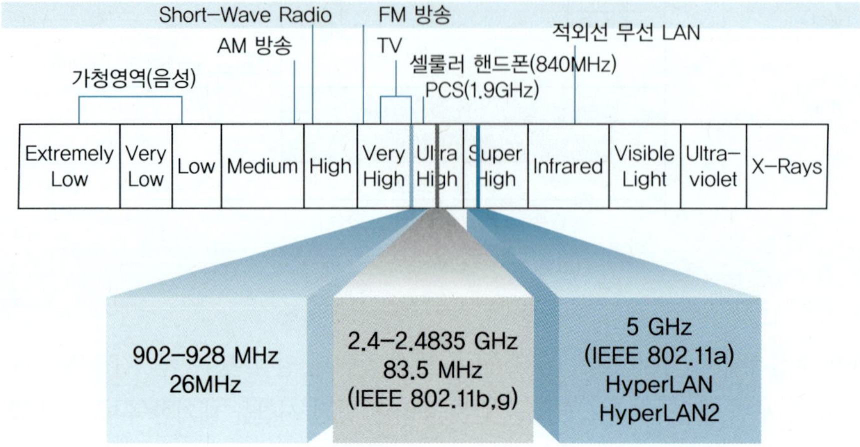

[그림 4-5] 국내 무선랜 사용 주파수

FHSS 방식은 데이터 전송 시 송신과 수신 측이 주어진 범위 내에서 주파수를 변경할 수 있고 단일 물리 채널을 구현하며 2.4GHz ISM 대역에서 79개의 채널을 가지며 각 채널은 1MHz의 대역을 할당하여 최소 홉(Hop)을 2.5Hops/s 기준으로 구동된다. 이때 1Mbps, 2Mbps, …, 3.2Mbps의 속도 제한을 가지나, 보안성이 뛰어나서 제조, 유통, 증권 및 군 관련 분야에 적합하다.

DSSS 방식은 이에 반하여 전송되는 각각의 비트에 잉여의 비트를 추가하여 데이터 전송 시 발생할 수 있는 비트 오류를 복구할 수 있음으로 데이터를 재전송할 필요가 없어진다. 이런 이유로 데이터 처리량과 이용 제한 거리가 우수하여 학교나 사무실 등에 적합한 기술 방식이다.

| 미니강의 | 대역확산 통신(DSSS/FHSS)

- 개요: 대역확산 통신은 정보 데이터 신호의 주파수 대역폭보다 훨씬 넓은 대역폭을 갖는 확산코드(PN Code)를 사용해서 정보 데이터 신호를 변조하여 주파수 대역을 확산한 후에 전송하는 통신 방식을 말함.
  군사통신 등 중요한 통신에서 제 3자로부터의 도청을 방지하기 위하여 사용하였으나, 최근에는 상용무선통신에서도 사용하고 있음.

이 방식에는 Direct Sequence 방식, Frequency Hopping 방식, Time Hopping 방식 및 Chirp Modulation 방식 등이 있음.

- 동작 원리: 샤논(Shannon)의 채널용량 공식에서 대역확산의 원리를 알 수 있는데, 공식은 전송채널의 단위 시간당 전송할 수 있는 비트 수를 구하는 공식으로 계산식은 아래와 같다.

$$C = B\log_2\left(1+\frac{S}{N}\right)(\mathrm{bps})$$

여기서 C: 채널 용량(혹은 통신 용량), B: 채널의 대역폭, S/N: 신호대 잡음비를 의미한다. 이 공식은 가우시안 잡음이 부가되는 채널에서 정보를 전송할 수 있는 최대 전송 속도를 의미하며, 실제로는 충격잡음, 지연왜곡, 감쇠현상으로 훨씬 낮은 채널 용량이 된다.

통신 용량을 크게 하려면 채널의 대역폭을 넓히거나 신호대 잡음비(S/N)를 키우면 되는데, 이러한 이유들로 인하여 이론적 채널용량의 한계에 근접할 수 있도록 에러정정기법과 함께 사용하여 채널용량을 키우기 위한 통신 방식이다.

확산코드(PN Code, Pseudo Noise Code)는 송신기와 수신기가 모두 알고 있는 결정적인 주기신호이면서 샘플된 백색잡음의 통계적 성질을 갖고 있는 의사 잡음 또는 의사 랜덤이라는 PN 신호가 n비트의 레지스터를 사용하여 Shift하면 2n–1개의 서로 다른 출력이 주기적으로 나타나는데, 이때 2n–1비트들로 구성되는 비트열을 의미한다.

- 기능 비교

구 분	DS 방식	FH 방식
응용 분야	통신의 기밀성을 요하는 군사통신	군사 통신과 페이딩이 심한 경우
처리 이득	이를 크게 하기 위해서는 PN부의 Chip Duration을 적게 하여야 하는데 소자의 제한으로 처리 이득이 제한	DS방식의 처리 이득이 제한되는 것을 개선하기 위한 대책 방안으로 등장
경 제 성	PN부호 발생기의 동기만 필요하므로 경제적	PN부로 발생기의 동기 및 전송 시간의 동기가 필요케 되어 DS방식보다 비경제적
기 타	• 재밍에 강하다. • 다중 경로 대책 동기 포착 시간이 길다. • Near–Far 문제가 있다. • H/W 구성이 쉽다.	• 동기 포착 시간이 짧다. • 주파수 합성기의 고속화가 필요 • 도약 주파수의 수를 증가시켜 스펙트럼 확산이 용이하다. • 오류 정정 기술이 필요

4.3.3 OFDM(Orthogonal Frequency Division Multiplexing)

앞 절에서 소개한 DSSS방식은 10Mbps의 전송 속도까지는 효율적으로 사용이 가능하나 그 이상의 고속 데이터 전송 시 Chip간 간섭의 증가로 하드웨어의 복잡도가 증가하며, FHSS방식은 송신단과 수신 단 사이의 정확한 동기가 고속 데이터 전송 시에 어렵다는 단점을 가지고 있다.

이런 이유로 고속 데이터 전송을 위해 개발된 OFDM은 상호 직교성을 갖는 복수의 반송 파를 사용하여 주파수 이용 효율이 뛰어나고, 송수신 단에서 복수의 반송파의 고속 구현이 가능하다.

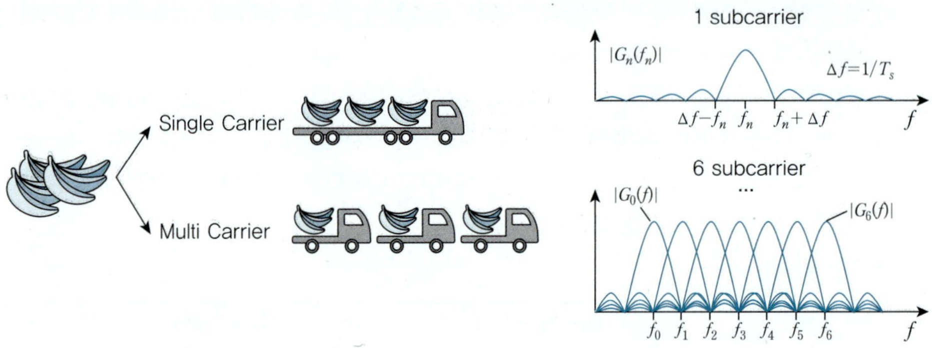

[그림 4-6] OFDM의 개요

> **| 미니강의 |** 직교성(Orthogonality)
>
> 수학용어로써 각 요소들이 서로 독립적임을 나타낸다는 의미를 갖는다.
> 일반적으로 신호/현상 등이 상호 간에 전혀 관련성이 없음을 의미하며, 임의 신호들이 무리를 이루고 있는 경우에도 여기에 속한 임의의 두 신호는 서로 독립적임을 뜻한다. 통신 변조 분야에서는 동위상(In-Phase) 또는 직요위상(Quadrature) 등으로 사용되는데, 이는 위상이 상호 직각(90°)으로 직교하는 경우에 사용된다.

- Orthogonality (Frequency Domain)

Orthogonality condition: Δf=1Δ/t

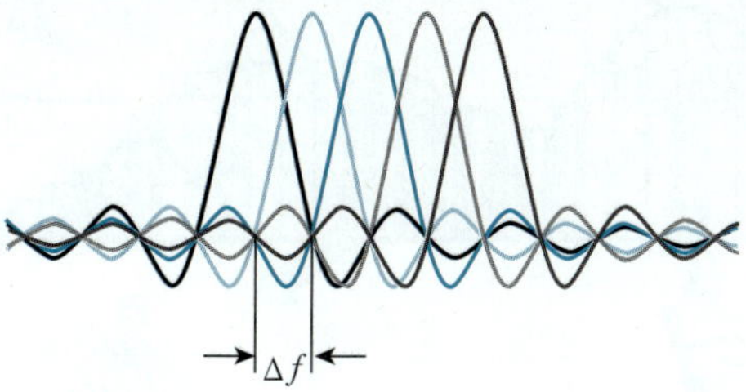

- Orthogonality (Time Domain)

Note each carrier is an Integer # of cycles in Δt
cycles between adjacent carriers=1

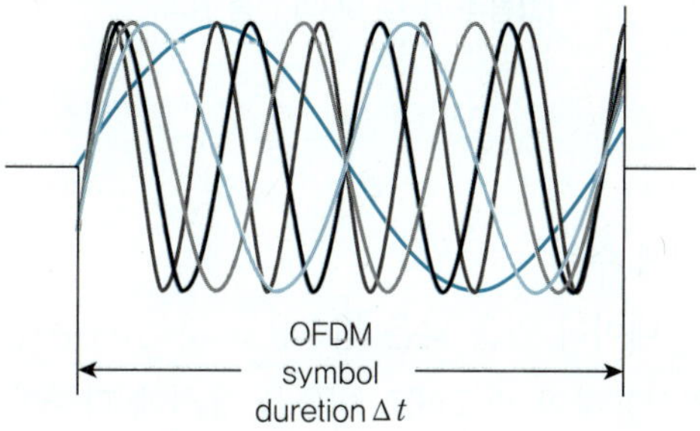

(1) OFDM의 개요

고속의 송신 신호를 수 백개 이상의 직교(Orthogonal)하는 협대역 부 반송파(Subcarrier)로 변조시켜 다중화 방식으로 '변조' 및 '다중화'를 동시에 수행하는 전송기법을 말한다. 즉, 단일 입력의 고속 원 데이터 열을 [그림 4-7]과 같이 다중의 반송파에 분할하여 전송한다는 측면에선 '다중 반송파 변조' 기술이며, 또한 다중의 채널로 동시에 전송한다는 측면에서는 '다중화' 기술인 것이다.

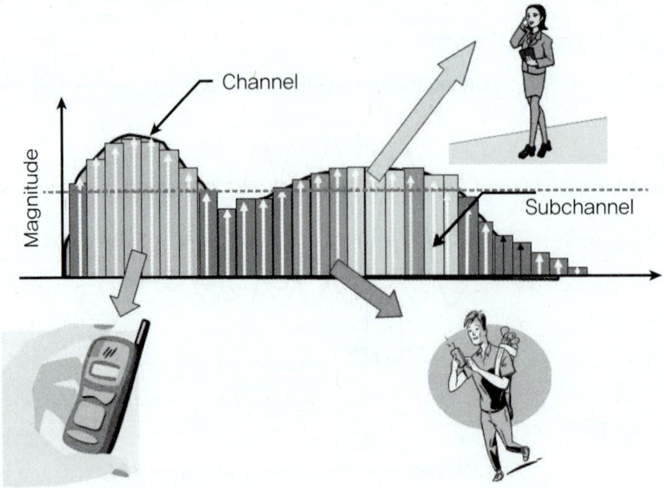

[그림 4-7] OFDM의 전송 원리

(2) OFDM의 원리

① 변조와 다중화를 동시에 수행

고속의 전송효율을 갖는 데이터 열을 낮은 전송율을 갖는 다수의 데이터 열로 세분화하여 다수의 부 반송파를 사용하여 변조하고 이들을 동시에 다중화 전송을 수행한다. 즉, OFDM은 데이터 열을 여러 개의 부 채널(Sub-Channel)로 동시에 전송하는 다중 반송파 전송 방식이다.

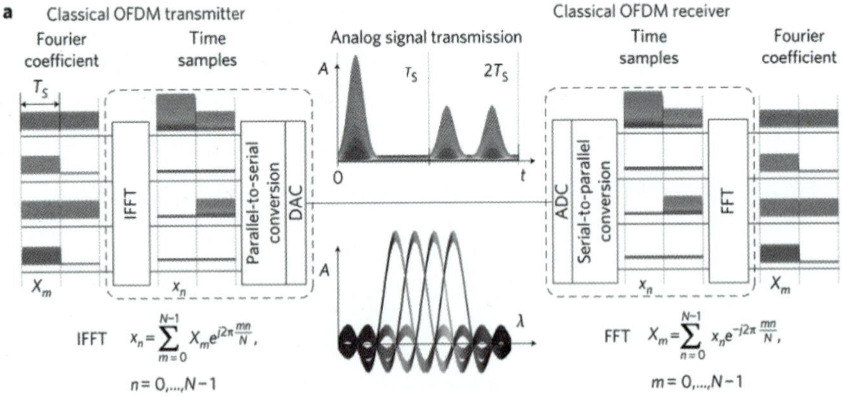

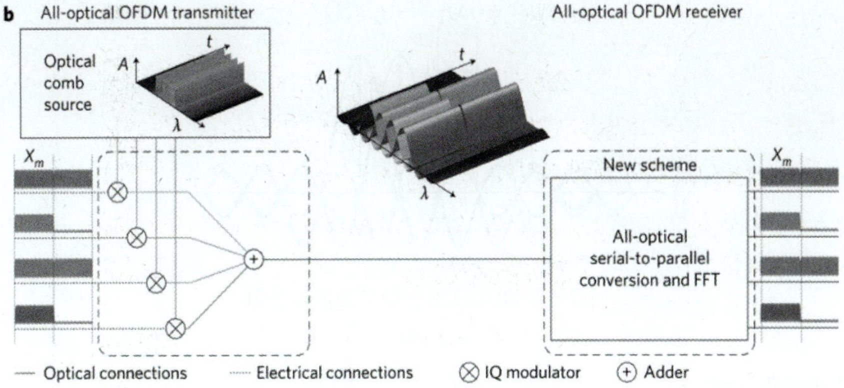

[그림 4-8] OFDM 원리(다중화)

② 부 반송파간 직교성을 유지

각 부 반송파 파형은 시간축 상으로 서로 간섭을 일으키지 않게 직교(Orthogonal)하며, 주파수축 상에서는 겹치게(Overlap) 된다.

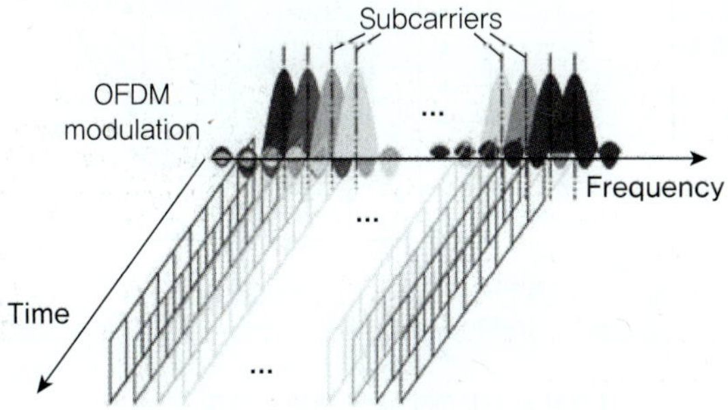

[그림 4-9] OFDM 원리(직교성)

③ 부 반송파 간격

주파수 영역상에서 부 반송파들은 약간의 간격을 두고 촘촘히 겹쳐 보이는데, 이 간격은 주파수 선택 성(시간분산) 및 도플러 확산(시변채널 변화율)에 따라 변경된다.

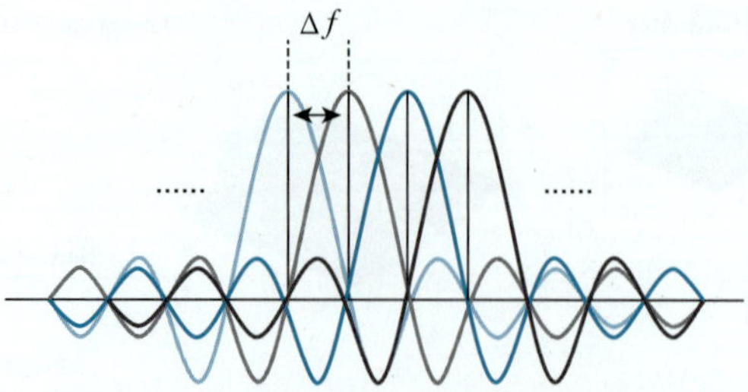

[그림 4-10] OFDM 원리(부 반송파 간격)

④ 부 반송파 개수

보통 수 백개 이상의 부 반송파를 사용하며, 전송이 가능하도록 허용된 주파수 대역폭에 따라 개수는 달라진다.

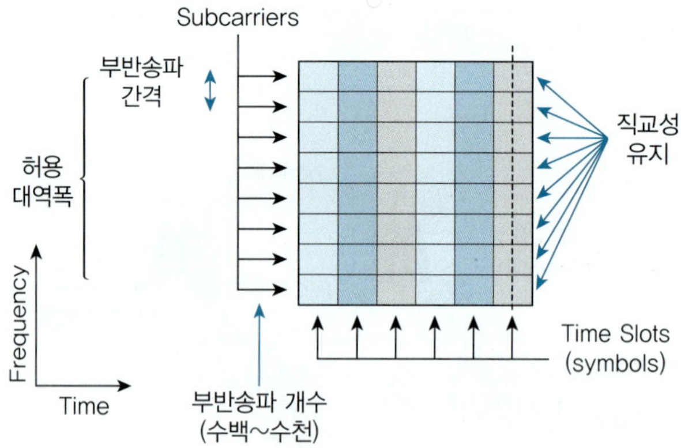

[그림 4-11] OFDM 원리(부 반송파 개수)

⑤ 시간 및 주파수 스케줄링

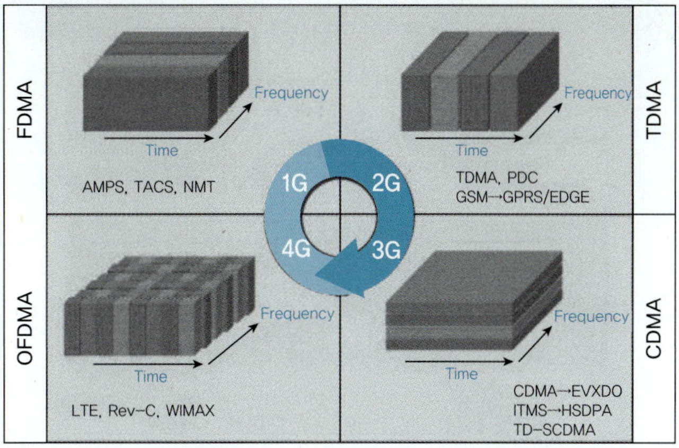

[그림 4-12] OFDM 원리(스케줄링 방식)

4.3.4 MIMO(Multiple-Input Multiple-Output)

한정된 주파수 자원을 보다 효율적으로 활용하기 위해서, 그리고 통신 용량을 높이기 위한 스마트 안테나 기술인 MIMO는 복수의 안테나를 사용함으로 그에 비례하여 용량을 높이는 기술이다.

기존의 802.11a/b/g는 단일 안테나 방식인 SISO(Single-Input Single-Output) 방식을 사용하였다. 802.11n은 그러나 이 방식으로는 최대 전송 대역폭을 보장할 수 없었다. 즉, 기존의 방식이 하나의 안테나를 사용함으로써 데이터 전송 대역폭이 제한적이었던 것을 복수의 안테나를 사용함으로써 대역폭을 배가시킬 수 있었다.

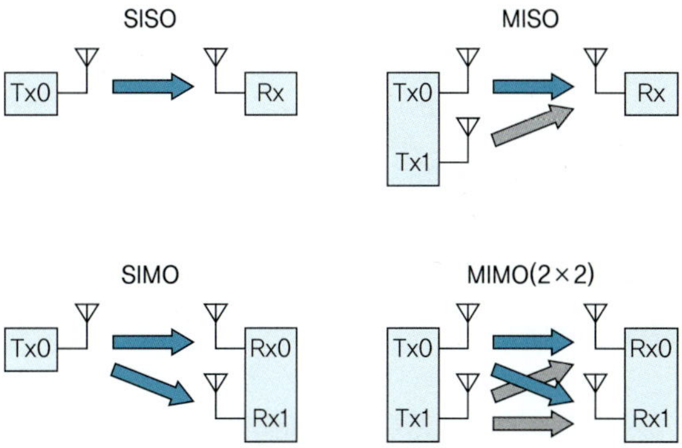

[그림 4-13] 안테나 배열

[그림 4-13]에 보였듯이, SISO 방식으로 전송할 수 있는 최대 전송 한계는 150Mbps이다. 그럼으로 802.11n은 2x, 3x, 4x 안테나 배열이 가능하였다. 그런 연유로 최대 전송 대역폭이 600Mbps인 것이다.

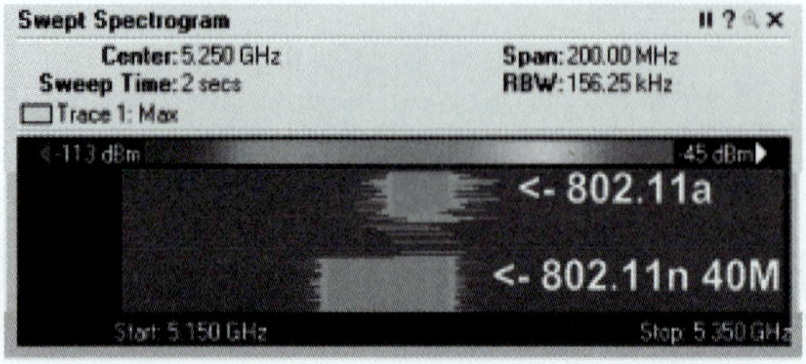

[그림 4-14] 802.11n의 전송 대역폭 스펙트럼

[그림 4-14]는 802.11a가 20MHz의 대역폭으로 데이터를 송수신하지만 802.11n 방식은 MIMO 안테나 방식을 적용하여 40MHz의 대역폭을 활용한다는 것을 보여주고 있다.

| 미니강의 | MIMO 안테나 채널 용량

- 기존의 통신 이론에서는 전송 용량은 사용하는 주파수와 전력에 의해서만 결정된다. 반면, MIMO 기술은 사용하는 안테나의 수에 대한 새로운 관계식을 정의함으로써 용량과의 관계식을 표현할 수 있다.
- SISO 환경에서 달성 용량

  $C = W\log_2(1+SNR)$
- MIMO 환경에서 달성 용량

  $C = W\min(M, N)\log_2(1+SNR)$

  자세한 용량 관계식을 보기 전에 송수신 관계식을 먼저 보면, 수신 측과 송신 측에 설치된 안테나를 통한 노드 수신 신호는 다음과 같다.

  $y = Hx + n$

  여기서 H는 MIMO의 안테나 관계에 따른 채널을 나타내는 매트릭스이다. 또한 x, n은 각각 전송 신호와 수신 노이즈를 나타낸다. 이를 통해 용량 관계식을 구해보면 채널 상황을 알 때의 페루프 채널 용량은 다음과 같다.

  $C_{CL} = E\left[\max_{Q}\log_2(I + HQH^H)\right]$

채널 상황을 모를 때의 개루프 채널 용량은 다음과 같다.

$$C_{OL} = \max_{Q} E[\log_2(\mathrm{I} + \mathrm{HQH}^H)] = E\left[\log_2\left(\mathrm{I} + \frac{1}{M}\mathrm{HH}^H\right)\right]$$

상기 두 용량 관계식은 MIMO뿐 아니라 채널 매트릭스인 H의 형태에 따라 MISO, SIMO 그리고 SISO의 경우에도 적용이 가능하다.

4.4 무선 LAN 보안

이동성, 확장성 그리고 편리성 등을 내세운 무선 LAN은 그 활용도만큼 빠르게 사용 성을 입증하고 확산, 사용되고 있다. 이런 한편으론 동전의 양면성같이 불순한 의도로 손쉽게 사용 네트워크의 무력화가 가능하다는 큰 단점을 내포하기도 한 것이다. 이런 상황하에서 최근 활발하게 구축/운영/관리되고 있는 보안은 [그림 4-15]에 나타내었듯이 많은 감안 요소를 반영하여야만 한다.

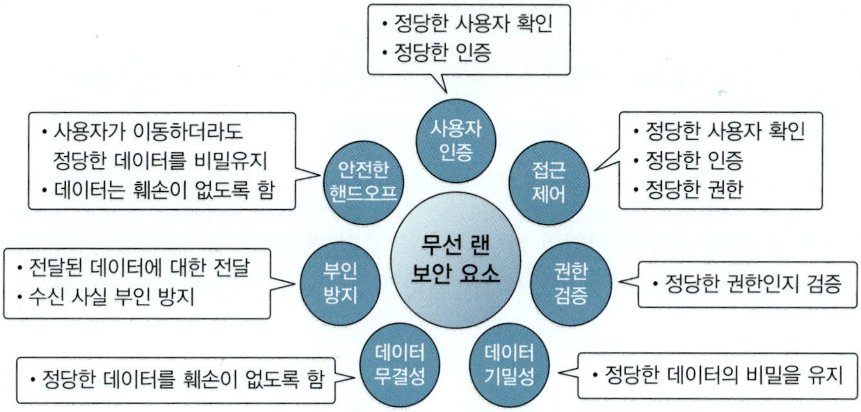

[그림 4-15] 무선 LAN 보안 요소

4.4.1 무선 LAN 보안

유선 네트워크에 비해 구축이나 사용 편리성이 높고 이동성이 보장된다는 장점이 부각되고 속도나 지원범위가 크게 향상되고 있는 무선 LAN 기술도 급진전되면서 대중화된 무선

LAN 네트워크, 그러나 이런 무선 LAN 상에는 이러한 장점으로 인하여 도출되는 많은 취약점들이 존재한다. 이런 취약점들을 간략하게 열거해보면 [그림 4-16]과 같이 많은 경우의 수가 발생한다.

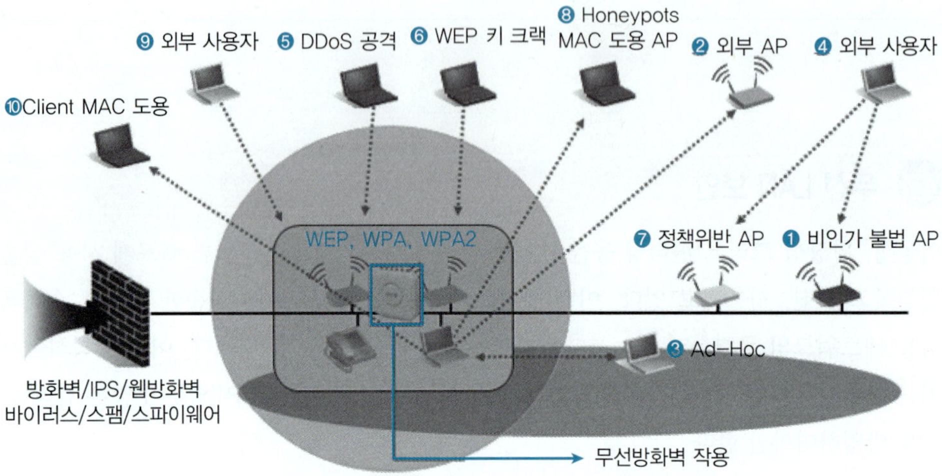

[그림 4-16] 무선 LAN의 안정성을 해치는 요소 10가지

이와 같은 위험 요소로부터 안전하게 네트워크를 유지하고 효과적으로 이를 활용하기 위하여 많은 네트워크가 제한적인 사용자들만 접속, 사용할 수 있도록 통제하고 제한적으로 활용하고 있는 것도 사실이다.

이와 같은 현 상황으로부터 기업의 핵심 네트워크로의 위상 변화를 위하여 내부 정보의 유출 및 개인 정보를 보호하기 위한 보안 시스템의 구축을 [그림 4-17]과 같은 단계를 통하여 구축하여야 한다.

전기 전자 기술자 협회(IEEE)와 와이파이 얼라이언스(Wi-Fi Alliance)는 이러한 무선 LAN 사용자의 보안을 위한 인증과 데이터 암호화 기술을 정의한 보안 표준 기술 규격을 제정하였고, 이를 적극 권장하고 있다.

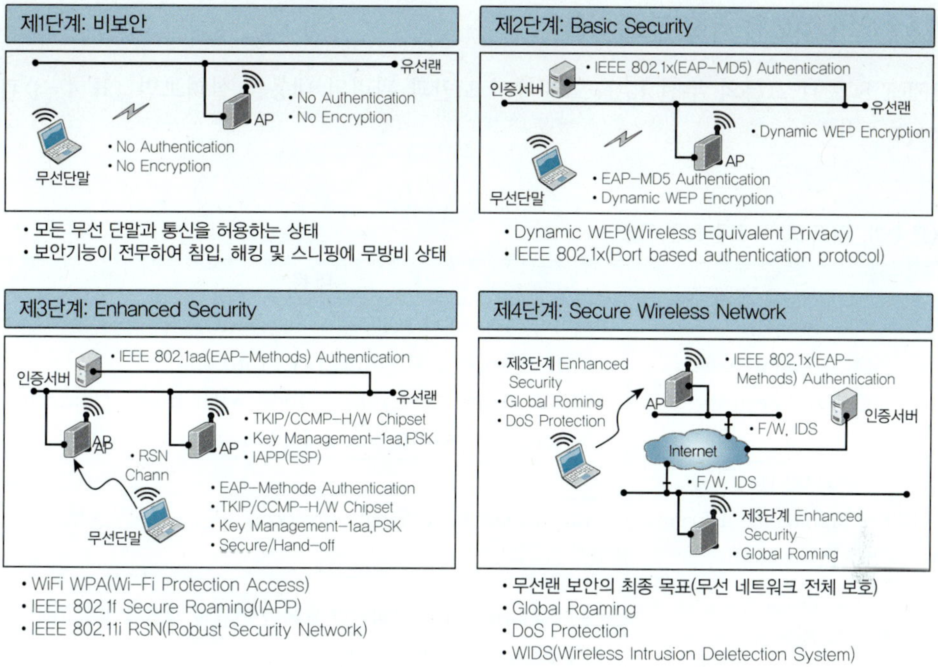

[그림 4-17] 무선 LAN의 보안 구성 단계

이들 표준에서 정의한 다양한 인증/암호화 기술 중에서 가장 보편적으로 사용하는 것은 IEEE802.1x EAP(Extensible Authentication Protocol) 사용자 인증과 WAP Version. 2에 정의되어 있는 AES(Advanced Encryption Standard) 암호화 알고리즘을 이용한 CCMP(Counter mode with CBC–MAC Protocol) 기술이다.

〈표 4–2〉는 기술의 발전에 기인한 인증/암호화 기술의 비교표이다.

〈표 4–2〉 무선 LAN 인증/암호화 기술

구분	WEP (Wired Equivalent Privacy)	WPA (Wi–Fi Protected Access)	WPA2 (Wi–Fi Protected Access 2)
인증	사전 공유된 비밀키 사용 (64비트, 128비트)	사전에 공유된 비밀키를 사용하거나 별도의 인증서버를 이용	사전에 공유된 비밀키를 사용하거나, 별도의 인증서버 이용
암호방법	고정 암호키 사용 RC4 알고리즘 사용	암호키 동적 변경(TKIP) RC4 알고리즘 사용	암호키 동적 변경 AES 등 강력한 암호 알고리즘 사용
보안성	가장 취약하여 널리 사용되지 않음	WEP 방식보다 안전하나 불완전한 RC4 알고리즘 사용	강력한 보안기능 제공

4.4.2 IEEE 802.11 표준 보안 기술

IEEE 802.11 그룹의 무선 LAN 표준에서 보안과 관련된 내용을 살펴보면 〈표 4-3〉과 같다.

〈표 4-3〉 IEEE 802.11 표준 보안 기술

구 분	내 용
802.11i [MAC(Medium Access Control) Security Enhancement]	• 데이터 프라이버시 보장 • TKIP (Temporal Key Integrity Protocol) • CCMP (Counter Cipher Mode with Block Chaining Message Authentication Code Protocol)
802.11w [MFP: Management Frame Protection]	• BIP (Broadcast Integrity Protocol)
802.11r [Fast BSS(Basic Service Set) Transition]	• FT Security: 초기 모빌리티 도메인 연결과 재연결, 자원요청 등 • FT Protocol Authentication
802.11s/u [Mesh Network & Interworking with External Network]	• SAE (Simultaneous Authentication of Equals) • AMPE (Authenticated Mesh Peering Exchange)

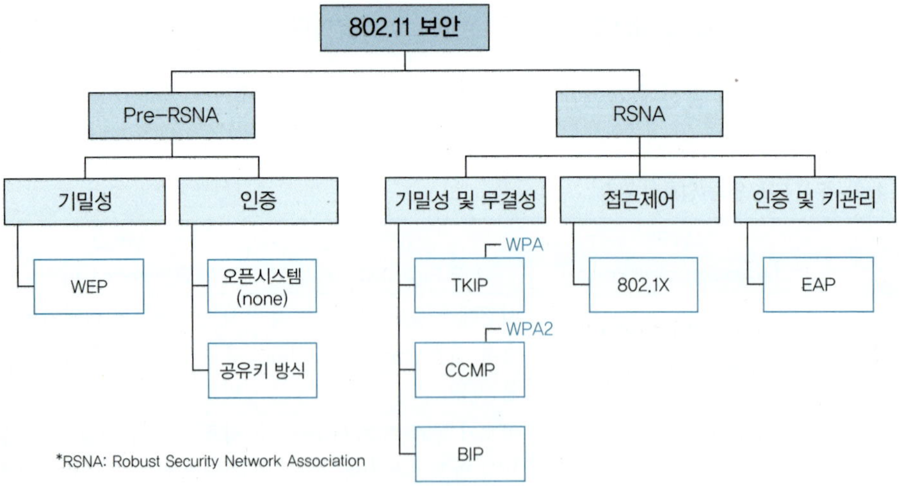

[그림 4-18] IEEE 802.11 표준 보안 기술

IEEE 802.11 보안의 개념은 RSNA(Robust Security Network Association)로 특징 지어진다. 즉, 보안 표준 영역은 [그림 4-18]에서 보여지듯이 RSNA 이전 (여기서는 Pre-RSNA로 표기)과 그 이후 그리고 기밀성, 무결성, 인증 및 키관리 등으로 구분된다고 볼 수 있다.

▶ RSNA 이전(Pre-RSNA)

초기 무선 LAN에서 정의한 보안 규격은 WEP(Wired Equivalent Privacy) 암호 알고리즘으로써 RC4 스트림은 24비트의 IV(Initial Vector)를 사용함으로 자체적인 취약점을 내포하고 있었다. 또한 모든 노드들이 동일한 암호키를 사용함으로써 문제점을 내포한 상태였다.

인증방법 또한 오픈 시스템 인증(Open System Authentication)과 공유키 인증(Shared Key Authentication) 방법을 사용하였는데, 오픈 시스템 인증은 이미 보안의 개념이 없는 상태이며 다만 공유키 인증 방법만이 보안으로서 역할을 수행하였다.

▶ RSNA

RSN(Robust Security Network)의 기밀성 및 무결성을 제공하기 위하여 노드와 AP(Access Point)간의 데이터 프레임은 CCMP로 암호화하고 브로드캐스트 프레임의 경우는 BIP 프로토콜을 사용한다.

TKIP(Temporal Key Integrity Protocol)은 WEP 지원 장비보단 어느 정도의 보안성을 제공하는 하나의 방법이며, CCMP는 AES(Advanced Encryption Standard)의 Counter 모드와 인증 및 무결성을 위한 CBC-MAC(Cipher Block Chaining-Message Authentication Code)를 결합한 한결 보안성을 높인 암호 방식이다.

이외에도 IEEE 802.11 표준과는 별개로 무선 LAN 보안을 위하여 와이파이 얼라이언스(WI-Fi Alliance)에서는 WPA(Wi-Fi Protected Access), WPA2를 제안하였다.

IEEE 802.1x기반의 인증 및 접근제어 방법은 [그림 4-19]와 같이 구현된다. 즉, 먼저 단말과 AP(무선 액세스 지점)간 보안 연결을 위한 과정을 통해 수행된 후 EAP(Extensible Authentication Protocol)로 Radius 인증 서버와 통신을 거치고 단말과 AP간 연결이 성립되면 무선 구간의 암호화가 이루어지어 네트워크와 연동되는 과정을 거친다.

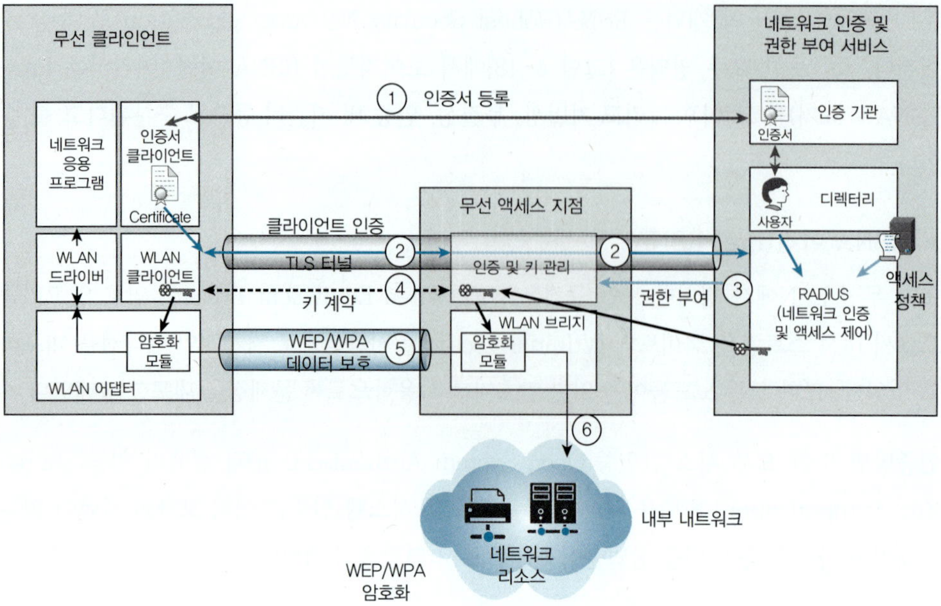

[그림 4-19] IEEE 802.1x 기반의 인증 및 접근제어 과정

4.5 무선 LAN 미래

최근 무선 LAN의 영역의 기존의 제한적인 사무공간, 공장 또는 가정에서 탈피하여 모바일(Mobile)과의 연동을 통한 스마트폰(Smart Phone)에서의 수요로 새로운 기술들이 활발히 연구되고 있다.

- 초고화질의 멀티미디어 전송을 가능하게 해주는 Gbps급 이상의 전송 속도를 보장하는 IEEE 802.11ac
- 기존의 제한적인 서비스 영역을 최대 수 Km까지 지원하기 위한 광역 IEEE 802.11af 및 802.11ah
- 관련 장비의 셋업 시간을 100ms까지 빠르게 링크시켜주는 IEEE 802.11ai

이와 같은 환경에서 [그림 4-20]은 무선 LAN의 현재의 모습을 보여주고 있다.

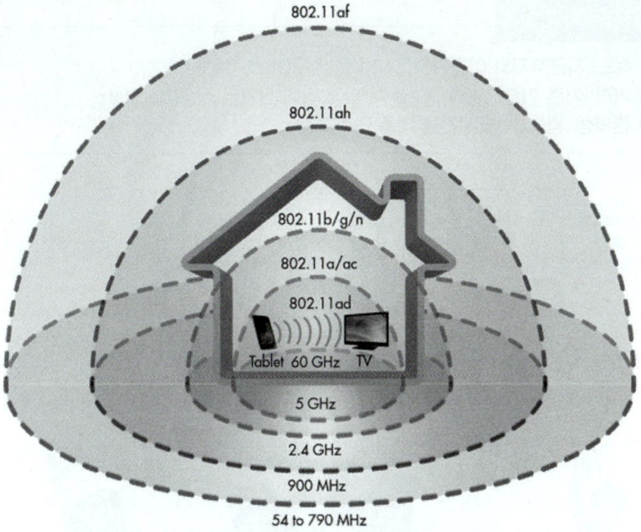

[그림 4-20] IEEE 802.11 무선 LAN 기술 현황

4.5.1 향후 무선 LAN 기술동향

가장 먼저 무엇보다도 우선시하는 것이 전송 속도일 것이다. 동일 서비스 지역에서 다중 사용자 동시 접속 환경 및 초고화질 비디오 전송을 위한 노력으로 새로운 대역인 60GHz 밴드를 사용하는 IEEE 802.11ad 기술과 기존의 5GHz 밴드를 사용하는 IEEE 802.11ac 기술이 있다. 더불어 기존의 제한된 서비스 영역에서 탈피하여 광역 전송에 대한 요구를 수용하기 위한 1GHz 미만의 주파수 밴드를 사용하는 광역 무선 LAN기술인 TVWS 대역의 IEEE 802.11af와 900MHz 대역의 IEEE 802.11ah가 있다. 이 기술들은 스마트 그리드(Smart Grid), 광역 센서 네트워크 및 기존의 무선 LAN 서비스 확장이라는 목적을 갖고 있다. 또한 기존의 무선 LAN MAC 기술상 필수 불가결했던 초기 링크 설정 시간도 이를 해결하기 위한 해결책으로 IEEE 802.11ai 표준을 통하여 해결하고자 하고 있다.

[그림 4-21]은 이런 IEEE 802.11 표준과 최신 기술 발전 방향에 대한 예이다.

3가지 진화 방향

1) **속도**: 지금까지와 마찬가지로 고속을 추구(11ac, 11ad)
2) **거리**: 기존 기술(2.4 or 5GHz 대역)에 비해 장거리 전송(11af,11ah)
3) **편의성**: 링크 확립 시간을 대폭 단축(11ai)

[그림 4-21] IEEE 802.11 표준과 최신 기술 동향

4.5.2 IEEE 802.11ac 초고속 무선 LAN

압축되지 않은 HD급 동영상 전송을 목표로 Gbps급 전송 속도를 지원하는 초고속 무선 LAN은 기존의 802.11n이 사용하는 5GHz 대역의 주파수 자원의 포화 가능성을 감안하여 2개의 해결책을 제시하고자 하였다. 즉, 기존의 5GHz 대역을 지원하는 802.11ac와 60GHz대역을 지원하는 802.11ad가 그것이다.

IEEE 802.11ac는 Gbps 이상의 전송 속도 지원을 위해 사용 대역폭의 확장 및 다수 사용자 동시 접속(Multi-User MIMO) 기술 등을 적용하였다. 특히, 다수 사용자 동시 접속 기술은 5GHz 대역에서 1Gbps 이상의 서비스를 제공하기 위한 요소 기술인데, 하나의 AP가 여러 노드들에 대하여 안테나 전송을 달리하는 방식으로 [그림 4-22]처럼 Downlink Multi-User MIMO 기술을 규격화 하였다.

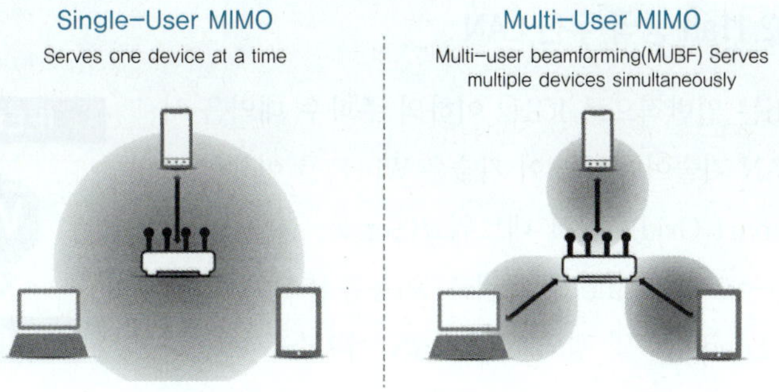

[그림 4-22] IEEE 802.11ac Single-/Multi-User MIMO 기술

특히, 40MHz 대역폭까지밖에 사용할 수 없었던 802.11n에 비하여 최대 4배까지 확장하여 전송 용량과 속도를 증가시킨 것이다. 또한 [그림 4-23]과 같이 연접 전송뿐만 아니라 비연접 전송까지 최대 160MHz 대역폭 전송을 허용하였다. 하지만 802.11ac 표준화에서는 Gbps이상의 전송 속도를 안정적으로 지원하기 위하여 기존의 2.4GHz 대역의 802.11b, 802.11g와의 호환성은 포기하였다.

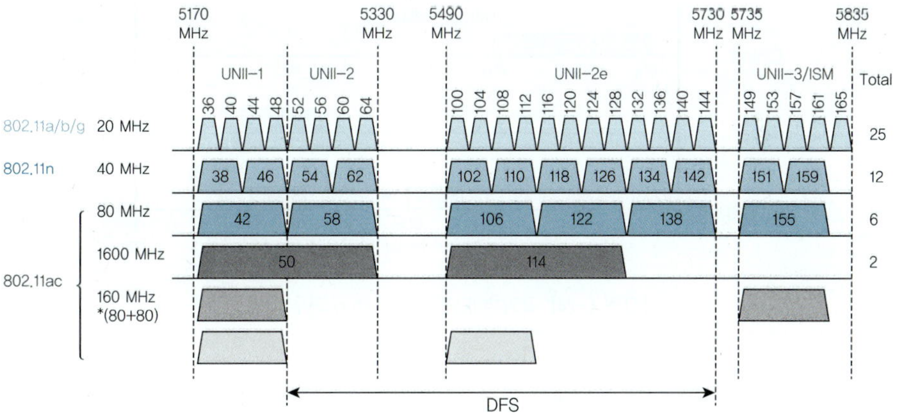

[그림 4-23] IEEE 802.11ac 연접/비연접 전송 대역

4.5.3 IEEE 802.11ah 광역 무선 LAN

IEEE 802.11ah는 일반적으로 1GHz 이하의 주파수 대역을 사용하는 무선 LAN 기술이다. 즉, 이 기술은 Wi-Fi를 이용한 스마트 그리드(Smart Grid), 센서 네트워크(Sensor Network), M2M(Machine-to-Machine) 네트워크, 이동통신 오프-로딩(Cellular Off-Loading) 및 광역 무선 LAN 서비스를 제공하기 위한 기술로서 900MHz 대역을 사용한다.

[그림 4-24]는 국가별 주파수 허용 대역이며, 우리나라의 경우는 해당 대역이 Passive RFID 대역을 함께 활용하는 방향으로 잡고 있다.

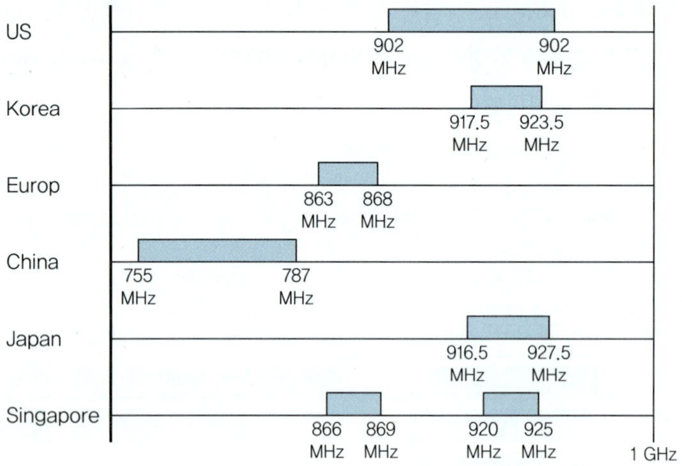

[그림 4-24] 국가별 IEEE 802.11ah 주파수 대역

802.11ah 무선 LAN은 2/4/8/16MHz 대역폭의 전송모드로 동작하지만, 센서 네트워크 지원을 위해서 1MHz 대역폭도 지원하여야 하며 최대 4개의 안테나에서 Single-User MIMO 및 Multi-User MIMO를 동시에 지원하는 특성을 갖고 있다. 즉, 이 기술은 향후 IoT(Internet of Things) 지원을 위하여 소비 전력 최소화 및 광역 Wi-Fi 서비스 기능들도 포함되어 있다.

4.5.4 IEEE 802.11af 광역 무선 LAN

현재 TV에서 사용하는 주파수 중 유휴대역(TVWS: TV White Space)을 활용하는 무선 LAN 기술을 일컫는 말이다. 즉, 국내의 경우 54 ~ 698MHz 대역의 밴드가 해당되며, TV 채널번호로는 CH2 ~ CH51에 해당하는 대역을 말한다([그림 4-25] 참조).

기존의 Wi-Fi 서비스가 제한된 영역 안에서 높은 대역폭의 제공에 주안점을 둔 기술이라면, 802.11af 기술은 1Km 정도의 넓은 서비스 범위 및 실내, 실외를 동시 지원을 위한 기술이다. 이를 위해서 유휴대역에서 사용할 수 있는 협소한 TV 채널을 수용하기 위한 새로운 형태의 TVHT(Television Very High Throughput) PHY를 도입하기도 하였다.

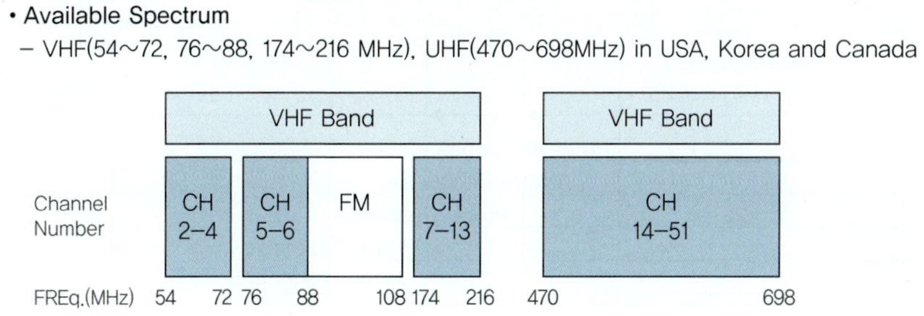

[그림 4-25] TVWS의 주파수 대역 현황

단일 사용자 MIMO와 다중 사용자 MIMO(최대 4개)안테나를 지원하며, 하나의 공간 스트림과 한 개의 채널 사용시 최대 데이터 전송 대역폭은 35.6Mbps 정도이다.

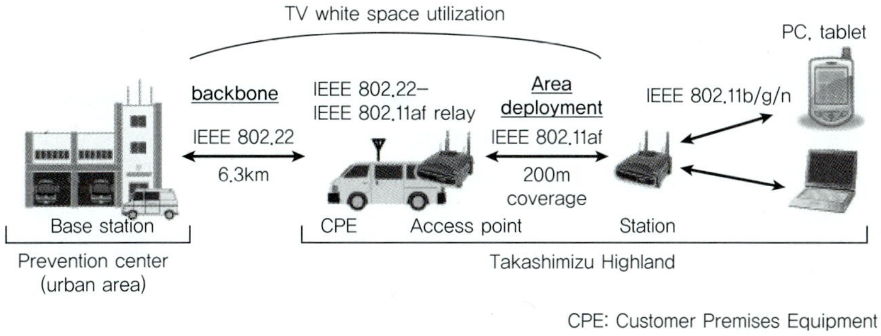

[그림 4-26] IEEE 802.11af 구성

4.5.5 IEEE 802.11ai 신속접속 무선 LAN

무선 LAN 사용 시 노드가 해당 무선 LAN을 감지한 후 링크에 셋업하기 까지는 다소의 시간이 소요되었다. 하지만 이와 같은 문제점을 해결할 기술이 IEEE 802.11ai 기술인 것이다. 즉, 이 기술로 초기 셋업 및 링크 시간을 획기적으로 단축할 수 있게 된 것이다.

이와 같은 것을 가능하게 하기 위하여 IEEE 802.11ai는 보안을 약화시키지 않으면서, AP Discovery, Network Discovery, TSF Synchronization, Authentication & Association, Higher Layer와의 절차 병합 등의 과정들을 간소화 하여 이를 가능하도록 하였다. [그림 4-27]은 이런 신속한 접속을 위한 무선 LAN AP Scanning의 예를 보여주고 있다.

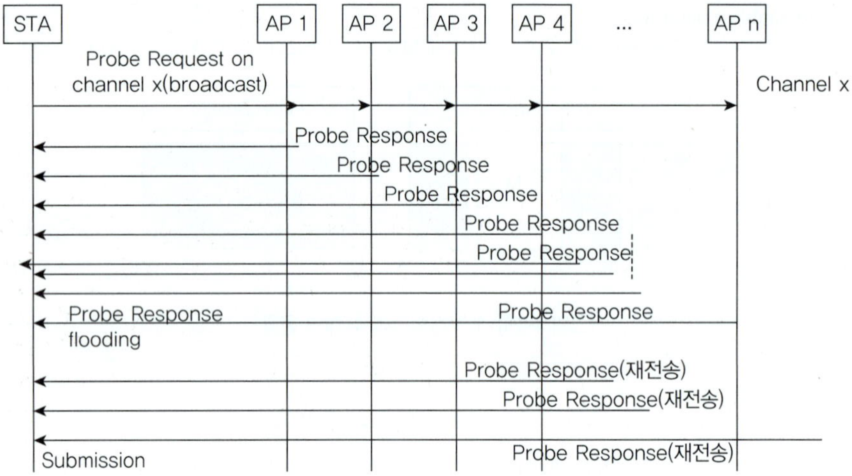

[그림 4-27] IEEE 802.11ai기술(AP 선별적 Scanning)

〈표 4-4〉 IEEE 802.11af/ah/ai 기술표

	802.11af	802.11ah	802.11ai
목적	TVWS(TV White Space) 대역에서의 무선랜 활용	900MHz 대역에서의 무선랜 활용	빠른 무선랜 접속
주파수 대역	TV White Space 대역(54-88MHz, 470-806MHz 등)	1GHz이하에서의 TVWS 대역을 제외한 대역 (902-928MHz 등)	MAC 표준 기술이므로 대역에 무관함

채널 대역폭	5.5MHz와 그의 배수	1/2/4/8/16MHz	사용하는 PHY 표준 기술의 채널 대역폭
핵심 기술	지오 로케이션 데이터베이스 기반 TV 유휴 대역 활용 기술	• 새로운 프리앰블 • 짧은 비콘(beacon) 신호 • 계층적 TIM(Traffic Indication MAP) • 절전 모드	• 프루브 응답(Frobe aesponse) 필터링 기술 • 빠른 무선랜 접속을 위한 새로운 디스커버리 프레임 • 보안 절차 간소화

4.5.6 IEEE 802.11ax HEW(High Efficiency WLAN)

지금까지의 무선 LAN 표준들은 최대 전송률 향상에만 초점을 맞추어 개발되어 왔으나, 관련 노드들의 수는 기하 급수적으로 증가하고 이들을 지원하기 위한 AP(Access Point)들은 더욱 촘촘하게 설치 및 운영될 것이다. 이와 같이 고밀도 중첩된 무선 LAN 환경에서 사용자들에게 체감 성능 향상된 서비스를 제공하기 위한 기술이 IEEE 802.11ax기술이다. [그림 4-28] 및 [그림 4-29]는 이런 무선 LAN 기술의 진화 과정을 보여주고 있다.

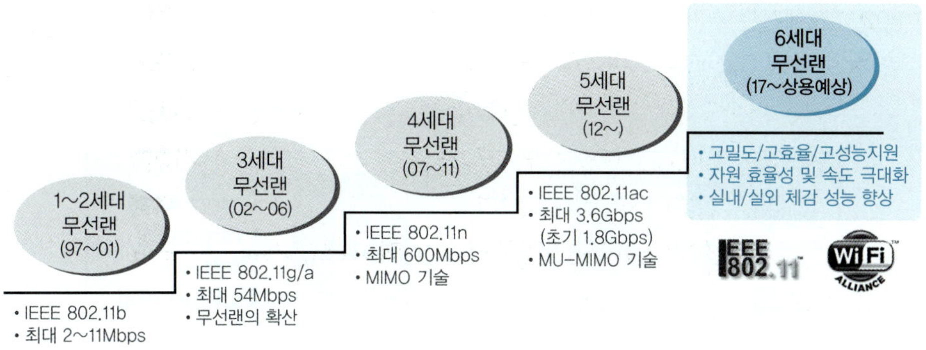

[그림 4-28] 무선 LAN 기술 진화 과정

IEEE 802.11ax표준은 고밀도 중첩 AP/단말 환경에서 사용자에게 최소 4배 이상의 체감 성능 향상을 목표로 하고 있는데, 이를 위해서 다양한 새로운 기술들이 논의되고 있다.

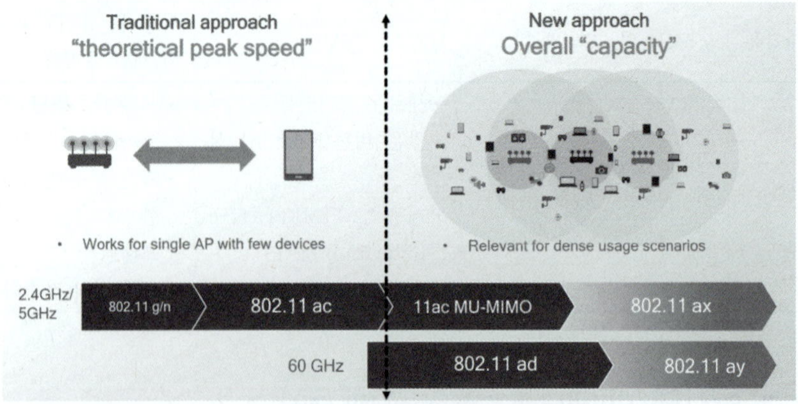

[그림 4-29] 무선 LAN 기술 발전 방향

- 기존의 무선 LAN 표준들의 20MHz 채널 64개 서브캐리어의 OFDM 기술을 사용하였으나, 802.11ax는 다중 사용자 환경 지원을 위하여 OFDMA(Orthogonal Frequency Division Multiple Access)기술을 사용하여 주파수 효율성 향상, CP(Cyclic Prefix) 오버헤드 감소, 실외 무선채널 환경 지원 및 상향링크 다중 사용자 동시 통신 지원한다.
- 802.11ac는MU-MIMO를 통해 4개 단말 동시 통신 지원이 가능하였으나, 802.11ax에서는 주파수 대역을 분할하여 동시 통신을 수행하는 OFDMA 기법을 도입하였다. 즉, 기존 표준에서는 단말이 20/40/80/160MHz 채널을 차지하며 송수신하였으나, 802.11ax에서는 추가적으로 채널을 서브 밴드로 쪼개어 다수의 단말들이 동시에 송수신할 수 있게 하였다.

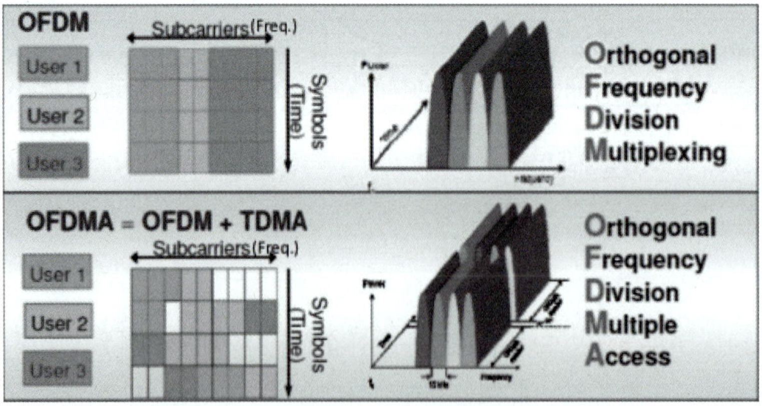

[그림 4-30] OFDMA 채널 구성

- 802.11ax는 최대 전송률 향상을 위하여는 데이터 모듈레이션 기법으로 1024QAM을 적용, 최대 9.6Gbps의 전송 대역폭을 제공할 수 있으며, 기존의 방식과는 다르게 20/40/80/160MHz 채널 전체를 사용하여 데이터를 전송하지 않고 활용 가능한 채널들만을 동적으로 결합하여 전송할 수도 있다.
- 기존 무선 LAN의 CSMA 단일 사용자 채널 접속 기법보다 향상된 다중 사용자 채널 접속 기술을 적용하여, 802.11ac의 다중 사용자 MIMO 기술에서 한 단계 진보한 하향 MU-MIMO 링크 및 상향 MU-MIMO 기술을 적용하여 성능 향상을 극대화 하였다.
- CSMA 채널 접속 기법을 향상시켜 다수의 단말들이 동시에 통신 간섭이 없이 통신할 수 있도록 개선된 CCA레벨 조절 기법을 적용하였다.

802.11ax와 기존의 802.11ac를 비교하여 보면 〈표 4-5〉와 같다.

〈표 4-5〉 IEEE 802.11ac vs 802.11ax 비교표

	802.11ac	802.11ax
BANDS	5GHz	2.4GHz and 5GHz
CHANNEL BANDWIDTH	20 MHz, 40 MHz, 80 MHz, 80+80 MHz & 160 MHz	20 MHz, 40 MHz, 80 MHz, 80+80 MHz & 160 MHz
FFT SIZES	64, 128, 256, 512	256, 512, 1024, 2048
SUBCARRIER SPACING	312.5kHz	78.125kHz
OFDM SYMBOL DURATION	3.2us + 0.8/0.4 us CP	12.8 us + 0.8/1.6/3.2 us CP
HIGHEST MODULATION	256-QAM	1024-QAM
DATA RATES	433 Mbps(80 MHz, 1SS) 6933 Mbps(160 MHz, 8SS)	600.4Mbps(80 MHz, 1SS) 9607.8Mbps(160 MHz, 8SS)

| 미니강의 | 기타 IEEE 802.11 표준들

- IEEE 802.11d: 지역 간 로밍용 확장 기술 (2001)
- IEEE 802.11e: QoS, 패킷 버스팅 등 기능 확장 기술 (2005)
- IEEE 802.11f:인터 액세스 포인트 프로토콜
- IEEE 802.11h: 유럽용 5GHz대역 전송 방식 (2004)
- IEEE 802.11i: 보안 확장 (2004)
- IEEE 802.11j: 일본용 전송 방식 (2004)
- IEEE 802.11k: 전파 자원 측정 확장 기술 (2008)
- IEEE 802.11p: 빠르게 움직이는 운송 수단을 위한 무선 접속 기술
- IEEE 802.11r: 빠른 로밍 (2008)
- IEEE 802.11s: ESS 메쉬 네트워킹
- IEEE 802.11t: 무선 성능 예측 (WPP)
- IEEE 802.11u: 802.11 기반이 아닌 네트워크와의 상호 연동 (2011)
- IEEE 802.11v: 무선 네트워크 관리
- IEEE 802.11w: 보호된 관리 프레임 (2009)

요약

01 알로하넷에서 시작된 무선 LAN의 시작은 1999년 IEEE 802.11b 제품으로 형상화되었다.

02 IEEE 802.11은 무선 LAN의 기술적인 표준에 대한 것이고, Wi-Fi는 이 표준에 근거한 무선 LAN 장비들에 대한 상표명이다.

03 표준화된 무선 LAN

- IEEE 802.11: 초기 버전으로 2.4GHz 대역에서 2Mbps 대역폭을 지원
- IEEE 802.11b: 2.4GHz 대역에서 11Mbps, CSMA/CA 기술을 구현, 무선 LAN 확산의 니딤돌 역할
- IEEE 802.11a: 5GHz 대역, OFDM 기술을 사용하여 최대 54Mbps 대역폭을 지원
- IEEE 802.11g: 802.11b 확장판으로 최대 54Mbps글 지원
- IEEE 802.11n: 2.4GHz/5GHz 대역을 사용하며 최대 600Mbps 대역폭을 지원
- IEEE 802.11ac: 1Gbit/s 전송 속도를 지원하며, MIMO 안테나 기술을 지원
- IEEE 802.11ad: 60GHz 대역을 지원하며 최대 7Gbit/s 전송 대역폭을 지원

04 CSMA/CA는 기존의 CSMA/CD와는 달리 데이터의 전송이 없는 경우라도 신호를 전송하여 네트워크의 상태를 점검하는 방식으로 OSI 7계층의 MAC 계층에서 동작한다.

05 확산스펙트럼 기술방식은 DSSS(Direct Sequence Spread Spectrum) 방식과 FHSS(Frequency Hopping Spread Spectrum) 방식으로 나뉜다.

06 무선 LAN에서는 DSSS 방식을 주로 사용하였으나, 10Mbps의 지원 대역폭 한계를 극복하기 위하여 고속 무선 LAN에서는 OFDM(Orthogonal Frequency Division Multiplexing)방식을 적용한다.

07 MIMO(Multi-Input Multi-Output) 안테나 기술은 한정된 주파수 자원을 효율적으로 활용하고, 통신 용량을 증대하기 위해 채용된 기술이다.

- 기존의 802.11a/b/g는 단일 안테나 방식인 SISO(Single-Input Single-Output) 방식을 사용

- 802.11n 이후 표준들은 전송 대역폭의 제한 극복을 위해 MIMO 방식을 적용

08 무선 LAN에 사용되는 보안 개념은 RSNA(Robust Security Network Association)로 특징 지어진다.

- Pre-RSNA: WEP(Wired Equivalent Privacy) 암호 알고리즘과 오픈 시스템 인증 및 공유키 인증 방법을 사용
- RSNA: 기밀성과 무결성의 제공을 위하여 TKIP/CCMP/BIP 프로토콜 등을 사용하며, EAP 인증 및 키관리 방법을 사용

09 진행중인 새로운 무선 LAN 기술들

- 802.11ac: 초고화질의 멀티미디어 데이터 전송을 위하여 Gbps급 전송 속도를 지원하는 방식
- 802.11af / ah: 기존의 거리 제한을 극복하여 최대 수 Km까지 지원하는 방식
- 802.11ai: 무선 LAN Set-up 시간을 100ms까지 줄여 빠르게 링크시켜주는 방식

10 Gbps급 전송 속도를 지원하는 방식에는 기존의 5GHz 대역을 지원하는 802.11ac 방식과 60GHz 대역을 지원하는 802.11ad 방식이 있다.

11 802.11ac 방식은 안정적인 속도 지원을 위하여 2.4GHz 대역을 사용하는 802.11b/g와는 호환되지 않는다.

12 802.11ah 방식은 1GHz 이하의 주파수 대역을 사용하며 스마트 그리드, 센서 네트워크, M2M 네트워크 및 광역 무선 LAN을 지원하기 위한 기술이다.

13 802.11af 방식은 국내의 경우 CH2~CH51에 해당하는 54~698MHz 대역에서 서비스될 예정이다.

14 802.11ax 방식은 사용자들에게 향상된 서비스를 제공하기 위한 신개념 방식이다.

- 지금까지의 OFDM 방식이 아닌 OFDMA 방식의 기술을 사용
- 802.11ac의 최대 4개 MIMO 안테나보다 향상된 최대 8개의 안테나를 지원
- 20/40/80/160MHz 채널 전체를 사용하여 전송하지 않고 활용 가능한 채널들을 결합하여 전송
- 하향 MU-MIMO 링크 및 상향 MU-MIMO 기술을 적용하여 성능 극대화 달성

연습문제

01 다음 중 무선 LAN에 대한 설명으로 올바르지 않은 것은 무엇인가?

a. 유선 LAN과 동일한 대역폭을 지원한다.
b. 유선 LAN보다 이동성에서 탁월한 성능을 보인다.
c. 유선 LAN보다 설치 비용에 있어서 저렴하다.
d. 보안 관련 제품들의 등장으로 안정성도 확보하였다.

02 다음 중 무선 LAN의 특징으로 볼 수 없는 것은?

a. 사용의 편리성
b. 장비의 설치 용이성
c. 시스템 성능의 안정성
d. 네트워크의 확장성

03 다음 중 무선 LAN 확장의 견인차 역할을 수행한 11Mbps 전송 속도를 갖는 표준 방식은?

a. IEEE 802.11a
b. IEEE 802.11g
c. IEEE 802.11n
d. IEEE 802.11b

04 다음 중 무선 LAN 변조 방식이 아닌 것은?

a. DSSS
b. CDMA
c. FHSS
d. OFDM

05 IEEE 82.11n에 대한 설명으로 바르지 않은 것은?

a. 2.4GHz 대역에서 최대 54Mbps 전송 대역폭을 지원한다.
b. 변조방식으로 OFDM 방식을 사용한다..
c. MIMO 안테나 방식의 기술을 적용한 방식이다.
d. 150/300Mbps를 지원하지만 최대로는 600Mbps까지 전송이 가능하다.

06 다음 중 OFDM 변조 방식의 원리가 아닌 것은?

a. 변조와 다중화를 동시에 수행한다.
b. 부 반송파간 직교성을 유지한다.
c. 시간 및 주파수를 스케쥴링 한다.
d. 정해진 일정한 부 반송파 개수를 유지한다.

07 제한된 전송 대역폭을 확장하기 위하여 최근 802.11n에 사용하는 안테나 배열 방식은?

a. SISO(Single-Input Single-Output)
b. SIMO(Single-Input Multi-Outout)
a. MISO(Multie-Input Single-Output)
d. MIMO(Multi-Input Multi-Outout)

08 CSMA/CD와 CSMA/CA에 대해 간략히 설명하고 두 방식을 비교 설명하시오.

09 무선 LAN의 안정성을 해치는 요소를 6가지 나열하시오.

10 다음 중 무선 LAN의 802.11 보안 중 RSNA 범주가 아닌 것은?

a. 기밀성 및 무결성
b. 접근 제어
c. 공유키 방식
d. 인증 및 키 관리

11 다음 중 연관 관계 설정이 잘못된 것은?

a. 802.11ah - 900MHz
b. 802.11b/g/n - 2.4GHz
c. 802.11ac - 60GHz
d. 802.11af - 54~790MHz

12 다음의 무선 LAN 방식을 간략하게 설명하시오.

무선 LAN 방식	기능
IEEE 802.11ac	
IEEE 802.11ah	
IEEE 802.11ai	

13 IEEE 802.11 표준과 와이파이 얼라이언스(Wi-Fi Alliance)에 대해 간략하게 설명하시오.

14 무선 LAN을 세대별로 구분하고 그 세대별 특징을 간략하게 설명하시오.

15 IEEE 82.11ax에 대한 설명으로 바르지 않은 것은?

a. 1024QAM 방식을 사용하여 최대 9.6Gbps 전송이 가능하다.

b. 고정적으로 20/40/80/160MHz 채널 대역폭을 이용하여 전송한다.

c. MIMO 안테나 방식을 상향 링크 및 하향 링크에 각각 적용하였다.

d. 다수의 단말이 간섭 없이 통신이 가능하도록 CCA 채널 조절 기법을 사용한다.

| 참고 사이트 |

- https://ko.wikipedia.org/wiki/: 무선 LAN 및 기타 네트워크에 대한 전반적인 정의를 제공한다.
- http://www.netmanias.com/ko/post/blog/5343/wi-fi/: 무선 LAN 및 네트워크에 대한 기술적인 내용을 다루고 있다.
- https://www.wi-fi.org/ko: Wi-Fi Alliance에 대한 소개 및 관련 자료들을 볼 수 있다.
- https://www.rfdh.com: 전파에 대한 소개 및 관련 자료들을 볼 수 있다.
- http://csplab.kaist.ac.kr/~khwa/ofdm.htm: RF의 OFDM에 대한 전반적인 소개 및 기술적인 내용을 다루고 있다.
- http://concert.or.kr/: 무선 LAN 보안에 대한 최신 이슈 및 트랜드를 볼 수 있다.
- http://www.aircuve.com/wp/: 무선 LAN 보안관련 제품 자료들을 볼 수 있다.
- http://www.ieee802.org: IEEE의 표준화 동향에 대한 자료들을 볼 수 있다.
- https://mentor.ieee.org/802.11/documents: IEEE 802.11에 관한 자료들을 볼 수 있다.
- http://wi-fi.org/: Wi-Fi Alliance 공식 홈페이지.
- http://www.cisco.com/kr: 네트워크 전문 업체로서 네트워크에 대한 전반적인 기술 자료를 제공한다
- http://www.wilusgroup.com/single-post/2014/05/15: 차세대 무선 LAN 표준화 동향에 대한 자료를 볼 수 있다.
- https://mentor.ieee.org/802.11/dcn/15/11-15-0132-05-00ax-spec-framework.docx: IEEE 802.11ax.에 대한 표준화 관련 문서들을 볼 수 있다.

| 참고문헌 |

- Hacker Friendly LLC,《Wireless Networking in the Developing World: A practical guide to planning and building low-cost telecommunications infrastructure》pp425, 2007.
- Juha Heiskala, "OFDM Wireless LANs: A Theoretical and Practical Guide", pp336, 2001.
- 한국정보통신기술협회, "ver.2017, K-ICT표준화전략맵", 2016.
- Scott Mueller, Terry Ogletree, Mark Edward Soper, "Upgrading and Repairing Networks, 5th Edition", Que, 2006.
- 조용수, 무선 멀티미디어 통신을 위한 OFDM 기초, 대영사, 2001.

- R. W. Chang, "Synthesis of band-limited orthogonal signals for multichannel data transmission," Bell Syst. Tech. J., vol. 46, pp. 1775-1796, Dec. 1966.
- H. Rohling and R. Grunheid, "Performance comparison of different multiple access schemes for the downlink of an OFDM communication system," in Proc. IEEE VTC, pp. 1365-1369, 1997.
- 국가사이버안전센터, "무선 LAN의 안전한 사용을 위한 보안 대책",
- 한국방송통신전파진흥원, "차세대 무선랜 보안 기술동향 및 이슈", 2013.
- ETRI, "차세대 무선랜 보안 기술 동향", 2013.
- 인터넷 진흥원, 방송통신위원회, "무선랜 보안 안내서", 2010.
- Daniel W. Bliss, Keith W. Forsythe, and Amanda M. Chan, "MIMO Wireless Communication", 2005.
- 손승원, "네트워크 보안 기술의 현재와 미래", ETRI 연구논문.
- IEEE 802.11, "Standard for Information Technology-Telecommunications and Information Exchange betweenSystems Local and Motropolitan area Networks-Specific Requirements Part 11: Wireless LANMedium Access Control (MAC) and Physical Layer(PHY) Specifications," 2012.
- Wi-Fi Alliance, "The State of Wi-Fi Security Wi-FiCERTIFIED WPA2 Delivers Advanced Security toHomes, Enterprises and Mobile Devices," White Paper,Jan. 2012.
- 한국방송통신전파진흥원, "TV White Space 활용을 위한 인지무선 기술 소개와 동향", 2013.
- 석용호(LG전자), "TV 화이트 스페이스에서 Wi-Fi 표준화 동향", 2012.
- ㈜윌러스표준기술연구소, "IEEE 802.11ax 차세대 무선랜 표준화 동향", 2016.

CHAPTER 05

광 네트워크

contents

CHAPTER

05 광 네트워크(Optic Network)

인터넷의 확산과 실시간 비디오 서비스(VoD), IPTV 그리고 멀티미디어 화상 회의 등과 같은 고품질의 데이터 전송을 위한 요구가 증가하면서, 대용량의 트래픽을 전달할 수 있는 초고속 네트워크 인프라가 코어망은 물론 가입자 망에서도 요구되고 있다. 이와 같은 실시간 대용량 트래픽의 효과적인 전달을 위한 최적의 네트워크 인프라는 광통신 기술의 발전에 힘입은 광 네트워크일 것이다. 광 네트워크는 이론적으로 무한대의 데이터를 송수신할 수 있는 광섬유를 이용하기 때문에 단일 통합 네트워크 상에서 트리플 플레이 서비스(음성, 데이터, 비디오 서비스)를 위한 현재의 최상의 대안인 것이다.

광 네트워크 기술은 광접속망과 광코어망으로 구분되는데, 광접속망은 교환 장비에서 가정까지를 말하며, 집약된 관련 데이터 트래픽은 광코어망으로 전달한다. 광코어망은 WDM(Wavelength Division Multiplexing, 파장분할다중)기술 등을 이용하여 광섬유 케이블로 전송한다. 이와 같은 광 네트워크 기술은 코어망에서의 대용량화 및 접속망에서의 FTTH(Fiber To The Home)와 같은 접속 기술로 확대되어 가고 있는 것이다.

본 장에서는 광 네트워크의 요소 기술과 LAN(Local Area Network) 네트워크에서의 광 네트워크에 대해 살펴보기로 한다. 다음으로 동기식 다중화 방식으로 광 선로를 이용하여 MAN 구간이나 백본 네트워크에서 많이 사용되는 SONET/SDH(Synchronous Optical NETwork/ Synchronous Digital Hierarchy)에 대해서도 살펴본다. 또한 WDM/DWDM 전송 기술을 기반으로 WAN(Wide Area Network)에서의 광 네트워크에 대해서도 알아본다.

중요 내용은 다음과 같다.

- 광 네트워크의 전반적인 내용에 대해 알아본다.
- 광섬유의 소개와 발전과정에 대해 알아본다.
- LAN/WAN에서의 WDM/DWDM 기반 광 네트워크를 위한 기술을 살펴본다.
- SONET/SDH에 대해 알아본다.
- 광 네트워크에서 IP의 이용방안에 대해 알아본다.

5.1 광 네트워크 개요

빛은 높은 주파수를 갖기 때문에 짧은 파장(Wavelength)을 갖는 특성이 있고, 같은 길이의 구리선에 비해서 광섬유는 더 많은 정보를 담을 수 있다. 통신을 위한 광 유리의 사용은 Kao와 Hockham에 의해 1966년 제안되었고 1970년대부터 광섬유를 이용한 전송서비스가 시작되었다. 1980년대 후반과 1990년대 초반에 고속 전송의 실현을 위해 동축케이블의 대체 안으로써 광섬유의 다양한 사용이 시작되었다. 당시 광섬유는 단순히 구리 케이블의 용량을 확장하는 전송 매체로 사용되었으며, 데이터의 스위칭과 전달 과정은 광신호를 전기신호로 변환한 이후에 전기적으로 이루어졌다. 이와 같이 광을 이용해서 네트워크를 구

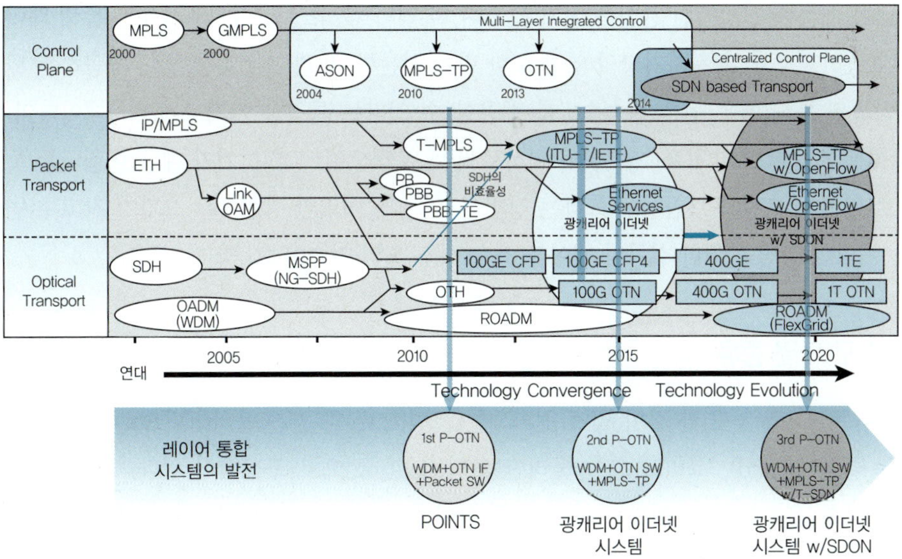

[그림 5-1] 광 네트워크 기술 및 표준화 동향

성하는 대표적인 예로는 SONET(Synchronous Optical Network)과 SDH(Synchronous Digital Hierarchy)를 들 수 있다. SONET/SDH는 현재까지도 초고속 백본 네트워크의 기본 전달 네트워크로 사용되고 있으나, 기존의 광 전송 시스템에서는 단일 파장만을 사용하여 데이터를 실어 나르기 때문에 대역폭을 확장하기 위해서는 새로운 시스템을 추가적으로 설치해야 하는 제약이 있었다. 이러한 제약사항들을 극복하기 위해 광섬유와 전송 장비의 추가적인 설치 없이 파장의 추가로 대역폭을 증가시키는 WDM(Wavelength Division Multiplexing, 파장분할 다중)기반의 광 네트워크는 저비용으로 많은 대역폭을 수용할 수 있기 때문에 네트워크의 인프라로 자리매김 하였다.

5.2 광섬유(Optical Fiber)

5.2.1 광섬유 개요

광 네트워크를 위한 첫 단계는 광섬유 기술이다. 광섬유는 전기적인 데이터를 광신호로 바꾸어 전송하는 통신 매체이다. 광케이블을 이용한 통신은 광섬유라는 전송매체를 이용한다는 점에서 기존의 구리 선을 사용하는 유선 통신과 유사한 반면, 광이란 반송파를 이용해 신호를 전송한다는 점에서는 종래의 무선 통신과 유사하다. 광섬유는 빛을 이용해 정보를 보내기 때문에 전기적인 간섭을 받지 않으며, 유리나 플라스틱으로 된 섬유를 통해 데이터를 전송하므로 외부 전자기장의 영향 또한 받지 않는다. 또한 광섬유는 빛이 제공하는 넓은 대역폭을 통해 매우 높은 전송속도를 제공할 수 있다는 특징을 가지고 있다. 데이터의 오류 발생 가능성 또한 1Gbit당 1비트 이하로써 매우 적으며, 도청하기가 매우 어렵다는 특징으로 인해 네트워크 보안성이 크다는 장점을 갖는다. 이러한 광섬유는 크기가 작고 가볍지만, 이러한 장점을 위한 설치와 케이블 접속 시 고도의 기술이 요구된다.

5.2.2 구조 및 종류

광섬유는 [그림 5-2]과 같이 빛이 전파되는 코어(core)와 얇은 플라스틱으로 코어를 보호하는 클래드(Clad), 그리고 그를 둘러싼 코팅(Coating)으로 구성되어 있다. 코어는 광 신호 자체를 운송하며, 클래드는 광 신호를 코어에 유지시키는 역할을 하고 있다. 광섬유에서 빛이 들어가고 나오는 길은 오직 광섬유의 양 끝부분으로 중간에서는 빛이 새나가지 않도록 하는 것이 중요하다.

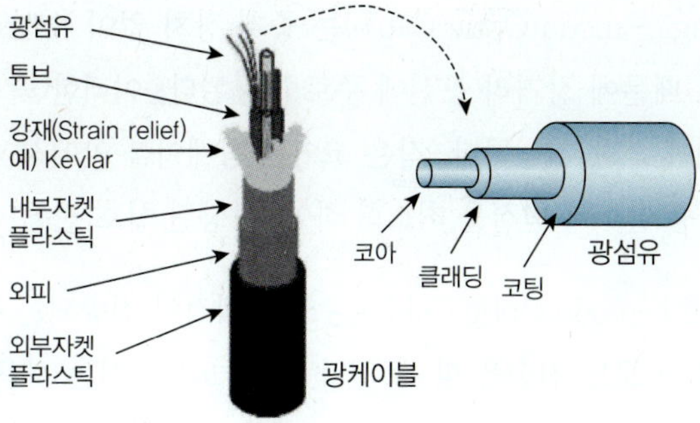

[그림 5-2] 광섬유의 구조

| 미니강의 | 광케이블(Fiber Optic Cable)

광케이블은 광신호 자체를 운반하는 코어, 코어를 둘러싸서 보호하는 클래드 그리고 코딩의 구조로 이루어진다.

광섬유의 종류에는 단일 모드(Single-Mode) 광섬유와 다중모드(Multi-Mode) 광섬유로 크게 2가지 종류가 있다.

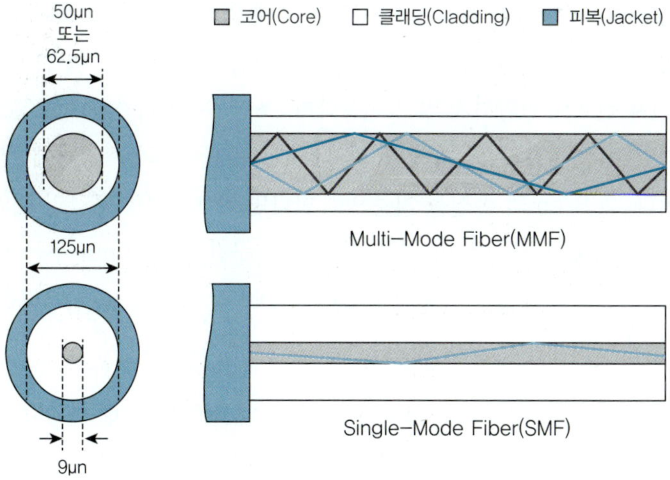

[그림 5-3] 광섬유의 종류

단일모드 광섬유(Single-mode Optic Cable)는 중계 장치 없이 수십 마일의 거리를 고속으로 전송할 수 있기 때문에 장거리 통신에 주로 사용된다. 이러한 탁월한 전송 능력은 직경 9μm의 작은 코어에 의해 가능하다. 작은 코어는 광케이블 안에서 하나의 빛 신호만 전달되도록 제한하고, 광 펄스의 변질을 최소화 하여, 향상된 신호 전송 거리를 가지게 한다.

다중모드 광섬유(Multi-mode Optic Cable)는 코어 직경이 전송되는 광 파장보다 크기 때문에 한 가지 이상의 광 모드 전송을 할 수 있다. 멀티 모드에서는 사용되는 파장끼리 서로 방해 할 수 있으므로, 최대 속도는 제한된다. 코어가 단일모드보다 상대적으로 크기 때문에 접속이 쉬워서 다중 접속이 필요한 단거리 통신 네트워크에 주로 사용된다.

5.2.3 발전 과정

1970년대에 상업용 통신 네트워크에 광섬유가 사용된 이후 지속적으로 광섬유 네트워크가 확산되고 있으며 광섬유 기술 또한 커다란 진보를 이루어 왔다. 상업용 통신 네트워크에 광섬유가 처음으로 사용된 것은 1977년으로 AT&T와 GTE(General Telephone and Electronics)가 상업용 광섬유 네트워크를 설치한 것이 시초라 할 수 있다. 그러나 초기 광 네트워크에서 사용했던 광전, 그리고 전광 변환 장비는 전기신호의 처리 특성상 데이터의 전송 속도를 느리게 할 뿐만 아니라 광전, 전광 변환 장치 자체의 비용 부담을 가중시켰다.

광 네트워크를 향한 또 한번의 진보가 1990년대 초에 있었다. 신호 증폭용 전자 장비 대신에 희토류 원소인 에르븀(erbium) 이온을 이용한 광섬유가 바로 그런 것이다. 이 증폭기는 광신호를 전자 신호로 변환하지 않고 전송하며, 초당 수 십 기가비트로 신호를 전송하는 기능을 제공하였다. 광섬유의 큰 매력 중 하나는 매우 넓은 주파수 영역에 걸쳐 통신이 가능하다는 점이다. 2dB/km의 손실을 기준으로 한다면 약 130THz 구간의 대역폭을 가지게 된다. 최근까지의 광통신 기술은 이 넓은 전송 가능 구간 중 1310nm 부근에서 단지 수백 MHz ~ 수 GHz 폭의 한 채널만 사용해 왔었다. WDM 전송은 이 넓은 대역을 최대한 활용해 보자는 생각에서 출발한 전송 방법이다.

[그림 5-4]는 단일모드 광섬유의 손실 곡선을 보여주고 있다. 현재 사용되고 있는 파장대역은 [그림 5-4]에서 나타내고 있는 바와 같이 손실이 가장 적은 구간인 1310nm 영역과 1550nm 영역에 집중되어 있다. 1550nm 영역에서 동작하는 광 증폭기가 개발됨에 따라 WDM 기술은 진일보할 수 있게 되었다. WDM에서는 일정한 파장 간격으로 채널을 배치하여 채널에 신호를 싣고, 각 채널을 다중화한 다음 한 개의 광섬유를 통해 전송한다. WDM

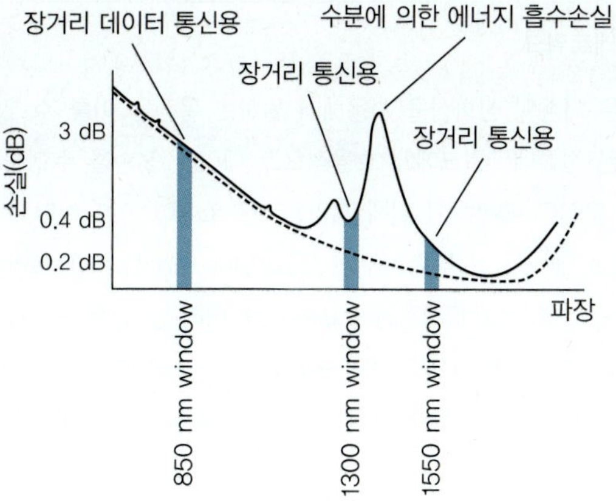

[그림 5-4] 광섬유의 손실 곡선 및 사용 파장

을 이용한 광섬유 전송은 하나의 광섬유 내에 단일 파장의 광 신호를 전송하던 종래의 방식에 비해서 하나의 광섬유 내에 서로 다른 파장의 광신호를 다중화하여 전송하고, 수신 단에서는 파장 별로 광 신호를 분리함으로써 광섬유를 이용한 전송용량을 획기적으로 증대시킬 수 있게 되었다.

최근 광통신에 관련된 많은 연구는 광섬유에 가능한 많은 파장을 집어넣는 것과 한 파장에 가능한 많은 데이터를 전송하는 방법에 집중되어있다. 이런 요구사항들은 이른바 DWDM 기술의 등장으로 가능해졌다. 광 다중화 기술의 발전과 더불어 광섬유의 용량은 파장의 수만큼 확장될 수 있다. 또한 각 파장은 이전보다 훨씬 더 많은 데이터를 운반할 수 있으며, 현재는 광섬유 하나에 약 200여 개의 주파수를 동시에 다중화하여 전송한다.

| 미니강의 | X.25 네트워크

초기 데이터 통신은 기존의 전화선을 사용해서 원하는 목적을 이룰 수 있었다. 하지만 음성 통신 전용으로 설계된 전화네트워크에서 효율적으로 데이터 전송을 수행하기에는 여러 문제점들이 있었다. 이러한 문제를 극복하기 위해 제안된 프로토콜이 X.25 이다. X.25는 ITU(International Telecommunication Union)의 부속기구인 CCITT(International Telegraph and Telephone Consultative Committee)에 의해 1974년에 발표된 이후 여러 번의 수정을 거쳐 1993년 3월에 ITU-T X.25 권고안으로 발표되어 많이 사용되었던 프로토콜이다. 국내에서도 데이콤(현재 LGU+)에 의해 패킷 네트워크 서비스의 프로토콜로 사용되었고, 금융망에서도 사용되었다. 하지만 TCP/IP 프로토콜의 보급으로 점차 사용이 줄어들었다.

X.25는 OSI 표준의 계층 3,2,1에 해당하는 패킷 스위칭 기술을 기반으로 패킷형 사용자 단말기인 DTE(Data Terminal Equipment)와 패킷 교환네트워크 접속 장비인 DCE(Data Circuit-terminating Equipment)간의 인터페이스를 규정하는 프로토콜이다. 따라서 X.25는 종단간의 인터페이스를 규정한 프로토콜이지만, 네트워크를 통한 실제 패킷의 이동은 눈에 보이지 않는다. 즉, X.25 네트워크는 각 패킷이 수신 DCE까지 가면서 통과하는 경로를 둘러싼 구름 같은 존재로 볼 수 있으며, 가상회선을 연결하여 해당 목적지까지 패킷을 전송하는 것이다.

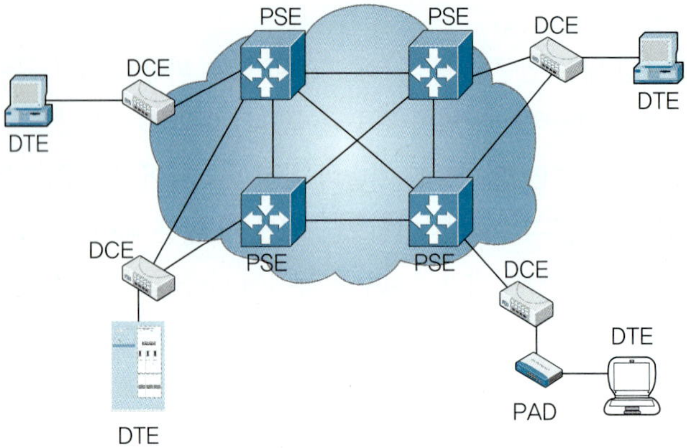

[X.25 네트워크 구성도]

| 미니강의 | Frame Realy 네트워크

LAN 네트워크와 LAN 네트워크간 또는 WAN 네트워크 내의 단말 지점 간의 데이터 전송을 위한 Frame Relay는 프레임이라는 가변 길이의 단위로 전송을 함으로써 전체 데이터 전송 속도를 향상시키며, 일반적으로 고정가상회선(PVC: Permanent Virtual Circuit)를 구성하여 사용자가 전용 회선에 대한 부담 없이 지속적으로 접속되어 있는 듯한 서비스를 제공하는 방식이다.

이러한 Frame Relay방식은 56Kbit/s, 64Kbit/s, 128Kbit/s, 256Kbit/s, 512Kbit/s, 1.5Mbit/s, 2Mbit/s 등 다양한 속도를 지원한다. X.25 방식이 높은 에러율을 가진 링크상에서 오류 없는(Error-Free) 전송을 목적으로 개발되었다며, Frame Relay 방식은 낮은 에러율을 가진 링크상에서 X.25의 많은 부분을 제거하여 20배 정도의 속도 향상을 기한 방식이다. 또한 X.25 방식이 OSI 7계층의 1,2,3 계층에서 동작한다면, Frame Relay는 1,2 계층에서 동작한다. 그러므로 이를 통하여 각 노드에서의 프로세싱 감소와 성능의 향상을 달성할 수 있었다. 프레임을 전송하는 Frame Relay는 X.25 패킷 전송과는 다르게 오류 제어(Error Control) 및 흐름 제어(Flow Control) 필드가 없다. 대신에 목적지까지 최소한의 전송을 위한 확장된 주소 필드만을 포함한다.

X.25가 고정된 대역폭을 사용한다면, Frame Relay는 물리, 논리 채널상에서 호 설정 과정을 통하여 동적인 대역폭을 할당할 수 있는 방식인 것이다.

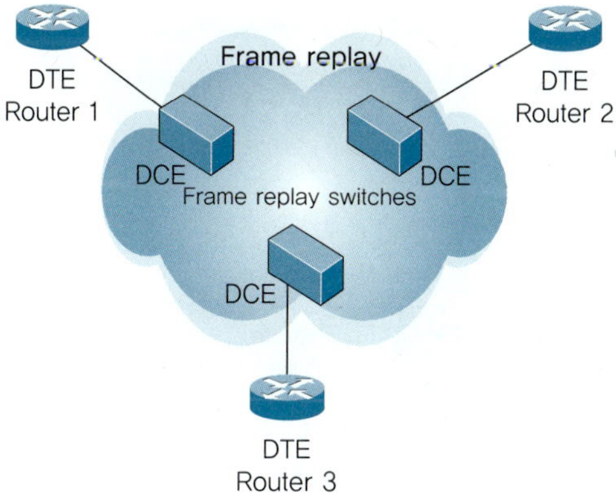

[Frame Relay 네트워크]

| 미니강의 | ATM(Asynchronous Transfer Mode, 비동기전달 모드)

기존의 회선 교환 방식의 실시간성 및 패킷 교환 방식의 유연성을 통합시켜 연결지향적인 패킷 교환 복합 기술로 탄생한 ATM 기술은 두 기존 방식의 장점 만을 취하였는데, 우선 주소 포맷 및 신호방식은 회선 교환 방식을 이용하였으며, 셀 처리 방식은 패킷 교환 방식을 이용하였다.

1990년대 가장 활발히 개발이 진행되었고, 이 시대에 ITU-T에서는 B-ISDN의 전송, 교환 및 다중화 기술로 선정한 바도 있다. 이런 ATM 방식은 우선 광대역 서비스들이 갖는 다양한 특성들을 통합 수용하고 있는데, 회선모드 서비스와 패킷교환 서비스, 저속 서비스와 고속 서비스, 연속성 서비스와 군집성 서비스 그리고 교신성 서비스와 분배성 서비스 등 상반된 서비스들을 통합하였다. 또한 대역폭 조절 기능으로 융통성 있는 서비스를 제공할 수 있는 QoS(Quality of Service) 기능을 지원하였으며, 모든 정보를 일정한 크기의 셀(Cell) 단위의 고정된 크기로 전송함으로써 장애복구를 간략화 시켜 고속화를 구현하기도 하였다. 이 모든 것은 또한 비동기식 시분할 다중화(Asynchronous Time Division Multiplexing)를 통해 다중화하였다.

ATM 방식의 셀(Cell)은 48바이트의 정보와 5바이트의 제어 정보로 구성되는데, 이를 가상경로와 가상채널을 통해 전송된다.

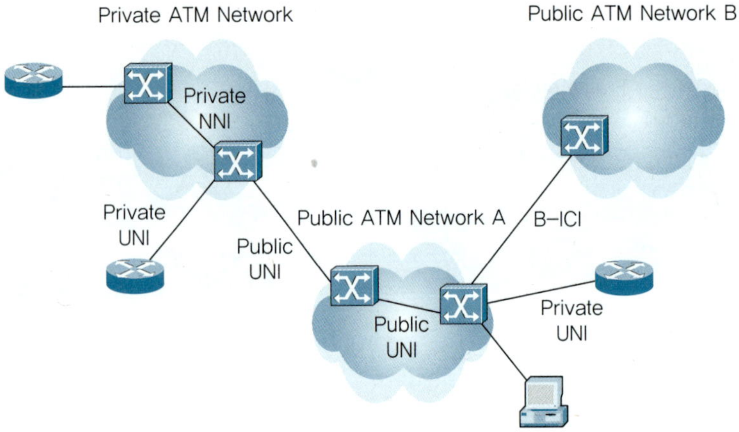

[ATM 네트워크 구성도]

| 미니강의 | ISDN(Integrated Service Digital Network, 종합정보 통신망)

문자, 그림, 음성, 화상, 비디오, 팩시밀리 및 전신 등의 모든 정보를 디지털 신호로 생성하여 하나의 네트워크를 통하여 전송하기 위한 통신망을 우리는 ISDN(Integrated Service Digital Network, 종합정보 통신망)이라고 한다.

ISDN 네트워크는 그 발전의 정도에 따라 N-ISDN(Narrow-Band ISDN, BRI)과 B-ISDN (Broad-Band ISDN, PRI)로 구분된다.

N-ISDN또는 ISDN은 기본 속도 인터페이스(BRI: Basic Rate Interface in ISDN)이며 192Kbit/s의 서비스를 지원하는데, 144 킬로비트 속도는 2x62 킬로비트 Bearer(줄여 B) 채널로 16 킬로비트는 Data (줄여 D) 채널로 나누어 전송하는데, 여기에 오버 헤드 48 킬로비트를 포함하여 전송 용량을 제공한다. 인터페이스는 3개의 네트워크 인터페이스를 지원한다.

- U 인터페이스: 교환, NTU 사이의 2선 인터페이스
- T 인터페이스: 컴퓨팅 장치와 터미널 어댑터 사이의 직렬 인터페이스
- S 인터페이스: ISDN 소비사 장치를 연결하는 4신 버스
- R 인터페이스: ISDN이 아닌 장치와 터미널 어댑터 사이의 송수신 지점

B-ISDN은 광대역 서비스를 지원하기 위한 서비스로서 개념적으로는 ISDN과 밀접한 관계가 있으나, 실제적인 구현에서는 상이하다. 즉, ITU-T에서 정의한 ATM 전송 방식을 하부구조의 스위칭에 적용하여 사용자 요구의 고도화, 다양화 및 개인화 추세의 고급화 및 영상 전송의 고속, 대용량화에 부응하였다. 전송 용량은 북미와 유럽의 전송 방식 차이로 인하여 23B+D (1.544Mbit/s)의 북미 방식과 30B+D (2.048Mbit/s)의 유럽 방식을 지원한다.

〈ISDN 특징 비교〉

구분	N-ISDN(협대역 종합정보통신망)	B-ISDN(광대역 종합정보통신망)
UNI	개념적으로 동일 (기능 모형, 참조점)	개념적으로 동일 (기능 모형, 참조점)
서비스	기존 서비스	기존 서비스+신규 광대역 서비스
전송모드	회선모드+패킷모드	ATM
프로토콜	기존 프로토콜의 조합	ATM으로 통합
핵심기술	가입자망의 디지털화	ATM
통합방법	기존망에 통합 접속	통합망의 접속

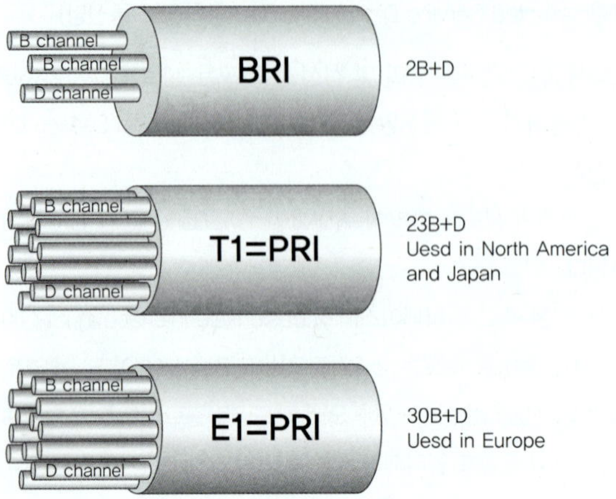

[기본 속도 인터페이스 - BRI & PRI]

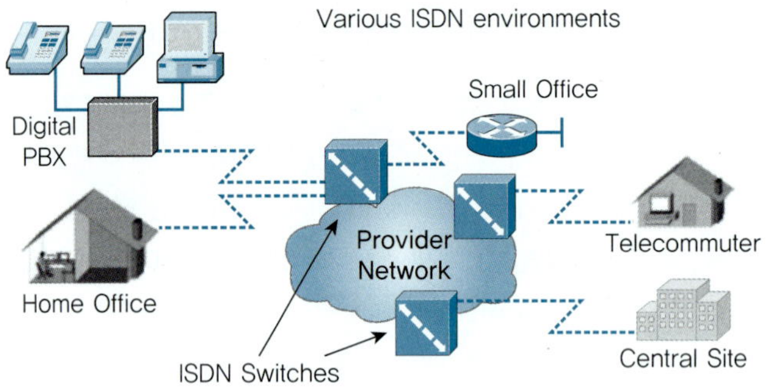

[ISDN 네트워크 구성도]

5.3 LAN에서의 광 네트워크

5.3.1 광 LAN과 광 네트워크

광 LAN은 LAN 네트워크에 광전자 기술을 활용해 구축한 네트워크로써, 주로 공장, 빌딩, 캠퍼스 등에 설치하는 기가비트급 이상의 광 전송 네트워크를 말한다. LAN 영역에서 광섬유를 사용하여 네트워크를 구성한 것은 FDDI(Fiber Distributed Data Interface)가 처음이다.

광 이더넷은 현재 대다수의 노드들이 이더넷 방식의 LAN 네트워크에 연결되어있으면서, 저 비용으로 고 신뢰성을 갖는 고속 전송 서비스를 제공할 수 있다는 점에서 많은 주목을 받아 왔다. 이와 같은 광 LAN은 LAN의 영역을 넘어, MAN(Metropolitan-Area Networks)과 WAN(Wide Area Network)까지 급속하게 확장되었다.

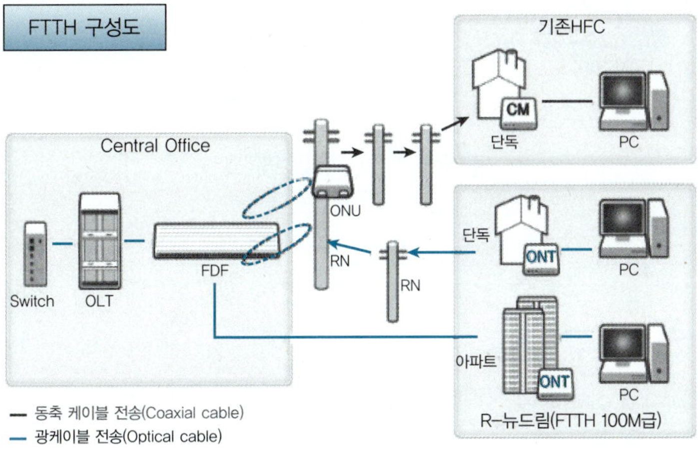

[그림 5-5] 광 네트워크로 각광받고 있는 FTTH 구성 예

5.3.2 기가비트 이더넷 기술과 광 네트워크

(1) 기가비트 이더넷 기술

10기가비트 이더넷(10GbE) 기술은 IEEE802.3-2008에서 표준화 된 초고속 LAN 기술이다. 기존 이더넷 기술의 장점을 그대로 수용하면서 광 채널의 대역폭을 효과적으로 이용하기 위한 표준화가 기가비트 이더넷의 목표이다.

10GEA
10 GIGABIT ETHERNET ALLIANCE

10기가비트 이더넷 기술은 초당 기가비트에 그쳤던 LAN의 속도 개선과 아울러 광 전송 장비를 거치지 않고 WAN/MAN 종단 네트워크의 일부로 LAN을 사용할 수 있도록 하는 차세대 기간 네트워크 기술이다. [그림 5-6]은 이런 10기가비트 이더넷 시스템을 이용한 네트워크 구축 사례를 보여주고 있다.

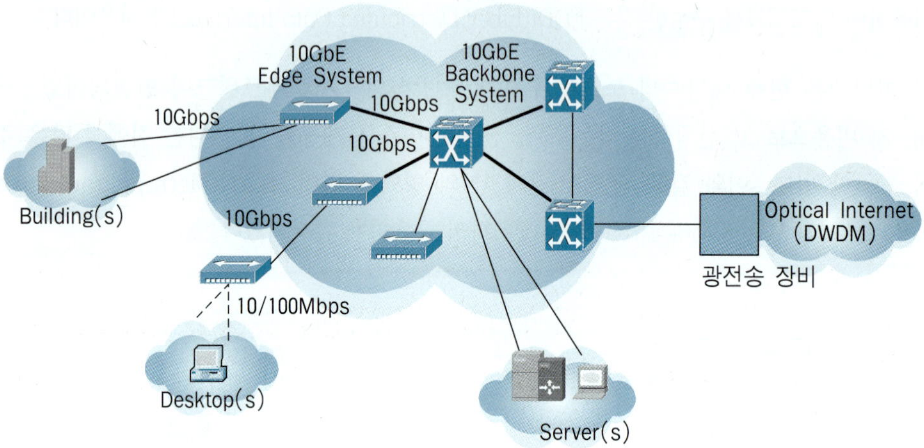

[그림 5-6] 10기가비트 이더넷

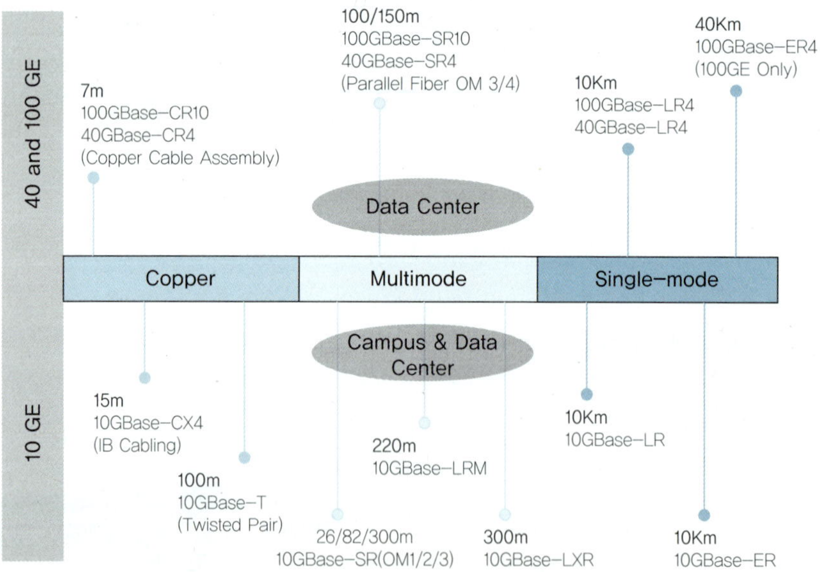

[그림 5-7] 케이블 특성과 기가비트 이더넷의 관계

최근 이더넷 기술은 MAN/WAN 영역으로 확장되었다. 이더넷 기술은 과거의 ATM과 같은 기술을 LAN에 이용하기 위해서 프로토콜의 복잡한 변환 등의 과정이 필요하였지만, 이에 반하여 이더넷 기술은 프로토콜을 변환할 필요가 없고 다른 기술에 비해 성능 대 가격이 효율적이기 때문이다. [그림 5-7]은 이런 특성을 반영한 케이블별 특성에 따른 표준 기술의 적용 범위를 보여주고 있다.

| 미니요약 | 기가비트 이더넷 기술

기가비트 이더넷 기술은 LAN의 전송 속도 개선과 아울러 기존의 다른 기술들과는 다르게 광 전송 장비를 거치지 않고 전송되기 때문에 MAN/WAN 영역에서 폭 넓게 활용되고 있는 것이다.

① 10GbE over Fiber

현재까지의 10기가 비트 이더넷 기술은 40~100km까지의 점대점 연결을 제공할 수 있다. 이 경우 SONET/SDH나 DWDM 장비를 이용하지 않고 이더넷 스위치만으로 매트로 코어 네트워크를 구성할 수 있다. 이와 같은 방식에서는 모두가 이너넷 방식을 사용하기 때문에 프로토콜 변환에 대한 오버헤드가 전혀 없다. 또한 다크파이버를 이용하는 경우 적은 시간과 비용으로 네트워크 구축이 가능하다. 그러나 ATM, 프레임릴레이 등과 같은 이종 네트워크와 MAN에 대한 공유가 불가능하며, 변화하는 수요에 대한 대처가 유연하지 못하다는 단점이 있다. 따라서 10Gb 이더넷 over Fiber 기술은 LAN 사이의 연결과 노드가 많지 않고 수요가 고정적인 네트워크의 구성에 적합하다.

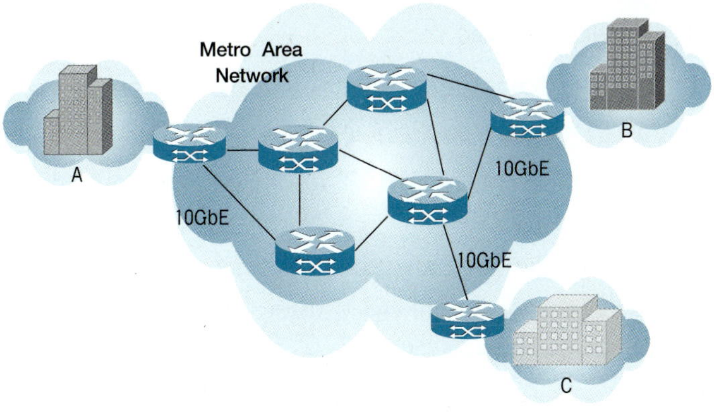

[그림 5-8] 10GbE over Fiber

② 10GbE over DWDM

10GbE over DWDM 방식은 대용량 DWDM으로 구성된 전송 네트워크에서 SONET/SDH를 사용하지 않고, 직접 파장을 할당, 제공할 수 있는 WDM 인터페이스를 가지는 10기가비트 장비로 코어에 접속하는 방법이다. 이 경우에는 [그림 5-9]에서와 같이 ATM, SONET 등과 손쉽게 DWDM 네트워크의 공유가 가능하다는 것이 가장 큰 장점이다. 물론 DWDM 네트워크의 설치에 선 투자가 요구되므로, 이더넷 서비스만을 위하여 DWDM을 설치할 수는 없는 것이 사실이다. DWDM 도입이 유력한 대도시 지역에서는 MAN의 전송 네트워크로 10Gb 이더넷 over DWDM 기술이 하나의 해결책으로 사용 될 수도 있다. 즉, 이미 DWDM을 보유하고 있는 지역에서는 10Gb 이더넷 over DWDM이 최적의 네트워크가 될 것이다.

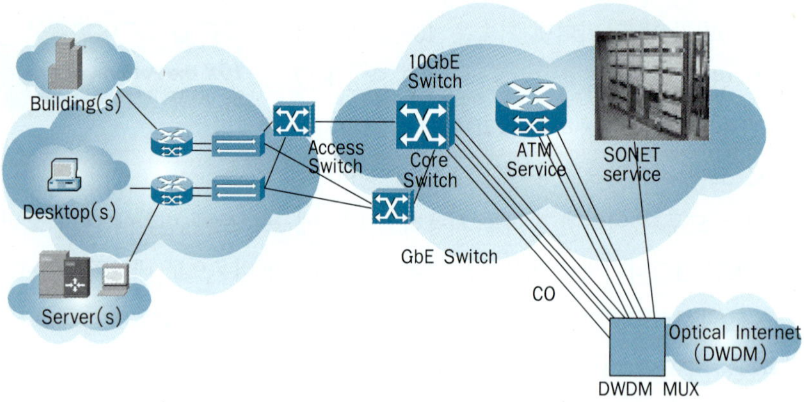

[그림 5-9] 10GbE over DWDM

| 미니강의 | 다크파이버(Dark Fiber)

광 네트워크를 사용하는 사용자가 물리적인 광섬유의 포설, 접속 및 스플라이싱 등에 관하여 일체의 신경을 쓰지 않고 오로지 해당 광 네트워크의 파장 단위만을 임대해서 사용하는 것을 다크파이버 사용자라 한다. 이때 사용자는 포설된 광 케이블의 일부 파장을 빌려 사용하고, 해당 파장에 대한 제어 권리를 보유한다.

또한 이 용어는 광케이블 내에 실제로 사용되지 않는 케이블을 지칭하기도 하는데, 이는 광케이블 포설 시 미리 여분의 광케이블을 포설하여 필요 시 사용하고자 하는 케이블을 지칭하기도 한다.

5.4 SONET/SDH(Synchronous Optic Networking/Synchronous Digital Hierarchy)

5.4.1 SONET/SDH 개요

MAN(Metro Area Network)과 백본 네트워크는 광 선로를 사용하고 있으며, 최근에는 FTTH(Fiber To The Home)가 도입되어 각 가정까지 광 선로를 포설하여 향상된 서비스를 제공하고 있다. 그러나 얼마 전까지만 해도 광 선로와 장비에 대한 비용 부담으로 광 통신은 주로 대량의 데이터 전송을 위한 기간망으로 사용되었다.

어떠한 기술이든지 실용화 되고, 상용화 되려면 표준화가 반드시 필요하다. SONET/SDH도 마찬가지로 SONET은 미국에서 시작된 표준이며, SDH는 유럽지역에서 마련된 표준으로 미국을 제외한 지역의 대다수에서 사용되는 표준이다. SONET은 미국의 벨코어(Bellcore: Bell Communications Research)가 제안하였고, ANSI의 ECSA(Exchange Carriers Standards Association)에 의해 1988년에 표준화된 광 선로 상에서의 전송 규약이며, SDH는 ITU-T(International Telecommunications Union, 당시 CCITT: Consultative Committee for International Telegraph and Telephone)에서 정의한 표준이다.

디지털 신호의 동기 다중화 계층과 속도 체계 및 인터페이스를 정의한 SONET은 다양한 전송 기기를 상호 접속하기 위한 광신호화 인터페이스 표준을 제공하는데, 또한 고도의 망 운용/관리/보수(OAM) 기능도 제공한다. ITU-T는 디지털 다중화 계층과 속도 체계를 통일하기 위하여 SDH 작성하였는데, 이것은 SONET을 바탕으로 하였다. 그러므로 이 두 표준은 프레임 구조 및 용어상에서의 약간의 차이가 존재하는 것을 제외하고는 상당히 많은 부분에서 호환성을 갖는다.

5.4.2 동기식 전송

동기식은 하나의 클록(Clock)을 이용하여 전체 네트워크간의 전송 및 장비 타이밍을 처리하는 것을 말한다. SONET이 동기식 전송을 수행한다고 하는 것은 신호체계를 동기전송신호(이하 STS: Synchronous Transport Signal)를 따르기 때문이다. STS는 전송 속도의 배율을 1에서 768까지 표현하고 있다. STS-1은 51.84Mbps를, STS-768은 39.81Gbps를 지원한다.

〈표 5-1〉 SONET/SDH 계위

SONET(북미식)	OC(Optical Carrier)	전송 속도(Mbps)	SDH(유럽식)
STS-1	OC-1	51.84 Mbps	STM-0
STS-3	OC-3	155.52 Mbps	STM-1
STS-12	OC-12	622.08 Mbps	STM-4
STS-24	OC-24	1,244.16 Mbps	-
STS-48	OC-48	2,488.32 Mbps	STM-16
STS-192	OC-192	9,953.28 Mbps	STM-64
STS-768	OC-768	39,813.12 Mbps	STM-256

〈표 5-1〉은 STS와 STM의 계위를 비교한 것이다. SONET은 〈표 5-1〉과 같이 STS 레벨에 따라 그 전송 속도 차이가 정수배이기 때문에 다중화가 쉽다. STS는 51.84Mbps에서부터 39.813Gbps까지 정수배로 증가한다. 주로 사용되는 것은 OC1, OC3, OC12 등이며 대용량에도 주로 OC24, OC48 등을 사용한다.

SDH는 STM(Synchronous Transport Module)이라 불리는 계위를 따른다. 이것은 STS와 유사한 계위를 따르는데, 그 최소 전송 속도가 STS보다 높다. 〈표 5-1〉에서 알 수 있듯이, STS와 STM은 그다지 커다란 차이점을 갖고 있지는 않다. 다만, STM-1이 STS-3에 대응한다는 점에서 다르다.

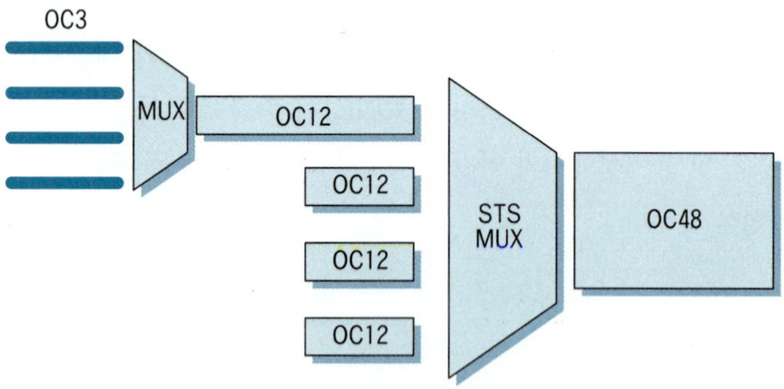

[그림 5-10] 정수배의 다중화 예

[그림 5-10]은 〈표 5-1〉과 같은 계위 상에서 실제 이루어지는 정수 배의 다중화의 한 예이다. OC-3 4개가 STS 다중화기를 통해 OC-12 하나의 회선으로 다중화되며, OC-12가 4개가 다중화되어 OC-48로 출력되는 것을 볼 수 있다. [그림 5-10]과 같은 동기식 다중화 구조는 다중화와 역 다중화 과정이 기술적으로 쉽고 단순하고, 모든 신호들이 다중화 과정을 거치지 않아도, 저속 계위로 직접 액세스(Access) 할 수 있다. 또한 전송기술이 진화하여 상위 비트 율로 전이도 쉽게 이루어진다.

| 미니요약 | SONET/SDH

SONET/SDH는 유사한 계위를 갖고 있으나, 동일 계위에서 SDH가 사용하는 STM이 SONET의 STS 보다 대역폭이 3배 크다. 즉, STS-1 3개가 STM-1 하나가 된다.
SONET과 SDH 모두 동기식 전송 방식을 따르고 있으며, 다음과 같은 장점을 가지고 있다.

- 125μs 단위로 구성: 프레임은 125μs단위로 구성되며 DS-0(64kbps) 신호로 접근이 용이하다.
- 계층화 구조: IP 네트워크와 같이 다중화기 사이의 네트워크 요소들 간에 계층이 구분되어 있어, 각 노드들은 필요한 오버헤드만을 검사하여 투명한 데이터 전송을 가능하게 한다.

동기식 전송 방식은 다중화기가 SONET의 STS 및 SDH의 STM 계위 양쪽 모두를 수용할 수 있도록 한다.

5.4.3 네트워크 구성

SONET 네트워크는 크게 STS 다중화기(STS MUX: STS Multiplexer), 재생기(Regenerator), ADM(Add/Drop Multiplexer) 3가지의 장치들로 구성된다.

- STS 다중화기(STS Multiplexer/DE Multiplexer): STS의 계위에 따라 다중화 및 역 다중화를 수행한다.
- 재생기(Regenerator): 광 신호를 재생한다. 일종의 리피터(Repeater)인데, 단순히 재생기능만 하는 것이 아니라, 기존 오버헤드 정보를 일부 변경하는 기능도 수행한다.
- ADM(Add/Drop Multiplexer): SONET/SDH 선로로부터 유입되는 데이터 중 자신과 연결되어 있는 노드를 향하여 전송되고 있는 데이터는 해당 노드로 빼주고(Drop), 해당 노드에서 SONET/SDH 선로로 전송하는 데이터들을 ADM에서 선로에 더하면서(Add), ADM을 그냥 지나가는(Bypass) 데이터들과 다중화하는 기능을 수행한다.

[그림 5-11]은 SONET 네트워크를 위에 언급한 3가지 장치를 통해 구성하는 예를 보여준다.

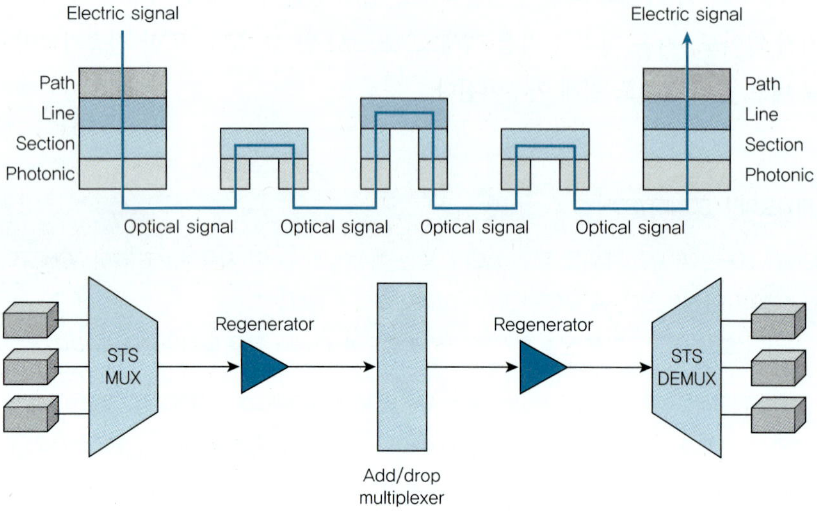

[그림 5-11] SONET 네트워크 구성

> **| 미니요약 |** ADM(Add / Drop Multiplexer)
>
> ADM은 선로를 지나가는 데이터들의 오버헤드를 살펴서 빼줄 것은 빼주고 나머지는 다른 노드에서 유입되는 데이터와 함께 다중화하여 전송한다.

[그림 5-12]는 STS MUX와 ADM, 재생기가 상호 연결되어 구성되어 있는 네트워크를 나타낸다. 낮은 레벨의 STS 계위에서 STS MUX를 통해 좀 더 높은 계위의 대용량 고속 선로로 다중화되며, 이것들은 일정 거리마다 재생기를 통해 신호의 잡음을 제거하고 깨끗한 신호로 재생된다. 이 신호들이 ADM에 도달하면 ADM은 신호의 목적지를 보고 그냥 전송해야 할지, 다른 노드로 빼내어야 하는지 판단하며, 더불어 다른 노드로부터 유입되는 데이터를 다중화시킨다. 이러한 유기적인 관계는 각 장치들이 갖추고 있는 SONET 계층에 따라 이루어진다.

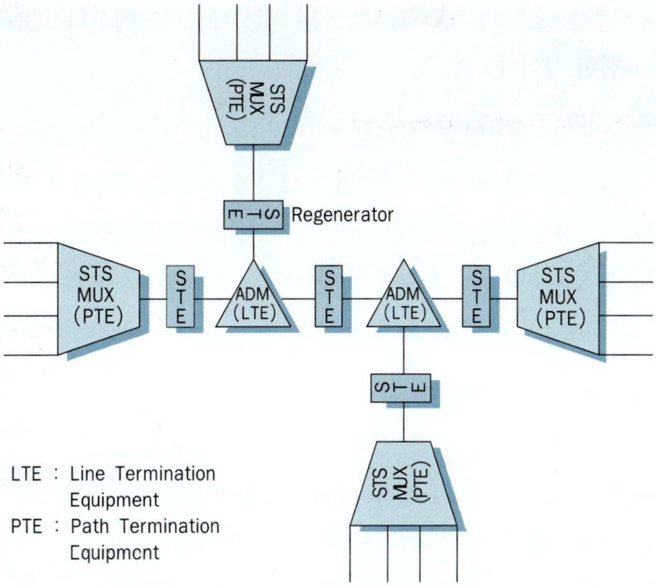

[그림 5-12] SONET 네트워크 구성 예

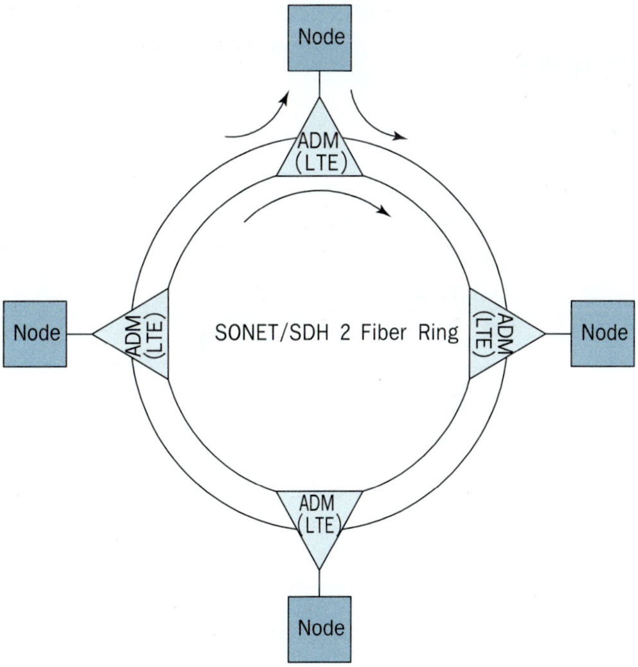

[그림 5-13] 이중 링 구조의 SONET/SDH 네트워크

[그림 5-13]은 일반적으로 사용되는 MAN 또는 백본 네트워크에서의 SONET/SDH 네트워크를 간략히 표현한 것이다.

MAN과 백본 네트워크는 대부분 링 형태로 구성되어 있다. 링은 보통 이중 링의 형태를 띠는데, 두 개의 링을 사용하는 이유는 네트워크 복구에 신속히 대처하기 위해서다. 네트워크 복구의 주체는 ADM이 된다. ADM은 선로 상에 오류가 발생하면 남는 선로를 이용하여 데이터를 전송할 수 있다. 광 통신은 대량의 데이터가 고속으로 전송되기 때문에 아주 작은 시간 동안의 손실도 치명적일 수 있기 때문에 네트워크 복구 문제가 중요하게 여겨진다.

보통 링 형의 네트워크는 단방향(Uni-Direction)과 양방향(Bi-Direction)으로 구분된다. 단방향(Uni-Direction)에는 데이터를 전송하는 워킹 채널(Working Channel)과 네트워크 복구를 위해 사용되는 보호 채널(Protection channel)이 이중 링 상에서 각각 반대 방향으로 하나의 링에 하나의 채널만이 사용되는 방식이다. 반면에 양방향(Bi-Direction)에는 이중 링에 하나의 링에서 워킹 채널과, 보호 채널이 반반씩 대역폭을 나누어 사용하는 것이며, 4중 링(4 Fiber Ring)에서는 두 개의 선로는 워킹 채널로, 나머지 두 개의 선로는 보호 채널로 전송이 가능한 구조이다.

5.4.4 SONET/SDH 계층

OSI 7 계층	SONET 계층
데이터 링크 계층	패스 계층
	라인 계층
	섹션 계층
물리 계층	포토닉 계층

[그림 5-14] SONET/SDH 계층

SONET/SDH 네트워크의 네트워크 구성 요소들은 각각이 서로 다른 계층을 다루게 된다. 이것은 네트워크의 투명성을 보장해 주기 위한 것인데, 각 요소들은 자신이 맡은 부분의 처리만 해주면 되기 때문이다.

SONET 계층은 [그림 5-14]와 같이 아래에서부터 포토닉 계층(Photonic Layer), 섹션 계층(Section Layer), 라인 계층(Line Layer), 패스 계층(Path Layer)으로 이루어진다. 각 계층을 OSI 7 계층과 비교 했을 때 포토닉 계층은 OSI 7 계층의 물리 계층으로, 섹션, 링크, 패스 계층은 데이터 링크 계층으로 이야기 할 수 있다. 이제 각 계층의 역할에 대해 살펴보면 다음과 같다.

- **포토닉 계층(Photonic Layer)**: OSI 7 계층의 물리 계층에 해당하는 것으로 광섬유를 통하여 전달하고자 하는 신호들의 코딩방식이나 채널 등의 물리적 규격을 포함한다. 또한 전자신호를 광신호로 변환하여 0/1의 신호를 전송한다.
- **섹션 계층(Section Layer)**: OSI 7 계층의 데이터 링크 계층이 수행하는 에러제어(Error Control), 프레이밍(Framing) 및 스크램블링(Scrambling) 등의 처리를 수행한다. 물리적 매개체로 STS-n 프레임을 전송하며 오버헤드를 추가한다.
- **라인 계층(Line Layer)**: STS MUX가 다중화 기능을 위해 사용하는 층으로 동신 신호를 제어한다. 물리 매체를 통하여 페이로드의 신뢰성 있는 전송을 담당하고 동기화와 다중화를 제공한다.
- **패스 계층(Path Layer)**: [그림 5-14]의 SONET 계층의 마지막 층으로 SONET 네트워크의 양단간에 송신단과 수신단을 구별하며 STS가 목적지를 판단하여 다중화하는 역할을 수행할 수 있도록 한다.

| 미니요약 | SONET/SDH 계층

SONET 계층에는 포토닉 계층, 섹션 계층, 라인 계층 및 패스 계층이 있다.

SONET은 작게는 섹션, 라인, 크게는 패스로 구성되어 있으며, 네트워크 구성요소 역시 각 계층이 하는 역할을 수행하는 요소들로 구성되어 있다. 네트워크 구성요소로는 섹션 종단장치(STE: Section Termination Equipment), 라인 종단장치(LTE: Line Termination Equipment), 패스 종단장치(PTE: Path Termination Equipment)로 구성되어 있다. 섹션 종단장치는 각 섹션별로 섹션 계층의 역할을 수행하는 장치이며, 섹션 종단장치만으로 구성된 장치로는 재생기가 있다. 라인 종단장치는 몇 개의 섹션으로 구성된 라인의 양 끝으로 STS MUX나 ADM이 있으며, 이들은 라인 오버헤드를 조사하여 각 기능을 수행한다. 패스 종단창지는 STS MUX가 대표적이다. [그림 5-15]의 STS MUX 양 끝은 ADM과는 라인 계층으로, STS MUX 간에는 패스 계층으로 통신이 이루어진다.

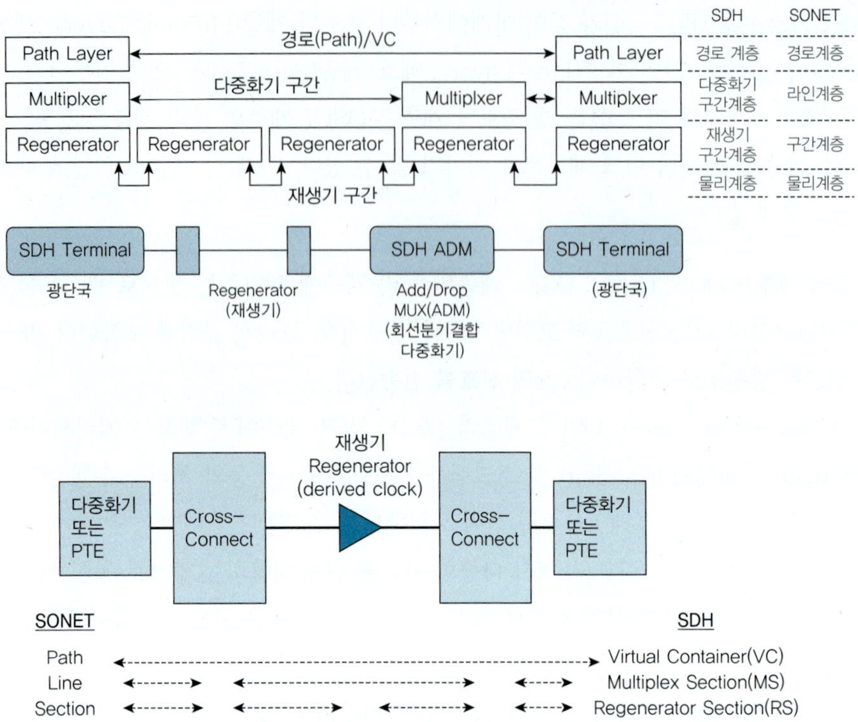

[그림 5-15] SONET 네트워크에서 장비와 계층 관계

[그림 5-15]에서 각 노드들은 섹션별로 통신을 수행하며, STS MUX와 ADM, ADM과 ADM은 그 위 계층인 라인 계층간 통신을 수행한다. 그리고 STS MUX간에는 패스 계층의 통신을 수행하게 된다. [그림 5-15]에서 알 수 있듯이 STS MUX는 패스 계층까지를 처리하고, 재생기는 섹션 계층까지를, ADM은 라인 계층까지 처리하는 것을 알 수 있다.

앞서 SONET 계층구조와 OSI 7 계층구조에서의 계층별 데이터 처리에 대하여 살펴보았다. 이 두 가지 구조에서 볼 수 있는 것은 계층은 해당 네트워크 요소가 필요로 하는 부분까지만 보유하고 있으면 되고, 그 이상에 대해서는 관여하지 않음으로써 네트워크 투명성을 보장해 줄 수 있다는 것이다. 실제로 SONET 위의 계층에 IP가 오든지, PPP가 오든지, 전송 경로 중간에 있는 각 요소들은 관여할 필요가 없다. 다만 자신이 처리해야 할 계층의 데이터 및 오버헤드에 대해서만 해석과 수정이 필요하다.

5.4.5 STS-n 프레임

STS-n 프레임은 [그림 5-16]과 같은 구조를 가진다. 이 구조는 125㎲ 동안에 9×90×n 바이트 크기의 공간을 점유하므로 n×51.84Mbps의 비트율을 갖게 된다. 즉, STS-1을 기준으로 할 때 125㎲마다 6,480 비트를 전송하는 구조를 가지며, 데이터 전송율은 51.84Mbps가 된다. 이중 3×9×n 바이트만큼이 섹션 오버헤드(Section Overhead) 및 라인 오버헤드(Line Overhead)이고, 나머지 87×9×n바이트가 STS-n의 페이로드(SPE: Synchronous Payload Envelope)로 할당된다.

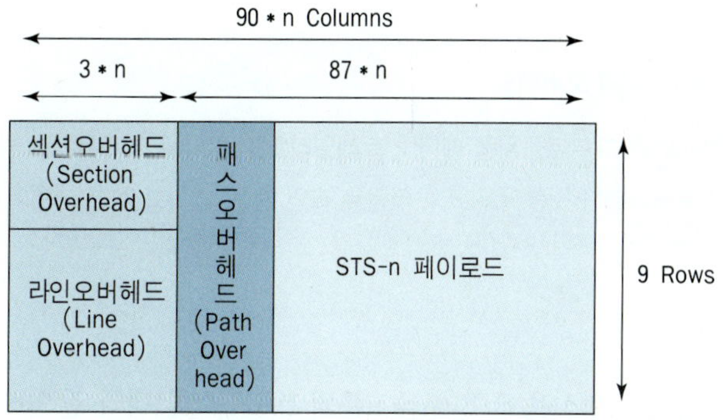

[그림 5-16] STS-n 프레임 구조

STS-n 페이로드의 1×n행은 경로 오버헤드(Path Overhead)로 사용된다. [그림 5-16]은 이러한 STS-n 프레임 구조를 보여주고 있다.

STS-n 프레임의 구조는 동기식 디지털 계위 및 동기식 전송 방식의 근간을 이루며 T-1 회선과 같은 인터페이스로부터 수신된 전기적인 데이터는 패스 계층에서 프레임의 형태로 구성된다. SONET 오버헤드는 다른 프로토콜처럼 헤더나 트레일러를 데이터에 추가시키는 방법이 아니라 먼저 패스 계층에서 오버헤드가 덧붙여지고, 그 다음은 라인 계층 그리고 섹션 계층에서 덧붙여진다. 마지막으로, 프레임을 광신호로 변환하는 포토닉 계층으로 넘겨서 데이터를 전송한다. [그림 5-17]은 SONET에서의 데이터 캡슐화를 보여주고 있다.

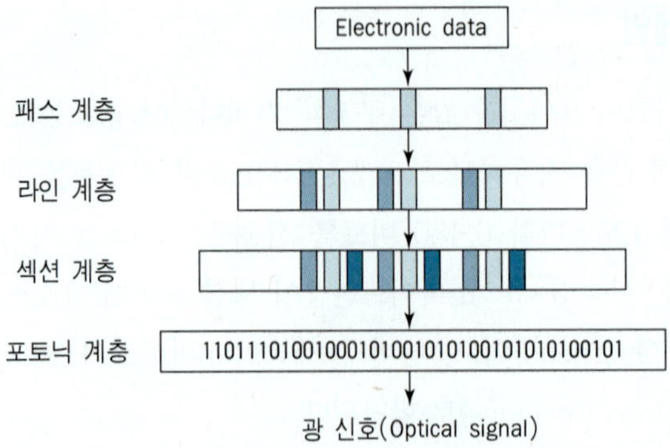

[그림 5-17] SONET 데이터 캡슐화

| 미니요약 | SONET에서의 오버헤드

SONET 오버헤드는 다른 프로토콜처럼 헤더나 트레일러를 데이터에 추가시키는 방법이 아니라, 먼저 패스 계층에서 오버헤드가 덧붙여지고 그 다음은 라인 계층, 그리고 섹션 계층에서 덧붙여진다.

(1) STS-1 프레임 구조

STS-1 프레임의 기본적인 형식은 STS-n을 n분의 1로 축소한 것과 같으므로 그 구조는 가로 90바이트, 세로 9바이트의 구조이며 왼쪽에서 오른쪽으로 위에서 아래의 순서대로 전송된다. STS-1 프레임이 초당 8,000번 전달되기 때문에 STS-1의 전송 속도는 51.84Mbps이나, 프레임 당 36바이트의 오버헤드가 있기 때문에 상위계층 프로토콜에서 이용할 수 있는 순수한 데이터 전송속도는 49.536Mbps이다. 36바이트의 오버헤드 가운데 시스템 관리를 위한 27바이트를 제외한 9바이트는 페이로드에 포함된다. 따라서 페이로드의 전송속도는 50.112Mbps이다. [그림 5-18]은 STS-1 프레임의 기본적인 형식을 보여주고 있다.

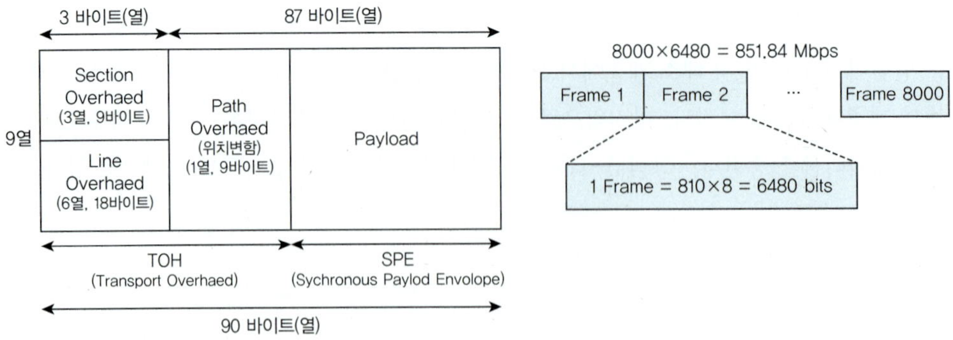

[그림 5-18] STS-1 프레임 형식

| 미니강의 | STS-1의 전송 속도

STS-1의 전송 속도는 51.840Mbps이고 이중 오버헤드를 제외한 순수한 데이터 전송 속도는 49.536Mbps이며 오버헤드 9바이트가 포함된 페이로드의 전송 속도는 50.112Mbps이다.

- STS-1: 9행 x 90열(810바이트)의 2차원 논리적 배열 구조의 직사각형 프레임
- 오버헤드: 9행 x 4열
  9행 x 3열 = 27바이트: Section & Line Overhead
  9행 x 1열 = 9바이트: Path Overhead
- 페이로드: 9행 x 86열 = 774바이트
- 프레임 반복주기: 125㎲간격(초당 8000번, 8KHz)
- 전송 속도: 51.84Mbps(8000초 x 810바이트 x 8비트)

(2) STS-1 오버헤드

STS-1 프레임은 크게 오버헤드 구간과 페이로드 구간으로 나눌 수 있다. 오버헤드 구간은 처음 3열이며, 그 중에 3행은 섹션 요소 즉, 재생기간의 요구 정보를 포함하는 섹션 오버헤드로, 나머지 6행은 라인 종단 장치들 간의 요구정보를 포함하는 라인 오버헤드로 사용된다. 페이로드 구간의 처음 1행은 종단간의 추적정보를 포함하는 패스 오버헤드로 사용된다.

① 섹션 오버헤드

섹션 오버헤드는 9바이트로 구성되며 재생기에서마다 오버헤드를 확인한다. [그림 5-19]는 이와 같은 섹션 오버헤드를 보여주고 있다.

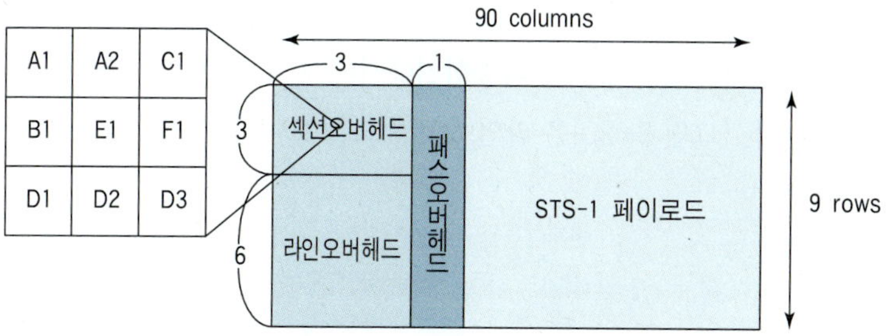

[그림 5-19] 섹션 오버헤드

- **정렬바이트(A1과 A2**: Alignment byte): A1과 A2는 STS-1 프레임의 경계를 식별하고 동기를 위해 이용되는 정렬바이트이다. 이 바이트들은 수신기의 동기화를 위해 일정한 비트 패턴을 사용하는데 A1은 "1110110", A2는 "00101000" 의 값을 갖는다.
- **식별바이트(C1**: Identification): C1은 STS-1 프레임이 더 높은 전송율을 내기 위해 다중화될 때 프레임을 식별하기 위해 사용되는 식별바이트이다. 이 바이트는 여러 신호의 다중화가 해제될 때 기존의 프레임이 쉽게 식별되도록 해준다.
- **패리티바이트(B1**: Parity byte): B1은 재생기 구간 오류 감시 기능을 위한 비트 교직 패리티(BIP: Bit Interleaved Parity) 바이트로서, B1 한 바이트를 사용하여 B1의 r번째 비트는 각 바이트의 r번째 비트들에 관해서만 짝수 검사를 하도록 하는 BIP-8을 사용한다. 이 때 BIP-8은 해당 B1이 속한 STS-1 프레임의 직전 프레임을 검사하고, 해당 프레임이 검사되기 전에 B1에 삽입된다.
- **오더와이어바이트(E1**: Orderwire byte): E1은 재생기 상호간, 혹은 재생기와 단말기간의 음성타합에 사용되는 바이트이다. 연속적인 STS-1 프레임의 오더와이어바이트는 64Kbps의 채널을 형성하고 재생기 사이의 통신을 위해 사용되거나 단말기와 재생기에 의해 사용된다.
- **사용자바이트(F1**: User): F1은 통신망 운용자 등의 사용자를 위한 사용자바이트로 연속적인 STS-1 프레임의 사용자바이트는 64Kbps의 채널 용량을 제공한다.
- **데이터 통신 바이트(D1, D2와 D3**: Management): D1, D2, D3는 재생기 구간에서 사용될 수 있는 데이터 통신 채널(DCC: Data Communication Channel)로서, 각 채널의 용량은 64Kbps 이므로 재생기 구간 데이터 통신 채널의 용량은 총 192Kbps 이다. 이 채널은 운용 및 유지, 보수(OAM: Operation, Administration and maintenance)의 신호처리를 위해 요구된다

② 라인 오버헤드

라인 오버헤드는 18바이트로 구성되며 다중화기에서마다 확인되는 오버헤드로서 재생기들은 투명하게 통과한다. [그림 5-20]은 라인 오버헤드를 보여주고 있다.

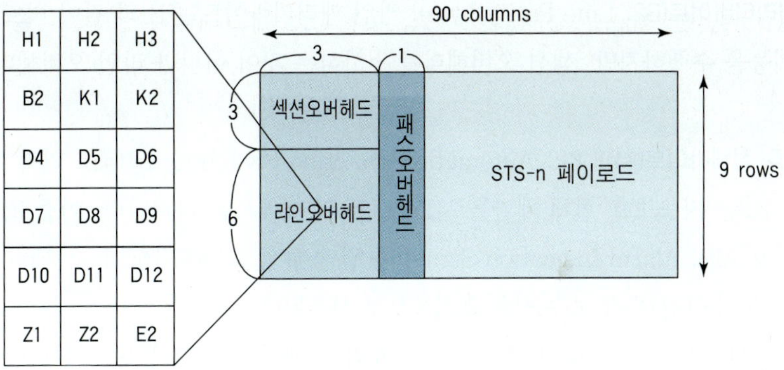

[그림 5-20] 라인 오버헤드

- **포인터바이트**(H1, H2와 H3: Pointers): H1, H2, H3는 포인터바이트로 페이로드가 STS 외곽선의 시작이 아닌 곳에서 시작했을 때 페이로드의 위치를 식별하기 위해 사용된다. 또한 포인터는 네트워크의 동기화를 맞추는데도 사용된다. STS 프레임들은 데이터 입력의 타이밍을 네트워크 프레임 기능에 맞추는데, 임의의 노드에 도착하는 신호들의 위상이 서로 다룰 수도 있고, 클럭 사이의 주파수 변이로 인해 위상이 변할 수도 있다. 이러한 위상변이를 보상해주기 위해 포인터가 사용되기도 한다. 포인터의 값은 지역클럭이, 신호가 처음 전송된 노드의 주파수보다 더 큰 주파수를 가졌다면, 지역클럭과 처음 전송된 노드의 클럭의 차이를 맞추기 위해 추가적인 비트가 전송되어야 하고, 이때 포인터가 보유하고 있는 1바이트를 이용하여 클럭을 맞추어 준다. [그림 5-21]은 페이로드의 위치를 식별하기 위해 사용되는 포인터를 보여주고 있다.

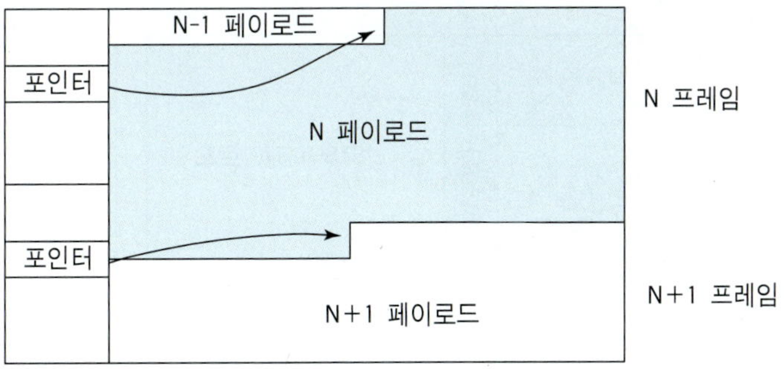

[그림 5-21] 페이로드 포인터

- **라인 패리티바이트(B2: Line Parity byte)**: 라인 패리티바이트는 B1과 같이 비트 교직 패리티 기능을 수행하지만, 섹션 오버헤더를 검사하는 것이 아니라 라인 오버헤더를 검사한다.
- **자동보호 절체바이트(K1과 K2: Automatic Protection Switching bytes)**: 연속 프레임상의 K1, K2는 자동보호 절체 채널들로 128Kbps의 대역폭을 차지한다. 이중 K2는 경보표시 신호(AIS: Alarm Indication Signal)와 원단 수신 불능(FERF: Far-End Receive Failure)등의 구간 유지 보수 신호 표시용으로 사용된다.
- **데이터 통신 채널바이트(D4~D12)**: 연속 프레임 상에서 데이터 통신 채널바이트(D4~D12)는 576Kbps 채널을 제공하며, D1, D2, D3와 같은 기능을 제공하지만, 섹션 구간에서보다는 오히려 회선수준에서 서비스를 제공한다.
- **성장바이트(Z1과 Z2: Growth bytes)**: Z1과 Z2는 성장 바이트로 앞으로의 사용을 위해 남겨둔 바이트 이다. 이렇게 미래의 사용 가능한 공간을 여분으로 남겨둠으로써 통신망의 발전을 위한 문을 열어 놓고 있다.
- **오더와이어바이트(E2: Orderwire byte)**: 연속 프레임 상에서 오더와이어바이트는 64Kbps 채널을 제공하며 회선부분에서 E1 오더와이어바이트와 같은 기능을 제공한다.

③ 패스 오버헤드

패스 오버헤드는 페이로드 내에 있으며, 9바이트를 차지하고 SONET 종단간의 페이로드 전송을 지원한다. [그림 5-22]는 패스 오버헤드를 보여주고 있다.

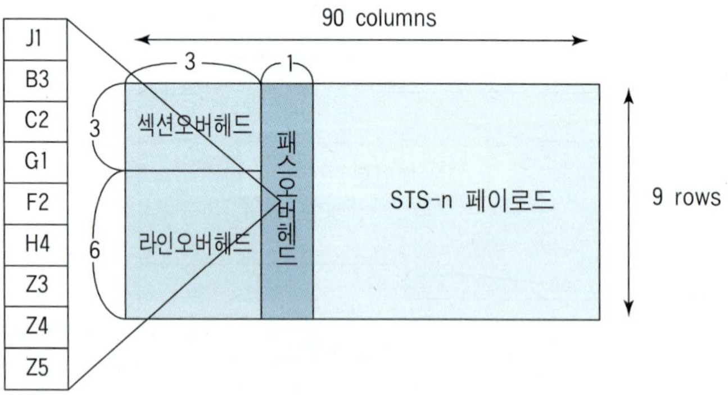

[그림 5-22] 패스 오버헤드

- **패스추적바이트(J1:** Path trace byte): 연속적인 프레임 상에서 J1바이트는 64Kbps 채널을 사용하며 경로를 추적하고, 연결 상태를 확인하기 위해 연속적인 64비트를 한 열에 보낸다. 연속적인 64비트를 보내기 위해 사용되는 열은 응용 프로그램에 의해 선택된다.
- **패스 패리티바이트(B3:** Path Parity byte): 패스 패리티바이트는 B1과 B2와 같이 비트 교직 패리티 기능을 수행하지만, 검사 대상으로 패스 오버헤더를 검사한다.
- **패스 신호표지바이트(C2:** Path Signal Label byte): C2 바이트는 상위 수준에서 사용되는 프로토콜을 식별하기 위해 사용된다.
- **패스 상태바이트(G1:** Path status byte): G1 바이트는 수신측이 수신한 신호의 상태를 송신측에게 알려주기 위해 사용되는 채널이다.
- **패스사용자 채널바이트(F2:** Path User Channel byte): F2바이트는 경로 장치들 간의 사용자 통신을 위한 예비용으로 64Kbps 채널을 형성한다.
- **가상종속 지시자(H4:** Virtual tributary indicator): H4는 페이로드들의 다중 프레임 표시를 위해서 사용되는데, 각 비트들은 가상종속의 종류에 따라 할당된다. SONET은 광대역 페이로드를 운반하기 위해 설계되었으나, 현재의 디지털 계위(DS1~DS3)는 STS-1보다 낮다. SONET은 현재의 디지털 계위와 호환성을 유지하기 위하여 가상종속(VT: Virtual Tributaries)을 사용된다. 가상종속은 부분페이로드로써 기존의 페이로드에 삽입될 수 있고, 또 다른 가상종속과 결합하여 삽입될 수도 있다. [그림 5-23]은 가상종속의 구성을 보여주고 있다.

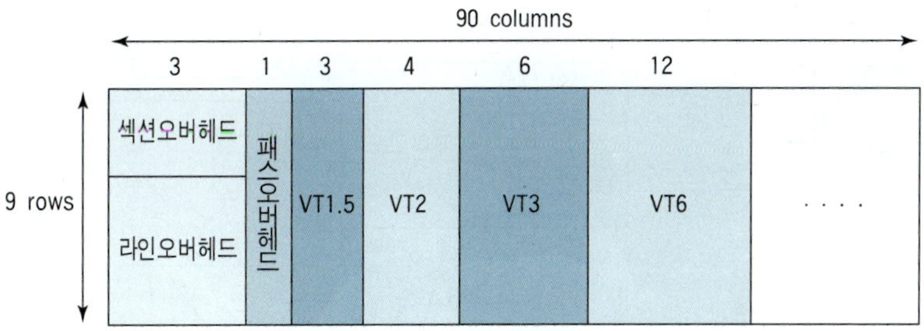

[그림 5-23] 가상 종속

가상종속은 기존의 디지털 계위를 수용하기 위하여 VT1.5, VT2, VT3, 그리고 VT6 이렇게 4종류로 구분된다. 가상종속이 페이로드내에서 차지하는 행의 개수는 종류식별번호에 2를 곱하면 된다. 예를 들어 VT2는 페이로드내에서 4행을 차지하고 있다. 〈표 5-2〉는 각 가상종속이 제공하는 서비스 속도와 어떤 디지털 계위를 호환하는지 보여주고 있다.

〈표 5-2〉 가상 종속의 종류

가상종속의 종류	기존의 디지털 계위	전송속도
VT1.5	DS-1	1.54Mbps
VT2	CEPT-1	2.048Mbps
VT3	DS-1C	3.152Mbps
VT6	DS-2	6.312Mbps

- 성장바이트(Z3, Z4와 Z5: Growth bytes): Z3, Z4와 Z5는 성장바이트로 앞으로의 사용을 위해 남겨둔 바이트이다.

| 미니요약 | STS-1 프레임

STS-1 프레임은 크게 오버헤드와 페이로드 구간으로 나눌 수 있다. 오버헤드 구간은 섹션 오버헤드와 라인 오버헤드로 구성되며, 페이로드의 처음 1행은 패스 오버헤드로 사용된다.

5.4.6 STS 프레임 다중화

STS-1 데이터율은 더 높은 데이터율을 지원하는 장비와 호환하기 위하여 다중화될 수 있

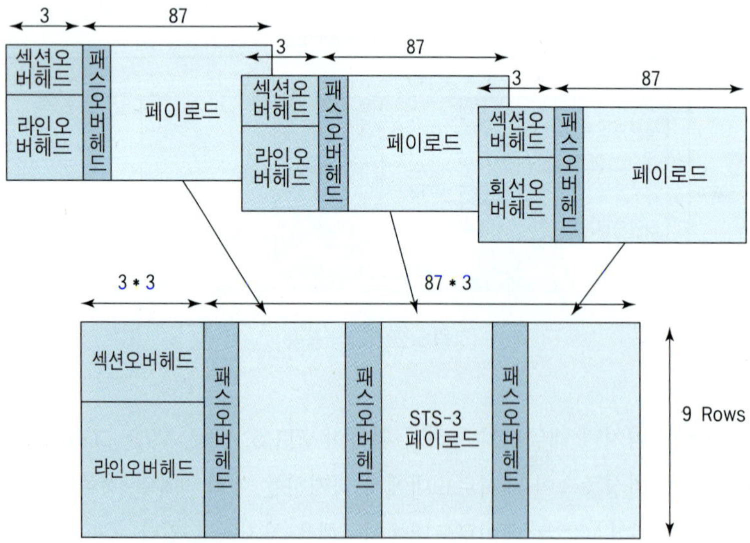

[그림 5-24] STS-3 다중화 과정

다. 예를 들면 세 개의 STS-1은 하나의 STS-3으로 다중화 되고, 다시 네 개의 STS-3은 STS-12로 다중화 된다. 이렇게 다중화를 통하여 요구되는 네트워크 요소의 수를 최소화 할 수 있으며 전송 요소들의 동적인 예약이 가능해 진다. [그림 5-24]는 STS-3으로의 다중화 과정을 보여주고 있다. STS-3 프레임은 각각의 STS-1 오버헤드 3행을 처음 나오는 9행에 위치시키고 경로 오버헤드는 페이로드 중간에 따로 위치시킨다.

| 미니요약 | STS-1 프레임 다중화

STS-1 데이터율을 더 높은 데이터율을 지원하는 장비와 호환하기 위하여 다중화될 수 있다.

5.5 WAN에서의 광 네트워크

5.5.1 개요

대용량의 트래픽을 생성하는 음성과 비디오의 응용이 많아질수록 대역폭의 고갈은 심화된다. 기존 백본에서는 SONET/SDH가 표준으로 자리 잡고 있으나, 대역폭의 한계와 네트워크 프로토콜의 변환과 같은 많은 문제를 내포하고 있었다. WDM은 적은 비용으로 신뢰성과 생산량을 효율적으로 증가 시킬 수 있기 때문에 SONET/SDH의 대안으로 자리매김을 할 수 있었다. 백본에서의 또 한 가지 문제는 서로 다른 기술들을 단일한 물리적 인프라 속에 통합하는 것이며, 이런 요구에 대해서도 WDM은 효과적인 대안이 될 수 있었다. WDM을 이용하여 서비스 제공자는 전자우편, 비디오, 멀티미디어와 같은 서비스를 백본 네트워크 상에서 IP 데이터 형태로 운반하거나, SONET/SDH 상에서 음성형태로 운반할 수 있었다. IP, ATM, SONET/SDH 등의 포맷들은 모두 WDM을 사용하는 광 레이어 상에서 전송될 수 있다. 이와 같이 파장의 재사용, 프로토콜의 투명성, 확장성, 신뢰성 등이 WAN에서 광 네트워크의 가장 큰 장점이 된다.

5.5.2 WDM/DWDM(Wavelength Division Multiplex / Dense Wavelength Division Multiplex)

(1) 개요

WDM은 개념적으로 FDM(Frequency Division Multiplexing)과 비슷하다. WDM에서는 [그림 5-25]와 같이 여러 정보가 각기 상이한 파장으로 변조되고 다중화되어 하나의 광섬유에 의해 목적하는 목적지까지 전송된다. 지금까지는 한 개의 광섬유 코어에 한 개의 파장만을 실어 보냈으나, WDM 전송에서는 여러 개의 파장을 하나로 묶어서 보내며, 수신측에서는 각 채널을 파장 별로 분리하여 복원한다.

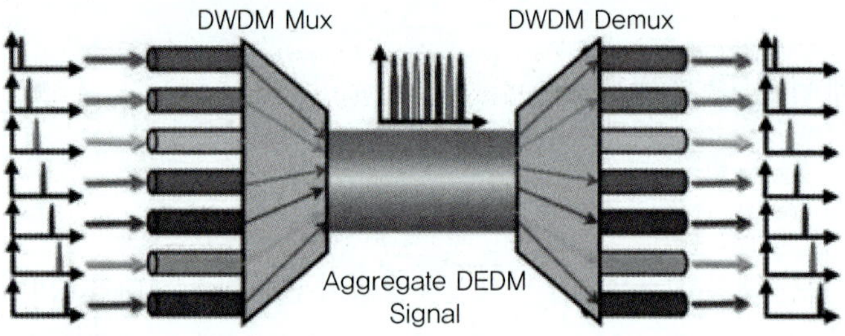

[그림 5-25] WDM(Wavelength Division Multiplex)

(2) 발전 단계 및 구성요소

광 네트워크의 발전단계를 간략하게 나타내면 [그림 5-26], 〈표 5-3〉과 같다. 제 1단계에서 대역폭의 증가에 대해 네트워크 사업자는 WDM 점대점(point-to-point) 링크를 설치하였다. WDM 링크는 새로운 광 채널의 추가 설치 없이 파장의 추가로 대역폭을 확장할 수 있기 때문에 상당한 비용을 절감하였다. WDM 점대점 링크는 두 지점 사이에 대용량의 전송을 가능하게 하지만 중간 노드에서 새로운 트래픽을 더하거나 삭제 할 트래픽이 생겼을 때, 이를 위한 새로운 장비를 필요로 하였다. OADM(Optical Add/Drop Multiplexor)는 필요에 따라 파장을 추가하거나 삭제하는 장비로 임의의 파장의 추가와 분리를 수행한다. 다음 단계로는 트래픽을 파장별로 라우팅하는 OXC(Optical Cross Connect)를 기반으로 하는 광 라우팅 네트워크로 발전되었다. 궁극적으로 완전 광 네트워크의 실현은 가입자 네트워크에서 광 라우터를 이용한 고속 액세스가 가능하게 하는 것이므로 이를 위해 백본 네트워크는 보다 고속화되고 대용량화 되어 테라 비트급의 전송이 가능해야 한다. 이와 같은 완전 광 네트워크를 실현시키기 위해서 OXC의 발전은 필수적이다.

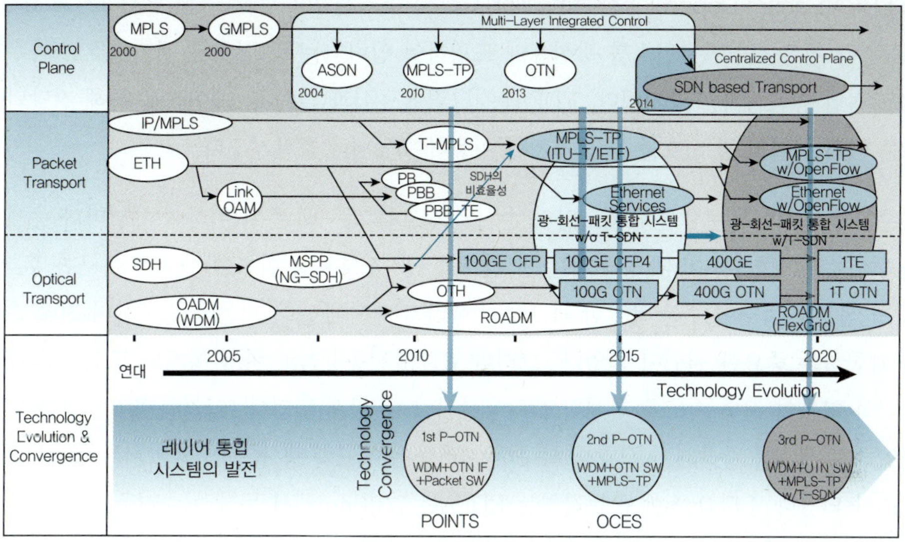

[그림 5-26] 광 네트워크의 발전

〈표 5-3〉 광 네트워크 세대별 구분 및 특징

구분	내용
1세대	• 800 ~ 900nm 다중모드 광섬유 • 50Mbps ~ 100Mbps 전송 • 중계 간격 10Km 이하
2세대	• 1310nm 싱글 모드 광섬유 • 1Gbps 전송 • 중계 간격 50Km 이하
3세대	• 1550nm DSF(분산 천이) 광섬유 • 2.5G ~ 10Gbps 전송 • 중계 간격 50Km 이상
4세대	• WDM (파장분할 다중화) 전송 • Tbps급 전송 가능 • CWDM ⇒ DWDM ⇒ UDWDM 으로 고속화
5세대	• OXC 광 교환 • 광전 / 전광 변환 없이 광 신호를 교환 • 광 파장 변환 가능

WDM/DWDM 기반의 완전 광 네트워크를 위한 기술을 살펴보면 다음과 같다.

① EDFA(Eribum Doped Fiber Amplifier)

EDFA란 에르븀이라는 원소를 광섬유에 도핑하여 입력되는 광 신호를 전기신호로 바꾸지 않고 직접 증폭시키는 장치이다. EDFA는 [그림 5-27]과 같이 광 케이블을 통해 전달되어 오는 여러 채널의 광 신호를 광 증폭기를 이용하여 동시에 증폭시킨다.

기존의 광통신에서는 30~40km 마다 손실된 신호를 복구해 주기 위하여 채널마다 중계기를 달아주어야 한다. 이 때 중계기는 광 신호를 전기신호로 전환하여 신호를 복구한 후, 다시 광 신호로 바꾸어 주는 복잡한 과정을 수행하기 때문에 많은 비용을 요구하며 전송 속도를 제한하는 중요한 원인이 되었다. 그러나 WDM 전송방식과 광 증폭기의 도입으로 비용 절감과 더불어 전송 속도를 혁신적으로 향상시킬 수 있게 되었다. 이처럼 광/전 변환 없이 미약해진 신호를 증폭하여 신호를 복구하는 기능은 초고속 광 통신에 없어서는 안 될 필수 요소가 되었다. 1,550nm에서 동작하는 EDFA는 1,310nm에서 동작하는 기존의 반도체 증폭기에 비해 삽입 손실이 적고, 잡음 지수가 낮으며, 이득이 크다는 장점이 있다. EDFA의 발전으로 파장의 개별적인 속도나 변조 형식에 관계없이 동시에 모든 파장을 증폭시키는 방법을 제공함에 따라 WDM의 상업적인 발전이 더욱 가속화 되었다.

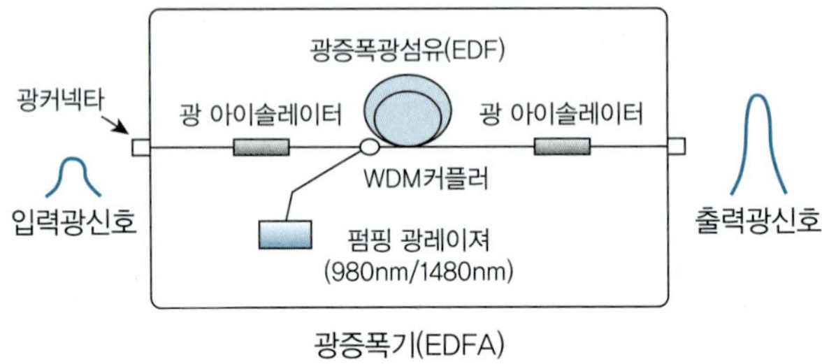

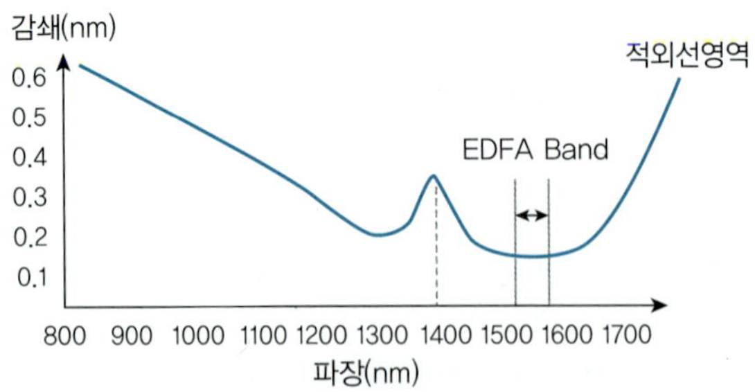

[그림 5-27] EDFA의 특징

| 미니요약 | EDFA(Eribum Droped Fiber Amplifier)

EDFA란 에르븀(Er^{3+})이라는 원소를 광섬유에 도핑하여 입력되는 광 신호를 전기신호로 바꾸지 않고 직접 증폭시키는 장치로 광 케이블을 통해 전달되어 오는 여러 채널의 광 신호를 동시에 증폭시킨다.

- C-Band EDFA
  1530 ~ 1550nm인 약 30nm에서 높은 이득을 내는 파장대역을 제공
- L-Band EDFA
  C-Band 증폭 대역을 장파장 쪽으로 천이시킨 것으로 1565 ~ 1600nm에서 동작.
- W-EDFA
  약 80nm 이상의 넓은 파장대역에서 이득을 제공

EDFA에서 사용되는 1550nm 파장대는 일반적인 1310nm에 비해 높은 분산(15~17ps/nm · Km) 특성을 기지며 따라서 분산 부상 기술이 중요하다.

② OADM(Optical Add Drop Multiplexer)

OADM은 [그림 5-28]에서와 같이 불필요한 파장은 통과시키고 필요한 파장만 중간 지점에서 송수신 할 수 있도록 하는 기능을 수행한다. 예를 들어 수원-부산 구간의 10Gbps 단일 채널 전송 중 대전에서 5Gbps를 다른 곳으로 전송하려고 할 때, 기존의 방식에서는 중간 노드에서 광 신호를 전기신호로 변환한 후 원하는 신호를 추가하거나 빼낸 다음 다시 전기적으로 다중화 한 후 전송해야만 하였다. 그러나 OADM을 이용하면 이러한 광전 변환 없이 필요한 채널만을 분기하거나 결합해주면 된다.

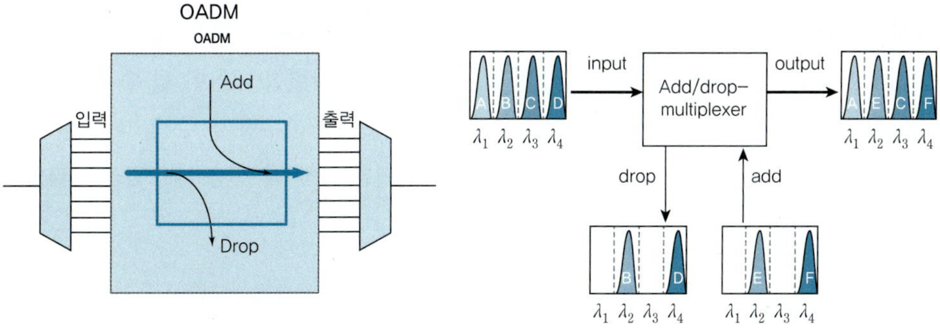

[그림 5-28] OADM 구조 및 동작원리

| 미니요약 | OADM(Optical Add Drop Multiplexer)

광전 변환 없이도 각종 속도(계위)의 광 신호 파장 자체를 광학적으로 분기 및 결합 (Add / Drop) 시킬 수 있게 하는 분기 결합다중화기를 말함.

- 파장 고정형 OADM (F–OADM, Fixed OADM)
  고정된 광 파장 신호 만을 분기/결합할 수 있음.
- 파장 가변형 OADM (R–OADM, Reconfigurable OADM)
  동적으로 광 파장 신호를 분기/결합할 수 있음.

WDM등의 기술 발달은 광 파장별로 신호를 분기/결합할 수 있게 한다.

- Point–to–Point WDM 광 링크 구성 ⇒ OADM(단일 광섬유 간 접속)
- Multipoint WDM 광 네트워크 구성 ⇒ OXC(다중 광섬유 간 접속)

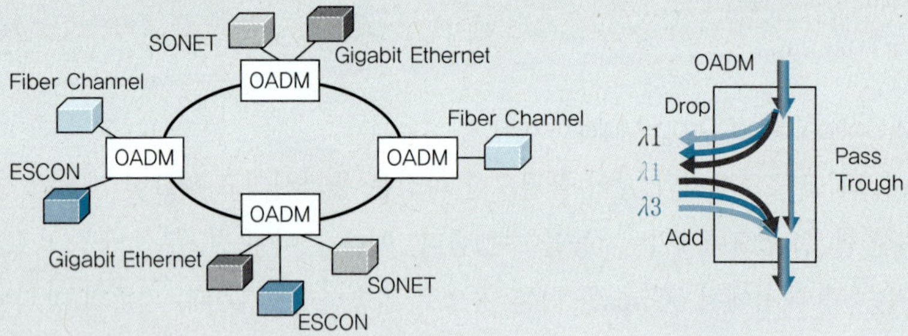

[OADM 광 링크 구성]

③ OXC(Optical Cross–Connect, 광 파장 분배)

OXC는 광전 변환 없이 광 채널을 스위칭 또는 라우팅 하는 시스템이다. OXC는 상위 제어계층과 연동을 통해 노드를 통과하는 트래픽에 대해 동적인 광 스위칭 기능을 제공하며, OXC의 발전은 전광 변환을 해야만 하는 SONET/SDH의 강력한 대안이 될 수 있다. 또한 OXC는 대용량 데이터의 전달 뿐 아니라 파장단위로 스위칭/라우팅 할 수 있기 때문에, 정보의 손실과 처리 지연을 줄이고, 상위 스위치의 제어를 통해 광 전송 네트워크의 다양한 설정, 복구, 관리 기능도 지원이 가능하다.

OXC의 주요 핵심 기술로는 MEMS(Micro Electro Mechanical Systems) 등을 이용한 대용량 광 스위치 기술, 상이한 파장을 연결하여 주는 파장 변환 기술, 광 네트워크의 운용, 보전 기술 등을 들 수 있다.

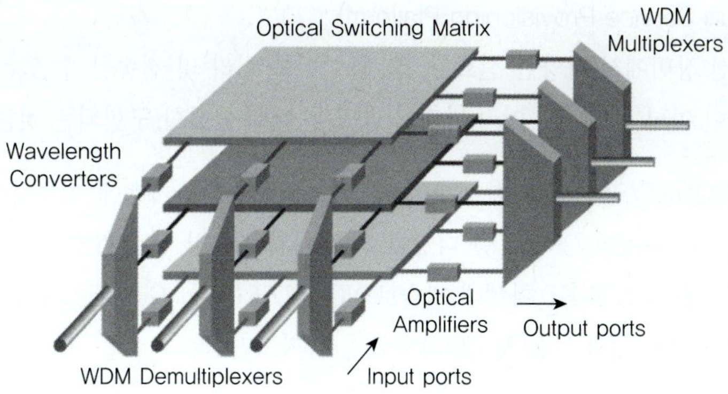

[그림 5-29] OXC

| 미니요약 | OXC(Optical Cross Connect)

광 신호 자체를 스위칭 하는 장비를 일컬음

- 전기적 스위칭 구조의 OXC(O-E-O, Opaque OXC)
  스위칭단에서 신호 재생 및 집선화로 망 구조의 간략화하여 효율성을 향상시킬 수 있으나, 가격이 고가임.
- 광 스위칭 구조의 OXC(O-O-O, Transparent OXC)
  광전 변환 없이 파장(광 회선)을 직접 스위칭 할 수 있는 전광 장비임.

〈OXC 구현방식 구분〉

구분	O-E-O 방식 (Opaque OXC)	O-O-O 방식 (Transparent OXC)
스위칭 구조	전기적	광
시스템 구조	복잡	간단
제공되는 인터페이스	다양 (STM-1 ~ STM64)	채널 스위치
채널 그루밍(Grooming)	있음	없음
망 감시 및 관리	있음 (편리)	있음 (편리)
망 구성	다양한 망구성 가능	망구성이 다소 제한적
시스템 가격	고가	저가
상용화 여부	상용화 완료	일부, 상용화 진행 중

④ MSPP(Multi Service Provisioning Platform)

하나의 광통신 장비에서 다양한 신호형태의 데이터를 처리 및 전송할 수 있는 시스템으로서 통합 기술이 아닌 장비에서 여러 가지 기술 또는 계위를 통합 구현되는 것을 말한다.

기본적으로 SONET/SDH에 의한 Add/Drop Multiplexing 기능에 기초하여 한 장비에 OC-3/OC-12/OC-48/OC-192 등 다양한 신호 계위의 통합 및 PSTN, IP, SAN 등의 수용도 지원하는 SDH/SONET 차세대 기술로 NG-SDH (Next Generation SONET/SDH)으로 불리기도 한다. 이와 같은 MSPP의 특징을 살펴보면,

▶ 다목적용 장비

데이터 서비스 제공을 위해 Ethernet, ATM 기능을 갖는 대역폭 다양화 및 다목적 장비

▶ 다양한 인터페이스 지원

동기식 뿐만 아니라, IP 트래픽까지 처리가 가능

- SDH 인터페이스: STM-1/4/16/64 등 STM-n 또는 OC-n
- PDH 인터페이스: DS-1/DS1E(T1/E1), DS3 등 DS-n
- 기가비트 이더넷 인터페이스: GbE
- SAN(Storage Area Network) 인터페이스: ESCON, FICON, Fiber Channel
- ATM, DWDM 인터페이스 등

▶ 다기능 멀티 지원 형태

다양한 인터페이스 및 고기능의 관리 서비스를 지원하는 형태로서, Provisioning 관리, 전송, 라우팅, 스위칭 등이 통합되어 확장성을 갖는다.

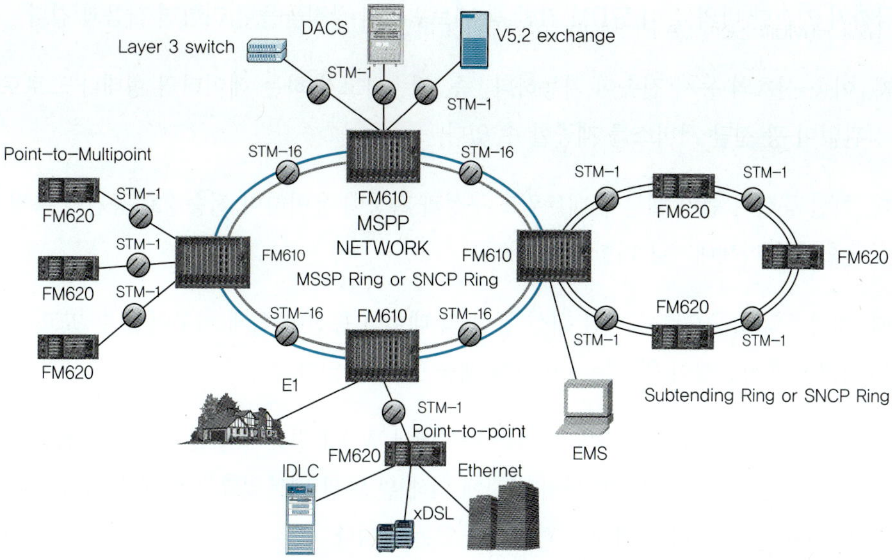

[그림 5-30] MSPP 네트워크

| 미니요약 | MSPP (Multi-Service Provisioning Platform)

- Transport-Based MSPP(SONET/SDH 기반)
  기존의 SDH/SONET, ADM, OXC 기반의 회선 스위칭 구조.
- Data-Based MSPP(비 SONET/SDH 기반)
  Ethernet기반의 데이터 스위칭 구조.

| 미니강의 | NG-SDH/SONET(Next Generation SDH/SONET)

기존의 SONET/SDH 장치들에 EoS(Ethernet over SDH) 기능을 수행할 수 있도록 GFP, VCAT, LCAS 기능들을 적용한 차세대 SDH/SONET을 말함.

- ITU-T G.7041: GFP(Generic Framing Procedure)
  패킷 데이터들을 SONET/SDH에 매핑.
- ITU-T G.707 : VCAT(Virtual Concatenation)
  대역폭의 효율적인 관리.
- ITU-T G.7042: LCAS(Link Capacity Adjustment Scheme)
  대역폭의 증가 및 감소 등의 동적인 재조정.

기존의 SONET/SDH 헤더를 그대로 이용하며, STM-n, DS-n, 이더넷 신호 등을 포함하고 있고, MPLS 기술에 의해 L2/L3 VPN 서비스를 제공한다.

지금까지 기술한 바와 같이 WDM 기반 광 네트워크의 장점들을 정리하면 다음과 같다.

첫째, 이종 신호의 동시 전송이 가능하다. 즉, 전송하고자 하는 데이터의 형태나 프로토콜에 상관없이 광 전달 서비스를 제공할 수 있다.

둘째, 회선 증설이 쉽기 때문에 네트워크 구성과 확장이 용이하며 전송경로 중간에 특정 파장을 손쉽게 분리해내거나 더할 수 있다.

셋째, 대역폭의 확충으로 실시간 화상 통신 및 데이터 통신이 쉽게 이루어질 수 있고, 가입자는 대역폭에 상관없이 원하는 서비스를 제공 받을 수 있다.

이외에도 비용, 네트워크 고도화 등 여러 측면에서 WDM 전송 방법은 많은 장점들을 가지고 있다. OXC, OADM, MSPP 등의 발전에 의해 완전 광 네트워크는 이제 우리 주위에 자연스럽게 자리를 정리하고 위치를 점유하고 있는 것이다.

(3) 광 네트워크와 IP(Internet Protocol)

① 개요

인터넷 백본은 라우터 사이의 점대점 광 링크로 구성되고, 백본 라우터들은 IP 트래픽을 신속하게 전송하기 위해서 IP over SONET 또는 IP over ATM over SONET 기술 등을 사용하고 있다. 대부분의 백본 네트워크는 OC-3(155.52Mbps)와 OC-12(622.08Mbps)의 속도로 구성되었으나 트래픽의 증가로 OC-48(2,488.32Mbps)이상의 속도를 요구함에 따라

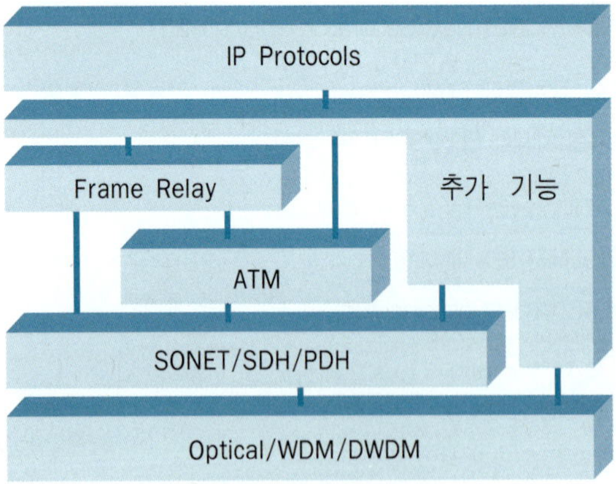

[그림 5-31] 광 네트워크의 계층구조

SONET은 더 이상 전송 네트워크로써 적당하지 못하게 되었다. 이와 같은 문제에 대해 실현가능한 해결책이 WDM 기술이다. [그림 5-31]에서와 같이 IP 기반의 광 네트워크는 여러 계층들로 구성될 수 있다.

② SONET/SDH의 문제점

SONET/SDH는 코어 네트워크에서 널리 사용되었던 표준 기술이다. 현재는 WDM이 주요 광 통신 전달 기술이 되었지만, SONET/SDH는 여전히 많은 네트워크의 인프라로 사용되고 있는 현실이다. SONET/SDH는 단일채널에 하나의 파장을 사용하여 단순히 빛의 켜짐과 꺼지는 것으로 '1'과 '0'을 나타내어 신호를 전달하는 광 전송 시스템이다. 그러나 광의 전기적인 변환이나 처리과정 없이 전송하기 위해서 SONET 프레이밍을 없애고 광에 직접 IP 데이터를 전달하는 것이 가장 효율적인 방법으로 많은 다양한 방법들이 연구되었다.

SONET/SDH를 WDM과 비교하였을 때 몇 가지 문제점을 정리하면 다음과 같다.

① 용량 확장

SONET/SDH는 단일 광 채널만을 사용하기 때문에 일단 사용하고 있는 대역폭이 포화 상태에 이르면 추가로 시스템을 설치해야 하지만, WDM에서는 파장을 추가하는 것만으로 용량을 확장할 수 있다.

② 광전변환 오버헤드

SONET/SDH에서의 채널 라우팅은 데이터를 추가/분리하고, 라우팅 하는데 있어서 타임슬롯을 사용하여 수행하지만, WDM 네트워크는 파장들을 이용하여 이와 같은 과정을 수행하므로 광전변환에 대한 오버헤드가 없고 빠른 처리시간을 보장한다.

③ IP의 광 네트워크 제어

IP 중심의 광 네트워크는 고속의 라우터와 OXC를 상호 연결하여 지능형 광 네트워크를 실현하는 방향으로 진행되고 있다. 광 네트워크는 기본적으로 고정된 대역폭을 갖는 광 경로를 통해 라우터 간에 점대점 연결을 제공하는 것으로 가정한다. IP를 기반으로 하는 광 네트워크 구조의 일반적인 예를 [그림 5-32]에서 보여주고 있다. [그림 5-32]에서와 같이, 광 네트워크 내부에서는 IP 패킷을 처리하는 능력을 갖고 있지 않다. IP 라우터는 광 코어 네트워크에 접속되고 라우터들 간의 연결 경로는 동적으로 실징된다. 이 때에 IP 라우터와 광 네트워크 사이의 라우팅과 시그널링 기능은 UNI(User-Network Interface)를 통하여 이루어지며 서브네트워크들과 광 백본 네트워크들 간의 상호 연동은 NNI(Network-Network Interface)를 통하여 이루어진다.

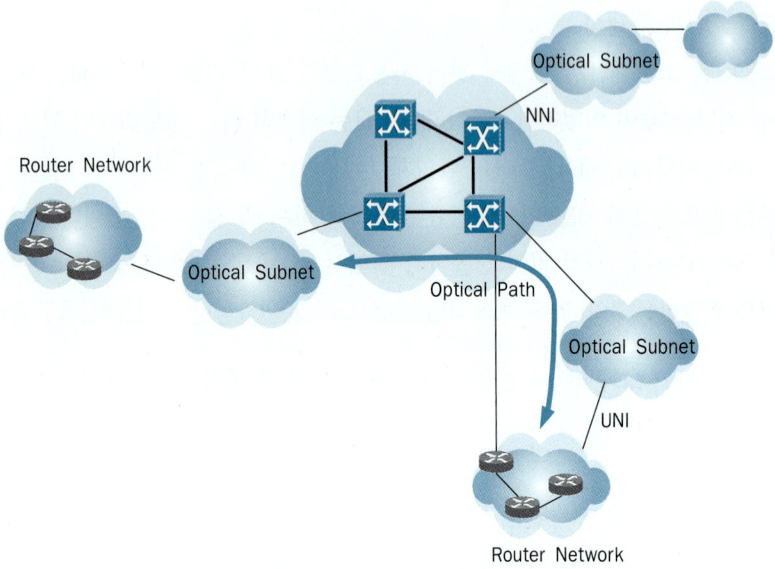

[그림 5-32] IP 기반의 광 네트워크 구조 예

광 네트워크의 사용자와 서비스 제공자인 광 네트워크 간의 관계를 어떻게 설정하느냐에 따라 크게 오버레이 모델(Overlay Model)과 피어 모델(Peer Model)로 나눈다.

① 피어 모델(Peer Model)

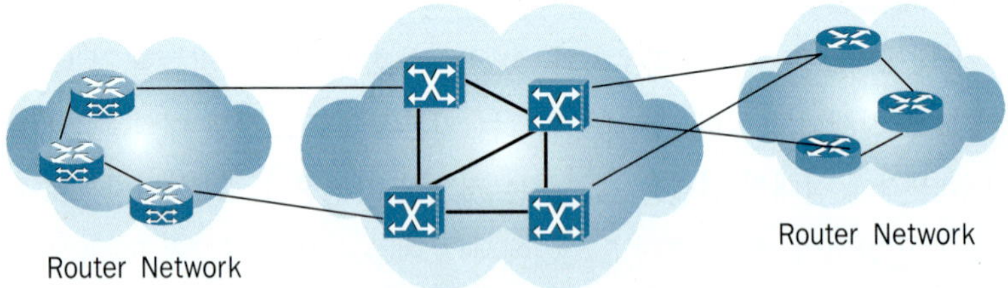

[그림 5-33] 피어 모델

피어 모델은 [그림 5-33]처럼 IP 네트워크와 광 네트워크를 대등한 관계로 간주하여 네트워크 관리와 트래픽 엔지니어링 차원에서 하나의 통합된 네트워크로 간주하는 개념이다. 즉, OXC를 IP 네트워크에서의 라우터와 동일하게 간주하여 IP 라우터와 OXC를 하나의 제어 평면으로 관리하는 것이다. 피어 모델에서는 IP 계층과 WDM 계층을 같은 레벨로 간주하고, 경로 제어방법도 공용화 하여, WDM 노드와 IP 라우터가 동일 라우팅 프로토콜을 이용하여 경로 정보를 쉽게 주고받을 수 있게 한다. 이 모델의 장점은 광 네트워크에 대해 제어평면을 따로 설계할 필요가 없으며 IP 네트워크와 광 네트워크를 연결하는 구간에 특정 연결점이 없다는 점이다. IETF(Internet Engineering Task Force)에서는 GMPLS(Generalized Multiprotocol Label Switching)를 이용하여 광 네트워크를 비롯한 모든 스위칭 네트워크에 대한 제어를 수행하는 것을 제안하고 있다. 이렇게 IP 네트워크와 광 네트워크간의 동등한 개념의 통합은 완전한 광 라우팅 장비가 개발되기 전까지는 실현되기 어려울 것으로 보인다.

| 미니요약 | 피어 모델(Peer Model)

피어 모델은 IP 네트워크와 광 네트워크를 대등한 관계로 설정하고 네트워크 관리와 트래픽 엔지니어링 차원에서 하나의 통합된 네트워크로 간주한다.

② 오버레이 모델(Overlay Model)

[그림 5-34] 오버레이 모델

오버레이 모델에서는 [그림 5-34]처럼 IP 네트워크의 프로토콜들과 광 네트워크의 프로토콜들이 서로 명백하게 구분된다. 오버레이 모델은 클라이언트/서버 개념을 기반으로 한 모델로써 사용자인 IP 네트워크는 서버인 광 네트워크에 연결서비스 요청을 수행한다. 광 네트워크의 운영 정보나 라우팅 정보는 광 네트워크 내에서만 교환되고 광 네트워크와 IP 네트워크는 각각 독립적인 경로 제어 방법과 라우팅 프로토콜에 의해 운용된다.

오버레이 모델은 개념적으로 종래의 IP over ATM과 유사하다. 이 모델은 광 전송 서비스를 요구하는 클라이언트 네트워크와 무관하게 광 네트워크를 구축할 수 있으므로, 짧은 시간 내에 적용 될 수 있고 서로 독립적인 기술발전을 추구할 수 있다는 장점을 갖는다. 그러나 IP over ATM의 경우와 마찬가지로 양 네트워크 사이에 일치하지 않는 부분이 많기 때문에 IP 네트워크의 라우팅 프로토콜, 제어 프로토콜과 광 네트워크 라우팅, 제어 프로토콜 간의 유기적인 연동을 위한 방안 마련이 전제되어야 한다.

| 미니요약 | 오버레이 모델(Overlay Model)

오버레이 모델은 클라이언트/서버 개념을 기반으로 IP 네트워크의 프로토콜들이 광 네트워크의 프로토콜들과 서로 구분되어 서비스 제공자인 광 네트워크와 사용자인 IP 네트워크는 각각의 경로 제어 방법에 의해 운용된다.

(4) 광 인터넷(Optic Internet)

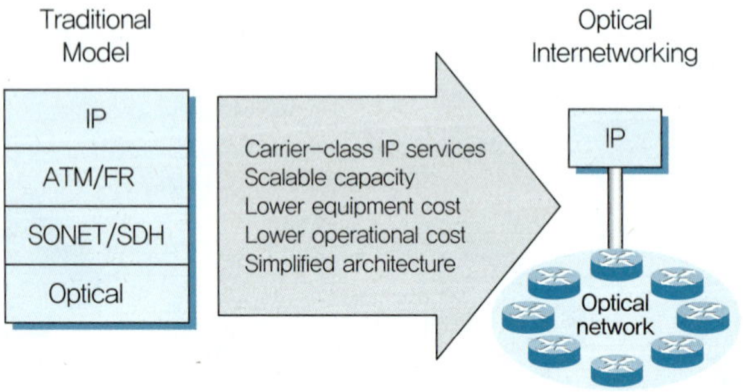

[그림 5-35] 광 인터넷의 서비스 개념

IP 기술을 현재의 광 네트워크에 적용을 하면 TMN(Telecommunication Management Network)에 의해 관리되어 오던 광 네트워크가 다양한 요구에 의한 트래픽의 변화 및 On-Demand 종단간 채널 구성의 어려움 등의 상황을 사용자의 요청에 따라 용이하게 변경 구성할 수 있게 될 것이다. 또한 네트워크의 구성 요소의 일부 장애 발생 시에도 자동으로 망을 재구성하여 안정성을 배가할 수 있게 된다. 이러한 이점을 위하여 광 네트워크와 인터넷의 결합은 네트워크의 고도화를 달성할 수 있게 된다.

IP 기반의 광인터넷 기술은 우선 첫째로 패킷 전달 측면에서 IP 패킷을 효과적으로 전달하며, 둘째로 망의 신호, 제어 및 관리가 가능하게 된다. 이와 같이 IP 기술을 이용하여 광 네트워크를 제어하는 기술은 GMPLS(Generalized Multi-Protocol Label Switching) 프로토콜을 사용하여 구현되는데, [그림 5-35]는 이런 광 인터넷의 서비스 개념을 나타내고 있다.

GMPLS 프로토콜을 사용한 광 인터넷의 기술들은 다음과 같이 구분할 수 있다.

- IP망과 광 네트워크 간의 접속 구조를 규정하는 망 구조기술
- 광 네트워크의 보호/복구 절차를 규정하는 보호복구 기술
- 운용 관리 및 링크 상태를 관리하는 기술
- 종단간 대역을 할당 및 해지하는 신호 프로토콜 기술
- 종단간 연결 경로를 결정하는 라우팅 프로토콜 기술
- 트래픽 제어 및 망 관리 기술

또한 광 가입자망 기술은 사용자가 실시간으로 보다 향상된 서비스를 제공받을 수 있도록 하는 기술로서 경제적이고 효율적으로 연결을 보장하여야 한다. 광 케이블을 사용하는 인터페이스로서 FTTH(Fiber To The Home) 기술은 현재 PON (Passive Optical Network) 기술을 사용하는데, 그 유형을 보면 다음과 같다.

- ATM-PON: ATM 인터페이스를 사용
- E-PON: Ethernet 인터페이스를 사용
- B-PON: 다양한 대역의 광대역 인터페이스를 사용
- G-PON: Gigabit 급의 인터페이스를 사용
- WDM-POM: WDM 인터페이스를 직접 사용

이에 반하여 동선을 사용하는 가입자 접속 기술로는 DSL(Digital Subscriber Loop) 기술을 사용하고 있는데, 그 유형은 다음과 같다.

- ADSL(Asynchronous Digital Subscriber Loop)
  6 ~ 8Mbps 정도의 대역을 제공

• VDSL(Very high speed Digital Subscriber Loop)
  20 ~ 50Mbps 정도의 대역을 제공

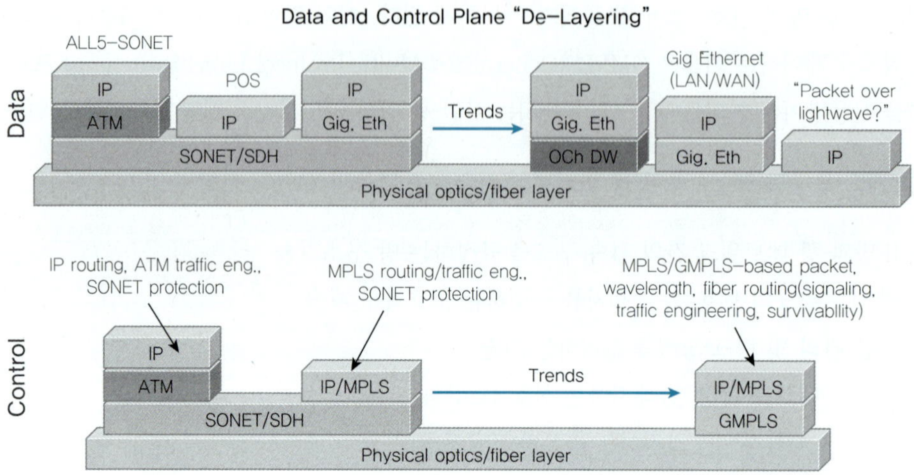

[그림 5-36] 광 인터넷의 프로토콜 진화 개념

[그림 5-36]은 광 인터넷의 프로토콜의 변화된 모습을 제어 및 데이터 관점으로 보여준 것이다. 이와 같이 광 인터넷 기술은 기존의 광 네트워크에 IP 기술의 탁월한 제어 능력을 GMPLS 기반의 보호/복구 기술과 신호 기술에 적용할 수 있게 하여 망의 운영 효율을 극대화할 수 있게 한다.

광 네트워크는 망 구축 시에 광 링크의 대역폭이 크고 중요함으로 광 링크나 노드의 고장 시에 대비하여 1+1 개념의 이중화로 장애 발생 시 50ms 이내 절체가 불가능하였던 문제를 해결하는 것이 당연시 되어왔었다. 그러나 이런 광 네트워크에 IP 기술을 활용함으로써 토폴로지 및 망 리소스 운영상태를 점검하고 장애 발생 시에 빠른 시간 내에 우회 경로의 재구성이 가능하게 된 것이다. 또한 광 네트워크는 한번 설치 시 고 대역폭을 할당하여 운영됨으로 중도에 리소스의 재배치나 경로의 구성 변경이 불가능하였으나, 또한 이를 망의 전체적인 리소스 상태 분석을 통하여 수 초 내에 재구성이 실시간으로 가능하여 진 것이다.

요약

01 광섬유는 데이터를 광신호로 바꾸어 전송하는 통신 매체이다.

- 광신호 자체를 운송하는 코어(core)와 얇은 플라스틱으로 코어를 보호하는 클래드(Clad), 그리고 코팅(Coating)의 구조로 구성되어 있다.
- 단일모드 광섬유는 작은 코어로 신호 전송 거리를 향상시킴으로써 장거리 통신이 가능하며, 다중모드 광섬유는 코어 직경이 전송되는 광의 파장보다 크기 때문에 한 가지 이상의 광 모드 전송이 가능하다. 다중 모드에서는 사용되는 파장끼리 서로 방해 될 수 있으므로, 최대 속도는 제한적이며 단거리 통신에 주로 사용된다.

02 초기에 광섬유는 고속 전송을 실현하기 위해 구리 케이블의 용량을 확상하는 전송 매체로 사용되었다. 모든 비트들의 스위칭과 전달 과정은 전기적으로 이루어졌으며 단일 파장을 통하여 전송을 하였다.

03 광 LAN은 LAN네트워크에 광전자 기술을 활용해 구축한 광 통신 네트워크로써 공장, 빌딩, 캠퍼스 등의 내에서 설치되는 기가비트급의 광 전송 네트워크를 말한다.

04 광 이더넷은 대다수의 PC가 이더넷 LAN에 연결되어있고, 저 비용으로 고 신뢰성을 갖는 고속 및 광대역 전송을 제공할 수 있다.

05 광 이더넷은 LAN을 넘어 MAN(Metropolitan-Area Networks)과 WAN까지 확장해가고 있다.

06 10기가비트 이더넷(10GbE) 기술은 IEEE802.3에서 표준화가 진행 중인 초고속 LAN 기술이다.

- 10기가 비트 이더넷을 이용하여 40~100km까지 점대점 연결할 경우 SONET/SDH나 DWDM을 이용하지 않고 이더넷 스위치만으로 매트로 코어 네트워크를 구성할 수 있다.
- 10Gb over DWDM은 대용량 DWDM으로 구성된 전송 네트워크에서 SONET/SDH를 사용하지 않고 직접 파장을 할당하는 WDM 인터페이스를 가지는 10기가비트 장비를 코어에 접속하는 방법이다.

07 SONET/SDH의 특징은 다음과 같다.

- 광대역 통신에 주로 사용된다.
- SONET/SDH는 동기식 전송방식을 사용한다.
- 정수배의 데이터 율로 보다 쉬운 다중화를 지원한다.
- ADM(Add/Drop Multiplexer)를 이용하여 빠른 Add/Drop을 수행한다.
- 최소 51.84Mbps에서 최대 2.5Gbps까지 전송 가능하다.

08 STS와 STM은 계위상의 차이를 두고 있는데, STM이 STS의 동일 계위에서 3배의 전송 속도를 갖는다.

09 SONET이 갖는 계층은 다음과 같다.

- 포토닉 계층(Photonic Layer): OSI 7 계층의 물리 계층에 해당하는 것으로 광섬유를 통하여 전달하고자 하는 신호들의 코딩방식이나 채널 등의 물리적 규격을 포함한다. 또한 전자신호를 광신호로 변환하여 0/1의 신호를 전송한다.
- 섹션 계층(Section Layer): OSI 7 계층의 데이터 링크 계층이 수행하는 에러제어(Error Control), 프레이밍(Framing) 및 스크램블링(Scrambling) 등의 처리를 수행한다. 물리적 매개체로 STS-n 프레임을 전송하며 헤드를 추가한다.
- 라인 계층(Line Layer): STS MUX가 다중화 기능을 위해 사용하는 층으로 통신 신호를 제어한다. 물리 매체를 통하여 페이로드의 신뢰성 있는 전송을 담당하고 동기화와 다중화를 제공한다.
- 패스 계층(Path Layer): SONET 계층의 마지막 층으로 SONET 망의 양단간에 송신단과 수신단을 구별하며 STS가 목적지를 판단하여 다중화하는 역할을 수행할 수 있도록 한다.

10 SONET 오버헤드는 다른 프로토콜처럼 헤더나 트레일러를 데이터에 추가시키는 방법이 아니라 먼저 패스 계층에서 오버헤드가 덧붙여지고 그 다음은 라인 계층, 그리고 섹션 계층에서 덧붙여진다.

11 STS 프레임은 섹션오버헤드, 라인오버헤드, 패스오버헤드가 있다.

- 섹션오버헤드: 9바이트로 구성되며 재생기간의 요구정보를 포함
- 라인오버헤드: 18바이트로 구성되며 종단간의 요구정보를 포함
- 패스오버헤드: 9바이트로 구성되며 종단간의 추적정보를 포함

12 SONET/SDH 프레이밍을 없애고 WDM에 직접 IP 데이터를 전달하는 방식이 IP over WDM이고 이에 대한 효율적인 방법의 연구는 계속 진행 중이다.

- 파장을 추가하는 것으로 간단히 용량을 확장할 수 있다.
- 광전 변환에 대한 오버헤드를 없앨 수 있고 빠른 처리시간을 보장한다.

13 IP 중심의 광 네트워크에서 ATM이나 SONET/SDH를 사용하지 않고 OXC를 통한 완전 광 네트워크를 수립하기 위해서는 광 경로 설정과 복구 기능을 지원하는 제어 평면을 도입해야 한다.

- 피어 모델은 IP 네트워크와 광 네트워크를 대등한 관계로 간주하여 네트워크 관리와 트래픽 엔지니어링 차원에서 하나의 통합된 네트워크로 간주하는 개념이다.
- 오버레이 모델은 클라이언트/서버 개념을 기반으로 IP 네트워크의 프로토콜들이 광 네트워크의 프로토콜과 서로 구분되어 각각의 경로 제어 방법과 라우팅 프로토콜에 의해 운용된다.

14 기존 백본에서는 SONET/SDH가 표준으로 자리 잡고 있었으나, 대역폭의 한계와 네트워크의 프로토콜의 변환과 같은 많은 문제를 내포하고 있다. 이것에 대한 대안으로 WDM, OXC, Optical Ethernet 등의 기술이 등장하였다.

15 WDM은 WAN에서의 광 네트워크로써 파장의 재사용, 프로토콜의 투명성, 확장성, 신뢰성 등의 장점을 갖는 전송 방식이다.

16 WDM 전송에서는 여러 개의 파장을 하나로 묶어서 보내며, 수신측에서는 각 채널을 파장 별로 분리하여 각 채널을 별도로 활용한다.

17 EDFA는 에르븀이라는 원소를 광섬유에 도핑하여 입력되는 광 신호를 전기신호로 바꾸지 않고, 직접 증폭시키며 광케이블을 통해 전달되어 오는 여러 채널의 광 신호를 동시에 증폭시키는 장치이다.

18 OADM은 파장의 추가/분리를 수행하는 장치로써 불필요한 파장은 통과시키고 필요한 파장만 중간 지점에 도달하게 함으로써 네트워크 비용을 최소화한다.

19 OXC는 상위 계층 스위치와의 연동을 통해 노드를 통과하는 트래픽에 대해 파장을 그대로 스위칭/라우팅 하는 시스템이다.

20 MSPP는 하나의 장비에 다양한 신호 형태의 데이터를 처리 및 전송할 수 있는 통합 시스템이다.

21 광 네트워크에 IP 기술을 융합하기 위하여 IP over SONET, IP over WDM, Optical Ethernet 등의 기술이 개발되었다.

22 광 인터넷은 광 네트워크와 인터넷 기술의 융합으로서 광 네트워크의 망 신호, 제어 및 관리의 어려움과 신속한 서비스의 문제점을 해결하는 시스템이다.

23 광 인터넷의 가입자단은 광 케이블을 사용하는 ATM-PON, E-PON, B-PON, G-PON, WMD-PON 방식과 동축케이블을 사용하는 ADSL, VDSL 방식 등이 사용된다.

연습문제

01 다음 중 얇은 플라스틱으로 광 신호를 전송하는 곳을 보호하는 광 케이블의 구성요소는 무엇인가?

a. 클래드　　b. 코어

c. 코딩　　d. 자켓

02 다음 중 광 케이블의 단일 모드의 설명으로 올바른 것은 무엇인가?

a. 한 가지 이상의 파장의 전송할 수 있다.

b. 코어 직경이 다중모드에 비해 큰 편이다.

c. 접속이 쉬운 편이다.

d. 장거리에 주로 쓰인다.

03 광 섬유의 손실이 적은 구간으로 바른 것은?

a. 1310nm　　b. 1550nm

c. 1410nm　　d. a와 b

04 10기가 비트 이더넷 기술의 발전에 대한 설명으로 바르지 못한 것은?

a. IEEE802.3에서 표준화가 진행 중이다.

b. WAN/MAN의 일부로 LAN을 사용할 수 있게 한다.

c. 광 채널을 위해서 기존 이더넷 기술을 혁신하였다.

d. LAN에 이용 시 프로토콜간의 변환의 필요가 없다.

05 SONET/SDH에 대한 설명 중 틀린 것은?

a. 광대역 통신에 주로 사용된다.

b. 동기식 전송방식을 사용한다.

c. 최소 51.48Mbps~2.5GBps까지 전송할 수 있다.

d. SONET은 STM을 SDH는 STS 계위를 따른다.

06 광 신호를 받아 섹션헤드를 검사하거나 광 신호 자체를 재생해 주는 장치는?

a. 라우터(Router)
b. 리피터(Repeater)
c. 재생기(Regenerator)
d. 증폭기(Amplifier)

07 다음 중 포토닉 계층에 대하여 설명한 것은?

a. TCP/IP의 전송계층에 해당하는 것으로, 광 신호를 전송하는데 필요한 규약들이 정의되어 있다.
b. 에러제어, 프레이밍, 스크램블링 등을 수행한다.
c. 다중화를 위한 오버헤드를 포함하며, PTE의 최상위 계층으로 사용된다.
d. 광섬유를 통하여 전달하고자 하는 신호들의 코딩방식이나 채널 등의 물리적 규격을 포함한다.

08 다음 중 STS 프레임에 속하는 오버헤드가 아닌 것은?

a. 포토닉오버헤드
b. 섹션오버헤드
c. 라인오버헤드
d. 패스오버헤드

09 다음 라인오버헤드 설명 중 잘못된 것은?

a. 라인 패리티바이트는 비트 교직 패리티 기능을 수행한다.
b. 포인터바이트는 페이로드가 STS 외곽선의 시작이 아닌 곳에서 시작했을 때 페이로드의 위치를 식별하기 위해 사용된다.
c. 데이터 통신 채널바이트는 연속된 프레임 상에서 576Kbps 채널을 제공한다.
d. 성장바이트는 제어신호를 전송한다.

10 가상종속과 디지털 계위가 잘못 연결된 것은?

a. VT1.5 : DS-1
b. VT2 : CEPT-1
c. VT3 : E1
d. VT6 : DS-2

11 유사동기식 디지털 계위와 동기식 디지털 계위 설명 중 틀린 것은?

a. 유사동기식 디지털 계위는 비트 스터핑을 이용하여 동기를 유지한다.
b. 동기식 디지털 계위는 포인터에 의한 동기화를 한다.
c. 유사동기식 디지털 계위는 바이트 단위로 타임 슬롯을 할당한다.
d. 동기식 디지털 계위는 높은 계위 신호의 다중화를 할 때 1 단계로 직접 다중화할 수 있다.

12 10GbE over DWDM에 대한 설명으로 바르지 못한 것은?

a. MAN의 대안으로 사용될 것으로 보인다.
b. 운영상의 안정성이 보장된다.
c. ATM, SONETE등과 DWDM 네트워크의 공유가 가능하다는 장점을 가진다.
d. 설치에 대한 비용 문제가 해결되어야 한다.

13 다음 WDM이 장점으로 가지는 특성이 아닌 것은?

a. 세밀성
b. 대용량
c. 프로토콜의 재사용성
d. 확장성

14 EDFA에 대한 설명으로 바르지 못한 것은?

a. 광 신호를 전기신호로 바꾸지 않고 직접 증폭시킨다.
b. 비용면에서 효과적인 발전이다.
c. 파장의 개별적인 속도나 변조형식에 관계 없이 증폭시킨다.
d. 광케이블이 전달하는 광 신호를 순서대로 증폭시킨다.

15 다음 중 필요한 채널의 광학적인 분기나 결합을 위한 장치는?

a. OXC
b. OADM
c. EDFA
d. MEMS

16 IP의 광 네트워크에 대한 피어 모델에 대한 설명 중 올바르지 못한 것은 무엇인가?

a. IP 네트워크와 광 네트워크의 연결점이 없다.
b. 종래의 IP over ATM과 유사하다.
c. IETF에서는 GMPLS를 이용하여 피어 모델을 수행하고자 한다.
d. 라우터가 경로 정보를 쉽게 주고받을 수 있다.

17 광 섬유의 사용 초기에서 DWDM/OXC까지의 발전과정에 대해 간략히 서술하시오.

18 OC-3 회선 4개씩을 OC-12로 다중화하였다. 동일하게 OC-12 4개를 다중화하여 하나의 회선으로 전송할 수 있게 했다. 최종 회선의 계위는 어떻게 되며, 이러한 다중화가 갖는 의미가 무엇인지 설명하시오.

19 STS 프레임의 오버헤드 발생과정을 설명하시오.

20 광 전송을 SONET/SDH에서 WDM로 대체 하는 이유에 대해 설명하시오.

21 광 네트워크와 IP네트워크 사이를 제어하는 피어 모델에 대해 설명하시오.

22 광 네트워크와 인터넷의 융합 이점에 대하여 설명하시오.

23 광 가입자 수용을 위한 방법에 대해 설명하시오.

24 MSPP의 특징에 대하여 설명하시오.

25 OXC 구현 방식 중 O-E-O 방식 및 O-O-O 방식에 대해 비교 설명하시오.

| 참고 사이트 |

- http://www.sonet.com: SONET의 홈페이지로 전반적인 내용이 담겨있다.
- http://www.krnet.or.kr/krnet98/data/i/I11/index.htm: IP 네트워크 및 SONET과 IP over SONET에 대한 노트가 제공된다.
- http://his.etri.re.kr/share/optical.html: 광 인터넷에 대한 각종 사이트들이 연결되어 있는 홈페이지이다.
- http://network.thrunet.com/exc_tech_sonet1.asp: SONET/SDH의 전반적인 내용 및 동기와 유사동기에 대한 비교가 잘 정리되어 있는 사이트이다.
- http://www.techfest.com/networking/wan/sonet.htm: SONET/SDH의 계위 및 표준과 타 기술과의 응용에 대한 문서들이 연결되어 있다.
- http://www.ece.wpi.edu/courses/ee535/hwk11cd95/dks1/dks1.html: 외국의 SONET 교육 자료 사이트이다.
- http://www.oiforum.com/ OIF(Optical Internetworking Forum)의 홈페이지로 전반적인 내용이 담겨있다.
- http://www.netmanias.com: 광 네트워크를 비롯한 최신기술들에 관련된 다양한 문서가 있다.
- http://www.nortelnetworks.com/solutions/opt_ethernet/: 광이더넷에 관한 내용을 볼 수 있다.

| 참고문헌 |

- Curtis A. Siller, Jr. Mansoor Shafi, SONET/SDH A Sourcebook of Synchronous Networking, IEEE Press, pp 131-139
- Fred Halsall, Data Communications, Computer Networks and Open Systems, Addison-Wesley 4th ed., pp 72-81, 1996
- Uyless Black, Emerging Communications Technologies, Prentice Hall PTR 2th ed, pp 251-296 1997
- Behrouz A.Forouzan, Data Communications and Networking, McGRAW-HILL International Edition 2th ed, pp 593-611 2001
- Gil Heldn, Deploying Optical Networking Components, McGraw-Hill, pp109~184, 2001
- Walter Goralski, Optical Networking & WDM, McGraw-Hill, pp165~406, 2001

- Rajiv Ramaswami, Kumar N. Sivarajan, Optical Networks−A practical Perspective, 2nd Edition, Morgan Kaufmann, 2001
- 박진우, 이명문, 유진태, 광 인터넷 표준화 동향, 한국통신학회, pp87~98, 2001
- 강민호, 이용규, 오세윤, 광 인터넷 기술발전 및 연구동향, 전자공학회지,
- 김정윤, 최준균, 이우섭, 광 인터넷 기술, TTA 저널

CHAPTER

06

TCP/IP

contents

CHAPTER 06

TCP/IP (Transmission Control Protocol / Internet Protocol)

오늘날 인터넷의 활용 범위는 학업, 업무, 레저, 문화 및 생활에 이르기까지 매우 다양해졌다. 생활의 한 부분으로 자리매김하여 널리 사용되고 있는 이런 인터넷의 배경에는 TCP/IP(Transmission Control Protocol / Internet Protocol)라는 프로토콜이 존재한다. TCP/IP 프로토콜에는 TCP와 IP뿐만 아니라 여러 가지 다양한 종류의 프로토콜이 존재하는데, 이번 장에서는 인터넷을 구성하는 여러 가지 프로토콜의 기원과 종류, 각각의 특성에 대하여 알아보도록 한다. 또한 인터네트워킹의 필요성에 대하여 알아보고, 이러한 네트워크를 구성하기 위한 장비들에 대하여도 간략하게 살펴보도록 한다.

- TCP/IP의 생성 배경과 역사에 대하여 살펴본다.
- 인터네트워킹의 구성과 장비에 대하여 살펴본다.
- IP 프로토콜의 특성과 포맷에 대하여 알아본다.
- 인터넷 주소의 분류와 할당에 대하여 살펴본다.
- UDP 프로토콜과 TCP 프로토콜의 특성 및 헤더의 형식에 대하여 살펴본다.
- 그 외의 다른 응용 프로토콜에 대하여 알아본다.

6.1 TCP/IP의 개요

현재 우리의 생활은 인터넷 없이는 원활하게 이루어지기 힘들 정도로 인터넷은 삶의 일부분이 되었다. 학교나 회사에서 사용하는 일상적인 생활의 도구가 되었으며, 대부분의 기업이나 국가들도 인터넷을 이용하여 업무를 처리하는 세상이 되었다.

1980년대에 들어서면서 LAN(Local Area Network)이 보편화되고 노벨을 비롯해 애플, IBM, 마이크로소프트 등이 독자적인 프로토콜을 개발하기 시작하면서 LAN과 LAN으로 연결하는 기술과 PC와 메인프레임을 연결하는 기술이 개발되기 시작했다. 이에 따라 80년대 후반부터는 컴퓨터 회사들이 자신의 네트워크 환경을 그대로 두면서 공동으로 사용할 수 있는 네트워크를 만들려는 노력이 계속되었다. 결국 다양한 기종의 컴퓨터가 하나로 묶이는 인터네트워킹 구조가 생겨난 것이다. 이것이 바로 인터넷의 시초이며, TCP/IP의 근간을 이루었다. 특히 버클리 유닉스라 불리는 BSD 유닉스 4.2에 포함되어 널리 사용되었다. BSD 유닉스는 이후 썬의 SunOS 기초를 제공하였으며, 이로 인하여 TCP/IP는 더욱 널리 사용되었다.

TCP/IP 프로토콜에 대한 연구 목적은 크게 공통적 프로토콜, 상호 작용성, 강력한 통신 기능, 재구성의 편리성이다. 그럼 이제부터 TCP/IP를 이루는 프로토콜에 대하여 하나씩 살펴보도록 한다.

6.2 인터네트워킹(InterNetworking)

6.2.1 인터네트워킹 구성

컴퓨터를 이용한 원격지 시스템과의 통신은 이미 가장 기본적인 서비스가 되었다. 컴퓨터 사용자들은 전 세계에 퍼진 네트워크를 통해 버스나 기차의 예약, 여행, 생활정보, 금융, 뉴스 및 재테크 등과 같은 여러 주제에 관련된 데이터를 수집하고 있고, SNS, 전자 메일링 리스트 및 온라인 통신방 등을 통하여 공동관심사에 대한 정보를 교환하고 있다.

초기에 인터넷이 형성된 후에, 서로 떨어져 있는 각각의 수많은 네트워크들을 연결하여 하나의 네트워크로 연결하여 사용할 수 있도록 해주는 기술이 개발되었다. 인터네트워킹이라고 불리는 이 기술은 서로 다른 종류의 이 기종 네트워크를 연결시키고 하나의 통신 권고 사항을 둠으로써 여러 가지의 다양한 하드웨어 기술을 다룰 수 있게 해 주었다. 인터넷 기술은 네트워크 하드웨어의 복잡한 부분은 감추고, 컴퓨터들에게 자신이 속한 물리적 네트워크에 관계없이 통신할 수 있는 서비스를 제공하였다. 이와 같은 기술로 인하여 내가 속한 장소, 지역 또는 국가의 네트워크 상에 존재하는 호스트들에서 사용되는 컴퓨터 서비스들과 관련 프로그램들을 멀리 떨어져 있는 다른 장소, 지역 또는 국가의 다른 네트워크 상에 존재하는 호스트들을 사용하는 것이 가능해졌다. [그림 6-1]은 게이트웨이나 라우터, 허브 등의 네트워크 장비들을 이용한 네트워크가 서로 인터넷이나 네트워크를 구성하여 인터네트워킹된 모습을 보여주고 있다.

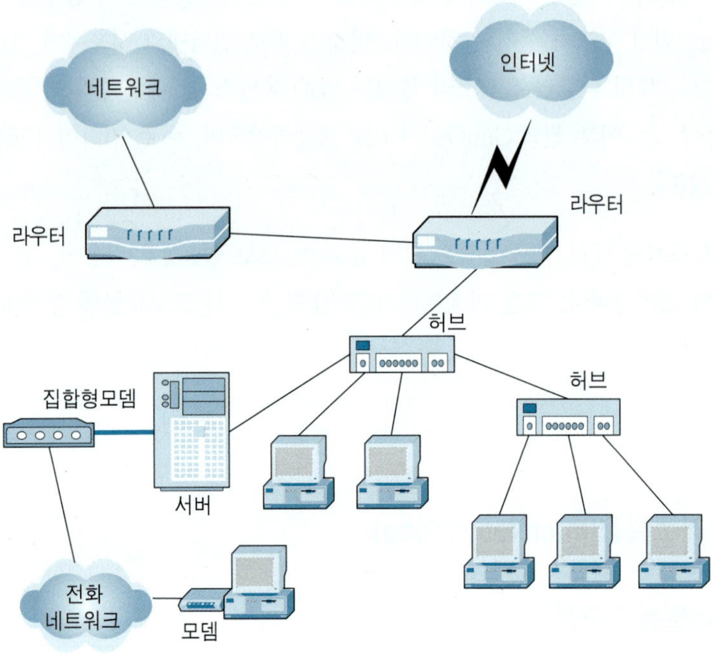

[그림 6-1] 인터테트워킹의 예

6.2.2 인터네트워킹 장비

(1) 리피터(Repeater)

리피터는 국제표준기구인 OSI(Open Systems Interconnection) 참조 모델의 물리계층에서 동작하는 장비로서 근접한 2개 이상의 데이터 네트워크 사이에 신호를 전송한다. 데이터가 전송되는 동안 케이블에서는 신호의 손실인 감쇠(Attenuation) 현상이 일어나는데, 리피터는 감쇠되는 신호를 증폭하고 재생하여 전송한다. 또한 리피터는 연속적으로 2개 이상의 케이블을 연결함으로써 케이블의 거리 제한 사항을 극복하고 네트워크 반경을 연장하는 효과를 제공한다.

| 미니강의 | 거리제한

감쇠 현상은 데이터 네트워크 상에서 오리지널 데이터 신호가 유용할 수 있는 최대 케이블의 길이를 제한하게 된다. 일반적으로 UTP 케이블은 최대 100M로, 10Base-5 네트워크용 동축케이블 최대 길이는 500M로, 그리고 10Base-2 네트워크용 동축케이블 최대 길이는 200M로 제한한다.

(2) 허브(Hub)

한 사무실이나 가까운 거리의 컴퓨터들을 UTP(Unshielded Twisted Pair) 케이블을 사용하여 연결하기 위해 사용하는 네트워크 장비이다. 컴퓨터나 다른 네트워크와 연결하며, 신호 증폭기능을 하는 리피터의 역할도 포함한다.

(3) 브리지(Bridge)

브리지는 리피터와는 달리 패킷 프레임에 대한 인지능력이 있으며 OSI의 데이터 링크 계층인 MAC(Media-Access Control)에서 동작하며, 둘 또는 그 이상의 네트워크들을 상호 연결하는데 사용한다. 브리지를 사용하는 목적은 네트워크를 확장시키고 네트워크 통신을 격리시키기 위한 것이다. 브리지는 자체 학습기능을 통하여 양쪽 세그먼트의 어드레스들을 축적하여 불필요한 데이터가 반대편 네트워크로 전송되는 것을 방지하여 네트워크 부하를 감소시키는 역할을 수행하기도 한다. 그러나 브리지는 브로드캐스트와 멀티캐스트 프레임을 그대로 전송하므로 다른 세그먼트에 불필요한 트래픽을 발생시켜 성능 저하의 요인이 되기도 한다. 또한 프레임 내부의 한 항목인 FCS(Frame Check Sequence)를 점검해 에러가 발생한 프레임은 전송하지 않으므로 에러 처리기능을 가진다.

(4) 스위치(Switch)

PC에 할당되는 대역폭을 확대시키기 위해 탄생된 장비로 허브와는 달리 LAN이 제공하는 대역폭을 PC로 고스란히 전달한다. 이더넷 스위치(Ethernet Switch)는 자신에 연결된 PC의 수에 상관없이 각각에 회선의 최대 대역폭을 제공한다.

(5) 라우터(Router)

라우터는 브리지와는 달리 OSI 7 계층의 네트워크 계층에서 동작하므로 프로토콜 단위의 패킷을 관리한다. 이것은 IP 주소에 의하여 데이터의 경로를 설정하며 다중 경로일 경우에는 최적의 경로를 자동 설정하여 네트워크의 트래픽을 최소화한다. 라우터를 중간 매체로 하는 경우 송수신 장치가 설사 서로 다른 매체 액세스 방식을 사용하더라도 동일한 네트워크 계층 프로토콜을 사용한다면 상호간에 통신이 가능하다. 따라서 라우터는 브리지의 역할도 동시에 제공한다. 네트워크 프로토콜 중에는 라우팅이 불가능 한 것도 있으므로 라우터에서 브리지의 기능을 제공하는 것은 트래픽 처리를 위해 중요한 기능이다. 브리지 기능을 수행하면서 브리지와 다른 점이 있다면 MAC계층의 브로드캐스트와 멀티캐스트 프레임을 재전송하지 않는다는 점이다. 이러한 특성은 브로드캐스트와 멀티캐스트 프레임이 많은 대규모 네트워크에서 회선을 효율적으로 사용하는데 특별히 유용하다.

(6) 게이트웨이(Gateway)

서로 다른 통신규약을 사용하는 네트워크들을 상호 연결하기 위하여 자신의 통신규약을 상대방의 통신규약으로 전환해 주는 역할을 하여 서로 다른 기종의 네트워크를 연결시키는 장비이다. OSI 참조 모델의 모든 계층을 포함하여 동작하는 네트워크 장비로서 두 개의 완전히 다른 네트워크 사이의 데이터 형식을 변환하는 기능을 수행한다. 프로토콜 구조가 다른 네트워크 환경들을 연결할 수 있는 기능을 제공할 수 있지만, 여러 계층의 프로토콜 변환기능을 수행하므로 네트워크내의 병목 현상을 일으키는 지점이 될 수 있다.

[그림 6-2]는 위에서 소개한 인터네트워크 장비인 리피터, 브리지, 라우터, 게이트웨이가 OSI 7계층과 연결되는 모습을 도식화한 것이다.

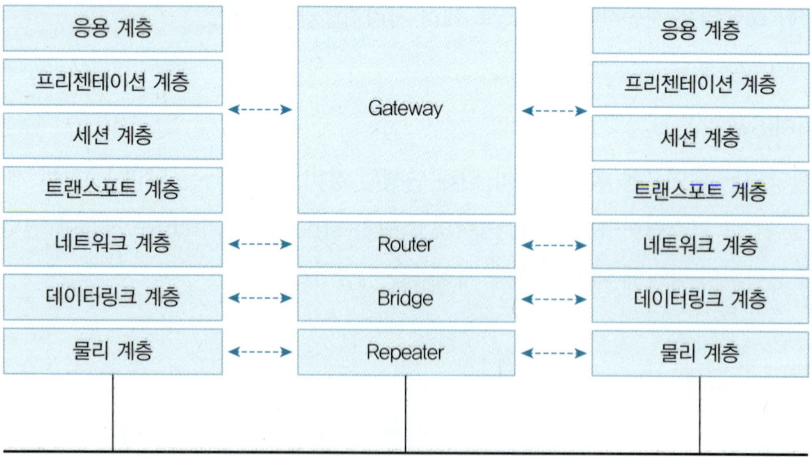

[그림 6-2] 인터네트워크 장비 별 연결 계층

6.3 TCP/IP 프로토콜 계층 구조

TCP/IP는 단순히 TCP와 IP만을 일컫는 말이 아니라, 여러 가지 프로토콜의 조합을 의미한다. 다만 TCP와 IP가 가장 많이 사용되며, 중요하기 때문에 그렇게 불리 우는 것이다. TCP/IP 프로토콜 계층 구조는 [그림 6-3]과 같이 보통 데이터링크 계층, 네트워크 계층, 전송 계층, 응용 계층으로 구성된다.

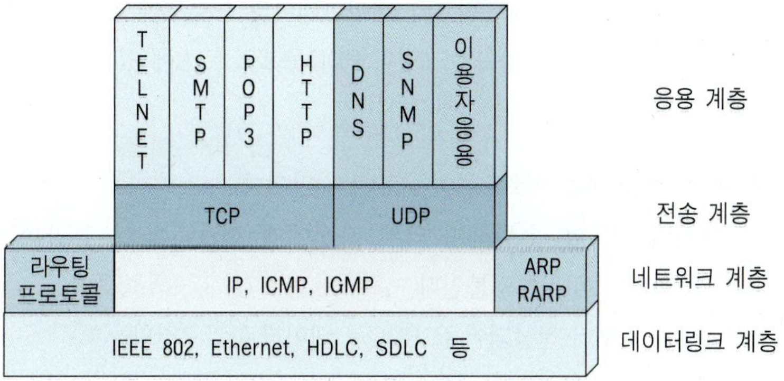

[그림 6-3] 프로토콜 계층 구조

- **데이터링크 계층**: 실제 네트워크에서 데이터를 전송하는 케이블에 프레임이라고 불리는 데이터를 송수신하는 역할을 담당한다.
- **네트워크 계층**: 주소를 관리하고, 포장하고, 라우팅(Routing)을 하는 역할을 담당한다. 이 계층의 프로토콜 중 IP는 호스트들과 네트워크 상에서 주소를 관리하고, 패킷을 라우팅하는 역할을 한다. ARP(Address Resolution Protocol)는 같은 네트워크 상에 위치한 호스트들의 하드웨어 주소(MAC Address)를 얻는데 이용되며, ICMP(Internet Control Message Protocol)는 패킷 전송에 관한 에러 메시지를 처리하는데 이용된다.
- **전송 계층**: 호스트들 간에 통신을 제공한다. 전송 계층에는 2개의 프로토콜이 있다. TCP(Transmission Control Protocol)와 UDP(User Datagram Protocol)가 그것이다. 연결 지향(Connection-oriented)이라고 하는 TCP는 일반적으로 데이터의 확실한 전송을 위해 수신측으로부터 받았다는 확인 메시지를 요구할 필요가 있을 때 사용된다. 반면 UDP는 패킷의 정확한 전달을 보장하지 않는다.
- **응용 계층**: 어플리케이션이 네트워크에 접근 가능하도록 해 주는 역할을 한다.

| 미니강의 | ICMP(Internet Control Message Protocol)

인터넷상의 서버나 라우터들이 전송상의 에러나 예상치 않은 사건들을 보고하게 할 목적으로 만들어진 프로토콜로서 RFC 792에 정의되어있다. 다른 모든 전송과 같이, ICMP 메시지는 IP 데이터그램의 데이터부분에 실려 인터넷을 통해 전송된다. 사용자에 의해 사용되는 대표적인 것으로 ping 명령어가 있다.

[그림 6-4], [그림 6-5]는 서브네트워크와 게이트웨이의 프로토콜 계층관계를 나타내고 있다. 호스트 A에 있는 사용자 응용프로그램이 PDU를 호스트 B에 있는 응용 계층 프로토콜로 전송할 때, 다음과 같은 기능을 수행한다.

- 사용자 데이터는 전송 계층 프로토콜인 TCP로 전달된다.
- TCP는 몇 가지의 기능을 수행하며 역시 자신에게 전달되어 온 PDU에 세그먼트(Segment)라고 불리는 헤더를 덧붙인다.
- TCP는 상위 계층으로부터 전달되어 온 PDU를 데이터로 간주한다.
- TCP가 자신이 구성한 세그먼트를 네트워크 계층으로 전달한다.
- IP도 데이터그램(Datagram)을 하위계층으로 전달한다.
- 데이터링크 계층은 다시 헤더와 트레일러(Trailer)를 덧붙인다.
- 데이터링크 계층에서 구성된 데이터 단위는 프레임(Frame)이라 부르며 물리 계층에 의해서 네트워크로 보내진다.

위와 같이 호스트 A에서 B로 데이터가 전달되는 동안 네트워크 내부에서 어떻게 진행되는지 각 계층은 서로 투명성을 유지한다. 목적지인 호스트 B는 자신의 하부 계층의 트래픽을 수신하여 호스트 A에서 진행된 과정의 역과정을 수행한다. 즉, 각 계층을 거칠 때마다 헤더를 분리시킴으로써 캡슐화된 PDU를 분리시킨다. 각 계층은 헤더에서 정보를 얻어서 자신이 취해야 할 동작을 결정하며 그 기능을 수행한다. [그림 6-6]은 OSI 7 계층과의 관계를 보여준다.

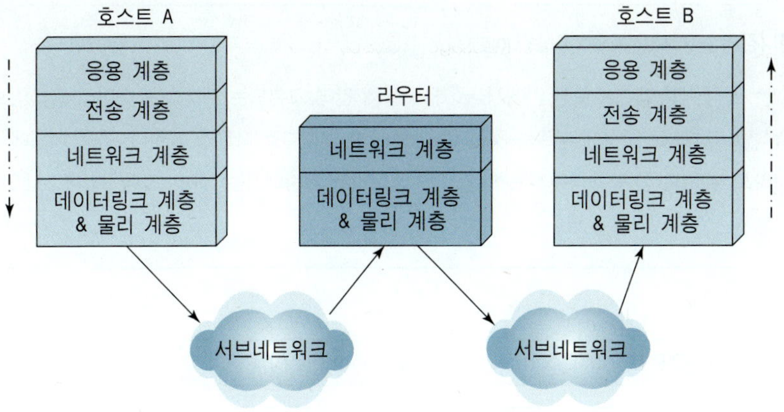

[그림 6-4] TCP/IP 동작 과정(1)

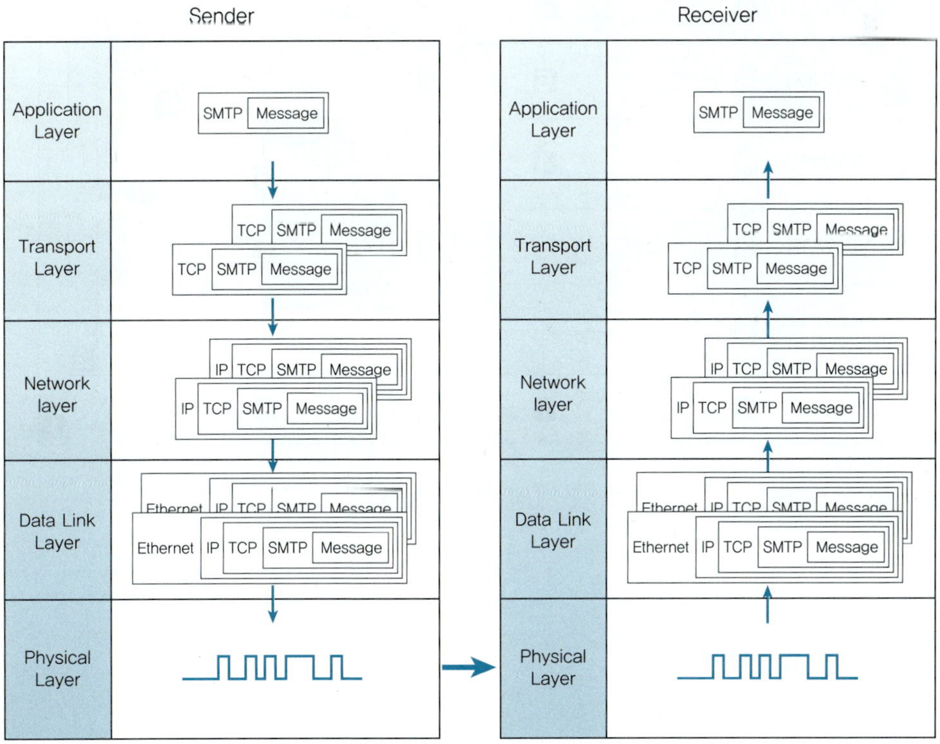

[그림 6-5] TCP/IP 동작 과정(2)

| 미니강의 | PDU(Protocol Data Unit)

PDU는 특정 계층의 프로토콜 안에서 두 개의 실체 간에 교환되는 세분화된 데이터 블록의 단위를 기술적인 이름으로 구분해 부르는 것을 말하는데, 각 계층별로 다르게 불린다. 응용 계층에서는 메시지라고 부르며, 전송 계층에서는 세그먼트, 네트워크 계층에서는 데이터그램, 그리고 데이터링크 계층에서는 프레임이라고 부른다.

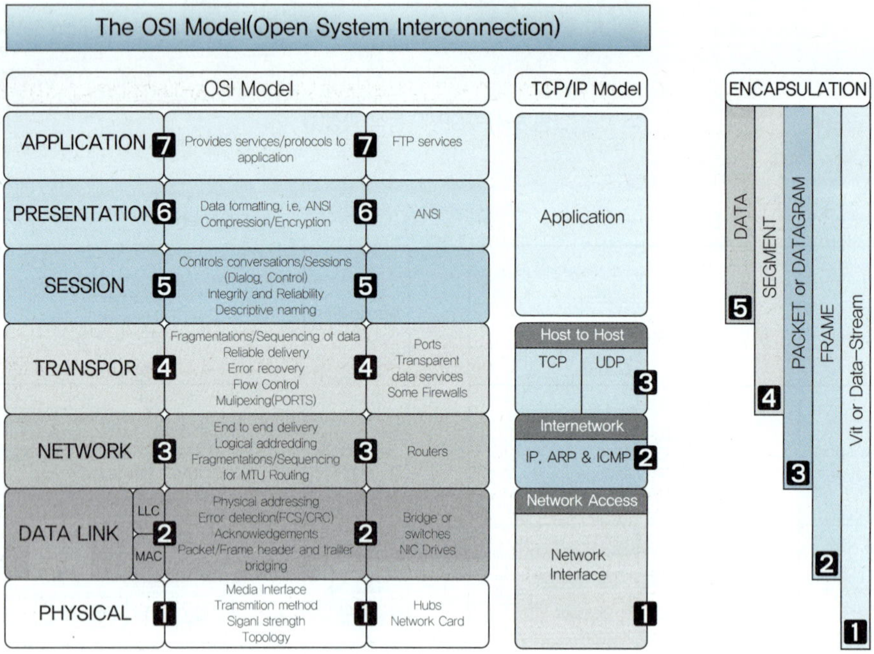

[그림 6-6] OSI 7계층과 PDU

6.4 IP(Internet Protocol)

6.4.1 IP 특성

IP는 OSI 참조모델의 2계층인 네트워크 계층에 해당하고, 전송 경로의 확립이나 네트워크 주소와 호스트 주소의 정의에 의한 네트워크의 논리적 관리 등을 담당한다. 모든 TCP/UDP, ICMP, IGMP 데이터는 IP 데이터그램을 사용하여 전송되며, 그 특징은 다음과 같다.

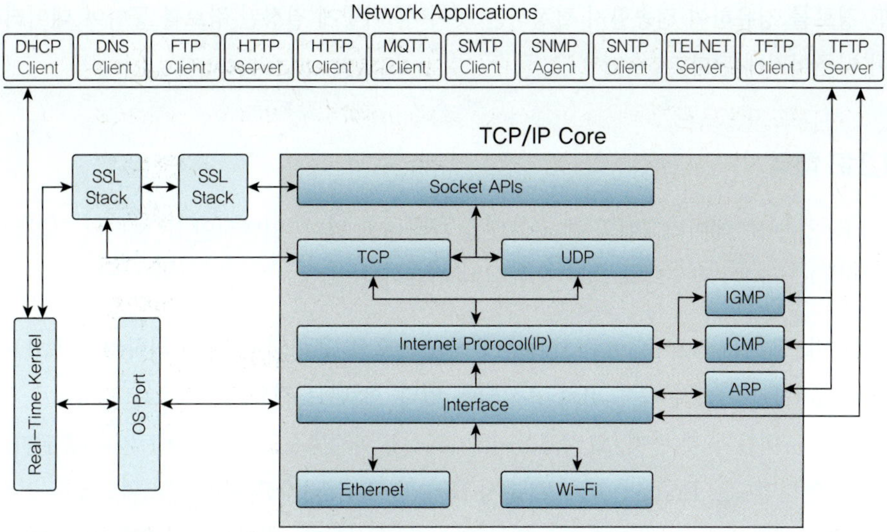

[그림 6-7] TCP/IP 계층상 IP의 위치

(1) 비신뢰성(Unreliable)

IP 데이터그램이 목적지에 성공적으로 도달한다는 것을 보장하지 않는다는 의미이며, 최선의 서비스(Best Effort Service)만을 제공한다. 신뢰성에 대한 요구는 TCP와 같은 상위 계층에서 제공되어야 한다.

(2) 비접속형(Connectionless)

IP가 연속되는 데이터그램에 대한 어떠한 상태 정보도 유지하지 않는다는 것을 의미한다. 이것은 IP 데이터그램이 어긋난 순서로 배달될 수 있다는 것을 의미하기도 한다.

(3) 주소 지정

각 네트워크 상에 접속해 있는 노드의 주소를 지정해 주며, 이를 통하여 데이터를 전송할 목적지를 지정해 주는 역할을 한다. 보통 각 호스트마다 주어진 IP 주소를 말하며, 이 기능을 통하여 네트워크 상에 접속해 있는 각각의 노드를 식별하는 역할을 한다.

(4) 경로 설정

네트워크 계층에 속하는 IP의 주요 기능으로서 목적지의 주소를 가지고 패킷을 전송하기 위하여 최적의 경로를 설정해 주는 역할을 한다. 이것은 특정 목적지로 데이터를 전송할 때 어떤 경로를 경유하여 전송할지 결정하는 것이며, 이렇게 결정된 경로를 통하여 데이터 전송이 이루어지게 된다.

6.4.2 IP 헤더

[그림 6-8]은 IP 데이터그램의 헤더 포맷을 나타내고 있다. 일반적인 IP 헤더의 크기는 선택 사항(Option)이 사용되지 않는 경우 20바이트이다.

최상위 비트(Most Significant Bit)는 왼쪽에 0으로 표시되어 있고 최하위 비트(Least Significant Bit)는 오른쪽에 31로 표시되어 있다. 32비트 값의 4바이트는 순서대로 전송되는데, 0-7비트가 첫 번째, 그리고 8-15, 16-23, 마지막으로 24-31비트가 전송된다. 이것을 빅 엔디안(Big Endian) 바이트 순서(Byte Ordering)라고 하며 네트워크에서 전송될 때 TCP/IP에서 모든 이진수에 요구되는 바이트 순서이다. 이것을 네트워크 바이트 순서(Network Byte Order)라고 한다. 리틀 엔디안(Little Endian) 형태와 같이 이진수를 다른 형태로 저장하는 기계는 데이터 전송 전에 헤더의 값을 네트워크 바이트 순서로 바꾸어야 한다.

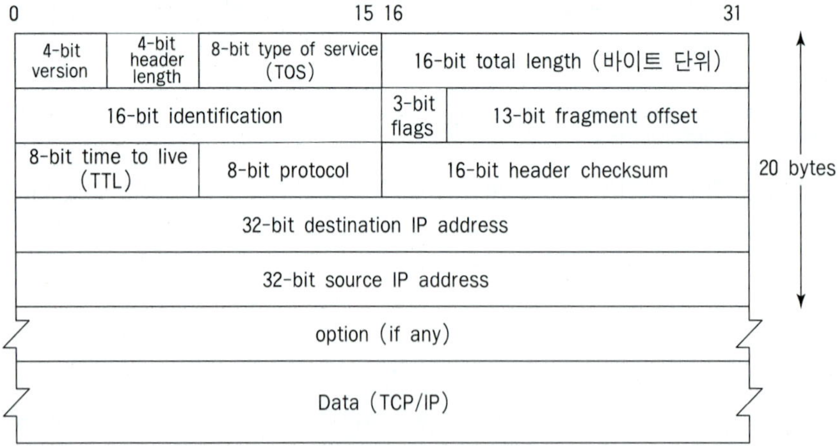

[그림 6-8] IP 헤더의 형식

(1) 버전(Version)

현재 프로토콜의 버전은 4이며 따라서 때때로 IP를 IPv4라고 하기도 한다. 8장에서는 IP의 새로운 확장 버전인 IPv6에 대하여 살펴볼 예정이다.

(2) 헤더 길이(Header Length)

선택사항(Option)을 포함한 헤더의 길이를 나타낸다. 이것은 4비트의 필드이기 때문에 헤더를 60바이트로 제한한다. 4(32비트)바이트를 기준으로 하기 때문에 헤더의 옵션 필드가 없을 경우, 즉 헤더가 20바이트일 경우에 5의 값이 들어간다.

(3) Type-Of-Service(TOS)

3비트의 우선권(Precedence)필드와 4비트의 TOS 필드, 그리고 값이 0인 사용되지 않는 1비트로 구성된다. 4비트의 TOS는 최소 지연, 최대 처리량, 최대 신뢰성, 최소 비용을 나타내는 필드로 구성되며, 이러한 4비트 중에서 단지 1비트만 설정될 수 있다. 4비트 모두 0이라면 일반적인 서비스를 의미한다.

[그림 6-9]는 다양한 어플리케이션에서 TOS 필드의 추천 값을 보여 주고 있다. Telnet 또는 Rlogin과 같은 대화형 로그인 어플리케이션은 적은 양의 데이터 선송을 대화형으로 사용하기 때문에 최소 지연을 필요로 한다. 한편 FTP에 의한 파일 전송은 최대 처리량을 요구한다. 네트워크 관리(SNMP)와 라우팅 프로토콜을 위해서 최대 신뢰성이 지정된다.

Application	Minimize delay	Maximize throughput	Maximize reliability	Minimize monetary cost	Hex value
Telnet/Rlogin	1	0	0	0	0x10
FTP					
control	1	0	0	0	0x10
data	0	1	0	0	0x08
any bulk data	0	1	0	0	0x08
TFTP	1	0	0	0	0x10
SMTP					
command pahse	1	0	0	0	0x10
data phase	0	1	0	0	0x08
DNS					
UDP query	1	0	0	0	0x10
TCP query	0	0	0	0	0x00
zone transfer	0	1	0	0	0x08
ICMP					
error	0	0	0	0	0x00
query	0	0	0	0	0x00
any IGP	0	0	1	0	0x04
SNMP	0	0	1	0	0x04
BOOTP	0	0	0	0	0x00
NNTP	0	0	0	1	0x02

[그림 6-9] Type-of Service 필드의 추천 값

(4) 전체 길이(Total Length)

IP 데이터그램의 전체 길이를 바이트로 나타낸다. 이 필드는 16비트이므로 IP 데이터그램의 최대 크기는 65,535바이트이다.

(5) 식별자(Identification)

호스트가 보낸 각 데이터그램을 유일하게 식별한다. 단편화가 이루어질 때 플래그(flags) 필드와 단편화 옵셋(Fragmentation Offset) 필드가 사용된다. 분할된 패킷들은 동일한 식별자 값을 갖는다.

(6) 플래그

플래그는 세 개의 비트로 구성되어 있는데, 첫 번째 비트는 예약되어 있으며, 두 번째 비트는 단편화 금지(Don't fragment) 비트이다. 이 비트가 1로 설정되어 있으면, 데이터그램을 단편화할 수 없다. 만약 데이터그램을 쪼개야 하는 네트워크를 지날 때 이 비트가 설정되어 있다면 데이터그램을 폐기시키고, 송신측 호스트에 ICMP 에러 메세지를 보내준다. 세 번째 비트는 More Fragment bit라고 한다. 이 값이 1이라면 이 데이터그램이 마지막이 아니고, 뒤에 단편화된 데이터그램이 더 있음을 나타낸다.

(7) 단편화 옵셋

13비트로 구성되어 있으며, 단편화된 조각들을 하나의 데이터그램으로 합칠 때, 전체 데이터그램에서의 상대적인 위치를 나타낸다. 패킷이 모든 타입의 네트워크 상에서 전달될 수 있도록 IP는 반드시 데이터그램의 크기를 각 네트워크에 따라 적절히 조절할 수 있어야 한다. [그림 6-10]은 단편화가 이루어질 때 데이터부분이 나누어지는 과정을 도식화한 것이다.

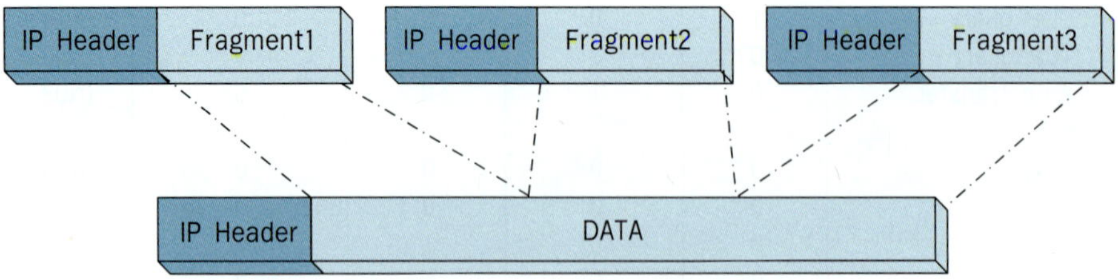

[그림 6-10] 데이터그램의 단편화

| 미니요약 | 데이터의 단편화

데이터가 중간의 많은 네트워크를 통하여 수신측으로 전달될 때, 원래 보낸 데이터의 크기보다 작은 크기의 데이터만을 전송할 수 있는 네트워크를 만날 경우에 단편화가 이루어진다. 이 경우에 Don't Fragment 비트가 설정되어 있다면, 단편화를 하지 못하고 송신측에 ICMP 메시지를 보내준다.

(8) Time-To-Live(TTL)

데이터그램이 경유할 수 있는 라우터의 수(Hop Count)에 대한 상한을 설정한다. 즉 데이터그램의 생존 시간을 제한하는 것이다. 이 필드는 송신지에서 초기화되고, 각 라우터를 지날 때마다 라우터에 의하여 1씩 감소된다. 이 필드가 0에 도달하면 그 데이터그램은 버려지고, 송신자는 ICMP 메시지를 받게 된다. 이것은 패킷의 무한 루프(loop)를 방지하기 위한 기능이다.

(9) 프로토콜(Protocol)

데이터그램의 상위 프로토콜 중 어느 것이 사용되는지를 나타내 주는 필드이다. 가장 많이 사용되는 TCP 프로토콜을 나타내는 값은 6이며, UDP 프로토콜을 나타내는 값은 17이다.

(10) 헤더 체크섬(Header Checksum)

이 필드는 IP 헤더에 대해서만 계산된다. 헤더 다음에 따라오는 어떤 데이터도 체크섬 하지 않는다. ICMP, IGMP, UDP, TCP는 모두 헤더와 데이터 전부를 포함하는 체크섬을 헤더 안에 가지고 있다. 내보내는 데이터그램에 대한 IP 체크섬을 계산하기 위해 먼저 체크섬 필드의 값은 0으로 설정된다. 그리고 헤더에 대한 16비트의 1의 보수의 합이 계산된 후에, 이 16비트의 1의 보수의 합이 체크섬 필드에 저장된다.

IP 데이터그램이 수신되었을 때 16비트 1의 보수의 합이 계산되는데, 수신지의 계산된 체크섬은 송신지에서 저장한 체크섬을 가지고 있기 때문에 헤더 안에 아무것도 수정되지 않았다면, 수신지의 체크섬이 모두 비트 1일 것이다. 결과가 모두 1이 아니면(체크섬 에러), IP는 수신된 데이터그램을 버리고 아무런 에러 메시지도 생성하지 않는다. 따라서 상위 계층에서 재전송에 대한 처리를 해줘야 한다.

| 미니강의 | ARP/RARP

- ARP(Address Resolution Protocol)

  네트워크 계층의 주소를 링크 계층의 주소로 변화하는 기능을 제공하는 프로토콜이다. 실제 데이터를 전송하기 위해서는 연결되어 있는 링크의 주소를 알아야 하는데, 이를 위해서 ARP를 사용하여 대응되는 링크 계층의 주소를 알아내는 것이다.
- RARP(Reverse Address Resolution Protocol)

  ARP와 반대로 링크 계층의 주소를 네트워크 계층의 주소로 변환해 주는 프로토콜이다. 또한 이것은 디스크가 없는 시스템이 부팅할 때, 자신의 네트워크 주소를 알기 위해 많이 사용된다.

6.4.3 IP 주소

모든 네트워크 장비들은 각각 고유한 주소를 가지는데 이를 IP 주소라고 한다. 전화기마다 고유의 전화번호가 할당되듯이, 네트워크에 등록된 컴퓨터들도 식별할 수 있는 고유의 번호가 부여된다. 32비트의 IP 주소를 보기 쉽게 표시하기 위하여, 네 바이트 단위로 나누고 이를 10진수로 표시하는 Dotted Decimal 표현 방식이 널리 사용되고 있다. IP 주소는 네트워크를 구분하기 위한 네트워크 식별자(Netid) 필드와 한 네트워크 내에서 호스트를 구분하기 위한 호스트 식별자(Hostid) 필드의 두 부분으로 구성되며, 각 필드에서 사용되는 비트 수의 크기에 따라 [그림 6-11]과 같이 네 개의 클래스로 구분된다.

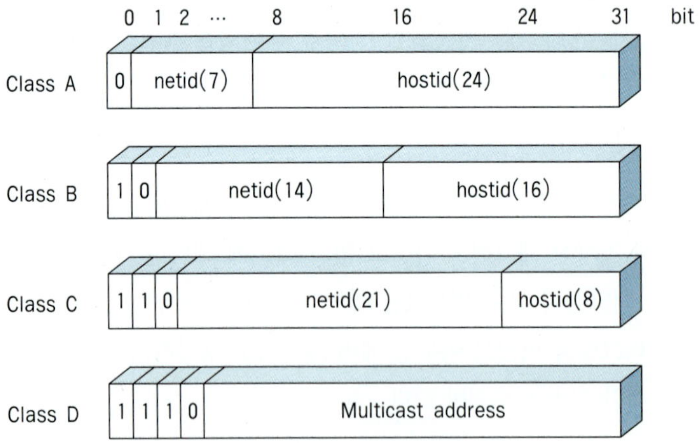

[그림 6-11] IP 주소의 종류 및 구조

① Class A: 첫 번째 바이트의 첫 비트가 0으로 시작

첫 바이트의 나머지 7비트가 네트워크 식별자이고, 뒤의 세 바이트가 호스트 식별자이며, 한 네트워크에 24비트의 호스트 식별자를 가질 수 있으므로, 약 224대의 호스트를 수용할 수 있다.

② Class B: 첫 번째 바이트의 처음 두 비트가 10으로 시작

첫 번째 바이트의 나머지 6비트와 두 번째 바이트가 네트워크 식별자이고, 뒤의 두 바이트가 호스트 식별자이며, 한 네트워크에 약 216대의 호스트를 수용할 수 있다.

③ Class C: 첫 번째 바이트의 처음 세 비트가 110

세 번째 바이트까지가 네트워크 식별자이고, 마지막 한 바이트가 호스트 식별자이며, 한 네트워크에 254대까지 수용할 수 있다.

④ Class D: 첫 번째 바이트의 처음 네 비트가 1110으로 시작

이 클래스는 멀티캐스트 주소로 사용된다. 목적지 주소가 D클래스인 패킷은 멀티캐스트 그룹에 연결된 모든 장비로 전달된다.

패킷은 전송하기 위한 목적지 대상에 따라서 다음과 같이 구분된다.

- 유니 캐스트(Unicast): 보내는 패킷의 헤더에서 목적지가 하나의 호스트를 가리키는 경우의 IP 주소 타입이다.
- 멀티 캐스트(Multicast): 보내는 패킷의 헤더에서 목적지가 호스트들의 집합으로 이루어진 경우이다. 멀티캐스트를 사용하기 위해서는 먼저 네트워크 장비들이 표준안으로 정의된 멀티캐스트 주소를 인식하고 지원할 수 있어야 하며, 원하는 그룹 주소를 이용하여 그룹에 가입되어 있어야 한다.
- 브로드 캐스트(Broadcast): 주어진 네트워크의 모든 호스트에게 보내는 경우이며, 주소는 호스트 식별자에 255를 붙여서 사용한다.

| 미니강의 | IP 주소 체계

IP 주소는 4개의 클래스로 구분되며, 이중 Class D는 멀티 캐스트를 지원하기 위하여 사용된다. Class A는 네트워크의 수가 적은 대신에 한 네트워크에 수용할 수 있는 호스트의 댓수가 가장 많으며, Class C는 한 네트워크에 수용할 수 있는 호스트의 수는 적으나 많은 네트워크가 있으므로, 중소규모의 네트워크를 구성할 때 많이 사용된다.

〈표 6-2〉 클래스별 IP 주소

Class	주소 범위	주소 형태	가용 호스트 수	예
A	1~126	N.H.H.H	16,777,214	102.25.14.210
B	128~191	N.N.H.H	65,534	129.23.25.145
C	192~223	N.N.N.H	254	203.252.53.46
D	224~239	multicast ID		230.27.144.13

각 클래스 별 IP 주소의 범위와 주소의 수는 〈표 6-2〉와 같다. 127로 시작하는 주소는 자기 자신을 가리키는 Loopback 주소로 사용되기 때문에 Class A에서 127번으로 시작하는 주소는 제외되었다. 〈표 6-2〉는 특별한 의미를 갖는 IP 주소를 나타내고 있다.

6.4.4 라우팅(Routing)

라우팅은 IP의 여러 가지 기능 중 가장 중요한 기능 중의 하나이다. 하나의 물리적인 네트워크 안에 있는 호스트들 사이에서의 IP 데이터그램 전송은 라우터를 사용하지 않고 직접 수행된다. 송신 호스트는 물리적 프레임 내에 데이터그램을 캡슐화시키고 ARP를 이용하여 목적지 IP 주소를 물리적 하드웨어 주소와 대응시킨 후에 목적지로 프레임을 직접 전송한다.

각각의 라우터는 라우팅 테이블을 가지고 있어서 이 테이블 안의 정보를 가지고 데이터그램 전송을 하게 된다.

〈표 6-3〉 특별한 IP 주소

특별한 IP주소	네트워크	호스트	송신	수신
네트워크 주소	Specific	0	×	×
직접 브로드캐스트 주소	N/W	All 1s	×	○
제한적 브로드캐스트 주소	All 1s	All 1s	×	○
네트워크의 자신 호스트	All 0s	All 0s	×	○
네트워크의 한 호스트	All 0s	Specific	○	×
루프백 주소	127	Any	×	○

6.4.5 서브넷팅(Subnetting)

IP 주소의 수가 한정되어 있으므로, 각 기관에서는 배정받은 하나의 네트워크 주소(Class A, B, C)를 다시 여러 개의 작은 네트워크로 나누어 사용하는 방법이 사용된다. 이때 주어진 네트워크 주소를 나누어 사용하는 것을 서브넷팅(Subnetting)이라고 한다. 4바이트 IP 주소 중에 네트워크 식별자 부분을 구분하기 위한 Mask를 서브넷 마스크(Subnet Mask)라고 하는데, Class A를 위한 디폴트 서브넷 마스크는 255.0.0.0이고, Class B는 255.255.0.0이며, Class C의 경우는 255.255.255.0이 된다.

[그림 6-12]는 서브넷팅의 예를 나타낸다. 한 개의 Class C 주소를 나누어 사용하기 위하여 호스트 식별자로 8비트가 아닌 6비트만 사용하고, 네트워크 식별자로 24비트가 아닌 26비트를 사용하면, 이때의 서브넷 마스크는 255.255.255.192가 된다. 한편, 호스트 주소(Hostid) 중에서 각 비트가 모두 1인 것은 방송용(Broadcast)용으로 사용되며, 모두 0인 것은 자신을 나타내는 주소(Loopback)용으로 지정되어 있으므로, 이 두 개의 주소는 특정 호스트에 배정할 수는 없다.

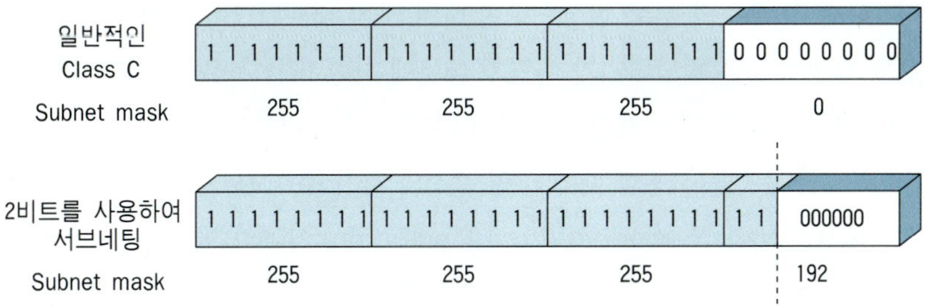

[그림 6-12] 서브넷팅(Subnetting) 예제

6.4.6 슈퍼넷팅(Supernetting)

인터넷이 매년 폭발적인 성장을 거듭하자 1992년에 이르면서, 인터넷 라우팅 시스템의 확장성에 관한 심각한 염려가 IETF에서 제기되었다. 급격한 확장으로 인하여 다음과 같은 문제가 대두된 것이다.

- Class A와 Class B 네트워크 주소 공간의 고갈
- 클래스 C 주소가 할당되면서 인터넷 라우팅 테이블 규모의 증대
- 32비트 IPv4 주소의 궁극적인 고갈

이전까지의 인터넷 성장 속도에 비추어서 위의 첫 번째와 두 번째 항은 곧 심각한 문제를 유발할 것으로 판단한 IETF는 “슈퍼넷팅(Supernetting)” 또는 “CIDR(Classless Inter-Domain Routing)”이라는 새로운 개념을 도입하고, 1993년 9월에 이를 표준화하였다. 세 번째 항에 대한 해결책으로 128비트의 주소 공간을 사용하는 IPv6가 사용될 예정이나, IPv4에서 IPv6으로 전환하는 데에는 여러 가지 사항들이 선행되어 해결되어야 하므로 그 때까지 과도기적으로 슈퍼넷팅을 사용하려고 하였다.

| 미니요약 | 슈퍼넷팅(Supernetting)

인터넷의 폭발적인 성장으로 인하여 Class A와 B 네트워크의 주소 공간이 고갈되고, IPv4 주소가 부족하게 됨에 따라 IPv6 주소가 제안되었으나, 전환하는 데에는 여러 가지 사항들이 해결되어야 하므로 과도기적으로 슈퍼넷팅을 사용한다.

6.4.7 사설 네트워크(Private Network)를 위한 주소 할당

RFC-1918 문서에서 사설 네트워크에서 인터넷과의 연동을 위한 사설 IP 주소 범위를 권고하고 있다. 현재 IP 주소의 부족 현상으로 인하여 사설 네트워크를 가지고 있는 기업의 모든 네트워크 자원에 IP를 할당하기가 어렵기 때문에 사설 IP를 사용하게 되는데, 외부의 공인 IP 네트워크와 접속할 때 문제가 발생하지 않도록 하기 위해서 이러한 권고안이 나온 것이다. 이러한 사설 주소를 사용할 때에 공인 주소와 사설 주소 사이의 호스트와 네트워크를 접속하기 위해서는 NAT(Network Address Translation) 기능의 제공이 반듯이 필요하다.

| 미니강의 | NAT(Network Address Translation)

NAT는 외부 네트워크에 알려지는 공인 IP 주소와는 다른, 사설 IP 주소를 사용하는 내부 네트워크에서 IP 주소를 변환하여 주는 것을 말한다. 일반적으로, 한 회사는 자신의 내부 네트워크 주소를 하나 또는 그 이상의 공인 IP 주소로 매핑한다. 그리고 들어오는 패킷들 상의 공인 IP 주소를 다시 내부 네트워크에서 사용하는 사설 IP 주소로 변환한다. 이렇게 함으로써 나가거나 들어오는 각 요구들은 주소 변환과정을 반드시 거쳐야 하기 때문에, 보안문제를 확실하게 하는데 도움이 되며, 또한 요구를 제한하거나 인증하고, 이전의 요구와 일치시키는 기회를 제공한다. NAT는 또한 회사에서 필요한 공인 IP 주소의 수를 보존하며, 회사가 외부 네트워크와의 통신에서 단 하나의 공인 IP 주소를 사용할 수 있게도 한다.

(1) 사설 주소 영역

IANA(Internet Assigned Numbers Authority)는 사설 인터넷을 위하여 〈표 6-4〉와 같은 3가지의 IP 주소 블럭을 할당하여 놓고 있다.

〈표 6-4〉 사설 인터넷을 위한 주소 범위

IP 주소 블록	주소 범위
24비트 블록	10.0.0.0 – 10.255.255.255
20비트 블록	172.16.0.0 – 172.31.255.255
16비트 블록	192.168.0.0 – 192.168.255.255

24비트 블록은 하나의 Class A의 네트워크만을 갖는 데에 비하여 20비트 블록은 16개의 연속적인 Class B 네트워크를, 16비트 블록은 256개의 연속적인 Class C의 네트워크만을 가진다. 여기서 지정한 주소영역을 벗어난 IP 주소를 사용하기로 결정한 기업은 인터넷에 접속할 수가 없다. 이러한 사설 주소 영역 안의 주소는 공인 인터넷상에서는 존재하지 않으므로 외부 네트워크와 접속이 용이하다. 인터넷으로 나가기 위한 IP 주소가 필요한 경우에는 반드시 인터넷 등록 업체로부터 공인 받은 IP를 사용하여야 한다.

지정된 사설 주소 영역을 사용할 경우 외부 네트워크와의 접속은 내부 라우터 등에서 그 기업에 할당된 공인 IP 주소로의 변환 기능을 통하여 가능하며 지정된 사설 주소 영역은 외부 공인 IP 네트워크에서는 존재하지 않으므로 네트워크 계층의 연결성을 확보할 수 있다. 만일 지정된 사설 주소 영역을 벗어날 경우는 사설 주소와 외부 공인 IP 네트워크의 주소 영역이 서로 간에 겹치게 되어 네트워크 계층의 연결성 확보는 어렵다. 즉, 내부 호스트들은 기업 외부의 어떠한 호스트들과도 IP 연결성을 가질 수 없지만, 게이트웨이의 중재로 인하여 외부 서비스로의 접근은 할 수 있다. 게이트웨이는 공인 IP 주소를 확보하여야 하며 외부 네트워크가 접속하게 된다. 내부 네트워크의 호스트는 게이트웨이와 접속하여 어플리케이션 계층의 서비스를 받게 되며, 게이트웨이는 내부 네트워크 호스트를 대신하여 외부 네트워크와 네트워크 계층의 접속성을 확보한 다음 해당 어플리케이션에 대한 중재를 하게 된다.

| 미니요약 | 사설 주소 영역

지정된 사설 주소 영역을 사용할 경우 외부 네트워크와의 접속은 내부 라우터 등에서 그 기업에 할당된 공인 IP 주소로의 변환 기능을 통하여 사용이 가능하며, 지정된 주소 영역을 벗어나면 사설 주소와 외부 공인 IP 네트워크의 주소 영역이 서로 겹치게 되어 네트워크 계층의 연결성 확보가 어렵다.

예를 들어, 어느 기관에서 10.22.11.0부터 10.22.22.0까지의 비공인 주소를 할당 받았을 때, 공인된 인터넷 주소가 아니므로 외부로의 접속은 원칙적으로 불가능하지만, 게이트웨이를 거쳐서 외부의 네트워크에 접근이 가능해진다. 현재 널리 보급된 ADSL 같은 초고속망의 경우에도 모든 가입자에게 공인 IP를 할당하는 것이 아니라 동적으로 IP 주소를 할당해준다. 이는 IP 주소의 수요상 모든 고객에게 할당할 수 있는 주소공간이 부족한 것도 이유가 되겠지만, 동시에 모든 고객이 인터넷을 사용하지는 않으므로 어느 정도 가용 IP 주소를 할당해 놓고 필요한 고객에게 NAT를 거쳐서 IP를 할당해 주는 것이다.

6.5 UDP(User Datagram Protocol)

6.5.1 UDP 특성

UDP는 IP와 마찬가지로 신뢰성을 제공하지 않는다. UDP는 응용계층에 의하여 요청되는 데이터그램을 하위 IP 계층에 보낼 때 사용되는 것으로, 그 데이터그램이 목적지에 제대로 도달하는지에 대한 신뢰가 보장되지 않는다. 하지만 UDP는 다음과 같은 특징을 가지고 있어서 TCP와 더불어 널리 쓰이고 있다.

(1) 비연결형(Connectionless)

TCP는 데이터를 전송하기 전에 연결 설정을 맺는 반면, UDP는 연결설정 없이 데이터를 전송한다. 따라서 연결 설정을 위한 지연 시간이 걸리지 않으므로 DNS와 같은 서비스에서는 UDP를 사용함으로써 빠른 서비스를 제공한다.

(2) 비상태정보(Non-State)

TCP는 종단 시스템에서 연결에 대한 상태정보를 유지한다. 이 연결 상태에는 송수신의 버퍼, 혼잡제어 인자(Parameter), 순서번호와 확인번호 인자를 포함한다. 반면 UDP는 연결

정보나 여러 가지 인자에 대한 상태 정보를 저장하지 않는다.

(3) 경량의 오버헤드(Small Overhead)

TCP 세그먼트의 헤더는 20바이트인 반면, UDP는 8바이트의 크기를 가진다.

(4) 비정규적인 송신률(Unregulated Send Rate)

TCP에서 사용하는 혼잡제어 매커니즘은 송신측에서 보내는 데이터의 양에 제한을 준다. 따라서 일부 패킷의 손실이 생기더라도 최소 전송률을 요구하는 실시간 전송의 경우 UDP를 사용하는 것이 원하는 서비스를 제공할 수 있게 한다.

(5) 최선형 서비스(Best Effort)

TCP와 같이 수신측에서의 응답을 기다리지 않고 바로 바로 원하는 서비스를 제공해 준다. 따라서 패킷 손실이 유발될 가능성도 있으나 서비스의 지연 없이 최신의 서비스를 제공할 수 있다.

| 미니요약 | UDP(User Datagram Protocol)

UDP는 데이터의 전송 시에 사전에 연결을 설정하지 않으며, 상태정보도 유지하지 않는다. 또한 같은 계층인 TCP에 비하여 헤더의 크기가 작아서 오버헤드가 적으며, 최선의 서비스를 제공하고, 실시간 전송에 유리한 특성을 가진다.

6.5.2 UDP 헤더

[그림 6-13]은 UDP 헤더의 필드를 보여준다. 포트 넘버와 길이, 검사합의 구성으로 간단히 이루어져 있으며, 8바이트의 헤더길이를 갖는다.

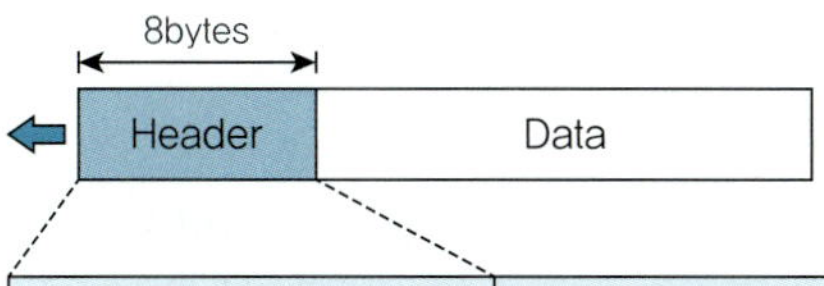

Source port number 16 bits	Destination port number 16 bits
Total length 16 bits	Checksum 16 bits

[그림 6-13] UDP 헤더

(1) 포트번호(Port Number)

송신 프로세스와 수신 프로세스를 구분해 준다. IP로부터 들어오는 데이터를 수신하기 위하여 목적지 포트 번호를 사용한다. TCP 포트 번호는 UDP 포트 번호와 서로 독립적이다.

(2) UDP 길이(UDP Length)

UDP 헤더와 데이터의 바이트 길이를 합친 값이다. 이 필드의 최소 값은 8바이트이다.

(3) UDP 체크섬(UDP Checksum)

IP 헤더 안의 체크섬은 IP 헤더만을 포함하는 것에 반해, UDP 체크섬은 UDP 헤더와 UDP 데이터를 모두 포함한다. TCP에서는 강제적으로 체크섬을 수행하는 반면, UDP는 체크섬을 선택적으로 수행한다.

| 미니강의 | 포트번호(Port Number)

포트번호는 인터넷이나 기타 다른 네트워크의 메시지가 호스트에 도착했을 때, 전달되어야 할 특정 프로세스를 인식하기 위한 방법이다. TCP와 UDP에서 포트번호는 단위 메시지에 추가되는 헤더 내에 넣어지는 16비트 정수의 형태를 갖는다. 이 번호를 사용하여 호스트에 전달된 데이터를 상위 응용프로그램에 넘겨줄 수 있다. 웹 서비스나 텔넷 연결과 같은 보편적으로 사용되는 서비스에 대하여 영구적인 포트번호들이 할당되어 있는데, 이를 Well-Known Port라고 한다. Well-Known Port는 0 ~ 1,023까지의 숫자가 사용되는데 가장 많이 사용되는 HTTP는 80번 포트, Telnet은 23번 포트 그리고 FTP는 21번 포트를 사용한다.

6.6 TCP(Transmission Control Protocol)

6.6.1 TCP 특성

TCP는 트랜스포트 계층의 프로토콜로서 IP가 제공하는 서비스를 기본적으로 이용하며, 네트워크 상에서 확실한 데이터의 전송을 보장하므로 데이터의 신뢰성이 보장된다. 또한 전송에 에러가 발생한 경우 자동으로 데이터를 재전송하므로 TCP를 사용하는 상위 계층은 수신측에서의 정상적인 데이터 수신에 대하여 별도의 처리를 해 줄 필요가 없다. TCP는 다음과 같은 특성을 가진다.

(1) 접속형(Connection-Oriented)

TCP를 사용하는 두 어플리케이션(보통 클라이언트와 서버)이 데이터를 서로 교환하기 전에 TCP 접속을 성립해야 함을 의미한다. 전형적으로 전화를 거는 것과 같이, 상대편이 전화 받기를 기다리고, "여보세요"라고 말하면 "누구세요"라고 말하는 것과 같다.

(2) 신뢰성(Reliability)

TCP는 전송한 데이터가 수신측에 올바르게 도착했는지를 확인하여 신뢰성 있는 통신을 수행한다. 다음은 TCP에서 신뢰성을 주는 전송 과정을 나타낸 것이다.

- 응용 데이터는 전송하기 위한 최적의 크기로 나누어진다. 이때, TCP에 의해 IP로 전달되는 단위는 세그먼트라고 불린다.
- TCP가 세그먼트를 보낼 때 타이머를 유지하고, 수신측으로부터 세그먼트에 대한 응답인 승인을 기다린다. 만약 승인이 시간 내에 수신되지 않으면 세그먼트는 재전송된다.
- TCP가 접속의 수신측으로부터 데이터를 받으면 확인응답(Ack)을 보낸다.
- TCP는 전송 중에 데이터의 변화를 발견하기 위해 헤더와 데이터에 체크섬을 유지한다. 만약 세그먼트가 잘못된 체크섬을 가지고 도착하면 TCP는 이 세그먼트를 버리고, 받은 것에 대한 확인응답을 보내지 않는다. 따라서 송신측에서는 타임 아웃되고, 재전송이 이루어진다.
- TCP 세그먼트는 IP 데이터그램으로 전송되고, IP 데이터그램은 순서에 관계없이 전송될 수 있기 때문에 TCP 세그먼트도 순서에 관계없이 도착될 수 있다. 수신하는 TCP는 전송된 데이터를 다시 순서대로 하고, 어플리케이션에 정확한 순서로 받은 데이터를 보낸다.

| 미니요약 | TCP(Transmission Control Protocol)

TCP는 데이터의 전송 시에 타이머를 작동하고, 주어진 시간 안에 확인응답(Ack)이 도착하지 않으면 재전송함으로써 신뢰성을 유지한다.

(3) 흐름 제어(Flow Control)

각 TCP 접속의 종단은 일정 크기의 버퍼 공간을 갖고 있다. 흐름 제어는 송신하는 TCP가 수신측이 갖고 있는 버퍼의 크기만큼 데이터를 보내도록 제어하여 처리 속도가 느린 수신측 호스트의 버퍼 크기를 넘치게 하는 것을 방지한다.

(4) 혼잡 제어(Congestion Control)

네트워크 내에 존재하는 패킷의 수가 과도하게 증가되는 현상을 혼잡(Congestion)이라고 하며, 혼잡 현상을 방지하거나 제거하는 기능을 혼잡 제어(Congestion Control)라고 한다. 컴퓨터 네트워크에 혼잡이 발생하면 네트워크 전체의 속도는 급격히 감소하게 되므로 혼잡이 발생하지 않도록 막는 것이 중요하다. 특히 네트워크 내의 특정 지역에서 국부적으로 혼잡이 발생하여도 혼잡 현상의 특성상 그 주위로 계속해서 확산될 가능성이 높다. 흐름제어는 송신자와 수신자 사이의 점대점 전송 속도를 다루는데 반하여, 혼잡제어는 보다 넓은 관점에서 호스트와 라우터를 포함한 서브 넷에서의 전송 능력에 대한 문제를 다룬다. 이 두 방법의 고려 범위는 [그림 6-14]와 같다.

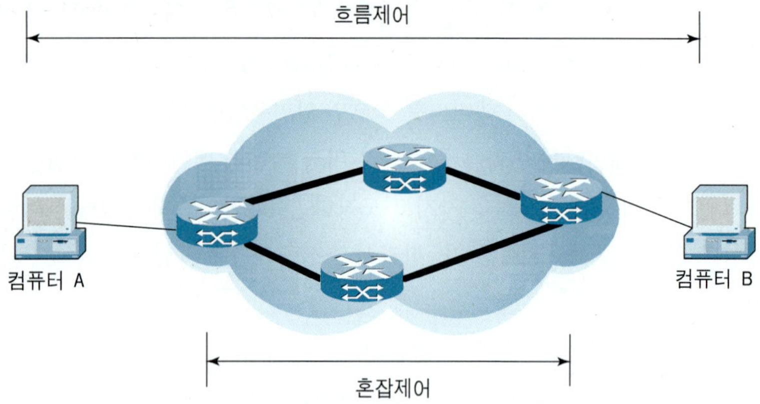

[그림 6-14] 흐름 제어와 혼잡 제어의 범위

TCP에서는 혼잡을 회피하기 위한 방법으로 Slow-Start 알고리즘을 사용한다.

> **| 미니강의 |** Slow-Start Algorithm
>
> 송신측에서 Cwnd(Congestion Window)를 사용하여 연결초기에는 Cwnd=1로 설정하고, 수신측으로부터 Ack를 받기 전에는 오직 한 개의 패킷만 송신가능하다. 이후 전송한 패킷에 대하여 Ack를 받으면 Cwnd 값을 2로 증가시킨다.(즉, RTT(Round Trip Time)마다 증가) 링크의 전송 속도가 포화될 때까지 Cwnd 값이 2, 4, 8, …로 증가하며, 재전송이 발생되면 Cwnd=Cwnd/2의 값으로 조정하여 Congestion Avoidance Algorithm을 수행한다.

6.6.2 TCP 헤더

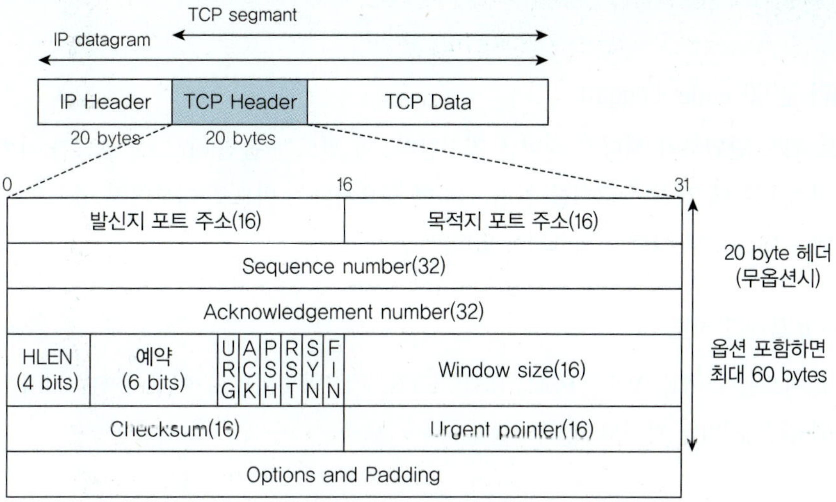

[그림 6-15] TCP 헤더

(1) 포트번호(Port Number)

TCP세그먼트는 송신하고 수신하는 응용을 구분하기 위하여 이것을 사용한다. IP 주소와 포트번호의 조합을 소켓(Socket)이라고 한다.

> **| 미니강의 |** 소켓(Socket)
>
> 통신 프로세스의 종단점을 식별하는 것으로 UNIX의 파일 접근 절차와 유사하다. 통신 프로세스의 포트번호와 호스트의 IP 주소를 하나로 묶어서 일컫는 말이다.

(2) 순서번호(Sequence Number)

송신측의 TCP로부터 수신측의 TCP로 가는 데이터 스트림의 바이트를 구분하기 위하여 사용되는 순서번호이다. 32비트의 부호 없는 번호로서 0부터 232-1을 초과하면 다시 0으로 돌아간다.

(3) 확인응답번호(Acknowledgement Number)

수신한 마지막 바이트의 순서번호에 1을 더한 값이다. 이 필드와 Ack 플래그는 항상 설정된다.

(4) 헤더 길이(Header Length)

32비트 워드 단위로서 헤더의 길이를 지정한다. 이 필드는 옵션(option) 필드가 가변길이를 가지기 때문에 정확한 길이를 알기 위하여 필요하다. 4비트로 이루어져 있으므로 헤더의 최대 길이는 60바이트로 제한되어 있다.

(5) 6개의 플래그 비트

플래그 비트는 URG, ACK, PSH, RST, SYN, FIN의 6비트로 이루어지며 각각은 〈표 6-5〉와 같은 의미를 가지고 있다.

〈표 6-5〉 플래그 비트

플래그	의미
URG	긴급 포인터(urgent pointer)가 유효함
ACK	확인응답번호(acknowledgment number)가 유효함
PSH	데이터를 가능한 빨리 응용계층으로 보내야 함. 즉 수신후에 버퍼가 다 찰때까지 기다리지 않고 받는대로 응용 계층으로 올린다.
RST	연결을 재설정
SYN	연결을 초기화하기 위해 순서번호(sequence number)를 동기화
FIN	송신측이 데이터 전송을 종료함

(6) 체크섬(Checksum)

TCP 헤더와 TCP 데이터에 대한 체크섬을 수행한다. 필수 필드로써 송신측에서 계산하여 저장된 값을 수신측에서 검사하여 에러를 검출하기 위한 필드이다.

(7) 긴급포인터(Urgent Pointer)

URG 플래그가 설정되어 있을 때만 유효한 값을 가진다. 송신측에서 데이터를 긴급히 보낼 때 사용되는 방법이다.

6.7 응용 프로토콜

앞에서는 하위 계층의 TCP/IP 프로토콜에 대해서 살펴보았다. 그러나 TCP/IP는 궁극적으로 상위 계층의 여러 가지 프로토콜을 사용하여 서비스를 제공하는 다양한 응용 계층의 프로토콜을 지원하기 위한 것이다. TCP/IP에는 보편적으로 많이 사용하는 DNS(Domain Name System), TELNET, FTP, SMTP(Simple Mail Transfer Protocol) 등의 프로토콜이 있다. 이번 절에서는 다음과 같이 널리 사용되는 TCP/IP의 응용 프로토콜에 대하여 살펴보겠다.

6.7.1 DNS(Domain Name System)

DNS는 호스트의 이름과 IP 주소를 매핑하여 주는 거대한 분산 네이밍 시스템이다. 인터넷에서 사용되는 IP와 그리고 IP의 상위에서 동작하는 익스플로러(Explorer)와 같은 응용 프로그램들은 203.252.53.46과 같이 표현되는 IP 주소만을 인식하게 되는데, 이러한 IP 주소는 기계 입장에선 해석하기 수월하지만 사람은 기억하기가 어렵고, IP 주소만으로는 서비스 유형을 예측하기 힘들다는 단점이 있다. 그러므로 인터넷의 도입 시절인 ARPANET 시절부터 IP Address를 구분이 손쉬운 이름으로 명명하여 사용하고자 하는 노력이 시도되었고, 많은 시행착오를 거치면서 지금의 DNS 메커니즘으로 발전하였다.

ARPANET 시절에는 호스트의 수가 많지 않았기에 NIC(Network Information Center)로부터 일정 주기마다 호스트 명단 파일(HOSTS.TXT)을 받아 /etc/hosts에 저장하여 사용하였었다. 그러나 점차 인터넷의 규모와 호스트 수가 증가함에 따라 새로운 이름 명명 체제의 필요성이 대두되었고, 1983년 Paul Mockapetris가 RFC882, RFC883(현재는 RFC1034로 대체됨)에 새로운 명명 체제에 대한 구현을 공식 발표하며, 크게 네임스페이스의 계층 구조, 분산 데이터베이스, E-mail 라우팅 개선을 주안점으로 DNS가 탄생하였다.

| 미니요약 | DNS(Domain Name System)

DNS는 사람이 기억하기 어려운 시스템의 IP 주소를 호스트의 이름과 매핑하여 주는 거대한 분산 네임 시스템이다. DNS로 인하여 응용 프로그램의 사용자는 숫자로 구성된 IP 주소대신에 호스트의 이름을 기억하면 된다.

(1) DNS 이름체계

ARPANET의 중앙 관리 체제에서는 하나의 파일로 모든 호스트들을 관리하였지만, DNS에서는 이것을 각 도메인별로 트리화하여 [그림 6-16]과 같은 형태로 관리한다.

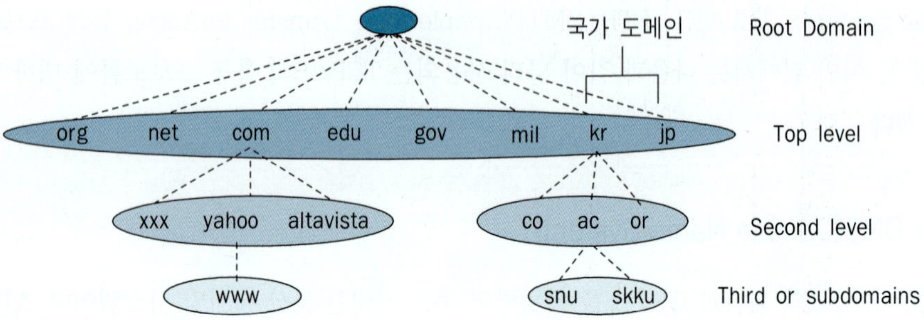

[그림 6-16] 인터넷 도메인 이름체계

위의 그림에서 보듯이 디렉토리 구조와 유사함을 알 수 있는데, Root Domain은 Top level 도메인에 관한 정보를, Top level 도메인은 그 하위 도메인에 관한 정보를 유지/관리하는 구조를 취한다. 이러한 정보의 계층구조로 인하여 정보는 각 도메인의 네임서버(NS: Name Server)로 분산, 관리된다.

예로 yahoo.com 도메인은 com 네임서버에 등록되어 있고, www.yahoo.com은 yahoo.com 네임서버에 등록, 관리된다. 마찬가지로 성균관대학교의 도메인을 등록하기 위해서는 ac.kr 도메인을 관리하는 네임서버의 관련 레코드만을 수정함으로써 가능하다. 이러한 위임구조는 증가하는 인터넷 호스트에 대한 관리를 효율적으로 가능하게 해준다.

(2) 도메인 네임 변환

통신을 위한 TCP/IP 패킷엔 도메인 이름을 위한 공간이 없다. 따라서 도메인 이름에 대한 IP 변환작업(Resolving)을 선행하게 되는데, [그림 6-17]은 이러한 변환 과정을 보여준다.

- Client 상의 응용이 'www.skku.ac.kr'에 접속하기 위해 자신의 Local Name Server에 질의한다.
- Local NS는 먼저 자신의 캐쉬에 자료가 있는지 확인한 후 발견되지 않을 시 Root NS에 질의를 던진다.

- NS도 'www.skku.ac.kr'의 자료를 갖고 있지 않으므로, kr 도메인을 관리하는 NS를 참고하라는 답변을 보내준다.
- Local NS는 다시 kr NS에 질의를 던지고, kr NS는 다시 ac.kr의 NS를 일러준다.(루트와 kr 도메인은 Root NS에서 같이 관리되기 때문에 실제로 본 과정은 일어나지 않고 (2)번에서 바로 ac.kr의 NS를 참고하라는 답변이 나온다.)
- Local NS는 ac.kr NS에 질의하고 마찬가지로 skku.ac.kr NS를 참고하라는 답변을 보낸다.
- Local NS는 다시 skku.ac.kr NS에 질의한다. skku.ac.kr NS는 서브도메인에 대한 자료를 관리하는 실제 NS 이므로, 'www.skku.ac.kr'에 대한 IP 주소인 203.252.32.4를 반환한다.
- 마지막으로, Local NS는 Client에게 결과를 전송한다.

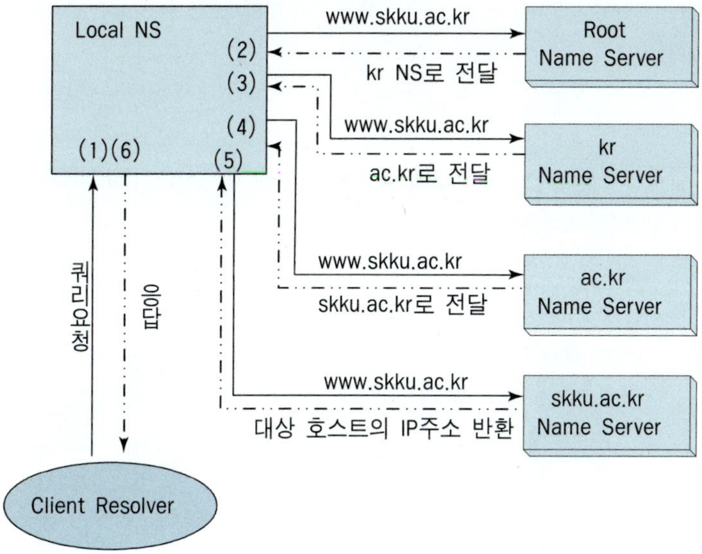

[그림 6-17] 도메인 이름 변환과정

6.7.2 TELNET

TELNET은 특정 지역의 사용자가 지역적으로 떨어진, 다른 곳에 위치한 컴퓨터를 온라인으로 연결 및 연동하여 사용하는 서비스를 말한다. 일단 원격시스템에 연결되면 이용자는 마치 하드웨어적으로 직접 연결된 단말기에서처럼 연결한 원격 컴퓨터를 사용할 수 있다.

이것을 이용하여 원격지의 시스템에 접속하여 정보를 조회하고, 데이터베이스, 파일 등에 접속하여 서비스를 제공받을 수 있다. TELNET의 특징을 간략히 정리하면 다음과 같다.

- 원격으로 특정의 컴퓨터 기기에 접속할 수 있도록 하는 프로토콜
- 특정지역의 사용자가 다른 곳에 위치한 컴퓨터를 온라인으로 연결하여 사용하는 서비스
- 네트워크를 통한 원격 로그인 또는 가상 터미널 기능을 제공하기 위한 프로토콜

TELNET은 인터넷에서 제공하는 웹 서비스처럼 일반에게 공개하는 서비스가 아니므로, 접속하려는 호스트에 사용자 또는 관리자 계정을 가지고 있어야만 한다.

| 미니요약 | TELNET

TELNET은 특정 지역의 사용자가 원격지의 시스템에 온라인으로 연결하여 사용하는 서비스를 말한다. 이것을 이용하여 사용자는 원격지의 시스템을 마치 물리적으로 연결되어 있는 시스템처럼 사용이 가능하다.

TELNET은 클라이언트-서버의 모형을 갖는다. [그림 6-18]은 TELNET 클라이언트-서버의 전형적인 구조를 보여준다.

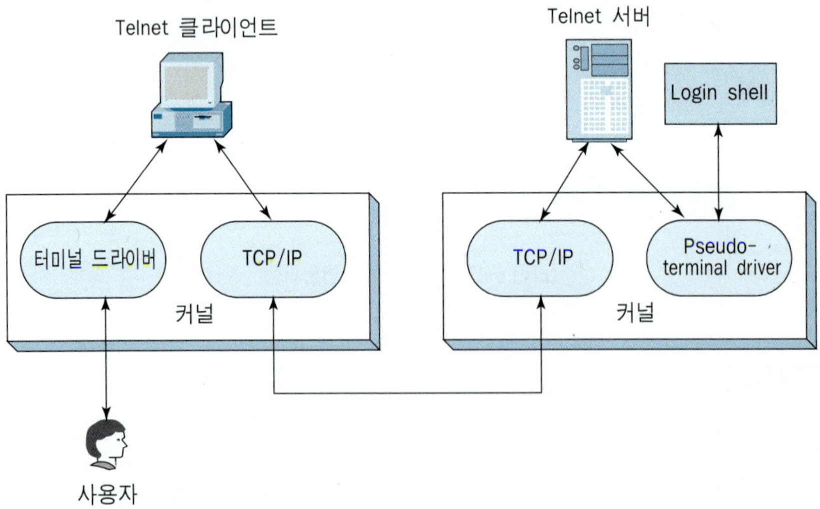

[그림 6-18] TELNET 클라이언트-서버의 구조

위의 그림은 다음과 같은 의미를 가지고 있다.

- TELNET 클라이언트는 터미널의 사용자와 TCP/IP 프로토콜을 중개한다. 일반적으로 사용자가 입력하는 것은 TCP 연결을 통하여 보내지고 그 연결을 통하여 수신된 것이 상대방의 터미널에 출력된다.
- TELNET 서버는 보통 (특히, 유닉스 시스템에서는) 의사-터미널 장치(Pseudo-Terminal)를 다룬다. 이것은 서버에 로그인 셸을 가동시키며, 로그인 셸에 의해 프로그램이 가동되고 터미널 장치에게 대화를 하게 만든다. 스크린 에디터 같은 일부 응용 프로그램은 터미널 장치에게 대화하는 것으로 가정한다.
- 하나의 TCP 연결이 사용된다. TELNET 클라이언트가 TELNET 서버와 대화를 해야 할 때 연결 사이에 사용자 데이터에 대한 명령을 나타내는 방법이 필요하다.
- 서버에 접속해야 할 때는 시스템의 계정을 가지고 있어야 한다.

6.7.3 FTP(File Transfer Protocol)

일반적으로 많이 사용되는 응용 프로토콜의 하나로서, 파일 전송을 위한 인터넷 표준이다. FTP가 제공하는 파일 전송은 한 시스템에서 다른 시스템으로 파일을 복사해 준다. FTP를 사용하기 위해서는 서버에 로그인할 수 있는 계정이 필요하거나 anonymous FTP를 허용하는 서버에 로그인 하는 것이 필요하다. TELNET과 마찬가지로 FTP는 서로 다른 운영체제, 파일 구조, 문자 집합을 사용하는 호스트들 사이에서 작동할 수 있도록 설계되었다. FTP의 특징을 정리하면 다음과 같다.

- 파일 전송은 FTP 접근을 허용하는 컴퓨터에 사용자 계정이 등록된 사람들만 가능하다.
- 인터넷을 통하여 서로가 필요한 파일을 공유하고 교환하기 위하여 누구라도 접속할 수 있는 익명의 계정(anonymous)을 이용하여 파일을 전송할 수 있는 방법이 있다.
- Anonymous FTP 접속은 계정과 암호(password)가 필요 없고 anonymous라는 계정을 사용한다.
- 동시에 접속할 수 있는 최대 인원수가 제한될 수 있다.

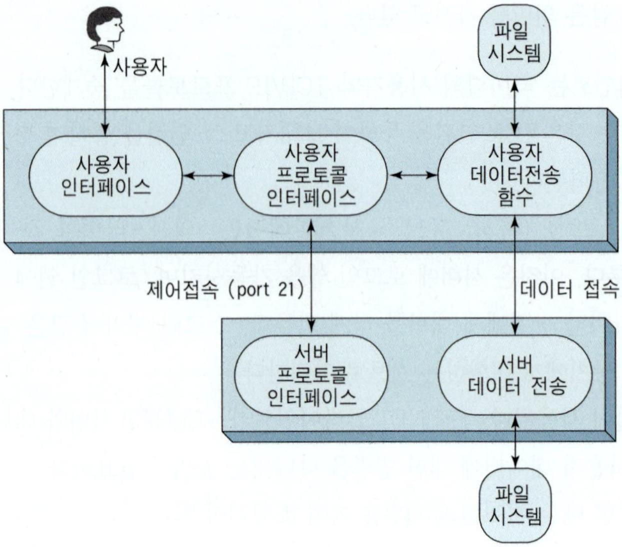

[그림 6-19] 파일 전송 처리

[그림 6-19]는 클라이언트와 서버간의 두 개의 연결 구성을 나타내고 있으며, 대화식 사용자가 제어 연결을 통해 교환되는 명령과 응답을 직접 처리하지는 않는다는 것을 보여준다. 즉, FTP 에서는 제어용 접속을 위해서 포트번호 21로 접속하며, 접속이 이루어진 후에 데이터의 전송은 포트번호 20으로 연결이 이루어진다.

6.7.4 SMTP(Simple Mail Transfer Protocol)

SMTP는 RFC 821에 명시되어 있는 인터넷 전자 우편을 위한 프로토콜이다. SMTP는 TCP 포트 25번을 사용하며, TCP/IP 프로토콜 중에서 많이 사용되는 응용 프로토콜의 하나이다. SMTP는 인터넷을 통하여 전자메일(E-Mail)을 보낼 때 사용된다. E-Mail의 동작원리는 다음과 같다.

① 송신자가 보낸 편지가 일단 송신자 측의 전자우편을 관리하는 메일서버에 전달한다.
② 메일 서버는 수신자의 전자우편 주소를 분석해서 최단 경로를 찾아 근접한 메일 서버에게 편지를 전달한다.
③ 최종 수신자 측의 메일 서버에 도착하기까지 연속적으로 전달하는 중계 작업이 계속된다.

SMTP는 위와 같은 동작을 지원하기 위한 프로토콜이며, 서로 근접한 메일 서버 간에 전자우편을 중계해 가는 방법은 저장 후 전송(Store-and-Forward)이다.

요약

01 인터네트워킹은 서로 다른 종류의 네트워크를 연결시키고, 하나의 통신 기준 집합을 둠으로써 여러 가지의 다양한 하드웨어 기술을 다루게 해 주었다.

02 인터네트워킹의 장비로는 리피터(Repeater), 허브(Hub), 스위치(L2/L3/L4/L7 Switch), 브릿지(Bridge), 라우터(Router), 게이트웨이(Gateway) 등이 있다.

03 TCP/IP는 데이터링크 계층, 네트워크 계층, 전송 계층, 응용 계층으로 구성된다.
(TCP/UDP는 전송 계층, IP/ICMP/IGMP는 네트워크 계층)

04 IP는 비신뢰성, 비접속형의 특성을 가지며 주소지정, 경로설정의 기능을 가진다.

05 IP 주소는 주소 할당에 따라 네 개의 클래스(A/B/C/D Class)로 나누어지며 또한 패킷을 전달하기 위한 목적지 대상에 따라서는 유니캐스드(Unicast), 멀티캐스트(Multicast), 브로드캐스트(Broadcast)로 구분하기도 한다.

06 인터넷의 폭발적인 성장으로 인하여 기존의 주소 공간이 부족하게 됨에 따라 IPv6 주소가 제안되었으나, 전환하는 데에는 여러 가지 사항들이 해결되어야 하므로 과도기적으로 슈퍼네팅을 사용한다.
(IP v4는 32비트 체계로 42억 개의 주소 수, IP v6는 128비트 체계로 3.4×10^{38}개의 주소 수를 갖음.)

07 UDP는 비연결형, 비상태정보, 경량의 오버헤드, 비정규적 송신률, 최선의 서비스 제공의 특성을 가진다.

08 TCP는 UDP와 달리 데이터의 전송 전에 연결을 설정하며 상태정보를 유지한다. 또한 각 TCP접속의 종단에 일정 크기의 버퍼를 가지고 있어서 흐름제어와 혼잡제어를 수행한다.

09 DNS는 사람이 기억하기 어려운 시스템의 IP 주소를 호스트의 이름과 매핑하여 주는 거대한 분산 네임 시스템이다.

10 TELNET은 특정 지역의 사용자가 원격지의 시스템에 온라인으로 연결하여 사용하는 서비스이다. 이것을 이용하여 사용자는 원격지의 시스템을 마치 물리적으로 연결되어 있는 시스템처럼 사용이 가능하다.

11 FTP는 파일 전송을 위한 표준 프로토콜이며, 다른 프로토콜과는 달리 제어접속을 위한 포트는 21번, 데이터의 접속을 위한 포트는 20번으로 분리하여 사용한다.

연습문제

01 다음의 인터네트워킹 장비들 중에서 물리계층에서 동작하며, 데이터 신호를 증폭시키고 정확하게 되살려서 전달하는 중계기 역할을 하는 것은 어느 것인가?

a. 브리지(Bridge)
b. 리피터(Repeater)
c. 라우터(Router)
d. 게이트웨이(Gateway)

02 Dial-up접속을 하고자 할 때 사용되는 장치는?

a. 라우터(Router)
b. 브리지(Bridge)
c. 모뎀(Modem)
d. 변조기(Modulator)

03 다음은 LAN에 관련된 장비 중에서 어느 것에 대한 설명인가?

- 접속하려는 호스트에 도착하기 위한 최적의 경로를 설정
- 브로드캐스트 스톰(Storm)을 방지

a. 리피터(Repeater)
b. 라우터(Router)
c. 브리지(Bridge)
d. 게이트웨이(Gateway)

04 다음 중 IP의 특성이 아닌 것은?

a. 주소지정
b. 비접속형
c. 신뢰성
d. 경로 설정

05 다음의 프로토콜 중에서 네트워크 계층의 주소를 링크 계층의 주소로 변환하는 기능을 제공하는 프로토콜은 무엇인가?

a. RARP
b. ARP
c. ICMP
d. IP

06 다음 중에서 외부 네트워크에 알려진 것과 다른 사설 IP 주소를 사용하는 내부 네트워크에서, 외부 네트워크와의 호환성을 위하여 IP 주소를 변환하여 매칭시켜주는 역할을 하는 것을 무엇이라고 하는가?

a. DNS　　b. VPN
c. MAT　　d. NAT

07 TCP의 기능 중에서 수신측이 갖고 있는 버퍼의 크기만큼 데이터를 보내도록 제어하여 수신측의 처리 용량에 따라 전송하는 데이터의 양을 조절하는 것을 무엇이라고 하는가?

a. 연결제어　　b. 데이터제어
c. 흐름제어　　d. 혼잡제어

08 TCP/IP의 계층 구조를 하위계층부터 차례로 나열하여 적으시오.

09 전송하기 위한 목적지 대상에 따라 패킷을 구분한 것으로 보내는 패킷의 헤더에서 목적지가 하나의 호스트를 가리키는 경우의 IP 주소 타입은 무엇인가?

10 라우터 사이에서 IP 데이터그램이 전달될 때 IP 헤더가 변하는 부분은?

11 전송 계층에 해당하는 UDP의 특성에 대하여 나열하시오.

12 인터네트워킹 장비 중에서 서로 다른 형태의 네트워크를 상호 접속해 주며 프로토콜 변환 기능을 수행하는 장비는?

13 TCP/IP 프로토콜 중에서 멀티캐스팅을 지원하기 위한 프로토콜로서, 멀티캐스팅 그룹에 등록된 호스트에게 멀티캐스팅 서비스를 제공하기 위한 프로토콜은 어느 것인가?

14 TCP/IP의 응용 프로토콜 중에서 특정 지역의 사용자가 원격지의 시스템에 온라인으로 연결하여 사용하는 서비스를 제공하는 것은?

15 응용 프로토콜 중에서 파일 전송을 위한 표준 프로토콜로서 지정된 계정이나 anonymous로 접속한 후에 원하는 파일을 전송 또는 수신 받을 수 있도록 지원하는 프로토콜은?

16 TCP에서 헤더 길이의 최대 크기는 얼마인가?

17 호스트 A에서 B로 FTP를 사용하여 데이터를 전송할 때, TCP/IP의 각 계층별 프로토콜 스택의 관점에서 처리과정을 설명하시오.

| 참고 사이트 |

- http://user.chollian.net/~yjhyun/net/neocom8.htm: TCP/IP를 이용한 인터네트워킹에 대하여 설명되었다.
- http://www.whoto.com/flash01/explan/domname.htm: DNS에 대한 설명이 있는 사이트이다.
- http://home.cein.or.kr/~hipo4856/network/network05.html: 인터네트워킹 장비들에 대하여 도식화된 설명을 담고 있다.
- http://kmh.yeungnam-c.ac.kr/encycl/terms/termsS/subnetma2.htm: IP 주소와 subnet 마스크에 대하여 예와 함께 설명되어 있다.
- http://my.netian.com/~routel/network/ipadd.htm: IP 주소 체계에 대하여 설명하고 있는 사이트이다.
- http://vr.knu.ac.kr/~shpark/lecture/network/network008.html: 전송 계층인 TCP에 대하여 설명이 되어 있는 사이트이다.
- http://vlsi.pohang.ac.kr/~hdpark/homepage/lecture.html: TCP/IP에 대한 여러 가지 강의 노트가 있는 사이트이다.

| 참고문헌 |

- Behrouz A. Forouzan, TCP/IP, Mc Graw Hill, 2000
- W. Richard Stevens, TCP/IP Illustrated Volume I, Addison-Wesley, 1994
- Douglas E. Comer, TCP/IP principles,protocols,and architectures, Prentice Hall, 2000
- Fred Halsall, Data Communications, Computer Networks and Open Systems, Addison-Wesley, pp 483-495, 1996
- James F. Kurose, Keith W. Ross, Computer Networking A Top-Down Approach Featuring the Internet, Addison-Wesley, 2000

CHAPTER 07

라우팅

contents

CHAPTER

07 라우팅(ROUTING)

라우팅이란 전달해야 될 데이터를 실은 패킷을 원하는 목적지로 전송하기 위해서 가용한 모든 네트워크 정보를 이용하여 최적의 경로를 선택하고, 이 선택된 경로를 따라서 데이터를 실은 패킷을 전달하는 일련의 과정을 의미한다. 인터넷은 자율 시스템 AS(Autonomous System)들의 계층적인 연결로써 구성되며, 각 자율 시스템은 라우팅 프로토콜을 사용하여 독자적인 운용 및 관리를 수행한다. 본 장에서는 먼저 라우팅의 기본 개념을 알아보고, AS 내에 운영되는 프로토콜인 IGP(Interior Gateway Protocol)로 널리 쓰이는 RIP(Routing Information Protocol)와 OSPF(Open Shortest Path First)에 대해 알아본다. 다음으로 AS 간 라우팅을 위한 프로토콜인 EGP(Exterior Gateway Protocol)로 대표적인 BGP(Border Gateway Protocol) 등에 대해서도 다루고자 한다.

- AS와 라우팅에 대한 개념을 알아본다.
- 거리 벡터 알고리즘을 사용하는 RIP에 대해서 알아본다.
- 링크 상태 알고리즘을 사용하는 OSPF에 대해 알아본다.
- AS 간의 라우팅 프로토콜인 BGP에 대해 알아본다.
- 상기한 라우팅 프로토콜 이외의 라우팅 알고리즘에 대해 살펴본다.

7.1 라우팅 개요

라우터(Router)는 다양한 이기종 네트워크를 연결하는 인터넷의 필수적인 요소 장비이다. 라우터는 라우팅 테이블과 패킷의 목적지 주소를 기반으로 경로를 결정하는데, 송신측에서는 패킷을 전송하기 위해서 목적지까지의 경로를 정하고 경로를 따라 패킷을 전달해야 하며, 이러한 일련의 과정을 라우팅이라 부른다. 라우터는 이러한 라우팅 기능을 수행하며, OSI 7계층 중 3계층의 네트워크 계층 주소를 참조하여 가능한 여러 경로 중에 최선의 경로를 결정하게 된다. 라우팅 기능을 수행할 때 비용이 가장 싼 경로, 즉 최적의 경로를 찾는 방법을 라우팅 알고리즘(Routing Algorithm)이라 한다. 라우팅 알고리즘은 라우팅 테이블 구성 방법에 따라 정적 라우팅 알고리즘(Static Routing Algorithm)과 동적 라우팅 알고리즘(Dynamic Routing Algorithm)으로 구분된다. 정적 라우팅 알고리즘은 관리자가 직접 라우팅 테이블 정보를 설정하기 때문에 간단하지만 네트워크의 상황이 변했을 경우 관리자가 재설정해야 하므로 비효율적이다. 이에 반해 동적 라우팅 알고리즘은 네트워크 토폴로지와 같은 환경 변화 정보를 분석하여 라우팅 테이블을 갱신하고 갱신 메시지를 주변에 알림으로써 네트워크 환경변화에 능동적으로 대처할 수 있다.

인터넷과 같이 규모가 큰 네트워크에서 패킷을 효율적으로 전달하기 위해서 라우팅 테이블은 반드시 동적으로 갱신되어야만 한다. 네트워크 내에 동적 라우팅을 사용하는 모든 라우터들은 네트워크 정보를 주기적으로 교환하며, 네트워크 주소와 메트릭(Metric)으로 구성된 라우팅 테이블을 생성, 갱신, 그리고 유지한다. 이와 같이 네트워크 정보를 생성, 교환, 유지 및 제어하는 프로토콜을 총칭하여 라우팅 프로토콜(Routing Protocol)이라고 한다.

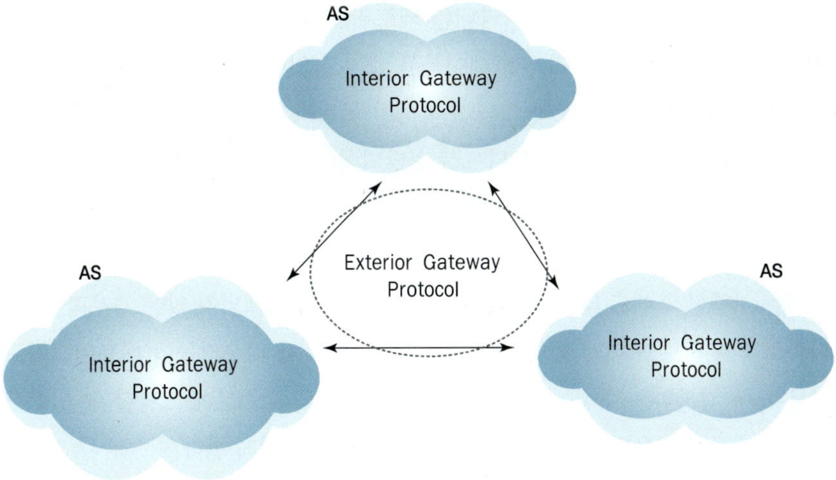

[그림 7-1] 라우팅 프로토콜 동작범위

AS(Autonomous System)는 하나의 관리 도메인에 속해있는 라우터들의 집합을 말하는데, AS 내에 있는 라우터들은 해당 도메인의 라우팅 정보를 교환하기 위해 여러 개의 IGP(Interior Gateway Protocol)를 사용할 수 있으며, AS 외부로 패킷을 전송하고자 하는 경우에는 이를 위하여 EGP(Exterior Gateway Protocol)를 사용한다. 즉, 라우팅 프로토콜은 라우팅 프로토콜이 수행되는 네트워크 범위에 따라 크게 도메인 내의 IGP와 도메인 간의 EGP로 구분된다.

[그림 7-1]에서와 같이 AS 내에서 운영되는 라우팅 프로토콜을 IGP라고 하며, IGP에는 거리 벡터 알고리즘(Distance Vector Algorithm)을 사용하는 RIP와 링크 상태 알고리즘(Link State Algorithm)을 사용하는 OSPF가 널리 사용된다. AS 간에 라우팅 정보를 교환하는 EGP로는 BGPv4가 주로 많이 사용된다.

| 미니요약 | AS(Autonomous System, 자율 시스템)

AS는 하나의 관리 도메인에 속하는 라우터들의 집합을 말한다. AS 내에 운영되는 라우팅 프로토콜을 IGP라고 하며 AS 간에 라우팅 정보를 교환하기 위한 프로토콜을 EGP라 한다.

7.1.1 라우팅 기본 원칙

라우터는 다른 네트워크의 경로를 나타내는 네트워크 IP 주소와 지역 네트워크에 대한 호스트 IP 주소를 나열하고 있는 라우팅 테이블을 가지고 있다. 라우터에서 IP 패킷이 처리되는 과정은 다음과 같다. 먼저 IP 패킷이 도착하면 목적지 주소를 찾기 위해 라우팅 테이블을 검색하게 된다. 패킷이 다른 네트워크로 전달되어야 하는 경우라면, 테이블의 인터페이스에 있는 해당 네트워크로 전달한다. 반면에 전송 IP 패킷이 자신이 소속된 LAN에 있는 호스트와 같은 라우터의 지역네트워크에 해당된다면, 패킷을 직접 보내게 된다. 만약 위와 같은 검색을 시행한 후에도 라우팅 테이블에 해당 경로가 검색되지 않는 경우라면, 해당 패킷을 디폴트 라우터로 보내게 된다. 이러한 알고리즘은 각 라우터들이 네트워크와 호스트의 정보를 모두 기록하는 대신에 다른 네트워크들과 지역 호스트에 도달할 수 있는 경로만을 유지하기 때문에 라우팅 테이블의 크기를 크게 줄일 수 있게 한다.

7.1.2 서브넷(Subnet)과 라우팅

6장 TCP/IP에서 살펴본 바와 같이 서브넷은 배정받은 하나의 네트워크 주소를 다시 여러 개의 작은 네트워크로 쪼개어 사용하는 것을 말한다. 서브넷은 외부에서는 보이지 않기 때문에 새로운 서브넷을 할당하는 것은 NIC에 접속하거나 다른 외부 네트워크의 정보를 변경시킬 필요가 없다. 라우팅에서 호스트가 어떤 네트워크인지 결정하기 위해서는 네트워크의 서브넷 마스크와 호스트 IP의 Boolean AND를 수행하여 IP 주소에서 네트워크 주소를 식별하는 마스킹(Maskin)을 수행한다. 서브넷은 다른 서브넷으로 가는 경로와 자신의 서브넷에 있는 호스트 정보만 알고, 다른 서브넷에 있는 호스트들에 대해서는 자세히 알지 못한다. 서브넷팅이 이루어진 IP의 라우팅은 네트워크로 전달된 다음 해당 서브네트워크로 전달되고 서브네트워크에서 최종 호스트로 전달된다. 이와 같이 서브넷은 IP 주소 지정을 네트워크, 서브넷, 호스트의 3단계로 나눔으로써 라우팅 테이블의 크기를 줄일 수 있다.

7.1.3 CIDR(Classless Inter-Domain Routing)

대부분의 조직에서 1,600만 개의 주소가 있는 A 클래스 네트워크는 너무 크고, 256개의 주소를 가지는 C클래스는 너무 작다. 라우터의 관점에서 IP 공간은 네트워크 번호와 호스트 번호라는 두 단계의 계층으로 되어 있다. 라우터들은 모든 호스트들을 알 필요는 없지만 모든 네트워크들은 알아야 한다. 만약 50만 개의 C 클래스 네트워크들이 사용된다면, 전체 인터넷에 있는 모든 라우터들은 네트워크를 얻기 위해 네트워크당 50만 개의 엔트리를 가지는 테이블이 필요해진다. CIDR은 인터넷 라우팅 테이블 크기가 폭증하는 것을 막는 하나의 방법이 될 수 있다. CIDR는 여러 IP 주소를 보다 작은 라우팅 테이블 엔트리로 나타낼 수 있다. 예를 들어 단일 사이트에 10의 C 클래스 주소가 할당되었다고 하면 이를 합쳐서 인터넷에서 한 개의 라우팅 테이블 엔트리로 찾아갈 수 있도록 할 수 있다. 즉, 10개의 엔트리를 하나의 라우팅 테이블 엔트리로 줄일 수 있다. CIDR는 라우팅을 위해 합쳐진 동일한 상위 비트의 32비트 마스크를 IP 주소와 함께 전송한다. 212.122.0.0에서 212.122.255.0 범위의 모든 C 주소는 하나의 212.122.0.0/16으로 표현될 수 있는 것이다. CIDR의 개념은 단지 새로운 C 클래스 주소뿐 아니라 모든 주소에도 동일하게 적용 될 수 있다. 이것이 클래스 없는 라우팅이라 불려지는 이유이며, [그림 7-2]는 그런 예를 보여주고 있다.

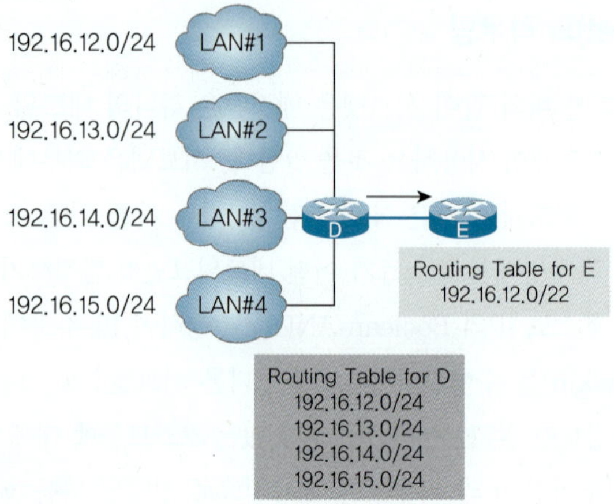

[그림 7-2] CIDR 적용 예

7.2 RIP(Routing Information Protocol)

7.2.1 RIP 개요

RIP는 라우팅 경로 계산을 위해 거리 벡터 알고리즘을 사용하는 가장 단순한 라우팅 프로토콜이다. 거리 벡터 프로토콜(Distance Vector Algorithm)은 R.E. Bellman이 제안한 거리 계산 알고리즘에 기반하였기 때문에 "Bellman-Ford" 프로토콜이라고도 불린다. 거리 벡터 알고리즘에서 각각의 라우터는 주기적으로 이웃 라우터들과 네트워크에 관한 정보를 주고받으며 이를 토대로 경로를 결정한다. 이때 유효 경로는 최대 2개까지 채택하며, 고정 수치를 부여하여 동일 홉수(Hop Count)의 경로가 있을 경우에 우선하는 경로를 제어하는 것도 가능하다.

7.2.2 거리 벡터 알고리즘(DVA, Distance Vector Algorithm)

(1) 개요

거리 벡터 알고리즘은 메트릭 값을 기초로 계산된 라우팅 정보를 이웃 라우터로부터 수신하여 테이블을 갱신하고 이를 통해 경로를 선택한다. 또한, 라우터들은 라우팅 테이블 정보를 주기적으로(일반적으로 30초) 이웃 라우터에게 전송한다. 경로 설정을 위한 메트릭스로는 홉수를 사용한다. [그림 7-3]과 같은 네트워크에서 A에서 B로 가는 메트릭스는 1이며 A에서 B를 거쳐 C로 가는 경우 A에서 목적지 C까지의 메트릭은 2가 된다.

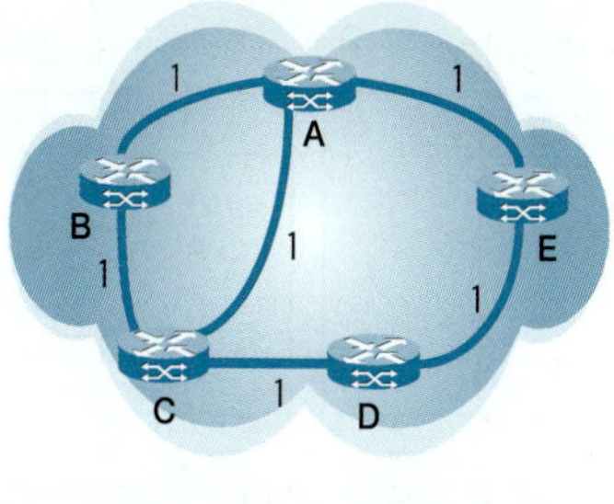

[그림 7-3] RIP 네트워크 모델

(2) 라우팅 테이블 생성

거리 벡터 라우팅 테이블에는 목적지 주소와 비용 그리고 이웃 라우터의 주소가 저장된다. [그림 7-4]와 같이 라우팅 테이블의 각 행에는 개개의 목적지에 대해서 패킷을 전달할 다음 홉의 주소와 전달비용이 기록되어 있다.

목적지	비용	다음 홉
A	2	C
······	······	······
······	······	······
······	······	······

[그림 7-4] 라우터 D의 RIP 라우팅 테이블

[그림 7-3]과 같이 구성된 네트워크에서, 라우터의 초기 라우팅 테이블은 [그림 7-5]와 같다. A 라우터의 경우, 처음에는 자신의 이웃 노드인 B, C, E의 정보만을 가진 라우팅 테이블을 구성한다. [그림 7-5]와 같이 초기 라우팅 테이블은 자신과 연결된 이웃의 경우에는 비용이 1이 되고, 그 외의 노드에 대한 비용은 라우팅 정보가 없기 때문에 무한대(∞)로 설정된다.

A 라우터

목적지	비용	다음 홉
B	1	B
C	1	C
D	∞	-
E	1	E

B 라우터

목적지	비용	다음 홉
A	1	A
C	1	C
D	∞	-
E	∞	-

C 라우터

목적지	비용	다음 홉
A	1	A
B	1	B
D	1	D
E	∞	-

D 라우터

목적지	비용	다음 홉
A	∞	-
B	∞	-
C	1	C
E	1	E

E 라우터

목적지	비용	다음 홉
A	1	A
B	∞	-
C	∞	-
D	1	D

[그림 7-5] 각 라우터에서의 초기 라우팅 테이블

라우터 A는 먼저 이웃한 B, C, E로 자신의 라우팅 테이블을 보내고, B, C, E로부터 각각 해당 라우터의 초기 라우팅 테이블을 전달 받는다. [그림 7-6]에서와 같이 각 라우터는 자신의 라우팅 테이블을 모든 이웃한 라우터와 서로 교환한다.

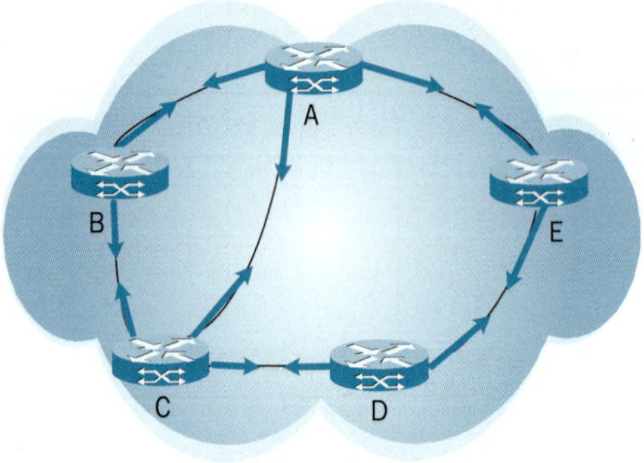

[그림 7-6] 이웃 라우터와의 주기적인 라우팅 테이블 교환

첫 번째 라우팅 정보 교환 후 라우터 A는 직접적으로 이웃하지 않아서 알지 못했던 D에 대한 경로를 C, E로부터 받은 라우팅 테이블을 통해 얻을 수 있다. 이와 같은 과정을 반복하여 각 라우터는 전체 네트워크에 대한 정보를 갖게 되며, 또한 수정된 라우팅 정보를 자신의 이웃 노드에게 주기적으로 전송하게 된다.

[그림 7-7]은 위와 같은 과정을 거친 라우터 B의 최종 라우팅 테이블이다.

목적지	비용	다음 홉
A	1	A
C	1	C
D	2	C
E	2	A

[그림 7-7] 라우터 B의 최종 라우팅 테이블

(3) 라우팅 테이블 갱신

이웃 라우터로부터 라우팅 테이블을 수신하면 라우터는 자신의 라우팅 테이블 정보를 기반으로 [그림 7-8]과 같은 과정을 통하여 라우팅 테이블을 갱신한다. 즉, 수신된 라우팅 테이블의 정보에서 목적지 주소를 검사하고 만일 새로운 목적지 주소를 발견한 경우, 해당 항목은 자신의 라우팅 테이블에 삽입한다. 만일 목적지 주소가 기존 라우팅 테이블에 있는 목적지 주소와 같고, 다음 홉 필드가 같은 값을 갖는 경우에는 경로의 새로운 정보이므로 테이블의 정보로 갱신한다. 다음 홉 필드가 같지 않고 수신 선 홉 필드 값의 비용이 더 큰 경우에는 기존의 정보로 유지하고, 기존의 홉 필드 값보다 더 작은 경우에는 라우팅 테이블을 갱신하여 비용이 더 작은 경로를 선택하여 갱신한다.

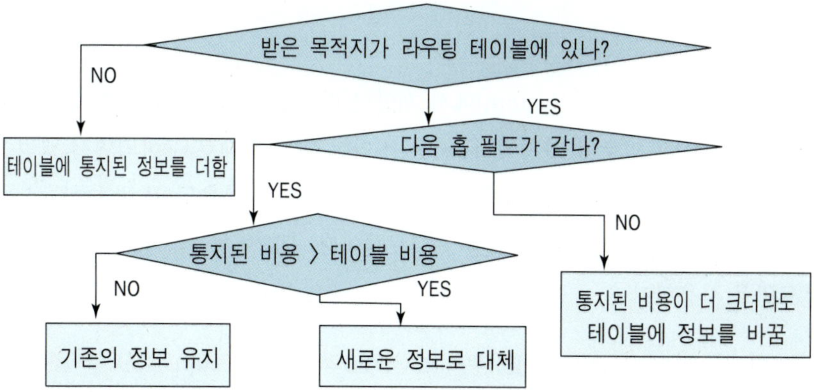

[그림 7-8] 라우팅 테이블 갱신

라우팅 테이블 갱신 동작의 예로 B가 A로부터 라우팅 테이블을 수신한 후의 라우팅 테이블 갱신 과정을 살펴 보면 [그림 7-9]와 같다. A에서 전송된 라우팅 테이블은 B의 이웃한 노드이므로 비용은 한 홉씩 더해지고 A로부터 전송된 정보이므로 수신정보의 다음 홉은 A가 된다. 전달된 A의 라우팅 테이블과 이전 B의 라우팅 테이블은 [그림 7-8]과 같은 과정을 거쳐서 새로운 라우팅 테이블로 구성된다.

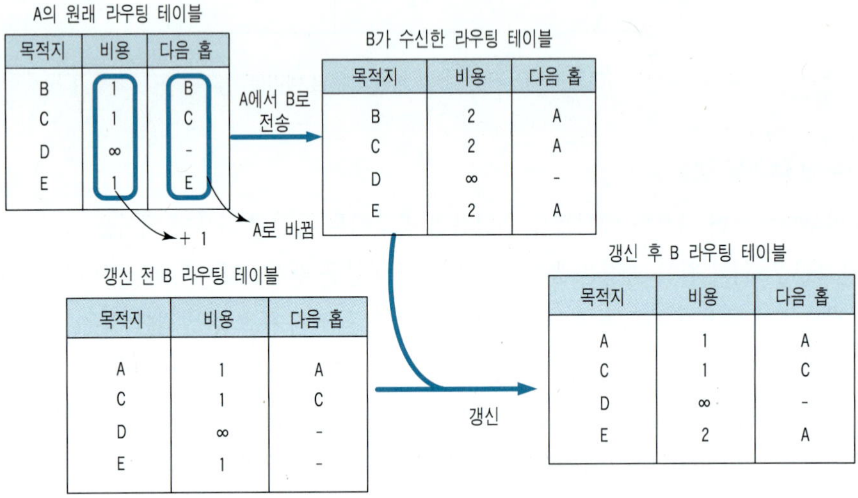

[그림 7-9] 라우터 B에서 라우팅 테이블 갱신 과정

7.2.3 RIP 프로토콜

(1) 개요

RIP는 XNS(Xerox Network System)에서 제안한 라우팅 프로토콜로 후에 UNIX의 BSD 4.2 버전의 TCP/IP 프로토콜 환경에서 "routed"라는 데몬 형태로 구현되면서 널리 알려지게 되었다. RIP는 거리 벡터 알고리즘을 사용하는 대표적인 라우팅 프로토콜로 작은 규모의 네트워크에서 쓰이는 간단한 라우팅 프로토콜이다. RIP에서 사용되는 거리 벡터 값은 홉 카운트만을 사용한다.

현재 1988년 RFC1058의 RIPv1, 1994년 RFC1723의 RIPv2 그리고 1997년 RFC 2080의 RIPng(Next Generation) 등이 표준으로 정의되어 있다.

(2) 메시지

RIP는 요청과 응답, 2가지 종류의 메시지로 구성된 단순한 구조를 갖는다. 요청 패킷은 처음 부팅 되었을 때 이웃 라우터로 라우팅 테이블 정보를 요청할 경우나 특정 목적지 정보가 타임아웃 되었을 때 이를 갱신하기 위한 경우에 사용된다. 응답 패킷은 목적지에 대한 라우팅 정보를 실제로 담고 있는 패킷으로 이웃 라우터에게 매 30초 마다 주기적으로 라우팅 정보를 전송하는 데 사용된다. 또한 응답 패킷은 자신의 라우팅 테이블에 변화가 생겼을 때 이를 알리기 위해 사용되기도 한다. RIP는 이웃 라우터로부터 타임아웃 시간 동안 수신이 이루어지지 않으면, 의미 없는 목적지로 간주하고 해당 목적지 엔트리를 라우팅 테이블에서 삭제 시킨다.

RIP 패킷은 [그림 7-10]과 같은 형태로 구성되어 있다. 메트릭은 1에서 15의 거리 값을 갖게 되고 16은 무한대를 나타낸다. 이는 RIP 패킷이 15 홉보다 더 긴 경로를 가지지 않도록 하여 RIP 패킷이 계속해서 네트워크에 남아 있는 경우를 방지하기 위해 설정되었다.

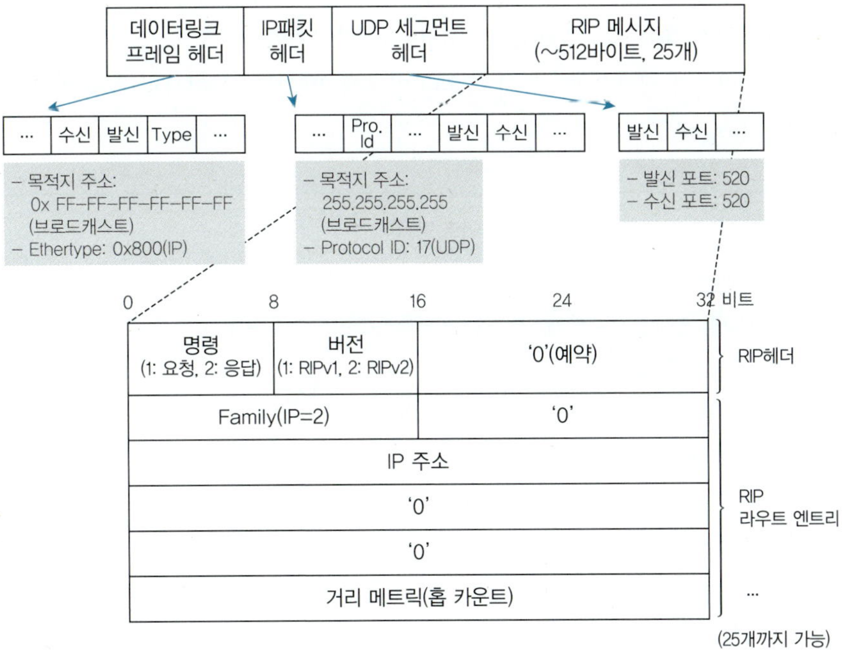

[그림 7-10] RIP 패킷 형식

(3) 문제점

RIP는 라우팅 정보를 기본적으로 30초마다 이웃 라우터에게 보내기 때문에 네트워크 토폴로지가 변화 되었을 때 네트워크의 모든 라우터들이 이러한 상황을 반영하는 데 많은 시간이 소요된다. 또한 네트워크 토폴로지 정보를 가지고 있지 않기 때문에 경로에 루프가 발생할 가능성도 있다. RIP의 발생 가능한 문제점은 다음과 같다.

- RIP는 홉 수(Hop Count)가 최대 15로 제한되었기 때문에 홉 수가 15 이상인 네트워크에서는 사용할 수 없다. 따라서 RIP는 네트워크 규모의 제한을 받는다.
- RIP는 거리 단위를 홉 수로 제한함에 따라 회선의 속도와 같은 다른 사항들을 반영할 수 없기 때문에 항상 빠른 경로를 선택할 수는 없다.
- 전체 경로를 담은 라우팅 테이블을 주기적으로 브로드캐스팅함에 따라 네트워크에 이에 따른 트래픽 부하를 준다.
- 라우팅 정보가 30초 마다 교환되므로 네트워크 장애 시 복구에 많은 시간이 소요된다. 장애가 발생하였을 때 이를 감지하기 위해서는 최소 거리 단위를 16까지 증가해야 하기 때문에 라우팅 알고리즘의 수렴 속도가 늦어지고 이를 수행하기 위한 자원의 낭비를 초래하는 단점이 있다. 이를 "Count-to- infinity"라고 한다.
- 네트워크에 변화가 생겼을 때, 즉시 라우팅 경로에 반영하지 못하므로 특정 경로에 루프가 발생할 수 있다.

| 미니강의 | RIP Timer(라우팅 경로 업데이트 방식)

- Update Timer: 30초
  라우팅 테이블 전체를 브로드캐스트 또는 멀티캐스트 방식으로 송출
- Timeout Timer: 180초
  라우팅 테이블에 있는 매 경로마다 Timeout 타이머를 둠.
  업데이트 정보에 해당 경로가 있으면 Timeout 타이머를 초기화하고, 타이머 종료 시까지 해당 경로가 없으면 도착 불가능(16, 무한)으로 표시
- Garbage Collection Timer: 120초
  도착 불가능 16으로 표시하고, 주변에 알리며 즉각 삭제 유예하는 시간
- Flush Timer: 240초
  업데이트 없는 경로에 대해서는 라우팅 테이블에서 해당 경로를 제거
- Triggered Update
  토폴로지 변화 시 업데이트 타이머 종료전이라도 즉각 라우팅 업데이트 정보를 송출

(4) 해결방안

상기 문제점들을 해결하기 위해 다음과 같은 방안들이 제시되고 있다.

- Triggered Update: 거리단위가 변경되었을 때, 라우터는 이를 즉시 통보함으로써 복구의 시간을 줄인다.
- Hold Down: Triggered Update와 상반된 개념으로 거리 벡터가 무한대인 경로에 대해서는 일정시간 동안 경로를 갱신하지 않고 전체 네트워크의 경로가 새로 갱신될 때까지 기다린다.
- Split Horizon: 라우터 A가 B를 거쳐 C로 전송하는 경우에 B와 C 사이에 장애가 발생했다면, 해당 경우 A와 B 사이는 루프가 발생할 수 있다. 이를 해결하기 위해서 B가 A에게 보낸 정보는 다시 B에게 보내지 않는 방법이 Split Horizon이다.
- Poisoning: 라우터가 회선이 고장 난 것을 감지하면 즉시 해당 경로의 홉을 16으로 지정하여 전체 네트워크에 전송함으로써 도달불가능을 신속하게 알리는 방법이 Posioning이다.

7.3 OSPF(Open Shortest Path First)

7.3.1 OSPF 개요

OSPF는 AS(Autonomous System)내에서 널리 사용되는 라우팅 프로토콜이다. OSPF는 링크 상태 알고리즘을 사용하며 각 라우터는 이웃 노드의 상태와 링크에 대한 비용을 알고 있다는 가정에서 시작한다. OSPF는 라우팅 테이블이 안정화된 다음에는 라우팅 정보를 주기적으로 갱신하지 않고 네트워크 변화가 있을 때에만 갱신함으로써 라우팅 프로토콜 트래픽이 네트워크에 미치는 영향을 최소화하였다. [그림 7-11]은 링크 상태 라우팅 프로토콜을 사용하는 네트워크에 대한 모델이다. 관리자는 각 링크에 대한 비용을 지정한다.

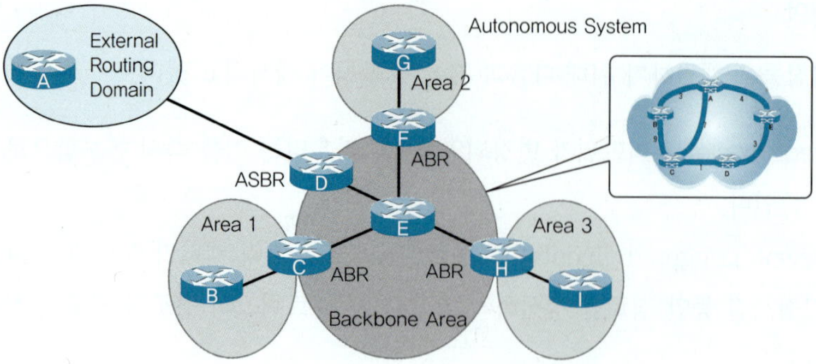

[그림 7-11] OSFP 네트워크

7.3.2 링크 상태 알고리즘(Link State Algorithm)

(1) 개요

링크 상태 프로토콜에서 모든 라우터는 이웃에 대한 연결 정보를 알고 있다. 이러한 정보는 모든 라우터가 동일하게 보유하여 각 라우터는 네트워크 전체 토폴로지에 대한 충분한 정보를 갖게 된다. 링크 상태 알고리즘은 이러한 정보를 바탕으로 목적지에 대한 최적의 경로를 알 수 있다.

(2) 플러딩(Flooding)

링크 상태 프로토콜을 사용하는 모든 라우터에 대해 링크 상태 정보를 전송하는 과정을 플러딩이라 한다. 플러딩은 이웃 노드에 자신의 라우팅 정보를 전송하고 정보를 전달 받은 노드는 이를 다시 직접 연결된 다른 노드에 링크 상태 정보를 보내는 것으로 진행된다. 이 과정은 모든 노드가 해당 정보를 받을 때까지 계속된다.

각 라우터는 라우팅 정보 전송을 위해서 특별한 패킷을 사용하는데 이것을 링크 상태 패킷(LSP: Link State Packet)이라고 한다. LSP는 [그림 7-12]와 같이 LSP를 생성한 노드의 ID, 목적지 주소, 이웃 노드까지의 비용, 이웃 노드의 ID 정보 등으로 구성된다.

LSP 생성 라우터 ID	목적지 주소	비용	이웃 라우터 ID

[그림 7-12] LSP(Link State Packet) 구성

각 노드는 LSP를 수신하면 패킷 내에 있는 순서 번호를 비교하여 새로운 정보인지를 판단하고 새로운 정보일 경우 라우팅 테이블을 갱신한다.

[그림 7-13]은 라우터 A가 새로운 LSP를 생성하였을 때 플러딩이 진행되는 과정을 보여주고 있다. A는 LSP를 자신의 이웃 노드 B, C, E에 전송하고 B, C, E는 A를 제외한 이웃 노드에 LSP를 전송한다. 이러한 과정을 반복하여 모든 노드가 A로부터 송신한 LSP를 받게 된다.

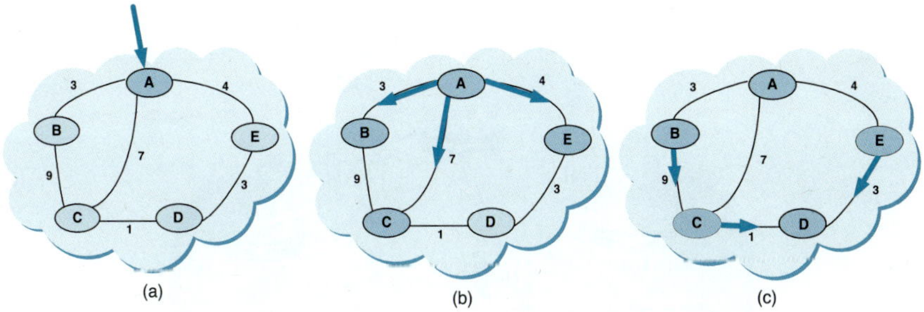

[그림 7-13] LSP 플러딩 과정

(3) 링크 상태 데이터베이스(Link State Database)

각 노드는 플러딩 과정을 통하여 얻은 네트워크 토폴로지 정보를 링크 상태 데이터베이스에 넣어 공통의 데이터베이스를 유지한다. [그림 7-14]는 [그림 7-11]과 같은 네트워크 구성에서의 링크 상태 데이터베이스를 나타내고 있다.

광고자	목적지	비용	이웃 노드
A	광고자와 이웃 노드 사이의 네트워크 주소	3	B
A		7	C
A		4	E
B		3	A
B		9	C
C		7	A
C		9	B
C		1	D
D		1	C
D		3	E
E		4	A
E		3	D

[그림 7-14] 링크 상태 데이터베이스

(4) 최단 거리 트리 - Dijkstra 알고리즘

각 라우터는 자기 자신을 루트로 하여 목적지까지의 트리를 구성하고 최적의 경로를 계산한다. 최적 경로 계산은 Dijkstra's 알고리즘을 이용하는데, Dijkstra 알고리즘은 그래프 이론으로 한 노드에서 다른 노드까지의 최단 경로를 찾는 알고리즘이다. Dijkstra 알고리즘의 예를 보기 위한 네트워크 모델은 [그림 7-15]와 같다. 라우터 사이에는 네트워크가 존재하며 라우터에서 네트워크로의 비용이 지정된다.

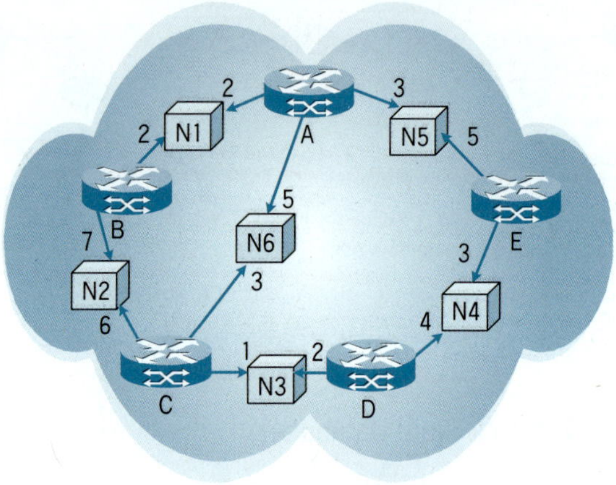

[그림 7-15] Dijkstra 알고리즘 적용 모델

Dijkstra 알고리즘은 라우터와 네트워크를 노드로, 그 연결을 아크로 한 그래프를 이용하여 네트워크에 있는 노드간의 최단경로를 계산한다. 알고리즘은 하나의 노드를 루트로 하여 아크에 연결된 노드를 임시노드에 두고, 최소 비용을 가지는 노드를 찾는 검사를 수행하여 최단거리 트리의 영구노드를 결정하는 방식이다. 알고리즘의 절차는 다음과 같다.

① 트리의 루트가 될 하나의 노드를 정한다.
② ①의 노드를 영구노드로 결정한다.
③ 가장 최근에 영구노드가 된 노드의 이웃노드를 검사한다.
④ ③의 노드에 누적합의 비용을 계산하고 임시 노드로 만든다
⑤ 임시 노드들에 대해서 가장 비용이 적은 노드를 찾아 영구노드로 만든다. 하나 이상의 경로가 존재 할 때는 누적합이 가장 작은 경로를 선택한다.
⑥ ③에서 ⑤의 과정을 모든 노드가 영구노드가 될 때까지 반복한다.

[그림 7-15]의 적용 모델 네트워크에서 A를 루트로 한 최단 거리 트리는 [그림 7-16]과 같다.

위와 같은 Dijkstra 알고리즘을 통해 최단거리트리를 생성하게 되며 라우터 A는 〈표 7-1〉과 같은 라우팅 테이블을 생성하게 된다.

〈표 7-1〉 라우터 A의 링크상태 라우팅 테이블

목적지 네트워크	비 용	다음 홉
N1	2	–
N6	5	–
N5	3	–
N2	9	B
N3	6	C
N4	6	E

(a) A가 root로 지정

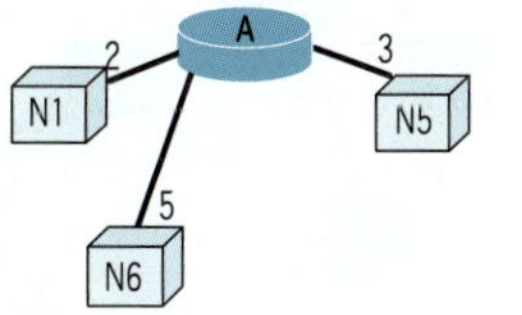

(b) N1, N6, N5가 임시 노드로 추가

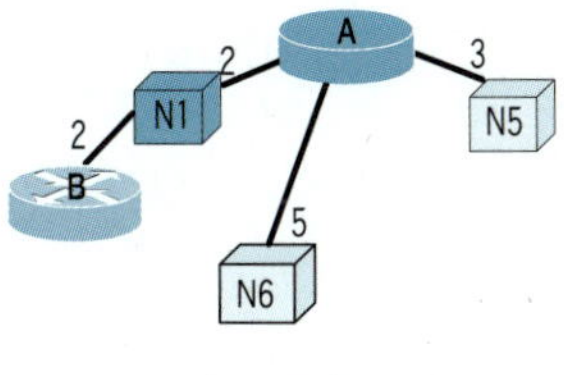

(c) N1이 영구노드, B 트리 추가

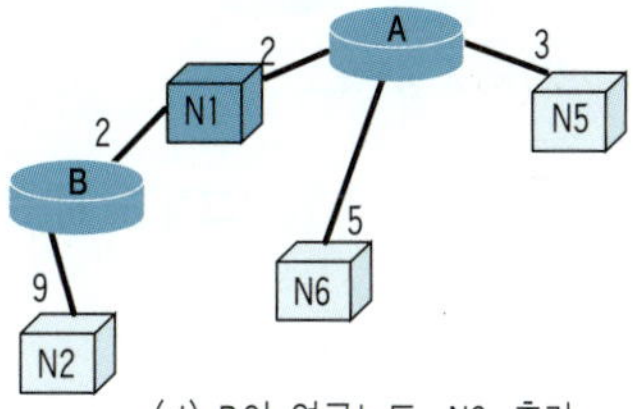

(d) B이 영구노드, N2 추가

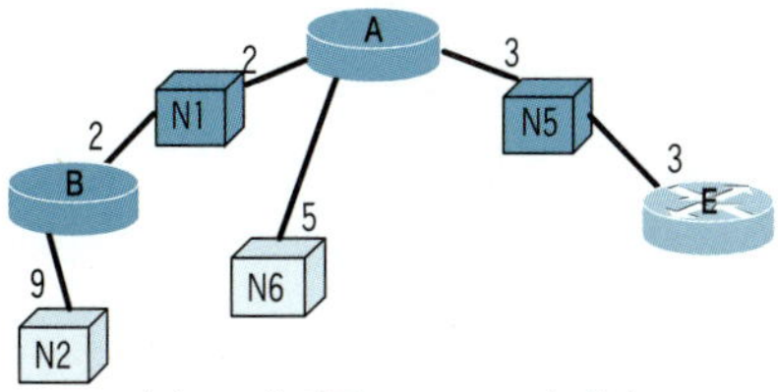

(e) N5이 영구노드, E 트리 추가

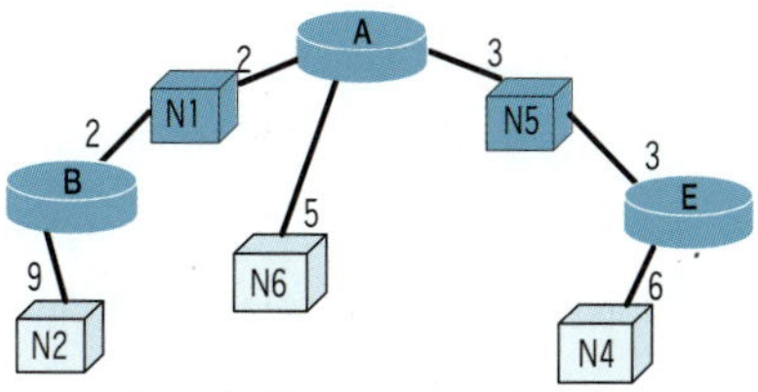

(f) E이 영구노드, N4 트리 추가

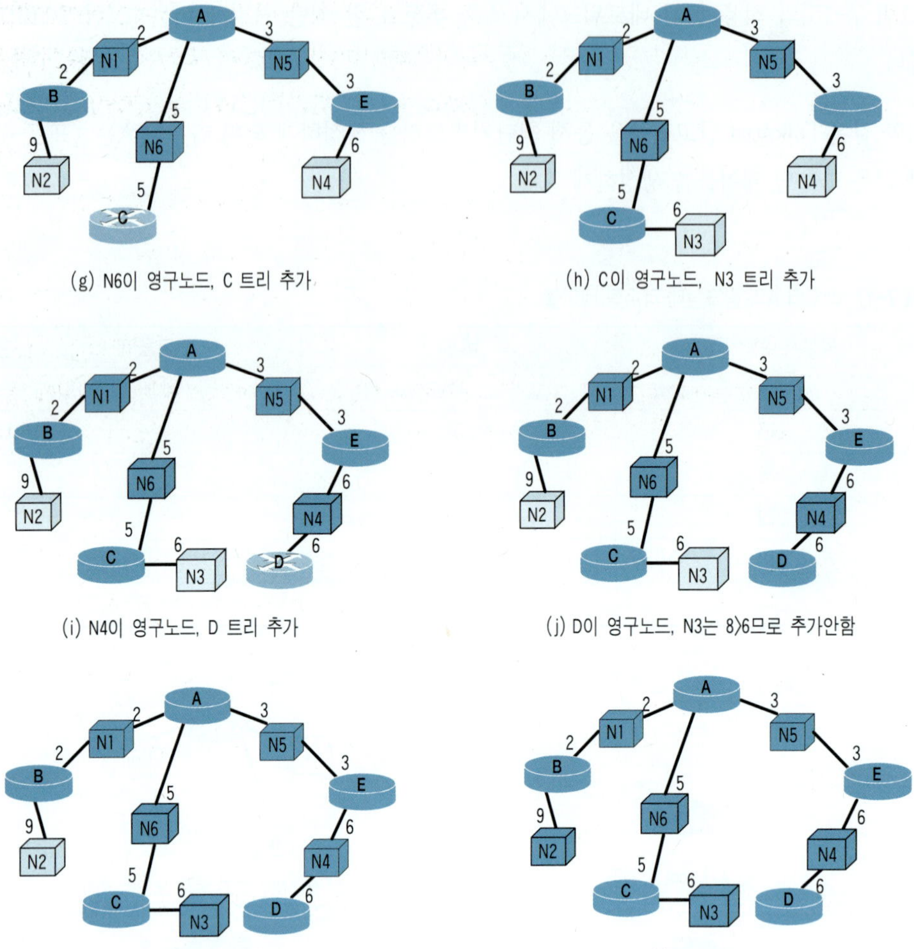

(g) N6이 영구노드, C 트리 추가

(h) C이 영구노드, N3 트리 추가

(i) N4이 영구노드, D 트리 추가

(j) D이 영구노드, N3는 8〉6므로 추가안함

(k) N3이 영구노드

(l) N2 영구노드

[그림 7-16] A를 루트로 최단 경로 계산

| 미니강의 | 다익스트라 알고리즘(Dijkstra Algorithm)

1959년에 만들어진 Dijkstra 알고리즘은 오래된 알고리즘으로서 간선(Edge)을 가진 유향 그래프(Directed Graph)로써 정점들간의 간선에 가중치(Weight)를 가진 그래프에서 최단 경로를 찾을 수 있게 해준다. 또한 이 알고리즘은 음수값을 갖지 않는 간선을 가지는 가중치 유향 그래프에 사용되는데, 이때 그래프는 서로 연결되어 있어야만 한다.

[원리]

시작 정점으로부터 임의의 정점 X까지의 거리가 현재 다른 정점까지 가는 것보다 작다고 가정하자.

그렇다면 다른 정점을 경유해서 갈 경우, 그냥 임의의 정점 X까지 가는 것이 무조건 더 작을 것이다. (가정에 의해, 그리고 모든 가중치는 양수이다.)

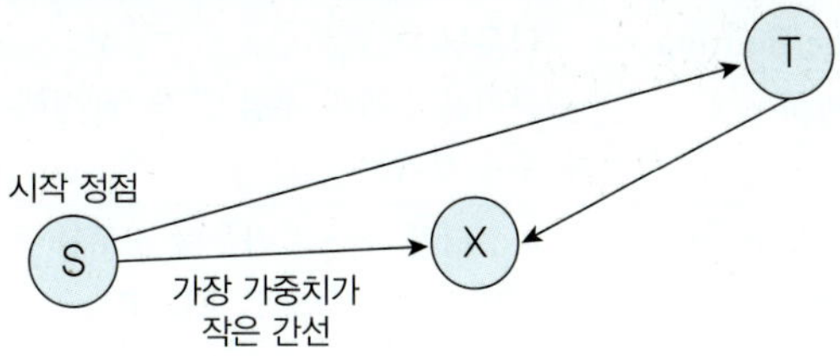

위에 그림에서 보면, S → X는 가장 짧은 간선이다. 그러므로 S → T라는 간선은 S → X보다 클 것이다. 또한 T → X는 물론 양수이므로 결국, (S → T + T → X) > (S → X)임을 알 수 있다. 물론, 가장 가중치가 작은 간선이 경로로 바뀐다 해도 이 원리는 변하지 않는다. 다익스트라는 이 원리를 이용한 알고리즘이다.

7.3.3 OSPF 프로토콜

(1) 개요

1980년대 중반에 RIP 프로토콜이 대규모 이기종의 네트워크 간의 라우팅을 수행하는 데에 한계에 이르자, IETF(Internet Engineering Task Force)에서는 최단 거리 알고리즘을 기반으로 하여 대규모 네트워크에도 적용시킬 수 있는 라우팅 알고리즘을 개발하였다. OSPF는 이름에서 시사하고 있는 바와 같이 모든 사양이 개방되어 있고 그 사양은 RFC 1247(OSPF version2는 RFC 1583)에 규정되어 있다. OSPF에서 모든 라우터는 동일한 네트워크 토폴로지 데이터베이스를 가지며 자신을 중심으로 모든 목적지까지의 최적 경로를 계산하여 라우팅 테이블을 작성한다. 네트워크에 변화가 생겼을 때에는 플러딩 과정을 통해서 데이터베이스를 신속하게 갱신함으로써 라우팅 테이블의 수렴시간을 현저하게 줄일 수 있었다. 또한 변화가 생겼을 때에만 플러딩 과정을 수행하므로 RIP에 비해서 라우팅 트래픽의 양을 획기적으로 줄일 수도 있었다.

| 미니요약 | OSPF(Open Shortest Path First)

OSPF는 네트워크에 변화가 생겼을 경우에만 전체 네트워크에 플러딩 과정을 수행함으로써 라우팅 정보를 신속하게 갱신하여 수렴시간을 줄였으며 라우팅 트래픽의 양은 줄였다.

| 미니강의 | 라우팅 프로토콜(Routing Protocol)

분류방법	구분	내용
라우팅 경로 고정	Static Routing Protocol	– 수동식, 사람 직접 경로 입력, 라우터 부하 경감, 고속 라우팅 – 관리자의 관리 부담 증가 및 정해진 경로 문제 발생 라우팅 불가능
	Dynamic Routing Protocol	– 라우터가 스스로 라우팅 경로를 동적으로 결정 – RIP, IGRP, OSPF, EIGRP
내/외부 라우팅	Interior Gateway Protocol	– 같은 관리자의 관리하에 있는 라우터의 집합내에서의 라우팅을 담당하는 라우팅 프로토콜 – RIP, IGRP, EIGRP, OSPF
	Exterior Gateway Protol	– 서로 다른 라우터의 집합 사이에서 사용되는 라우팅 크로토콜 – BGP, EGP
라우팅 테이블 관리	Distance Vector Algorithm	라우팅 테이블에 목적지까지 가는데 필요한 거리와 방향만을 기록 – RIP, IGRP
	Link State Algorithm	– 라우터가 목적지까지 가는 경로를 SPF(Shor test-Path-First) 알고리즘을 통해 모든 정보를 라우팅 테이블에 기록 – OSPF

(2) 메시지

OSPF 프로토콜에서 모든 메시지는 동일한 헤더로 시작한다. [그림 7-17]은 이런 OSPF 메시지의 헤더 포맷을 보여주고 있다.

헤더에는 버전 필드와 1에서 5 사이의 값의 타입 필드, 메시지를 보내는 노드의 주소를 나타내는 소스 주소, 노드가 속하는 Area의 ID를 의미하는 Area ID 필드로 구성되고, IP 헤더와 마찬가지로 16비트 체크섬 필드를 포함한다. Area 필드는 [그림 7-18]과 같이 OSPF가 계층적으로 구성될 수 있기 때문에 필요하다.

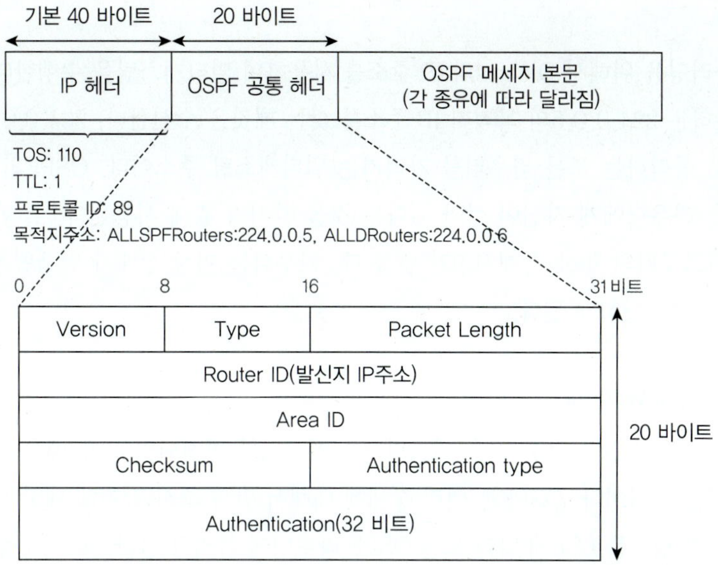

[그림 7-17] OSPF 헤더 포맷

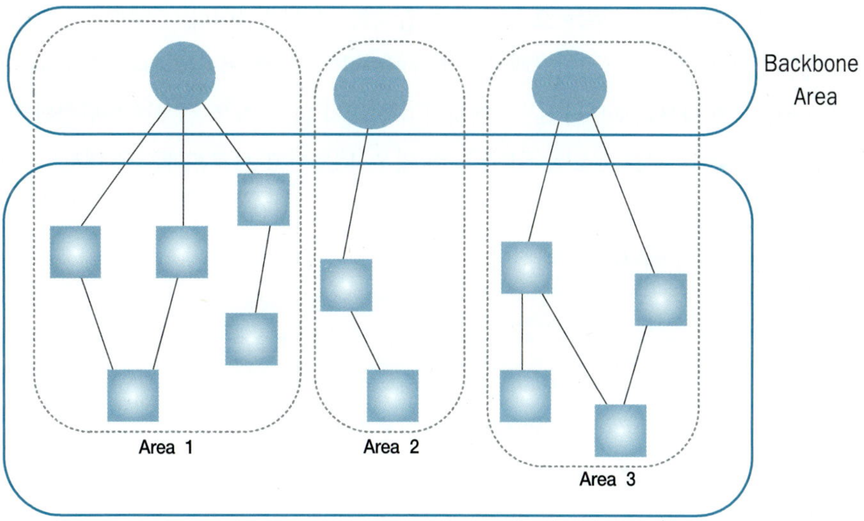

[그림 7-18] 계층 구조의 AS

또한 OSPF는 라우터 간에 인증 기능을 수행할 수 있으며 이를 통하여 관리자의 허가 없이 라우터에 접속하고 네트워크를 무단으로 이용하는 것을 방지할 수도 있다.

(3) 동작

OSPF는 플러딩을 위해서 D class의 IP 주소를 사용하여 멀티캐스팅을 수행한다. 즉, 모든 OSPF 라우터는 224.0.0.5의 목적지 IP 주소를 갖는 패킷을 수신한다. 224.0.0.5는 OSPF를 기반으로 동작하는 모든 라우터를 가리키는 멀티캐스팅 주소이다. OSPF의 "hello" 메시지는 이웃 라우터에게 자신이 살아 있다는 것을 알리기 위해 사용된다. 일정 시간 동안 이웃 라우터로부터의 "hello" 메시지가 없을 때, 라우터는 이상 상태가 발생했음을 감지하고 그 사실을 플러딩하게 된다.

(4) 수렴 속도(Convergence)

OSPF의 특징 중 가장 유용한 점은 네트워크 토폴로지가 변경되었을 때 매우 신속하게 변화에 적응하는 능력이다. OSPF는 여러 장애에 대해서 발생 즉시 감지해 내고 변경된 네트워크 토폴로지 정보를 LSP에 담아 모든 OSPF 라우터에 플러딩 한다. 이 패킷을 수신한 라우터는 즉시 데이터베이스를 갱신하고 최단 경로 알고리즘을 이용하여 경로를 재 계산하게 된다.

OSPF 수렴 속도에 영향을 주는 요소는 장애 감지와 경로 계산이다. OSPF는 2가지 방식으로 장애를 감지한다. 첫째는 인터페이스의 상태변화이고, 두 번째는 Dead Timer라 부르는 시간 내에 이웃 라우터로부터 hello 패킷이 수신되지 않은 경우 장애로 판단한다. Dead Timer의 기본 값은 브로드캐스트 네트워크의 경우 40초이고 브로트캐스트 네트워크이 아닐 경우에는 2분으로 규정되어 있다. 경로 계산에 걸리는 시간은 네트워크의 크기, 데이터베이스 내의 경로 개수에 따라 달라진다.

| 미니강의 | Area

Area는 연속적인 네트워크와 그에 연결된 호스트의 집합이다. 여러 개의 인터페이스를 가진 라우터는 여러 개의 Area에 참여할 수 있으며, 이런 라우터를 ABR(Area Border Router)라 부른다. ABR은 각 Area에 대해 각각의 토폴로지 데이터베이스를 유지한다. 즉, 같은 Area 내의 라우터는 같은 정보를 공유하기 때문에 같은 토폴로지 데이터베이스를 갖는다. OSPF 백본은 ABR로 구성되며 백본 자체가 OSPF Area이다.

7.4 BGP(Border Gateway Protocol)

BGP는 AS 사이에서 라우팅 정보를 전달하는 EGP(Exterior Gateway Protocol) 중 하나로 널리 사용되고 있다. 초기에는 도메인 간의 라우팅 프로토콜로 EGP를 사용하였으나, 네트워크가 커지게 되면서 라우팅 루프가 생기는 등의 문제들이 발생하여 이를 해결하기 위해 BGP가 등장하게 되었다.

7.4.1 BGP 개요

서로 다른 AS에 속한 BGP 라우터가 통신하기 위해서는 하나의 네트워크로 직접 연결되어 있어야 한다. 한 AS 내에 복수 개의 BGP 라우터가 있는 경우, BGP 라우터들은 해당 AS에 대한 일괄된 정보를 외부에 알리고, AS 외부 통로로서의 역할을 수행하기 위해 서로를 인식하고 정보를 교환해야 한다. BGP 라우터들은 초기에는 전체 라우팅 테이블을 교환하지만, 이후에는 변경된 라우팅 테이블 만을 교환한다. BGP의 동작은 TCP를 통해 이루어지고 이를 통해 신뢰성을 보장할 수 있다. BGP는 RIP와 같이 거리 벡터에 기초한 라우팅 알고리즘이지만, RIP가 목적지까지의 홉 수를 사용하는데 반해, BGP는 경유하는 AS의 일련번호를 전송한다. BGP는 목적지까지의 경로에 대한 모든 값을 가지게 되어 AS의 그래프를 생성할 수 있으므로, 루프를 방지할 수 있으며 라우팅 동작에 대한 일정한 제한을 가해야 하는 라우팅 정책을 구현하는데 매우 유용하다.

7.4.2 BGP 동작 과정

(1) 경로 설정

BGP는 TCP well-known 포트 179번을 사용하여 이웃 노드 간의 연결을 유지하고 필요시 갱신 정보를 교환한다. 또한 권고값 30초인 Keep-Alive 메시지를 주기적으로 교환함으로써 상대방의 동작 유무에 대한 정보를 얻는다. BGP 라우터는 특정 목적지에 대한 모든 경로를 유지하고 있지만, 경로 갱신 메시지에는 최적의 경로만을 전송한다.

(2) 연결

각 AS 내부에는 BGP를 사용하는 라우터가 여러 개 있을 수 있으며 이러한 BGP 라우터들은 다른 AS간의 연결에 있어 횡단(Transit) AS를 제공할 수 있다. [그림 7-19]에서 AS100

은 AS200과 AS300 사이의 횡단 AS이다. 동일한 AS에 속한 BGP 라우터 간에 동작되는 BGP를 IBGP(Internal BGP)라 하고, 서로 다른 AS에 동작하는 BGP를 EBGP(External BGP)라 한다.

IBGP는 해당 AS에서 AS 외부로 패킷을 전달하고자 할 때, 적절한 라우터가 어떤 것인지를 결정할 수 있는 방법을 제공하며, 이를 Local Preference라고 한다.

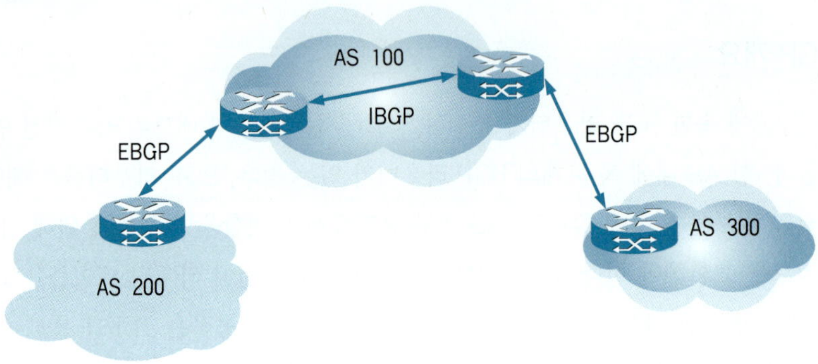

[그림 7-19] IBGP와 EBGP

(3) 동작

BGP의 동작과정을 살펴보도록 하자. 이를 위해 [그림 7-20]과 같이 구성된 네트워크를 가정해 보자. AS12의 203.252.53 네트워크가 AS9의 142.94.25 네트워크로 전송을 하고자 한다고 하자. 이때 AS4는 AS4에 연결되어 있는 203.252.53, 203.252.25 네트워크는 AS4로 직접 연결되어 있다는 것을 BGP를 사용하는 AS1에게 알린다. 백본 네트워크는 이를 받아서 203.252.53, 203.252.25 네트워크는 (AS1, AS4)의 경로를 통해 도달할 수 있다고 BGP를 통해서 공지하고, AS1은 이와 비슷하게 AS3은 142.94.55, 125,12, 142,94,95, 121,33,2는 (AS1, AS3)의 경로를 통해서 도달할 수 있다고 알린다. AS4가 AS1에 정보를 보내면 AS1은 AS3를 통해서 142.94.25 네트워크로 라우팅이 된다는 사실을 인지하고 (AS4, AS1, AS3)의 전체 전달 경로를 알게 된다. 142.94.25 네트워크로 패킷을 보낼 때에는 AS1으로 전송하고, AS1은 AS3으로 전달하게 되어 루프가 생기지 않는다. BGP에서 사용하는 AS 번호는 16비트이며 중복 방지를 위해 공인된 기관에 의해 부여된 유일한 주소를 사용한다.

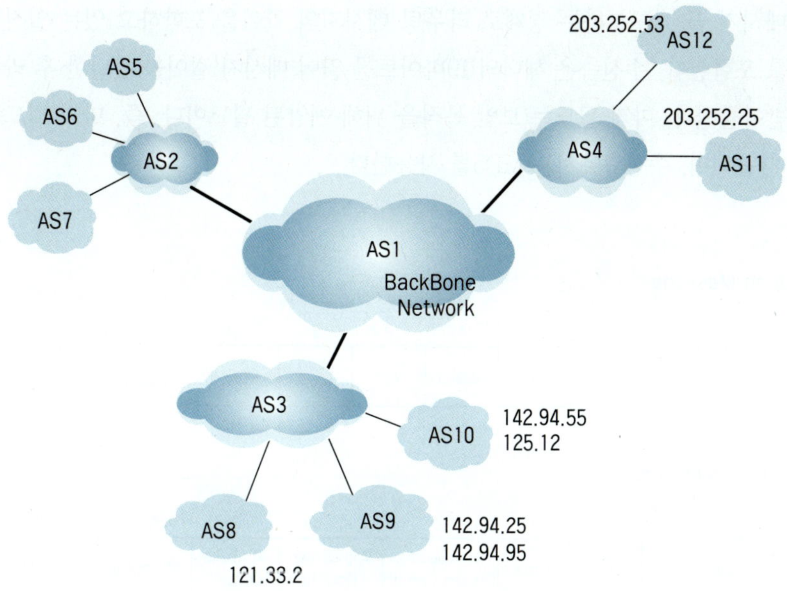

[그림 7-20] BGP네트워크 구성 예

| 미니요약 | BGP(Border Gateway Protocol)

BGP는 목적지까지 도달하는데 경유하는 AS의 일련번호를 가지므로 루프가 생기지 않는다.

(4) 메시지

BGP는 TCP의 연결을 이용하여 신뢰성 있는 라우팅 메시지를 전송한다. [그림 7-21]은 BGP 헤더의 포맷을 나타내고 있다.

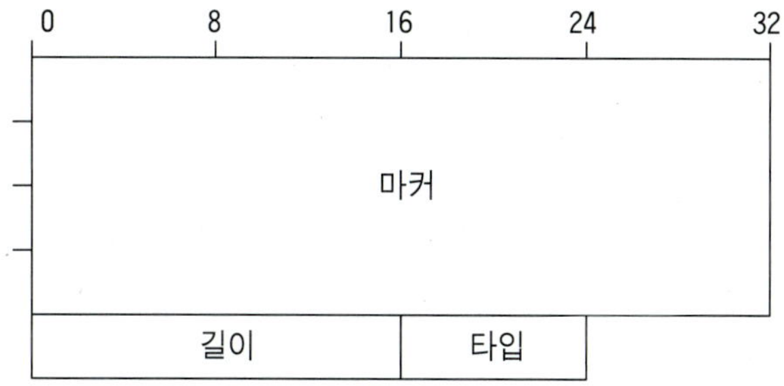

[그림 7-21] BGP 헤더 포맷

하나의 메시지 끝을 구분하는 경계로 라우팅 메시지의 길이를 포함하고 있는 일정한 길이의 헤더를 포함한다. 수신측은 헤더의 19바이트를 읽어 메시지 길이를 판단한 후 라우팅 메시지를 받아들인다. 마커 필드는 보안 목적을 위해 예약된 필드이다. 즉, 마커 필드는 인증을 위해 사용되며, 수신측에서는 MD5를 사용한다.

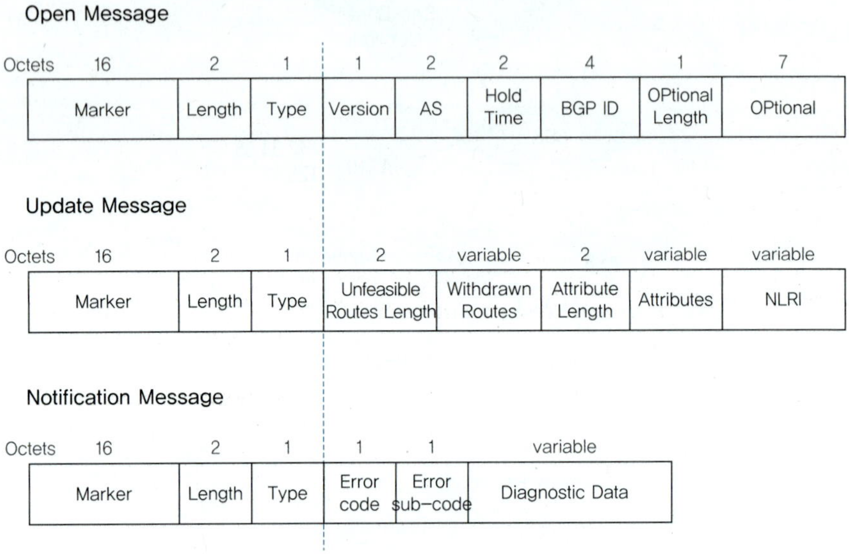

[그림 7-22] BGP 메시지 포맷

[그림 7-22]는 BGP 메시지의 종류를 나타내고 있는데, 메시지에는 OPEN, UPDATE, KEEPALIVE, NOTIFICATION 등이 있으며, 이를 타입 필드에 나타낸다.

① OPEN

다른 라우터와 이웃 관계를 설정하기 위해 사용된다. 라우터가 이웃 라우터의 BGP 포트로의 TCP 연결을 요청하여 연결이 성립되면, 관련 파라미터를 협상하기 위해 OPEN 메시지를 보낸다. BGP OPEN 메시지는 중복된 연결을 발견하였을 때나 버전이 서로 다른 경우에는 NOTIFICATION 메시지에 원인을 알리고 연결을 종료한다. 즉, BGP OPEN을 거절할 때에는 에러의 원인과 설명을 담은 NOTIFICATION 메시지를 보냄으로써 TCP 연결을 닫는다. 이웃 라우터와 이웃 관계가 성립되면 KEEPALIVE 메시지를 보냄으로써 연결 설정을 알려야 한다.

② UPDATE

초기 메시지 교환을 수행한 후에는 경로의 변동이 있을 때에만 UPDATE 메시지를 전송한다. UPDATE에 대한 처리는 새로운 경로가 더 짧은 경우에 라우팅 테이블의 값을 대체하고, 이웃 BGP 라우터로 해당되는 갱신 정보를 전송한다.

③ KEEPALIVE

KEEPALIVE 메시지는 OPEN 메시지에 대한 수신 확인 메시지로 쓰인다. 다른 보낼 정보가 있지 않을 때도 이웃이 살아 있는지를 알기 위해 주기적으로 전송한다.

④ NOTIFICATION

오류가 발생하였을 경우 또는 송신자가 BGP 세션을 종료하고자 할 때 사용된다.

7.5 그외 라우팅 프로토콜

앞에서 언급한 라우팅 프로토콜 이외에도 많은 라우팅 프로토콜이 사용되고 있다. 그 중에서 OSI 라우팅 프로토콜인 IS-IS에 대해 간단히 살펴보기로 한다.

7.5.1 IS-IS

ISO에서는 OSI 참조 모델의 네트워크 계층 프로토콜을 위한 라우팅 프로토콜의 필요성을 느끼고, 이를 위한 라우팅 프로토콜을 개발하게 되었다. 초기에는 OSI 표준 모델의 네트워크 계층 프로토콜인 CLNP(Connectionless Network Protocol)을 위한 라우팅만을 고려하였으나 후에 IP 네트워크를 위한 버전도 개발되었다.

(1) 라우팅 계위

OSI 라우팅에서는 네트워크에 연결된 임의의 시스템을 ES(End System)라 부르고, 라우팅 기능을 수행하는 라우터 등을 IS(Intermediate System)라 부른다. [그림 7-23]에서와 같이 OSI 라우팅에서는 OSPF에서처럼 네트워크를 도메인과 Area로 구분하며, Area내에서의 라우팅은 레벨 1 라우팅, AREA 간의 라우팅은 레벨 2 라우팅이라 부른다.

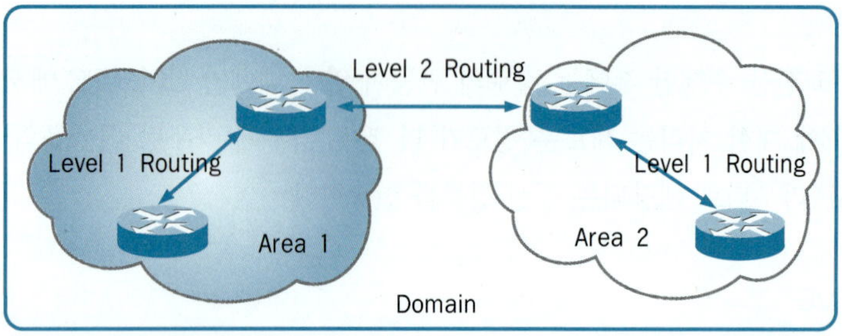

[그림 7-23] IS-IS 라우팅 계위

(2) ES-IS(End System to Intermediate System) 라우팅

ES-IS는 라우팅 프로토콜이라기보다 ES와 IS간에 서로를 인식하기 위한 프로토콜로써, 이는 특정한 멀티캐스트 주소로 각각의 hello 패킷을 전송함으로 수행된다. 즉, 각 ES는 ESH(ES hello) 메시지를 서브넷에 속한 모든 IS들에게 전송하고, 각 IS는 ISH(IS hello) 메시지를 서브넷에 속한 모든 ES들에게 전송한다. 각 hello 패킷에는 송신자의 서브넷과 네트워크 주소를 포함하고 있으므로, 이러한 hello 패킷을 통해 서로를 인식할 수 있게 된다.

(3) IS-IS(Intermediate System to Intermediate System) 라우팅

IS-IS는 OSPF와 같이 링크 상태 라우팅 프로토콜로써, 링크 상태 정보를 교환하여 전체 네트워크의 토폴로지를 계산할 수 있다. IS-IS 간의 패킷 전송은 ES간의 패킷 전송을 통해 살펴볼 수 있다. 한 ES가 다른 ES에게 패킷을 전송하기 위해서는 먼저 ISH를 수신하여 알게 된 임의의 IS에게 패킷을 전송한다. 이때, IS는 목적지 ES가 같은 네트워크에 있으면, 이를 목적지 ES로 전송하고 송신 ES에게로 RD(Redirect) 패킷을 전송한 이후의 패킷은 IS를 통하지 않고 직접 통신하게 된다. 만약, 목적지 ES가 같은 Area의 다른 네트워크에 속해 있으면, IS는 IS끼리의 정보교환을 통해 정확한 경로를 알고 있으므로 이 경로를 따라 패킷을 전송하게 된다. 목적지 ES가 다른 Area에 있는 경우, 레벨 1 IS는 가장 가까이 있는 레벨 2 IS에게 전송하여 이를 통해 패킷이 목적지 Area에 도달할 수 있게 한다. 목적지 Area 내에서는 목적지 ES에 도달할 때까지 패킷의 라우팅이 계속된다.

위와 같은 동작을 위해 각 IS는 자기와 연결된 IS와 ES들에 대한 정보를 포함하는 갱신 패킷을 모든 이웃한 IS에게 전송한다. 이러한 갱신 패킷은 또 이웃한 IS를 통해 전송되고 이러한 과정이 반복된다. 모든 IS가 다른 모든 IS로부터 이러한 갱신 패킷을 수신했을 때에야

비로소 완전한 데이터베이스를 구축할 수 있게 된다. 만약 경로가 변하게 되면 변경된 내용에 대한 새로운 갱신 패킷이 전송된다. [그림 7-24]는 이와 같은 라우팅 프로토콜에 대한 이해를 쉽게 보여주는 구성이다.

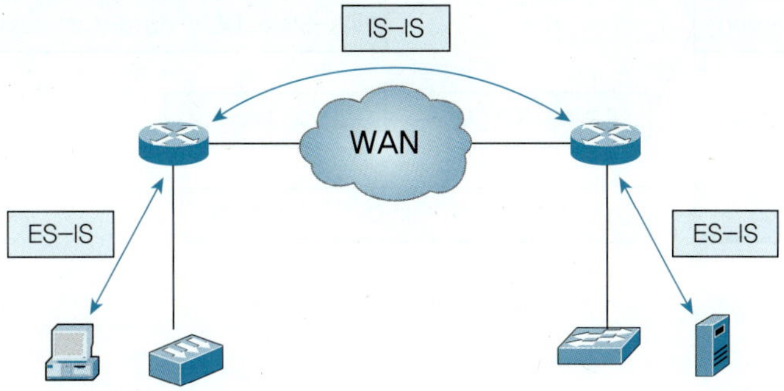

[그림 7-24] 라우팅 프로토콜

| 미니강의 | 라우팅 프로토콜(Routing Protocol)

라우팅 프로토콜의 분류는 여러가지 방법으로 가능한데, 아래의 그림은 이를 보여주고 있다.

그림 (a)와 (b)는 Static vs. Dynamic Routing에 의한 분류 및 Unicast vs. Multicast Routing에 의한 분류를 보여주고 있다.

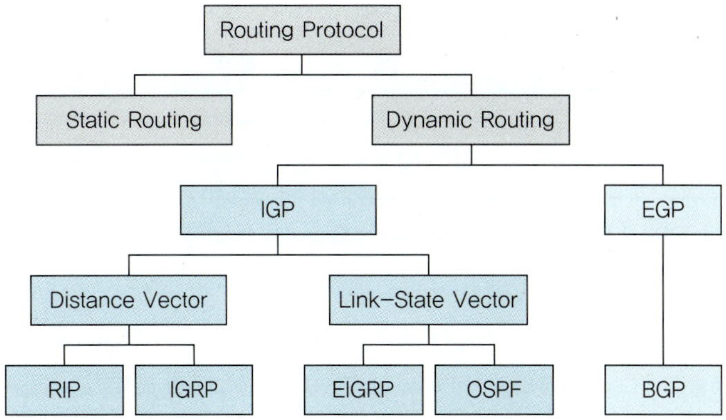

(a) 라우팅 프로토콜 분류-1

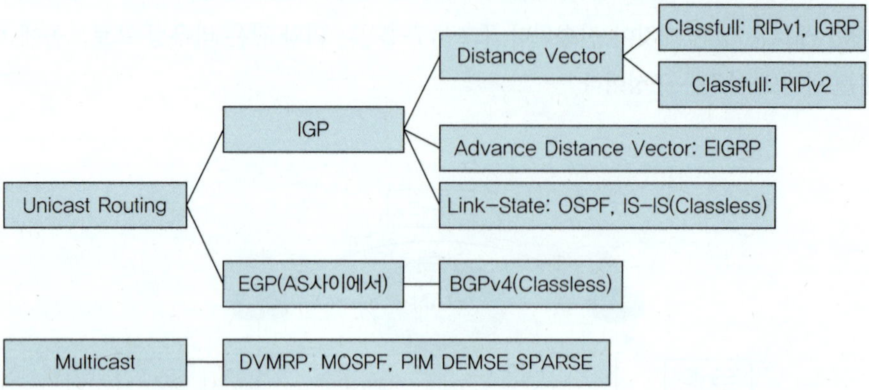

(b) 라우팅 프로토콜 분류-2

이와 같은 라우팅 프로토콜들의 각기 성능을 비교해 보면 아래 표와 같다.

〈라우팅 프로토콜 성능 비교〉

구분	거리벡터		링크상태		경로벡터
	RIPv1	RIPv2	OSPF	ISIS	BGP
수렴성	느림	느림	빠름	빠름	빠름
확장성	작음	작음	큼	큼	큼
VLSM/CIDR 사용	No	Yes	Yes	Yes	Yes
자원 이용	낮음	낮음	높음	높음	높음
구현 및 유지보수	간단	간단	복잡	복잡	복잡

| 미니강의 | IGRP & EIGRP((Enhanced) Interior Gateway Routing Protocol)

- IGRP(Interior Gateway Routing Protocol)
  - 미국 Cisco Systems사에서 1980년대 중반 RIP의 단점을 보완하기 위하여 개발한 IGP용 라우팅 프로토콜로써 Cisco 라우터들 사이에서 라우팅 테이블을 교환할 목적으로 개발된 비표준 프로토콜이다.
  - 거리 벡터 라우팅 프로토콜(DVRP: Distance Vector Routing Protocol)을 사용하며, 90초 주기로 라우팅 전체 정보를 브로트캐스팅한다. 또한 RIP 라우팅 프로토콜과는 달리 UDP 서비스를 사용하지 않고 직접 IP 포트 88번을 사용하여 서비스를 제공한다.

– RIP 프로토콜처럼 Classless 라우팅을 지원하지 못하며, RIP이 최대 15개의 홉(Hop)을 지원하는 제약을 극복하여, 최대 256개까지의 홉(Hop)을 지원 가능하며, 대역폭, 지연, 부하, MTU, 신뢰성 등을 포함한 매트릭을 활용하여 경로를 설정한다. 또한 AS 번호를 활용하고 Load Balancing 등의 기능도 지원하는 프로토콜이다.

- EIGRP(Enhanced Interior Gateway Routing Protocol)
  – IGRP와 OSPF의 기능을 접목시킨 미국 Cisco Systems사의 전용 프로토콜로서 거리 벡터 및 클래스리스의 속성을 가지고 있다.
  – 기본적으로 자동 요약(Auto-Summary)의 기능을 수행하며 3종류의 테이블을 사용하여 동작한다. (Neighbor & Topology & Routing Table)
  – OSPF는 인접성을 맺은 후 간략 정보만을 교환하지만, EIGRP는 모든 정보를 업데이트 한다. 즉, 라우팅 테이블 정보만 업데이트를 하는 것이 아니라 토폴로지 정보를 업데이트하는 방식이다. 또한 네트워크의 변화에 빠르게 반응하며, OSPF에 비해 설정이 손쉬운 장점을 갖고 있다.
  – EIGRP는 최종 목적지까지 가장 효율적인 경로를 결정하기 위하여 DUAL(Diffusing-Update Algorithm)을 사용한다.

IGRP vs. EIGRP 비교

IGRP	EIGRP
Classful Routing Protocol	Classless Routing Protocol • VLSM, CIDR
bandwidth = (10,000,000/*bandwidth kbps*) delay = *delay*/10 24 bit metric for bandwidth and delay	bandwidth = (10,000,000/*bandwidth kbps*) * 256 delay = (*delay*/10) * 256 32 bit metric for bandwidth and delay
Maximum Hop Count = 255	Maximum Hop Count = 224
No differentiation between internal and external routes.	Outside routes (redistributed) are tagged as external routes.
Automatic redistribution between IGRP and EIGRP as long as "AS" numbers are the same.	

라우팅 프로토콜 비교

Distance Vector Routing Protocols Compared

	Ripv1	Ripv2	IGRP	EIGRP
Speed of Convergance	Slow	Slow	Slow	Fast
Scalability – size of network	Small	Small	Small	Large
Use of VLSM	No	Yes	No	Yes
Resource usage	Low	Low	Low	Medium
Implementation and maintenance	Simple	Simple	Simple	Complex

요약

01 라우팅이란 패킷을 전송하기 위해서 가용한 모든 네트워크 정보를 이용하여 최적의 경로를 선택하고 선택된 경로를 따라 패킷을 전달하는 일련의 과정을 의미한다.

- 라우팅 기능을 수행할 때 비용이 가장 싼 경로 즉, 최적의 경로를 찾는 방법을 라우팅 알고리즘이라 한다.
- 라우팅 프로토콜은 네트워크 주소와 메트릭(Metric)으로 구성된 라우팅 테이블을 생성, 갱신, 그리고 유지하며, 이와 같은 네트워크 정보를 생성, 교환 그리고 제어한다.

02 AS는 하나의 관리 도메인에 속해있는 라우터들의 집합을 말한다. AS 내에 있는 라우터는 해당 AS 내에서 라우팅 정보를 교환하기 위해 여러 개의 IGP(Interior Gateway Protocol)를 사용할 수 있으며, AS 외부로 패킷을 전송하기 위해서는 EGP(Exterior Gateway Protocol)를 사용한다.

03 거리 벡터 알고리즘은 메트릭 값을 기초로 계산된 라우팅 정보를 이웃 라우터로부터 주기적으로 교환하여 자신의 라우팅 테이블을 갱신하고 이를 통해 경로를 선택한다.

04 RIP는 거리 벡터 알고리즘을 쓰는 대표적인 라우팅 프로토콜로서 작은 규모의 IP 네트워크에서 가장 널리 쓰이는 간단한 라우팅 프로토콜 중의 하나이다.

- 네트워크에 변화가 생겼을 때 모든 라우터가 이를 반영하는데 많은 시간이 소요되며 경로에 루프가 생길 가능성이 있는 문제점이 있다.
- RIP에서는 위의 문제를 해결하기 위해 Hold Down, Triggered Update, Split Horizon, Poisoning 등의 기법을 사용한다.

05 링크 상태 프로토콜에서 모든 라우터는 이웃에 대한 연결 정보를 알고 있다. 이러한 정보는 모든 라우터에 전달되고, 각 라우터는 네트워크 전체 토폴로지에 대한 충분한 정보를 갖는다.

06 링크 상태 프로토콜을 사용하고 있는 모든 라우터에 대해 링크 상태 정보를 전송하는 과정을 플러딩(Flooding)이라 한다. 플러딩은 직접 연결된 이웃 노드에 자신의 라우팅

정보를 단순하게 복사 전송하고, 정보를 전달 받은 노드는 또 다시 직접 연결된 노드에 링크 상태 정보를 보내는 것으로 진행된다.

07 OSPF는 링크 상태 알고리즘을 사용하는 라우팅 프로토콜로 OSPF의 모든 라우터는 동일한 네트워크 토폴로지 데이터베이스를 가지며 자신을 중심으로 모든 목적지까지 최적의 경로를 계산하여 라우팅 테이블을 작성한다.

- OSPF의 각 라우터는 링크 상태 데이터베이스 정보를 Dijkstra 알고리즘을 사용하여 목적지 경로에 대한 최단 거리 트리를 생성한다.
- OSPF는 플러딩을 위해서 D class IP 주소를 사용하여 멀티캐스팅을 수행한다.
- OSPF는 네트워크에 변화가 생겼을 때, 플러딩 과정을 통해서 데이터베이스를 신속하게 갱신하여 수렴시간을 줄였다.

08 BGP는 AS 사이에서 라우팅 정보를 전달하는 EGP 중의 하나로 널리 사용된다.

- BGP는 목적지까지 도달하는데 경유하는 AS의 일련번호를 가지므로 루프가 생기지 않는다.
- BGP는 TCP well-known 포트 179번을 사용하여 이웃 노드 간의 연결을 유지하고 필요 시 갱신 정보를 교환한다.
- BGP 메시지종류에는 OPEN, UPDATE, KEEPALIVE, NOTIFICATION이 있다.

09 동일한 AS에 속한 BGP 라우터 간에 동작되는 BGP 프로토콜을 IBGP(Internal BGP)라 하고, 서로 다른 AS에 동작하는 BGP 프로토콜을 EBGP(External BGP connection)라 한다.

10 ISO에서는 OSI 참조 모델의 네트워크 계층 프로토콜을 위한 라우팅 프로토콜의 필요성을 느끼고, 이를 위해 개발한 라우팅 프로토콜이 IS-IS이다.

11 IGRP, EIGRP는 미국 Cisco Systems사가 자체 개발한 비 표준 라우팅 프로토콜로서, 거리 벡터 알고리즘을 이용하며, 자사 장비끼리만 구동 되는 문제점이 있다.

연습문제

01 다음 중 IGP(Interior Gateway Protocol)로 쓰이지 않는 라우팅 프로토콜은 어느 것인가?

a. RIP b. BGP
c. IGRP d. OSPF

02 RIP에서 각 라우터가 전송하는 정보에 대해 설명한 것 중 옳은 것은?

a. 이웃의 정보를 모든 라우터에게 전송한다.
b. 모든 라우팅 정보를 이웃 라우터에게만 전송한다.
c. 모든 라우팅 정보를 모든 라우터에게 전송한다.
d. 이웃의 정보를 이웃 라우터에게만 전송한다.

03 회선이 고장난 것을 인식한 후, 즉시 해당 경로의 홉을 16으로 지정하여 전체 네트워크에 도달 불가능을 알리는 것을 무엇이라 하는가?

a. Triggered update b. Split horizon
c. Posioning d. Hold down

04 라우팅 정보를 받은 인터페이스로 다시 그 정보를 보내지 않음으로써 루프를 방지하는 기법을 무엇이라 하는가?

a. Triggered update b. Split horizon
c. Posioning d. Hold down

05 OSPF에서 각 라우터가 전송하는 정보에 대해 설명한 것 중 옳은 것은?

a. 이웃의 정보를 모든 라우터에게 전송한다.
b. 모든 라우팅 정보를 이웃 라우터에게만 전송한다.
c. 모든 라우팅 정보를 모든 라우터에게 전송한다.
d. 이웃의 정보를 이웃 라우터에게만 전송한다.

06 OSPF에서 플러딩의 과정을 수행했을 때 그 정보의 전파 정도는?

a. 이웃 라우터
b. 전체 네트워크 라우터
c. 특정한 라우터
d. OSPF의 네트워크내의 라우터

07 OSPF의 수렴(Convergence)에 대한 설명 중 바르지 못한 것은?

a. 네트워크가 변화 되었을 때 이를 라우팅에 적용하는 것을 수렴(Convergence)라고 한다.
b. 장애에 대해 정보를 링크 상태 패킷에 담아 플러딩 한다.
c. 이웃 라우터로부터 일정시간 동안 UPDATE 메시지를 받지 않으면 장애로 판단한다.
d. 경로 계산에 걸리는 시간은 네트워크 크기, 데이터베이스의 경로 개수에 따라 달라진다

08 OSPF 메시지에서 Area 필드의 역할은 무엇인가?

a. 라우터 간의 인증기능을 수행할 수 있다.
b. 네트워크를 계층적으로 구성하는 것을 가능하게 한다.
c. 라우터의 추가적인 정보를 전송 알 수 있게 한다.
d. 메시지의 처음과 끝을 구분하게 한다.

09 BGP가 네트워크의 경로에서 루프가 생기지 않는 이유는 무엇인가?

a. 주기적으로 자신의 라우팅 정보를 이웃에게 보내므로
b. 목적지에 대한 모든 경로를 보유하므로
c. 정보를 보낸 인터페이스로 다시 정보를 받지 않으므로
d. 장애 후 전체 네트워크가 갱신 후 새로운 경로로 라우팅 하므로

10 BGP의 메시지에서 중복된 연결이나, 버전이 다른 경우 보내는 메시지는?

a. OPEN
b. UPDATE
c. KEEPALIVE
d. NOTIFICATION

11 BGP의 메시지에서 OPEN 메시지에 대한 확인 메시지로 쓰이는 것은?

a .UPDATE
b. KEEPALIVE
c. NOTIFICATION
d. a, b, c 모두

12 다음 중 BGP가 라우팅 정보 갱신에 대해 기반으로 하는 라우팅 알고리즘은 무엇인가?

a. 거리 벡터 알고리즘　　b. 링크 상태 알고리즘
c. 발산 갱신 알고리즘　　d. 경로 벡터 알고리즘

13 AS 내에서 운영되는 라우팅 프로토콜을 IGP고 하며 AS사이의 라우팅 프로토콜을 EGP라고 한다. 이와 같이 라우팅을 운영하는 AS의 개념을 설명하시오.

14 [그림 7-25]와 같은 네트워크가 존재 시 RIP의 각 라우터에서의 라우팅 테이블을 구성하시오.

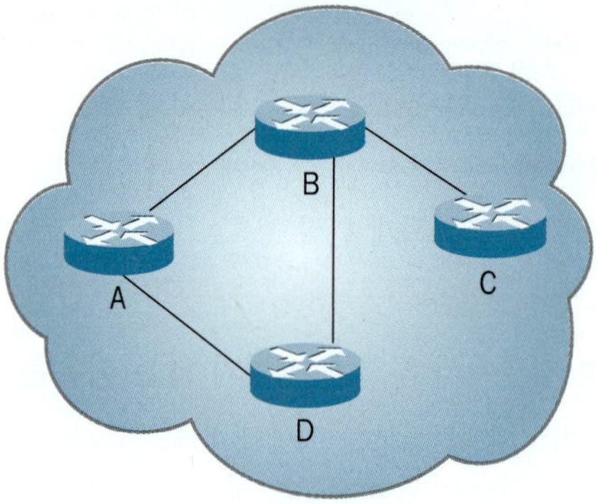

[그림 7-25] 네트워크 예

15 [그림 7-25]와 같은 네트워크에서 링크의 비용이 AB가 8, AD가 2, BD가 5, BC가 3이라고 할 때 OSPF가 작동하는 라우터 A에서의 경로를 설정하는 과정을 보이시오.

16 BGP의 연결이 신뢰성을 보장하는 방법을 설명하시오.

17 다음 중 표준 프로토콜이 아닌 것은?

a. RIP　　b. OSPF
c. BGP　　d. IGRP

| 참고 사이트 |

- http://www.ietf.org/html.charters/rip-charter.html: IETF의 RIP 워킹 그룹으로 RIP에 관련된 여러 사항이 기술되어 있다.
- http://www.ietf.org/html.charters/ospf-charter.html: OSPF 워킹 그룹으로 표준 문서와 RFC가 있다.
- http://www.ietf.org/rfc/rfc1654.txt: BGP4에 대한 RFC 문서이다.
- http://www.cisco.com/warp/public/459/bgp-toc.html: BGP에 대한 설명이 되어 있다.
- http://www.pnk.co.kr/tech/tech.html: 라우팅 프로토콜에 전반적인 설명이 되어 있다.
- http://www.netmanias.com: 네트워크에 대한 전반적인 설명이 되어 있다.

| 참고문헌 |

- Behrouz A. Forouzan, Data Communications and networking, 2nd edition, McGraw-Hill, pp620~639, 2001
- Larry L. Peterson & Bruce S. Davie, Computer Networks A Systems Approach, 2th edition, Morgan Kaufmann, pp208~328, 2000
- Huitema, Christian , Routing in the Internet, Prentice-Hall, pp65~199, 1995
- Andrew S.Tanenbaum , Computer Networks, 3th edition, Prentice-Hall International, pp345~366, 1996
- W.Richard Stevens, TCP/IP Illustrated, Volume, Addison-Wesley , pp127~139, 1996
- Behrouz A. Forouzan, TCP/IP Protocol Suite,McGraw-Hill, pp319~368, 2000
- John T. Moy, "OSPF: Anatomy of an Internet Routing Protocol", 1998, Addison-Wesley
- Jeff Doyle, "OSPF and IS-IS: Choosing an IGP for Large-Scale Networks", 2005, Addison-Wesley

CHAPTER 08

IPv6

contents

CHAPTER

08 IPv6(Internet Protocol version 6)

인터넷의 급성장으로 네트워크 계층의 프로토콜인 IPv4(Internet Protocol Version 4)를 설계할 때 예측하지 못했던 문제점들이 다양한 형태로 나타나고 있다. 무엇보다도 먼저 인터넷 사용자가 증가하면서 IP 주소에 대한 수요가 급증하였고, 새로운 서비스의 요구로 인하여 IP 주소의 이용 형태나 목적도 다양해지고 있다. 이러한 이유로 고갈된 IPv4의 문제를 해결하기 위하여 IETF(Internet Engineering Task Force)에서는 IPv6를 표준화하게 되었다. 본 장에서는 차세대 인터넷 필수 요소인 IPv6의 기본 개념 및 특성을 설명함으로써 IPv6에 대한 전반적인 내용에 대한 이해를 돕고자 한다. 이 장의 중요 내용은 다음과 같다.

- IPv6의 등장 배경 및 기본 개념을 이해한다.
- IPv6의 특징과 IPv4와의 차이점을 이해한다.
- IPv6의 주소 형식을 이해한다.
- IPv6의 패킷 구조와 그 역할을 이해한다.
- IPv4와 IPv6의 호환성을 위한 전환 방법을 알아본다.

8.1 IPv6 개요

8.1.1 IPv4의 한계

현재의 IP 프로토콜은 1981년에 RFC(Request For Comments) 791에 의해 정의되었다. IPv4는 32비트를 이용해 주소를 표시하기 때문에 산술적으로 43억(2^{32})개 정도의 주소를 표현할 수 있다. 하지만 전 세계적으로 인터넷의 급격한 보급과 무선인터넷(예를 들어 IMT-2000, Wi-Fi, 3G, LTE 및 5G 등), 인터넷 정보 가전기기(IoT-Internet on Things, IoE-Internet on Everything 등) 등의 IP 주소에 대한 수요가 증가하면서, 현 IPv4의 주소 체계로는 이에 대한 처리가 어렵다는 문제가 대두되었다. 이러한 주소 고갈 문제가 발생한 이유로는 인터넷의 성장도 있겠지만, 또한 IPv4 주소 구조에 잠재하는 문제로 인해 사용되지 않는 많은 수의 주소들이 존재한다는 점에서 그 이유를 찾을 수 있다. 즉 클래스 A, B, C로 구분하여 "네트워크" 단위로 주소를 할당하는 클래스 단위의 주소 할당 방식은 쓰이지 않는 많은 IP 주소를 발생시켜 주소의 낭비를 초래하였다. 예를 들어, 약 2,000개의 주소가 필요한 기관이 60,000만개 이상의 주소를 수용할 수 있는 B클래스의 주소를 할당 받음으로써 사용되지 않고 버려지는(또는 향후의 예비로 보유하는) 주소가 생기게 되었다.

이외에도 주소 공간의 확대라는 단순한 문제뿐만 아니라, 차세대 인터넷에서 요구하고 있는 유무선 네트워크를 통한 다양한 서비스 제공, 개인정보 등의 중요한 정부를 보호할 수 있는 보안기술 등, 새로운 형태의 요구 사항들에 효과적으로 대처 및 수용할 수 있는 새로운 인터넷 프로토콜 규격이 필요하게 되었다.

| 미니강의 | IPv4(Internet Protocol version 4)

2012년 1월 30일 기준으로 IPv4의 2^{32}인 4,294,967,296개 중에 3,410,303,904개가 할당, 588,514,560개가 특수용도, 296,148,832개가 미할당된 상태이다. 그리고 IANA에서의 할당은 더 이상 없는 상태이고 APNIC에서는 1회에 한정하여 1024개만을 할당하고 있다. 2013년 8월19일 현재, 우리 나라의 경우IPv4는 112,231,936개가 할당되어 있는데, 이중 99.97%인 112,235,264개가 사용되고 있으므로 해당 IPv4 주소가 빠른 속도로 고갈되고 있으나, 인터넷에 접속되어 있거나 또는 향후 접속될 컴퓨터 및 관련 장비는 기하급수적인 속도로 증가하고 있는 현실이다. 이와 같은 상황에서 모자라는 주소를 더 많은 네트워크에 할당하기 위하여 네트워크 프래그멘테이션(Network Fragmentation)은 지속적으로 증가되어 관련 장비인 라우터에 많은 부담을 주고 있는 형편이다.

8.1.2 IPv6의 등장

이와 같은 IPv4의 문제를 배경으로 차세대 IP규격(IPng: Internet Protocol Next Generation)의 검토가 IETF에 의하여 진행되었고, IPv6(IP version 6, RFC 2460)를 표준화 하였다. 팰로앨토 연구소에서 개발하고, 1994년 IETF(국제 인터넷 표준화 기구)에서 표준화로 채택된 IPv6는 IPv4의 32비트 주소길이를 4배 확장한 차세대 주소체계로써 128비트의 주소길이를 사용하여 약 3.4×10^{38}(340,282,366,920,938,463,463,374,607,431,768,211,456)개의 주소가 생성 가능하다. 이러한 IPv6의 주소체계는 IP의 주소 고갈 문제를 근본적으로 해결할 수 있을 뿐만 아니라, 보안 문제, 라우팅 효율성 문제, QoS(Quality of Service) 보장, 무선 인터넷 지원과 같은 다양한 기능들을 제공할 수 있게 되어서 차세대 인터넷 구현의 핵심적인 요소로 인식되고 있다.

IPng는 IPv6를 개발하기 위한 기술적인 표준으로서 17개의 기준 항목들을 RFC 1726에 정의하였는데, 이 중 몇 가지를 살펴보면 다음과 같다.

- **범위(scale)**: 적어도 10^{12}개의 종단 시스템(end system)을 식별하고 어드레싱 할 수 있어야 하고, 라우팅 프로토콜과 그 구조는 10^9개의 개별 네트워크(individual network)를 수용할 수 있어야 한다.
- **토폴로지 유연성**: 라우팅 구조와 프로토콜은 다양한 네트워크 토폴로지를 수용할 수 있어야 한다.
- **매체 독립성**: 수많은 다른 종류의 LAN, MAN, WAN 매체의 인터네트워크에서 동작할 수 있어야 한다.
- **비신뢰성 데이터그램 서비스**: 프로토콜은 신뢰성을 보장하지 않는 데이터그램 전송 서비스를 지원해야 한다.
- **안전한 동작**: 해킹으로 인한 서비스 거부로부터의 보호, 라우팅 및 제어 프로토콜에 대한 보호 등과 같은 기능을 수행하는 안전한 네트워크 계층을 제공해야 한다.
- **고유한 이름**: 전 세계적이고 도처에서 사용될 수 있는 인터넷 상에서의 고유한 이름을 IP 계층 객체에 할당할 수 있어야 한다.
- **멀티캐스트**: 프로토콜은 유니캐스트 및 멀티캐스트 패킷 전송을 지원할 수 있어야 한다.
- **이동성 지원**: 프로토콜은 이동성 있는 단말 및 네트워크를 지원할 수 있어야 한다.

[그림 8-1] IPv6의 등장 배경

8.2 IPv6 특징

IPv6은 IPv4와는 다른 여러 고유한 특징들을 갖는다. 대표적인 것으로 확장된 주소 공간, 새로운 헤더 포맷, 향상된 서비스 지원, 내장된 보안 기능, 주소 자동설정을 들 수 있다. 본 절에서는 이러한 IPv6의 특징을 살펴보고, IPv4와의 차이점에 대해 알아보도록 한다.

8.2.1 확장된 주소 공간

IPv6는 128비트의 주소 공간을 갖는다. 128비트의 주소 공간에는 3.4×10^{38}개의 주소가 할당될 수 있다. 이러한 큰 주소 공간은 인터넷 백본에서부터 소규모 사설 네트워크에 이르기까지 모든 단말기에 할당할 수 있는 주소공간으로 전혀 문제가 없다. 현재는 주로 PC 및 정보기기(휴대폰, 휴대 단말기 등)를 사용해 인터넷에 접속 하지만, 앞으로는 각종 가전 기기(IoT) 및 주변의 모든 제품들(IoE)에도 인터넷 주소가 할당되고, 이러한 단말들은 인터넷을 통하여 정보를 주고받게 되리라 예측된다. 따라서 128비트 주소 체계를 사용하는 IPv6는 현재의 IPv4의 주소 부족 문제를 해결할 수 있을 만큼의 주소 공간을 갖게 해준다. 또한 IP 주소를 절약하기 위하여 사용되는 NAT(Network Address Translation)와 같은 주소 변환 기술도 더 이상 필요가 없어질 것이다.

주소 할당 방식은 기존의 비효율적인 클래스별 할당을 지양하고, 주소에 대한 낭비를 없애기 위해 A, B, C, D등급과 같은 클래스별 할당이 아닌 유니캐스트(Unicast), 애니캐스트(Anycast), 멀티캐스트(Multicast) 주소 형태로 이루어진다. 예를 들어 인터넷을 사용하는 개인 사용자들에게는 유니캐스트 주소를 할당하고, 근거리 통신망으로 연결된 기업 및 학교

| 미니요약 | IPv6(Internet Protocol version 6)

IPv6는 128비트의 주소 공간을 갖는다.

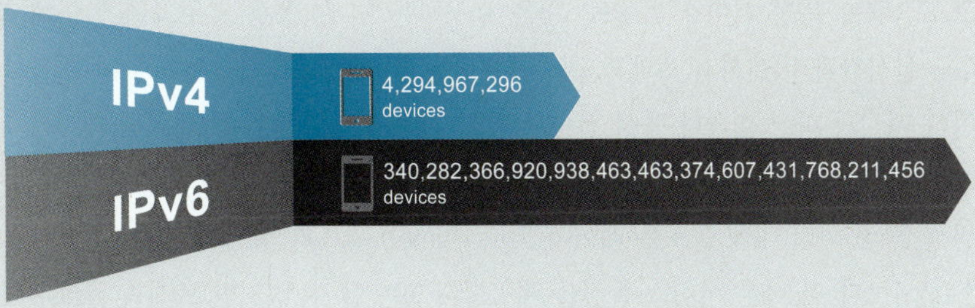

등의 사용자에게는 애니캐스트 주소를 사용하게 하며, 인터넷 서비스 제공 업체와 같은 대규모 사업자에게는 멀티캐스트 주소를 할당하게 된다. 마지막으로 IPv6는 언제 어디서나 용이한 인터넷 접속을 위해(특히 무선 인터넷의 경우) 주소의 자동 생성 기능을 지원한다.

8.2.2 새로운 헤더 포맷

IPv6 헤더는 패킷 처리에 대한 오버헤드를 최소로 줄이기 위해, IPv4의 헤더에 비해 명확하고 단순하게 구성하였다. IPv4에서 별로 사용되지 않았던 일부 헤더 필드를 삭제하고 확장 헤더를 도입하여 선택적인 사용을 가능하게 하였는데, 이는 패킷을 중계하는 라우터들의 부하를 줄이기 위한 것이다. 기존의 헤더에 비해 변화된 내용으로는 첫째, 헤더를 고정 길이로 변경하였다. 헤더의 길이를 고정하여 시스템에서 헤더의 길이를 예측하기가 용이해져 하드웨어를 이용한 빠른 처리가 가능해졌다. 더불어 기존 IPv4의 가변길이 패킷과의 호환을 위해 IPv6에서는 선행헤더의 뒤에 확장헤더를 붙여서 사용할 수 있게 하였다. 둘째, 패킷 단편화(Fragmentation) 관련 필드가 삭제되었다. 패킷을 단편화 시키는 기능은 라우터에 많은 부담을 주고, 네트워크의 효율적인 이용을 방해하기 때문에 IPv4에서 사용하던 식별자 필드와 단편 오프셋 필드를 삭제하였다. IPv6에서는 경로 MTU(Maximum Transmission Unit) 탐색이라는 새로운 기능으로 패킷 단편화 기능을 대신한다. 마지막으로 체크섬(checksum) 필드가 삭제되었다. 체크섬 필드는 패킷의 정확한 전송 여부를 검사하기 위한 필드이지만, 체크섬을 계산하기 위한 부하가 많고 이미 데이터링크 계층에서 체크섬의 계산이 행해지고 있으므로 삭제가 되었다.

결론적으로 주소 필드의 증가로 기본 헤더의 길이는 IPv4의 두 배로 되었고 전체 필드 수는 12개에서 8개로 단순화되어 기본적인 처리 속도를 개선할 수 있게 되었다.

8.2.3 향상된 서비스의 지원

응용 프로그램이 특정 서비스 품질(QoS)을 요구하는 경우, 응용 프로그램에 의해 생성된 트래픽을 실시간과 비실시간 트래픽으로 구분하는 것이 필요하다. 예를 들어 긴급하지 않은 데이터 패킷과 화상 회의나 음성 전송과 같이 시간에 민감한 응용 데이터 패킷을 구분할 수 있어야 하는데, IPv6는 이러한 트래픽을 효과적으로 분류할 수 있는 기능을 제공한다. 이를 위해 IPv6 헤더 내에 플로우 레이블(Flow Label) 필드가 정의되어 있다. 실제로 IPv6 자체가 IPv4보다 더 나은 서비스 품질을 제공한다고는 할 수 없지만 트래픽 플로우에 대한 구분을 수행할 수 있는 여건을 마련함으로써 간접적으로 향상된 서비스 품질을 제공할 수 있다.

8.2.4 보안 기능

IPv4는 처음 설계 시 보안에 대한 규정을 하지 않았다. 따라서 IPv4에서의 보안은 IPSec(Internet Protocol Security)이라는 보안 관련 프로토콜들을 별도로 설치해 주어야 하는 부가적 기능(Add-On)을 필요로 하였다. 이러한 방식은 현재의 전자 상거래 활성화 등과 같은 인터넷 환경의 변화에는 효과적으로 대처할 수 없는 접근법이다. IPv6에서는 이러한 문제를 해결하기 위해 프로토콜 내에 보안관련 기능을 탑재할 수 있도록 설계되었다. 즉, IPv6는 보안과 관련된 인증 절차, 데이터 무결성 보호, 메시지의 발신지 확인 기능을 제공한다. 또한 IPv6의 표준 확장 헤더를 통하여 네트워크 계층에서의 종단간 암호화를 제공하여 패킷에 대한 변조를 방지할 수 있다.

8.2.5 주소 자동설정

IPv4에서는 시스템을 설정할 때 IP 주소, 네트워크 마스크, 게이트웨이 주소 등과 같은 여러 설정을 입력하고, 재시작 해야 하는 절차를 거쳐야 했다. 이와 같은 작업은 네트워크의 규모가 커질수록 더욱 복잡하게 된다. 하지만 IPv6에서는 로컬 IPv6 주소를 자동으로 생성할 수 있다. LAN상의 MAC(Medium Access Control) 주소와 라우터가 제공하는 네트워크 프리픽스(Prefix: IPv6 주소 앞 부분에 위치하는 비트의 집합)를 결합하여 IP 주소를 생성할 수 있다. 이러한 주소 자동설정 기능은 시스템 관리나 설정에 필요한 막대한 비용과 시간을 줄여주고 사용자에게 편리함을 제공한다. 예를 들어 이동형 컴퓨터의 경우 어느 곳에서든 네트워크와 연결을 설정하면 자동으로 포워딩 주소를 설정할 수 있게 된다. 이러한 주소 자동설정의 구현방법은 크게 두 가지로 분류되며 다음과 같다.

- **상태 보존형 자동설정(Stateful Auto-Configuration)**: 기본적으로 DHCP(Dynamic Host Configuration Protocol) 서버로부터 주소를 비롯한 모든 네트워크 정보를 받는 방식이다. 호스트가 DHCP 서버에 주소를 요청하면, 서버에서는 할당 가능한 주소를 살펴보고 가용한 주소를 호스트에게 할당하는 방식이다. 이 방식은 주소의 이용 효율성을 향상시킬 수 있고 호스트의 인증과정 등을 이용하여 보안성을 유지할 수 있다. 하지만 서버의 설치 및 구성과 관리가 복잡하며 예상치 못한 접속에도 대응할 수 있도록 대규모의 데이터베이스를 갖추어야 하는 단점이 있다.

- 비상태형 자동설정(Stateless Auto-Configuration): IPv6에서 새로 개발된 자동설정법으로 호스트 측에서 스스로 주소를 생성하는 방법이다. 호스트는 자신의 인터페이스 정보와 라우터로부터 얻은 네트워크 프리픽스 정보 또는 Well-Known 프리픽스 정보를 이용하여 자체적으로 IPv6 주소를 생성한다. 이 방법은 호스트가 자신의 주소에 대한 생성 및 할당을 수행함으로써 특별히 서버의 설치가 필요 없다는 장점이 있다. 단점으로는 이용 권한이 없는 호스트의 접근 등으로 인해 발생할 수 있는 보안 관련 사항에 대한 처리 기능이 필요하다는 것이다.

| 미니요약 | IPv6 주소 자동설정 방식

IPv6의 주소 자동설정 방식에는 상태 보존형 자동설정 방식과 비상태형 자동설정 방식이 있다.

이와 같은 IPv6와 IPv4의 특징을 요약하면 〈표 8-1〉과 같다.

〈표 8-1〉 IPv4와 IPv6 특징 비교

구분	IPv4	IPv6
주소 길이	32비트	128비트
표시 방법	8비트씩 4부분으로 10진수로 표시 예) 203.252.53.55	16비트씩 8부분으로 16진수로 표시 예) 2002:0221:ABCD:DCBA:0000:0000:FFFF:4002
주소개수	약 43억개	2^{128}개(약 43억×43억×43억×43억 개)
주소할당 방식	A, B, C, D등의 클래스단위 비순차적 할당	네트워크 규모, 단말기 수에 따른 순차적 할당
브로드캐스트 주소	있음	없음(대신, 로컬 범위 내에서의 모든 노드에 대한 멀티캐스트 주소 사용)
보안	IPSec 프로토콜 별도 설치	IPSec 자체 지원
서비스 품질	제한적 품질 보장 (Type of Service에 의한 서비스 품질 일부 지원)	확장된 품질 보장 (트래픽 클래스, 플로우 레이블에 의한 서비스 품질 지원)
Plug & Play	불가	가능

8.3 IPv6 주소

8.3.1 주소 표기

IPv6의 주소는 IPv4와는 달리 16진수로 표시한다. 128비트의 긴 주소를 보다 읽기 쉽게 하기 위해 16진수 콜론 표기법(hexadecimal colon notation)을 사용한다. 이것은 128비트를 16비트씩 8개의 필드로 나누어 콜론(:)으로 구분하는데, 각 16비트의 필드는 16진수 값으로 표현한다.

예를 보면 [그림 8-2]와 같다.

[그림 8-2] IPv4와 IPv6 표기 비교

8.3.2 주소 생략법

16진수로 표현하는 것은 128비트의 긴 주소를 간단히 표현하는데 큰 역할을 하지만 이를 그대로 이용하는 것은 문제점이 있다. 또한 일부 특정한 유형의 IPv6 주소 할당으로 인하여 주소에는 "0"의 값을 갖는 경우가 많다. "0"의 값을 포함하는 주소의 작성을 보다 쉽게 하기 위하여 몇 가지 조건하에서 주소를 생략할 수 있는 방법들이 제안되었는데 그 방법은 다음과 같다.

- 각 필드에서 선행하는 0은 생략될 수 있다. 이러한 생략 방식을 사용하면 0221은 221로, 00AB는 AB로, 0000은 0으로 나타낼 수 있다. 단, 뒤에 나오는 0은 생략할 수 없다. 4200을 42로 생략할 수 없음을 유의해야 한다. 이러한 생략 방법을 사용한 예는 [그림 8-3]과 같다.

BEAF : 2002 : 0221 : F207 : 0000 : 0001 : FFFF : 4002

⇩

BEAF : 2002 : 221 : F207 : 0 : 1 : FFFF : 4002

[그림 8-3] 선행된 0의 생략

- 0으로만 나타난 연속된 필드는 0을 모두 삭제하고 2개의 콜론(이중콜론)만으로 나타낸다. 하지만 "::" 기호를 사용하는 경우는 주소당 한 번만 허용됨을 주의해야 한다. 또한 "::"는 주소 내에서 선행과 후행에 관계없이 사용될 수 있다. [그림 8-4]는 연속된 0을 생략하는 과정을 도시하고 있다.

BEAF : 0 : 0 : 0 : 0 : ABCD : 0 : FFFF

⇩

BEAF : : ABCD : 0 : FFFF

[그림 8-4] 연속된 0의 생략

- IPv4와 IPv6의 주소를 하나의 주소 내에 함께 표현하는 경우가 있는데, 이와 같은 경우에는 하위 32비트를 IPv4 형식으로 주소 표기를 한다. 즉 x:x:x:x:x:x:d.d.d.d와 같은 표기가 가능하다.(여기서 "x"는 16진수 값을, "d"는 10진수 값을 나타낸다.)

::203.252.1.1

::FFFF:123.1.0.42

| 미니요약 | 주소 생략법

IPv6는 주소 생략법을 통하여 긴 주소를 간단히 표현한다.

8.3.3 주소 프리픽스 표현 방법

IPv6의 주소 프리픽스 표현은 IPv4의 CIDR(Classless Inter-Domain Routing)에서의 표

기법과 유사하다. IPv6의 주소 뒤에 "/"를 표기하고, 프리픽스의 길이를 나타내는 10진수의 숫자를 표기한다. 예를 들면 다음과 같다.

BEAF :: ABCD : 0 : FFFF / 70

위 예의 경우 BEAF::ABCD:0:FFFF가 노드의 주소가 되며, 70비트의 프리픽스를 의미한다. 여기서 주의할 점은 /의 앞에 있는 주소 부분은 반드시 IPv6의 주소 표기 방법을 따라야 한다. 따라서 주소를 생략하는 경우도 앞서 설명한 주소 생략법의 법칙을 정확히 적용하여야만 한다.

8.3.4 주소 형태

IPv6의 주소는 크게 유니캐스트(Unicast) 주소, 멀티캐스트(Multicast) 주소, 애니캐스트(Anycast) 주소와 같이 3종류의 형태로 분류할 수 있다. 각각의 주소 형태에 대한 특징을 살펴보면 다음과 같다.

(1) 유니캐스트(Unicast) 주소

유니캐스트 주소는 1대 1 통신을 함에 있어서 서로 간의 인터페이스를 식별하는 주소이다. 유니캐스트 주소는 단일 인터페이스를 지정하며 유니캐스트 주소로 보내진 패킷은 그 주소에 해당하는 인터페이스에만 전달된다. IPv4의 유니캐스트 주소는 네트워크, 서브네트워크, 호스트로 구성되었지만, IPv6에서는 주소 공간의 확장으로 인하여 보다 많은 계층적 구조를 가질 수 있다. 이처럼 다양한 유니캐스트의 주소를 살펴보면 다음과 같다.

① 미지정(unspecified) 주소

주소 0:0:0:0:0:0:0:0 혹은 ::를 미지정 주소라 한다. 이 주소는 노드가 자신의 주소를 알 수 없을 때 이를 알아내기 위하여 사용된다. 예를 들어, 호스트를 초기화하기 위해 패킷을 전송할 때 자신의 IP 주소를 알지 못하므로, 미지정 주소를 발신지 주소필드에 사용하여 자신의 주소를 얻어내는 경우에 사용한다. 따라서 미지정 주소는 목적지 주소로 사용할 수 없다. 그리고, 어떤 노드에도 할당되지 않는다.

② 루프백(loopback) 주소

주소 0:0:0:0:0:0:0:1 혹은 ::1은 루프백 주소이다. 이 주소는 IPv4의 127.0.0.1과 마찬가지로 자기 자신에게 패킷을 전송할 경우에 사용된다. 따라서 루프백 주소는 호스트의 주소로는 할당될 수 없으며, 패킷이 외부로 전송될 때 발신지의 주소로도 사용될 수 없다.

③ IPv4 주소를 포함한 IPv6 주소

▶ IPv4 호환 주소(IPv4-Compatible Address)

IPv6의 네트워크와 IPv4의 네트워크가 동시에 존재하는 경우에 IPv6 패킷이 IPv4 네트워크를 경유하고자 할 때 사용되는 주소 방식이다. 즉, IPv6와 IPv4간에 호환성을 보장하기 위해 사용되는 주소이다. IPv4 호환주소는 주소필드 128비트 중 상위 96비트를 0으로 하고 나머지 32비트를 IPv4 주소로 사용한다. IPv4 호환 주소의 형식은 [그림 8-5]와 같다.

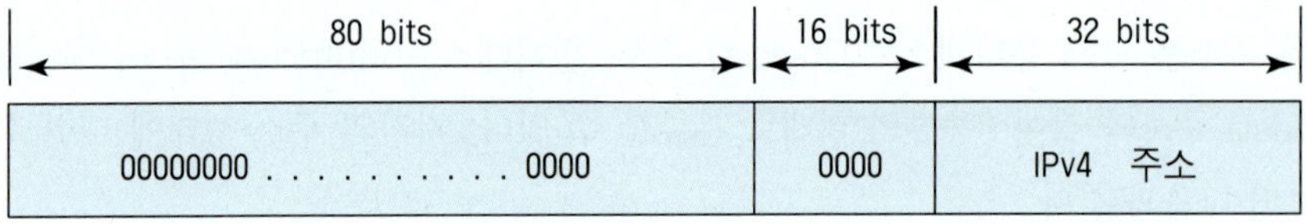

[그림 8-5] IPv4 호환 주소 형식

▶ IPv4 매핑 주소(IPv4-Mapped Address)

호스트가 IPv6를 전혀 지원하지 않는 경우 IPv6 네트워크에서 IPv4 호스트를 식별하기 위한 주소이다. 즉, IPv4 호스트들의 주소를 IPv6 주소로 변환할 때 사용되는 주소이다. IPv4 매핑 주소의 형식은 [그림 8-6]에서 나타내고 있는 바와 같이 상위 80비트를 0으로 하고, 다음 16비트를 1로, 나머지 32비트는 IPv4 주소로 구성된다.

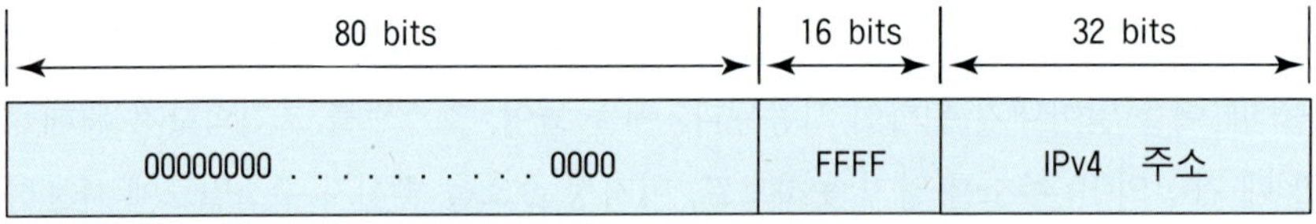

[그림 8-6] IPv4 매핑 주소 형식

④ 글로벌 유니캐스트 주소

인터넷 상의 호스트를 구별할 수 있는 세계적으로 유일한 주소이다. 첫 세 비트가 000으로 시작되는 경우 [그림 8-7]과 같이 인터페이스 ID 필드의 크기가 고정되어 있지 않다. 이것은 일반적인 글로벌 유니캐스트의 주소 형식과 동일하다.

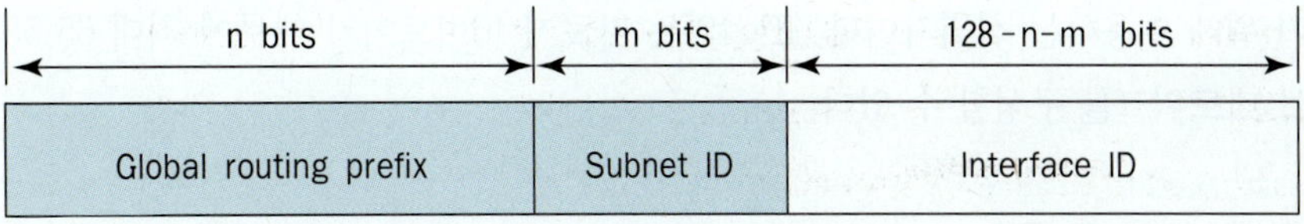

[그림 8-7] 일반적인 글로벌 유니캐스트 주소 형식

이진 값 000으로 시작되지 않는 글로벌 유니캐스트 주소의 경우는 64비트의 인터페이스 ID 필드를 지니게 되는데, 이러한 예로 통합 글로벌 IPv6 유니캐스트 주소(Aggregatable Global Unicast Address)를 들 수 있다. 통합 글로벌 유니캐스트 주소의 형식은 [그림 8-8]과 같다.

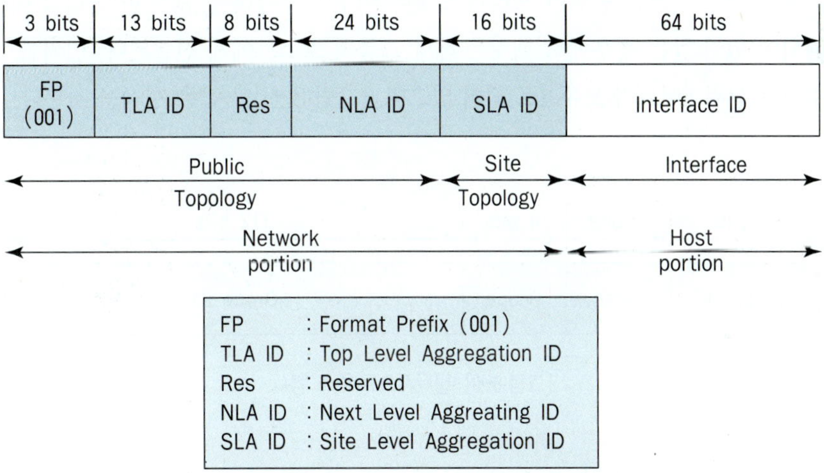

[그림 8-8] 통합 글로벌 유니캐스트 주소 형식

- TLA ID: 라우팅의 계층 구조에서 최상위 식별자이다. 현재는 8,192개의 TLA ID가 존재한다. TLA ID 할당은 IANA(Internet Assigned Numbers Authority)에서 관장하고 있다.
- Res: TLA ID나 NLA ID의 크기에 대한 확장성을 고려하여 향후 사용을 위한 예약된 비트이다.
- NLA ID: 특정 단위의 사이트를 구별하기 위해서 TLA ID에 의해 기관 단위로 할당되는 식별자이다. 또한 NLA ID는 네트워크 규모에 따라 계층적인 할당이 가능하다.
- SLA ID: NLA ID를 할당 받은 최종 개별 사용자가 그 조직 내부의 서브 네트워크를 설계

하기 위해 이용하는 식별자이다. IPv4와는 다르게 16비트이기 때문에 최대 65,535개의 서브 네트워크를 구성할 수 있다.

⑤ 로컬 유니캐스트 주소

글로벌 주소에 대한 절약과 특정 조직(사이트) 내에서의 보안문제를 위하여 해당 사이트에서만 사용이 가능한 주소형식이다. 따라서 인터넷 상에서는 사용할 수 없으며 로컬 사이트 내에서만 사용할 수 있는 주소이다.

(2) 멀티캐스트(Multicast) 주소

멀티캐스트 주소는 인터페이스 그룹을 식별하는 주소이다. 즉, 임의의 멀티캐스트 주소로 패킷을 전송하는 경우, 해당 멀티캐스트 그룹에 등록되어 있는 모든 호스트가 패킷을 받게 된다. 멀티캐스트 주소는 동일한 프리픽스 공유 여부와 무관하며, 동일한 물리적 네트워크에 연결되어 있지 않는 경우에도 패킷은 해당 그룹의 호스트에게 전달된다. 이러한 멀티캐스트 주소는 상위 8비트가 모두 1로 되어 있으며, [그림 8-9]와 같은 형식을 갖는다.

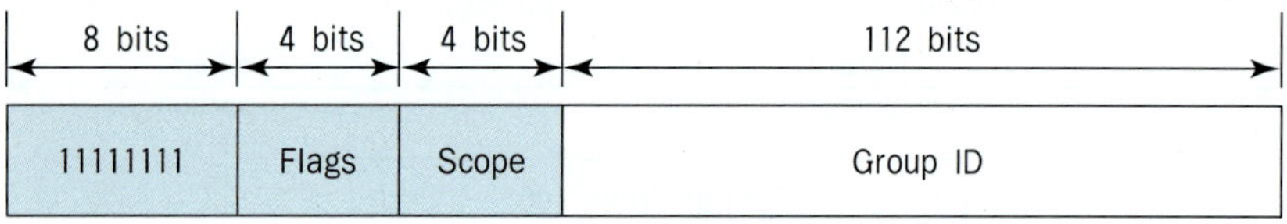

[그림 8-9] 멀티캐스트 주소 형식

- Flags: 플래그 필드는 4비트로 구성되어 있으며, 설정된 멀티캐스트의 주소가 이미 규정되어 있는 주소인지, 일시적으로 사용되기 위한 주소인지를 규정한다. 4비트 중 상위 3비트는 아직 사용되고 있지 않는 비트로 모두 0이다. 따라서 마지막 비트로 이에 대한 구분을 하는데 0인 경우가 영구적으로 규정되어 있는(Well-Known) 멀티캐스트 주소를 나타내고, 1인 경우는 일시적(Transient)인 주소를 나타낸다. [그림 8-10]은 이와 같은 멀티캐스트 주소 플래그 필드 구성에 대한 내용을 보여준다.

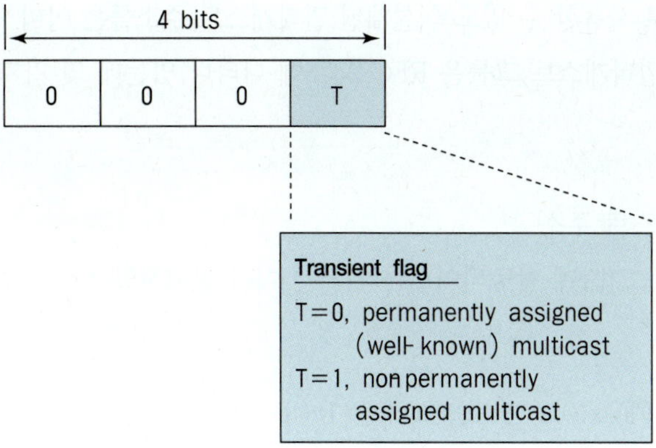

[그림 8-10] 플래그 필드

- Scope: 멀티캐스트 트래픽이 전달될 수 있는 IPv6 네트워크의 범위를 나타낸다. Scope 필드는 4비트로 구성되어 있고, 필드 값에 따라 몇 개의 범위로 구분된다. 노드 로컬 범위(Node-Local Scope)는 멀티캐스트 주소가 해당 노드(호스트)내에서 유효한 것이며, 링크 로컬 범위(Link-Local Scope)는 그 인터페이스가 소속되어 있는 동일 링크상에서 유효하다. 이와 같은 범위 구분 방식으로 사이트 로컬 범위(Site-Local Scope)와 조직 로컬 범위(Organization-Local Scope)가 존재하고, 글로벌 범위(Global Scope)와 같은 경우는 전 세계에서 유효하게 되어 있다. 범위에 따른 멀티캐스트 주소 값을 요약해 보면 〈표 8-2〉와 같다.

〈표 8-2〉 멀티캐스트 주소 값의 범위

값(16진수)	범위
0	Reserved
1	Node-local scope
2	Link-local scope
5	Site-local scope
8	Organization-local scope
E	Global scope
F	Reserved

모두가 공통적으로 사용할 수 있도록 설계된 멀티캐스트 주소들은 이미 영구적으로 규정되어 있다. 이러한 멀티캐스트 그룹은 RFC 2375에 나타나 있는데 몇 가지를 살펴보면 다음과 같다.

① 예약된 멀티캐스트 주소

이것은 멀티캐스트 그룹에 할당되어서는 안되는 이미 정해져있는 주소로써 범위는 다음과 같다.

FF0x:0:0:0:0:0:0:0 (x는 0~F를 나타내는 16진수 값)

② 모든 노드 멀티캐스트 주소

이것은 해당되는 범위내의 모든 IPv6 노드를 식별하는 주소이다. 내용은 다음과 같다.

FF01::1(노드 로컬 범위에서의 모든 노드를 지칭하는 멀티캐스트 주소)
FF02::1(링크 로컬 범위에서의 모든 노드를 지칭하는 멀티캐스트 주소)

③ 모든 라우터 멀티캐스트 주소

이 주소는 해당되는 범위 내에서의 모든 IPv6 라우터들을 식별하는 주소이다. 내용은 다음과 같다.

FF01::2(노드 로컬 범위에서의 모든 라우터를 나타내는 멀티캐스트 주소)
FF02::2(링크 로컬 범위에서의 모든 라우터를 나타내는 멀티캐스트 주소)
FF05::2(사이트 로컬 범위에서의 모든 라우터를 나타내는 멀티캐스트 주소)

(3) 애니캐스트(Anycast) 주소

애니캐스트 주소는 멀티캐스트 주소와 비슷하게 다수의 인터페이스 그룹을 식별할 수 있다. 하지만 멀티캐스트와는 다르게 패킷을 전송할 때 해당 그룹에 속하는 모든 인터페이스에게 전달하는 것이 아니고, 해당 그룹에 속하는 인터페이스 중 가장 가까운 거리에 있는 인터페이스에게만 패킷이 전달된다. 여기서 가장 가까운 거리라는 의미는 라우팅 프로토콜에 의해 설정되는 네트워크상의 거리가 가장 짧은 것을 나타낸다. 따라서 이러한 애니캐스트는 서브 네트워크 상의 가장 가까운 자원을 찾아내기 위한 수단으로 사용되기도 하며, 주소 형식은 [그림 8-11]과 같다. 이러한 애니캐스트 주소는 IPv6의 발신지 주소로 사용해서는 안되며, 호스트의 주소로서 할당되어서도 안된다.

애니캐스트 기능을 통하여 사용자는 가장 가까운 라우터와 통신을 할 수 있을 뿐만 아니라, 특정 서비스를 받기 위해 가장 가까운 서버를 찾을 수도 있다.

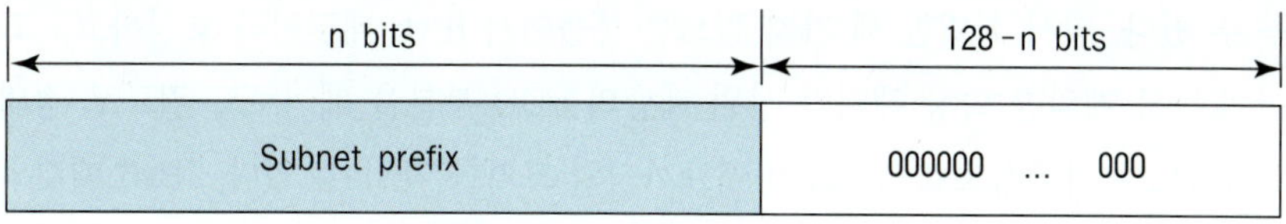

[그림 8-11] 애니캐스트 주소 형식

| 미니요약 | IPv6주소 형태

IPv6의 주소 형태는 크게 유니캐스트(Unicast) 주소, 멀티캐스트(Multicast) 주소, 애니캐스트(Anycast) 주소로 분류할 수 있다.

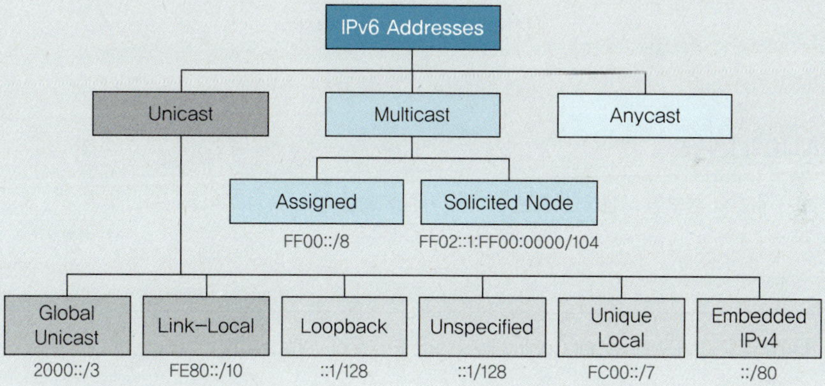

8.4 IPv6 패킷

8.4.1 기본 구조

IPv6 패킷은 IPv4와 같이 맨 앞부분에 주소 정보등과 같은 데이터 전송에 필요한 정보들을 포함한 기본 헤더를 갖는다. IPv6 기본 헤더 크기는 항상 40바이트로 고정되어 있다. 그리고 그 기본 헤더 뒤에는 데이터의 전송에 대한 세부 사항들을 필요에 따라 지정하거나 특정 기능을 사용할 수 있도록 여러 가지 옵션들을 추가할 수 있는 확장 헤더들이 위치한다. 확장헤더 다음에는 상위 계층의 PDU(Protocol Data Unit)가 위치하게 되는데, PDU의 예로는 TCP 세그먼트나 UDP 메시지, 혹은 ICMP(Internet Control Message Protocol) 메시지를 들 수 있다. 앞서 설명한 세 가지 필드를 통틀어서 IPv6 패킷이라 호칭하고, 그 중 기본 헤더 필드를 제외한 확장 헤더와 상위 계층의 PDU 부분을 페이로드 필드로 정의한다. 페이로드 필드는 기본적으로 65,535바이트까지의 크기를 가질 수 있다. IPv6 패킷의 기본 구조는 [그림 8-12]와 같다.

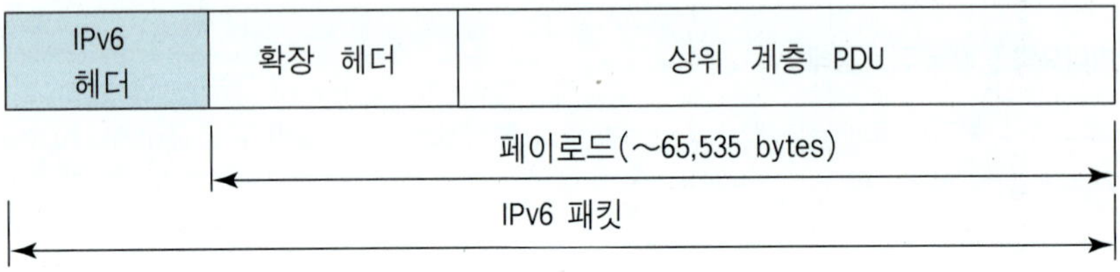

[그림 8-12] IPv6 패킷 형식

| 미니요약 | IPv6

IPv6는 일반적 정보를 포함하는 기본 헤더와 특정 기능을 하는 확장 헤더를 갖고 있다.

| 미니강의 | ICMPv6(Internet Control Message Protocol version 6)

RFC4443에 정의 되어있는 ICMPv6는 IPv6용 인터넷 제어 메시지 프로토콜로서 IPv6의 핵심 부분으로 오류보고 및 진단 기능을 수행하며, 향후 변경 사항을 구현하기 위한 확장 프레임 워크를 제공한다.

NDP(Neighbor Discovery Protocol)는 ARP의 기능을 대체하며, SEND(SEcure Neighbor Discovery)는 추가 보안 기능을 갖춘 NDP 확장이며, MLD(Multicast Listener Discovery)는 IPv6 라우터가 멀티캐스트 수신기를 검색 하는 데 사용된다.

ICMPv6 메시지는 오류 메시지와 정보 메시지로 분류되는데, IPv6 Next Header 값이 58로 설정된 IPv6 패킷에 의해 전송된다.

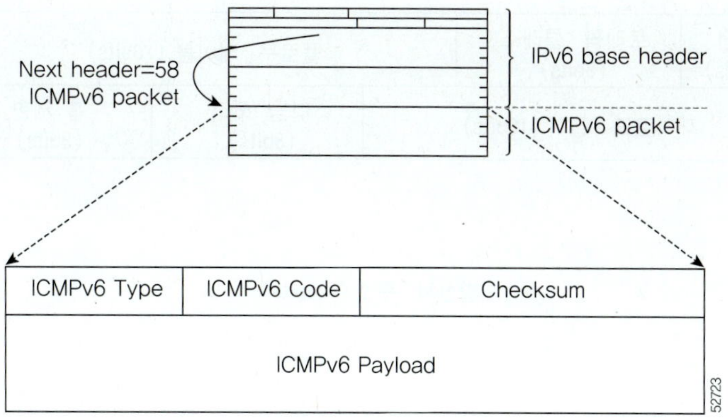

[IPv6 ICMP 패킷 헤더 형식]

8.4.2 기본 헤더

IPv6 기본 헤더는 [그림 8-13]에서 나타내고 있는 바와 같이 40바이트의 고정 길이를 갖는다. IPv6 기본 헤더는 기본적으로 발신지에서부터 목적지까지 데이터를 전송하는데 필요한 필수적인 정보들을 포함한다. 각 필드의 기능에 대하여 살펴보면 다음과 같다.

▶ 버전(Version) 필드: 4비트

IP의 버전을 나타내는 필드로써 IPv6의 경우 6의 값을 가진다.

▶ 트래픽 클래스(Traffic Class) 필드: 8비트

IPv6 패킷의 클래스나 우선순위를 나타낸다. IPv4의 TOS(Type of Service)필드와 유사한 기능을 하며, IPv4와의 연동시에 IPv4의 TOS 값에 매칭된다.

▶ 플로우 레이블(Flow Label) 필드: 20비트

네트워크 상에서 패킷들의 어떤 특정한 흐름에 대한 특성을 나타내는 필드이다. 기본적으로 0으로 되어 있고, 음성이나 화상 등의 실시간 데이터의 트래픽을 나타내기 위해 0이 아닌 값으로 설정된다. 이 필드에 대한 사용 방법은 IETF에서 아직 논의 중이다.

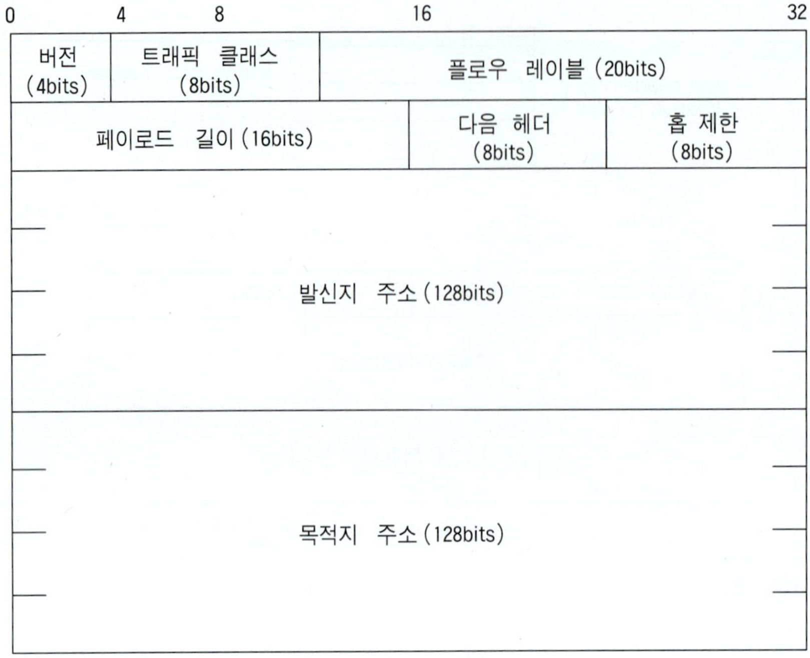

[그림 8-13] IPv6 기본 헤더 구조

▶ 페이로드 길이(Payload Length) 필드: 16비트

페이로드의 길이를 바이트 단위로 표시한다. 필드의 길이가 16비트이므로 216(65,536) 바이트까지 표시할 수 있다. 이것은 IP 패킷의 길이를 제한하게 되는데, 이보다 더 큰 데이터그램을 보내기 위해서는 홉-바이-홉(Hop-by-Hop) 확장헤더의 점보 페이로드(Jumbo Payload) 옵션을 이용한다. 점포 페이로드 옵션을 사용할 경우 페이로드 길이 필드는 모두 '0'으로 설정된다.

▶ 다음 헤더(Next Header) 필드: 8비트

IPv6 기본헤더 다음에 어떠한 종류의 확장 헤더가 오는지를 나타내는 필드이다. 예를 들어 0인 경우는 홉-바이-홉 헤더가 뒤에 온다는 것을 알려준다. 다음 헤더 필드는 다른 모든 확장 헤더에도 동일하게 포함 되는데, 다음에 오는 확장 헤더의 종류를 표현하기 위해 사용된다. 〈표 8-3〉은 다음 헤더의 종류를 표시하는데 사용되는 값들을 보여주고 있다.

〈표 8-3〉 "다음 헤더(Next Header)" 코드 값

값(10진수)	헤더
0	Hop-by-hop Options Header
2	Internet Control Message Protocol
4	Internet Protocol
6	Transmission Control Protocol
17	User Datagram Protocol
41	Encapsulated IPv6 Header
43	Routing Header
44	Fragment Header
45	Inter-domain Routing Protocol
46	Resource Reservation Protocol
50	Encapsulating Security Payload
51	Authentication Header
58	Internet Control Message Protocol v6
59	No Next Header
60	Destination Options Header

▶ 홉 제한(Hop Limit) 필드: 8비트

IP 패킷이 전송되는 거리를 홉(Hop) 단위로 제한할 때 사용하는 필드이다. IPv4의 TTL(Time to Live) 필드와 같은 역할을 하며, 경유할 수 있는 라우터의 최대 개수를 지정한다. 즉, 헤더 생성 시 임의의 초기값으로 설정되고, 각 라우터를 지날 때마다 이 값을 1씩 감소시키며, 홉 제한 값이 0이 되면 패킷을 폐기하게 된다. 홉 제한 필드는 라우팅 루프가 발생하는 것을 방지하는 것 외에 멀티캐스트 그룹 내에서 가장 가까운 서버를 찾는 것에도 이용된다.

▶ 발신지, 목적지 주소(Source, Destination Address) 필드: 128비트

IPv4와 마찬가지로 패킷을 보내는 호스트의 주소와 패킷이 도착해야 할 목적지 호스트의 주소를 나타낸다. IPv6 주소 형식에 따라 각각 128비트의 길이를 갖는다.

8.4.3 확장 헤더

확장 헤더는 기본 헤더에서 제공하는 기본적인 기능 외에 추가적인 기능들을 지원하기 위하여 사용된다. 확장 헤더는 기본 헤더의 바로 다음에 위치하며 몇 가지가 표준안에 정의되어 있다. 확장 헤더의 형식은 [그림 8-14]와 같고, 기본 헤더의 다음 헤더(Next Header) 필드로부터 시작하여 다음 확장 헤더를 차례대로 검사하여 헤더를 식별한다. 확장 헤더의 맨 앞의 1바이트는 다음 확장 헤더 값을, 다음 1바이트는 해당 확장 헤더의 길이를 표시한다. 확장 헤더는 일반적으로 IPv6 패킷 내에 없거나 하나 이상 존재할 수 있다.

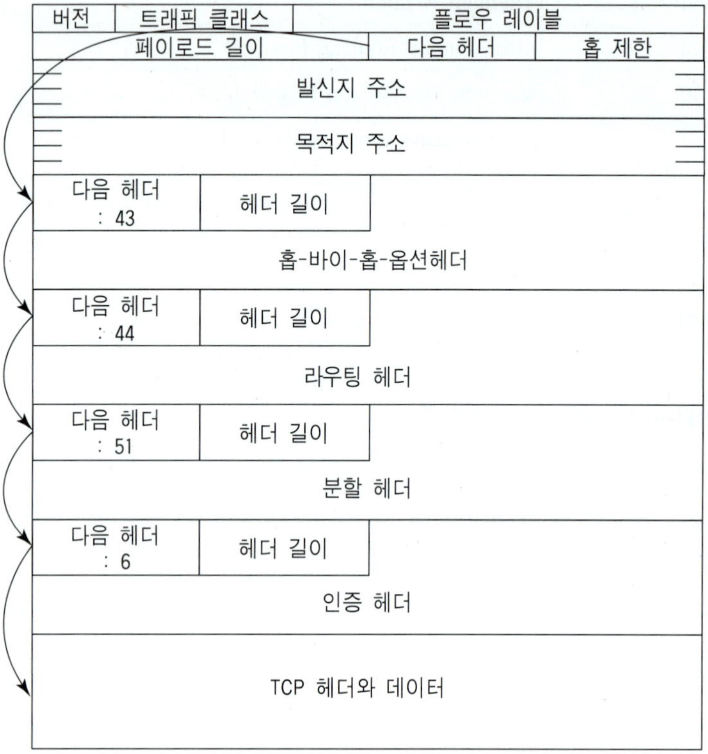

[그림 8-14] 확장 헤더 형식

다음은 대표적인 확장 헤더들에 대한 설명이다.

(1) 홉-바이-홉(Hop-by-Hop) 옵션 헤더

모든 라우터는 패킷의 홉-바이-홉 옵션들을 검사하고 처리해야 한다. 즉, 홉-바이-홉 옵션 헤더는 패킷이 전달되는 경로상의 모든 라우터가 검사해야 하는 옵션 정보를 전달하는데 사용이 된다. 홉-바이-홉 헤더는 IPv6 헤더의 다음 헤더(Next Header)값이 0인 경우에 해당되며, 헤더 형식은 [그림 8-15]와 같다. RFC 2460, 2675, 2711에 의해 정해진 옵션들은 점보 페이로드 옵션과 라우터 경고 옵션 등이 있다.

다음 헤더	헤더 확장 길이	
옵션		

[그림 8-15] 홉-바이-홉 옵션 헤더 형식

- Pad1 옵션(옵션 타입 0): 가장 간단한 옵션이며 헤더 내에서 한 바이트의 패딩을 삽입하기 위하여 사용된다.
- PadN 옵션(옵션 타입 1): 두 바이트 내지는 그 이상의 패딩을 삽입하기 위하여 사용된다.
- 점보 페이로드(Jumbo Payload) 옵션(옵션 타입 194): IP 기본헤더의 페이로드 길이 필드에 의해 패킷길이가 65,535 바이트로 제한됨에 따라 이 이상의 길이를 갖는 패킷을 보내기 위해 사용되는 옵션이다. 이 옵션은 32비트의 페이로드 길이 필드를 사용하여 최대 4,294,967,295 바이트까지의 패킷을 보낼 수 있게 한다. 65,535 바이트보다 큰 크기의 IPv6 패킷을 점보그램(Jumbogram)이라 한다.
- 라우터 경고(Router Alert) 옵션(옵션 타입 5): 패킷을 중계하는 라우터들에게 IP 데이터그램의 내용을 좀 더 자세히 검사하여 처리하도록 경고를 주는 옵션이다. 이 옵션은 데이터그램이 해당 경로상으로 전송되면서 어떠한 특정 프로세싱 기능이 필요한 경우 사용되는 기능이다. 예를 들어 RSVP(Resource reSerVation Protocol)와 같은 프로토콜에 사용이 될 수 있다.

(2) 목적지 옵션 헤더(Destination Options Header)

패킷이 최종적으로 전달되는 목적지 노드에서만 검사하면 되는 선택적인 정보를 전달하는데 사용하는 옵션이다. 이전 헤더의 다음 헤더 필드 값이 60인 경우에 의해 식별되며, 헤더 형식은 [그림 8-15]의 홉-바이-홉 헤더 형식과 동일하다.

(3) 라우팅 헤더(Routing Header)

보통의 경우 송신 측에서 송신지 주소와 목적지 주소 값을 주어서 패킷을 전송하면, 중간의 라우팅 과정에 대해서 관여하지 않는다. 그러나 IPv6 에서는 송신측에서 라우팅 헤더의 확장 헤더를 이용하여 전송하는 패킷의 라우팅 경로에 대해서 제어를 할 수 있다. 이 기능은 IPv4의 느슨한 소스 라우팅(Loose Source Routing) 기능과 비슷하다. 헤더 식별을 위한 다음 헤더 값은 43번이며, 형식은 [그림 8-16]과 같다.

<table>
<tr><td>다음 헤더</td><td>헤더 확장 길이</td><td>라우팅 타입(0)</td><td>남은 세그먼트</td></tr>
<tr><td>예약된 필드
(Reserved)</td><td colspan="3">Strict/Loose Bit Mask</td></tr>
<tr><td colspan="4">주소 1</td></tr>
<tr><td colspan="4">...</td></tr>
<tr><td colspan="4">주소 N</td></tr>
</table>

[그림 8-16] 라우팅 헤더 형식

라우팅 헤더의 맨 앞의 두 바이트는 확장헤더에 필요한 일반 필드들이며, 세 번째 라우팅 타입 필드는 0인 경우 느슨한 라우팅(Loose Routing)을 나타낸다. 그 다음의 남은 세그먼트(Segment Left) 필드는 아래의 주소 리스트에서 앞으로 방문해야 할 주소가 얼마나 남았는지를 표시한다. 그 아래는 32비트의 예약된 필드가 있으며 전송 시 0으로 초기화 된다. 주소필드는 1부터 n까지의 128비트 주소 값을 저장한다. 이 주소에는 멀티캐스트 주소가 포함되어서는 안된다.

(4) 분할 헤더(Fragment Header)

분할 헤더는 전송 경로 MTU보다 크기가 큰 패킷을 목적지까지 전송할 때 사용된다. IPv4의 패킷 분할 기능과 달리 IPv6에서는 발신 노드에서만 패킷에 대한 분할이 가능하고, 중간의 라우터들은 패킷 분할을 할 수 없기 때문에 새로운 헤더 형식이 필요하다. 분할 헤더의 형식은 [그림 8-17]과 같으며 헤더 식별을 위한 다음 헤더 값은 44번이다.

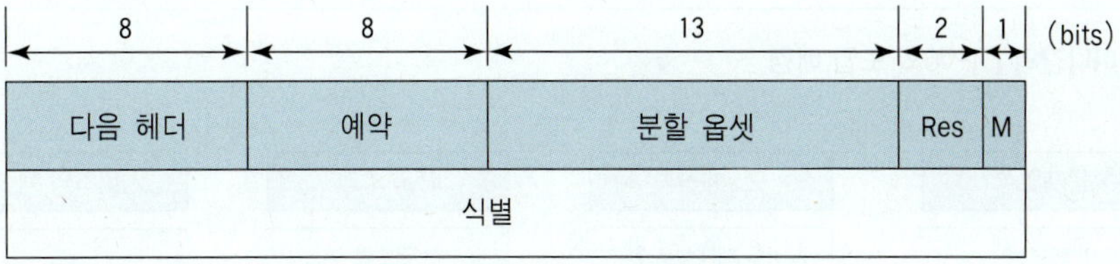

[그림 8-17] 분할 헤더 형식

분할 옵셋(Fragment Offset) 필드는 분할된 해당 패킷 데이터 그램의 맨 첫 1바이트가 원래 데이터그램의 첫 번째 바이트와 얼마나 떨어져 있는가를 8 바이트 단위로 나타낸다. 따라서 분할 옵셋 필드는 반드시 8의 정수배로 표현되어야 한다. 그 다음의 2비트의 예약 필드는 0으로 초기화되며 아직 사용되지는 않는다. 다음 'M'(More Fragments Flag) 필드는 1비트의 길이를 가지며, '1'의 경우는 분할 헤더를 포함한 패킷이 더 존재한다는 의미이고, '0'일 경우는 분할 헤더를 포함한 패킷이 마지막 패킷이라는 의미이다. 따라서 맨 마지막 데이터그램을 제외하고는 모두 '1'로 세팅된다. 식별(Identification) 필드는 32비트로 구성되며, 해당 패킷이 원래 어느 패킷의 일부인지를 식별하기 위해 사용된다. 즉, 다른 분할된 패킷과 구별하기 위해서 사용된다.

(5) 인증 헤더(Authentication Header)

인증 헤더는 송신측에서 전송된 패킷이 전송도중에 변경되거나 변조되지 않았는지 확인하여 확실한 데이터 수신 여부를 확인할 수 있게 한다. 인증 헤더는 IPv6에서 향상된 보안 특징 중의 하나이며 RFC 2402, 2401에 정의되어 있다. 헤더 식별을 위한 다음 헤더 값은 51번이다.

| 미니요약 | IPv6의 헤더

IPv6의 대표적인 확장 헤더로는 홉-바이-홉 옵션 헤더, 목적지 옵션 헤더, 라우팅 헤더, 분할 헤더, 인증 헤더가 있다.

| 미니강의 | IPv6의 도입 배경

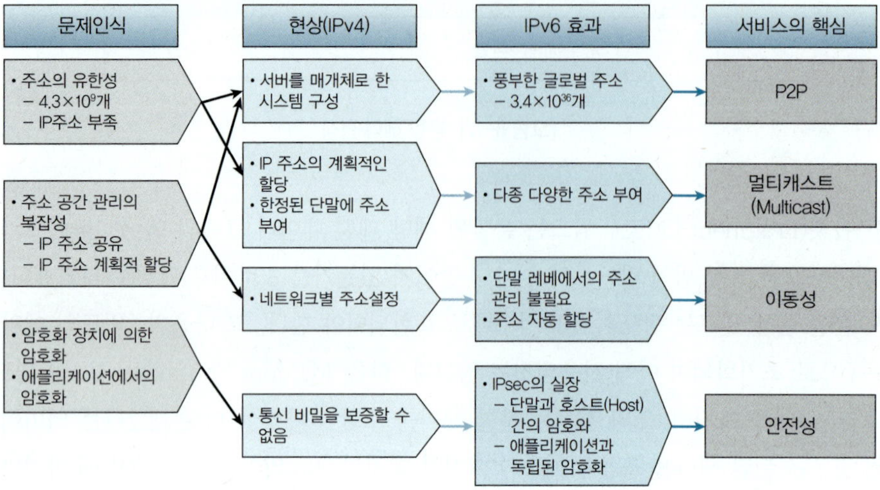

8.5 IPv4/IPv6 전환

IPv6라는 새로운 규격이 나오게 되었지만, 현재 인터넷에는 수많은 장치들이 IPv4 기반으로 설치되어 있고 작동을 하고 있다. 따라서 현재 이용되고 있는 IPv4 네트워크를 한순간에 IPv6로 바꾼다는 것은 사실상 불가능하다. 그러므로 한동안 IPv4와 IPv6 네트워크가 공존할 것이라는 것은 누구나 인지하고 있는 사실이다. 따라서 서로 다른 두 종류의 프로토콜을 사용하기 위한 연동 방법이 필요한데, 연동 방법으로는 다음과 같은 것들이 있다.

- 이중 스택(Dual Stack)
- 터널링(Tunneling)
- IPv4/IPv6 변환

8.5.1 이중 스택(Dual Stack)

IPng로 전환되는 과정에서 새로이 구축될 IPv6 네트워크의 호스트나 라우터들은 IPv6 전용이거나 IPv4와 IPv6 둘 다 사용할 수 있는 이중 스택 시스템일 것이다. 이중 스택 시스템이라는 것은, IP계층에 두 가지의 프로토콜이 모두 탑재되어 있고 통신 상대방에 따라 해당 IP 스택을 선택하는 시스템이다. 이와 같이 양쪽의 프로토콜 스택 모두를 채택하는 방법을 이중 스택이라 한다. [그림 8-18]에 이중 스택의 구조를 나타내었다. 이러한 이중 스택 시스템들은 IPv6 시스템들과 통신하기 위해서는 IPv6를 사용하고, 기존의 시스템들과 통신하기 위해서는 IPv4를 사용할 수 있다.

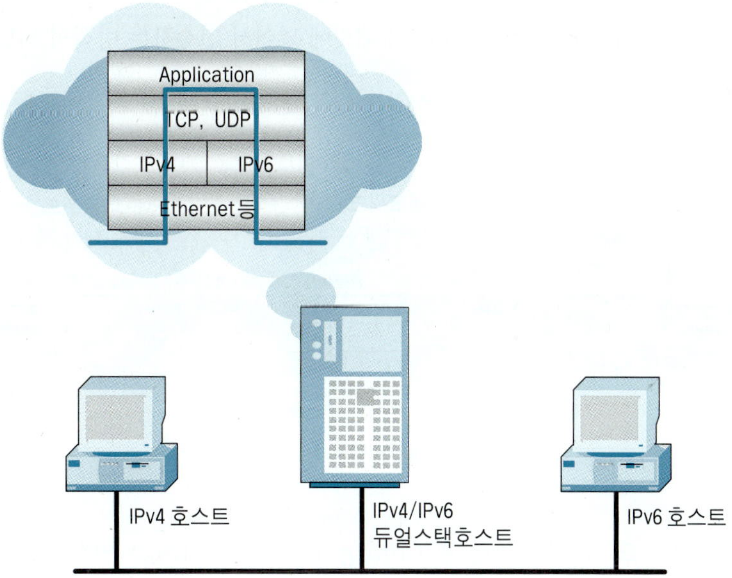

[그림 8-18] 이중 스택(Dual Stack)

- **이중 스택 시스템의 주소 설정:** 이중 스택 시스템은 IPv4/IPv6 두 가지 프로토콜을 모두 지원한다. 따라서 IPv4 주소나 IPv6 주소로 모두 설정이 가능하다. 예를 들어, IPv4 주소의 경우는 DHCP 기술을 사용하여 얻을 수 있으며, IPv6 주소의 경우는 비상태형 주소 자동 설정(Stateless auto-configuration)을 사용하여 설정할 수 있다.
- **이중 스택 시스템의 DNS 이름 해석:** IP 주소와 호스트 이름을 연결시켜주는 DNS는 IPv4와 IPv6에서 모두 사용된다. 따라서 이중 스택 시스템은 IPv6의 AAAA 리소스 레코드

유형과 IPv4의 A 레코드를 처리할 수 있어야 하는데, 이는 DNS 주소해석기 라이브러리(DNS Resolver Library)가 두 가지 유형을 모두 지원해주어야 가능하다. 즉, 이중 스택 시스템의 DNS 주소해석기 라이브러리는 A와 AAAA 레코드를 모두 처리할 수 있어야만 한다.

8.5.2 터널링(Tunneling)

일반적으로 터널링이란 어떤 프로토콜의 패킷을 다른 프로토콜의 패킷 안에 캡슐화하여 통신하는 것을 말한다. IPv4와 IPv6에서의 터널링은 IPv6 패킷을 IPv4의 패킷 안에 넣어서 IPv4 네트워크를 통하여 상대방의 IPv6 네트워크나 IPv6 장비로 패킷을 전송하는 것이다. [그림 8-19]는 터널링 방식에 대한 구조를 나타내고 있다. 앞으로 IPv6 네트워크가 활성화되면 이와는 반대로 IPv4의 패킷을 IPv6의 패킷에 넣어서 전송하는 방식의 터널링도 사용이 될 것이다.

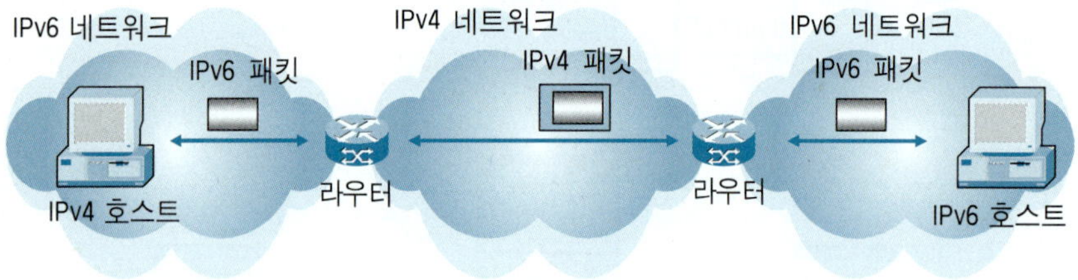

[그림 8-19] 터널링(Tunneling)

이러한 터널링은 크게 설정 터널링(Configured Tunneling) 방식과 자동 터널링(Automatic tunneling) 방식으로 구분하는데 [그림 8-20]은 두 가지 터널링 방식의 차이를 표시하고 있다.

- **설정 터널링**: 이 방식은 출발지/목적지의 호스트가 IPv6 호환 주소를 인식하지 못할 때 사용된다. 패킷에 대한 캡슐화가 이루어지는 두 라우터 간(혹은 호스트)에 IPv4 주소를 기반으로 정적으로 터널을 설정하는 방식이다. 설정 터널링 방법은 6Bone에서 사용되고 있다.
- **자동 터널링**: IPv4 시스템이 사용되는 영역을 거쳐 목적지에 도착해야 할 경우에 사용된다. 메뉴얼을 통한 설정 없이 IPv4 호환 주소(IPv4-compatible address)를 이용하

는 방식이다. IPv4 네트워크를 통과할 때 패킷 주소부분에 나타나 있는 IPv6 호환 주소를 바탕으로 IPv4 주소를 자동적으로 생성하여 터널링을 하는 방식이다. 최근에는 자동 터널링 방식을 개선한 6 to 4 터널링 방식이나 ISATAP(Intra-Site Automatic Tunnel Addressing Protocol) 방식이 사용되고 있다.

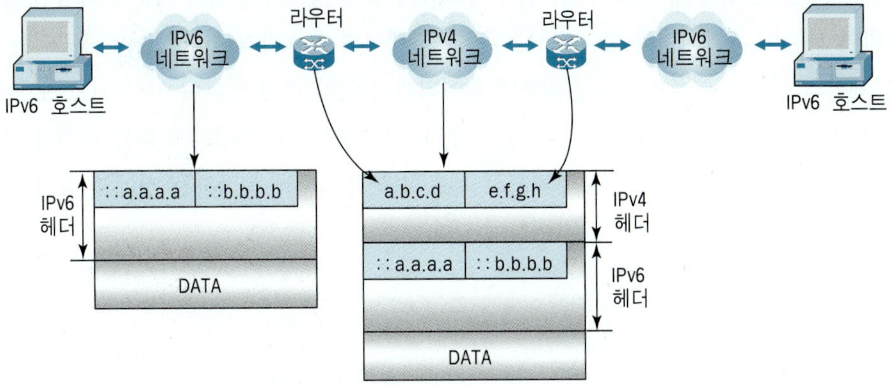

(a) 설정 터널링

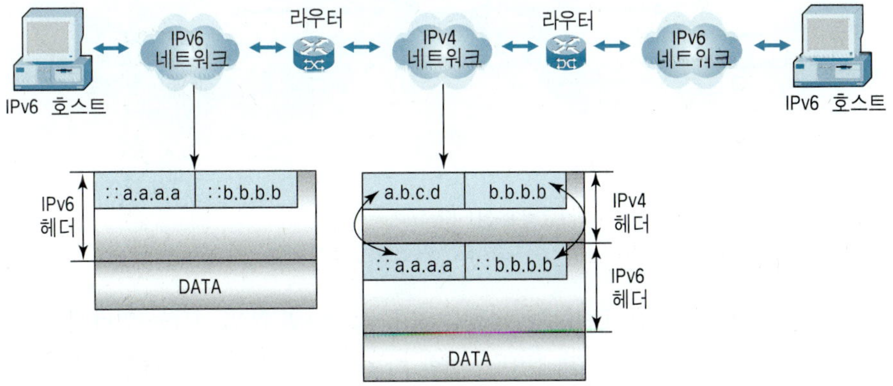

(b) 자동 터널링

[그림 8-20] 설정 터널링과 자동 터널링

8.5.3 IPv4/IPv6 변환(Translation)

IPng 로의 변화 중에는 IPv6 전용으로만 동작하는 시스템들로 구성된 IPv6 전용 네트워크가 존재할 것이다. 또한 IPv4 전용 네트워크도 존재할 것이다. 이 때에는 IPv6 네트워크 상의 시스템과 IPv4 네트워크 상의 시스템과 통신하는데 서로 다른 패킷의 형식을 변환할 수 있는 게이트웨이가 필요하게 된다. [그림 8-21]은 게이트웨이를 사용하여 IPv6 호스트와 IPv4 호스트가 통신을 수행하는 구조를 나타내고 있다.

IPv4-IPv6 게이트웨이는 동작하는 계층에 따라 네트워크 레벨과 어플리케이션 레벨의 게이트웨이로 구분한다. 네트워크 계층에서 변환이 일어나는 경우, 라우터와 같은 네트워킹 장비에서 변환 기능이 수행될 수 있지만, 시스템 구조에 의존하게 되기 때문에 다양한 종류의 변환 기능이 추가되어야 한다. 반면에 어플리케이션 계층까지 변환기능이 제공되는 게이트웨이의 경우는 어플리케이션 레벨의 데이터까지 읽어 들여 변환이 이루어지므로 다양한 시스템에서 동작하는 것이 가능하게 된다. 하지만 IPv4와 IPv6의 변환을 위해서 상위 계층까지의 패킷 내용을 작성해야 하므로 네트워크 계층에서 동작하는 것에 비하여 처리 과정이나 시간에 더 많은 부하를 부여하게 된다.

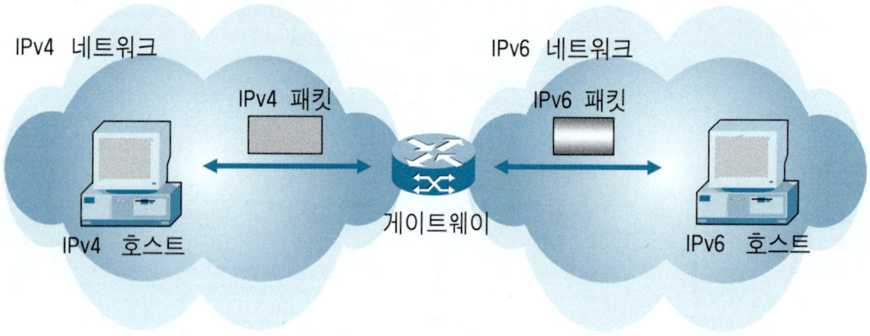

[그림 8-21] IPv4/IPv6 변환

- NAT-PT(Network Address Translation-Protocol Translation): NAT-PT는 인터넷 국제 표준화기구인 IETF 표준이며, IPv6/IPv4 변환 기능을 수행하여 IPv6 전용 노드와 IPv4 전용 노드 사이에서 상호 원활한 통신을 가능하게 한다. NAT-PT는 RFC 2766으로 제정된 상태이며, NAT-PT에 의하여 순수 IPv6 네트워크 상의 호스트나 응용들은 IPv4 네트워크 상의 호스트나 응용들과 원활히 통신이 가능하다. 이 경우 호스트들은 각각 IPv6, IPv4 스택만을 갖추고 있으며, NAT-PT 시스템은 두 네트워크의 경계에 위치한다. NAT-PT는 크게 두 가지 기능을 수행하는데 첫 번째는, 세션이 초기화 될 때마다 동적으로 IPv6 노드에 IPv4 주소를 할당하기 위한 주소 풀(pool)을 가지고, 두 네트워크의 경계 라우터에 위치하여 주소변환을 수행하는 NAT 기능이다. 즉, IPv4와 IPv6

헤더내의 주소 영역을 변경해주는 기능이라 할 수 있다. 두 번째는, 호스트에서의 프로토콜 변환 규칙을 정의한 RFC 2765 표준문서 SIIT(Stateless IP/ICMP Translation Algorithm)를 기반으로 헤더변환을 수행한다. IPv4 및 ICMPv4 헤더는 IPv6와 유사하지만 몇 개의 필드가 없어지거나 다른 의미를 갖기 때문에 종단간 IPv4-IPv6 통신을 가능하게 하기 위해 모든 IPv4와 IPv6간의 IP/ICMP 헤더를 상호 변환해야 한다.

| 미니요약 | IPv4 / IPv6 연동 방법

IPv4와 IPv6의 연동 방법으로는 이중 스택, 터널링, IPv4/IPv6 변환 방법이 있다.

Dual Stack	Tunnels	Translator
• 한 장비에 IPv4와 IPv6를 동시에 운용	• 전환 초기에는 IPv4 Cloud 안에 IPv6 tunnel 생성 • 전환 마무리 단계에서는 IPv6 Cloud 인에 IPv4 tunnel 생성	• IPv4 헤더와 IPv6 헤더를 상호 변환

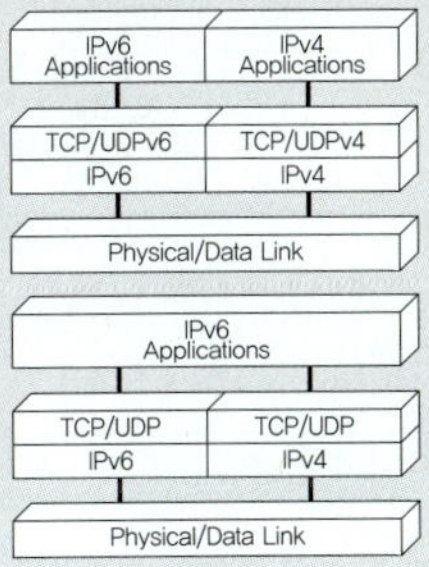

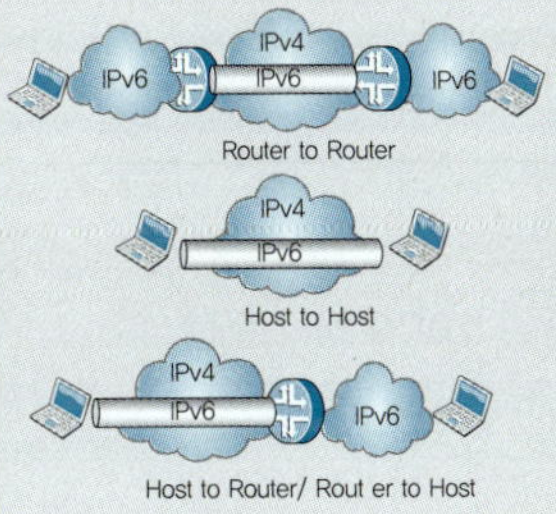

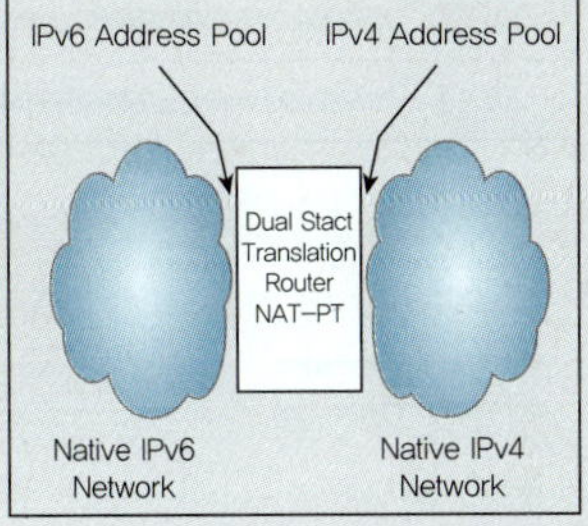

| 미니강의 | IPv4/IPv6(Internet Protocol version 4/6) 주소 현황

1. 전 세계 IPv4 주소 할당 현황 (2017.9.24 기준)

IPv4 주소	IPv4 주소 수(개)	비율(%)
할당	3,654,304,824	85.1%
특수용도	588,514,560	13.7%
미할당	52,147,912	1.2%
합계	4,294,967,296	100%

2. 연도별 전 세계 IPv4 할당 추이 (2017.9.24 기준)

연도	할당 수
2001년	2,101,388,771개 (48.9%)
2002년	2,447,201,835개 (57%)
2003년	2,471,756,688개 (57.6%)
2004년	2,047,415,530개 (47.7%)
2005년	2,215,021,336개 (51.6%)
2006년	2,396,634,364개 (55.8%)
2007년	2,563,198,636개 (59.7%)
2008년	2,745,001,200개 (63.9%)
2009년	2,970,605,320개 (69.2%)
2010년	3,180,623,304개 (74.1%)
2011년	3,398,029,264개 (79.1%)
2012년	3,478,422,208개 (81%)
2013년	3,532,725,048개 (82.3%)
2014년	3,589,523,368개 (83.6%)
2015년	3,620,900,024개 (84.3%)
2016년	3,641,171,384개 (84.8%)
2017년	3,654,304,824개 (85.1%)

3. 주요 국가별 IPv4 주소 보유 순위 (2017.9.24 기준)

순위	해당 국가	IPv4 주소 수(개)
1위	미국	1,609,687,808
2위	중국	338,854,912
3위	일본	203,691,264
4위	영국	122,091,288
5위	독일	120,016,256
6위	대한민국	112,431,360
7위	브라질	83,897,856
8위	프랑스	80,936,496
9위	캐나다	72,396,288
10위	이탈리아	54,019,136
11위	오스트레일리아	48,532,992
기타국가		807,749,168
특수용도		588,514,560
미할당		52,147,912
합계		4,294,967,296

4. 전 세계 IPv6 주소 할당 현황 (2017.9.24 기준)

IPv6 주소	IPv6 주소 수(/32)
할당	219,010
특수용도	20,971,520
미할당	4,273,776,766

5. 대륙별 IPv6 주소 할당현황 (2017.9.24 기준)

대륙명	IPv6 주소 수(/32)
아시아	47,694
아프리카	9,146
오세아니아	9,213
유럽	96,500
아메리카	56,457
특수용도	20,971,520

관련 자료: 한국인터넷정보센터(KRNIC)

요약

01 IPv4의 주소 고갈 문제를 해결하기 위해 IETF에서 IPv6를 표준화 하였다.

02 IPv6는 IPv4 주소 공간의 4배인 128비트의 주소 공간을 갖는다.

03 IPv6는 기본 헤더를 40바이트의 고정 길이로 변경하였으며, 단편화 필드 및 체크섬 필드를 삭제하였다.

04 IPv6의 주소 자동설정 방식에는 상태 보존형 자동설정 방식과 비상태형 자동설정 방식이 있다.

05 IPv6는 128비트의 긴 주소를 보다 읽기 쉽게 하기 위해 16진수 콜론 표기법을 사용한다.

06 IPv6는 긴 주소를 간단히 표현하기 위해 몇 가지 주소 생략법을 사용한다.

07 IPv6의 주소 형태는 크게 유니캐스트 주소, 멀티캐스트 주소, 애니캐스트 주소로 분류할 수 있다.

08 IPv6는 주소 정보 등과 같은 일반적 정보를 포함하는 기본 헤더와 특정 기능을 사용할 수 있도록 여러 가지 옵션들을 추가할 수 있는 확장 헤더를 갖고 있다.

09 IPv6의 대표적인 확장 헤더로는 홉-바이-홉 옵션 헤더, 목적지 옵션 헤더, 라우팅 헤더, 분할 헤더, 인증 헤더가 있다.

10 시스템에서 IPv4와 IPv6 프로토콜 스택 모두를 채택하는 방법을 이중 스택이라 한다.

11 터널링은 IPv6 패킷을 IPv4의 패킷 안에 넣어서 IPv4 네트워크를 통하여 상대방의 IPv6 네트워크나 IPv6 장비로 패킷을 전송하는 것이다.

12 게이트웨이를 통하여 IPv6와 IPv4의 서로 다른 패킷의 형식을 변환할 수 있다.

연습문제

01 IPv6의 주소 체계와 특징에 대한 설명으로 틀린 것은?

a. 128비트 주소 체계로 구성되어 있다.
b. 고속망과 저속망에서 효율적으로 동작하도록 설계되었다.
c. 16비트씩 6개 부분으로 나누어 각 부분을 콜론(:)으로 구분한다.
d. 실시간으로 멀티미디어 데이터를 처리할 수 있다.

02 다음은 IPv4와 IPv6의 차이점을 비교한 것이다. 설명 중 올바른 것은?

a. IPv4는 10진수로 표시되나 IPv6는 16진수로 표시된다.
b. IPv4는 필드 구분을 위해 "."을 사용하나 IPv6는 ";"으로 구분한다.
c. IPv4는 4개의 16비트 정수로 나누이지나 IPv6는 8개의 32비트 정수로 구분된다.
d. IPv4는 자체적으로 IPSec과 같은 보안 프로토콜을 내장하고 있지만, IPv6는 보안 프로토콜의 추가가 필요하다.

03 다음의 IPv6 주소를 간단히 표현한 것 중 올바른 것은 무엇인가?

ABCD: 2002 : 0221 : 0000 : 0000 : 0001 : FFFF : 4002

a. ABCD: 2002 : 221 : 0 : 0 : 1 : FFFF : 42
b. ABCD: 2002 : 221 :: 1 : FFFF : 4002
c. ABCD: 2002 : 221 :: FFFF : 4002
d. ABCD: 22 : 221 :: 1 : FFFF : 42

04 IPv4에서의 127.0.0.1과 같은 역할을 하는 IPv6의 주소는 무엇인가?

a. ::
b. 0:0:0:0:0:0:0:0
c. 0:0:0:0:0:0:0:1
d. FFFF:FFFF:FFFF:FFFF:FFFF:FFFF:FFFF:FFFF

05 IPv4의 TOS(Type of Service)필드와 유사한 기능을 하며 IPv4와의 연동 시에 IPv4의 TOS 값에 매칭되는 IPv6 필드는 무엇인가?

a. 트래픽 클래스 필드
b. 플로우 레이블 필드
c. 페이로드 길이 필드
d. 다음 헤더 필드

06 IPv6 확장 헤더의 홉-바이-홉 옵션들 중 65,535의 패킷 제한 길이를 극복하기 위해 사용되는 것은?

a. Pad1 옵션
b. PadN 옵션
c. 점보 페이로드 옵션
d. 라우터 경고 옵션

07 IPv6 헤더에서는 기본 헤더 뒤에 다른 헤더 필드들이 연속적으로 추가될 수 있다. 이때 현재의 헤더에서 확장 헤더 필드의 종류를 표시해 주는 필드는 무엇인가?

08 다음 괄호 안에 들어갈 말을 적으시오.

IPV6에서는 ( ), ( ), ( ) 등 3 가지 형태의 주소형식이 사용되는데, 한 그룹을 나타내는 주소이지만 단지 하나의 목적지에서만 패킷이 수신되도록 하는 주소 형태는 ( ) 이다.

09 IPv6의 두 가지 주소 자동설정 방식을 설명하시오.

10 IPv6에서 IPv4의 TTL(Time to Live) 필드와 같은 역할을 하는 필드가 무엇인지 적고 설명하시오.

| 참고 사이트 |

- http://mheg.etri.re.kr: ETRI에서 운영하고 있으며 IPv6의 활동 및 동향 등을 찾아볼 수 있다.
- http://www.ipv6.org: IPv6의 기본적인 내용 및 관련된 RFC등을 찾아볼 수 있다.
- http://www.ipv6.or.kr: IPv6 포럼코리아의 홈페이지이다.
- http://www.ipv6forum.org: IPv6 포럼의 홈페이지로써 IPv6의 최근 동향 등을 찾아볼 수 있다.
- http://www.6bone.ne.kr: 6Bone(IPv6 Backbone) KR의 홈페이지로 현재 IPv6 백본 구성 및 주소 할당 현황 등을 찾아볼 수 있다.
- http://www.microsoft.com/ipv6: 마이크로소프트사에서 제공하는 IPv6에 대한 여러 기술문서 등을 찾아볼 수 있다.
- https://www.nidc.kr/customer: IPv6의 주요 기능 및 전환기술에 대한 자료를 찾아볼 수 있다.

| 참고문헌 |

- IPv6 포럼 코리아, 차세대 인터넷 프로토콜 IPv6, 다성출판사, 2002
- Net Technology Laboratory(임채환 옮김), IPv6 최신기술해설입문, 미래컴, 2000
- Behrouz Forouzan(김한규, 박동선, 이재광 역), 데이터 통신과 네트워킹 (Data Communications and Networking), 교보문고, 2000
- Mark A. Miller, P. E. Miller, Implementing IPv6, IDG, 2000
- Dan Harkins, Naganand Doraswamy, IPSec, Prentice Hall, 1999

CHAPTER 09

VoIP

contents

CHAPTER

09 VoIP(Voice over Internet Protocol)

본 장에서는 음성과 데이터를 하나의 통신 네트워크에 통합하여 전송하는 방식인 VoIP(Voice over IP)에 대한 개념을 이해하고, VoIP를 구현하는데 사용되는 실시간 전송기술과 관련 프로토콜 그리고 VoIP를 이용한 다양한 서비스들을 설명한다. VoIP 기술은 인터넷을 이용한 응용기술로써 IP 주소를 기반으로, 종단간의 채널설정을 통해 음성 신호를 압축 및 IP 패킷화하여 음성 데이터를 전달하는 기술이다. 실시간적인 음성신호 전달을 위해 통신 관련 실시간 프로토콜인 RTP(Real-time Transport Protocol), RTCP(Real-time Transport Control Protocol), RSVP(프랑스어, Répondez S'il Vous Plaît)와 VoIP를 지원하는 프로토콜인 H.323, SIP(Session Initiation Protocol), MGCP(Media Gateway Control Protocol), Megaco(Media Gateway Control), SS7(Signaling Systems No.7)을 사용하여 서비스를 제공한다.

- VoIP 정의 및 전반적인 개요에 대해 알아본다.
- VoIP 서비스 형태에 대해 알아본다.
- VoIP QoS(Quality of Service) 기준에 대해 살펴본다.
- 네트워크 실시간 전송 기술인 RTP, RTCP 및 RSVP에 대해 이해한다.
- H.323, SIP, SS7 게이트웨이 제어 프로토콜 등을 이해한다.
- VoIP를 이용한 서비스를 알아본다.

9.1 VoIP 개요

VoIP를 정의해 보면, VoIP란 인터넷 및 네트워크의 표준 프로토콜로 사용되는 IP(Internet Protocol)을 사용하여 개별적인 네트워크로 구성되어 있던 음성과 데이터를 하나의 통신 네트워크로 통합하여 전송하는 방식을 일컫는다.

VoIP(Voice over Internet Protocol)는 1995년 2월 VocalTec Communication Inc.라는 이스라엘 회사가 사운드카드, 스피커, 마이크로폰 그리고 모뎀이 장착된 PC에서 동작하도록 설계한 소프트웨어를 소개하면서 처음 구현되었다. 인터넷을 통해 사용자가 공중망으로 음성 패킷을 전송하기 위해 PC를 사용한 것이 VoIP의 유래가 된 것이다. 소프트웨어는 음성신호를 압축하고, IP 패킷으로 변환하여 인터넷을 통해 전송하기 위해 아날로그의 음성 신호를 디지털 형식으로 변환하는 일련의 과정을 수행한다. 초기 VoIP는 소프트웨어로 구현되었으나, 빠른 속도의 기술 발전으로 현재는 인터넷과 PSTN(Public Switched Telephone Network)을 연결해주기 위해 게이트웨이 서버를 이용하여 표준 전화기로 VoIP를 이용할 수 있게끔 발전되었다.

9.2 VoIP 구성

9.2.1 VoIP 기본 구조

[그림 9-1]은 기본적인 VoIP 서비스 구성도를 보여주고 있다.

전화기를 사용하는 수화자에 의해 발생한 음성 신호는 PSTN을 경유하며, 기존의 전화망과 같은 SCN(Switched Circuit Network)과 IP 네트워크 사이에서 VoIP 연동 서비스를 제공하는 장비인 게이트웨이를 통해 인터넷으로 전송되게 된다. 따라서 통신비용이 절약되고 데이터 네트워크와 음성통신 네트워크의 중복 투자를 피할 수 있게 되어 일반적으로 VoIP를 사용할 경우 통신비용은 일반회선을 사용하는 것에 비해 70~80% 정도의 절감효과를 누릴 수 있게 된다. 따라서 통신 사업자들은 인터넷을 이용한 사업으로의 확장이 불가피해지고, 전화 서비스 요금을 내리도록 요구 받고 있으며, 사용자들은 기존의 PSTN을 이용하는 것보다 저렴한 비용으로 음성통신을 이용할 수 있는 VoIP를 선호하는 경향으로 바뀌어 가고 있다.

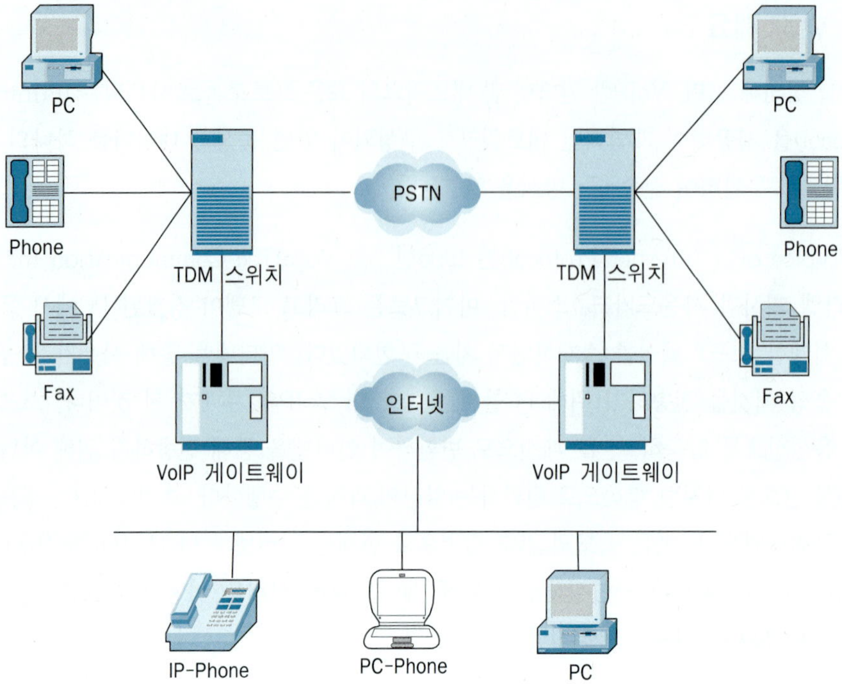

[그림 9-1] VoIP 기본 구성도

| 미니강의 | VoIP / IP Telephony

VoIP는 인터넷의 표준 프로토콜로 사용되는 IP를 사용하여 음성과 데이터를 통합, 하나의 통신 네트워크에 전송하는 방식을 말한다.

최근에는 여기서 한 단계 더 나아가서, 기업, 학교, 공공기관의 네트워크도 All IP 기반의 단일화된 음성 및 데이터 통합 네트워크 기반으로 확장되고 있는 실정이다. 즉, QoS가 보장된 네트워크 상에서 IP Telephony를 도입하여 통신비용 절감 및 생산성 향상을 동시에 달성하려고 하고 있는 것이다. 이러한 IP Telephony는 단순히 음성을 압축해서 전송하는 VoIP 기술에서 한 단계 더 나아가 교환기를 이용한 기존의 다양한 전화 기능을 IP 상에서 제공하고, 다양한 기능을 제공하는 통신 애플리케이션과의 결합으로 업무의 효율성을 높이는데 그 목적이 있다. 기존 투자된 자원(PBX, 전화기 등)뿐 아니라 SIP(Session Initiation Protocol) 기반의 여러 단말들을 지원함으로써 전화망의 안정성과 동시에 향상된 통신 기능을 모든 통신 단말에 지원하는 All IP 기반의 통신 플랫폼을 말하는 것이라 할 수 있다.

통신망의 발전으로 VoIP에서 문제 시 되었던 열악한 낮은 품질, 저비용의 통신 방법이, 관련 기술이 발전되어 QoS가 보장되고 네트워크 장비 단에서 RTP(Real Time Protocol) 등의 기능 지원 등으로 더욱 신뢰성을 확장해 음성 품질을 보장받게 된 것이다. 또한 단순히 전화를 걸고 받는 수준의 인터넷 폰의 수준이 메시징이나 회의 등 기업에서 필요로 하는 통신 수단의 단말로 발전되었으며, 다양한 VoIP 프로토콜 등이 등장하여 장비간 호환성을 높여주었다.

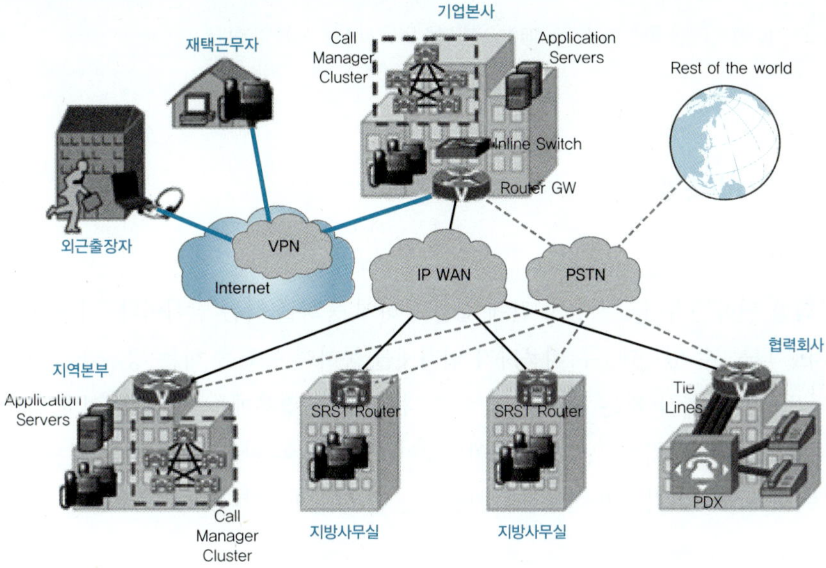

[IP Telephony 구성 예]

그러나 무엇보다도 중요한 것은 사용자들의 인식 전환이다. 이제는 IP 기술이 전문적인 기술에서 보편적인 IP 기술로 인식됐고, 이에 따라 통신 기능을 IP 기술 기반으로 이용한다는데 대한 거부감이 줄어들어서 IP Telephony는 현실이 되어가고 있는 것이다.

VoIP 게이트웨이는 전화망에서 사용하는 데이터 형식인 PCM(Pulse Code Modulation)과 인터넷에서 패킷 전달 규약인 IP를 해석하여 상호 연동 서비스를 제공한다. 즉, 회선 교환망(전화, PSTN)과 패킷 교환망(컴퓨터, IP 네트워크)을 연결시키는 브리지 역할을 수행한다. VoIP 게이트웨이는 [그림 9-1]과 같이 PSTN 상의 전화가 컴퓨터 혹은 또 다른 전화 시스템과 호환성을 가지고 IP 상에서 동작할 수 있도록 해주는 기능을 수행한다. 이는 회선 교환망의 교환기에서 온 신호와 데이터를 받아서, 라우터가 이해할 수 있는 형태로 변환하는 과정을 말한다. 이 과정에서 신호전달에 관한 규약에 따라 신호를 받아들여 해석하여 인터넷을 통해 상대편 라우터의 게이트웨이로 전달되고, 상대편의 게이트웨이는 이와 반대되는 과정을 수행한다. 또한, VoIP 게이트웨이는 앞서 설명한 것과 같은 기본기능 이외에,

교환기에서 전달되는 음성 신호를 인터넷으로 보내기 전에 특정 알고리즘에 의해 압축하는 기능을 제공하기도 한다.

| 미니요약 | VoIP 게이트웨이

VoIP 게이트웨이는 회선교환망과 패킷교환망을 연동시키는 기능을 한다.

9.2.2 VoIP 서비스 형태

(1) PC to PC

전화통화를 원하는 두 PC 사용자 간에 웹을 통하여 통화를 하는 방식이다. 이 경우는 크게 두 가지로 나눌 수 있는데, 두 사용자가 인터넷을 통하여 통화를 하는 경우와 중간에 전화망을 경유하여 통화를 하는 경우를 들 수 있다. 전자의 경우에는 게이트웨이가 필요 없으나, 후자의 경우에는 최소 2번 이상 게이트웨이를 경유해야 한다. 따라서 후자는 특별한 통신 네트워크 구조 및 기존의 전용선을 사용하는 경우에 해당한다.

(2) PC to Phone

인터넷과 기존의 전화망이 상호 연결돼 서로 통신하는 방식이다. 이 방식은 인터넷에서 일반 전화 또는 핸드폰으로 음성 통화를 해야 하는 경우이므로 공중전화망과의 연동이 불가피하다. 이를 가능하게 하는 것이 바로 VoIP 게이트웨이이다. 'PC to Phone'에서 사용되는 게이트웨이의 기능을 구체적으로 살펴보면 크게 4가지로 구분할 수 있다. 첫째, DTMF(Dual Tone Multi-Frequency: 전화 버튼을 눌렀을 때 발생되는 소리) 톤을 발생시켜 상대방에 전화를 걸어주는 기능과, 둘째, 음성을 전화로 보내는 기능, 셋째, 통화 중 신호를 검출하고 상대방이 전화를 끊은 것을 확인해 주는 전화 상태 검사 기능, 그리고 마지막으로 전화를 끊는 기능이다.

(3) Phone to Phone

일반전화에서 일반전화로 통화하는 방식으로 일반 전화 또는 핸드폰 사이의 통화 시에 인터넷을 경유하는 경우를 나타낸다. 전화망 - 인터넷 - 전화망으로 연결되며 각 망 사이에 연결 및 신호 감지를 할 수 있는 게이트웨이가 설치되어 서비스 제공업체의 인터넷 폰 게이트웨이를 통해 전화 통화가 이루어진다.

| 미니요약 | VoIP 서비스 형태

VoIP 서비스 형태로 PC to PC, PC to Phone, Phone to Phone 방식이 있다.

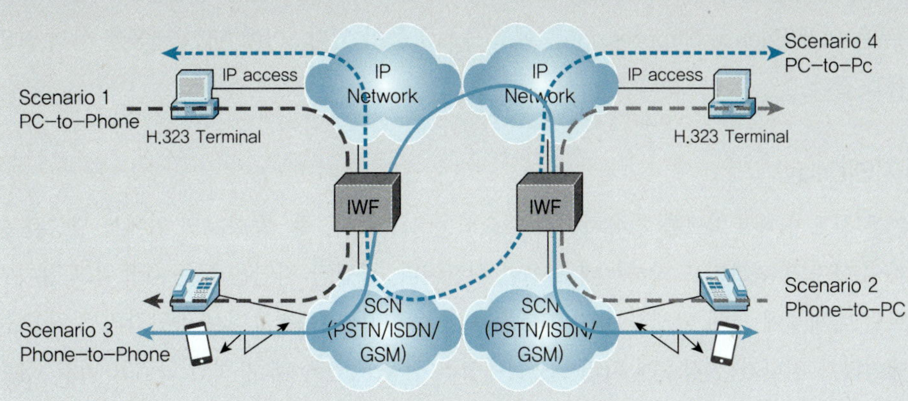

[VoIP 서비스 형태]

| 미니강의 | DTMF(Dual Tone Multi-Frequency)

DTMF 방식은 전화 장비와 다른 통신 장치 또는 전화국간의 전화선을 통해 음성 주파수 대역을 사용하는 대역 내 통신 신호 방식이다.

미국의 Bell System에서 개발되어 1963년부터 전화 고객에게 제공되는 푸시 버튼 전화기에 사용되어 Touch-Tone이란 상표로 ITU-T Recommendation Q.23에 정의되어 있다.

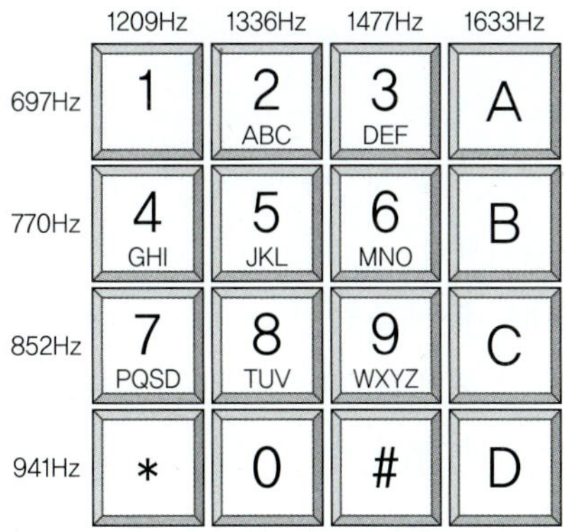

[DTMF 방식의 사용 주파수 대역]

9.2.3 VoIP에서의 QoS

IP 네트워크에서 음성의 통화 품질에 영향을 주는 중요한 파라미터로는 지연(Delay), 지터(Jitter), 패킷손실(Packet Lost) 등이 있으며, 이들 파라미터에 많은 영향을 미치는 요소로는 무음 억제(Silence Suppression), 에코(Echo) 등이 있다. 이에 대한 내용을 살펴 보면 다음과 같다.

(1) 지연(Delay)

지연은 신호가 네트워크를 경유하는데 소요되는 시간이다. 즉, 송화자의 입에서 생성된 신호가 수화자의 귀까지 도착하는데 필요한 시간이다. 종단간 지연은 모든 네트워크 장치와 스트림 매개체에 의해 발생하는 지연의 총합이다. VoIP 네트워크에서 종단간의 지연은 음성데이터가 지나가는 경로에 따라 PSTN에서의 전송 지연과 패킷 지연 그리고 VoIP 장비 지연으로 나뉠 수 있다.

- PSTN에서는 전송 지연에 의해 주로 결정되며, 네트워크 교환 장비를 통한 지연은 아주 적다.
- 패킷 지연은 주로 버퍼링, 큐잉, 교환 또는 IP 라우터의 라우팅 지연을 의미한다.
- VoIP 장비 지연은 전송로의 송신부와 수신부에서 음성 신호 처리 때문에 발생한 지연을 말한다. VoIP 게이트웨이나 VoIP 터미널의 지연은 아날로그 신호를 디지털 신호로 인코딩하는 데 걸리는 지연과 디지털 음성 신호를 아날로그로 변조하는 코덱 지연 시간을 포함한다. 또한 코덱 종류에 따라서 음성 신호를 압축하는데 추가적인 지연이 발생하기도 한다.

(2) 지터(Jitter)

지터란 지연 시간이 일정하지 못하고 시간에 따라 변동되는 것으로서, 음성 패킷들이 도착하는데 있어서의 규칙성을 나타낸다. 즉, 네트워크 내의 지연 때문에 패킷의 도착 간격 시간이 불규칙한 현상을 나타내는데, 예를 들어 IP 네트워크에서 패킷 지연이 점점 증가할 경우 지터 또한 점점 커진다고 할 수 있다. 따라서 실시간 멀티미디어 전송 시에는 패킷 지연을 일정하게 하여 지터를 줄이는 방법을 필요로 한다. 네트워크에서 발생하는 패킷 간 지연은 각 패킷마다 다르고, 수신 압축해제 알고리즘이 도착하는 패킷들 사이에 간격이 일정하기를 요구하기 때문에 이를 위한 해결책으로 게이트웨이와 같은 수신 장치에 지터 버퍼를 사용하기로 한다.

(3) 패킷 손실(Packet Lost)

음질의 명확성에 영향을 주는 요소로 패킷 손실이 있다. VoIP와 같이 실시간 응용에서는 미디어 전송 시 UDP(User Datagram Protocol)를 사용하므로 재전송이 이루어지지 않고, 일정 시간 내에 도착하지 않은 패킷은 수신부에 의해 폐기된다. 재전송은 패킷의 재구성을 위해 추가적인 시간이 필요하므로, 실시간 통신에서는 사용하기 어렵다. VoIP 네트워크에서는 이러한 패킷 손실이 연속적으로 빈번하게 발생하는 경우 통화 품질에 영향을 줄 수 있는데, 이를 막기 위해 패킷 손실 은폐방법(PLC; Packet Loss Concealment)을 사용하기도 한다. 이 방법은 패킷 손실 시에 이전에 받은 패킷을 다시 재생하여 수신자가 패킷 손실을 알아채지 못하게 하는 방법이다.

(4) 무음 억제(Silence Suppression)

패킷의 수를 줄이기 위해 대화 중에 무음이 지속되는 기간을 활용한다. 보통 상호간 대화에서 각 화자는 전형적으로 약 반 정도의 시간은 듣기만 한다. 그러므로 화자가 듣는 시간 동안은 패킷을 전송할 필요가 없다. 이를 위해 VAD(Voice Activity Detector) 같은 무음 처리 기능을 사용하는데, VAD는 통화자가 말을 할 때만 음성 패킷을 전송한다. 이는 VoIP 게이트웨이나 터미널의 한 기능으로, 대화 중에 무음 기간 동안 음성 패킷을 삭제하는 기능이다. VAD를 사용하면 40~50% 정도의 대역폭 요구를 줄일 수 있다.

(5) 에코(Echo)

에코는 송신자의 음성이 수신자측을 거쳐서 다시 송신자에게 들리는 현상을 말한다. 전형적으로 16~20ms의 지연을 가진 에코는 일반적이고 문제가 되지 않으나, 에코지연이 약 32ms를 초과하는 경우에는 문제가 된다. 에코 문제를 해결하기 위해 음성 네트워크 장치인 에코 소거 장치(Echo Canceller)를 사용하여 에코를 제거하거나 감소시킬 수 있다. 에코 소거 장치는 에코의 근원에 가능한 가까운 곳에 배치되기도 하지만, 네트워크 내의 어느 지점에든지 위치할 수 있다.

| 미니요약 | 음성 품질

음성 품질에 영향을 주는 요소로는 지연(Delay), 지터(Jitter), 패킷 손실(Packet Lost), 무음 억제(Silence Suppression), 에코(Echo) 등이 있다.

9.3 VoIP 프로토콜

인터넷 폰 서비스를 제공하기 위한 표준에는 ITU-T에서 권고하고 있는 H.323 기반의 패킷 네트워크에서의 멀티미디어 서비스 제공 표준과 IETF(Internet Engineering Task Force)에서 규정한 SIP(Session Initiation Protocol)로 크게 구분할 수 있다.

H.323이나 SIP, RTCP(RTP Control Protocol) 등의 프로토콜들은 모두 RTP(Real-time Transport Protocol)를 기반으로 한 멀티미디어를 위한 전송 프로토콜이다. 이들의 주요한 기능은 비디오, 오디오 등의 멀티미디어 데이터 서비스를 실시간으로 IP 네트워크에서 제공하는 데 있다. 이들은 패킷 내에 미디어의 형식에 대한 정보를 포함하고 있으며 패킷의 손실 감지, 각 미디어 데이터들 간의 동기화 등을 제공한다. 특히 RTP는 멀티캐스트 회의에서도 사용될 수 있도록 설계되어 있다. 그리고 RTP는 RTCP라는 제어 프로토콜을 가지고 있어 회의 참여자들에게 추가적인 다양한 정보들을 제공할 수 있도록 하고 있다. 또한 미디어 게이트웨이를 제어하기 위한 프로토콜로는 MGCP가 있다. [그림 9-2]는 VoIP에서 사용하는 프로토콜의 스택 구조를 나타내고 있다.

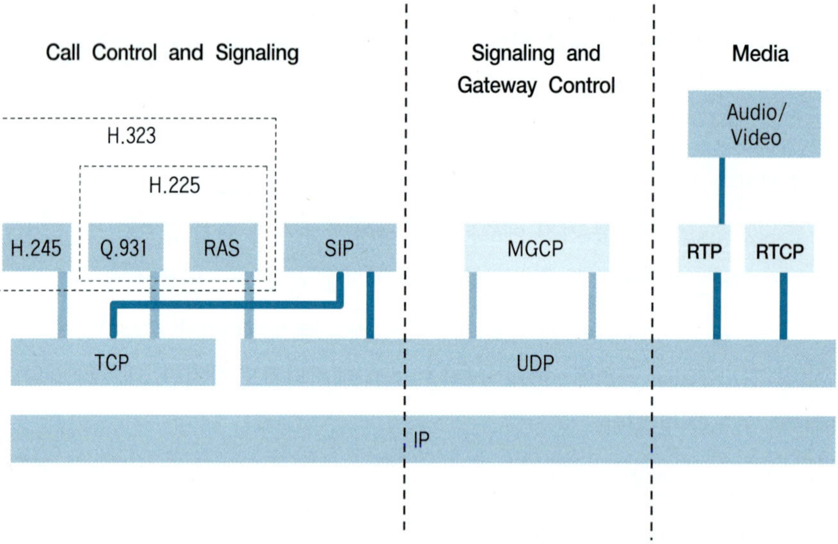

[그림 9-2] VoIP 프로토콜 스택 구조

9.3.1 RTP와 RTCP

네트워크 계층의 IP를 기반으로 트랜스포트 계층에서 RTP, RTCP, RSVP(ReSource reserVation Protocol) 등의 전송 프로토콜을 이용하여 음성패킷을 전달한다. RTP는 인터넷상에서 음성이나 영상과 같은 실시간 데이터를 전송하기 위한 인터넷 표준 프로토콜이고, 실시간이라는 특성 때문에 지연에 민감하고 다양한 미디어지원을 위해 RTCP가 필요하게 되었다. 또한 한정된 네트워크 자원을 사용해야 하는 제한을 극복하면서 사용자의 요구에 맞는 서비스를 제공하기 위해 음성신호를 패킷화하여 전송 시, 이를 압축함으로써 인터넷상에 차지하는 대역폭을 줄이고 자원을 효과적으로 사용하기 위해 수신자 주도로 자원예약을 요청할 수 있는 RSVP를 사용한다.

RTP와 RTCP는 실시간 데이터의 특성상 낮은 지연을 유지하기 위해 TCP가 아닌 UDP를 사용한다. UDP는 송신자와 수신자 사이에 확인 메시지를 주고받지 않으며 재전송도 하지 않는다. 이러한 특성은 신뢰성 보다는 실시간 서비스가 중요시되는 인터넷 전화 같은 멀티미디어 응용에 적합하다. RTP와 RTCP는 전통적으로 UDP의 서로 다른 포트번호를 갖는다. RTP는 짝수의 포트번호가 할당되며, RTCP는 그 다음의 홀수 번호가 할당된다.

(1) RTP(Real-time Transport Protocol)

RTP는 음성 영상 데이터등과 같은 실시간 정보를 멀티캐스트나 유니캐스트 서비스를 통해서 전송하는데 적합한 프로토콜이다. 이를 위해 RTP에서는 세그먼트 번호 필드와 타임스탬프 필드를 제공한다. 일반적으로 RTP의 경우 패킷은 인터넷에서 UDP/IP를 통해 전송하며, 특정 전송 프로토콜에 제한되지 않고 다양한 프로토콜 상에서 멀티캐스트 또는 유니캐스트 서비스를 지원한다. 그러나 RTP 자체는 실시간 데이터를 지원하기 위한 QoS나 전송의 신뢰성은 보장하지 않으며, 데이터의 시간 정보와 패킷의 순서 정보만을 포함하여 수신측에서 수신된 데이터의 재조립을 통한 재생에 필요한 정보를 제공한다. 이러한 특성 때문에 RTP는 QoS와 종단 대 종단 데이터 전송을 감시하는 RTCP를 필요로 한다.

RTP는 전형적으로 체크섬과 포트 개념을 제공하는 UDP 상에서 사용됨으로써 멀티캐스트 IP 패킷들을 전송할 때 한 곳에서 발생한 RTP 스트림이 여러 목적지로 전송될 수도 있다. [그림 9-3]은 이와 같은 RTP 프로토콜의 위치 및 패킷 구조를 보여준다.

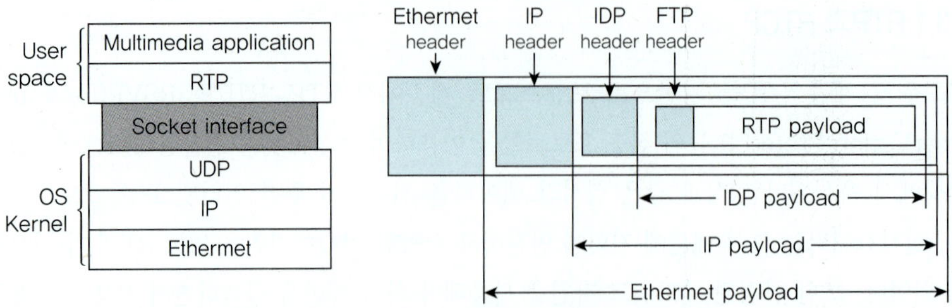

[그림 9-3] RTP 프로토콜 스택 구조

| 미니요약 | RTP(Real Time Protocol)

RTP는 IP 네트워크에서 멀티미디어 정보를 전송하기 위한 프로토콜이다.

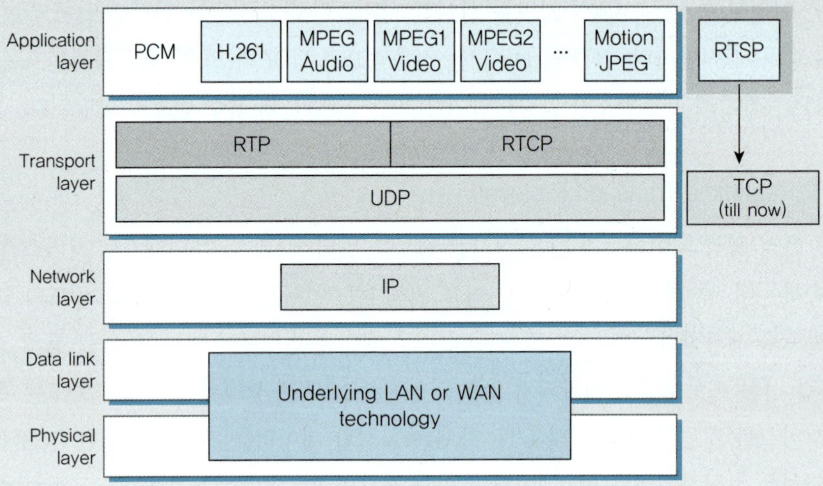

[멀티미디어 서비스를 위한 프로토콜 스택]

(2) RTCP(Real-time Transport Control Protocol)

RTCP는 RTP 세션과 다른 UDP 포트를 이용하며, 별개의 프로토콜로 설계되었지만 다른 표준이나 RFC로 정해져 있지 않으며 RTP 표준 내에 포함된다. RTCP 패킷은 세션의 품질에 대한 종단간 정보를 전달한다. 품질 정보는 패킷 지연, 지터, 수신 패킷, 패킷 손실 등이 있으며 이러한 정보를 통해서 실시간으로 네트워크의 상태를 평가할 수 있다. 또한 RTCP

를 이용하여 세션을 이루는 두 통신 주체는 주기적인 제어정보를 교환하며 품질에 관련된 피드백 정보를 교환한다. 이러한 과정을 통해 RTCP는 네트워크의 장애가 발생하는 경우 종단점을 위한 RTP 스트림이 손실되고 있는지를 관찰할 수 있으며, RTCP와 IP 멀티캐스트를 이용하여 네트워크 관리자와 같은 제 3 통신수행자가 네트워크 상의 문제점이나 세션 품질을 관찰할 수 있다.

| 미니요약 | RTCP(Real–time Transport Control Protocol)

RTCP는 RTP의 QoS를 유지하기 위해 데이터 전송 감시하고, 세션 관련 정보를 전송하는데 사용되는 프로토콜이다.

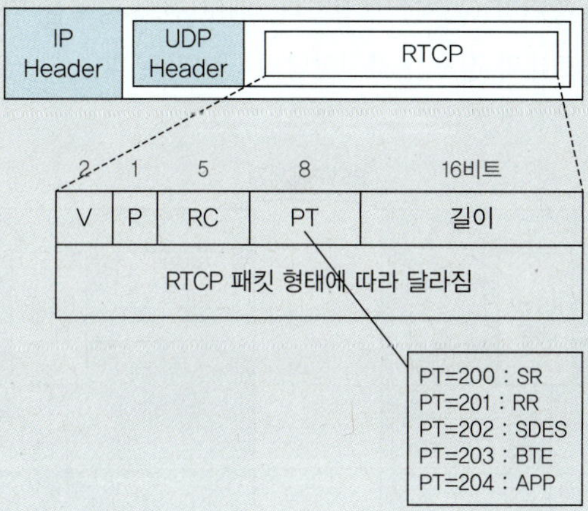

[RTCP 메시지 종류]

※ SR or RS: Sender Report(송신자 보고), RR: Receiver Report(수신자 보고), SDES: Source DEScription message(송신자 설명), BYE: BYE message(종료), APP: APPlication specific RTCP(어플리케이션 정보 전송)

9.3.2 RSVP(ReSource reserVation Protocol)

RSVP는 실시간 전송을 위한 자원 예약프로토콜로서 응용서비스의 QoS 요구사항을 보장하기 위해 대역폭을 확보하기 위한 절차를 규정하여 채널들이나 경로들을 예약할 수 있도록 한다. RSVP는 인터넷 QoS를 보장하기 위한 신호 프로토콜로서 다음과 같은 특징을 가지고 있다.

- 라우터의 경로 상태를 소프트 상태(Soft State)로 유지한다. 소프트 상태라는 것은 특정 경로에 대해 할당된 자원이 시간에 따라 변할 수 있다는 것이다. 예를 들어 라우팅 경로가 변경되는 경우 RSVP가 동적으로 새로운 경로상의 자원들을 예약하여 소프트 상태를 유지 할 수 있다. 소프트 상태의 유지는 QoS의 보장과도 밀접한 관련이 있으며, RSVP에서는 메시지를 주기적으로 재전송 함으로써 소프트 상태를 유지시킨다.
- 수신자가 송신자에게 자원예약을 요청하며, 수신자는 다른 수신자나 송신자에게 할당된 자원에 영향을 주지 않고 멀티캐스트 그룹에 참여한다.
- 기본적으로 단방향(simplex) 모드로 동작하며, 양방향 모드를 위해서는 자원예약을 양방향으로 해야 한다.
- 유니캐스트와 멀티캐스트를 지원하며, 특히 멀티캐스트에 유리하다.
- 송신자와 수신자의 종단간 QoS를 보장한다. 패킷 전송 경로를 따라 RSVP 프로토콜이 동작하면서 수집한 트래픽 정보가 자원할당의 근거가 된다.

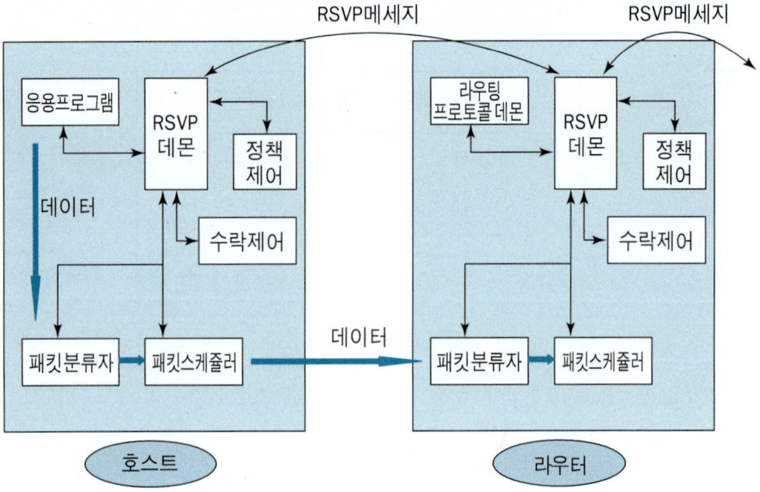

[그림 9-4] 호스트와 라우터에서의 RSVP 운용

[그림 9-4]는 호스트와 라우터에서의 RSVP 동작을 설명하고 있다. 그림에서와 같이 RSVP는 패킷 분류자(Classifier), 정책 제어(Policy Control)와 수락 제어(Admission Control) 그리고 패킷 스케쥴러로 구성된다. 패킷 분류자는 각 패킷들의 QoS 클래스를 결정하며, 패킷 스케쥴러는 특정 패킷이 전송될 시간을 결정한다. 수락 제어는 노드가 요청된 QoS를 제공하기 위해 충분한 가용자원을 가지고 있는지를 결정하며, 정책 제어는 사용자

가 요청한 자원을 예약하는데 관리상의 권한을 가지고 있는지를 결정한다. 만약 수락 제어와 정책 제어를 만족하는 경우, 요구하는 QoS를 위해 패킷 분류자와 링크계층 인터페이스에 파라미터들이 설정되고, 성공하지 못하면 요청한 프로세스에 에러를 통지한다.

RSVP의 자원 예약을 위한 신호 처리 과정은 [그림 9-5]와 같은 과정을 거친다.

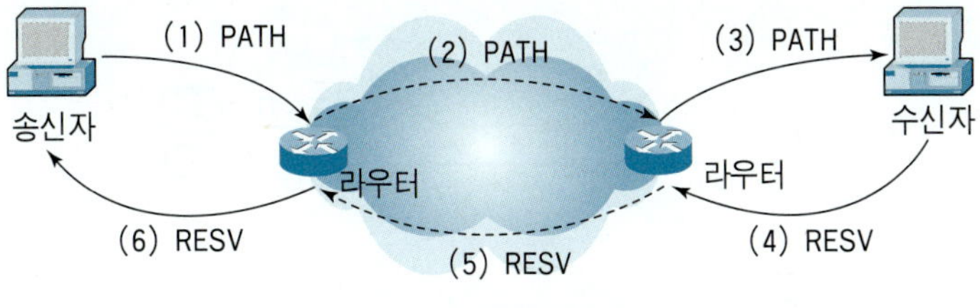

[그림 9-5] RSVP 신호 동작

먼저 송신자는 PATH 메시지를 통해서 자신의 트래픽 특성을 수신자에게 알려준다. 이때 경로는 IP 유니캐스트 혹은 멀티캐스트 라우팅 프로토콜에 의해 결정된다. PATH 메시지가 지나가는 경로의 노드들은 경로 상태(path state)를 기록하게 된다. PATH 메시지를 받은 수신자는 송신자가 보내고자 하는 흐름의 특성(Flow-spec)을 보고 자신이 원하는 대역폭을 결정하여, RESV(자원 요청) 메시지를 통해 전달한다. RESV 메시지에는 수신자가 원하는 서비스 요청 사항이 실리게 된다. RESV 메시지는 PATH 메시지가 전달된 경로를 따라 반대 방향(Upstream)으로 전달된다.

수신자로부터 RESV 메시지를 받은 노드들은 메시지에 기록된 서비스 요구 사항을 근거로 서비스가 가능한지를 결정한다. 이것이 연결 수락 제어이다. 만약 요구를 수락한다면, 노드들은 흐름 특성을 링크 계층에 전달하고, 링크 계층은 주어진 흐름특성에 따라 패킷 스케쥴(Packet Scheduler)과 패킷 구분(Classifier)을 수행하게 된다. 네트워크 노드는 자원 요청에 대해서 필터특성(Filter-Spec)을 사용하는데, 이것은 할당된 자원이 어느 송신자로부터의 흐름에 해당하는지를 명시하는 것이다. 특정 송신자의 흐름에 별도의 자원을 할당할 수도 있으며, 혹은 여러 송신자의 흐름이 합쳐진 흐름에 자원을 할당할 수도 있다. 이러한 필터특성은 링크 계층에서 패킷 구분에 사용된다. RESV 요청이 거절되면, 요청을 거절한 노드는 거절 이유를 기술한 오류 메시지를 수신자에게 전송하고 신호 과정은 종료된다.

| 미니요약 | RSVP(ReSourcereserVation Protocol)

RSVP는 단말이나 서버, 라우터 등이 협동하여 단말 간 응용 시 필요로 하는 대역을 예약/확보하기 위한 프로토콜이다.

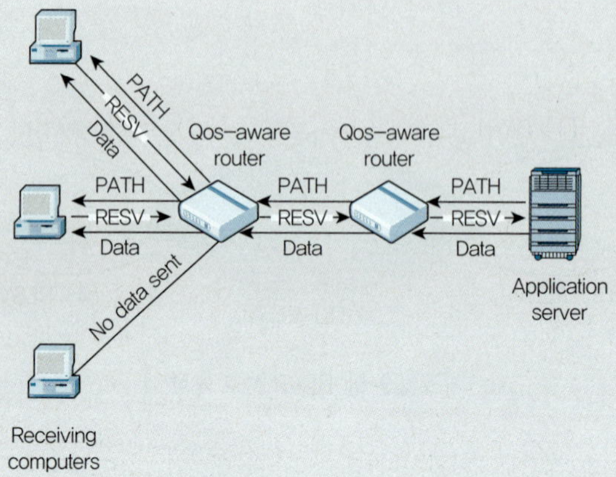

[RSVP 동작 예]

9.3.3 H.323

H.323은 QoS가 보장되지 않는 PBN(Packet Based Network) 상에서 화상회의와 같은 멀티미디어 전송시스템에 대한 기술적인 요구사항을 정의하고 있는 ITU-T 권고안으로서 1996년 ITU-T SG(Study Group) 16에서 LAN, 인터넷 등 패킷 기반의 망을 통해 영상, 음성, 데이터 등 멀티미디어 통신을 위하여 제안한 영상회의 표준이다. 특히, H.323은 ISDN 통신을 위한 음성/비디오 코덱 권장 사양인 H.320을 완벽하게 지원하면서 다양한 벤더 장비간의 상호 연동을 지원하는 것을 특징으로 하고 있다.

(1) H.323 구성

H.323의 구성은 [그림 9-6]에서와 같이 터미널, 게이트웨이, 게이트키퍼, MCU (Multipoint Control Unit)와 같은 장비를 점대점(Point-to-Point)과 점대다중점(Point-to-Multipoint)의 형태로 구성된다.

① 터미널(Terminal)

터미널은 오디오와 비디오, 또는 데이터 통신을 할 수 있는 능력을 갖고 있는 종단 장치로서 PC 또는 독립된 장치를 말한다. 터미널에 의해 제공되는 기본 서비스가 음성 통신이기 때문에, 오디오로 통신할 수 있는 능력은 필수이며 비디오, 데이터로 통신하는 능력은 선택 사항이다. 터미널은 H.323의 게이트웨이나 게이트키퍼, 다른 터미널 등과 실시간으로 양방향 통신을 할 수 있다.

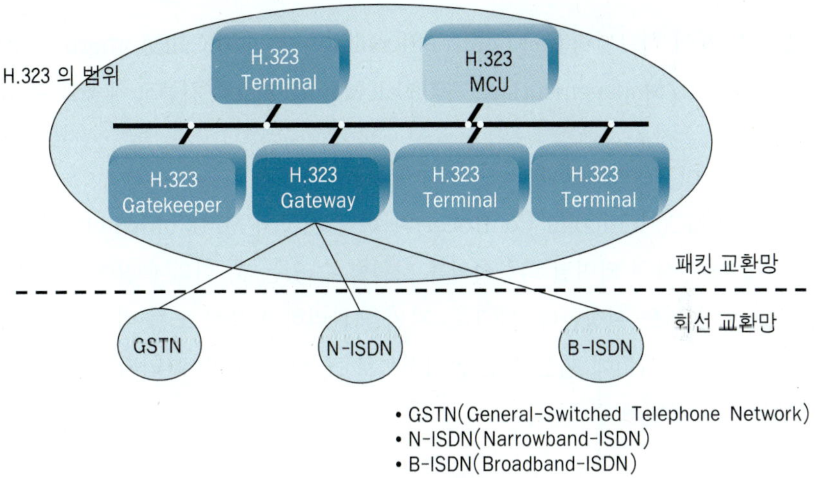

[그림 9-6] H.323의 구성요소

② 게이트웨이(Gateway)

게이트웨이는 이종의 네트워크 프로토콜을 사용하는 네트워크 사이에 연결성을 제공한다. 이러한 네트워크 연동기능은 신호를 설정하고 해제하는 기능과 프로토콜들을 변환하는 기능으로 이루어진다.

③ 게이트키퍼(Gatekeeper)

게이트키퍼는 H.323 데이터 네트워크의 통합성을 유지하는데 필요한 많은 기능들을 수행한다. 게이트키퍼는 선택적으로 주소 변환, 인증, 대역폭관리, 과금, 호 경로설정 등과 같은 중요한 서비스를 제공한다. 게이트키퍼가 존재할 경우, 다음의 서비스들은 필수적으로 제공해야 한다.

- 주소 변환(Address Translation): 별명 주소(Alias Address)와 전송 주소(Transport Address)간의 변환을 수행해야 한다.
- 수락 제어(Admission Control): H.225.0 ARQ/ACF/ARJ 메시지들을 이용해서 LAN 접근

에 대한 허가 여부를 결정하는 인증 작업을 수행해야 한다.

- 대역폭 제어(Bandwidth Control): H.225.0 BRQ/BRJ/BCF 메시지들을 사용하여 단말기 대역폭 요구를 관리해야 한다.
- 지역 관리(Zone Management): 지역 내에 있는 터미널들, MCU들 그리고 게이트웨이들을 관리해야 한다.

선택적으로 호 제어 시그널링(Call Control Signaling), 호 수락(Call Authorization), 대역폭 관리(Bandwidth Management), 호 관리(Call Management) 기능도 제공할 수 있다.

④ MCU(Multipoint Control Unit)

MCU는 하나의 MC(Multipoint Controller)와 하나 이상의 MP(Multipoint Processor)로 구성된다. 세 개 이상의 터미널 화상회의를 지원할 수 있는데, 회의에 참여하는 모든 터미널들은 MCU로 연결을 설정한다. MCU는 자원을 관리하고 음성 또는 비디오 코덱을 결정할 목적으로 터미널 사이에 협상하며, 논리적으로 H.323 표준의 분리된 구성요소지만 단일 물리적 장비로 구현될 수 있다.

- MC: 다중점 회의에서 3개 이상의 단말들 간의 회의를 지원하기 위한 제어 기능들을 제공한다. MC는 다중점 회의에 참석한 각 단말들과 능력 교환을 수행하고 나중에 이를 변경할 수도 있다.
- MP: 단말들로부터 오디오, 비디오, 또는 데이터 스트림을 수신하여 각 매체 스트림에 적용된 알고리즘이나 형식의 변경, 같은 매체 스트림들 간의 스위칭이나 믹싱의 처리 과정을 거쳐 그 단말들에 다시 돌려주는 일을 담당한다.

| 미니요약 | H.323

H.323은 터미널, 게이트웨이, 게이트키퍼, MCU로 구성된다.

| 미니강의 | H.323의 별명 주소(Alias Address)

터미널은 하나 이상의 별명 주소를 가질 수 있다. 이러한 주소에는 E.164 주소들(네트워크 접근 번호, 전화 번호 등), H.323 ID들(사용자 이름, E-mail 주소 등), 그리고 H.225.0에 정의된 기타 주소들이 포함될 수 있다. 이러한 별명 주소는 한 지역(Zone)내에서 유일해야 하며, 게이트키퍼, MC, 그리고 MP는 별명 주소를 가질 수 없다.

(2) H.323 프로토콜

H.323 프로토콜 스택은 여러 가지 규약들로 이루어져있기 때문에 매우 복잡하다. H.323 프로토콜은 패킷 네트워크와 전송 프로토콜에 독립적이며, 동작하는 전송 프로토콜을 명시하지 않는다. H.225 프로토콜은 상호 연결을 위한 규약으로 터미널과 게이트키퍼 사이에 주고받는 메시지(RAS)와 호 신호에 대한 메시지(Q.931), 실시간 데이터전송에 대한 내용을 기술하고 있다. 또한 H.245 프로토콜은 H.323 프로토콜의 호 제어에 관한 내용을 규정한다. [그림 9-7]은 H.323의 프로토콜 스택을 보여주고 있다.

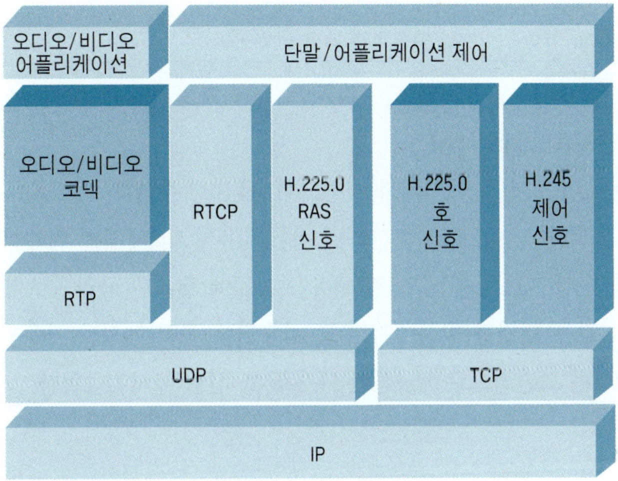

[그림 9-7] H.323 프로토콜 스택

① 오디오/비디오 코덱

음성 채널은 T1을 통해 전송될 때 PCM을 사용하는 경우 64Kbps를 사용한다. 압축기술은 음성 품질을 보존하면서, 대역폭을 적게 요구하도록 개발되었다. 대부분의 H.323 장비들은 벤더들 간의 상호 연동성을 위해 ITU-T 같은 표준에서 제정된 코덱을 사용한다.

② H.225 RAS(Registration, Admission, Status) 신호

H.225 RAS 신호는 게이트키퍼가 있는 경우에만 사용하는 규약이다. 즉, 단말과 게이트키퍼간의 통신 규약인 것이다. H.225 RAS 신호를 사용하여 터미널이 게이트키퍼에게 호 설정을 요청할 수 있고, 게이트웨이는 터미널의 호 설정 요청을 수락하여 자신의 관리 목록에 등록할 수 있다. 또한 RAS는 게이트키퍼와 터미널 사이의 상태를 관리하고 대역폭을 변화

시키는 기능도 수행한다. 〈표 9-1〉은 게이트키퍼와 터미널 사이에 사용되는 RAS 메시지를 나타낸다.

〈표 9-1〉 H.225 RAS 메시지

메시지	설명
ARQ(AdmissionReQuest)	호를 설정하기 위해 허락을 요청하는 터미널로부터 게이트키퍼에게 보내지는 메시지
ACF(AdmissionConFirm)	게이트키퍼가 터미널에게 호를 설정하는 것을 허락하는 메시지
DRQ(DisengageReQuest)	터미널이나 게이트키퍼가 호를 해제하기 위하여 보내는 메시지
DCF(DisengageConFirm)	DRQ 메시지에 대한 확인 메시지

③ H.225 호 신호(Call Signaling)

H.225 호 신호는 Q.931 신호 메시지를 지원하며, H.323 종단 간 연결을 위하여 TCP 포트 1720을 통해서 설정된다. 이 포트는 전화 호 연결, 유지 및 해제를 위해서 Q.931 호 제어 메시지를 초기화 한다. Q.931은 호 연결(Call Setup)에 필요한 규약으로써 전화 연결을 위해, ISDN(E1/T1 같은 디지털 회선에서 주로 사용되는 규약)에서도 사용되는 범용적인 규약이다. 〈표 9-2〉는 보편적으로 사용되는 H.225 호 신호 메시지들이다.

〈표 9-2〉 H.225 호 신호 메시지

메시지	설명
Setup	송신자가 수신자에게 호 설립을 위한 메시지를 보낸다. 이 메시지는 H.225 메시지로 게이트키퍼 TCP 포트 1720으로 보낸다.
Call Proceeding	게이트키퍼가 송신자에게 호 설립 과정이 진행되고 있다는 것을 알리는 메시지를 송신자에게 보낸다.
Alerting	게이트키퍼는 수신자가 ringing을 받고 있다는 것을 알리는 메시지를 송신자에게 보낸다.
Connect	게이트키퍼는 수신자가 응답을 했음을 알리는 메시지를 송신자에게 보낸다.
Release Complete	송신자 또는 수신자가 전화 호의 종료를 시작하는 메시지를 상대편에게 보낸다.
Facility	부가서비스의 요청 및 확인을 보내는 Q.932 메시지이다.

④ H.245 제어 신호(Control Signaling)

H.245에서는 멀티미디어 데이터를 교환하기 위한 일련의 프로토콜의 동작과 해당 프로토콜에서 주고 받는 메시지의 구문을 정의하고 있다. H.245 제어 신호는 H.323 터미널 간에 멀티미디어 데이터를 주고 받기 위해 각 터미널의 동작을 제어하거나 통신에 대한 정보를 전달할 수 있는 제어 메시지 교환을 위한 제어 프로토콜이다. 터미널 간에 호 연결이 이루어지면 상호 연결된 터미널은 하나의 채널을 사용하여 음성 및 영상을 전송하는 것이 아니라, 여러 개의 채널을 연결한 후 각 채널에 대해 음성 및 영상을 전송하게 된다.

(3) H.323 동작 과정

다음 [그림 9-8]은 H.323의 호 설정 과정을 나타내는 그림이다.

① T1 터미널은 게이트키퍼에게 자신을 등록하기 위해 RAS ARQ(Admission Request) 메시지를 전송하여 호 설정을 요청한다.

② 게이트키퍼는 T1에게 ACF 메시지를 전송함으로써 호를 사용할 것을 허가한다.

③ T1 터미널은 게이트키퍼에게 자신을 등록하기 위해 RAS ARQ(Admission Request) 메시지를 전송하여 호 설정을 요청한다. T1은 연결을 요청하는 T2에 H.225호 신호설정(setup) 메시지를 보낸다.

④ T1 터미널은 게이트키퍼에게 자신을 등록하기 위해 RAS ARQ(Admission Request) 메시지를 전송하여 호 설정을 요청한다. T2는 T1에 H.22호 진행(Call Proceeding) 메시지로 응답한다.

⑤ T2는 자신이 속해 있는 게이트 키퍼에게 자신을 등록하기 위해서 RAS ARQ 메시지를 전송한다.

⑥ T2의 게이트 키퍼는 T2에게 RAS ACF 메시지를 전송함으로써 등록을 알려준다.

⑦ T2는 T1에 H.225 경고(Alerting) 메시지를 전송하여 연결 설정을 알린다.

⑧ T2는 T1에 H.225 연결(Connect) 메시지를 전송하여 연결 설정을 확인한다.

⑨ T1과 T2는 H.245 연결 확립을 통하여 미디어 전송을 위한 채널을 설정한다.

⑩ T1과 T2와의 미디어 데이터 전송이 이루어진다.

⑪ 전송이 끝나면 H.245 연결 해제를 통하여 설정된 채널은 해제된다.

⑫ T1은 게이트키퍼에게 H.225 호가 해제되었다는 메시지를 전송한다.

⑬ 게이트키퍼는 T2에게 H.225 호가 해제되었다는 메시지를 전송한다.

⑭ T1과 T2는 각각의 게이트키퍼에게 RAS DRQ(Disengage Request) 메시지를 전송하여 게이트키퍼와의 호 해제를 요청한다.

⑮ 게이트키퍼는 T1과 T2와의 호를 해제하고 T1과 T2에게 DCF(Disengage Confirm) 메시지를 전송하여 호를 해제시켰음을 알려준다.

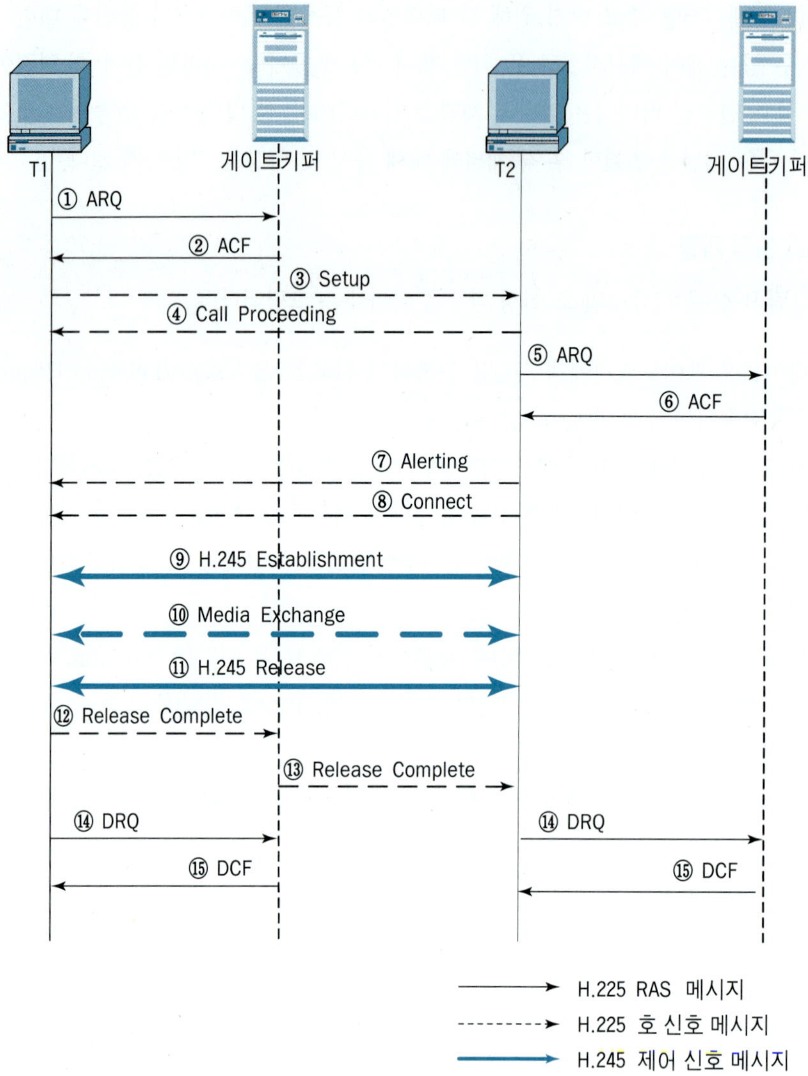

[그림 9-8] H.323 동작 과정

| 미니요약 | H.323 표준

- H.323 버전
  버전 1(1996), 버전 2(1998), 버전 3(1999), 버전 4(2000), 버전 5(2003)이 있음.
  H.323은 여러 표준들을 포괄하는 표준임. (Umbrella Standards)
  H.323 전반적인 운용 및 절차: H.323
- Call Signalling: H.225
  매체 제어, 미디어 스트림을 위한 채널 개설 및 해제: H.245
  오디오 코덱: G.711, G.723.1, G.729 등
  비디오 코덱: H.261, H.263 등

9.3.4 SIP(Session Initiation Protocol)

SIP는 인터넷 전화기, PDA, 휴대폰과 같이 음성 통신이 가능한 VoIP 단말기 간의 호를 설정하기 위해 개발된 프로토콜이다. SIP는 HTTP(Hypertext Transfer Protocol), SMTP(Simple Mail Transfer Protocol) 등 웹에 기반을 두고 모델링 하였고 URL(Uniform Resource Locator), 메일 주소 등의 주소 방식을 사용하고 메시지 구성이 ASCII로 작성된 텍스트 기반의 제어 프로토콜이다. SIP는 단말간 또는 사용자들 간에 기존의 VoIP 서비스뿐만 아니라 멀티미디어 컨퍼런스, 인터넷 텔레폰, 원격 교육 등의 세션이나 호를 생성, 변경, 해제하는 기능을 수행한다.

(1) SIP프로토콜 특징

SIP는 다음과 같은 특징들을 가지고 있다.

① 최소 상태(Minimal State)유지

하나의 회의나 통화에는 다수의 SIP 메시지가 송수신된다. 이러한 상태를 유지하기 위해서 SIP 서버가 통화 전체에 대한 상태정보를 저장하고 있을 필요는 없다. SIP 프락시 서버는 요청과 응답이 이루는 하나의 트랜잭션에 대한 상태 정보만을 유지하고 있으면 된다. 또한, SIP 리디렉트(Redirect) 서버는 위치 제공 서버로부터 수신자 주소만을 캐시(Cash)하고 있으면 된다.

② 하위 계층 프로토콜에 중립

SIP 메시지를 전송하기 위해서는 주로 TCP와 UDP를 사용한다. UDP는 신뢰성은 떨어지지만, TCP보다 구현이 간단하고 호 설정 속도가 빠르다. 또한 멀티캐스트를 이용한 다자간 세션 설정도 용이하기 때문에 일반적으로 SIP는 UDP를 사용하여 메시지를 전송한다.

③ 텍스트 기반 프로토콜

SIP는 HTTP처럼 텍스트 기반 프로토콜이기 때문에 어떤 언어로든 구현이 용이하며 디버깅이 쉽다. 또한 확장 성이나 유연성 면에 있어서도 유리한 점을 제공한다.

④ 사용자 이동성(Mobility)

이동성이란 사용자 측면에서는 현재의 위치와 현재 사용 중인 단말 종류와 무관하게 세션에 참가할 수 있다는 것이다. 네트워크 측면에서는 참가자의 위치가 다른 곳으로 옮겨져 있어도 그를 구분하고 확인할 수 있다는 것이기도 하다. 즉, SIP는 인터넷에 접속할 수 있는 곳이라면 간단한 재등록 절차를 거쳐 음성통화를 가능하게 한다.

| 미니요약 | SIP 프로토콜(Session Initiation Protocol)

SIP는 VoIP 단말기 간의 호를 설정하기 위해 개발된 HTTP와 같은 텍스트 기반의 프로토콜이다.
SIP는 원래 Henning Schulzrinne과 Mark Handley가 1996년에 처음 고안 했다. 이 규격의 최근 버전은 IETF 네트워크 워킹 그룹의 RFC 3261이다. 2000년 11월 SIP는 셀룰러 시스템에서 IP 기반 스트리밍 멀티미디어 서비스를 위한 3GPP 시그널링 프로토콜과 IP 멀티미디어 서브시스템(IMS) 구조로 채택되었다.
인터넷 기반 회의, 전화, 음성 메일, 이벤트 통지, 인스턴트 메시징 등 멀티미디어 서비스 세션의 생성, 수정, 종료를 제어하는 요구/응답 구조로서 TCP와 UDP에 모두 사용할 수 있으며, 각 사용자들을 구분하기 위해 이메일 주소와 비슷한 SIP URL을 사용함으로써 IP 주소에 종속되지 않고 서비스를 제공받는다. HTTP와 SMTP의 많은 부분을 그대로 사용하여 개발된 텍스트 기반이므로 구현이 용이하며, 인터넷에서 사용되는 다른 많은 프로토콜과 결합하여 다양한 서비스들을 제공할 수 있는 유연성과 확장성을 보유하고 있다.
SIP 프로토콜은 ITU-T의 H.323에 대응되는 보다 간편한 프로토콜로, 1999년에 IETF MMUSIC(Multiparty Multimedia Session Control) 워킹 그룹에 의해 RFC 2543으로 제안된 이후 별도로 분리된 ITEF SIP 워킹 그룹에서 개정 작업을 진행하여 2002년 7월 RFC 3261 표준으로 제정되었다.

(2) SIP 구성요소

SIP는 HTTP와 유사한 클라이언트-서버 구조로 되어있으며, 크게 사용자 에이전트(User AgentClient)와 서버(User Agent Server)로 나누어진다.

① 사용자 에이전트

SIP의 요청관련 메시지를 주느냐 또는 받느냐에 따라 클라이언트도 될 수 있고 서버도 될 수 있다. 다시 말해 SIP의 INVITE 메시지를 보내면 클라이언트(UAC)이고, 그것을 받아 무언가 응답을 보낸다면 서버(UAS)이다.

- UAC(User Agent Client): 송신자 쪽에 위치하여 SIP 요청을 초기화하는 클라이언트 응용 프로그램이다.
- UAS(User Agent Server): 수신자 쪽에 위치하여 송신자의 요청을 받았을 경우, 그 요청을 수락할 것인지, 거부할 것인지 또는 전송할 것인지에 관해 사용자의 의견을 묻어 그 결정을 사용자 대신에 송신자에게 응답을 보내는 응용프로그램이다.
- 위치(Location) 서버: SIP 서버(Proxy, Redirect)의 요청을 받은 위치 서버는 finger, rwhois, LDAP(Light-weight Directory Access Protocol) 또는 자체 메커니즘 등을 사용하여 연결 가능한 사용자의 위치를 알려준다. 사용자가 여러 곳에 로그인해 있을 수 있기 때문에 위치 서버는 다수의 위치를 알려줄 수 있어야 한다.

② 서버

SIP 서버는 UAC의 SIP 요청을 처리하는 것으로, 직접 세션에 관여하지는 않고 요청을 어떻게 처리하는가에 따라 다음과 같이 나뉜다.

- SIP 프락시(Proxy) 서버: 송신자와 수신자 사이에 존재하며 요청과 응답메시지를 자신이 보내는 것처럼 중계한다. 수신자는 프락시 서버로부터 요청을 받는 것이고, 송신자는 프락시 서버로부터 응답을 받는 것이다. 즉, 프락시 서버는 UAC와 UAS의 역할을 모두 수행하는 SIP 서버이다. 송신자는 자신에게 등록된 프락시 서버에게 SIP 요청을 하고, 그 요청은 다수의 원격지 프락시 서버를 경유할 수 있다. 그 경우 프락시 서버는 반드시 메시지의 Via 헤더필드에 경로를 첨가하여야 한다. 응답은 Via필드를 참조하면서 역으로 진행되고 하나씩 삭제된다. [그림 9-9]는 프락시 서버 구성을 나타내고 있다.

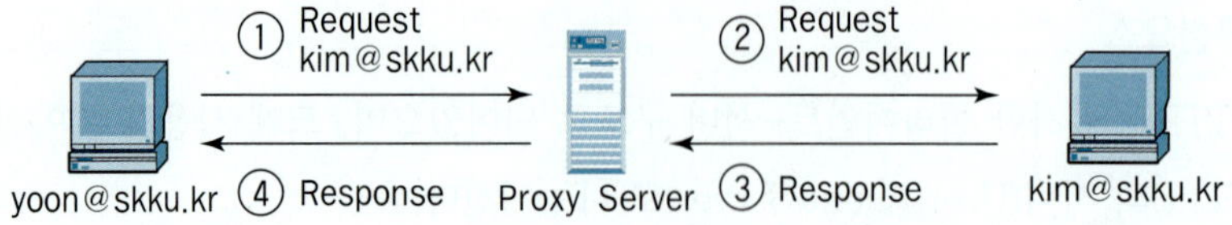

[그림 9-9] SIP 프락시 서버

- SIP 리디렉션(Redirection) 서버: 송신자에게 INVITE 요청을 받으면 수신자의 현재 위치를 위치 서버로부터 찾아내어 송신자에게 되돌려주어 송신자로 하여금 직접 수신자를 호출할 수 있도록 한다. [그림 9-10]은 리디렉션 서버의 동작을 나타내고 있다.

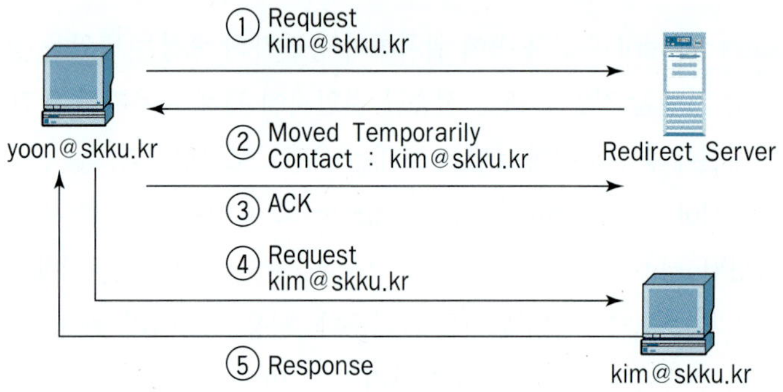

[그림 9-10] SIP 리디렉션 서버

> **| 미니요약 |** SIP
>
> SIP는 클라이언트/서버 모델로서 사용자 에이전트와 서버로 나누어진다.

(3) SIP프로토콜 메시지 형식

SIP의 기본 동작은 클라이언트/서버 모델과 유사하다. 클라이언트에서 서버로 호 설정 요청 시에는 REQUEST 방법을 이용하고, 서버에서 클라이언트의 응답은 숫자로 지정된 상태 코드인 RESPONSE를 전달한다. [그림 9-11]의 왼쪽의 그림에서 알 수 있듯이 서버에게 요청을 원하는 단말기는 REQUEST 메소드를 보내고, 응답을 하는 단말기는 RESPONSE 메시지를 보낸다. [그림 9-11]의 오른쪽은 메시지 헤더필드의 내용으로 콜 서비스, 주소, 프로토콜 정보 등을 나타내며 REQUEST, GENERAL, RESPONSE, ENTITY의 4가지 범주로 분류된다.

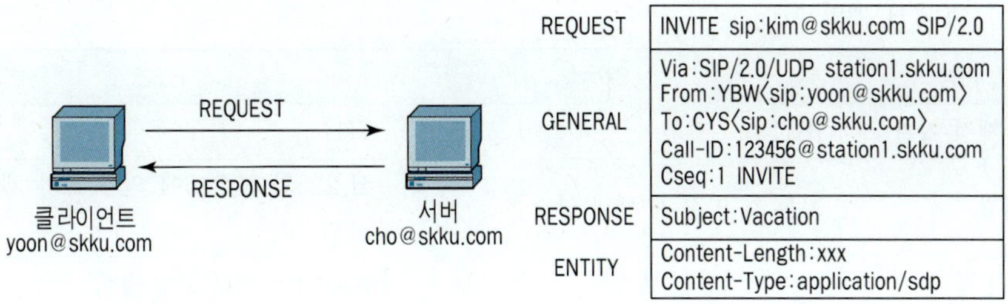

[그림 9-11] SIP 메시지 형식

GENERAL 헤더에는 REQUEST와 RESPONSE 둘 다 사용될 수 있고, 기본적인 내용에는 수신자, 발신자, Call-ID 등이 있다. REQUEST 헤더에는 클라이언트의 우선 순위와 같은 부가적인 정보가 들어갈 수 있으며, RESPONSE 헤더에는 Unsupported, Retry-After(not now)와 같은 응답에 대한 추가 설명이 들어간다. ENTITY 헤더에는 메시지의 길이, 미디어 타입, 인코딩 방식과 같은 정보가 들어간다.

| 미니요약 | SIP 메시지 형식

SIP 메시지 형식에는 클라이언트에서 전송하는 REQUEST 메소드와 서버에서 전송하는 RESPONSE 메시지가 있다.

(4) SIP 프로토콜 주소지정

SIP는 URL을 사용하여 수신자를 찾기 위한 IP 주소, 포트 번호 그리고 메시지의 헤더를 만드는데 필요한 각종 정보를 표현한다. 다음은 SIP URL의 몇 가지 예로서, 전자우편 주소와 형식이 비슷하다. 또한, 사용자 ID 대신에 VoIP 단말기의 번호를 사용하여 SIP 주소를 나타낼 수도 있다.

- SIP: bwyoon@icc.skku.com
- SIP: 123456789@icc.skku.com;user=phone

(5) SIP와 H.323의 비교

〈표 9-3〉은 SIP와 H.323을 비교하고 있다. SIP는 H.323과 같은 복잡한 호 절차를 생략하였고, 구문이 간단하여 구현이 쉽다는 장점을 갖고 있다. 따라서 표에서 보이는 바와 같은 다양한 장점으로 최근에는 SIP가 주류를 이루고 있다.

〈표 9-3〉 SIP와 H.323의 비교

기능	SIP	H.323
표준 제정 기관	IETF	ITU
호 연결시	기본 호 연결 시 채널 연결	H.225와 H.245에 의한 호와 채널의 분리
메시지 형태	HTTP 기반의 텍스트	ASN.1에 의한 코딩 방식
단말 능력 (Capability) 교환	SDP(Session Description Protocol)에 의한 한정적 교환	H.245에 의한 단말의 전체적 능력 교환
신뢰성	아직 장비 장애에 대한 표준화된 처리 규정이 없음	네트워크 개체들의 장애를 다루기 위한 여러 개의 특성이 정의되어 있음
사용되는 채널	UDP 채널 1개	UDP 또는 TCP 채널 2개
메시지 확장성	메시지 헤더에 단지 한 줄만 입력하면 됨	많은 프로토콜들을 결합해야 함
수정 가능성	프로토콜 계층에 독립적	프로토콜 계층에 종속적
모바일	가능	아직 없음
서버	SIP 네트워크 서버	게이트키퍼

9.3.5 MGCP(Media Gateway Control Protocol)

인터넷과 기존의 PSTN 사이에는 게이트웨이를 사용하여 VoIP 서비스를 제공한다. 즉 게이트웨이는 회선교환 네트워크로부터 신호와 미디어를 받아들여서 IP 네트워크가 사용하는 패킷 형식으로 변환해야 한다. 이를 위해 미디어 게이트웨이 제어기와 미디어 게이트웨이 사이에 표준화된 제어 프로토콜이 필요하게 되었고, MGCP와 MEGACO/H.248이 표준화되었다. 이와 같이 분리된 게이트웨이 모델은 큰 확장성을 가지므로 다양한 서비스의 지원이 가능하고 미디어 게이트웨이를 통한 네트워크 구성은 좀 더 용이해 질 수 있다.

(1) MGCP 개요

현재 음성데이터 서비스는 예전의 음성전화망의 기반 기술이었던 회선 교환방식을 이용하지 않고서도 ATM, IP 등의 비회선 교환방식의 네트워크를 이용하여 서비스를 할 수 있게 되었다. 이에 따라 기존의 PSTN과 새로운 패킷교환 네트워크 사이에서 서로 다른 호 신호를 사용하기 위한 프로토콜의 연동과 다양한 종류의 미디어 스트림 형식변환이나 전송 등의 새로운 기능을 담당해야 할 게이트웨이가 필요하게 되었다. [그림 9-12]는 MGCP의 망 구성도를 나타내는 그림으로 크게 데이터 스트림 전송을 위한 게이트웨이와 제어를 담당하는 CA(Call Agent)로 나뉜다. 즉, MGCP는 게이트웨이를 제어하기 위한 시그널링 프로토콜로서 CA라고도 불리며, IETF에서 개발되었다. CA는 호 제어 정보와 관련된 호 신호를 처리하는 반면에 미디어 게이트웨이는 CA로부터 명령을 받고 기본적으로 CA가 명령하는 것을 수행한다. CA는 일반적으로 연결설정 및 게이트웨이의 한쪽에서 다른 쪽으로부터 연결을 해제하는 기능을 수행한다.

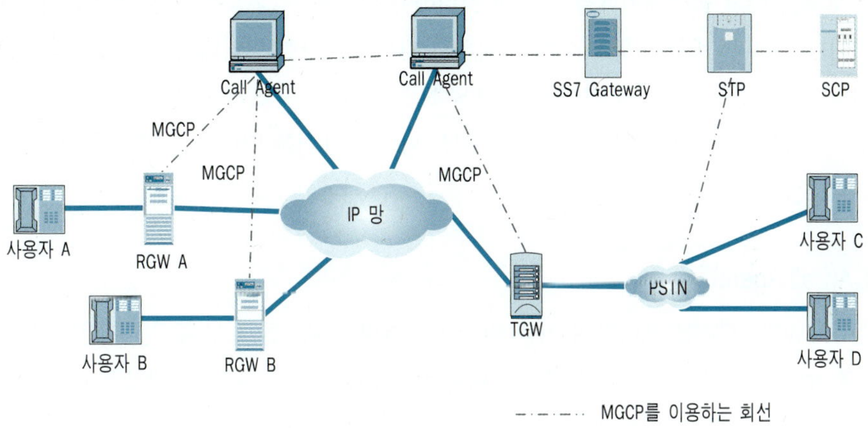

[그림 9-12] MGCP 망 구성도

| 미니요약 | MGCP(Media Gateway Control Protocol)

MGCP는 기존의 PSTN과 패킷교환 망 사이에서 서로 다른 프로토콜의 연동과 다양한 미디어 스트림을 전송해주는 미디어 게이트웨이를 제어하기 위한 프로토콜이다.

(2) RGW(Residential Gateway)

RGW의 가장 기본적인 기능은 PSTN 회선과 연결설정을 위한 MGCP, RTP 등을 지원하는 것이다. 예를 들면, RGW에 물려있는 사용자 A가 수화기를 들면 RGW는 사용자 A가 전화기를 들었다는 on-hook 이벤트를 감지하고 MGCP를 이용해서 CA에게 알려준다.

(3) TGW(Trunking Gateway)

Trunking Gateway는 인터넷 망과 PSTN 망을 연결하는 역할을 수행한다. 만약 사용자 D가 연결설정을 시도하면 TDM(Time Division Multiplexing) 형식으로 TGW에게 음성데이터를 전송한다. TGW는 이 음성데이터를 받아서 RTP 패킷으로 변환하며 IP 망으로 내보낸다. 반대로, IP 망에서 TGW에게 RTP 패킷 형식으로 데이터가 들어오면 TDM 형식으로 변환하여 PSTN 망으로 전송한다. TGW는 MGCP를 이용해서 CA와 통신하며 수신한 호에 대한 보고를 하고 음성데이터를 어떻게 처리해야 하는지를 CA로부터 지시 받는다. TGW는 이와 같이 다른 종류의 망 사이에 위치하기 때문에 다양한 인터페이스를 지원할 수 있어야 한다. [그림 9-12]에서와 같이 CA는 PSTN과의 연동에서 STP와 연결되므로 SS7 시그널링을 지원할 수 있어야 한다. SS7은 PSTN 망에서 제어를 담당하는 패킷기반의 시그널링 프로토콜이다.

(4) CA(Call Agent)

CA는 RGW와 TGW를 제어하며 이를 위한 시그널링 프로토콜로 MGCP를 이용한다. 기본적으로 게이트웨이들은 CA에서 지시한 이벤트들에 대한 감시를 하고, 발생한 이벤트에 대해 CA에게 보고하고 이벤트에 대한 처리절차를 지시 받는다.

| 미니요약 | MGCP 구성요소

MGCP의 구성요소는 RGW, TGW, CA가 있다.

| 미니강의 | IP PBX(IP Private Branch Exchange)

PBX(Private Branch Exchange) 및 EPABX(Electronic Automatic Branch Exchange)는 사설 전화 교환기로서 기업용 서비스 제공을 위하여 특화된 장비를 지칭한다. 즉, 기업에서 필요한 다양한 기능들을 가지고 있어, 빠르고 편리하게 통신을 할 수 있도록 해주는 장비를 지칭한다.
이와 유사하게 IP PBX는 비즈니스 전화 시스템으로서 데이터 네트워크를 통하여 음성과 화상을 전달하도록 설계된 장비로서 일반 공중망(PSTN)과도 연동이 가능하도록 설계되었다.

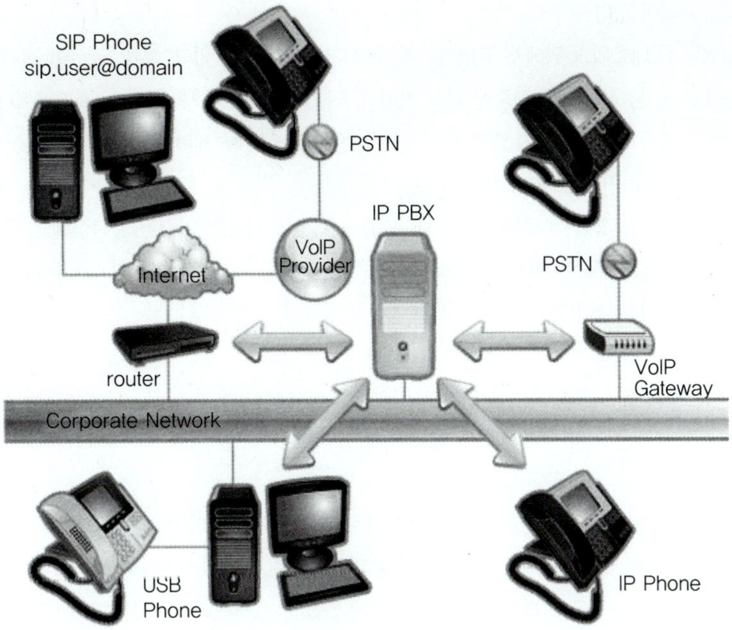

[IP PBX 구성]

이러한 IP PBX도 시대와 기술의 발전으로 많은 변천을 거듭해왔다. 아래 그림은 그러한 변천사를 3단계로 구분하고 있는걸 보여주고 있다.

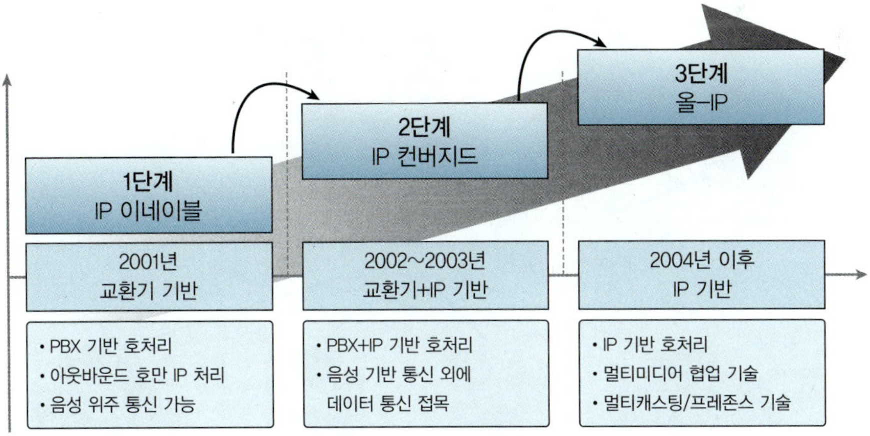

[IP PBX의 변천사]

IP PBX를 도입하여 얻을 수 있는 이점을 살펴보면,

- 거리의 제약이 없다.

  IP PBX는 IP 네트워크 위에서 구현되기 때문에 거리에 제약이 없다. 특히, 글로벌 회사들의 경우는 IP PBX를 통하여 중앙 집중식 관리 하에서 공통적으로 음성 사서함, Visual Call ID 등의 부가 서비스를 공통으로 사용하여 중복 투자 및 분산 관리의 단점을 제거하였다.

- 다양하고 사용하기 쉬운 부가 서비스

  PBX에서도 구현되었던 다양한 부가 서비스들이 기존의 사용이 어렵거나 복잡했던 사용상 절차에서 IP Phone을 통한 다양하고 이해가 쉬운 직관적이고 User Friendly한 인터페이스 제공으로 손쉽게 활용이 가능하다.

- UC, FMC Collaboration

  기존의 전화요금 절감의 목적에서 협업, 기업용 메신저, 스마트 폰 도입, 그룹웨어와의 연동 등 좀 더 편리하고 좋은 기업 환경과 업무 절차의 개선을 통한 생산성 향상을 위해 도입하고자 한다.

1980년대 후반 전화기의 발명 후, PBX는 음성과 관련 기술의 발전이 이어져 왔고, 최근에는 음성과 영상, 메신저, 협업, 소셜네트워킹 등과 같은 분야에 커다란 발전을 이루어 왔다. 그 발전의 기반은 IP 네트워크와 PC의 보급 그리고 인터넷의 확산에 있었다. 그러므로 이런 문화와 시대의 발전은, 관련 문화의 동반 발전을 요구해왔던 것이다.

IP PBX도 이러한 변화에 부응하여 단순히 PBX의 대체 장비로서가 아닌 새로운 통신의 기반이고 플랫폼으로 자리매김하고 있는 것이다.

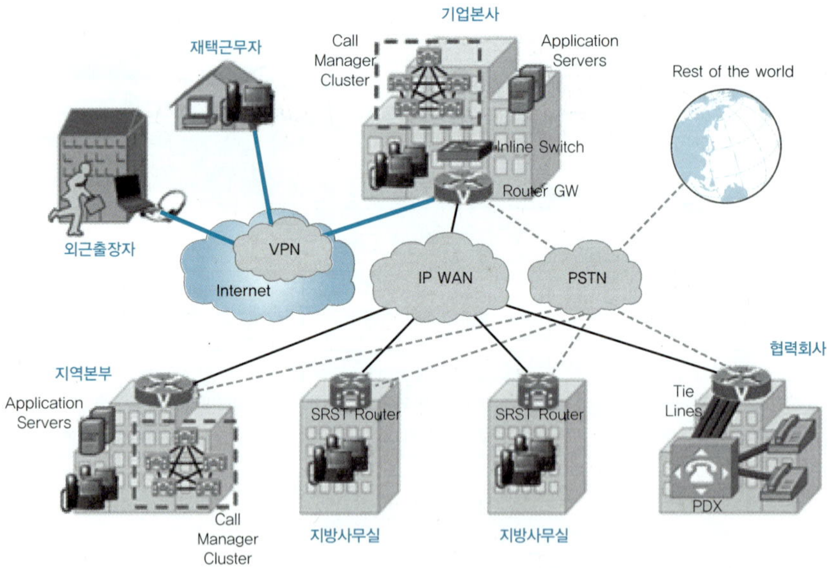

[IP PBX 시스템 구성도]

요약

01 VoIP는 IP(Internet Protocol)를 사용하여 음성과 데이터를 하나의 통신망에 통합하여 전송하는 방식을 말한다.

02 VoIP 서비스 형태로 PC to PC, PC to Phone, Phone to Phone 방식이 있다.

03 멀티미디어 데이터 전송 시 음성 품질에 영향을 주는 요소로는 지연, 지터, 패킷 손실, 무음 억제, 에코가 있다.

04 RTP는 IP 네트워크에서 멀티미디어 정보를 전송하기 위한 프로토콜이다.

05 RTCP는 RTP의 QoS를 유지하기 위해 데이터 전송 감시하고, 세션 관련 정보를 전송하는데 사용되는 프로토콜이다.

06 RSVP는 단말이나 서버, 라우터 등이 협동하여 단말 간 응용 시 필요로 하는 대역을 예약/확보하기 위한 프로토콜이다.

07 H.323은 터미널, 게이트웨이, 게이트키퍼, MCU로 구성된다.

08 SIP는 VoIP 단말기 간의 호를 설정하기 위해 개발된 HTTP와 같은 텍스트 기반의 프로토콜이다.

09 SIP는 클라이언트/서버 모델로서 사용자 에이전트와 서버로 나누어진다.

10 SIP 메시지 형식에는 클라이언트에서 전송하는 REQUEST 메소드와 서버에서 전송하는 RESPONSE 메시지가 있다.

11 MGCP는 기존의 PSTN과 패킷교환 망 사이에서 서로 다른 프로토콜의 연동과 다양한 미디어 스트림을 전송해주는 미디어 게이트웨이를 제어하기 위한 프로토콜이다.

12 MGCP의 구성요소는 RGW, TGW, CA가 있다.

13 IP PBX는 3단계의 발전 과정을 거치는데, 1단계 IP 이네이블 2단계 IP 컨버지드 그리고 마지막 3단계 올 IP 단계이다.

연습문제

01 다음 중 H.323의 구성 요소에 해당하지 않는 것은?

a. 터미널
b. 게이트키퍼
c. Toll Switch
d. MCU(Multipoint Control Unit)

02 다음 중 H.323 네트워크에서 멀티미디어 데이터를 교환하기 위한 프로토콜의 동작과 메시지를 정의한 표준은 무엇인가?

a. H.245
b. Q.931
c. H.225
d. E.164

03 H.225 RAS 메시지 중 게이트키퍼가 터미널에게 호를 설정하는 것을 허락하는 메시지는 무엇인가?

a. ARQ
b. DRQ
c. ACF
d. DCF

04 SIP의 특징이 아닌 것은?

a. 최소 상태(Minimal State)유지
b. 하위 계층 프로토콜에 중립
c. 비트중심 프로토콜
d. 사용자 이동성(Mobility)

05 SIP는 클라이언트/서버 모델이다. 다음 중 통화 송신자 쪽에 위치하여 SIP 요청을 초기화하는 클라이언트 응용프로그램은?

a. UAC
b. CAC
c. TAC
d. SAC

06 SIP 서버 중 송신자와 수신자 사이에 존재하며 요청과 응답메시지를 자신이 보내는 것처럼 중계하는 서버의 종류는?

a. SIP 프락시(Proxy) 서버
b. SIP 인터네트워크(Internetwork) 서버
c. SIP 리디렉션(Redirection) 서버
d. SIP 컨트롤(Control) 서버

07 SIP 메시지 헤더필드의 내용에는 콜 서비스, 주소, 프로토콜 정보 등이 나타난다. 다음 중 헤더의 4가지 범주가 아닌 것은?

a. REQUEST　　b. GENERAL　　c. RESPONSE　　d. OBJECT

08 SIP의 REQUEST 메소드 중 종류와 설명의 연결이 잘못된 것은?

a. INVITE: 가장 기본이 되는 메소드로 사용자가 세션에 참가하도록 하거나 발신자와 수신자의 주소, 콜의 주체 및 우선순위 등을 표시

b. REGISTER: SIP 서버가 수신주소를 송신주소로 어떻게 맵핑 되는지를 사용자에게 알려줌

c. OPTIONS: 컨퍼런스에 참가한 사람들 간의 연결 종료를 알림

d. CANCEL: 전송되지 않은 Request를 종료함

09 RESPONSE 메시지 종류 중 Action이 성공적으로 받아들여져 이해되었음을 의미하는 것은?

a. 1xx　　b. 2xx　　c. 3xx　　d. 4xx

10 SIP와 H.323을 비교한 것으로 옳지 않은 것은?

번호	기능	SIP	H.323
a	호 연결시	기본 호 연결 시 채널 연결	H.225와 H.245에 의한 호와 채널의 분리
b	메시지 형태	HTTP 기반의 텍스트	ANS.1에 의한 코딩 방식
c	사용되는 채널	UDP 채널 2개	UDP 또는 TCP 채널 2개
d	수정 가능성	프로토콜 계층에 독립적	프로토콜 계층에 종속적

11 MGCP의 망 구성요소 중에서 MGCP를 이용하여 게이트웨이를 제어하는 것은?

a. CA　　b. RGW　　c. TGW　　d. STP

12 전화 통화 중에 자신의 목소리가 수화기에서 들렸다면, 이것은 어떠한 현상인가? 또 이러한 현상을 없애기 위한 방법을 설명하시오.

13 RSVP에서 말하는 Soft State란 무엇인지 설명하시오.

| 참고 사이트 |

- http://www.voip-forum.or.kr/: 국내 VoIP 포럼으로 현재의 VoIP 기술 현황과 다양한 관련 자료를 볼 수 있다.
- http://www.cisco.com/warp/public/3/kr/korean/whitep/voip/voip_wp.html: Cisco에서 제공하는 한국어판 기술백서이다.
- http://www.sl.co.kr/resource_3_a.htm: VoIP 용어가 알파벳순서로 정리되어 있다.

| 참고문헌 |

- Daniel Collins, Carrier Grade Voice over IP, McGraw-Hill, 2001
- 유승화, 인터넷 전화, 전자신문사, 2002
- Olivier Hersent, IP Telephony, Addison Wesley, 2000

CHAPTER 10

가상 사설 네트워크

contents

CHAPTER 10

가상 사설 네트워크 (VPN: Virtual Private Network)

산업이 발달하고 경제규모가 세계화 되면서 조직이나 기업의 규모 역시 글로벌화(Globalization) 되고 있다. 이러한 분산화 추세에 따라 본사와 지역적으로 떨어져 있는 다수의 지사의 형태를 갖춘 기업이 많아지면서 WAN(Wide Area Network)이나 전용선을 사용하여 통신 및 정보의 공유가 제공되어 왔다. 그러나 WAN이나 전용선을 이용한 네트워크 구축 방법은 회사로 하여금 과도한 통신비용을 부담하게 하였으며, 또한 본사나 지사의 위치가 변경되었을 경우 상당한 비용을 추가적으로 부담해야만 했다. 이러한 문제점들을 해결하고, 이동성을 지원하기 위하여 등장한 것이 바로 가상 사설 네트워크(이하 VPN)이다. 그럼 VPN(Virtual Private Network)이 무엇인지 다음과 같은 내용을 통해 살펴보기로 한다.

- 공중 네트워크와 사설 네트워크의 개념, 특징과 차이점들에 대해 살펴본다.
- VPN의 등장 배경 및 정의에 대해 살펴본다.
- VPN의 분류에 대해 알아본다.
- VPN을 구성하는 데 있어 필요한 기술들에 대하여 알아본다.
- VPN에서 가장 커다란 화두가 되고 있는 보안문제에 대해 살펴본다.
- MPLS VPN에 대하여 알아본다.
- 현재 VPN 기술을 토대로 앞으로의 VPN 기술의 발전 방향에 대하여 짚어본다.

10.1 VPN 개요

VPN을 알기 위해서는 공중 네트워크가 무엇이고, 사설 네트워크가 무엇인지 이해할 필요가 있다. 또한 VPN이 이러한 네트워크들 사이에서 어떠한 이유와 형태로 등장했는지, 또 어떠한 장단점을 갖고 있는지에 대해 살펴보자.

10.1.1 공중 네트워크(Public Network)

공중 네트워크란 우리가 늘 사용하는 전화 네트워크나 인터넷처럼 다수의 사용자간에 자유롭게 정보를 주고받을 수 있도록 공개되어 있는 네트워크를 말한다. 공중 네트워크는 언제 어디서나 누구든지 사용할 수 있다는 장점을 갖고 있으며, 어느 누구와도 정보교환이 가능하다. 하지만 공중 네트워크는 이런 사용 및 활용의 용이함으로 반대 급부인 보안이 취약하여 정보유출 가능성이 높다는 단점이 있다. 또한 공중 네트워크는 누구나 접속이 가능해야 한다는 점 때문에 IP 주소 등의 공인된 표준을 따르는 통신 방법을 채택해야 한다는 부담이 있다.

10.1.2 사설 네트워크(Private Network)

공중 네트워크와는 달리 사설 네트워크는 해당 특정 네트워크를 구축한 조직에 관련된 사용자만 사용이 가능한 네트워크이다. 이러한 점은 인증되지 않은 사용자로부터의 접근을 차단하여, 네트워크의 보안성을 유지시켜 주며, 네트워크를 직접적으로 통제함으로써 네트워크 운영에 유연성과 독립성을 기할 수 있다는 장점을 제공한다. 또한 네트워크 관련 규칙을 해당 조직이 임의로 결정 가능하다. 그러나 다른 사설 네트워크와의 연동이 까다롭고, 이동 사용자에 대한 지원이 곤란하다. 그리고 가장 커다란 문제점은 원거리에 위치하고 있는 지점간의 WAN 또는 전용회선 구축 시에 고가의 관련 장비와 추가적으로 회선 비용을 지불해야 한다는 것이다.

10.1.3 VPN 등장배경 및 정의

VPN의 등장배경은 인터넷을 기반으로 한 기업 업무 환경의 변화에 기인한다. 즉, 소규모 지역에서 문서만을 전달하던 업무처리 기반에서 하나의 건물 내의 네트워크를 이용한 업무로, 본사와 다수의 지사 관계, 또한 지사는 국내 지사와 국외 지사로 확장되었다. 이들이 하나

의 네트워크로 맞물려 있어야 한다는 문제가 생기게 되었다.

독립적인 네트워크 구축을 위해 기존 전용선을 사용하는 방법에는 비용을 포함한 여러 가지 한계를 가지며, 전용선을 이용해서 네트워크가 구성되었다고 하더라도 네트워크 운영을 자체적으로 하는 것과 새로운 기술들을 도입하는 것 역시 기업의 입장에서는 상당한 부담이 되어왔다. 또한 기존의 공중 네트워크는 보안과 관련해서는 서비스를 제공하지 않기 때문에 중요한 문서나 데이터를 전달하기에는 부족한 점이 많았다. 이러한 복합적인 이유가 VPN의 등장 계기가 되었다.

(1) 정의

VPN은 물리적으로 실제 사설 네트워크를 구축한 것이 아니라, 공중 네트워크를 이용하여 사설 네트워크가 요구하는 다양한 서비스를 제공할 수 있도록 네트워크를 공중 네트워크 내에서 가상으로 구성한 것이기 때문에 가상 사설 네트워크라고 불린다. 즉, VPN은 인터넷과 같은 공중 네트워크를 마치 기업이나 개인의 전용회선처럼 사용할 수 있게 해 주는 기술 혹은 이런 네트워크를 통칭한다. VPN은 공중 네트워크를 경유하여 데이터가 전송되더라도 외부인으로부터 안전하게 보호되도록 주소 및 라우터 체계의 비공개, 데이터 암호화, 사용자 인증 및 사용자 액세스 권한 제한 등의 기능을 제공한다. 이러한 기능들은 기존의 사설 네트워크에서 제공되었던 보안 기능을 의미하며, 이러한 조건들이 만족될 때 VPN은 그 실효성을 입증 받게 된다. 그렇다면 VPN의 장단점에는 어떠한 것들이 있는지 살펴보자.

(2) 장점

VPN은 기존 사설 네트워크를 개선하기 위해 등장한 기술인 만큼 다양한 기능과 장점을 갖고 있다. 특히 기존의 전용선 서비스에 비해 상당한 가격 경쟁력을 가지며, 새로운 기술들의 도입으로 다양한 서비스 제공이 가능하다.

그럼 VPN이 갖는 장점에 대하여 살펴보자.

- **ISP(Internet Service Provider)들이 제공하는 인터넷 네트워크를 이용하여 구축**: ISP가 제공하는 인터넷 네트워크에 직접 연결하여 VPN을 구성하므로 WAN이나 전용선을 전용으로 사용할 때 부가되는 장비 및 회선 등의 구축비용을 감소시킬 수 있다.
- **지사는 해당 ISP가 있는 곳이면 어디든 접속가능**: 어디든 해당 ISP가 있어 서비스를 제공하는 곳이라면 접속이 가능하다.

- **관리 비용 감소**: ISP가 운영하는 장비들은 ISP의 서비스 범위에 속하며, ISP는 이러한 장비를 직접 운영/관리하기 때문에 가입자의 관리 비용이 감소된다.
- **다양한 구축 방법**: IPSec(IP Security Protocol)을 이용한 방법, MPLS를 이용한 방법 등 다양한 VPN 구축 방법이 가능하다.
- **이동성 제공**: 이동중인 사용자는 모뎀을 이용하여 접속해서 시내 혹은 시외 통화료를 지불하거나, 회사에서 지불하고 있는 특정 네트워크로 다이얼 업(Dial-Up) 접속을 하여야 했으나, VPN을 이용할 경우 위치와 상관없이 해당 ISP의 POP(Point of Presence)으로 접속하면 인터넷을 이용하여 VPN 접속이 가능하기 때문에 이동 사용자의 접속 부담이 감소되고 연결 유연성을 제공한다.
- **네트워크의 유연성**: 인터넷 네트워크를 하부구조로 이용하기 때문에 인터넷 하부구조의 변동과 상관없이 해당 ISP의 POP까지의 접속 경로만 설정해주면 되며, 지사가 생기거나 없어지더라도 POP까지의 경로만 변경하면 되므로 네트워크에 대한 유연성이 향상된다.

[그림 10-1]과 [그림 10-2]는 각각 전용선과 인터넷을 사용했을 경우에 있어 사설 네트워크 구축 방법을 나타내고 있다.

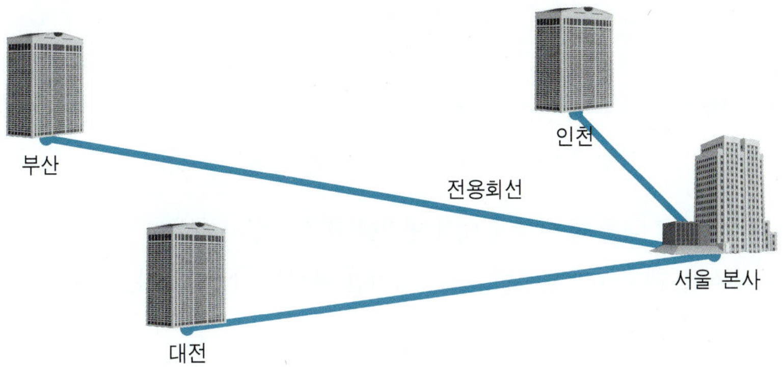

[그림 10-1] 전용선을 이용한 사설 네트워크(VPN) 구축 예

[그림 10-1]에서 전용선으로 본사와 지사를 연결해 놓은 경우, 그 거리에 비례하여 회선을 설치하는 비용이 늘어나는 반면에, [그림 10-2]와 같이 인터넷을 이용하여 VPN을 구축한 경우에는, 각각의 접속은 ISP의 POP까지만 연결되면 되므로, 회선 설치비용이 그만큼 줄어드는 것이다.

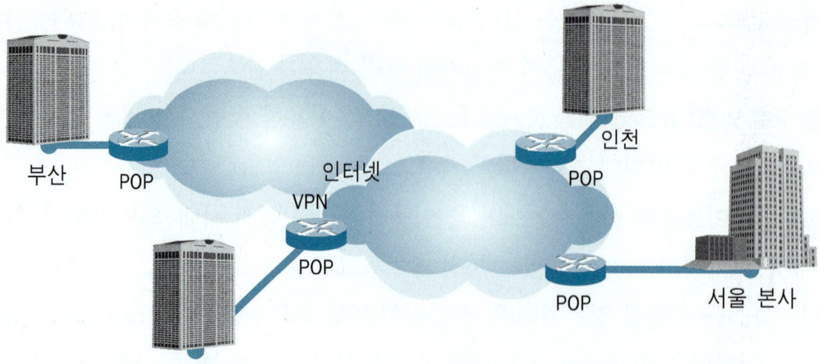

[그림 10-2] 인터넷을 이용한 사설 네트워크(VPN) 구축 예

> **| 미니요약 |** VPN(Virtual Private Network)
>
> VPN을 이용하여 자사의 네트워크를 구축하면 ISP가 제공하는 인터넷 네트워크를 이용하여 가격이 저렴하고, 해당 ISP의 네트워크가 존재하는 곳이라면 어디든 VPN을 이용할 수 있으며, ISP가 네트워크를 관리하기 때문에 관리 비용이 감소하는 등 다양한 구축 방법이 제공된다. 또한 이동성이 제공되고, 네트워크의 유연성이 보장된다.

(3) 단점

앞서 살펴보았듯이 VPN은 수많은 장점을 갖고 있다. 그러나 공중 네트워크를 이용하여 사설 네트워크를 구성한다는 점에서 여전히 다음과 같은 단점들을 갖고 있다.

- **표준의 부재**: VPN 구축 및 운영에 대한 명확한 표준이 없기 때문에 구현하는 ISP마다 서로 다른 방식을 채택하고 있으며, 이는 상이한 방식을 따르고 있는 두 ISP의 네트워크 연동에 걸림돌이 되고 있다.
- **보안성의 부족**: IPSec 또는 MPLS를 이용한 보안성의 강화를 시도하고 있지만, 암호화 기술의 노출과 국가 차원의 정책적인 보안강화 기반 및 보안에 대한 인식의 부족 및 해킹의 가능성이 잔존한다.
- **성능**: 일반 인터넷 네트워크를 이용하여 서비스를 제공하기 때문에, ISP의 VPN 성능 정책에 미치지 못하는 경우가 비일비재하다.

이외에도 관리 편의성, QoS(Quality of Service)의 보장성 등이 있다.

(4) VPN 구현 기술

VPN을 구현하기 위해 필요한 기술로는 [그림 10-3]과 같은 것들이 있으며, 이들에 대해서는 본 장의 후반부에 다룰 것이다.

- **암호화 기술**: 송신측은 데이터를 전송하기 전에 암호화하고, 수신측은 이를 복호화 하는 것을 말한다.
- **터널링 기술**: 전송하고자 하는 데이터를 특정 프로토콜로 캡슐화 하여 송수신하는 것을 말한다.

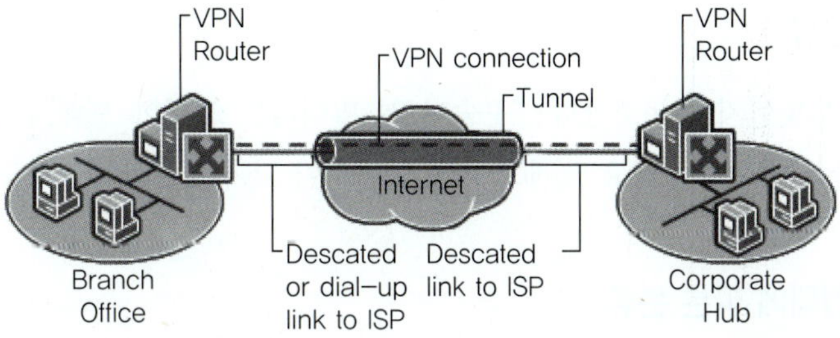

[그림 10-3] VPN 구현 기술

> **| 미니요약 |** VPN 구현 기술
>
> VPN을 구현하는 데 있어 가장 중요한 두 가지 기술에는 암호화 기술과, 터널링 기술이 있다.

(5) VPN 기능

VPN은 기존의 사설 네트워크의 서비스를 그대로 제공하면서 네트워크 하부 구조를 개선하는 기술이다. 즉, VPN이 성공하기 위해서는 기존 사설 네트워크가 제공했던 서비스들을 모두 제공할 수 있어야 한다는 것이다.

이를 위해 VPN은 다음과 같은 서비스들을 제공한다.

- **데이터 기밀성(Data Confidentiality)**: 데이터를 송수신하는 데 있어서 전송도중 데이터의 내용을 임의의 다른 사용자가 보았을 때 그 내용을 파악하지 못하도록 암호화 하여 전송한다.
- **데이터 무결성(Data Integrity)**: 데이터의 송수신 도중 데이터의 내용이 변경되지 않았음을

보장하는 기능으로 암호화 및 전자서명(Digital Signature)을 이용하여 보장한다.

- **데이터 근원 인증(Data Origin Authentication)**: 데이터를 송수신할 때 수신측이 수신한 데이터가 원래의 송신자에 의해서 전송되어 졌음을 확인할 수 있는 서비스를 제공한다.
- **접근 통제(Access Control)**: 인증된 사용자에게만 접근을 허용하는 기능으로 IPSec을 이용하여 사전 협상된 내용에 따라 통신을 하게 되며, 이러한 경우 협상 내용을 모르는 제3자는 접근할 수 없게끔 하는 서비스를 제공한다.

10.2 VPN 분류

앞서 VPN이 무엇인지 살펴보았다. "구슬이 서 말이라도 꿰어야 보배"란 말이 있듯이, VPN이 어떠한 형태로 구성되고, 실제로 어떻게 구축이 되어 있는지 알아보도록 하자.

10.2.1 구성 형태에 따른 분류

VPN은 전용선 형태의 네트워크와는 달리 쉽게 확장될 수 있으며, 응용 분야에 따라 구성형태를 전환하는 것 또한 용이하다. 대표적인 구성형태로는 Intranet VPN, Extranet VPN, Remote Access VPN, Site-to-Site VPN 등이 있다. 이들의 구분은 정확히 말해 접속하고자 하는 사용자의 범위에 따른 분류로 이들 각각에 대하여 살펴보기로 하자.

(1) Intranet VPN

본래 Intranet이라는 용어는 기업 내 전용 네트워크를 표준화 하여 서버를 기반으로 공유하는 사내 인터넷/업무용 네트워크를 말한다. 이는 TCP/IP(Transmission Control Protocol/Internet Protocol)를 기반으로 하여 인터넷과 동일한 통신장비 및 응용 프로그램을 사용할 수 있다는 장점과 방화벽, ID(Identification), 암호 등을 입력하여 접속하는 형태의 보안성 있는 서비스를 제공한다.

인터넷 네트워크를 이용하여 Intranet VPN을 구축하는 형태는 작게는 기업 내부의 각 부서 간을 연결하여 주는 Intranet VPN([그림 10-4] 참조)과 크게는 지방의 지사까지 묶어주는 Extranet VPN([그림 10-5] 참조)의 형태가 있다.

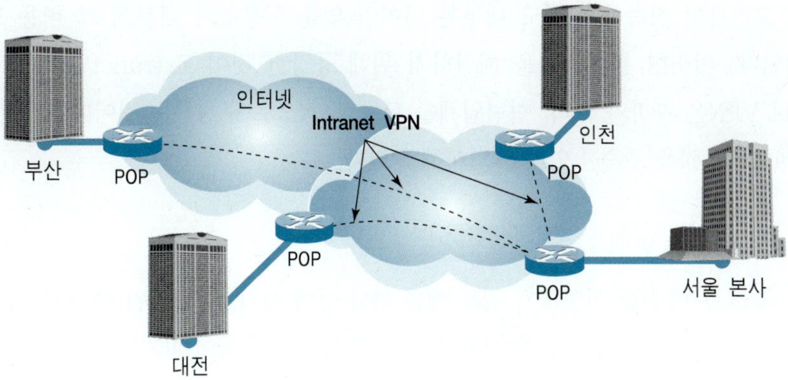

[그림 10-4] Intranet VPN 구성 예

(2) Extranet VPN

Extranet VPN은 자사와 밀접한 관계가 있는 고객사나 협력업체들에게 Intranet을 이용할 수 있도록 Intranet을 확장한 개념이다. 주로 업무 처리에 있어 기업간 원활한 데이터 교환을 목적으로 사용한다. Intranet VPN에서 자사 이외의 고객들은 RAS(Remote Access Service)라고 하는 원격 접속 VPN에서 서비스를 이용하여 직접 사설 네트워크에 접속할 수 있다. 이러한 방법을 통하여 고객들은 해당 기업과 마치 LAN으로 연결되어 있는 것처럼 작업을 할 수 있게 되는 것이다.

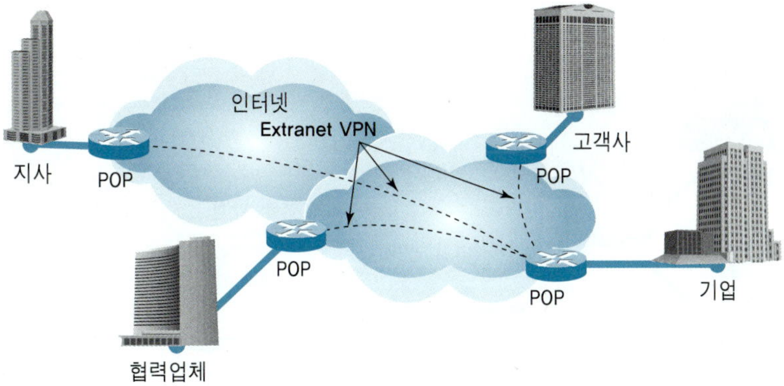

[그림 10-5] Extranet VPN 구성 예

그러나 이러한 방법은 기업에서 RAS와 게이트웨이를 별도로 설치해야 하는 불편함이 있었으며, 고객들이 접속하는 것도 대부분 다이얼 업을 이용했기 때문에 그 비용 또한 문제가 되었다. 이러한 문제점들을 해결하기 위해 등장한 것이 Extranet VPN이다. 즉, Extranet VPN은 자사와 고객, 협력업체를 모두 VPN으로 구성하는 것이다. [그림 10-5]는 Extranet VPN을 구축한 일례를 도시하고 있다.

(3) Remote Access VPN

Remote Access VPN을 설명하기 위해 예를 하나 들어 보자. 영업사원 한 명이 급히 출장을 가게 되었다. 그런데, 필요한 문서를 갖고 오지 않아서 계약이 파기될 수도 있는 상황에 처해있다. 이때 이 사원에겐 자신의 컴퓨터를 인터넷을 통해 자사로 접속할 수 있도록 해주는 것이 필요할 것이다. 이것이 바로 Remote Access VPN이다. 재택근무자 역시 Remote Access VPN의 사용자가 될 수 있다. 재택근무자나 원격 접속자는 다이얼 업을 이용하여 가까운 ISP의 NAS(Network Access Server)에 접속한다. 접속 경로는 PSTN(Public Switched Telephone Network), ISDN(Integrated Services Digital Network), xDSL(x Digital Subscriber Line: ASDL, VDSL 등) 그리고 Mobile 인터넷 등이 될 수 있으며, NAS는 사용자 접속 인증절차와 터널링에 관련된 기능을 수행한다. 이때 ISP가 제공하는 NAS는 VPN 제공을 위한 기능이 추가되어 있어야 한다.

Remote Access VPN에서 가장 중요한 요소는 보안이다. 사용자가 언제 어디에서 접속할지 모르는 상황이기 때문에 연결설정 및 데이터 전송에 대한 철저한 보안이 문제가 된다. 이러한 문제는 이 장 후반부에 설명할 IPSec 등의 보안을 이용하여 해결한다.

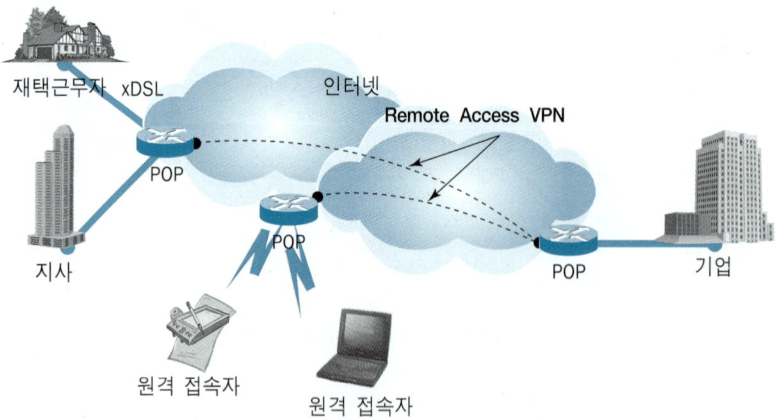

[그림 10-6] Remote Access VPN 구성 예

| 미니요약 | VPN 구성 형태

VPN을 구성 형태에 따라 분류하면 Intranet VPN, Extranet VPN, Remote Access VPN으로 나뉘어 진다.

10.2.2 구현에 따른 분류

VPN을 구성하려면 VPN을 지원하는 장비를 갖추어야 한다. VPN을 지원하는 장비를 어떻게 사용하느냐에 따라 구현에 따른 분류가 나뉘어진다. VPN의 구현에 따른 분류에는 크게 ⓐ 방화벽 형 VPN, ⓑ 라우터 형 VPN, ⓒ VPN 서버 형, ⓓ 전용시스템 VPN 을 들 수 있다. 물론 이 모든 장비들은 VPN 기능을 수행할 수 있어야 한다. 모든 경우에 있어서 VPN 기능이라 함은 암호화 · 복호화 및 터널링 기능 등을 의미한다. 이제 각 분류에 대하여 알아보도록 하자.

(1) 방화벽 형 VPN(방화벽 + VPN)

정보통신의 발달로 모든 데이터들이 컴퓨터에 의해 디스크로 저장되고 통신선로를 통해 목적지로 전달됨에 따라 조직의 중요한 데이터들이 빠져나가거나 허가되지 않은 접속지로부터의 접속을 근원적으로 차단할 필요성이 생겼다. 이러한 이유에서 방화벽이 탄생하였으며, 방화벽은 패킷을 검사하여 차단여부를 결정하는 중요한 역할을 하게 되었다. 이것을 패킷 필터링(Packet Filtering)이라고 한다. 방화벽 기능은 라우터나 응용게이트웨이를 설치함으로써 가능해지며, 이 때 모든 정보는 이 장비를 통해서만 외부로 나가고 들어올 수 있게 된다. 이러한 보안기능은 VPN을 구축하는 데 필수 요소로 작용하며, 방화벽에 별도의 암호화 · 복호화 기술과 터널링으로 대표되는 VPN 기능을 추가함으로써 VPN을 구성할 수 있게 된다. 그러나 방화벽은 모든 패킷을 검사하고, 암호화 · 복호화하며, 패킷 필터링을 수행해야 하지만 많은 양의 트래픽이 발생하였을 경우, 방화벽의 성능저하 및 방화벽으로 인한 병목현상(Bottle Neck)등이 초래될 수 있다. [그림 10-7]은 방화벽을 이용한 VPN의 한 예를 보여주고 있다.

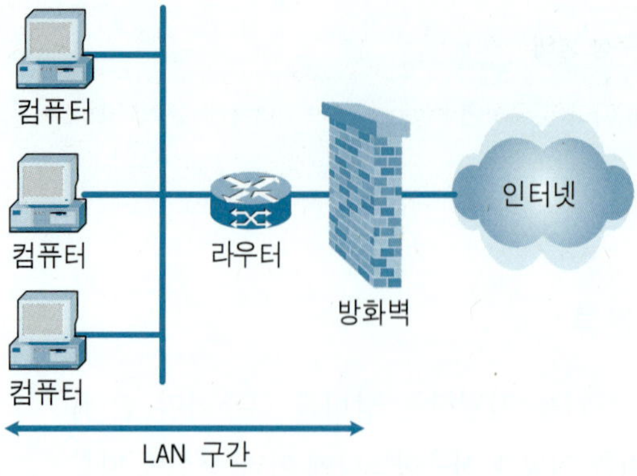

[그림 10-7] 방화벽 형 VPN

| 미니강의 | 필터링(Filtering)

필터라는 단어는 일상생활에서도 많이 사용된다. 담배 끝에 달려있어 연기 및 해로운 물질을 걸러주는 필터라든지, 중 · 고등학교 시절 실험실에서 자주 보던 종이 필터를 비롯해 인터넷의 유해한 사이트에 접근을 막아주는 필터 등 우리 주변에는 수많은 필터들이 사용되고 있다. 이 모든 필터들은 무언가를 걸러낸다든지, 필요한 것만을 통과시키는 역할을 하게 된다. VPN에서의 필터링 역시 접근이 허용되어 있는 이용자들만 통과시키고, 그 밖의 접근에 대해서는 시도하는 모든 사람에 대해서 접근을 차단하는 역할을 한다.

(2) 라우터 형 VPN(라우터 + VPN)

주로 대규모 통신 네트워크에서 도입하는 방법으로, 라우터나 접속서버(Access Server)에 VPN 기능을 추가한 것이다. VPN 기능의 추가는 라우터 내에 S/W(software)를 설치하는 방법과 별도의 H/W(hardware) 장치를 설치하는 두 가지 방법이 있다. 라우터 형 VPN의 성능은 VPN 터널 종단간의 라우터의 성능에 의해 좌우된다.

(3) VPN 서버 형(기존 서버 + VPN)

VPN을 구성하고자 하는 조직의 메일 서버에 데이터 암호화 · 복호화와 사용자 인증 기능을 부가하여, 사용자에서 해당 서버와의 인증 절차를 거쳐 접속할 수 있도록 구성하는 방식이다. 이는 구현이 쉽고, 비용 측면에서 상당히 유리하다.

(4) 전용 시스템 VPN

기업의 내부와 사용자 사이, 보안의 유지가 필요한 부분에 인증 절차 및 데이터 암호화 · 복호화 기능을 수행할 수 있는 별도의 시스템을 두어 VPN을 구성하는 방식이다. 이들은 대부분 별도의 데이터베이스 장치를 필요로 하지만 독립적인 측면에서 트래픽의 증가에 비교적 안정적인 편이며, VPN의 구축이 쉽고 그 확장성이 매우 뛰어나다. 그러나 별도의 장비를 구입해야 하는 비용적 측면에서의 단점이 존재한다.

10.3 VPN 구성

앞서 VPN을 구성하는 데 있어 필요한 기초 지식 및 구성 형태와 장비들에 대하여 간략하게 살펴보았다. 본 장에서는 이러한 VPN을 구성하기 위해서 반드시 구현되어야 할 몇 가지 중요한 기술들이 있는데, 터널링과 인증절차 및 암호화에 관련된 기술이다. 이러한 VPN 중요 구성 기술들에 대하여 살펴보도록 하자.

10.3.1 터널링

터널링은 VPN의 구성 기술 중 가장 기본적인 것이다. 터널링은 VPN에서만 쓰이는 것은 아니며, IPv6를 사용하는 네트워크와 IPv4를 사용하는 네트워크간의 통신에도 터널링은 이용될 수 있다.

(1) 정의

터널링이라 함은 송신자와 수신자 사이의 전송로에 외부로부터의 침입을 막기 위해 일종의 파이프를 구성하는 것을 말한다. 이때, 파이프는 터널링을 지원하는 프로토콜을 사용하여 구현하며 사설 네트워크와 같은 보안 기능을 지원한다. 터널링 기술에서는 터널링되는 데이터를 페이로드(Payload)라고 부르며, 터널링 구간에서 페이로드는 그저 전송되는 데이터로 취급되어 그 내용은 변경되지 않는다. [그림 10-8]은 터널링 구조를 도시하고 있다.

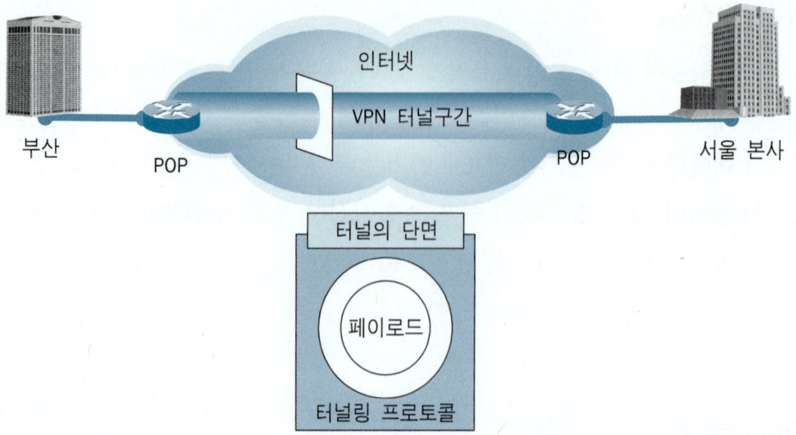

[그림 10-8] VPN 터널링 구조의 개요

(2) 프로토콜 분류

터널링을 지원하는 프로토콜에는 PPTP(Point-to-Point Tunneling Protocol), L2TP(Layer 2 Tunneling Protocol), L2F(Layer 2 Forwarding Protocol), MPLS, IPSec 등이 있다. 이들 프로토콜들은 몇 계층에서 터널링을 지원하느냐에 따라 분류된다. PPTP, L2TP, L2F는 2계층 프로토콜이며, IPSec은 3계층 프로토콜, MPLS는 2계층과 3계층 모두를 지원한다.

▶ 2계층 터널링 프로토콜

2계층 터널링 프로토콜은 주로 사용자와 접속하고자 하는 위치의 LAN을 연결해 주는 역할을 한다. 2계층 터널링 프로토콜은 주로 Remote Access VPN에 사용되며, 이러한 구성을 Client-to-LAN 이라 한다. 사용자 측에서 다이얼 업을 이용하여 접속할 때 ID와 암호를 사용하여 인증절차를 거친 후에 터널링을 시작한다.

2계층 터널링의 특징은 다음과 같다.

- 2계층 레벨의 VPN을 구성한다.
- Client-Server 모델이다.
- PPP(Point-to-Point Protocol) 기반의 프로토콜이다.
- 다이얼 업으로 연결에 대한 기본적인 보안성이 제공되지만, 암호화 기능이 미흡하다.
- ATM(Asynchronous Transfer Mode), Frame Relay 등을 지원한다.

2계층 터널링 프로토콜을 사용하여 VPN 터널을 구성하는 방법에는 두 가지가 있다.

■ **클라이언트 개시 VPN(Client-Initiated VPN)**

- PC 등 사용자 장비에 VPN 지원 소프트웨어를 설치해야 함.
- 소규모의 네트워크에 사용됨.
- 인증절차 이후 NAS는 터널링 프로토콜에 관여하지 않음.
- 하나의 터널에 단 하나의 접속만이 존재.
- PPTP(Point-to-Point Tunneling Protocol).

[그림 10-9]에서 알 수 있듯이, 클라이언트 개시 VPN 접속절차는 크게 3단계로 구분된다. 우선, 접속하고자 하는 사용자는 PSTN, ISDN, xDSL 네트워크 등을 통하여 근처 NAS로 접속한다. NAS는 ISP에서 관리하고 있으며 해당 사용자가 유효한 사용자인지 판단하는 인증기능을 갖고 있다. 이때 사용될 수 있는 수단은 접속 ID와 암호가 될 수 있다. 인증절차가 끝나면, 사용자는 2계층 터널링 프로토콜을 이용하여 해당 목적지의 게이트웨이와 VPN 터널링을 설정한다. 이때 NAS는 관여하지 않는다.

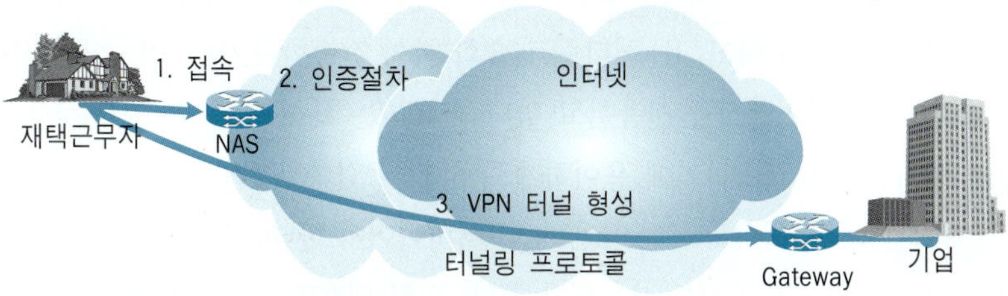

[그림 10-9] 클라이언트 개시 VPN

■ **NAS(Network Access Server) 개시 VPN(NAS-Initiated VPN)**

- 개인 PC에 별도의 장치 및 소프트웨어 불필요.
- NAS가 인증절차 및 터널링 프로토콜을 이용한 터널 생성에 책임.
- NAS에 VPN 기능을 추가해야 함.
- 하나의 터널에 여러 사용자가 동시에 접속 가능.
- SP의 NAS에서 기업의 Gateway까지 터널형성.
- 대규모 네트워크에 적합.
- L2F(Layer 2 Forwarding Protocol), L2TP(Layer 2 Tunneling Protocol).

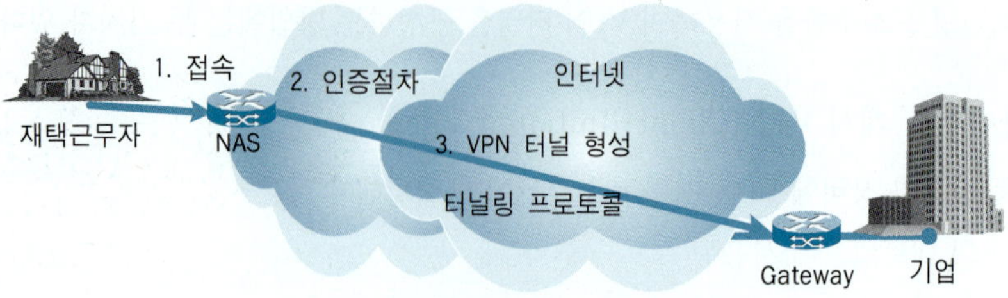

[그림 10-10] NAS 개시 VPN

[그림 10-10]은 NAS 개시 VPN의 접속절차를 보여준다. 이 방식은 NAS가 인증절차 및 VPN 터널형성에 책임을 진다. 따라서 NAS의 기능이 복잡해지는 경향이 있다. 그러나 하나의 터널에 대하여 다중접속을 지원하기 때문에 클라이언트 개시 VPN 보다 효율적인 네트워크 관리가 가능하다.

이제 2계층 터널링 프로토콜 각각에 대하여 간략히 알아보자.

① PPTP(Point-to-Point Tunneling Protocol)

PPTP는 마이크로소프트(Microsoft) 사에서 PPP(Point-to-Point Protocol) 기술을 확장하여 개발한 것으로 IP, IPX 또는 NetBEUI(Network BIOS Enhanced User Interface, IBM) 페이로드를 암호화 하고, IP 헤더로 캡슐화 하여 전송한다. PPTP는 터널의 유지, 보수, 관리를 위하여 TCP 연결을 사용하고 있다. PPTP는 특히 이동사용자(Mobile user)가 서버(Home Server)에 접속하기에 용이하게 구성되어 있다. 그러나 서버가 마이크로소프트사의 윈도 NT(Windows New Technology) 서버이어야 한다는 제약이 있으며, 사용자는 별도의 PPTP 지원 소프트웨어를 사용해야 한다. 또한 PPTP는 하나의 터널에 하나의 연결만을 지원하여 일대일 통신만이 가능하다는 단점이 있다. PPTP는 Client-Initiated VPN에 사용된다.

② L2F(Layer 2 Forwarding Protocol)

L2F는 시스코(Cisco Systems)사로부터 제안된 프로토콜이다. 이것은 NAS-Initiated VPN 형이기 때문에 사용자들은 PPTP처럼 특별한 소프트웨어를 필요로 하지는 않는다. 또한 PPTP가 하나의 터널에 하나의 연결만을 지원하는 반면, L2F는 하나의 터널에 여러 개의 연결을 지원하여 다자간 통신이 가능하다. L2F는 전송계층 프로토콜로 TCP가 아닌 UDP(User Datagram Protocol)를 사용한다.

③ L2TP(Layer 2 Tunneling Protocol)

L2TP는 PPTP와 L2F를 결합한 방법으로 마이크로소프트와 시스코에서 지원하고 있으며, 호환성이 뛰어나다. L2TP는 PPTP와 캡슐화 방법이 유사하다. 그러나 IPSec을 이용하여 패킷을 암호화하는 기능을 갖고 있다. 인터넷, X.25, Frame Relay, ATM 등을 지원한다. 전송계층 프로토콜은 UDP를 사용한다. [그림 10-11]은 L2TP 프로토콜을 이용한 VPN 구성 예이다.

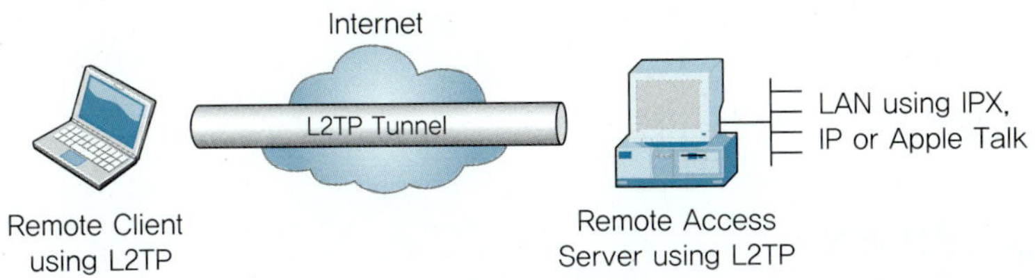

[그림 10-11] L2TP VPN 구성

2계층 터널링 프로토콜은 이렇게 3가지가 대표적이지만, 현재 사용하거나 개발 중인 프로토콜은 PPTP와 L2TP가 주류이다. PPTP와 L2TP는 상당히 유사한 기능을 제공하지만 〈표 10-1〉과 같은 차이점이 있다.

〈표 10-1〉 PPTP와 L2TP의 차이점

	PPTP	L2TP
표준화	마이크로소프트사	RFC2661
터널 서비스	하나의 터널에 단 하나의 접속	터널 하나에 다수의 접속가능
헤더압축	지원하지 않음	지원함
터널인증	지원하지 않음	지원함

▶ **3계층 터널링 프로토콜: IPSec, MPLS**

3계층 터널링은 IPSec과 MPLS로 대표되며 주로 LAN-to-LAN VPN에 이용된다. LAN-to-LAN VPN은 VPN 터널을 이용하여 통신하는 주체가 LAN 단위의 네트워크라는 뜻이며, 주로 기업의 본사와 지사간의 네트워크를 말한다. 이러한 3계층 터널링은 기업에게 여러 가지 이점을 제공하는데 이를 채택한 네트워크 관리자는 원격 노드나 CPE(Customer

Premises Equipment)에 특별한 소프트웨어를 설치할 필요가 없다. 여기서 CPE는 고객의 댁내(구내)에 설치되어 각종 통신장비(전화, 컴퓨터 등)가 공중 네트워크에 접속할 수 있게 해 주는 장비를 총칭하여 부르는 말이다.

3계층 터널링 프로토콜의 특징은 다음과 같다.

- 네트워크 계층 레벨의 VPN을 구성함.
- LAN-to-LAN 모델.
- 링크 계층과 독립적.
- 우수한 보안성.
- CPE에 특별한 변화 없이 구축 가능.

(3) IPSec을 이용한 VPN

IPSec은 IP 네트워크에서 안전하게 정보를 전송하는 표준화된 3계층 터널링 프로토콜이다. IPSec은 IP계층의 보안을 위해 IETF에 의해 제안되었으며 VPN 구현에 널리 쓰이고 있다. IPSec은 AH(Authentication Header)와 ESP(Encapsulation Security)를 통해 IP 데이터그램의 인증과 무결성, 기밀성을 제공하며, ISAKMP/IKE(Internet Security Association and Key Management Protocol/Internet Key Exchange)에서는 AH/ESP에 필요한 보안관련 협상(Security Association Negotiation)과 키 관리를 담당한다. IPSec은 두 호스트 사이, 두 보안 게이트웨이 사이 또는 보안 게이트웨이와 호스트 사이의 통신을 보호하기 위해 사용된다.

▶ IPSec의 두 가지 모드

- **전송모드**: IP 페이로드만을 암호화한다.
- **터널모드**: IP 패킷을 모두 암호화하여 전송한다. 터널모드 IPSec은 터널의 종단점과 첫 번째 라우터 사이는 평문으로 전송하며 라우터와 라우터 사이만 암호화되기 때문에 주로 네트워크간 연결에 사용된다.

| 미니요약 | IPSec 모드

• 전송모드(Transport Mode)

IPSec 데이터 그램은 종단 시스템에서 출발하고 종단 시스템에서 수신된다. 전송 중인 상위 계층의 모든 정보가 보호된다.

• 터널모드(Tunnel Mode)

종단 라우터가 IPSec을 수행한다. 종단 호스트는 IPSec을 수행할 필요가 없다.

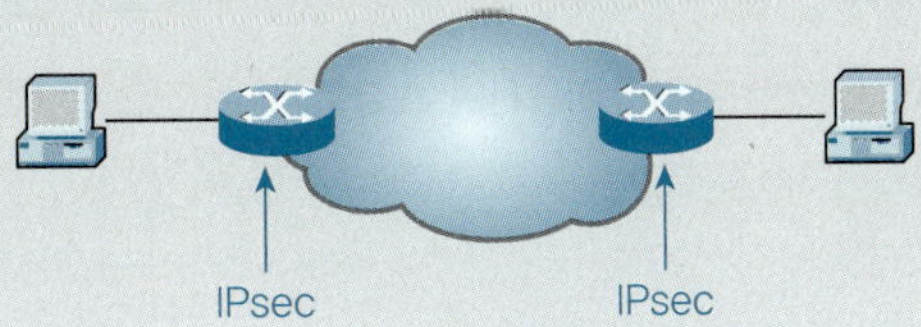

▶ IPSec의 헤더

- 인증 헤더(AH: Authentication Header): 인증 데이터와 순서번호를 갖는다. 이것은 송신자를 확인하고, 메시지가 송신되는 동안 수정되지 않았음을 보장하는 헤더로 암호화 기능은 없다.
- 캡슐 보안 페이로드(ESP: Encapsulating Security Pay-load): IP 페이로드를 암호화하여 데이터 기밀성(Confidentiality)을 제공하여, 제 3자의 악의에 의해 데이터가 노출되는 것을 막는다.

우리는 [그림 10-12]에서 IP 헤더가 두 번 나오는 것을 알 수 있다. 왜 두 개의 IP 헤더가 존재하는 것일까? 이것이 바로 터널링 패킷의 실 예이다. 왼쪽의 IP 헤더는 실제로 IPSec을 이용하여 전송되는 네트워크 내에서 라우팅에 사용될 헤더이다. 오른쪽의 IP 헤더는 실제로 송신측에서 전송한 IP 패킷의 헤더가 된다.

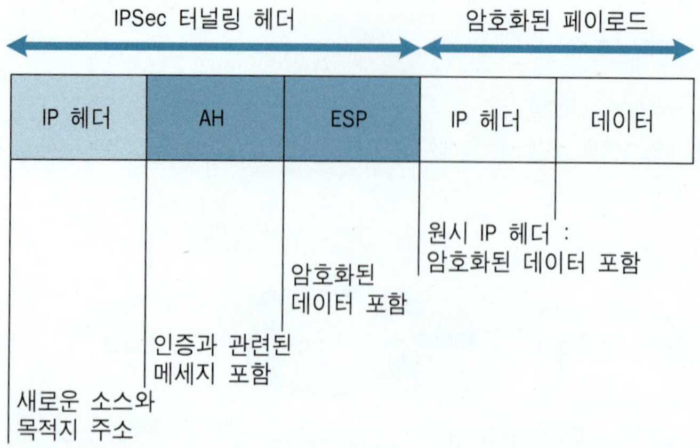

[그림 10-12] IPSec 터널링 헤더와 페이로드의 구조

> **| 미니요약 |** VPN Tunneling
>
> 터널링은 데이터를 터널링 프로토콜을 이용하여 캡슐화 하는 것으로 2계층 터널링 프로토콜에는 PPTP, L2F, L2TP가 있으며 3계층 터널링 프로토콜에는 IPSec이 있다.

10.3.2 인증

인증이란 크게 데이터의 변형 여부를 증명하는 데이터의 인증과 송신자의 접근 권한을 부여하는 사용자 인증으로 구분 할 수 있다. 우리가 흔히 인터넷에서 볼 수 있는 사이트(Site) 접근 시 요구되는 ID와 암호 등이 사용자 인증의 한 예라 할 수 있겠다.

Remote Access VPN의 경우 고정된 장소에서 접근하는 방식이 아니라, 언제 어디에서 접근할지 모르는 경우에 해당되므로, 초기 VPN 접근 시 보안서버로부터 인증절차를 반드시 거쳐야 한다. 이러한 인증절차에는 두 가지 방식이 있는데 첫 번째는 상호 독립적인 Peer-Peer 방식과 주종의 관계인 클라이언트-서버(Client/Server) 방식이 있다.

(1) Peer-Peer 방식

독립적인 2개의 호스트 간에 요청 및 응답을 통한 사용자 인증을 수행하는 방식으로, PAP(Password Authentication Protocol)과 CHAP(Challenge Handshake Authentication Protocol)이 있다. PAP은 Two-Way Handshaking 방식으로 인증을

요청하는 호스트에서 사용자 ID와 암호를 일반 텍스트 형태로 전달한다. 따라서 이 방법은 인증 정보의 외부 노출이 손쉽게 이루어 질 수 있다. 반면 CHAP은 Three-Way Handshaking 방식으로 인증 서버는 호스트로 Challenge 메시지를 보내면, 호스트는 보안을 위해 해시 함수(Hash Function)를 이용하여 계산한 값을 보내고 그런 다음 인증 서버는 값이 일치하면 인증하는 방식이다.

그러나 Peer-Peer 방식은 동일한 호스트를 사용하는 사용자 별로 차별화된 네트워크 접근 권한을 할당할 수 없다는 단점을 갖고 있다.

(2) 클라이언트-서버(Client/Server) 방식

보안 관리 기능에 대해 좀 더 편리하고 유연하게 제공하기 위한 방식으로 TACACS (Terminal Access Controller Access-Control System)와 RADIUS(Remote Access Dial-In User Service)가 있다.

TACACS는 인증에 필요한 사용자 ID, 암호, PINs 및 암호키 정보를 인증서버에서 데이터베이스 형태로 관리하며, 클라이언트로부터의 인증 요청을 처리한다. TACACS에서 사용자와 서버 사이에 전달되는 모든 데이터는 일반 텍스트 형태이다. 이를 보완하고자 TACACS+에서는 MD(Message-Digest), 즉 해시 함수를 추가하여 인증 데이터에 대한 보안 기능을 추가시켰다. 그리고 TACACS+는 멀티프로토콜 로그인(Multiprotocol login)을 지원함으로써 IP 이외에도 IPX, AppleTalk 등의 네트워크에서도 로그인이 가능하다.

RADIUS는 사용자 인증 이외에도 사용자 연결 관리를 위해 NAS와 연동하여 인증 시스템을 구성한다. NAS는 사용자가 네트워크로의 접속을 제공하는 서버 기능을 제공하면서, 동시에 RADIUS에 대해 클라이언트 역할을 수행한다. RADIUS도 TACACS와 마찬가지로 인증 서버에서 인증에 관련된 정보를 단일의 데이터베이스 형태로 관리한다. RADIUS 서버와 클라이언트는 사용자 암호의 안전한 송수신을 위해 비밀키 암호화 방식을 사용한다.

클라이언트-서버 방식은 PAP과 CHAP 인증을 지원하고, 다른 인증 시스템에 대해 Proxy 서버역할도 지원함으로써, Peer-Peer 방식에 비해 좀 더 유연하고 신뢰성 있는 인증 기능을 제공한다.

| 미니강의 | RSA(Rivest, Shamir, Adleman)

RSA는 공개키 암호 방식을 사용하는 대표적인 알고리즘이다. RSA는 합성수의 소인수 분해가 어렵다는 점을 이용하여 백 자리 크기 이상의 두 개 소수를 곱해서 얻은 값을 이용하여 키를 계산하는 방식이다.

1978년 로널드 라이베스트(Ron Rivest), 아디 샤미르(Adi Shamir), 레너드 애들먼(Leonard Adleman)의 연구에 의해 체계화 되었으며, 이들 3명의 이름 첫 자를 따서 RSA라 명명되었다.

이 암호화 알고리즘은 향후 양자 컴퓨터가 본격적으로 실용화되면 무용지물이 될 것이나, 아직은 다소 시간이 걸릴 듯하다. 또한 이 알고리즘은 1983년 이들 세 사람이 속해있던 매사추세츠 공과대학교(MIT)에 의해 미국에 특허로 등록되었고, 2000년 9월 해당 특허가 만료된 상태이다.

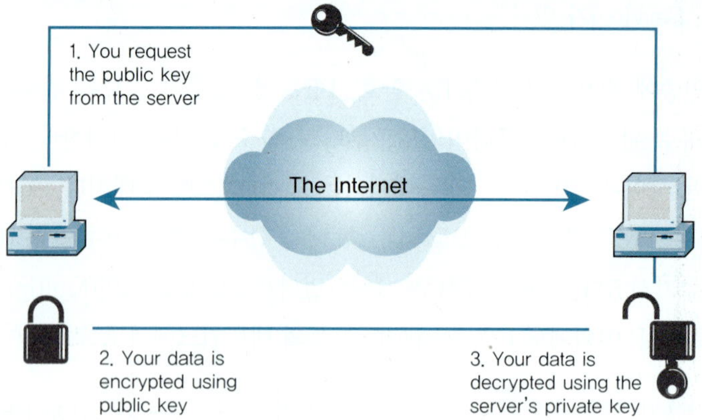

[RSA 암호화 과정]

10.4 VPN 보안

VPN의 가장 중요한 요소 중 하나인 보안은 최근 IPSec의 활발한 도입으로 많은 발전을 이루고 있다. MPLS가 트래픽 엔지니어링(Traffic Engineering)이나 자원 예약(Resource Reservation) 등의 강력한 기능으로 사설 네트워크에 근접한 서비스를 제공한다 할지라도 보안에 있어서는 그다지 특별한 대책을 마련하고 있지 못하다. 이를 극복하기 위해서 MPLS VPN이 나오기 전부터 학자들은 IPSec을 도입하여 VPN을 구성하려 하였으며 실제로 많이 사용되고 있다. 그렇다면 IPSec이 어떠한 기능을 제공하는지 알아보도록 하자.

10.4.1 IPSec

IPSec은 IETF에 의해서 IP 계층 보안을 위하여 개방형 구조로 설계된 표준이다. IPSec은 네트워크 계층의 보안에 대해서 안정적이고 표준화된 기초를 제공한다. IPSec을 이용하여 IP 계층에서 직접 보안 서비스를 제공함에 따라 상위 계층 프로그램의 변경이 필요하지 않는다. 즉, 암호화된 패킷은 보통의 IP 패킷과 동일한 형태를 갖기 때문에 네트워크 장비의 내부 변경 없이 IP 네트워크를 통해서 쉽게 라우팅 할 수 있다. 암호화에 관련된 유일한 장비는 종단점이 된다. 이러한 형태의 구성은 구현과 관리 비용을 모두 크게 줄일 수 있는 장점이 있다.

IPSec은 오늘날의 암호화 알고리즘을 수용할 수 있을 뿐만 아니라 새로운 알고리즘을 쉽게 수용할 수도 있다. 이러한 특징으로 인해 차세대 인터넷 프로토콜인 IPv6에서는 IPSec을 기본적으로 포함하고 있다. 또한 현재 사용되고 있는 IPv4에서도 IPSec을 사용하는 것이 보안을 위해서 필요하다. IPSec은 인터넷의 기초적인 보안을 튼튼하게 할 수 있는 방법을 제공하며, 이 기술은 방화벽이나 VPN 등의 응용에 도입되고 있다.

IPSec이 제공하는 기능은 다음과 같은 것들이 있다.

- 데이터 원본 인증(Data Source Authentication): 요청한 수신인에 의해서 각각의 데이터가 원본인가를 확인한다.
- 데이터 무결성(Data Integrity): 데이터의 내용들이 이동 중 제 3자의 고의적 파괴나 네트워크 내에서 발생될 수 있는 오류들에 의해서 변화되지 않았다는 것을 확인한다.
- 데이터의 기밀성(Data Confidentiality): 암호를 사용해서 메시지의 내용을 은폐한다.
- Replay 보호(Protection Against Replay Attacks): 제 3자가 데이터를 가로채어 분석 후 그 정보를 이용한 불법 침입을 방지한다.

IPSec은 공개키 암호화 방식을 사용한다. 일반적으로 IPSec으로 통신을 할 때 송수신측은 공개키를 교환하고, 인증 및 암호화 알고리즘과 암호키에 대한 정보를 교환해야 한다. 이러한 암호관련 프로파일(Profile)을 SA(Security Association)라고 한다. 이는 송신측과 수신측의 트래픽 보안 서비스를 제공하기 위해 상호 협상에 의해 생성되며 애플리케이션(Application)마다 독립적으로 생성되고 관리된다. SA가 단방향이기 때문에 양단간의 통신이 필요한 경우 각 방향에 대해 하나씩의 SA를 정의해야 한다.

IPSec을 구성하는 프로토콜에는 AH, ESP, ISAKMP(Internet Security Association and Key Management Protocol)가 있다. AH는 데이터 송신자의 인증을 허용하는 헤더이며, ESP는 송신자의 인증 및 데이터 암호화를 함께 지원한다. IPSec은 이러한 두 종류의 보안 서비스를 제공한다. 두 개의 프로토콜 헤더는 IP 페이로드에 연속적으로 삽입되며, ISAKMP와 같은 별개의 키 프로토콜이 선택될 수 있다. [그림 10-13]은 이러한 IPSec의 통신 방법을 보여주고 있다.

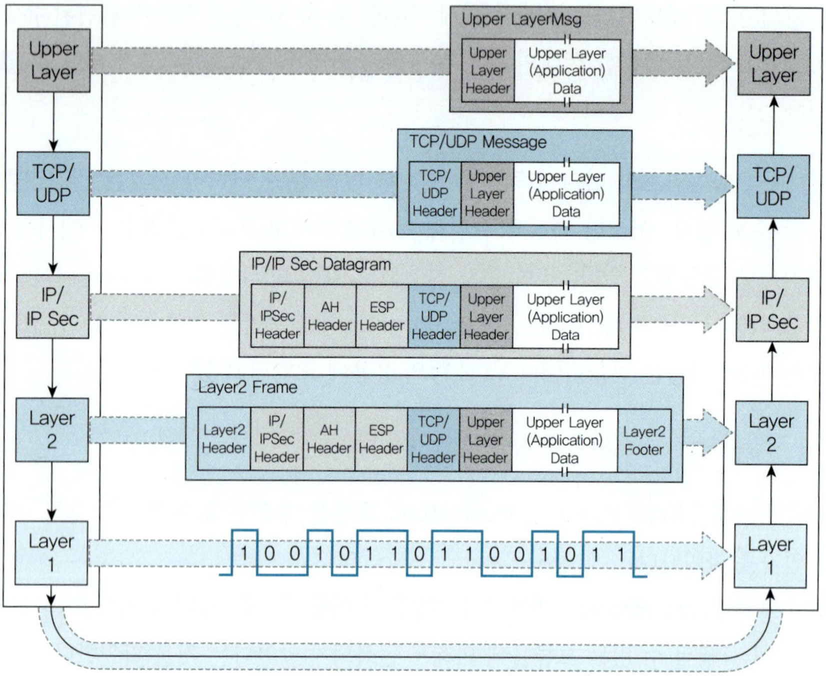

[그림 10-13] IPSec 통신 예

| 미니요약 | IPSec 기능

IPSec이 제공하는 기능에는 데이터 원본인증, 데이터 무결성, 데이터 기밀성, Replay 보호가 있다.

(1) 인증 헤더(AH: Authentication Header)

AH는 IP 패킷에 대해서 무결성과 데이터 원본 인증을 제공한다. 그리고 Replay에 대한 보호를 제공한다. 데이터 무결성은 메시지 인증 코드(MD5: Message Digest 5)에 의해서 생

| 미니강의 | IPSec 데이터 포맷(AH 프로토콜)

AH 프로토콜은 헤더와 HMAC-MD5나 HMAC-SHA-1을 사용하여 생성한 MAC값과 일련 번호가 포함되어 있다. 이때, 전송모드에서는 IP 헤더의 일부 필드를 제외한 전체 패킷에 대해 인증을 제공하며, 터널모드에서는 보안 게이트웨이의 IP인 새 IP 헤더의 일부 필드를 제외한 전체 패킷에 대해 인증을 제공한다.

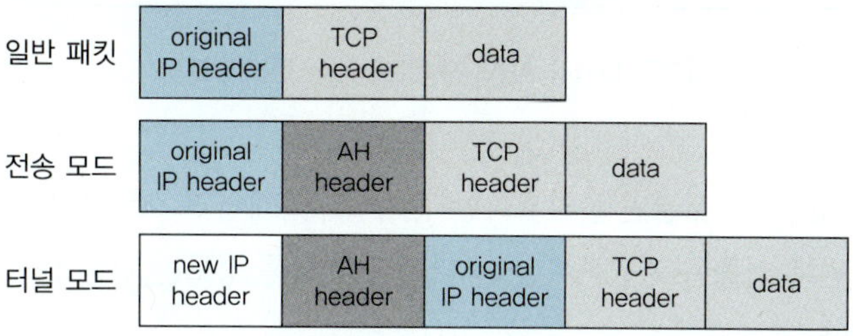

[모드별 데이터 포맷]

이를 조금더 상세하게 IPv4 및 IPv6를 포함하여 알아보면 아래의 그림과 같다.

- 전송모드(Transport Mode)

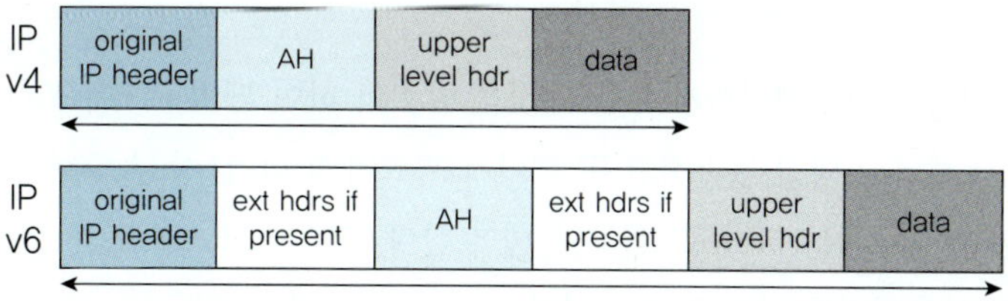

- 터널모드(Tunnel Mode)

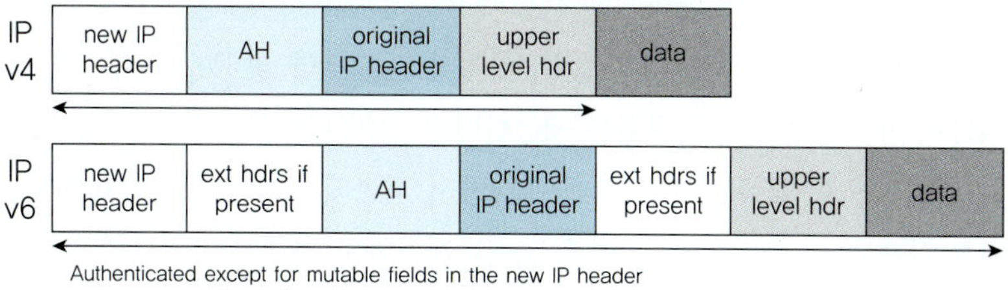

성되는 체크섬(Checksum)에 의해서 보증 되는데, 데이터 원본 인증은 인증된 데이터 안에 있는 공유된 비밀키에 의해서 보증된다. 그리고 Replay 보호는 AH 헤더의 필드에서 일련

번호를 사용함으로써 제공된다.

전송모드는 원래 IP 헤더의 출발지, 목적지를 그대로 유지하는 방법이며, 터널모드는 새로운 IP 헤더를 만들어서 원래의 IP 패킷 모두를 AH의 페이로드로 만드는 방법이다.

IP 헤더	AH 헤더	IP 페이로드 (데이터)

[그림 10-14] AH의 전송모드 시의 데이터 포맷

전송모드는 IP 페이로드 부분만을 암호화한다. 주로 두 개의 호스트간의 통신에 사용된다. 이것은 데이터 원본 인증은 지원하지만, 헤더부분의 모든 정보는 평문으로 되어 있어 노출의 가능성이 있다.

새로운 IP 헤더	AH 헤더	IP 헤더	IP 페이로드 (데이터)

[그림 10-15] AH의 터널모드 시의 데이터 포맷

이에 반해 터널모드는 IP 헤더까지 모든 패킷을 암호화 하여 페이로드에 포함시킨다. 따라서 암호화된 IP 헤더 이외의 부가적인 IP 헤더가 필요하게 되며, 통신 주체인 양단 중 하나가 게이트웨이일 경우에는 터널모드를 사용해야 한다. 그렇다고 호스트와 호스트간의 통신에 터널모드가 사용되지 못하는 것은 아니다.

(2) 캡슐 보안 페이로드(ESP: Encapsulation Security Payload)

ESP는 데이터 기밀성, 패킷 단위의 무결성, 데이터 원본 인증 및 Replay에 대한 보호를 제공한다. AH와 비교해 ESP는 암호화를 제공한다는 점이 다르다. ESP의 암호화는 공유된 대칭키를 사용한다. 이 공유된 키는 그들 사이에서 교환되는 데이터를 암호화하고 복호화하기 위해서 사용된다. ESP는 또한 인증기능을 제공하기 위해 AH와 같은 알고리즘을 이용한다.

ESP도 AH와 마찬가지로 전송모드와 터널모드 두 가지로 사용될 수 있다. 전송모드에서 ESP의 인증기능들은 오직 고유 IP 페이로드만을 보호하고, 고유 IP 헤더는 보호하지 않는다. 터널모드에서 ESP의 인증은 고유 IP 헤더와 IP 페이로드를 보호한다. 그러나 새로운 IP 헤더는 보호하지 않는다.

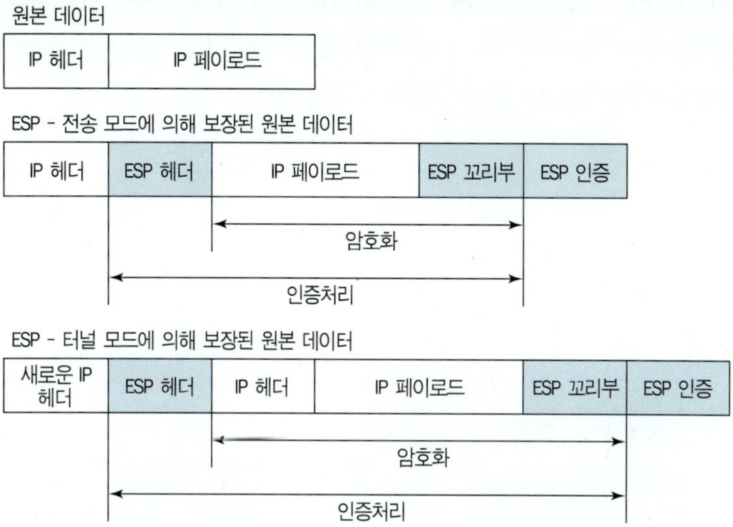

[그림 10-16] ESP 전송모드, 터널모드별 삽입형태

전송모드에서 데이터그램의 고유 IP 헤더는 계속 유지된다. 고유 IP 데이터그램의 페이로드와 ESP 트레일러가 암호화된다. 그 자신의 IP 헤더의 기록은 인증 되거나 암호화되지 않는다. 그러므로 바깥쪽 헤더에 있는 주소 정보는 데이터그램이 전송되는 동안 공격자가 볼 수 있다.

[그림 10-16]의 터널모드에서 여러분은 새로운 IP 헤더를 볼 수 있을 것이다. 이것은 터널모드의 고유 IP 데이터그램(IP 헤더와 IP 페이로드 모두)과 ESP 트레일러가 암호화된 것이다. 그러므로 전송되는 동안 공격자가 원본 IP 헤더의 내용을 볼 수 없게 된다. 일반적으로 ESP 터널모드는 두 방화벽 사이에 터널을 만들고 통신하는 동안 방화벽 뒤의 실제 통신에 참여하는 호스트들에 대한 내부 주소정보를 숨기기 위해서 사용한다.

ESP는 단독으로 혹은 AH와 함께 사용할 수 있다. 이렇게 두 개의 프로토콜을 사용하면 호스트와 호스트 사이, 방화벽과 방화벽 사이 또는 호스트와 방화벽 사이에 인증이 제공된다.

AH, ESP는 앞서 설명했듯이, 데이터를 전송하는 데 있어 인증처리와 암호화를 어떻게 할 것이냐에 초점을 맞추고 있다. 그러나 암호화를 위해서는 동일한 공개키를 갖고 있어야 하며, 터널링 세션이 설정되었을 때 이를 관리할 필요가 있다. 키를 교환하고, SA(Security Association)의 설정, 협상, 변경, 삭제 등 처리를 하기 위해 정의해 놓은 프로토콜이 있다. ISAKMP/Oakley(internet Security Association and Key Management Protocol), IKE(Internet Key Exchange) 등이 그러한 역할을 한다.

| 미니강의 | IPSec 데이터 포맷(ESP 프로토콜)

ESP 프로토콜이 적용되면 전송모드에서는 IP 헤더를 제외한 전체 패킷을 암호화하고, 터널모드에서는 IP 헤더를 포함한 패킷 전체를 암호화한다.

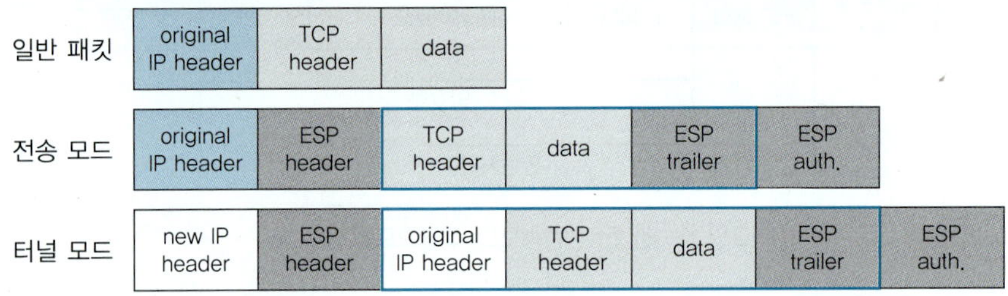

[모드별 데이터 포맷]

이를 조금더 상세하게 IPv4 및 IPv6를 포함하여 알아보면 아래와 같다.

- 전송모드(Transport Mode)

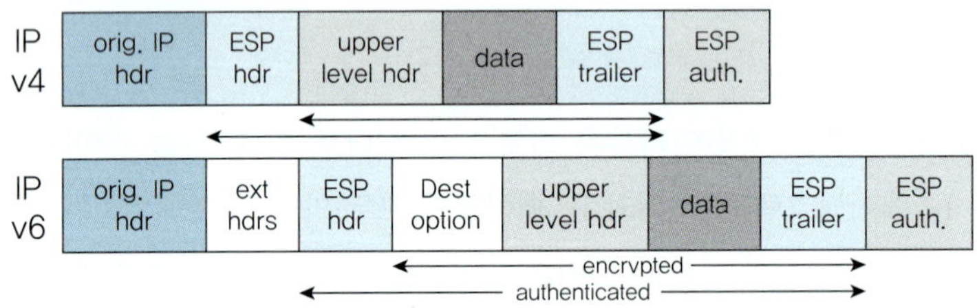

- 터널모드(Tunnel Mode)

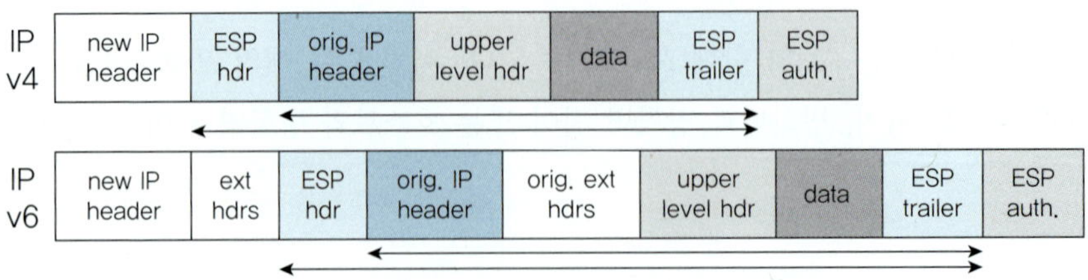

| 미니요약 | IPSec 모드

AH와 ESP는 전송모드와 터널모드를 모두 지원하며 두 방법 다 각 모드에 따라 암호화 하는 범위가 다르다.

10.5 MPLS VPN

VPN 기술에 있어 커다란 변화가 무엇이냐고 물으면 대부분의 사람들은 MPLS VPN의 등장이라고 할 것이다. MPLS는 자체적인 터널링 기능과, 대다수의 링크 계층 프로토콜을 지원하며, 기존 IP 네트워크의 비효율적인 라우팅 방식과, 속도를 개선하였다.

그럼 지금부터 MPLS가 무엇이고, 이것을 어떻게 VPN에 도입되었는지 알아보도록 하자.

10.5.1 MPLS(Multi-Protocol Label Switching)

MPLS는 시스코사의 태그 스위칭(Tag Switching)과 IBM의 ARIS(Aggregate Route-based IP Switching)를 결합해 IETF에서 성한 표준이다. MPLS는 지금까지의 고전적인 여러 스위칭 기술의 문제점들을 해결하려는 목적으로 만들어졌다. MPLS는 MPLS를 지원하는 네트워크로 들어오는 패킷에 진입부분에서 3계층 주소를 이용해서 해당 라우터가 갖고 있는 레이블 정보와 비교하여 부가적인 MPLS 레이블정보를 덧붙인다. 레이블이 부가된 패킷은 이제 MPLS 네트워크 내에서는 오직 레이블로만 스위칭된다. 레이블은 다음 라우터로 가서 레이블과 레이블이 매핑(Mapping)되어 있는 테이블에서 새로운 레이블을 부여 받으며, 이것을 레이블 스와핑(Label Swapping)이라 한다. 이러한 과정을 반복하면서 MPLS 네트워크의 마지막 라우터까지 도달하면 마지막에 거치게 되는 라우터는 레이블정보를 떼어버리고 다시 3계층 주소를 이용하여 라우팅하게 된다.

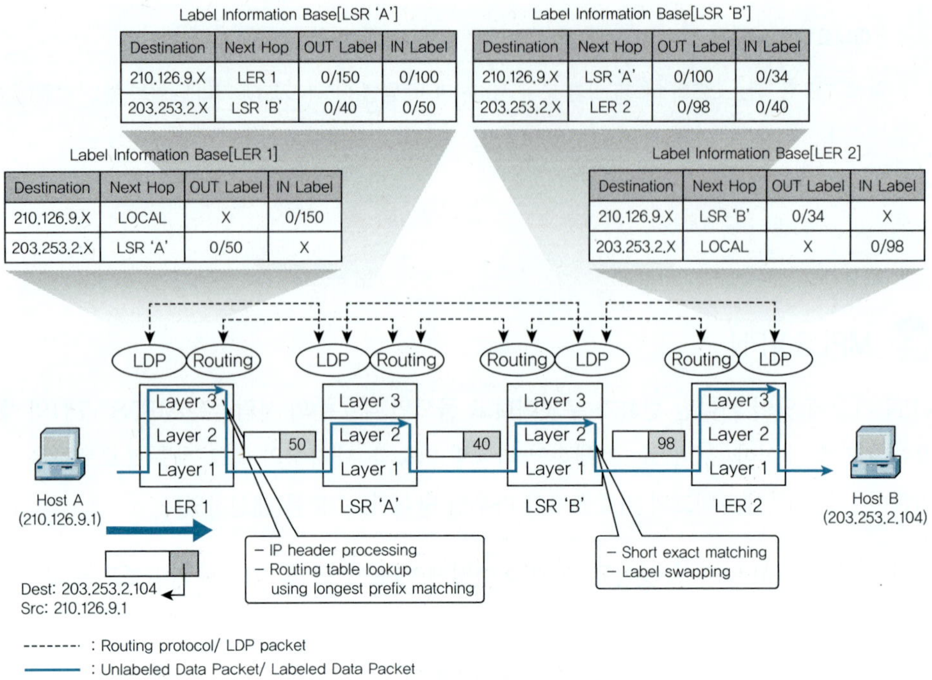

[그림 10-17] MPLS의 전송 동작

| 미니요약 | IBM의 ARIS와 MPLS

IETF는 시스코의 태그 스위칭과 IBM의 ARIS를 결합해서 MPLS를 만들었다고 말하지만, 실제로 MPLS의 내부 사항을 보면 시스코의 태그 스위칭의 특징이 대부분이며 일부만이 IBM의 ARIS의 기술을 도입했음을 알 수 있다.

[그림 10-18]은 MPLS 데이터 포맷의 다양한 구성 형태를 나타내고 있다.

MPLS는 ATM, Frame Relay등 다수의 프로토콜을 지원하기 때문에 사용 네트워크에 따라 그 포맷이 다를 수도 있다. [그림 10-18] b)의 경우는 PPP over SONET/SDH(Synchronous Optical Network/Synchronous Digital Hierarchy)에서 사용된다. 특히 ATM의 경우는 VCI/VPI(Virtual Channel Identifier/Virtual Path Identifier) 필드를 MPLS 헤더로 대체하기 때문에 더 이상 VCI/VPI 필드의 의미는 없어지게 된다. 흔히 MPLS가 어떤 계층의 프로토콜이냐 라는 질문을 받을 때 상당히 혼란스러워 진다. 레이블이 2계층인지 3계층인지 애매모호할 때가 많은 것이 그 이유일 것이다. 그런 이유에서 MPLS를 대부분이 2.5계층의 프로토콜이라고도 한다.

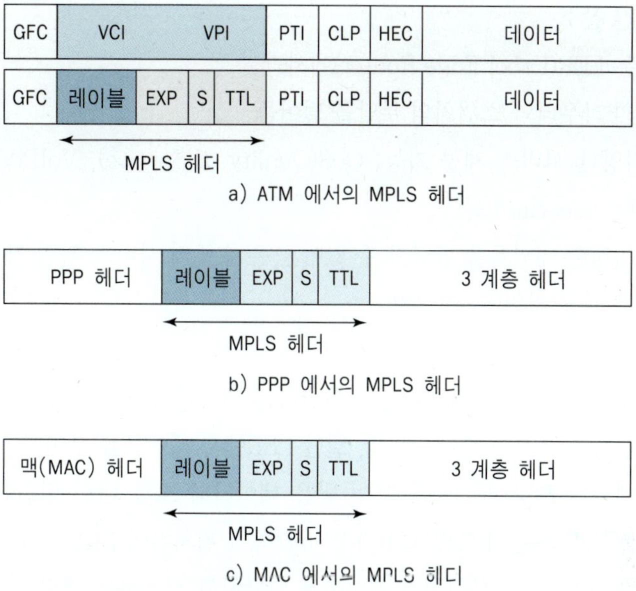

[그림 10-18] MPLS 데이터 포맷

10.5.2 MPLS VPN(Multi-Protocol Label Switching VPN)

MPLS VPN은 MPLS 통신 네트워크를 이용하여 VPN을 제공하는 서비스로 여타 VPN 구조에 비하여 서비스 도입과 운용관리가 간단하고 편리하며 저가의 VPN 서비스 제공이 가능하다. 하드웨어 또는 소프트웨어를 이용하는 LAN-to-LAN VPN이나 액세스 VPN 서비스는 기업 입장에서 초기 구축비가 많이 드는 반면, MPLS VPN은 통신사업자가 모든 장비와 운용 인력을 지원하기 때문에 초기 비용이 적게 드는 장점이 있다. MPLS VPN은 RFC2547: BGP/MPLS VPNs(Border Gateway Protocol/MPLS VPNs) 권고안을 기준으로 개발되고 있다.

MPLS VPN의 특징과 문제점에 대하여 간략히 소개하면 다음과 같다.

▶ 특징

- 기존 인터넷에 그대로 적용가능
- 2계층의 스위칭 속도와 3계층의 라우팅 기능을 접목
- 짧고 고정된 길이(4byte)의 레이블(label)을 이용하여 스위칭
- 패킷 포워딩(packet forwarding)은 레이블 스와핑(label swapping)으로 수행

- 패킷 지연시간 감소
- 레이블 부여는 LER(Label Edge Router)에서만 수행
- 네트워크 내의 라우터와 스위치의 부담을 덜어줌
- 여러 가지 다양한 서비스 제공 가능: QoS(Quality of Service), VoIP(Voice over IP), TE(Traffic Engineering) 등
- 가입자에게 일정한 대역폭을 할당할 수 있어 높은 수준의 서비스 지원 가능
- 사설주소 체계 사용 지원(RFC1918)

MPLS VPN은 MPLS 자체가 터널링을 지원한다는 커다란 장점을 제공한다. 터널링 기능은 MPLS 레이블을 이용하여 수행되는데, 일단 LER에서 레이블을 부여하기 때문에 MPLS 네트워크 내부에서는 해당 레이블을 부여 받은 데이터의 흐름 내로 침입이 불가능 하다. LER은 MPLS를 사용하는 네트워크의 가장 바깥쪽에 위치하여 MPLS 네트워크와 MPLS를 사용하지 않는 네트워크 사이에서 레이블을 할당하고 삭제하는 역할을 하는 종단 라우터이다.

그러나 MPLS VPN은 터널링 IPSec VPN에 비해 가입자단 라우터의 부하를 줄일 수 있지만, 암호화 기능이 상대적으로 취약하다는 단점을 갖고 있다.

| 미니강의 | TE(Traffic Engineering)

인터넷의 현재 라우팅 개념은 RIP(Routing Information Protocol)이든, OSPF(Open Shortest Path First)든 주어진 알고리즘에 따라 최단 경로를 찾아 가도록 되어 있다. 최단 경로로 전송하다 보면 어느 순간 해당 경로에 트래픽이 폭주하고 다른 경로에는 상대적으로 트래픽이 감소하는 경향을 겪게 된다. 이러한 시기에 폭주하는 트래픽을 적절하게 여유 있는 경로로 우회시키는 방법이 필요한데 이러한 방법을 TE 라고 한다.

| 미니강의 | SSL VPN(Secure Socket Layer VPN)

이동 근무자들이 별도의 소프트웨어 없이 손쉽게 접속하여 업무를 수행할 수 있는 환경을 제공하고자 개발된 SSL VPN은 사용자와 장비 사이의 안전한 데이터 통신을 제공한다. 특히 외부 사용자와 내부 네트워크 자원 간의 안전한 연결을 위해 SSL 프로토콜과 그 뒤를 잇는 TLS(Transport Layer Security)를 사용한다.

SSL(Secure Socket Layer)은 넷스케이프사에서 전자상거래 등의 보안을 위해 개발하였는데, 이후 TLS(Transport Layer Security)라는 이름으로 표준화되었다. SSL은 특히 전송계층(Transport Layer)의 암호화 방식이기 때문에 HTTP뿐만 아니라 NNTP, FTP, XMPP 등 응용계층(Application Layer) 프로토콜의 종류에 상관없이 사용할 수 있는 장점이 있는 프로토콜이다.

이와 같은 프로토콜을 사용하는 SSL VPN은 별도의 소프트웨어의 설치 없이 손쉽게 사용이 가능하다는 점과 운영체제와 상관없이 다양한 환경에서 안전하게 접속을 할 수 있다는 장점 그리고 보안성이 우수한 점 등을 갖고 있다.

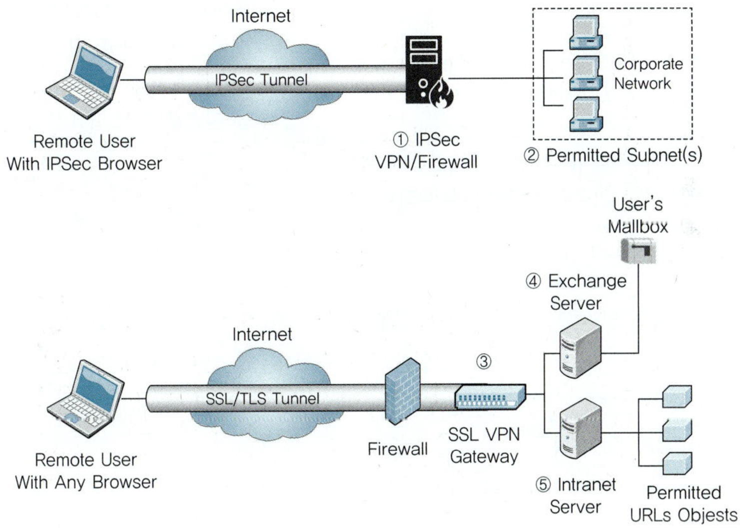

[IPSec VPN과 SSL VPN의 구성]

IP 계층에서 동작하는 IPSec과는 달리 SSL은 TCP와 애플리케이션 계층 사이에서 동작한다. 그러므로 이 둘의 기능을 비교하며 다음과 같다.

〈IPSec 과 SSL VPN의 기능 비교〉

항목	IPSec VPN	SSL VPN
지원 계층	• OSI 모델 3계층인 Network Layer • 상위 레이어에 속하는 모든 프로토콜 지원 • IP 프로토콜이 가지는 보안상 문제점을 근본적으로 해결 • 모든 응용에 대한 투면성 제공	• Transport Layer(Layer 4 ~ 7 사이) • 기본적으로는 지원가능 한 애플리케이션의 범위가 적음 • IPSec에 비해 가벼운 Agent를 설치하여 모든 애플리케이션을 지원할 수 있음

터널링	• 본사 ⇔지사간 G-G 위주 터널링	• 본사 ⇔ 외부간 G-Client 위주 터널링
사용자 보안	• IP Layer의 Filtering 기능을 통해 IPSec 이외의 모든 통신을 외부로부터 차단하여 원천적 봉쇄	• 애플리케이션 단의 강력한 사용자 인증을 실시할 수 있음 (예:이용자별 접근 제어)
지원 어플리케이션	• IP 기반의 모든 서비스 /애플리케이션	• 웹 기반 애플리케이션 / File Sharing / E-Mail / 제한적인 Legacy 애플리케이션
장.단점	• 설치, 운영 및 관리에 많은 부담 SSL VPN에 비해 빠른 속도 및 다수 동시 접속자 지원	• IPSec VPN에 비해 설치 및 관리가 편리하고 비용 절감도 가능 • IPSec에 비해 속도가 느리며, 성능 이슈로 동시 접속자 수가 적음
접속 방법	• 원격 사용자의 PC에 반드시 Client S/W가 설치되어 있어야 접속이 가능	• 사용자들은 별도의 장비나 Client S/W 없이 URL을 통해 접속

이런 SSL VPN은 원래 클라이언트/서버 환경을 전제로 하고 있다. 여기서 클라이언트란 웹 브라우저 등 PC와 같은 사용자 단말이다. 이를 일반적인 VPN 사용 환경인 Site-to-Site 환경에 적용하면, SSL VPN만의 강점(별도의 프로그램 없이 사용자 단말부터 서버/게이트웨이까지 보안 채널을 형성하는 기능)이 사라지게 된다.

10.6 VPN의 미래

본 장에서는 VPN을 구현하는 데 있어 필요한 각종 프로토콜에 대하여 살펴보았다. 현재 VPN은 VoIP(Voice over IP)와 같은 초고속 인터넷 기술의 밑거름이 되고 있으며, 폭발적으로 성장하는 인터넷이 보안성에 약하다는 단점을 상당부분 보완해 주고 있다. IPSec의 강력한 보안, 인증기능과, MPLS의 강력한 네트워크 지원능력 및 기능이 현재의 기술흐름을 대변하고 있다. IPSec은 특정 그룹의

보안을 위한 개념에서 출발하여 암호화, 터널링 등의 기술을 사용하여 VPN단계까지 발전하게 되었으며, MPLS는 3계층의 비효율적인 라우팅 방법을 개선하고, 2계층의 기술을 도입한 레이블 스위칭을 목적으로 개발되어 현재 VPN 분야로 상당히 확산되었다. 현재로는 IPSec과 MPLS를 혼용하는 네트워크 구조가 최상의 방안으로 예측되고 있으며, 이러한 경우에 원격 접속 시는 IPSec 기술로, 일반 LAN-to-LAN에는 MPLS로, 백본(Backbone)과 기업 네트워크에는 동시에 MPLS와 IPSec을 이용하는 방안이 예상되고 있다.

또한 이동통신의 발달에 따라 업무처리를 현장에서 처리해야 할 경우에 사원들은 PDA 등의 이동통신을 지원하는 수단을 VPN에 연결시켜 최근 커다란 문제로 떠오르고 있는 모바일 보안(Mobile Security)을 해결하려는 노력이 기울여지고 있다.

요약

01 공중 네트워크(Public Network)와 사설 네트워크(Private Network)는 사용자의 허용범위에 따라 나뉘며, 누구나 접근할 수 있는 네트워크를 공중 네트워크라 하고, 특정 조직내부 혹은 별도의 허가된 사용자만이 접근할 수 있도록 구축해 놓은 네트워크를 사설 네트워크라 한다.

02 VPN은 공중 네트워크를 이용하여 사설 네트워크와 동일한 품질의 서비스를 제공하고자 제안된 기술이다.

03 VPN의 장점은 다음과 같다.

1) ISP들이 제공하는 인터넷 네트워크를 이용하여 구축: 구축 비용 감소
2) 지사는 해당 ISP가 서비스하는 곳이면 어디서든 접속가능
3) ISP가 네트워크를 관리하기 때문에 가입자의 관리 비용 감소
4) 다양한 구축 방법: IPSec, MPLS, SSL 등
5) 이동성 제공: 해당 ISP로 접속
6) 네트워크의 유연성: 네트워크의 구축 및 이동이 편리함

04 VPN의 암호화 기술은 송신측이 데이터를 전송하기 전에 암호화 하고 수신측은 암호화된 데이터를 수신한 후 복호화 하여 보안성을 유지하는 것이다.

05 VPN의 터널링 기술은 전송하고자 하는 데이터를 특정 프로토콜로 캡슐화 하여 송수신하는 것이다.

06 VPN의 기능은 다음과 같은 것이 있다.

1) 데이터 기밀성: 데이터 전송 중 데이터의 내용을 임의의 다른 사용자가 보아도 내용 파악을 못하게 해야 함
2) 데이터 무결성: 데이터 전송 중 변경되지 않았음을 보장해야 함
3) 데이터 근원 인증: 전송된 데이터가 원래의 송신자에 의해 전송되었음을 확인할 수 있어야 함

4) 접근 통제: 인증된 사용자만이 접근할 수 있게 해야 함

07 VPN의 구성 형태에 따른 분류에는 Intranet VPN, Extranet VPN, Remote Access VPN 등이 있다.

08 VPN의 구현에 따른 분류에는 방화벽 형 VPN, 라우터 형 VPN, VPN 서버 형 VPN, 전용 시스템 형 VPN 등이 있다.

09 2계층 터널링 프로토콜에는 PPTP, L2F, L2TP가 있으며 3계층 터널링 프로토콜에는 IPSec, MPLS 등이 있다.

10 IPSec은 AH, ESP의 두 가지 헤더가 있는데 AH는 인증 데이터와 순서번호를 갖고 송신자를 확인하고 메시지 무결성을 보장한다. ESP 헤더는 IP 페이로드를 암호화하여 데이터의 기밀성을 제공하며 임의의 사용자에게 노출되는 것을 방지한다.

11 암호화 알고리즘에는 비밀키 방식과 공개키 방식이 있다. 비밀키 방식은 키의 사전분배를 통해 동일한 키로 암호화와 복호화를 수행하는 반면에, 공개키 방식은 하나의 키는 공개시키고 다른 하나의 개인키를 이용한다. 공개키는 암호화에 쓰이며, 개인키는 복호화에 사용된다.

12 IPSec이 제공하는 기능은 다음과 같은 것이 있다.

1) 데이터 원본 인증

2) 데이터 무결성 보장

3) 데이터 기밀성 보장

4) Replay 보호

13 MPLS를 이용한 VPN은 기존 인터넷에 그대로 적용이 가능하며, 2계층의 스위칭 속도와 3계층 라우팅 기능을 접목했다. 또한 VPN내에서 QoS, VoIP, TE 등의 서비스 제공이 가능하다.

14 IPSec은 IP 계층에서 동작하는 데 반하여 SSL은 TCP와 애플리케이션 계층 사이에서 동작한다.

연습문제

01 다음 중 VPN이 갖는 특징이 아닌 것은?

a. 가입자 측의 네트워크 관리비용 감소
b. 이동성 지원
c. 거리에 제한이 있음
d. 다양한 구축방법

02 VPN의 주요 기술에 대하여 올바르게 짝지어진 것은?

a. 암호화 기술, 셀 스위칭 기술
b. 셀 스위칭 기술, 패킷 스위칭 기술
c. 터널링 기술, 암호화 기술
d. 패킷 스위칭 기술, TDM 기술

03 다음 중 VPN이 제공하는 기능이 아닌 것은?

a. 데이터 기밀성
b. 데이터 근원 인증
c. 빠른 스위칭
d. 접근 통제

04 다음 중 VPN의 구성 형태에 따른 분류가 아닌 것은?

a. Internet VPN
b. Extranet VPN
c. Remote Access VPN
d. Intranet VPN

05 다음 중 VPN을 구성하고자 하는 조직의 메일 서버에 데이터 암호화·복호화와 사용자 인증 기능을 부가하여 사용자에게 해당 서버와의 인증 절차를 거쳐 접속할 수 있도록 구성하는 방식은?

a. 방화벽 형 VPN
b. 라우터 형 VPN
c. VPN형 서버
d. 전용 시스템 VPN

06 다음 중 페이로드를 또 다른 프로토콜로 캡슐화 하여 전송하는 기술을 가리키는 것은?

a. 터널링
b. 암호화
c. 복호화
d. 듀얼 스택(Dual Stack)

07 다음 프로토콜 중 VPN의 3계층 터널링을 지원하는 프로토콜은?

a. MPLS
b. TCP
c. SNMP(Simple Network Management Protocol)
d. SLIP(Serial Line Internet Protocol)

08 다음 중 IPSec에 관한 설명으로 옳은 것은?

a. IETF에 의해서 IP 계층 보안을 위하여 개방형 구조로 서계된 표준이다.
b. AH와 MPLS 헤더를 삽입한다.
c. 현재는 연구 중이며 IPv6가 활성화 되면 도입할 예정이다.
d. Replay 공격에 대해서는 대안이 없다.

09 MPLS의 레이블 스위칭에 대하여 올바르게 설명한 것은?

a. IP 네트워크의 경우 ingress LER이 IP 주소를 확인한 후 떼어내고 MPLS 레이블을 붙인다.
b. 2계층의 빠른 스위칭 장점을 도입하여 3계층 라우팅 보다 향상된 전송이 가능하다.
c. ingress LER에서 레이블이 한번 할당되면 egress LER까지 동일한 레이블을 갖고 스위칭 되므로 별도의 작업 없이 빠르게 스위칭이 가능하다.
d. VPN을 구축할 경우 별도의 레이블이 필요하며 이것을 레이블 큐잉이라 한다.

10 다음 중 MPLS VPN의 단점을 올바르게 지적한 것은?

a. 라우팅 테이블 수가 급격히 감소하여 경로의 신뢰성이 떨어진다.
b. IP 네트워크를 제외하고는 도입 자체가 불가능하기 때문에 일부 네트워크에서만 가능해진다.
c. 한쪽 경로로만 트래픽이 집중화 되는 현상이 발생하여 데이터의 손실을 초래한다.
d. 터널링 IPSec VPN에 비해 가입자단 라우터의 부하를 줄일 수 있지만 MPLS VPN은 암호화 기능이 상대적으로 취약하다.

11 사설 네트워크와 비교했을 때 VPN의 장점을 서술하시오.

12 데이터의 송수신 도중 데이터의 내용이 변경되지 않았음을 보장하는 기능으로 암호화 및 전자서명(Digital Signature)을 이용하여 보장하는 것을 무엇이라 하는가?

13 암호화와 터널링에 대하여 정의하시오.

14 암호화의 대표적인 두 가지 알고리즘에 대하여 서술하시오.

15 독립적인 2개의 호스트 간에 요청 및 응답을 통한 사용자 인증을 수행하는 방식에는 두 가지가 있다. 무엇인가?

16 다음 각각이 무엇인지 설명하시오.

a. 데이터 원본 인증(Data source authentication)

b. 데이터 무결성(Data integrity)

c. 데이터의 기밀성(Data confidentiality)

d. Replay 보호(Protection against replay attacks)

17 ESP를 이용할 때 IP 페이로드와 ESP 트레일러(Trailer)만 암호화 하고 IP 헤더 원본은 그대로 사용하는 모드는 무엇인가?

18 AH, ESP는 데이터를 전송하는 데 있어 인증처리와 암호화를 어떻게 할 것이냐에 초점을 맞추고 있다. 그러나 암호화를 위해서는 동일한 공개키를 갖고 있어야 하며, 터널링 세션이 설정되었을 때 이를 관리할 필요가 있다. 키를 교환하고, SA의 설정, 협상, 변경, 삭제 등 처리를 하기 위해 정의해 놓은 프로토콜에는 어떤 것이 있는가?

19 MPLS VPN을 이용할 때 MPLS의 레이블을 이용한 스위칭은 2계층 스위칭 속도처럼 빠르다고 한다. 2계층 스위칭이 3계층 라우팅보다 빠른 이유는 무엇인가?

20 VPN을 현재의 인터넷 네트워크에 그대로 적용시켰을 경우 문제점에 대하여 간략히 서술하시오.

| 참고 사이트 |

- http://www.enclue.com: IPSec, LAN, WAN 등 네트워크 전반에 걸친 개요를 쉽게 설명하고 있다.
- http://www.geocities.com/MotorCity/Downs/4822/vpn/vpn2.html: VPN의 개략적인 내용을 소개하고 있다.
- http://www.coponet.com/coponet/infomation/infomation_product6. htm: VPN의 기능과 역할에 대해 소개한다.
- http://www.cuenet.co.kr/k-solution-2-1.htm: VPN의 기능에 대하여 상세한 설명을 제공하고 있다.
- http://www.zdnet.co.kr: 많은 수의 IT 관련 기사를 검색하고, 참고할 수 있다.
- https://ko.vpnmentor.com/recommended/: VPN 제품에 대한 사용자들의 평가 만족도를 참고할 수 있다.
- http://www.koroad.or.kr/ssl/ssl-manual.pdf: SSL VPN의 사용자 설명서를 참고할 수 있다.

| 참고문헌 |

- 원동호, 현대암호학, 성균관대학교 정보통신보호연구실, pp 87-88, 127
- Naganand Doraswamy · Dan harkins, IPSec(The new security standard for the Internet, Intranets, and Virtual Private Networks), Prentice-Hall, pp 41-127, 1999
- Roger Younglove, Virtual private networks-how they work, Computing & Contol Engineering Journal, December 2000
- Cisco systems, MPLS를 통한 New World VPN 구축, 1996
- IEEE RFC2341 Cisco Layer Two Forwarding(Protocol) L2F, May 1998
- IEEE RFC2661 Layer Two Tunneling Protocol L2TP, August 1999
- IEEE RFC2637 Point-to-Point Tunneling Protocol (PPTP), July 1999

CHAPTER 11

네트워크 관리

contents

CHAPTER 11

네트워크 관리(Network Management)

정보화가 급속히 진행되면서 컴퓨터 네트워크에 많은 발전이 있어 왔으며, 특히 TCP/IP를 기반으로 하는 인터넷의 발전과 모바일 네트워크의 성장은 네트워크의 질적, 양적 변화를 가져왔다. 인터넷의 발전과 함께 로컬 네트워크에서도 인트라넷 형태의 네트워크 기술이 급속히 발전하면서, 많은 회사, 학교 등에서 내부 행정 서비스를 지원하기 위하여 전자 메일 및 전자 폼에 의한 문서 작성, 전자 결재뿐만 아니라, 다자간 화상 회의를 위한 화상통신 그리고 실시간 사이버 강의 등을 지원하기 위한 실시간 방송 등의 네트워크를 활용한 새로운 서비스들이 등장하였고, 이를 제공할 수 있게 되었다. 인트라넷이 이런 다양한 서비스를 지원하기 위해서는 안정적이고 효율적인 네트워크 관리가 무엇보다도 먼저 필요하게 되었다. 이번 장에서는 다음과 같은 내용을 살펴봄으로써 이러한 네트워크 관리의 개념을 이해하고자 한다.

- 네트워크 관리에 대한 개념 및 관리에 필요한 요구 사항들에 대하여 살펴본다.
- 네트워크 관리 시스템의 전체 구조와 구성 요소들을 살펴본다.
- SNMP(Simple Network Management Protocol)의 이해와 v1, v2, v3의 차이점을 살펴본다.

11.1 네트워크 관리 개요

네트워크 관리란 현재 널리 퍼져 있는 이질적인 네트워크 및 관련 장비들을 효율적으로 연동시켜, 상호 운용성을 높이고 각각의 네트워크 자원들에 대하여 적절한 관리행위를 함으로써, 네트워크 사업자들과 사용자들에게 안정적인 네트워크 서비스를 제공하는 것을 의미한다. 하지만 네트워크 관리에 대한 의미는 적용 분야에 따라 다를 수 있는데, 일반적으로 공중 전화망 서비스를 제공하는 사업자의 경우에는 네트워크의 성능을 최적화하기 위한 실시간 네트워크 감시 및 제어를 의미한다. 한편 데이터 통신 네트워크에서의 네트워크 관리란 네트워크의 기획, 운용, 유지보수 등에 필요한 정보를 네트워크를 구성하는 다양한 장비 및 전송설비로부터 수집하여 분석하고, 이런 분석 정보를 통하여 네트워크의 상태를 파악하고, 장애 발생 시 적절한 제어기능을 수행하여, 네트워크가 안정적으로 동작할 수 있도록 하는 모든 행위를 의미한다.

네트워크의 규모가 점점 커지고 이질적인 네트워크들이 공존하게 됨으로써 전체 네트워크의 원활한 동작을 위해서도 네트워크 관리에 대한 필요성이 절실하게 요구되어 장비 공급업체, 표준화 단체 및 기타 연구단체들에서 네트워크 관리에 대한 독자적인 표준들을 제정하고, 이 표준을 바탕으로 네트워크 관리 시스템을 개발하여 서비스하고 있으나, 사용자들의 요구를 충족시키기엔 부족한 점이 많다. 더욱이 새로운 형태의 네트워크들이 계속 출현하고 있기 때문에 이들에 대한 표준이 마련되지 않은 부분도 많이 존재한다. 네트워크 관리에 대한 연구는 예전부터 수행되어 왔으며, 현재 많은 ISP(Internet Service Provider) 사업자들이 NMS(Networks Management System)를 통해 자사에서 지원하는 인터넷 서비스에 대한 신뢰도를 높여 최상의 서비스를 제공하여, 많은 고객들을 끌어들이기 위해 노력하고 있다.

| 미니요약 | 네트워크 관리

네트워크 관리란 네트워크 자원들에 대하여 적절한 관리행위를 함으로써, 네트워크 사업자들과 사용자들에게 안정적인 네트워크 서비스를 제공하는 것을 의미한다.

11.2 5대 관리 기능

서비스를 제공하는 네트워크에 대한 사용자들의 요구사항은 다양하다. 이들 요구사항을 대략적으로 살펴보면, ① 사용자가 요구되는 시기에 정상적으로 동작하여야 한다. ② 여러 네트워크 자원들에 대한 접근이 가능해야 한다. ③ 비용이 저렴해야 한다. ④ 응답이 신속해야 한다. ⑤ 안전해야 한다. 네트워크 관리 기능은 운용적인 측면과 행정적인 측면 두 가지로 분류될 수 있는데, 이중 운용적인 측면은 네트워크의 구성 요소들을 제어하거나 고장이나 장애를 발견하고 이를 해결함으로써 사용자들의 요구를 만족시키는 것이고, 행정적인 측면은 보안, 계정 및 수용 능력을 기획함으로써 상기한 사용자들의 요구사항을 만족시켜 주는 것이다. 이와 같은 사용자의 요구사항들을 만족하기 위해 네트워크 관리에서 필요한 기능들을 다음과 같이 5가지 항목으로 나누어 볼 수 있다. 이들을 네트워크 관리의 5대 관리 기능이라고 하는데 다음에서는 이들 장애 관리, 구성 관리, 성능 관리, 보안 관리, 계정 관리에 대하여 좀더 살펴보도록 하겠다. [그림 11-1]은 네트워크 관리의 5대 관리 기능을 도시하고 있다.

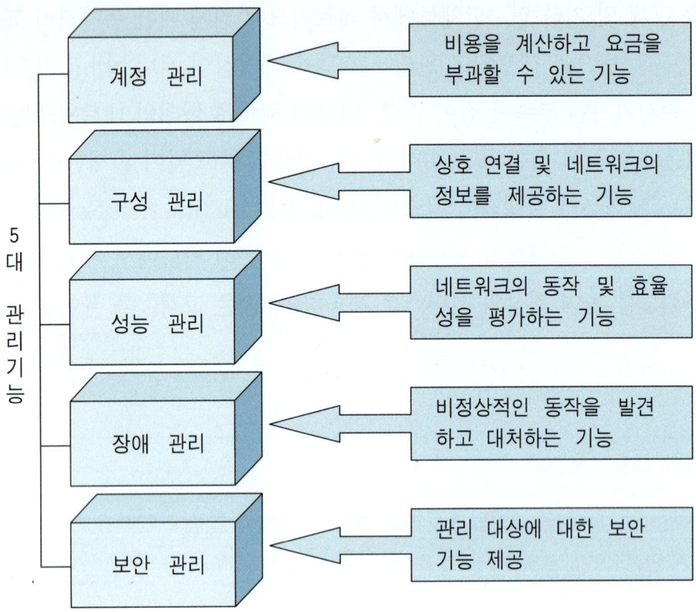

[그림 11-1] 5대 관리 기능

11.2.1 장애 관리

장애 관리의 목적은 복잡한 네트워크가 원활히 동작하도록 하기 위해서 제대로 동작하지 않는 네트워크의 요소들을 찾아내어 문제점을 해결하는 것이다. 이는 네트워크의 노드(node)나 링크(link)에 이상이 발생했을 때, 알람을 발생시키거나 분석을 통해 원인을 파악하는 것을 말한다.

장애 관리에서 말하는 장애는 에러와는 다르다. 장애란 네트워크 운영상에 문제가 발생한 것으로 관리자가 이 장애에 대한 대처를 요하는 비정상적인 상태를 말한다. 예를 들어 장비 간에 연결 회선이 끊어진 경우에는 어떤 정보도 이 회선을 통해 전송될 수 없다. 하지만 회선 주위에 갑작스런 전자기장으로 그때 전송 중인 데이터에 이상이 발생한다면 비트 에러가 발생하게 된다. 이와 같이 비트 에러는 장애라고 보지 않고 회선이 끊어지거나 인터페이스에 이상이 발생하여 통신을 할 수 없을 때 일반적으로 장애로 간주한다.

장애 관리가 필요한 이유는 사용자들은 네트워크에 장애가 발생하였을 때, 이에 대한 빠르고 안정적인 장애 해결을 기대하기 때문이다. 실시간 데이터를 주고받는 사용자라면 한 순간의 네트워크 장애에도 민감하게 반응하기 때문에 이런 요구 사항들을 만족하기 위하여, 빠르고 정확한 장애 탐지 및 진단 기능이 필요하다. 무엇보다 장애 탐지는 사용자가 이를 느끼기 전에 관리 시스템에 의해서 먼저 감지되어야 한다. 이런 기능을 수행하기 위해서 주기적으로 장비의 정보를 수집하고 분석하게 되는데, 이때 분석 결과를 통해서 이상 유무를 판별하게 된다. 이상이 발생하였을 때는 이에 대한 적절한 조치를 통해서 문제를 해결하고 해결된 결과에 대해서는 사용자가 이를 신뢰할 수 있도록 해줘야만 한다.

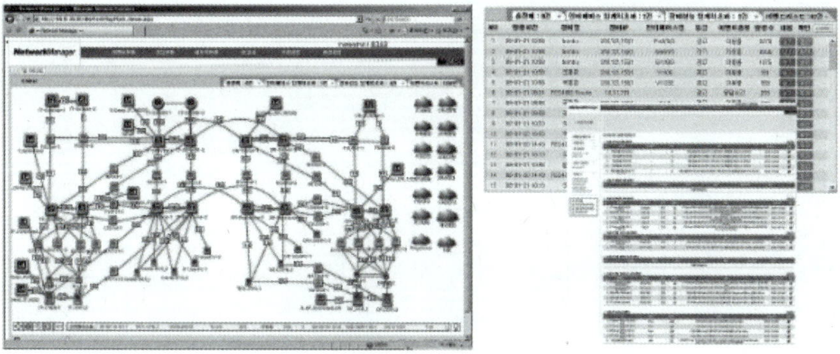

[그림 11-2] 5대 관리 기능 - 장애 관리 기능 예

11.2.2 계정 관리

계정 관리란 시스템에서 소비되는 자원에 관한 모든 정보를 관리하는 것을 말한다.

네트워크 내에는 많은 자원들을 인가되지 않은 사용자가 아무런 비용 지불 없이 자신의 이익을 위해서 사용할 수도 있고, 악의를 가진 어떤 사람이 네트워크 자원에 접속하여 시스템의 동작을 방해하는 등의 행동을 할 수도 있다. 계정 관리는 자원에 대한 사용자의 접근 권한을 관리하여, 네트워크 자원에 접근하려는 사용자가 정당한 사용자인지를 인증 해줌으로써 비 인가자의 네트워크 자원에 대한 오용 및 악용을 미연에 방지할 수 있다.

계정 관리는 이 외에도 몇 가지 기능을 더 수행하고 있다. 네트워크 자원들을 운용하기 위해서는 비용이 부과되는데, 많은 ISP 업체들은 사용자들이 네트워크 자원을 얼마나 많이 사용하였는지를 파악하여 요금청구를 하는 등의 방법으로 관리 비용을 충당할 수 있게 된다. 또한 사용자들이 어떤 자원을 얼마만큼 사용하였는지에 대한 정보를 통해 사용자들이 많이 사용하는 자원을 좀 더 효율적으로 사용할 수 있도록 네트워크 구성을 설계하는 데에도 이용하게 된다.

이와 같이 계정 관리는 네트워크 자원에 대한 접근 권한이나 사용 자원에 대한 요금 청구 그리고 네트워크 구성을 하는데 기초 자료로 이용하기 위해 사용자들이 사용하는 자원들에 대한 통계정보 등을 관리하게 된다.

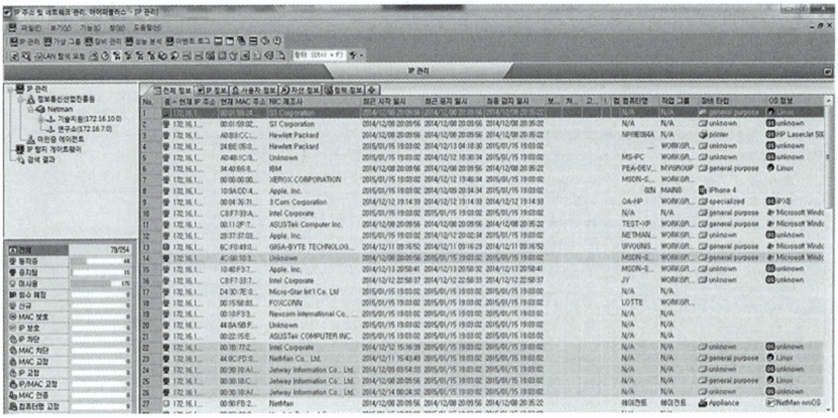

[그림 11-3] 5대 관리 기능 - 계정 관리 기능 예

11.2.3 구성 관리

구성 관리는 네트워크 구성요소들 사이의 관계와 상태를 보여준다. 그리고 네트워크 구성은 수시로 변경될 수 있는데, 사용자가 많아지거나 줄어들므로 인해 네트워크를 재구성하고자 할 때 네트워크 장비의 추가, 삭제, 변경 기능을 통해 네트워크 구성이 빈번하게 변경된다. 이렇게 빈번하게 구성 정보가 바뀌기 때문에 이들에 대한 기록은 최소한으로 적게 해야 한다. 구성 변경시의 관리 정보는 물리적 구성, 접속 장비, 전송 속도, 사용하고 있는 프

로토콜과 주소 체계, 각 장비의 정보 등이 있다.

네트워크 구성을 관리자나 사용자가 해당 네트워크 구성을 한눈에 알아 볼 수 있도록 그래픽 하게 나타낸 것을 네트워크 구성도라고 한다. 이와 같은 네트워크 구성도는 항상 최신의 구성도를 관리하고 보존해 두는 것이 구성 관리의 기본이 된다. 구성도에서는 관리자가 보고자 하는 기본적인 관리 정보도 표시하고 있지만, 특별한 이벤트가 발생하였을 때에는 관리자가 이 이벤트에 대해서 바로 확인할 수 있도록 해줘야 한다. 그리고 구성 관리에서는 관리자가 네트워크 관리를 위해 필요한 기본적인 정보인 장치 이름, IP, 위치, 타입(허브, 라우터, 브리지, 기타 네트워크 요소) 등에 대한 기본적인 정보를 유지하고 있어야 한다.

대부분의 경우 장애 관리를 위해서는 구성 관리 기능을 포함하게 된다. 네트워크에 장애가 발생하였을 때 네트워크 관리를 위해 사용되는 SNMP(Simple Network Management Protocol) MIB(Management Information Base)를 재설정함으로써 장애를 복구하거나 네트워크 구성을 재구성함으로써 장애를 해결할 수도 있기 때문이다.

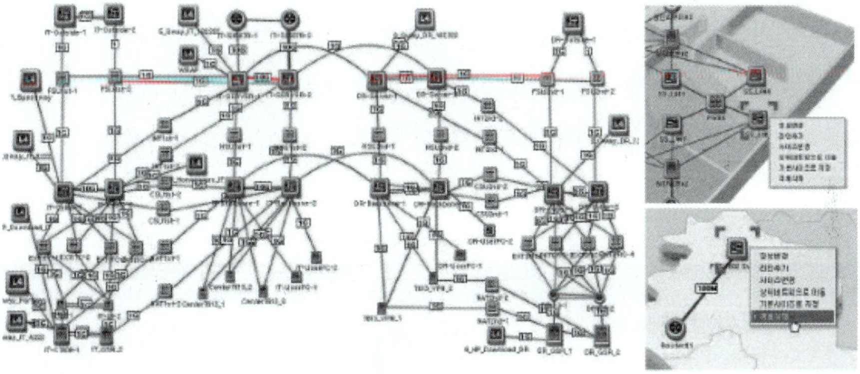

[그림 11-4] 5대 관리 기능 - 구성 관리 기능 예

11.2.4 성능 관리

성능 관리란 장기간에 걸쳐 네트워크의 처리율이나 이용도, 응답시간 등의 시스템 성능에 관한 정보를 수집하고 분석하는 것을 말한다. 이러한 정보는 네트워크의 확장 계획이나 유지보수 등을 위해서 사용될 수 있다. 그리고 성능 관리 기능은 네트워크를 운용할 때 병목 현상이 발생한 구간을 확인하고 네트워크 장비의 시간당 작업 부하율을 분석하여, 네트워

크 재구성 및 계획에 근거 자료로 사용된다. 성능 관리에서는 네트워크 장비간 트래픽 흐름을 관리하고 현재 사용률과 성능에 관련된 분석 결과를 제공한다. 다시 말해 성능 관리를 위해 관리자가 관심 갖는 선로의 이용률이나 네트워크에 과도한 트래픽이 있는지, 병목 현상이 발생한 구간이 있는지, 응답 시간이 길어지는 지에 대한 정보를 제공한다.

기본적인 예로 성능 관리 기능 중 하나의 회선을 통해 전송되는 초당 패킷수를 관리하는 기능이 있는데 이때 관리자는 어느 수준 이상의 패킷 전송률에 대해서는 관심을 안 갖지만 전송률이 자신이 정의한 최소값보다 떨어지게 되면 사용자 인터페이스를 통하여 관리자에게 경고를 주게 되고 이에 관리자는 전송률을 저하시키는 원인을 찾아 해결해야 한다. 여기서 관리자는 최소값을 정할 때 아무 근거 없이 정하는 것이 아니라 사용자들의 만족도를 평가하여 정해야 한다.

성능 관리 정보는 위에서 살펴보았듯이 거대한 네트워크를 계획하고 관리하며 유지, 보수에 필요한 성능 통계 정보 등을 필요로 한다. 성능 통계 정보는 병목 현상으로 인해 사용자가 불편을 느끼기 전에 잠재적인 병목을 찾기 위해 사용될 수 있다. 예를 들어 한 지역에서 갑자기 트래픽이 증가하여 병목 현상이 발생될 때나 사용자가 많은 시간대에 트래픽 부하를 분산시키기 위해 라우팅 테이블을 변경하는 방식으로 네트워크 성능을 유지할 수 있도록 한다. 또한 성능 정보를 기초로 한 네트워크 용량 계획은 트래픽이 많은 지역의 회선에 대한 확장이나 재구성을 결정하는데 도움을 준다.

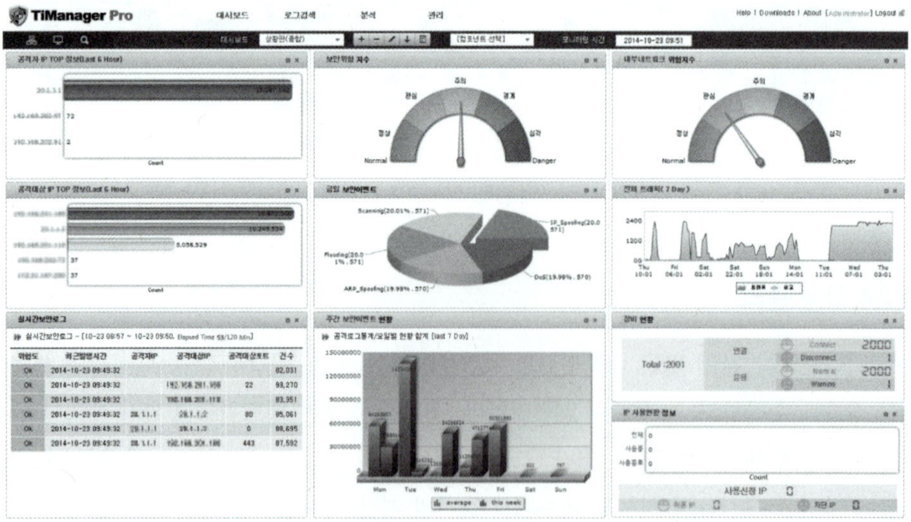

[그림 11-5] 5대 관리 기능 - 성능 관리 기능 예

11.2.5 보안 관리

보안 관리는 패스워드나 암호화된 데이터 링크를 유지 보수하고 보안 행위를 기록해 두는 것을 말한다. 보안 관리 기능에서는 클라이언트/서버 환경에서의 패스워드, 제한적인 접속 권한, 보안 로그, 암호화 장치 등에 관련된 정보를 관리한다. 관리 시스템과 장비들 간에 정보를 주고받을 때 외부 침입자에 의해 중요한 정보 유출을 막기 위해 암호화를 수행한다. 암호화를 위해서는 사전에 암호화 키를 생성하고 분배하는 과정이 필요하며 이 키에 대한 관리도 또한 보안 관리에 포함된다. 보안 관리에서 중요하게 여기는 것은 로그이다. 여기에는 각가지 보안에 관련된 사용자 접근이나 에러에 대한 기록이 있으므로 이를 분석하여 불법적인 침입이나 시스템에 대한 부정행위를 파악할 수 있으며 이에 대한 대비책을 마련할 수 있도록 한다. 무엇보다 중요한 것은 사용자의 정보와 네트워크 자원에 대한 정보가 보호될 수 있어야 한다는 것이다. 이와 같은 기능을 수행하기 위한 보안 설비를 갖추거나 보안 정책을 수립하여 관리 시스템에 적용함으로써 보안 기능을 강화하고 있다.

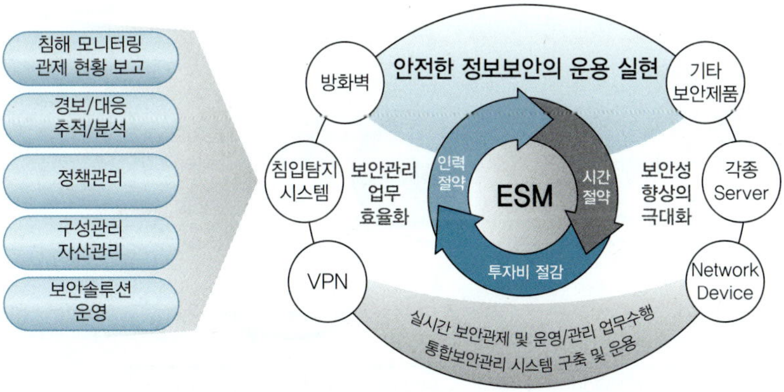

[그림 11-6] 5대 관리 기능 – 보안 관리 기능 예

| 미니요약 | 네트워크 5대 관리 기능

네트워크에 대한 사용자의 요구사항들을 만족하기 위해 네트워크 관리에서 필요한 5대 관리 기능에는 장애 관리, 구성 관리, 성능 관리, 보안 관리, 계정 관리가 있다.

11.3 네트워크 관리 구조

이전 절에서 네트워크 관리를 위해 네트워크 구성요소들의 감시, 정보수집, 네트워크 구성, 그리고 제어 능력이 필요함을 살펴보았다. 네트워크 장치가 분산되어 있기 때문에 네트워크 관리는 네트워크 관리자가 관리하고자 하는 장비들로부터 필요한 데이터를 수집할 수 있고, 또한 장비의 환경 설정을 변경 시킬 수 있는 기능을 필요로 한다. 이러한 요구사항들을 만족시키기 위한 기능들이 한데 모여서 네트워크 관리 구조를 이루게 된다.

네트워크 관리 구조에서 중요한 구성 요소는 관리하고자 하는 네트워크 장비를 감시하고 제어하는 네트워크 관리국과 호스트, 게이트웨이, 터미널 서버 등과 같은 네트워크 구성 장비들이 네트워크 관리국으로부터 요청된 정보를 제공해주므로 네트워크 관리 기능을 수행할 수 있도록 하는 에이전트가 있다. 이들 두 구성 요소의 상호 동작을 통해서 네트워크 관리를 수행하는데, 이와 같은 기능을 수행하는 시스템을 네트워크 관리 시스템이라고 한다. [그림 11-7]은 네트워크 관리 구조의 간단하게 나타내고 있다. 그럼 이들 네트워크 관리 시스템의 구조에 대해서 살펴보도록 하자.

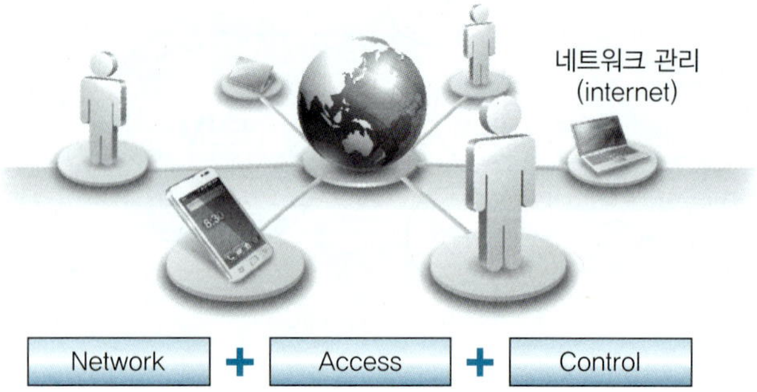

[그림 11-7] 네트워크 관리 구조

11.3.1 네트워크 관리 시스템 구조

네트워크 관리를 위해서는 관리하고자 하는 네트워크 장비들에 대한 감시와 제어를 수행할 수 있어야 한다. 이와 같은 기능을 제공하기 위해서 필요한 기능들을 모아둔 것이 네트워크 관리 시스템이다. 다시 말해 네트워크 관리 시스템은 관리자가 에이전트들을 모니터링 할 수 있도록 상태 정보를 보여주거나 이들 장비에 대한 제어를 할 수 있는 사용자 인터페이스를 제공한다. 네트워크 관리를 위해 사용되는 이 소프트웨어는 워크스테이션이나 서버 등의 호스트와 브리지나 라우터 같은 네트워크 장비들에 존재한다.

네트워크 관리 시스템은 하나의 통합된 구조로서 전체 네트워크의 상황을 보여줄 수 있도록 설계되는데, 이 구조에서 에이전트들은 관리국이 이들에 대한 관리를 수행할 수 있도록 필요한 정보들을 제공하고, 또한 어떤 에이전트들은 어떤 상황에 대한 상태정보를 통보하기도 한다.

[그림 11-8]은 네트워크 관리 시스템의 구조를 보여준다. 이 구조에서 각각의 네트워크 장비를 하나의 네트워크 관리 개체(Network Management Entity: NME)로 볼 수 있으며, 여기에는 네트워크 관리를 위해 사용되는 소프트웨어들이 포함되어 있다. 일반적으로 이들 NME를 에이전트라고 한다.

이들 NME가 하는 주요 역할을 살펴보면 다음과 같다.

- 장비에 들어오고 나가는 트레픽의 통계 정보를 수집한다.
- 수집한 통계 정보를 지정된 저장장치에 저장한다.
- 관리국으로부터의 요청을 처리한다.
  - 관리국에 수집된 통계 정보를 제공한다.
  - 변수 값을 바꾼다.
  - 상태 정보를 제공한다.
  - 특정 정보를 수집할 수 있도록 인위적인 설정을 한다.
- 장비에 이상 발생 시 관리국에 이를 즉시 알리는 메시지를 보낸다.

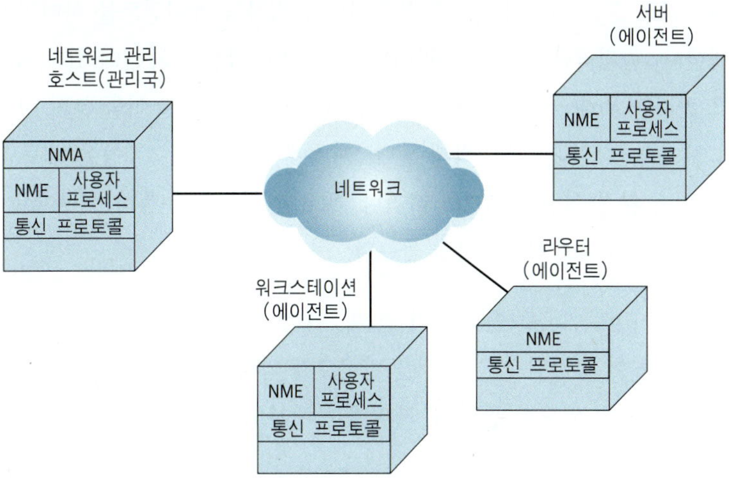

[그림 11-8] 네트워크 관리 시스템의 구조

[그림 11-8]에서 보듯이 네트워크 관리 시스템의 구조에서는 네트워크 관리를 수행하는 관리국이 반드시 하나 존재하게 된다. 이 관리국에는 NME 뿐만 아니라 네트워크 관리 응용(Network Management Application: NMA)이라 불리는 소프트웨어를 포함하고 있다. 이 NMA는 네트워크 관리 호스트와 관리자 사이의 인터페이스로 관리자가 네트워크 관리 행위를 할 수 있도록 필요한 기능들을 제공해준다. 관리자가 네트워크에 퍼져 있는 NME에 대해 정보 요청 명령을 내리면 이 명령을 수행하여 관리자가 원하는 NME에 정보를 요청하여 수신한 정보를 관리자에게 제공하게 된다. 이때 NMA와 NME 사이에 통신을 위해서 네트워크 관리 프로토콜을 사용한다.

위에서도 살펴보았듯이 네트워크 관리 구조에서는 관리 기능을 수행하는 관리국과 관리국의 관리를 받는 에이전트 그리고 관리국과 에이전트 사이에 통신을 위해 사용되는 프로토콜 그리고 에이전트의 관리 정보를 담고 있는 MIB 이렇게 4가지 구성요소가 [그림 11-9]처럼 구성되어 있다.

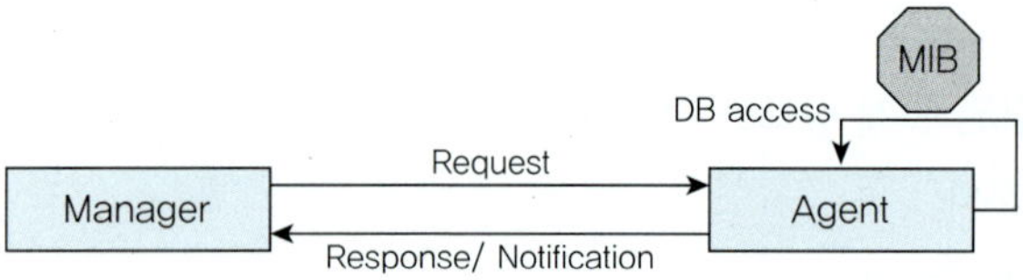

[그림 11-9] 네트워크 관리 시스템의 4대 구성요소

(1) 관리국(Manager)

관리국은 네트워크 관리 센터의 중앙에 위치하며 관리자와 에이전트들 사이의 인터페이스 역할을 수행한다. 관리국은 네트워크 관리를 위한 제반 활동의 중심에 있다. 즉, 관리서버는 네트워크 관리를 위해 필요한 정보의 수집, 처리, 분석 그리고 이들 분석 정보를 어떻게 관리자에게 보여줄 것인지를 제어하게 된다. 여기에서 수행하는 기능은 네트워크 운용을 원활히 하기 위해 환경 설정을 초기화 하거나, 필요한 제어를 수행하는 것이고, 또한 관리자와 에이전트들 간에 상호 의사소통을 돕는다.

관리자가 어떤 에이전트의 정보를 보고자 할 때, 이 장비에 실시간으로 정보를 요청하여 보여주거나 관리자가 이 장비의 환경 설정을 바꾸고자 명령을 내렸을 때, 이 명령을 받아 환경 설정값을 변경할 수 있도록 관리 및 제어가 용이하도록 해준다. 또한 장비가 자신에게 발생한 특별한 이벤트를 알리기 위해 발생시키는 정보를 트랩(Trap)이라고 하는데, 이 트랩 메시지를 받아 관리자에게 전달해 주는 역할도 수행한다.

(2) 에이전트(Agent)

에이전트는 관리되는 네트워크 상에 존재하는 네트워크 장비들을 말한다. 에이전트로는 호스트, 라우터, 브리지, 허브, 프린터 또는 모뎀 같은 전산 장비들이 있다. 에이전트들은 에이전트를 구성하는 하드웨어와 이들에 대한 기본 정보 및 이들 하드웨어를 통해서 처리되는 트래픽에 대한 정보를 담고 있는 소프트웨어로 이루어져 있다. 에이전트가 갖는 소프트웨어에는 MIB라는 것이 있는데, 이는 네트워크 구성 정보나 트래픽 처리 등의 정보들을 저장하는 데이터베이스이다. 또한 각 에이전트에는 관리국의 명령과 제어 하에 있는 에이전트와 관리국 사이의 통신을 하기 위한 네트워크 관리 에이전트 프로세스가 존재한다.

(3) MIB(Management Information Base)

MIB는 네트워크 관리의 핵심 요소 중의 하나로서 네트워크를 관리하는데 필요한 모든 정보를 보관하고 있는 저장소이다. 관리되는 네트워크의 모든 자원들은 객체로서 표현이 되며, 이러한 객체들을 모아놓은 곳이 바로 MIB이다. TCP/IP나 OSI 환경에서는 각각의 관리하려는 자원을 객체로 표현하고 있는데, MIB는 그러한 객체들의 구조적인 모임을 말한다.

(4) 네트워크 관리 프로토콜

네트워크 관리 프로토콜은 관리국이 에이전트의 상태를 물어보는 것을 허용하고, 또한 에이전트는 예외적인 사건들을 관리국에 알리기 위해 정의된 절차이다. 네트워크 관리 프로토콜 자체가 네트워크를 관리하는 것이 아니라, 네트워크 관리자가 네트워크를 관리할 수 있도록 도구를 제공하는 것이다.

TCP/IP 환경의 초기 네트워크 관리는 ICMP(Internet Control Message Protocol)에서 지원하는 에코(echo) 명령을 이용하여 장비의 상태나 회선 상태 등을 파악했다. 이는 단순하게 호스트가 동작하고 있는지에 대한 정보나 응답 시간을 측정하는 등의 기능만을 제공했다. 그러나 네트워크를 구성하는 호스트 수가 증가하고 네트워크의 구성이 복잡해지면서 새로운 표준화 프로토콜이 필요하게 되었고 이에 따라 88년 초 IAB(Internet Architecture Board)에서는 표준화 작업을 시작하게 되었다.

HEMS(High-level Entity Management System), SGMP(Simple Gateway Monitoring), CMISE/CMIP(Common Management Information Service Element/Protocol) 등 많은 표준들이 연구되었는데, 그 중에 HEMS 연구는 상당히 진척이 되었으나 실제 적용 사례가 없었고, CMISE/CMIP는 너무 방대하고 전혀 구현되지 않은 상태였다. 그래서 결국 IAB는 네트워크 관리 표준으로 SNMP를 채택하였다. 이렇게 채택된 SNMP는 구현이 쉽고 간단해 오늘날 가장 일반적인 네트워크 관리 프로토콜이 되었다. SNMP에 대해서는 뒤에 자세히 다루고 있으므로 여기에서는 CMISE/CMIP에 대해서 간단히 살펴보도록 하겠다.

| 미니요약 | 네트워크 관리 구조

네트워크 관리 구조에서는 관리 기능을 수행하는 관리국과 관리국의 관리를 받는 에이전트 그리고 관리국과 에이전트 사이에 통신을 위해 사용되는 프로토콜 그리고 관리 정보를 담고 있는 MIB 이렇게 4가지 구성요소로 이루어져 있다.

11.3.2 CMISE/CMIP(Common Management Information Service Element/Protocol)

CMISE/CMIP는 잘 정리되고 훌륭한 개념임에도 불구하고 지나치게 방대하게 규정되어 있어서 구현하기가 쉽지 않고 시스템도 SNMP에 비해서 무척 크다. 그래서 쉽게 SNMP를 대체하지 못하고 있다. 그러나 최근 TMN(Telecommunication Management Network) 영역에서는 CMISE/CMIP가 많이 사용되고 있다. 그리고 CMIP를 이용한 각종 개발 도구들이 발표되고 있다. [그림 11-10]은 OSI 관리 구조를 보여주고 있다.

(1) CMISE(Common Management Information Service Element)

OSI 시스템 관리에서 기본적인 기능은 관리국과 에이전트가 정보를 교환하는 것이다. 이때 에이전트를 관리하기 위해 정보와 명령을 교환하기 위해서 이용하는 것이 CMISE다. CMISE는 사용자 응용 프로그램과의 인터페이스 역할을 담당하는 CMIS와 PDU(Protocol Data Unit) 및 관련 절차를 규정한 CMIP로 이루어진다.

CMISE 서비스는 기본적으로 요청 받은 서비스에 대해서 응답을 해주는 확인 서비스들과 응답을 하지 않는 비확인 서비스로 나눌 수 있다.

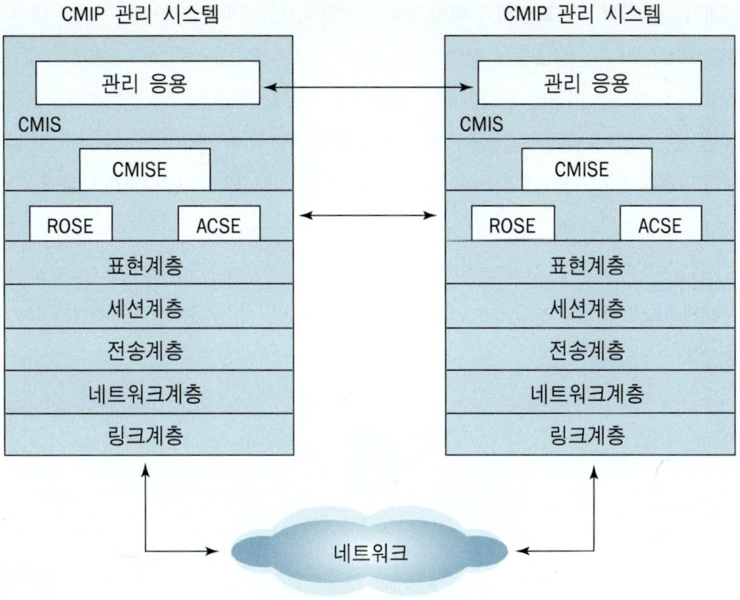

[그림 11-10] OSI 관리 구조

이들 서비스를 3가지 범주로 나눠 살펴보면 다음과 같다.

① Association Service: 이 서비스는 통신을 하기 위해서 해당 시스템의 응용 프로그램과의 연결 및 해제를 위해 필요하다. 이는 ACSE(Association Control Service Element)를 이용한다.

② Management Notification Service: 이 서비스는 에이전트들에 대한 특정 사건을 보고하는데 이용하는 것으로, 필요한 속성, 행동 및 작동 절차 등에 대한 내용은 각 에이전트들에 정의되어 있다.

③ Management Operation Service: 시스템 관리를 위해서 관리 객체들에 대한 정보를 주고받는데 이용된다.

| 미니요약 | ACSE(Association Control Element)

SI에서 두 개의 응용 프로그램들 사이의 연결을 사용하기 위해 사용되는 방법으로 ActiveX, 비주얼 C++, 비주얼 베이직, SDK와 같은 개발 도구와 표준 프로그래밍 언어를 이용해서 만든 애플릿이다.

| 미니강의 | TMN(Telecommunication Management Network)

TMN은 1988년에 모든 네트워크 구성요소 공급자에 걸쳐 네트워크가 일괄되게 관리될 수 있도록 표준 인터페이스를 만들거나 확인하기 위한 전략적 목표로서 ITU의 후원 하에 공식적으로 시작되었다. 이 개념은 네트워크 구성요소들을 정의하고 지칭하는 표준 방법을 개발하는 것이다. 즉, 다양화, 비대화, 고도화 되어가는 통신망 환경변화에 유연히 대응하기 위해 이를 망관리 하부구조로 도입함으로써, 개별 운용관리시스템의 한계성 극복 및 표준화된 개방형 방식에 의한 총체적이고 일원화된 망관리 체계 구현을 위한 것이다. TMN은 OSI 관리 표준을 하부구조로 사용하며 사설 및 공중 네트워크뿐 아니라 무선통신과 케이블 TV에도 적용된다.

TMN은 사업관리계층(BML, Business Management), 서비스관리계층(SML, Service Management), 망관리계층(NML, Network & System Management) 및 장비관리계층(EML, Element Management)로 구성된다.

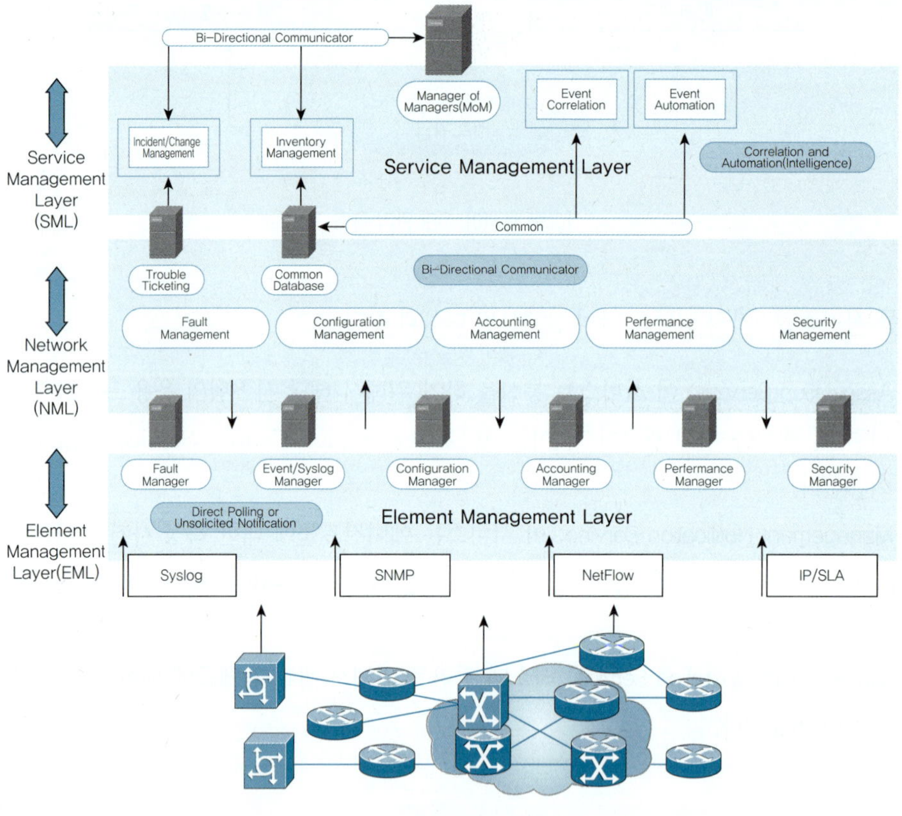

[TMN 구조]

TMN 관련 인터페이스로는 운용보전시스템(OSS)과의 인터페이스인 Q interface, 네트워크와의 인터페이스인 X Interface 그리고 TMN와 워크스테이션 간의 인터페이스인 F Interface가 있다. 이런 TMN 관련 표준으로는 표준화 기구인 ITU-T SG4 주관으로 M.3000(TMN 개요), M.3010(TMN 개념 및 구조 정의), M.3020(TMN 관리서비스 및 관리기능 간의 인터페이스), M.3100, M.3200(TMN 관리서비스), M.3400(TMN 관리기능 정의) 그리고 X.700(관리프레임워크) 등이 있다.

(2) CMIS(Common Management Information Service)

시스템간 연결 및 해제를 위한 서비스인 A-Associate, A-Releases, A-Abort가 있고 에이전트에서 관리자에게 에이전트에 발생한 특정 상황을 통지하는 M-Event-Report 서비스가 있다. M-Event-Report는 SNMP의 트랩(Trap)과 같은 기능을 수행하나, 이 메시지를 받은 관리자가 받았다는 확인을 해주어야 한다는 차이가 있다. 그리고 실제로 관리 객체들에 대한 정보를 주고받는 서비스인 Management Operation Services에는 다음과 같은 6가지가 있다.

- M-Get: 에이전트에게 관리정보를 요청한다.
- M-Set: 에이전트의 관리정보를 수정하도록 요청한다. 관리객체의 속성값을 바꾸기 위해서 대체, 기존 값에 추가, 기존 값의 제거, 기본값 설정 등의 하나를 반드시 명시해야 하고, 기본동작은 대체로 가정한다.
- M-Action: 관리객체에 사전에 정의된 특정한 동작을 실행하게 한다. 요청 시는 동작 종류를 반드시 명시해야 한다.
- M-Create: 객체 클래스의 새로운 사례를 만들기 위해서 사용되는 서비스이다.
- M-Delete: 에이전트의 하나 이상의 관리객체를 삭제 시에 이용된다.
- M-Cancel-Get: 이미 요청된 M-Get을 중지시킬 때 이용되는데, 이를 사용하는 이유는 MIB가 수정도중에 문제가 발생하면 MIB의 일관성을 보증하기가 어렵기 때문이다. 이 서비스가 에이전트에 도달하면 에이전트는 실행중인 M-Get에 대한 응답으로 취소 에러를 보내고 M-Cancel-Get에 대한 응답을 보낸다.

그 외에 M-Event-Report를 포함한 7가지 서비스 중에서 M-Get, M-Create, M-Delete, M-Cancel-Get은 반드시 응답을 받아야 하는 확인 서비스이고, 나머지는 서비스 요청 시에 확인/비확인을 위한 파라미터를 주어야 한다.

M-Get, M-Set, M-Action, M-Delete는 관리 객체를 선택하는데 많은 이점을 주는 3가지 파라미터, 즉 범위, 여과, 동시성을 가질 수 있다.

① 범위(Scoping)

아래와 같이 동작의 대상이 되는 관리 객체의 범위를 지정할 수 있다.

- 기초 관리 객체(Base Managed Object)만 지정한다.
- 기초 객체를 0 레벨로 놓고 N번째 레벨의 하위 객체들을 지정한다.
- 기초 객체부터 N번째 레벨의 하위 객체들까지 포함한다.
- 기초 객체 이하의 모든 하위 객체들을 포함한다.

② 여과(filtering)

위의 범위 안에 드는 객체들 중에서 일정한 속성값을 만족시키는 객체만을 선택할 수 있다. 그 법칙은 아래와 같다.

- 일치(Equality): 크거나 같다, 작거나 같다.
- 존재(Present): 객체의 속성이 존재한다.
- 일부문자열(Substring): 객체 속성값이 주어진 문자열을 포함한다.
- Subset of: 필터 링을 위해서 요청하는 모든 멤버들이 객체의 속성에 있다.
- Superset of: 속성의 모든 멤버들이 필터 링을 위해서 요청하는 속성에 있다.
- Non-null-set intersection: 요청하는 멤버들 중에 최소한 하나는 그 속성에 있다.

③ 동기화(Synchronization)

범위에 의해서 선택된 관리객체들에 대해서 필터 링 법칙에 의해서 선택이 이루어진다. 그러나 필터 링 규칙이 여러 가지 적용될 수 있는데, 이에 대한 순서는 정해져 있지 않고 구현에 맡겨놓고 있다.

(3) CMIP(Common Management Information Protocol)

CMIP는 관리정보를 전송하는 절차, 즉 CMISE 사이에 CMIS 서비스를 완성시키기 위해서 교환하는 CMIP PDU를 만들고 전송하는 것을 정의해 놓은 것이다. 양단의 CMISE 사용자들이 정보교환을 위해서 시스템을 연결하는데, 이때는 CMIP을 이용하지 않고 ACSE를 이용한다. 관리 서비스를 위해서 CMISE는 PDUs를 교환하기 위해서 CMIP를 채용한다. 그리고 CMIP는 CMIP PDU 전송을 위해서 ROSE(Remote Operations Service Element)를 이용한다.

CMIP는 CMIS 서비스를 처리하기 위해서 11개의 PDU를 정의해놓았다. ROSE는 몇 가지 결합 군(Association Class)을 정해 놓고 있다. CMIP는 항상 ROSE 3을 이용한다. 그리고 확인 서비스를 위해서는 ROSE 2 또는 3을 이용하고 비확인 서비스를 위해서 ROSE 5를 이용한다.

| 미니요약 | CMISE/CMIP(Common Management Information Service Element/Protocol)

에이전트를 관리하기 위해 정보와 명령을 교환하게 되는데, 이때 사용되는 기능이 CMISE 서비스 기능이다. 기본적으로 요청 받은 서비스에 대해서 응답을 해주는 확인 서비스들과 응답을 하지 않는 비확인 서비스로 나눌 수 있다. CMISE는 사용자 응용 프로그램과의 인터페이스 서비스를 담당하는 CMIS와 PDU(Protocol Data Unit) 및 관련 절차를 규정한 CMIP로 이루어진다.

| 미니강의 | ROSE(Remote Operation Service Element)

OSI 메시지 처리, 디렉토리, 네트워크 관리 애플리케이션 프로토콜에 사용되는 OSI RPC 메커니즘이다.

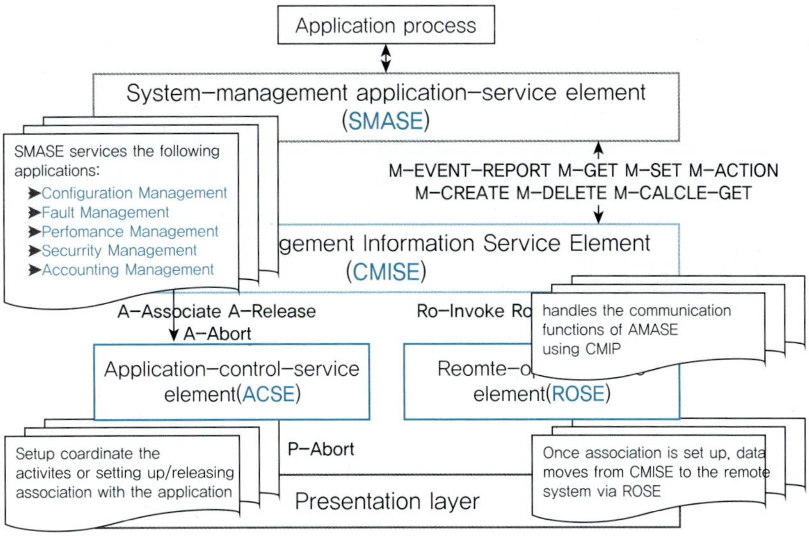

[OSI 통신모델과 ROSE 역할]

(4) OSI MIB

OSI MIB의 가장 큰 특징은 객체지향적인 개념을 수용하고 있다는 것이다. OSI MIB는 X.720, X.721, X.722에 잘 정의되어 있다. 특히 X.722에 정의된 GDMO(Guidelines for the Definition of Managed Objects)는 객체들의 클래스, 객체의 행동(behavior), 속성(Attributes) 등을 명시하는 방법을 제공하는 구조화된 기술 언어이다. X.720 시리즈인 관리정보 모델은 관리개체에 대한 개념, 즉 속성, 관리 객체에 수행될 수 있는 작동의 종류, 관리객체가 발생시킬 수 있는 통지(Notifications) 등이 세밀하게 기술되어 있다. 또한 관리개체를 어떻게 이름을 만드는가도 정의되어 있다.

OSI에서 정의한 객체는 행동 및 속성, 통지, 동작 등을 캡슐화하며 그 개체를 상속하여 새로운 객체를 만들 수 있다. SNMP가 테이블의 개념으로 객체를 관리하는데 반해서, OSI MIB는 포함(Containment) 개념을 이용한다. 즉, 한 객체가 하나 이상의 다른 개체를 포함할 수 있다는 것이다. 물론 객체를 포함하고 있는 객체도 다른 객체의 하위 객체가 될 수 있다. 그러나 한 객체는 하나의 상위객체에만 포함되어야 한다.

| 미니강의 | GDMO(Guidelines for the Definition of Managed Objects)

Guidelines for the Definition of Managed Object의 약자로서 MO(Managed Object)의 형태를 서술하는 언어(Language)이다. C++의 Class와 같은 유형으로써 inheritance의 개념을 가지고 있다. MO의 상위규격은 GDMO로 되어 있으며, CMIP를 통한 통신 관리 네트워크에서 관리 객체 정의를 위해 사용되어지며, 그 형태의 실체는 ASN.1으로 기술되어 지고, ISO/IEC 10165와 ITU-T X.722에 규정되어 있다.

| 미니강의 | QoS(Quality of Service)

QoS는 다른 응용 프로그램, 사용자, 데이터 등의 흐름에 우선 순위를 정하여, 일정 수준의 성능을 보장하는 것을 일컫는다.

이런 QoS는 패킷 교환 네트워크 상에서 인터넷이 특별한 개별 흐름이나 연결에 대하여 동등한 자격을 부여한 같은 중요도의 서비스를 제공하였으나, 이런 인터넷의 활용이 증가함으로 특정 분류의 연결을 우선적으로 서비스하거나 공유 링크의 특정 비율까지 차별적으로 이용하는 시도에서 시작되었다.

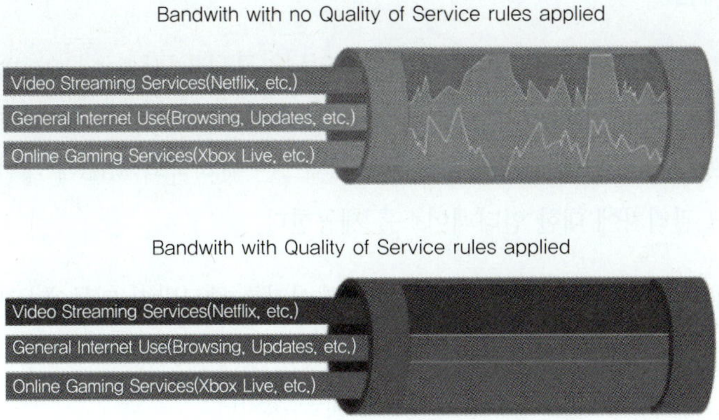

[QoS 적용 전후의 트래픽 전송 예]

QoS를 구현 방식에 의해 구분해 보면, 첫 째로 네트워크 관점의 QoS(망 사업자 중심)가 있는데 보장 구조로 통합형서비스(IntServ)와 자능서비스(DiffServ)로 구성되며 네트워크 장비 등에서 구현되고 트래픽 관리 기술이 중요한 역할을 담당한다. 두 번째로는 종단간(End-to-End) 관점의 QoS(사용자 중심)로 실제 사용자가 인지하는 서비스 품질 보장을 위한 응용계층 제어가 주된 역할을 담당한다. QoS의 주요 척도로는 지연(Delay), 패킷손실(Packet Loss), 지연변이(Delay Variation), 처리량(대역폭) 그리고 가용성(Availability) 등이 있다.

11.4 인터넷 관리 구조

SNMP(Simple Network Management Protocol)는 실제적으로 프로토콜 자체, 데이터베이스 정의, 관련된 개념을 포함한 네트워크 관리에 대한 명세서들을 모아놓은 것을 말한다. SNMP의 개발 배경은 TCP/IP와 더불어 생성되고 발전되었다. 그러나 SNMP 프로토콜의 단순함 때문에 SNMP 개발자들은 OSI의 설비가 갖는 여러 가지 제한으로부터 자유로울 수 있어서, SNMP를 이용한 네트워크 관리 시스템의 개발이 쉬웠다. 그래서 SNMP는 일반 사용자가 선택하는 표준화된 관리 프로토콜이 되었다.

11.4.1 기본 개념

SNMP는 TCP/IP의 응용 계층 프로토콜로 디자인되었고, UDP(User Datagram Protocol) 상에서 수행되도록 되어있다. [그림 11-11]은 전형적인 SNMP 프로토콜의 구성을 보여준다. 단독으로 동작하는 관리국에서 관리자 프로세스는 관리국의 MIB에 대한 접근을 조절하고, 네트워크 관리자에 대한 인터페이스를 제공한다.

SNMP가 비접속 프로토콜인 UDP를 사용하여 메시지를 주고받기 때문에 SNMP는 관리국과 에이전트 사이에는 어떤 접속도 유지되지 않는다. 다시 말해, 각각의 메시지 교환 시 관리국과 에이전트 사이에 개별적인 접속이 이뤄지는 것이다.

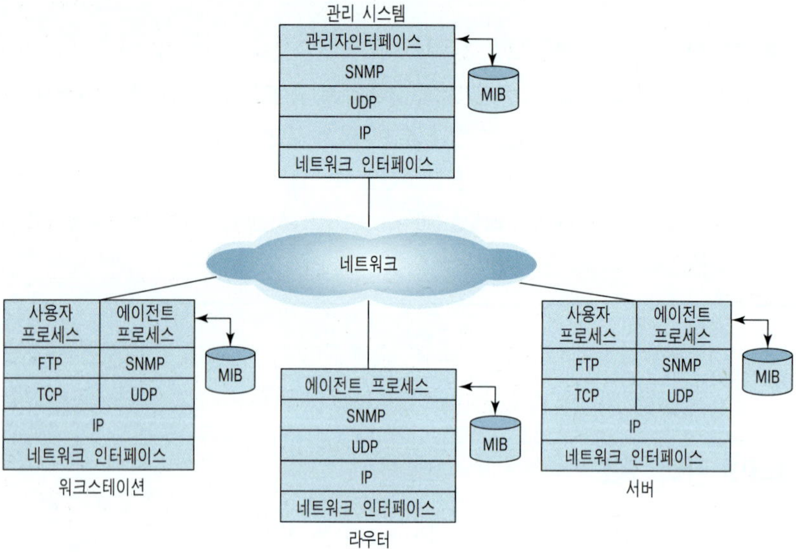

[그림 11-11] SNMP의 구성

(1) SNMP(Simple Network Management Protocol)

SNMP는 네트워크 호스트들이 네트워크 관리를 위해 필요한 정보를 주고받기 위해 사용되는데 이 SNMP는 3개의 개별적이며 연관된 RFCs에 의해 정의 되었으며 많은 다른 것에 의해 확장되었다. 〈표 11-1〉은 SNMP를 정의하는 여러 RFC 문서들을 보여주고 있다.

〈표 11-1〉 RFC 문서

RFC 문서	설명
RFC 1155	Structure of Management Information (SMI) – 관리 정보의 정의를 위하여 공동의 구조들 그리고 검증 계획을 지정
RFC 1156	Management Information Base (MIB-Ⅰ) – 어떤 사물들을 관리하는 것을 포함하며 그들의 이름, 문법, 정의, 접근 그리고 상태를 지정
RFC 1157	Simple Network Management Protocol (SNMP) – 관리국과 에이전트 사이의 통신을 정의
RFC 1212	Concise MIB Definitions – 어떻게 MIB를 간결하고 서술적으로 write 하는지를 정의
RFC 1213	Management Information Base (MIB-Ⅱ) – 114에서 171까지의 수를 넓히는 새로운 MIB를 지원하는 RFC 1156의 개정판
RFC 1215	A Convention for Defining Transfer use with the SNMP – SNMP가 사용하는 Trap을 규정하는 straight-forward 법을 규정
RFC 1239	Reassignment의 시험적인 MIB에서 표준 MIB – 시험적인 MIB를 정의하는 RFC 1229, 1230, 1231, 1232, 1233의 최신판

다음에서는 SNMP 프로토콜의 동작 과정을 살펴보겠다. [그림 11-12]는 SNMP의 프로토콜 동작 과정을 보여준다.

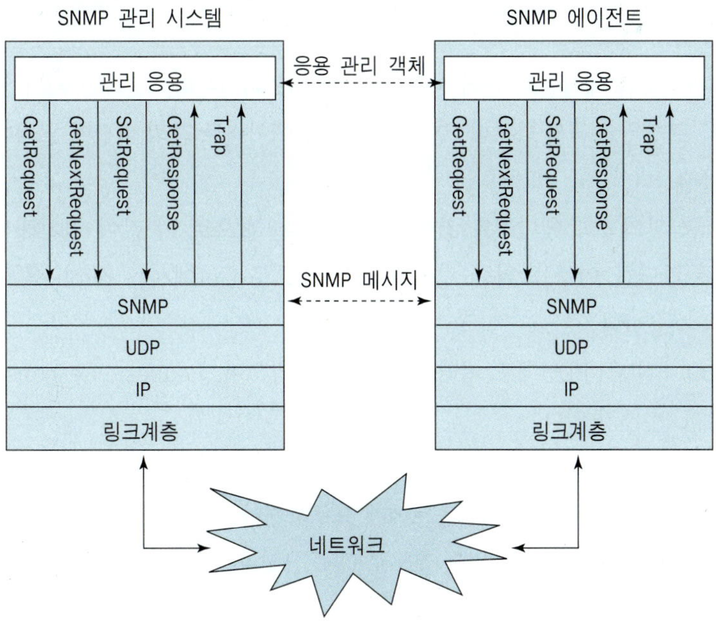

[그림 11-12] SNMP의 동작

SNMP에서 프로토콜 동작은 3가지의 서비스로 이루어진다. GetRequest, GetNextRequest, GetBulkRequest와 같은 Gets, Set, Trap 메시지로 구성되며 관리국들 간의 통신은 InformRequest를 이용한다. Gets와 Set은 관리국에서 만들어져 에이전트에서 실행되며 트랩은 에이전트에서 만들어져 관리국에게 알리게 된다. [그림 11-13]은 SNMP 메시지 형태를 보여주고 있다.

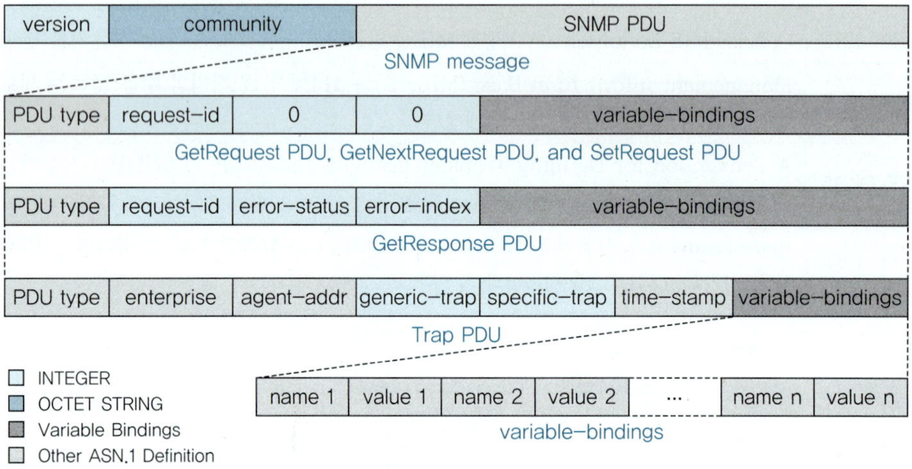

[그림 11-13] SNMP 메시지 형태

- Version: 관리국과 에이전트 간에 사용 중인 SNMP 버전이다. v1, v2, v3가 있으며 각각의 메시지 포맷은 조금씩 다르다. 만일 관리국과 에이전트 간의 버전이 일치하지 않으면 에러가 발생한다.
- Community: 관리국과 에이전트 간에 미리 정의된 값으로 이 값이 일치해야 한다. 이것은 아주 간단한 인증을 위한 것이다. 기본적으로 Get에서는 public을, Set에서는 private을 사용한다.
- SNMP PDU: SNMP PDU에도 여러 가지 타입이 있으며, Request, Response, Trap 타입들의 PDU 형태가 있다.

여기서 PDU-type은 관리국이 에이전트에게 요구하거나 에이전트로부터 관리국에 결과가 올 때 어떤 요청인지를 알려주기 위한 것으로 Get-Request, Get-Response, Get-Next-Request, Get-Next-Response, Set-Request, Set-Response, Trap 등이 있다. 여기서

Response Type은 error-status와 error-index 필드만 다르다.

- request-id: SNMP 요청 패킷 Identifier를 말한다.
- variable-binding: 관리자 시스템이 얻고자 하는 정보 즉 객체 확인자(Object Identifier)를 말한다. 관리국이 한번에 1개의 객체를 요청하는 것이 아니라 여러 개의 객체를 동시에 요청할 수 있다. 따라서 원하는 객체를 1~N개까지 (OID + Value) … (OID + Value) 형태로 묶어서 요청한다.
- error-status: 오류발생 원인을 알려주기 위해 사용하며, 요구한 객체 확인자 값의 종류는 noError(0), tooBig(1), noSuchName(2), badValue(3), ReadOnly(4) 등이 있다.
- error-index: error-status에 해당하는 값이 없을 때 부가 정보를 알려주기 위해 사용한다.

SNMP 패킷을 주고받을 때 사용하는 포트(port)는 161번을 사용하며 Trap을 위해 사용하는 포트는 162번을 사용한다. 아래 [그림 11-14]는 이와 같은 통신 구조를 보여주고 있다.

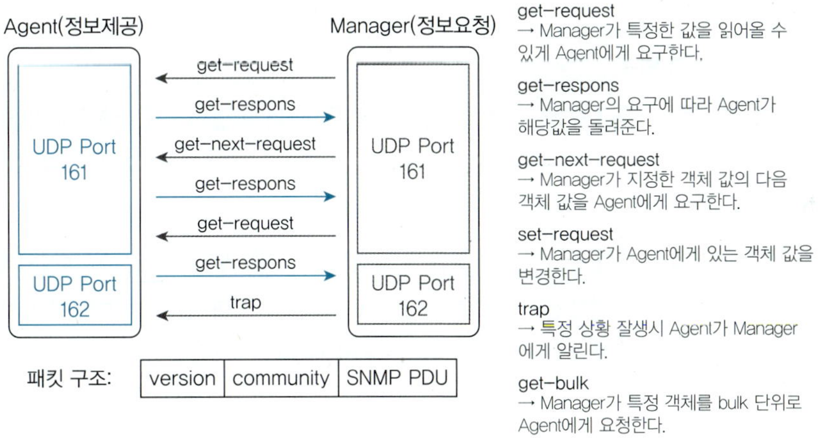

[그림 11-14] SNMP메시지 구조

| 미니요약 | SNMP (Simple Network Management Protocol)

SNMP에서 프로토콜 동작은 3가지의 서비스로 이루어진다. GetRequest, GetNext Request, GetBulkRequest, SetRequest, Trap 메시지로 구성되며, 관리자 시스템들 간의 통신은 InformRequest를 이용한다. Get과 Set은 관리자 시스템에서 만들어져 에이전트 시스템에서 실행되며, 트랩은 에이전트 시스템에서 만들어져 관리자 시스템에게 알리게 된다.

| 미니강의 | SNMP 명령 실행

SNMP 명령으로 snmpget, snmpgetnext, snmpset 같은 것이 있는데 snmpset은 관리자가 아닌 일반 사용자가 set하는 것이 장비에 이상 동작을 유발시킬 수 있으므로 함부로 사용해서는 안되기 때문에 보여주지 못하고 다른 명령들에 대해서는 간단히 실행 방법과 결과를 보여주고자 한다. 아래 그림은 SNMP 명령의 실행한 결과를 보여주고 있다.

```
songgang %> snmpget -v 1 203.252.53.xxx public 1.1.0
system.sysDescr.0 = Xylan Omni Switch/Router
songgang %> snmpgetnext -v 1 203.252.53.xxx public 1.1.0
system.sysObjectID.0 = enterprises.800.3.1.1.2
songgang %> snmpwalk -v 1 203.252.53.xxx public 1
system.sysDescr.0 = Xylan Omni Switch/Router
system.sysObjectID.0 = enterprises.800.3.1.1.2
system.sysUpTime.0 = Timeticks : (343151203) 39 days, 17:11:52.03
system.sysContact.0 = SNET SYSTEMS 02-3469-2400
system.sysName.0 = kkk
system.sysLocation.0 = kkk
system.sysServices.0 = 78
```

[SNMP 명령 실행결과]

(2) CMIP와 SNMP의 비교

〈표 11-2〉에서 보듯이 관리 구조는 객체지향적인 GDMO와 그렇지 않은 SMI에 가장 큰 차이가 있다. 현재 대부분의 장비가 SNMP를 이용하고 있으나, 모든 장비의 통합관리라는 개념의 TMN하에서는 CMIP가 채택되고 있고 많은 개발 도구들이 등장하고 있다. MARBIN, IBM, SUN, HP등에서 개발 도구 및 플랫폼을 지원하고 있다. 광섬유 네트워크에서 셀룰러와 위성을 기반으로 한 무선통신시스템이 등장하고, 이들을 함께 관리해야 할 필요성 때문에 TMN이 서서히 각광을 받고 있고 이에 따라 CMIP도 관심을 받고 있다.

〈표 11-2〉 CMIP와 SNMP의 비교

항 목	CMIP	SNMP
스키마 (Schema)	GDMO(GuidelineDefinition of Managed Object)	SMI
상속성, 동질성	지원함	지원 안함
객체 관계성	포함 형태	테이블 형식
객체 이름	구분된 이름	객체 확인자

범위, 필터링	지원함	지원 안함
통신 방식	연결형	비연결형(v2는 연결형 규정)
관리 방식	Event-Driven	Trap-polling
통신 확인	응답 확인 또는 선택	응답 확인 기능 없음
기본 서비스	M-Get, M-Set, M-Delete M-Create, M-Action M-Event-Report M-Cancel-Get	Get, Get-Next, Set, Trap Get-Response Get-Bulk(v2) Get-Info-Reo(v2)

11.4.2 MIB(Management Information Base)

네트워크 관리 시스템의 기초는 관리하려는 요소에 관한 정보를 포함하는 데이터베이스를 정의하는 데 있다. TCP/IP나 OSI 환경 모두에서 이 데이터베이스를 MIB이라고 한다. 각각의 관리하려는 자원은 객체로 표현되며, MIB는 이러한 객체들의 구조적인 모임이다. 시스템의 각 노드는 각 노드가 관리하려는 자원의 상태를 반영하는 MIB를 생성, 유지한다. 네트워크 관리 시스템은 MIB의 객체 값을 읽음으로써 노드의 자원을 감시하고, 그러한 값들을 변경함으로써 노드의 자원을 제어할 수 있게 된다.

(1) SMI(Structure of Management Information)

RFC 1155에서 지정한 SMI는 MIB이 구성되고 정의될 수 있는 범위 내에서의 일반적인 골격을 정의한다. SMI는 MIB에서 쓰일 수 있는 데이터의 형태와 MIB의 자원들이 어떻게 나타내어지고 이름 붙여지는지를 정의한다. SMI의 배경 철학은 MIB내에서의 단순성과 확장성이다. 그러므로 MIB은 단지 단순한 형태의 데이터만을 저장할 수 있다. SNMP는 표의 항목으로 포함된 스칼라만을 검색할 수 있다. SMI는 복잡한 데이터 구조의 검색이나 생성은 지원하지 않는다. 이러한 철학은 복잡한 데이터 구조를 제공하고, 더욱 풍부한 기능을 지원하기 위한 검색 방법을 제공하는 OSI 관리와는 대조적이다.

1993년 SMI는 SMIv2, RFC 2578~2580로 기능 향상을 하였으나, 큰 골격은 유지된 상태이다.

① MIB 구조

MIB의 객체 형태는 ASN.1의 객체 확인자이다. 이 객체 확인자는 객체에 이름을 제공한다. 게다가 객체 확인자와 연관된 값들이 계층적이기 때문에 이름을 짓는 규약은 객체 형

태의 구조를 구분 지을 수 있어야 한다. 이 값들은 정수의 연속된 나열이며 정의된 객체의 집합은 트리 구조를 갖는다. 객체 확인자 트리의 루트에서 시작하여 첫 단계에 iso, ccitt, joint-iso-ccitt 이렇게 3개의 노드가 있으며, iso 노드 아래의 한 서브 트리는 다른 조직용으로 쓰이는데 이들 중의 하나가 Department of Defense(DoD)이다. RFC 1155는 DoD 밑의 한 서브 트리를 Internet Activities Board(IAB)의 사용을 위해 할당하고 있다.

Internet Object Identifier ::= { iso org(3) dod(6) 1 }

그래서 internet 노드는 1.3.6.1의 객체 확인자의 값을 갖게 된다. 이 값은 트리의 다음 하위 단계에서 노드에 대한 접두어로 사용된다. 보는 바와 같이 SMI문서는 internet 노드 밑에 4개의 노드를 정의하고 있으며, [그림 11-15]는 MIB-II의 객체 그룹을 보여주고 있다.

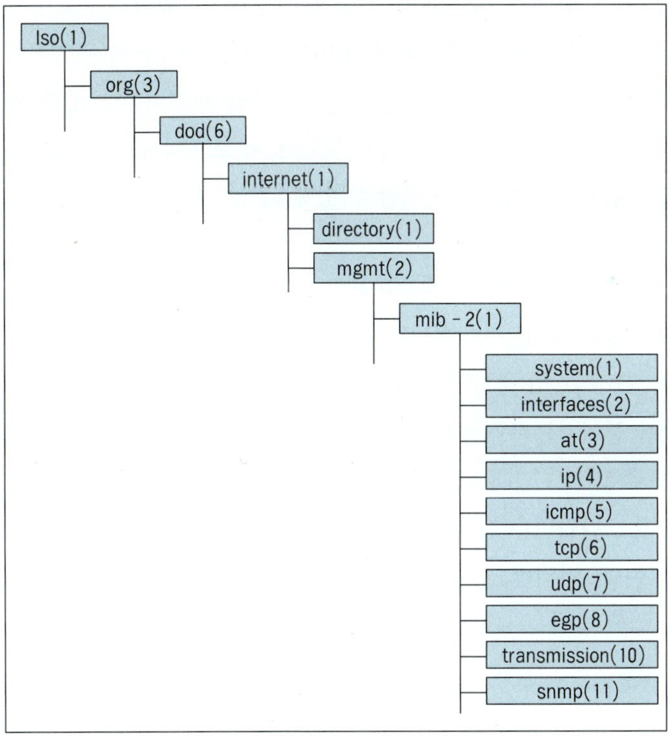

[그림 11-15] MIB-II 객체 그룹

- directory: 이 서브 트리는 나중의 OSI directory(X.500)의 사용을 위해 보존된다.
- mgmt: 이 서브 트리는 IAB 개발 문서에 정의된 객체들 용으로 쓰인다.

- experimental: 이 서브 트리는 internet 실험에 쓰인 객체를 나타내는데 쓰인다.
- private: 이 서브 트리는 개별적인 확장을 위해 정의된 객체를 나타내기 위해 쓰인다.

MIB-I과 MIB-II, RMON1, 2와 같은 여러 가지 버전의 MIB가 존재하며 MIB-II는 MIB-I을 확장한 것이다. 그리고 MIB-II 서브 트리는 완전히 새로운 버전에 의해서 확장되거나 대치될 수 있다.

실험적인 MIB는 특정 응용 프로그램에 대해 만들어질 수 있고, 그러한 객체는 실제로 mgmt 서브 트리로 이동될 수 있다. 개별적으로 MIB를 확장할 경우에는 private 서브 트리에 추가할 수 있다. private 서브 트리에는 enterprises라는 하나의 서브 트리를 갖고 있다. 서브 트리의 이 부분은 판매업자에게 그들의 장치에 대한 관리 수준을 높이고 자신들의 시스템들에 대한 상호작용을 필요로 하는 판매업자나 사용자간의 정보 공유를 허락한다.

internet 노드의 4 부분은 강력한 MIB 확장의 기본이 된다. 그러므로 MIB는 관리하려는 객체가 MIB의 표준화된 부분에 맞게 하고, 새로운 제안이나 기술을 수용하도록 변화에 충분히 대응할 수 있는 유연성이 있다.

② MIB-II

MIB-II(RFC-1213)는 MIB-I의 두 번째 버전이다. 첫 번째 버전인 MIB-I은 RFC 1156에 정의되어 있다. MIB-II는 몇 개의 객체와 몇 개의 그룹을 더한 MIB-I의 부분 집합이다. MIB-II는 단지 설계자에 필요한 것만 인정하므로, 어떤 객체도 선택적이 될 수는 없다. MIB-II 객체는 아래의 그룹으로 나뉜다.

- system: 시스템에 관한 전체 정보
- interfaces: 시스템으로부터 서브네트워크에 대한 각각의 인터페이스에 대한 정보
- at (address translation; deprecated): 인터넷에서의 주소변환 표에 대해 서술
- ip: 임의의 서브네트 마스크를 지원하는 IP 경로설정 서브시스템들을 위한 정보
- icmp: ICMP의 구현과 실행 연구와 관련된 정보
- tcp: 지원되는 최대 연결 개수, 연결된 개수, 특정 연결 정보(connection state, local address, local port, remote address, 그리고 remote port)
- udp: 수신된 UDP 데이터그램의 총 개수와 에러 개수에 관한 정보
- egp: 다양한 메시지 개수와 EGP 이웃에 관련된 정보

- transmission: 각 시스템 인터페이스에서의 전송 기법과 접근 프로토콜에 관한 정보
- snmp: SNMP에 관련된 정보

그룹 조직은 관리하려는 개체의 기능과 관련된 관리하려는 객체를 조직하는 규칙이다. 추가로 어떤 객체가 반드시 구현되어야 하는지 알기 위해 관리하려는 에이전트에 구현에 대한 안내서를 제공한다.

| 미니요약 | 네트워크 관리 시스템

네트워크 관리 시스템에서 TCP/IP에 기반을 둔 네트워크 관리 시스템의 기초는 관리하려는 요소에 관한 정보를 포함하는 데이터베이스인 MIB이다. SMI는 MIB에서 쓰일 수 있는 데이터의 형태와 MIB의 자원들이 어떻게 나타내어지고 이름 붙여지는 지를 정의하고 있다. 그리고 현재 MIB-I과 MIB-II, RMON1, 2와 같은 여러 가지 버전의 MIB가 존재한다.

| 미니강의 | RMON(Remote Network MONitoring)

LAN 세그먼트 또는 특정 노드에 대한 각종 성능 관련 통계 데이터를 수집하고 저장하며, SNMP를 이용하여 관리국에게 필요한 정보를 전달한다.
RMON이 스니퍼와 같은 네트워크 분석기에 대한 저렴한 대안으로 간주되고 있기는 하지만 엔터프라이즈 관점에서 볼 때 RMON은 기술 지원 요원이 현장으로 달려가지 않고도 원격지에서 NMS를 이용하여 필요한 조치를 가능케 함으로써 집중형 네트워크 관리를 촉진하는 네트워크 분석기 이상의 기능을 제공한다.
분산형 모니터링 타입을 사용하는 RMON은 망 관리자들이 중앙 콘솔에서 각 분산 LAN 세그먼트(Ethernet, Token ring)의 각종 네트워크 성능에 관련된 통계자료를 자동으로 수집하여 분석 가능케 함으로써 각종 통계 정보 중에서 관리국이 필요한 정보만을 가공하거나 본래의 데이터를 전송하여 리포트 형태로 보여준다.
RMON MIB은 RFC 1757에 정의되어 있는데, SNMP Management Station과 RMON Monitoring Agent의 상호작용에 관해 기술되어 있다.
전반적인 내용은 RFC 3577, RMON1은 RFC 2819, RMON2는 RFC4502, HCRMON과 SROM은 RFC 3273과 2613에 정의되어 있다.

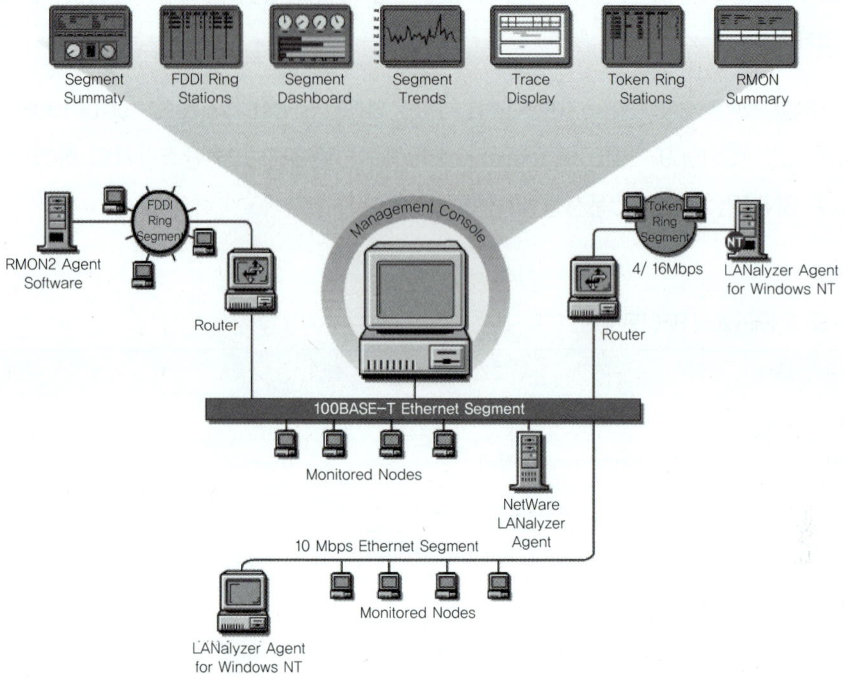

[RMON 구축 예]

11.4.3 SNMPv2(Simple Network Management Protocol version2)

원래 SNMP는 최소한의 네트워크 관리 능력을 제공하는 임시방편의 도구로 개발되었다. 이러한 SNMP 프로토콜은 매우 단순함으로 쉽게 그리고 빠르게 구현될 수 있다는 장점을 가지고 있다. 그러나 관리해야 될 네트워크가 커지면서 성능상의 문제, 대용량의 데이터 검색 문제, 트랩 정보의 확인 불가, 취약한 보안 문제, SMIv1(Structure of Management Information Version 1)의 미흡, 관리시스템간의 통신 미지원 등과 같은 약점들이 나타나게 되었다.

이를 보완하기 위해 1992년에 secure SNMP, SMP(Simple Management Protocol)가 발표되었다. 이 두 가지 규격을 기초로 하여 특히 보안 부분을 보완한 SNMPv2 규격이 개발되었으나, 1996년 새로운 SNMPv2 규격이 발표될 때에는 원래의 제안표준에 있었던 많은 보안과 관련된 부분들이 제거되기도 하였다.

그러므로 SNMPv2에서도 여전히 보안 측면이 강화되지 못했으며, InformRequest 및

Report PDU를 어떻게 사용하는지가 명확하지 않고 성능상의 문제점도 여전히 존재하고 있는 상태이다.

또한, SNMPv2는 SNMPv2p(RFC 1441~1452, PS), SNMPv2c(RFC 1901~1908, DS), SNMPv2u(RFC 1909~1910, Experimental) 등이 존재하여 혼란스럽기도 하였다. 〈표 11-3〉은 SNMPv2c의 RFC문서들을 보여주고 있다.

〈표 11-3〉 SNMPv2c의 RFC 문서

RFC 문서	설명
RFC 1901	Community 기반의 SNMPv2를 소개
RFC 1902	MIB Structure를 정의
RFC 1903	Textual Conventions를 정의
RFC 1904	Conformance Statements를 정의
RFC 1905	Protocol Operations을 정의
RFC 1906	Transport Mappings을 정의
RFC 1907	MIB을 정의
RFC 1908	버전1과 버전2의 공존에 대해 설명

따라서, IETF에서는 1996년 6월 회의부터 새로운 차세대 인터넷 망관리 프로토콜을 구상하기 시작하였으며, 이를 SNMPv3로 명명하여 1998년 1월에 RFC 2271~RFC 2275 제안 표준(Proposed Standard) 문서로 발표하게 되었다.

다음에서는 위에서 살펴본 이들 문제들을 SNMPv2에서 어떻게 해결하고 있는지에 대해서 살펴보도록 하겠다.

(1) 비 집중 네트워크 관리

기존의 중앙에서 네트워크 전체를 관리하는 구조에서는 하나의 호스트가 관리국의 역할을 수행하는 형태였다. 따라서 관리국 호스트뿐만 아니라 피 관리 개체들은 관리국으로부터 제어와 모니터링을 위해 정보 데이터베이스인 MIB와 NME 소프트웨어를 포함하게 된다. 그러나 네트워크가 방대해지고 트래픽이 증가함에 따라 중앙 집중적인 네트워크 관리 구조는 전체 네트워크를 관리하기에는 관리국에 너무 많은 부하를 주므로 관리국이 제대로 작동하지 않을 수도 있게 되었다.

따라서 중앙 집중적인 네트워크 관리보다는 비집중적이고 분산된 네트워크 관리 구조 방식이 더 효율적으로 네트워크 관리를 수행할 수 있게 되었다. 비집중 네트워크 관리 구조에서는 여러 개의 관리국이 존재하게 되는데 이들 각 관리국들은 관리하고자 하는 네트워크 전체 중에 일부의 에이전트들을 관리하게 된다. 이들 관리국들은 자신이 관리하는 에이전트에 대한 관리 책임도 가지고 있지만, 이들 관리국은 더 높은 단계의 관리국으로부터의 제어를 받게 된다. 다시 말해 자신이 관리하는 네트워크의 에이전트들에 대해서는 관리국으로 역할을 수행하지만, 상위의 관리국에 제어를 받기 위해 에이전트의 역할도 수행하게 된다. 이러한 구조는 트래픽을 분산시키므로 전체적으로 네트워크 트래픽을 줄일 수 있고 관리국에 집중된 부하 또한 분산시킬 수 있게 하였다.

비집중 네트워크 관리 구조에서는 관리국들 사이의 상호 협조가 필수적이다. 관리국 대 관리국간의 상호협조를 제공하기 위해서 SNMPv2는 Inform-Request 명령과 관리자 대 관리자 MIB를 제공하고 있다.

관리국에서 다른 관리국에 보낼 정보가 있는 경우에 Inform-Request 명령을 사용하여 보내게 된다. 예를 들면 물리적인 링크의 다운이나 네트워크에 과도한 트래픽의 집중과 같은 비정상적인 상황들에 대해서 다른 관리국에게 Inform-Request 명령을 사용하여 이런 상황을 알릴 수 있다. 이러한 자발적 통보는 비집중 네트워크 관리 구조를 구성하는데 중요한 역할을 수행한다.

상위의 관리국은 하위의 관리국에서 관리하는 네트워크에 대한 모든 상황을 알 필요가 없어졌다. 예를 들면 상위 관리국의 처리가 필요한 상황이 발생했을 때 하위의 관리국은 상위의 관리국에게 Inform-Request 명령을 사용하여 알릴 수 있다. 또한 SNMPv2에는 관리자 대 관리자 MIB이라는 것이 있다. 이 MIB은 자신이 관리하는 네트워크에 어떤 문제가 발생하였을 때 상위 관리국에 통보를 할 것인지를 설정하기 위해 사용되는 테이블을 정의해 놓고 있다. 위에서도 살펴보았듯이 과도한 트래픽의 발생이나 물리적인 링크의 다운과 같은 특별한 이벤트가 발생했을 때, 이를 상위 관리국에 통보할 수 있도록 구성될 수 있다. 더불어 이 MIB에는 특별한 이벤트에 의해서 상위 관리국에 전달되는 통보 안에 어떤 정보가 들어있는지, 이 통보를 수신할 관리국들의 정보에 대해 정의하고 있다.

이와 같은 구조에서는 미리 정의된 사건이 발생했을 때만 상위의 관리국에 통보하고, 하위의 관리국은 하부의 관리국 및 에이전트들에 대한 관리를 수행하는 분산 네트워크 관리 체계를 구성하는 것이 쉽다는 장점이 있다.

(2) 대량 데이터 전송

SNMPv1를 사용하여 관리국들이 에이전트들과 메시지를 주고받을 때 발생될 수 있는 트래픽 양이 사용자들의 관심사였다. SNMPv1에서는 한번의 요청에 제한된 데이터량 만을 교환될 수 있기 때문에 에이전트나 관리국에서는 필요한 정보를 얻기 위해서 여러 번의 요청을 발생시켰다. 이렇게 함으로 인해 네트워크에 트래픽을 가중시켜 결과적으로 네트워크 상의 심각한 병목현상을 발생시키게 된다.

이런 문제점들을 개선하기 위하여 한번에 많은 메시지를 교환할 수 있도록 하기 위해 SNMPv2에서는 SNMPv1의 Get 명령을 개선하여 GetBulk라는 새로운 명령을 추가하였다. 테이블과 같이 여러 번에 걸쳐서 검색을 해야 하는 경우에 이 GetBulk 명령을 사용하여 많은 트래픽의 발생을 줄일 수 있다.

예를 들어 관리자가 MIB에 저장된 ip 그룹의 라우팅 테이블 전체 정보를 보내고자 한다면 SNMPv1에서는 여러 번에 걸쳐서 Get과 Response 메시지를 주고받아야만 한다. 그러나 GetBulk 명령을 사용하면 한 번의 요청으로 라우팅 테이블 전체의 내용을 검색하여 가져올 수 있으며, 또한 한 번의 요청으로 비테이블에 있는 정보도 검색하여 가져올 수 있게 되는 것이다.

또한 대량 데이터의 효과적인 전송을 위해 SNMPv2에서는 nonatomic한 Get 명령을 사용한다는 것이다. SNMPv1이나 SNMPv2에서의 관리국들은 에이전트의 MIB으로부터 하나 이상의 변수들 값을 얻기 위해 Get 명령을 사용한다. SNMPv1에서는 한번의 Get 명령으로 여러 개의 변수들을 요청하였을 때 에이전트가 이들 요청한 변수들 중에서 하나라도 값을 반환할 수 없다면 이 명령은 거절될 것이다. 이런 경우 관리자는 더 적은 변수를 가지고 Get 명령을 다시 수행해야 한다. 그러나 SNMPv2에서의 nonatomic한 Get 명령은 중간에 변수에 대한 반환값이 없더라도 다른 정상적인 변수들에 대한 값들은 반환할 수 있도록 한다. 다시 말해 에이전트는 관리국이 요청한 변수들 중에서 반환할 수 있는 값은 반환하고 나머지 변수들은 무시한다는 것이다. 이렇게 함으로써 네트워크를 통해 교환되는 메시지의 수를 줄일 수 있게 되고, 따라서 전송 효율도 개선되는 것이다.

(3) 보안

SNMPv2에서 가장 중요하게 고려되었던 것은 SNMPv1에서 보다 더욱 강화된 보안에 대한 사항이었다. 이것은 SNMP를 사용하는 사용자들에 의해 요구되던 중요한 사항 중 하나

였다. SNMP를 이용하여 네트워크 관리 시스템을 개발하는 개발자나, 네트워크 관리를 수행하는 관리자는 인증된 사용자만이 SNMP를 이용하여 네트워크 관리 기능을 수행할 수 있어야 하고 인증된 사용자만이 에이전트로부터 네트워크 관리를 위해 필요한 정보를 요청하여 볼 수 있기를 바란다. SNMPv2에서는 위에서 요구되는 보안에 대한 사용자 요구조건을 만족하기 위해서 다음 세 가지의 새로운 보안 기능인 인증(authentication), 암호화(secrecy), 접근 제어(access control) 개념을 수용하고 있다.

① 인증

SNMPv1에서는 어떤 사용자든 SNMP를 이용하여 에이전트로부터 정보를 얻어올 수 있었다. 이런 문제를 해결하기 위해서 인증이라는 보안 기능을 추가하고 있는데 인증은 에이전트가 인증된 관리자로부터 온 명령에 대해서만 응답하도록 정당한 관리자인지를 확인하는 것이고, 또한 전송 중에 메시지의 변경이 있었는지를 확인할 수 있도록 해준다. 이러한 인증 기능이 가능하기 위해서는 통신을 하기 원하는 두 관리자와 에이전트가 사전에 비밀키를 분배하여 가지고 있어야 한다. 관리자는 이 비밀키를 사용하여 메시지를 인증하기 위한 인증 코드를 계산하여 메시지의 뒤에 붙여서 에이전트에 전송하게 된다. 이 인증 코드를 포함하는 메시지를 수신한 에이전트는 같은 비밀키를 사용하여 메시지에 대한 인증 코드를 계산하게 된다. 계산된 인증 코드 값이 수신된 메시지에 포함된 코드와 같은 경우에는 에이전트는 이 메시지가 인증된 관리자로부터 온 것이며, 전송 중에 메시지가 변경되지 않았음을 확신하게 된다. [그림 11-16]은 인증 과정을 보여준다.

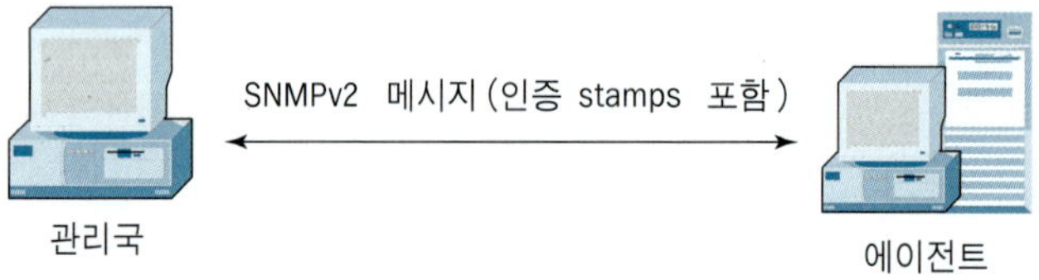

[그림 11-16] 인증 과정

② 암호화

네트워크 자원들의 공유로 인하여 네트워크 내에 돌아다니는 패킷들에 대해 제3자가 이 패킷들을 훔쳐볼 수가 있게 된다. 암호화 기능은 이처럼 제3자가 관리자와 에이전트 사이에 메시지 교환에 대한 도청을 하지 못하도록 메시지 자체를 암호화하여 보냄으로써 제3자가 전혀 알아볼 수 없도록 하는 것이다. 이를 위해서는 관리자와 에이전트는 사전에 비밀키를

분배하여 가지고 있어야 하고 이들 사이의 모든 메시지는 DES(Data Encryption Standard)를 사용하여 암호화하여 전송하게 된다. [그림 11-17]은 암호화 과정을 보여주고 있다.

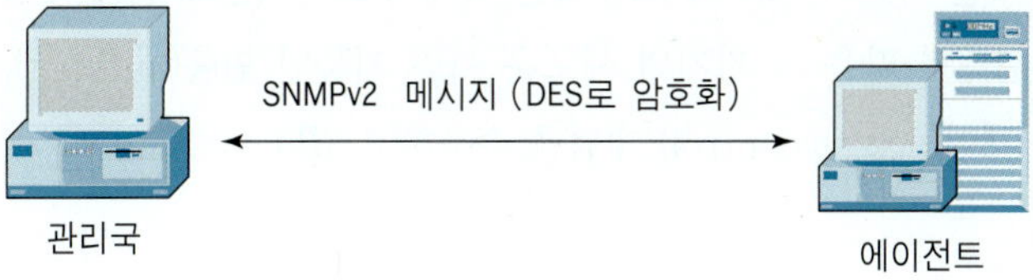

[그림 11-17] 암호화 과정

③ 접근 제어

접근 제어는 피 관리 개체 즉, 에이전트가 관리자에 따라 서로 다른 접근 권한을 제공하는 것을 말한다. 접근 제어는 에이전트가 관리자로부터 어떤 명령을 수신하느냐에 따라 다르게 적용될 수도 있고, 관리자가 접근하고자 하는 에이전트 MIB의 특정 부분에 적용할 수도 있다.

접근 제이를 위해서는 각 관리지마다 에이전트에서 사용할 접근 제어 정책을 미리 수립하여야 하고, 인증된 관리자들의 접근에 대한 정보를 테이블로 구성하여 에이전트가 이를 갖고 있어야 한다.

| 미니요약 | SNMP 프로토콜

SNMP 프로토콜은 매우 단순하고 쉬우며 빠르게 구현될 수 있다는 장점을 가지고 있었으나, 관리해야 될 네트워크가 커지면서 성능상의 문제, 대용량의 데이터 검색 문제, 트랩 정보의 확인 불가, 취약한 보안 문제, SMIv1의 미흡, 관리 시스템간의 통신 미지원 등과 같은 약점들이 나타나게 되었다. 그래서 이를 보완하기 위해 SNMPv2 규격이 발표되었다.

11.4.4 SNMPv3(Simple Network Management Protocol version3)

SNMP의 기능은 SNMPv2가 나오면서 강화되었지만, 두 버전 모두 SNMP가 광범위하게 이용되기 위해서 요구되었던 보안 기능들 중에서도 인증과 프라이버시(Privacy) 기능이 부족했다. 최근에 SNMPv3라는 말로 통틀어서 일컫는 일련의 RFC 문서들은 이런 결점들을 보강하고 있다. 〈표 11-4〉는 SNMPv3에 정의된 전체적인 네트워크 관리 구조를 살펴보고

SNMPv3에 정의된 주요한 보안 기능들 인증, 액세스 제어, 프락시(proxy)에 대한 RFC 문서를 보여주고 있다.

〈표 11-4〉 SNMP 관련 RFC 정의

SNMP Version	RFC	기 능
SNMPv1	RFC1155	TCP/IP 네트워크상에서의 관리 정보의 구조
	RFC 1157	SNMP 관리 프로토콜 정의
	RFC 1213	Linux 및 VxWorks상에서의 MIB II 구현
	RFC 1215	SNMP상에서의 trap 정의
SNMPv2	RFC 1901	SNMPv2 소개
	RFC 1907	SNMPv2상에서의 MIB
SNMPv3	RFC 2571	SNMP 관리 프레임워크 구성을 위한 구조 정의
	RFC 2572	메시지 Processing과 Dispatching 정의
	RFC 2573	SNMPv3 응용 프로그램들 정의
	RFC 2574	사용자 기반의 보안에 대한 정의
	RFC 2575	View 기반의 접근 제어 모델 정의
	RFC 2576	SNMP v1, v2 & v3 MIB 사이의 연관성 정의

SNMPv3는 SNMP v1과 v2가 함께 결합하여 사용되는 보안 기능을 정의하고 있다. 게다가 RFC 2571에서는 현재와 미래의 모든 SNMP 관련 버전들의 아키텍처를 기술하고 있다. RFC 2575는 액세스 제어 기능을 서술하는데 이 기능은 SNMPv3의 핵심 기능과는 독립적으로 동작하도록 되어있다. 그래서 SNMPv3 워킹그룹에 의해서 만들어진 다섯 개의 문서들 중 단지 3개만이 SNMPv3 보안을 다룬다.

정보들은 관리국과 에이전트 사이에서 SNMP 메시지 형태로 교환된다. 보안과 관련된 처리는 메시지 레벨에서 발생한다. 예를 들면 SNMPv3는 메시지 헤더 내에 필드들을 이용하는 사용자 보안 모델을 지정한다. SNMP 메시지의 페이로드(Payload)는 SNMPv1 혹은 SNMPv2 PDU가 된다. 일반적으로 PDU는 관리 행위의 종류와 그 관리 행위와 관련된 변수명들의 리스트를 지정한다.

SNMPv3 워킹 그룹에서 만들어낸 RFC 문서들은 전체적인 아키텍처와 특정한 메시지 구조들과 보안 특징들에 대하여 기술하지만, 새로운 SNMP PDU 형식을 정의하지는 않는다.

따라서 기존의 SNMPv1 혹은 SNMPv2 PDU 형식이 새로운 아키텍처 내에서도 사용되어야만 한다. 다시 말해 SNMPv3는 SNMPv2에다가 보안과 인증 기능을 더한 것이다.

| 미니강의 | SNMPv3(Simple Network Management Protocol version3)

SNMPv3는 상호 운용 가능한 네트워크 관리용 표준 기반 프로토콜이다. 즉, 네트워크를 통한 패킷 인증 및 암호화 기술을 조합하여 장치에 보안 액세스 기능을 제공하는데, SNMPv3에서 제공되는 보안 기능은 다음과 같다.

- 메시지 무결성: 패킷이 전송 중에 조작되지 않도록 한다.
- 인증: 메시지의 출처가 유효한지 확인한다.
- 암호화: 권한이 없는 원본에서 패킷을 볼 수 없도록 패킷을 암호화 한다.

SNMPv3은 보안 모델과 보안 수준을 모두 제공한다. 보안 모델은 사용자 및 사용자가 속한 그룹용으로 설정되는 인증 전략이며, 보안 수준은 보안 모델 내에서 허용되는 보안 수준이다. 보안 모델과 보안 수준을 조합하여 SNMP 패킷 처리 시 적용되는 보안 메커니즘이 결정되는데, 이때 사용 가능한 세 가지 보안 모델은 SNMPv1, SNMPv2c, SNMPv3이다.

〈보안 모델과 수준〉

모델	수준	인증	암호화	설명
v1	noAuthNoPriv	커뮤니티 문자열	아니요	인증 시 커뮤니티 문자열 일치 기능을 사용한다.
v2c	noAuthNoPriv	커뮤니티 문자열	아니요	인증 시 커뮤니티 문자열 일치 기능을 사용한다.
v3	noAuthNoPriv	사용자 이름	아니요	인증 시 사용자 이름 일치 기능을 사용한다.
v3	authNoPriv	MD5 또는 SHA	아니요	HMAC-MD5 또는 HMAC-SHA 알고리즘을 기반으로 인증을 제공한다.
v3	authPriv	MD5 또는 SHA	DES	HMAC-MD5 또는 HMAC-SHA 알고리즘을 기반으로 인증을 제공한다. CBC-DES(DES-56) 표준 기반 인증 이외에 DES 56비트 암호화 기능도 제공한다.

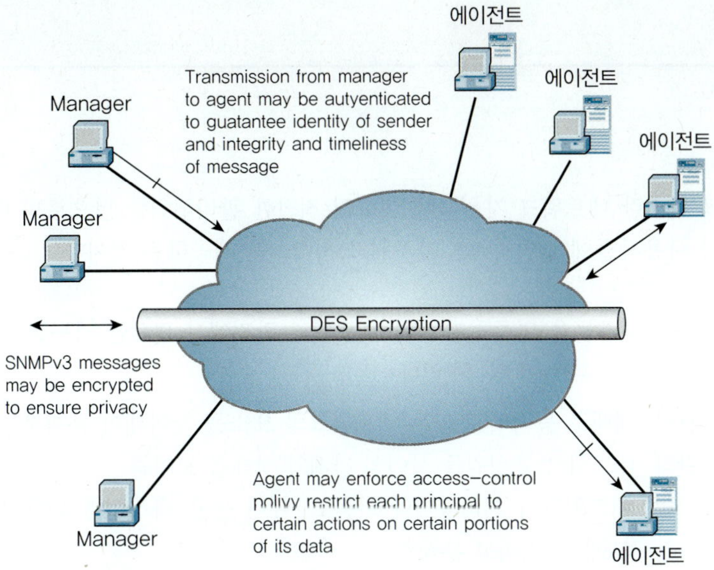

[SNMPv3 보안 구조]

| 미니강의 | 레어 프루츠 카운슬(RFC)

집회의 리더 만프레도 크래머는 자신들의 모임을 위해 특별한 모임 이름을 만들고 싶어 했다. 그는 열광적인 원예가의 한 사람으로서, 그는 당시 〈European Bamboo Association〉이라는 신문을 읽고 있었는데 문득 'Rare Fruits Council'이란 문구가 그의 눈길을 끌었다. 그리고 다음과 같은 한마디에 의해 '희한한 과일들의 모임(이하 RFC)'은 출발했다고 한다.

아울러 그는 단체의 명칭이 다음과 같은 두 가지 의미를 내포하고 있다고 명쾌하게 설명한다.

첫째로 RFC은 잊혀졌거나 거의 잊혀져 있는 혹은 잘 알려져 있지 않은 이야기들을 발견하려고 노력하고자 한다는 점이며, 이 점이 바로 '희귀한 과일(rare fruits)' 그 자체를 의미하고 있다.

둘째로 그들의 중심적 탐구영역인 17세기라는 기간 동안 Hortus Musicus나 Hortulus chelicus 등의 예에서 보여주듯이 편집음악 모음집에 이름을 붙여주는 것은 매우 보편적인 현상이었다고 한다. 당시에 신성한 조직의 기조 사상이 되었던 '음악과 자연의 관계'는 아주 강력한 것이었으며 따라서, 일종의 기발함(eccentricity)의 추구에서 태동한 이름, RFC도 역사를 거슬러 올라가 보면 결국 보편적인 상식에서 벗어나지 않는다는 결론을 보여준다.

요약

01 네트워크 관리란 네트워크 자원들에 대하여 적절한 관리행위를 함으로써 네트워크 사업자들과 사용자들에게 안정적인 네트워크 서비스를 제공하는 것이다.

02 사용자의 요구사항들을 만족하기 위해 네트워크 관리에서 필요한 기능들을 다음과 같이 5가지 항목으로 나누어 볼 수 있다.

- 장애 관리: 제대로 동작하지 않는 네트워크의 요소들 찾아내어 문제점을 해결
- 구성 관리: 네트워크 구성원들 사이의 관계와 상태를 보여줌
- 성능 관리: 네트워크의 처리율이나 이용도, 에러 등을 측정하기 위한 시스템의 성능에 관한 정보를 수집하고 분석
- 보안 관리: 패스워드나 암호화된 데이터 링크를 유지 보수하고 가능한 보안 행위를 기록
- 계정 관리: 개방 시스템에서 일어나는 어떤 활동에 의하여 소비되는 자원에 관한 모든 정보를 관리

03 네트워크 관리 구조에서 중요한 구성 요소

- 관리국: 관리하고자 하는 네트워크 장비를 감시하고 제어
- 에이전트: 호스트, 게이트웨이, 터미널 서버등과 같은 네트워크 구성 구성 장비들이 네트워크 관리국으로부터 요청된 정보를 제공해주므로 네트워크 관리 기능을 수행할 수 있도록 서비스 제공
- 프로토콜: 관리국과 에이전트 사이에 통신을 위해 사용
- MIB: 관리 정보를 담고 있는 데이터베이스

04 SNMP는 구현이 쉽고 간단해 오늘날 가장 일반적인 네트워크 관리 프로토콜이 되었고, CMISE / CMIP는 구현의 복잡성과 방대함으로 인해 네트워크 관리를 위해서는 많이 사용되지 않고 있다.

05 TMN은 네트워크의 일괄 관리를 위한 인터페이스이며, ITU의 후원 하에 공식화 되었다. 네트워크 구성 요소들을 정의하고 지칭하는 표준 방법으로 다양화, 비대화, 고도화 되어가는 통신망 환경에 유연하게 대처하기 위한 것으로, 사설 및 공중 네트워크뿐 아니라 무선통신과 케이블 TV에도 적용이 가능하다.

06 SNMP에서 프로토콜 동작

- Gets: 관리자 시스템에서 만들어져 에이전트 시스템에서 실행
  - GetRequest, GetNextRequest, GetBulkRequest
- Set: 관리자 시스템에서 만들어져 에이전트 시스템에서 실행
- Trap: 에이전트 시스템에서 만들어져 관리자 시스템에 전달

07 MIB(Management Information Base)

- 네트워크 관리 시스템에서 TCP/IP에 기반을 둔 네트워크 관리 시스템의 기초는 관리하려는 요소에 관한 정보를 포함하는 데이터베이스
- SMI: MIB에서 쓰일 수 있는 데이터의 형태와 MIB의 자원들이 어떻게 나타내어지고 이름 붙여지는지를 정의
- 현재 MIB-I과 MIB-II, RMON 1, 2와 같은 여러 가지 버전의 MIB가 존재
- MIB-II 객체는 10개의 그룹으로 이뤄짐

08 QoS는 응용 프로그램, 사용자, 데이터 등의 흐름에 우선 순위를 부여하여 일정 수준의 성능을 보장하는 기술이다.

09 SNMPv3는 상호 운용 가능한 네트워크 관리용 표준 기반 프로토콜로서, SNMPv1과 v2가 함께 결합하여 사용되는 보안 기능을 정의한다.

10 관리해야 될 네트워크가 커지면서 성능상의 문제, 대용량의 데이터 검색 문제, 트랩 정보의 확인 불가, 취약한 보안 문제, 관리 시스템간의 통신 미지원 등과 같은 약점들을 보안한 SNMPv2, v3 제안

연습문제

01 네트워크 자원들의 상태를 모니터링하고 이들에 대한 제어를 통해서 안정적인 네트워크 서비스를 제공하는 것을 무엇이라 하는가?

a. 게이트웨이 관리　　b. 서버 관리
c. 네트워크 관리　　d. 시스템 관리

02 네트워크에 대한 사용자들의 요구사항을 만족시키기 위한 관리 항목이 아닌 것은?

a. 장애 관리　　b. 회선 관리
c. 보안 관리　　d. 성능 관리

03 어떤 자원에 대한 사용자의 접근 권한을 관리하여 지금 어떤 네트워크 자원에 접근하려는 사용자가 정당한 사용자인지를 인증해주는 것과 관련된 관리 항목은?

a. 보안 관리　　b. 장애 관리
c. 성능 관리　　d. 계정 관리

04 다음 중 구성 관리에 대한 설명으로 잘못된 것은?

a. 네트워크 구성원들 사이의 관계와 상태를 보여준다.
b. 네트워크 장비의 추가, 삭제, 변경 기능을 제공한다.
c. 네트워크 구성을 그래픽하게 나타낸 것을 네트워크 구성도라고 한다.
d. 제대로 동작하지 않는 네트워크의 요소들을 찾아내어 문제점을 해결하는 것을 말한다.

05 관리하고자 하는 네트워크 장비들에 대한 감시와 제어를 수행하는 시스템을 무엇이라고 하는가?

a. 에이전트　　b. 네트워크 관리 시스템
c. 호스트　　d. 네트워크 장비

06 네트워크 장비를 하나의 네트워크 관리 개체(NME)로 볼 수 있으며 여기에는 네트워크 관리를 위해 사용되는 소프트웨어들을 포함하고 있는데 이들 NME의 역할이 아닌 것은?

a. 장비에 들어오고 나가는 트래픽 통계 정보를 수집한다.
b. 수집한 통계 정보를 저장한다.
c. 관리 호스트로부터의 요청을 처리한다.
d. 장비에 이상 발생 시 주위에 장비들에 이를 알린다.

07 다음 설명 중 연결이 잘못된 것은?

a. 관리국 – 네트워크 관리 센터의 중앙에 위치하며 관리자와 에이전트들 사이의 인터페이스 역할을 수행
b. 에이전트 – 관리되는 네트워크 상에 존재하는 네트워크 장비들
c. MIB – 관리국에서 에이전트들에 대한 분석 정보를 저장하는 데이터베이스
d. 관리 프로토콜 – 관리국과 에이전트 사이에서 정보를 요청하거나 응답할 때 사용되는 프로토콜

08 다음 중 네트워크 관리 프로도콜과 가장 거리가 먼 것은?

a. HEMS(HighLevel Entity Management System)
b. SGMP(Simple Gateway Monitoring Protocol)
c. CMISE/CMIP(Common Management Information Service Element/Protocol)
d. ARP(Address Resolution Protocol)

09 다음 중 CMIS에서 제공하는 서비스에 대한 설명으로 잘못 짝지어진 것은?

a. M-Get: 에이전트에게 관리정보를 요청
b. M-Set: 에이전트의 관리정보를 수정하도록 요청
c. M-Action: 관리객체에 사전에 정의된 특정한 동작을 실행
d. M-Delete: 이미 요청된 M-Get을 중지시킬 때 이용

10 다음 중 SNMP에 대한 설명으로 잘못된 것은?

a. 네트워크 관리 프로토콜이다.

b. SNMP 메시지는 버전(Version), 커뮤니티(Community), SNMP PDU 이렇게 3 부분으로 이루어져 있다.

c. PDU 타입으로는 Get-Request, Get-Response, Get-Next-Request, Get-Next-Response, Set-Request, Set-Response, Trap 등이 있다.

d. SNMP 패킷을 주고받기 위해 160번 포트를 사용한다.

11 다음은 무엇에 대한 설명인가?

> 각각의 에이전트는 자신의 MIB 뿐만 아니라 다른 많은 관리국에 대한 MIB도 제어할 수 있어야만 한다. 제어는 Authentication 서비스와 Access policy, Proxy 서비스 이렇게 3가지 측면에서 고려되는데 이것은 보안을 고려한 것이다. SNMP에서는 이것을 통해서 이 보안에 대한 제한적인 기능을 지원한다.

a. Trap
b. Encryption
c. Authentication
d. Community

12 SNMP와 CMIP의 비교로 잘못된 것은?

a. 통신 방법: SNMP – 연결형, CMIP – 비연결형

b. 관리 방식: SNMP – Trap–Polling, Event–Driven

c. 객체 이름: SNMP – 객체 확인자, CMIP – Distinguished Name

d. 스키마(Schema): SNMP – SMI, CMIP – GDMO

13 다음 중 MIB에 대한 설명으로 잘못된 것은?

a. 관리하려는 요소에 관한 정보를 포함하는 데이터베이스

b. 각각의 관리하려는 자원은 객체로 표현되는데 이들 객체들의 구조적인 모임

c. MIB에 저장된 객체 값은 읽기전용

d. SMI에 의하여 데이터의 형태와 자원들이 어떻게 나타내어지고 이름 붙여지는지를 정의

14 다음 중 SNMPv2, v3가 제안된 이유가 아닌 것은?

a. 관리 시스템간의 단순한 통신 지원
b. 대용량의 데이터 검색 문제
c. 트랩 정보의 확인 불가
d. 취약한 보안문제

15 네트워크 관리가 필요한 이유에 대하여 설명하시오.

16 CMIS/CMIP가 잘 정리되고 훌륭한 개념임에도 불구하고 일반적인 네트워크 관리 프로토콜로 사용되지 못하는 이유를 설명하시오.

17 SNMPv2에서 지원하는 보안 기능 중에 비화에 대하여 설명하시오.

| 참고 사이트 |

- http://myhome.netsgo.com/aji1004/about_network/network9.htm: NMS에 대하여 정리해 놓았다.
- http://icc.skku.ac.kr/~bronson/nm.htm: CMIP/CMIS를 이용한 망관리 기술에 대하여 정리해 놓았다.
- http://home.postech.ac.kr/~mjchoi/research/nms.html: 네트워크 관리 프로토콜들에 대하여 정리해 놓았다.
- http://forum.kjist.ac.kr/data/4-1.html: 네트워크 관리에 대하여 정리해 놓았다.
- http://www.ieng.com/univercd/cc/td/doc/cisintwk/ito_doc/snmp.htm: SNMP v2에 대하여 정리해 놓았다.
- http://www.netmanias.com/contents/whitepaper/20000610-hjkim-snmp2/part2.htm: SNMP v3에 대하여 정리해 놓았다.
- http://www.eosoft.co.kr/business/cmip.htm: CMIP에 대하여 정리해 놓았다.
- http://www.terms.co.kr: 컴퓨터에 관련된 용어를 정리해 놓았다.

| 참고문헌 |

- Prentice Hall(조경산 역), 컴퓨터 네트워크와 인터넷, 그린출판사, pp480-489, 1997
- 정진욱, 곽경섭, 김준년, 강충구, 데이터 통신입문과 DATA COMMUNICATIONS, 광문각, pp577-618, 1998
- William Stallings, SNMP, SNMPv2, SNMPv3, and RMON 1 and 2, Addison-Wesley, pp1-163, 1999
- James F.Kurose, Keith W.Ross, Computer Networking, Addison-Wesley, pp626-659, 1999
- 정진욱, 안성진, 정보통신과 컴퓨터 네트워크, Ohm사, pp359-380, 1998
- Heinz-Gerd Hegering, Sebastian Abeck, Bernhard Neumair, Integrated Management of Networked Systems, Morgan Kaufmann, pp121-153, 1999
- George Pavlou, Nikos Anerousis, Antonio Liotta, Integrated Network Management VII, Ohm사, pp375-656, 2001
- Oancea Daniel, Structure of Management Information in SNMP

CHAPTER

12

네트워크 보안

contents

CHAPTER 12

네트워크 보안(Network Security)

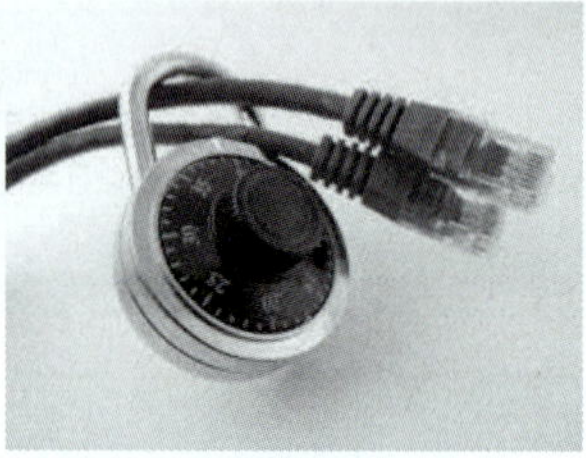

네트워크 보안에 대한 정의는 간단하지 않다. 왜냐하면 네트워크에는 다양한 형태의 공격들이 있어 왔고, 그에 따른 보안들이 이루어져 왔기 때문이다. 하지만 중요한 것은 공공기업이나 개인의 PC를 해커나 크래커들로부터 지키기 위해서는 보안 담당자나 본인이 이들의 공격을 막을 준비를 해야 한다는 것이다. 그러기 위해서는 보안 담당자나 본인이 보안에 관련된 지식을 쌓아야만 한다. 다시 말해 네트워크 보안이란 위협적인 해커나 크래커로부터 내 자신 또는 공공기관이 갖고 있는 중요한 정보들을 어떤 불순한 의도로부터 안전하게 지키는 것이다.

이 장에서는 다음과 같은 내용을 통하여 이와 같은 일들을 이룰 수 있도록 하고자 한다.

- 네트워크 보안의 개념을 이해한다.
- 암호화에 대한 개념 및 암호화 방법들에 대해서 살펴본다.
- 키 분배와 관리에 대한 내용을 살펴본다.
- 디지털 서명이 필요한 이유와 적용사례들을 살펴본다.
- 웹 보안의 개념 및 구체적인 방법들에 대해서 살펴본다.

12.1 네트워크 보안 개요

12.1.1 네트워크 보안의 중요성

정보화 사회가 되어감에 따라 하루에도 수없이 많은 정보들이 생성되고, 이들 정보들이 한 곳에 존재하는 것이 아니라 다시 네트워크를 타고 여러 곳에 있는 다양한 사람들에게 전달되고 있다. 이들 정보는 컴퓨터가 처리할 수 있는 형태로 존재하기 때문에 이들 정보를 수정하거나, 원격지에 있는 이들 정보에 대한 가공 작업을 할 수도 있다.

이와 같이 정보를 담고 있는 데이터는 컴퓨터나 네트워크를 통해서 처리하기가 쉽기 때문에, 예전에 종이로 작성하던 거의 대부분의 문서들을 전자 문서화하여 사용하고 있고, 작성된 문서들을 한곳에만 저장해두는 것이 아니라 네트워크를 통해서 다른 곳으로 손쉽게 보내기도 한다. 이 과정에서 여러 사용자가 공유하는 전송매체를 통해 이들 문서나 정보를 보내거나 또는 받게 되는데, 중간에서 이들 정보를 훔쳐보거나 위조하는 등의 문제가 발생할 수도 있다. 정보화가 되면 될수록 이를 악용하는 사례들이 빈번이 발생하고 있기 때문에, 여러 사람이 공유하는 전송매체를 통해서 중요한 정보를 보낼 경우에는 이를 신뢰한다는 것이 그리 쉽지만은 않다. 뿐만 아니라 자신의 컴퓨터가 네트워크에 접속되어 있다면 자신 외에도 다른 사람이 사신의 컴퓨터에 들어와서 중요한 정보를 빼내갈 수도 있게 된다. 그러므로 접근하기 쉽고 정보가 집중된 컴퓨터나 네트워크를 타고 흐르는 정보들은 해커나 크래커들의 좋은 공격 대상이 된다.

많은 기업들은 예전에 종이 문서로 작성했던 거의 대부분의 문서들을 전자 문서로 바꿔서 업무에 효율적이고 효과적으로 활용하고 있는데, 이들 전자 문서들의 가장 큰 단점은 이들 문서가 다른 인가되지 않은 사용자에 의해서 무단으로 복사되거나 변경되었는지를 파악할 수 없다는 것이다. 네트워크 상에 전송되는 문서를 제3자가 중간에서 가로채거나 문서를 수정해서 재전송한다고 해도 이에 대한 흔적이 남지 않기 때문에 문제가 되는 것이다. 일반적으로 종이에 인쇄된 어떤 문서를 변조하는 것은 그리 쉬운 일은 아니었다. 하지만 컴퓨터에 저장되어 있는 전자 문서는 살짝 고쳐 놓더라도 특별한 기술을 도입하지 않는 이상 변조 사실을 알아내기란 사실상 불가능하다. 이러한 문제들 때문에 결국 시스템의 보안 문제 및 네트워크에 대한 보안 문제가 새롭게 등장하게 되었던 것이다.

사실 보안 문제는 정보화 사회라는 말이 나오기 전부터 존재해온 문제지만, 정보화 사회가 진행됨에 따라 인간 생활이 컴퓨터를 중심으로 한 정보 시스템에 전적으로 의존하게 되면서 그 심각성 및 중요도가 점점 증대되고 있다. 그리고 정보의 집중도가 높아질수록 공격 당했을 때 입는 피해의 정도도 커질 것이며, 정보의 전송이 자주 일어날수록 공격 당할 기회도 비례해서 많아지게 될 것이다.

| 미니요약 | 네트워크 보안의 중요성

네트워크를 통해 전송되는 정보는 변조되거나 훔쳐가도 흔적이 남지 않아 도청 사실을 알아내는 것이 불가능하기 때문에 네트워크 보안에 대한 중요성이 점점 증가하고 있다.

12.1.2 보안 위협요소

보안 문제를 다루기 위해서는 우선 악의를 가진 사람들이 어떤 부정한 행위를 해왔고 또 하는지에 대한 분석이 필요하다. 이런 분석이 있은 후에야 이들 공격에 대한 대처 방안을 간구 할 수 있기 때문이다.

이들 공격에 대해서는 몇 가지로 분류할 수 있다. 우선 부정한 행위를 저지르는 사람이 누구냐에 따라 두 가지로 나눌 수 있는데, 하나는 두 통신 당사자를 제외한 제3자가 통신 중인 정보에 대해 공격하는 경우이고, 다른 하나는 통신 당사자들 중 어느 한쪽이 상대방을 속이는 경우이다.

첫 번째 경우는 악의를 갖은 사람들이 상대방과 통신을 하는 당사자가 아닌 제3자의 경우로 정보를 보내거나 정보를 받는 사람이 아닌 제3자가 네트워크의 전송 공유매체를 통해서 흐르는 정보에 대하여 공격 행위를 하는 것이다. 이와 같은 공격은 다음의 두 가지로 구분하는데 하나는 수동적(Passive)인 공격이고, 다른 하나는 능동적(Active)인 공격이다. 수동적 공격은 도청, 모니터링, 전송과 관계가 있다. 전자우편, 파일 전송, 클라이언트 서버의 변화 등은 모니터 될 수 있는 전송 사례들이다. 능동적이란 전송된 데이터를 수정하거나 컴퓨터 시스템이 승인하지 않는 접속을 시도하는 것이다. 이 두 가지 공격이 바로 보안 위협요소가 되는데 우리는 이 두 가지 위협요소에 대해서 살펴보도록 하겠다.

(1) 수동적인 공격

수동적인 공격은 네트워크에 흐르는 정보를 제3자가 중간에서 알아내어 자신의 이익을 위해 해당 정보를 이용하는 것을 말한다. 단순히 여기서는 네트워크를 통하여 전송되는 정보를 중간에서 얻으므로 전송 중인 정보에 대한 내용을 수정하거나 다른 정보를 보내는 행위가 아닌 단지 지나가는 패킷의 내용이 무엇인지를 파악하여 해당 정보를 이용하는 것이다. 수동적인 공격의 또 다른 하나는 정보의 내용 그 자체가 아니라 네트워크를 통해 흐르는 정보의 흐름 즉 트래픽 량이나 트래픽이 발생한 위치, 최종 목적지에 대한 트래픽 분석 등을 통하여 어떤 사실을 유추해 내고자 하는 것이다. [그림 12-1]은 수동적 공격 형태를 보여준다.

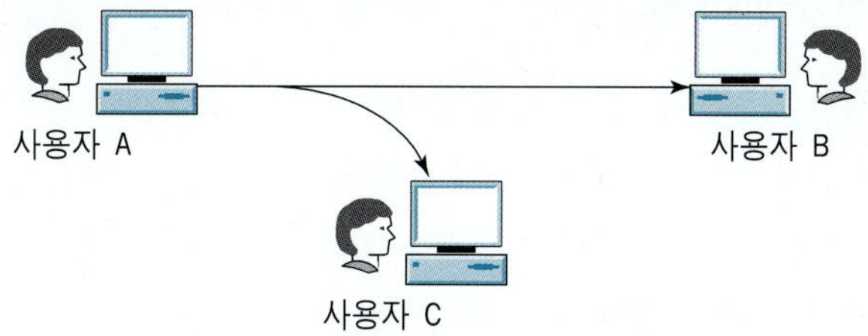

[그림 12-1] 수동적(Passive) 형태의 공격

(2) 능동적인 공격

능동적인 공격은 수동적인 공격보다는 좀 더 과감하게 네트워크 중간에 흐르는 정보를 중간에서 가로채어 그 내용을 변조하거나 바꿔치기 하여 공격자 자신의 이익을 추구하고자 하는 행위를 말한다.

예를 들어 C라는 공격자가 통신 중인 A와 B라는 두 사람 사이에 전송되는 정보를 중간에서 가로채서 분석한 결과 정보의 내용이 C에게 100만원을 지불하라는 내용이었는데 C가 이를 중간에서 가로채어 100만원을 1000만원으로 바꾸어 놓을 수 있다.

마지막 능동적인 공격은 위장(Masquerade)이다. 사실은 A가 아니면서 A인척 B에게 거짓 정보를 보내므로 A가 이득을 취하는 것을 말한다. 이런 공격 형태 외에도 DOS(Denial Of Service)와 같은 공격도 있다. [그림 12-2]는 능동적인 공격 형태를 보여준다.

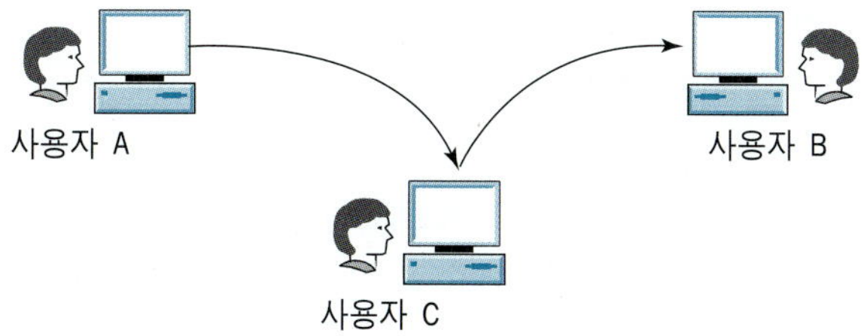

[그림 12-2] 능동적(Active) 형태의 공격

위에서 살펴본 내용은 모두 통신의 당사자가 아닌 제3자가 네트워크 중간에 전송되는 정보에 공격을 하는 경우였다. 전에는 이러한 공격 형태가 주로 네트워크 상에서의 보안 문제로 여겨졌는데, 요즘은 컴퓨터 네트워크를 이용해 정보를 보내고 받는 당사자들이 부정행위를 저지를 가능성이 커졌다. 이와 같은 경우가 앞에서 이야기한 제3자가 아닌 통신 당사자가 부정행위를 하는 경우이며, 여기에서는 공격이라는 용어를 사용하지 않고 단순히 부정(Fraud)이라는 용어를 사용한다.

통신 당사자가 부정한 행위를 할 경우는, 송신자가 자신이 보낸 정보가 자신에게 불리한 결과를 초래한다면 송신자는 자신의 송신 사실 자체를 부인할 수도 있다. 반대로 수신자가 어떤 정보의 수신 사실이 자신에게 불리한 결과를 초래한다고 판단되었을 때, 수신사실 자체를 부인하는 경우가 발생할 수 있다.

이 밖에도 컴퓨터와 네트워크를 통해 전송되는 정보를 방해하거나, 악용하는 등의 부정행위는 그 형태가 매우 다양하나 대체로 앞에서 살펴본 태핑(Tapping)에 의한 내용 훔쳐가기, 내용의 변조(Modification), 어떤 사실의 부인(Repudiation) 등으로 대별할 수도 있다.

| 미니요약 | 보안 위협 요소

악의를 갖은 사람이 상대방과 통신을 하는 당사자가 아닌 제3자의 경우, 공격은 다음의 두 가지로 구분하는데, 하나는 수동적인 공격이고 다른 하나는 능동적인 공격으로 구분된다.

| 미니강의 | 암호학(Cryptography)

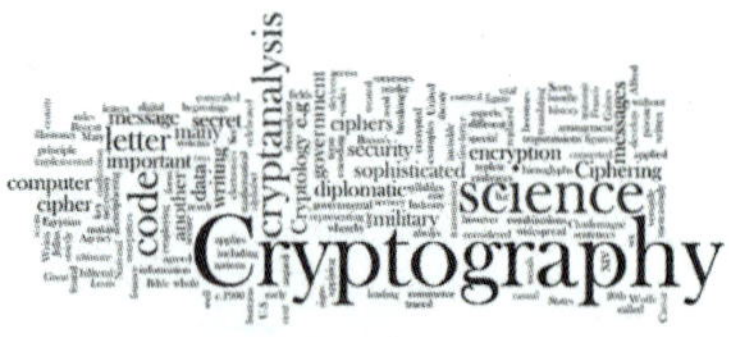

기원전 450년경, 그리스의 도시국가 스파르타에서 파견된 첩자는 동맹국 페르시아의 배신을 감지하고 이를 암호화하여 자국에 알렸다. 이후, 로마의 영웅 시저 역시 기원전 40년 이전에 암살 음모를 알리는 암호로 된 편지를 가족에게 전했다. 시간이 흐르고, 제1차 세계대전 당시 독일의 여성 첩보원 마타하리는 자신의 음표암호로 빼낸 기밀을 본국에 전달함으로써, 약 20만 명에 달하는 프랑스군을 죽음에 이르게 했다. 제2차 세계대전 당시 미국이 독일의 암호문을 해독한 것은 전쟁을 승리로 이끄는 실마리가 됐다. 역사적으로 유명한 전쟁과 암살 그리고 음모 뒤에는 언제나 암호화(Encryption)된 통신을 주고받는 이들과 운명적으로 그를 막는(도청하는) 방해자 들이 등장한다.

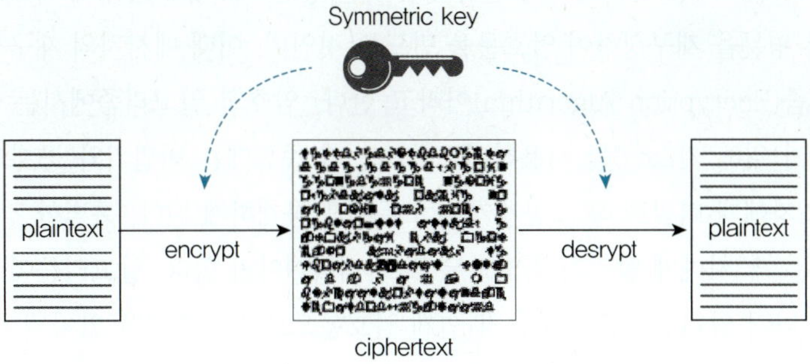

[암호화 전송의 예]

위의 사실들에서 볼 수 있듯이 비밀과 지식을 담은 암호체계를 만들고 해석하는 기술력은 이미 오래 전부터 국가의 힘으로, 전쟁의 승패를 결정짓는 중요한 열쇠로 자리 잡아왔다.

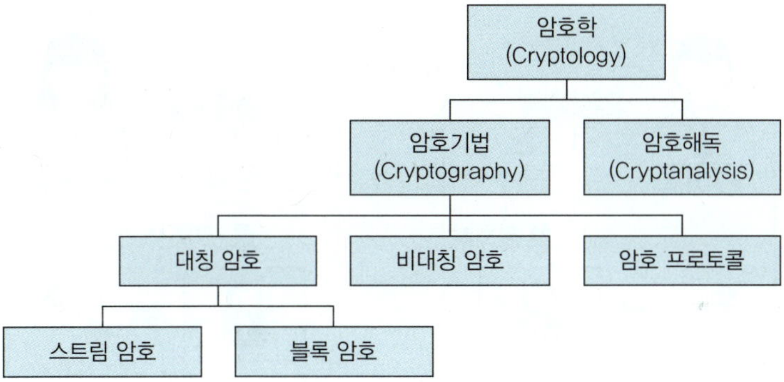

[암호학 영역]

12.2 암호화 알고리즘

12.2.1 암호화 개요

여러 사람이 같이 사용하는 전송선로를 통해 중요한 데이터를 보내기 위해서는 이들에 대한 보안 대책을 강구하여야 한다. 이것을 가능하게 하는 것이 암호화 방법이다. 암호화에서는 본래의 보내고자 하는 순수 메시지를 평문(Plain Text)이라고 부르고, 암호화된 메시지는 암호문(Cipher Text)이라고 부른다.

암호화는 메시지를 최종 목적지의 수신자에게 가는 동안 제3자에 의해서 이 메시지를 알아볼 수 없도록 평문을 재구성하여 암호문을 만드는 것인데, 이때 메시지의 재구성 방법을 암호화 알고리즘(Encryption Algorithm)이라고 한다. 암호화 알고리즘에서는 암호화의 비밀성을 높이기 위해 키(key)를 사용하기도 한다. 키 종류에는 비밀키와 공개키가 있는데, 비밀키는 제3자에게 비밀로 하고 공개키는 모두에게 공개하게 된다. 특별한 경우를 제외하고는 비밀키는 제3자에게 알려지지 않도록 잘 관리하여야만 한다. 알고리즘이 공개된 상태에서 비밀키 마저 알려진다면 누구든지 쉽게 암호문으로부터 평문을 알아낼 수 있기 때문이다.

복호화란 암호화의 역과정으로 암호문으로부터 원래의 메시지(평문)를 복원하는 과정이다. 일반적으로 복호화 과정에도 암호화에 사용된 알고리즘을 사용하게 된다. 복호화 과정에서도 역시 키를 사용하여야만 된다. [그림 12-3]은 암호화와 복호화 과정을 보여주고 있다.

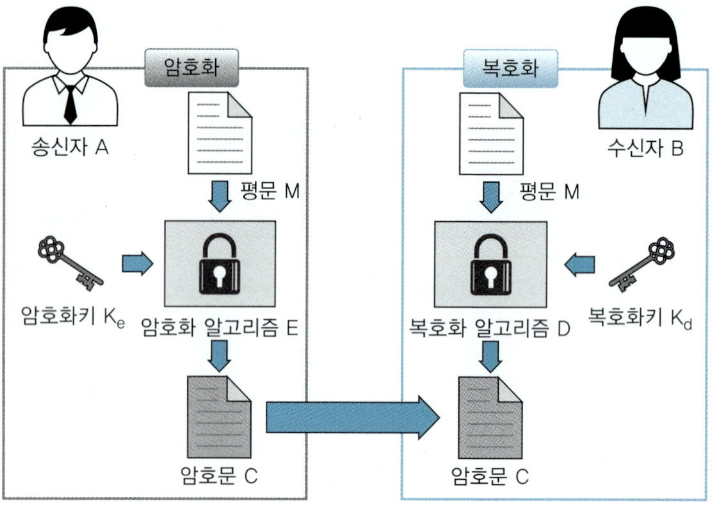

[그림 12-3] 암호화 및 복호화 과정

위 그림에서 평문 M은 송신자 A가 수신자 B에게 전달하려는 정보로 누구나 알아볼 수 있는 문장으로 되어 있다. 송신자가 평문 M을 멀리 떨어져 있는 사람(수신자 B)에게 안전하게 전송하기 위해서는 암호화 키 Ke와 암호화 알고리즘 E를 적용시켜 암호문 C를 생성하게 된다.

$$C = E_{Ke}(M)$$

이렇게 생성된 암호문 C를 전송 선로를 따라서 전송하게 되는데 이때 암호문 C는 어느 누구도 읽을 수 없는 상태이다.

수신자 B는 송신자 A가 전송한 암호문 C를 수신하여 복호화 키와 복호화 알고리즘을 적용시켜 송신자가 보낸 평문 M을 복원할 수 있다.

$$M = D_{Kd}(C)$$

(1) 관용키 암호방식(Conventional Cryptography, 대칭키 암호방식)

관용키 암호방식은 우리가 일반적으로 잘 알고 있는 암호화 방식으로 암호화나 복호화에 쓰이는 암호화 키 Ke와 복호화 키 Kd가 동일한 것으로 속도가 빠르다는 장점이 있다. 그러나 이 방식은 두 사람이 메시지를 주고받기 위해서는 송신자와 수신자 모두 암호화에 쓰이는 키를 알고 있어야 하므로 암호화에 쓰인 키를 어떻게 상대방에게 전달할 것인지의 문제가 발생하게 된다.

(2) 공개키 암호방식(Public Key Cryptography)

공개키 암호방식에서는 설명한 관용키(또는 대칭키) 암호방식과는 달리 암호화나 복호화에 쓰이는 키가 서로 다르다. 즉, 암호화 키 Ke와 복호화 키 Kd가 서로 다르게 존재한다는 것이다. 그런데 항상 Ke가 암호화 키로만 사용되는 것은 아니고 복호화를 위해서도 사용될 수 있는데, Kd로 암호화를 하면 복호화할 때는 Ke를 사용하여 복호화를 할 수 있기 때문이다. 다시 말해 Ke로 암호화를 하면 Kd로 복호화를 할 수 있고, Kd로 암호화를 하면 Ke로 복호화를 할 수 있다는 것이다. 여기서 일반적으로 일반에 공개되는 키를 공개키라 하고, 자신이 비밀로 갖고 있는 키를 비밀키라고 한다.

가령 어떤 한 사람이 특정 사람에게만 자신의 메시지를 보내고 싶을 때에는 상대방의 공개키로 메시지를 암호화하여 보내게 된다. 그러면 그 암호화된 메시지는 오로지 상대방의 비밀키로만 풀 수 있으므로, 그 사람만이 내용을 확인할 수 있으며 비록 전송도중에 제3자가 그 메시지를 가로채서 보더라도 결코 그 내용을 알 수가 없게 된다. 또한 어느 한 사람이 자신의 비밀키로 메시지를 암호화하여 보내면 송신자의 공개키를 아는 사람은 누구나 그 내용을 확인할 수가 있지만, 송신자가 바로 그 메시지를 보낸 사람이라는 것은 누구도 부인할 수 없다. 왜냐하면 오직 송신자만이 자신의 비밀키를 알고 있기 때문이다.

| 미니요약 | 암호화

암호화는 메시지의 내용이 불명확하도록 평문을 재구성하여 암호문을 만드는 것이며, 암호화 알고리즘을 사용하여 메시지를 재구성한다.

공개키 암호방식의 가장 큰 단점은 관용키 암호방식보다 처리 속도가 무척 느리다는 것이다.

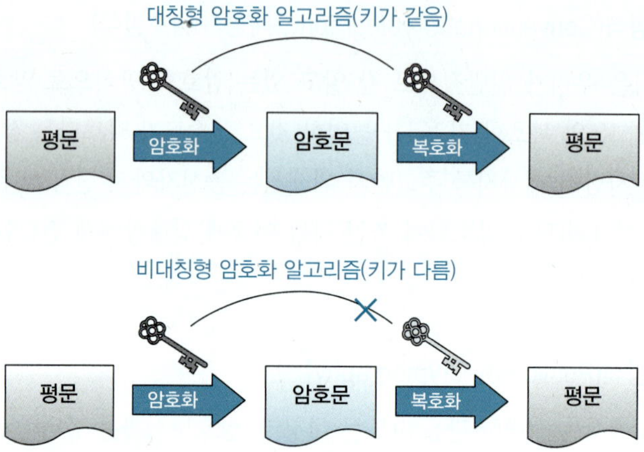

[그림 12-4] 관용키(또는 대칭형) 암호방식과 공개키(또는 비 대칭형) 암호방식

〈표 12-1〉 암호화 방식 장 · 단점 비교

구 분	관용키(or 대칭형) 암호방식	공개키(or 비대칭형) 암호방식
역 사	BC 500년경	1976년
키	대칭키(비밀키)	비대칭키(공개키, 사설키)
키의 상호 관계	암호화키 = 복호화키	암호화키 ≠ 복호화키
암호화/복호화 키	비밀 / 비밀	공개 / 비밀
암호 알고리즘	공개	공개
키의 개수	n x (n−1) / 2	2 x n
장 점	계산 속도 빠름(1,000배)	암호화키 사전 공유 불필요 통신 대상의 추가가 용이 인증 기능 제공
단 점	키 분배 및 관리의 어려움 기밀성만 보장	계산 속도 느림
대표적인 예	DES, AES, IDEA	DH, RSA, ECC

12.2.2 관용키(또는 대칭형) 암호 알고리즘

관용키(또는 대칭형) 암호 알고리즘은 같은 키를 사용해 메시지의 내용이 불명확하도록 평문을 재구성하여 암호문을 만들 때 사용하게 되는데, 암호화를 행할 때 사용하는 기본 요소에 따라 크게 환자 암호, 전치 암호, 혼합 암호 등의 방식으로 분류될 수 있다. 이들 각 암호 알고리즘의 기본적 개념과 특징을 살펴보도록 하겠다.

(1) 환자 암호(Substitution Cipher)

환자 암호는 평문의 각 문자를 다른 문자나 부호로 일대일 대응시키므로 평문을 암호화하는 방식이다.

가장 기본적인 환자 암호 방식은 알파벳을 순서대로 나열한 다음 일정한 방향으로 시프트(shift) 시키고 이를 평문에 적용하는 방법이다. 즉, 평문의 알파벳 A B C D E … X Y Z를 암호문의 알파벳 C D E F G … Z A B와 같이 바꾸는 것이다. 이와 같은 환자 암호를 시프트 환자 암호라고 한다. 이러한 방법에 의해서 평문 "CIPHER"라는 문자는 암호문 "EKRJGT"가 된다. 실제로 줄리어스 시저가 이러한 방법을 사용하여 평문을 암호화한 기록이 있기 때문에 이러한 방법을 시저의 암호라고도 부른다.

이외에도 평문의 영문자를 무작위로 다른 영문자로 치환하여 암호문을 만드는 단순 환자 암호 방식이 있는데, 이 방법은 평문의 문자 빈도수를 비롯한 영문의 통계적 성질을 이용하면 간단하게 해독된다. 또한 동음이의 환자 암호는 단순 환자 암호 방식이 언어의 통계학적 성질을 이용한 해독에 취약한 점을 보완하기 위해 고안된 방식으로 평문 문장의 문자 빈도수에 따라 평문을 암호문 문자로 배정하여 암호화할 때 암호문의 문자 빈도가 균등하게 분포되도록 만드는 방식이다. 하지만 이 암호 방식 역시 2문자 혹은 3문자 연속 출현에 의한 언어의 통계학적 성질은 그대로 남아있어 이에 대한 공격에는 다소 문제가 될 수 있다. 이외에도 기존에 환자 암호 방식의 취약점들을 보안한 다표식 환자 암호, 철자 환자 암호 같은 암호 방식이 있다. [그림 12-5]는 환자 암호의 예를 보여주고 있다.

평문 알파벳 순서	a	b	c	d	e	f	g	h	i	j	k	l	m	n	o	p	q	r	s	t	u	v	w	x	y	z
암호문 알파벳 순서	j	t	f	a	b	m	z	n	d	r	v	h	o	p	q	y	c	e	w	x	k	l	i	s	u	g

[그림 12-5] 환자 암호의 예

(2) 전치 암호(Transposition Cipher)

전치 암호는 평문의 문자를 특별한 규칙에 따라 재배열하여 평문을 암호화하는 방법으로 순열(Permutation) 암호라고 한다. 이렇게 함으로 평문과 키가 가지고 있는 정보를 암호문 전체에 분산시키는 확산 효과를 얻게 된다. 확산 효과는 영문에서 어떤 구나 단어의 형태를 바꾸고 암호 해독자가 이렇게 암호화된 암호문을 해독하기 위해 더 많은 암호문을 필요로 하게 만든다.

가장 간단한 전치 암호의 예는 문장의 알파벳 순서를 뒤집어서 끝에서부터 적는 방법인데, 평문 "information security is very important"라는 문장은 암호문 "tnatr opmiy revsi ytiru ces no itamr ofni"로 바뀐다. 글자의 순서를 바꾸면서 다섯 글자씩 묶었기 때문에 좀 더 복잡해 보이게 된다.

이 방법 외에도 전치 암호의 강도를 높이기 위해, 행은 물론 열에 대해서도 전치를 적용한 Nihilist 암호가 있으나, 그 자체로 완벽한 암호 방식이라고 말하기는 힘들다. [그림 12-6]은 전치 암호의 예를 보여주고 있다.

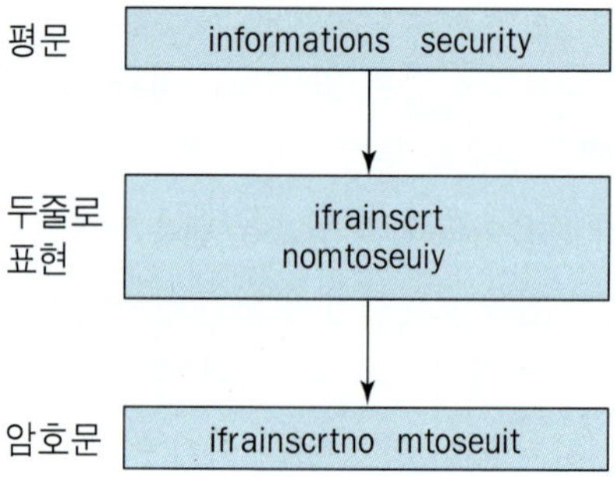

[그림 12-6] 전치 암호의 예

(3) 혼합 암호(Product Cipher)

혼합 암호는 암호 강도를 높이기 위해서 앞에서 살펴본 환자와 전치를 모두 사용하는 방법으로, 현대에 사용하는 대부분의 관용 암호 방식은 이 혼합 암호 방식을 이용하고 있다. 혼합 암호의 대표적인 예로 제 1차 세계 대전 당시 독일군이 사용했던 ADFGVX 암호가 있다.

ADFGVX 암호는 ADFGVX의 여섯 개의 문자를 행과 열에 나열하고 36개의 행열에 영문자 26문자와 숫자 10개를 임의로 위치시킨다. 이것을 환자표라고 하는데 〈표 12-2〉는 ADFGVX 암호 환자표에 대한 하나의 예를 보여주고 있다.

평문을 이 환자표를 통해서 해당하는 행과 열에 있는 문자를 연속으로 위치 나열하면 이 문장이 중간 환자 암호 결과가 된다. 중간 암호화된 결과를 갖고 전치 키워드에 따라 다시 나열하면 최종 암호화 결과를 얻을 수 있다.

〈표 12-2〉 ADFGVX 암호 환자표

	A	D	F	G	V	X
A	w	4	i	6	3	9
D	p	d	q	b	s	O
F	j	h	5	r	e	f
G	1	u	a	m	7	0
V	c	t	g	y	l	z
X	v	2	x	k	8	n

예를 들어 설명하면 평문 a information security를 위 환자표를 통해서 중간 환자 암호를 하면 [그림 12-7]과 같은 결과가 나온다.

a	i	n	f	o	r	m	a	t	i	o	n	s	e	c	u	r	i	t	y
GF	AF	XX	FX	DX	FG	GG	GF	VD	AF	DX	XX	DV	FV	VA	GD	FG	AF	VD	VG

[그림 12-7] 환자 암호 결과 예

여기에서 중간 암호문은 COMPUTER라는 전치 키워드의 길이에 따라 다음과 같이 나열하고 키워드의 알파벳 순서에 따라 전치를 시행하면 최종 암호문을 얻게 된다. [그림 12-8]은 최종 암호문이 만들어지는 과정을 보여주고 있다.

C	O	M	P	U	T	E	R	← 키워드
①	④	③	⑤	⑧	⑦	②	⑥	← 알파벳 순서를 따름
G	F	A	F	X	X	F	X	
D	X	F	G	G	G	G	F	
V	D	A	F	D	X	X	X	← 중간 암호문
D	V	F	V	V	A	G	D	
F	G	A	F	V	D	V	G	

(a) 전치 키워드 적용 예

평문	a information security
암호문	① GDVDF ② FGXGV ③ AFAFA ④ FXDVG ⑤ FGFVF ⑥ XFXDG ⑦ XGXAD ⑧ XGDVV

(b) 최종 암호 결과

[그림 12-8] 혼합 암호 과정

| 미니요약 | 암호 알고리즘

암호 알고리즘은 메시지의 내용이 불명확하도록 평문을 재구성하여 암호문을 만들 때 사용하게 되는데, 암호화를 행할 때 사용하는 기본 요소에 따라 크게 환자 암호, 전치 암호, 혼합 암호, 공개키 암호방식으로 분류될 수 있다.

(4) DES(Data Encryption Standard)

샤논의 암호 이론에 의하면 암호 방식에서 전치와 환자를 반복해서 평문을 암호화했을 때, 이 암호문에는 평문의 통계적 성질이나 암호키와의 상관 관계가 나타나지 않기 때문에 보다 안전한 암호화를 수행할 수 있다고 한다. Feistel은 이러한 성질을 이용하여 전치와 환자를 반복 적용한 혼합 암호를 제안하였다. Feistel이 제안한 암호 방식은 암호화 과정을 복호화 과정에 그대로 이용할 수 있는 간편한 방식으로 암호의 안전성이 높아 현대 관용 암호 방식에 이용되고 있다. 그 대표적인 예로 DES가 있는데, DES에서는 환자와 전치를 문자 단위가 아닌 비트 단위로 적용하고 있으며 XOR(eXclusive OR) 연산을 도입하였기 때문에 대단히 복잡해졌다.

DES는 현재까지 사용되고 있는 암호기법 중의 하나로서 1974년 IBM 루시퍼 암호 알고리즘을 근간으로 하여 1975년 3월에 공표되었고, 1977년 미국 NBS(National Bureau of Standards, 현 NIST)에서 표준으로 정해진 이래 지금까지 사용되고 있다. DES 암호화 알고리즘은 표준화되어 공개되어 있으므로 암호의 강도는 64비트의 키에 의존한다. 키의 크기가 64비트이긴 하지만 실제로는 8비트마다 패리티(parity) 비트가 들어가 있기 때문에 실제로는 키의 크기는 56비트이다.

DES 이전의 암호화 방법들은 대부분 사람 손이나 기계적 장치를 이용하여 암호화 하였는데, DES는 처음 공모를 했을 때부터 전자 장치에서 사용할 수 있어야 한다는 전제 조건에서 만들어졌다. 사실 그 이전의 수동적 혹은 기계적 암호화 방법들은 컴퓨터를 이용한 공격에 쉽게 뚫렸기 때문에 컴퓨터에 의한 공격에도 견딜 수 있는 알고리즘이 필요하였다. 미국 표준 연구소(NIST)에서는 이에 대한 공모를 통해 IBM이 제안한 DES를 채택하게 되었고 현대에도 상업적으로 널리 보급되어 이용되고 있다.

DES는 평문을 64비트 단위로 나누어 64비트의 키로 전치, 환자 및 XOR 연산을 16번 반복하여 암호화를 수행하게 된다. 이때 사용되는 키는 56비트의 키로부터 16단계에서 사용되는 48비트의 키를 생성하게 된다. [그림 12-9]는 DES 알고리즘 과정을 보여주고 있다. 초기 전치라는 것은 입력으로 들어간 64비트의 값들이 정해진 표에 의하여 위치를 옮기는 것이다. 이렇게 초기 전치가 수행된 64비트 평문은 L0, R0 2개의 32비트로 나뉘어져 16번의 암호화 과정을 거치게 되는데 이것을 식으로 나타내면 다음과 같다.

$$L_i = R_{i-1}$$
$$R_i = L_{i-1} \oplus f(R_{i-1},\ K_i)$$

여기서 함수 f는 32비트의 입력과 48비트의 서브키 K를 입력으로 받아 32비트의 암호문으로 치환하는 기능을 수행한다. 여기에 사용되는 48비트의 서브키는 입력된 56비트의 키로부터 구하게 되는데 서브키를 구하는 과정은 그림에서처럼 키에 대한 초기 전치를 수행하고, 다음에 좌측 순환 시프트(Left Circle Shift)를 수행하게 된다. 그리고 각 라운드에 사용되는 키는 48비트이므로 56비트를 48비트로 만드는 축약 전치를 수행하게 된다.

하지만 최근 컴퓨터의 처리 능력이 향상됨에 따라 56비트 DES가 22시간 만에 깨져 키 길이에 있어서 64비트 이하의 알고리즘에 대한 불안감이 증대되었다. 그래서 DES 알고리즘 자체는 변형시키지 않고 DES의 안전성을 증대시키기 위해 서로 다른 2개의 키로 2번 암호화를 수행하는 2중 DES(Double DES)를 제안하였다. 2중 DES의 경우에는 서로 다른 2개의 키 즉, 112비트 키가 적용되어졌기 때문에 이 경우 공격자가 키를 알아내기 위하여 모든 가능한 키를 시도해보기 위해서는 2112번의 작업이 필요하다고 생각되지만 실제로는 그

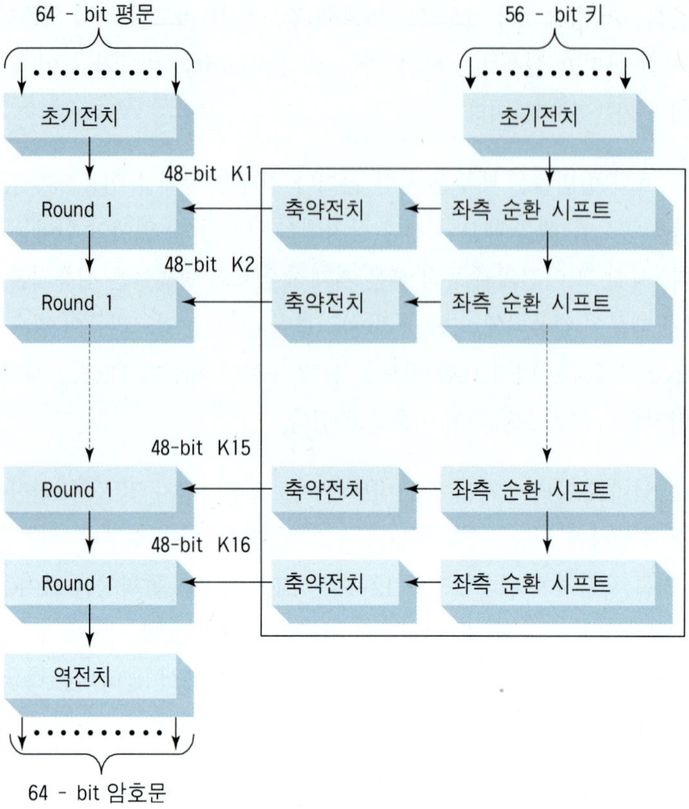

[그림 12-9] DES 알고리즘

렇지 않다. 한쪽으로는 암호화를 수행하고, 다른 한쪽으로는 복호화를 수행하여 결과를 서로 비교하여 키를 찾을 수 있기 때문에 실제로는 263번의 작업이 소요되어 단일 DES에 비해 크게 증대되지 못했다. 이와 같은 공격을 중간충돌공격이라고 하는데 이런 공격을 방지하기 위한 방안으로 3중 DES(Triple DES)를 제안하고 있는데 3중 DES의 경우에는 112비트의 서로 다른 2개의 키를 사용하여 암호-복호-암호 또는 복호-암호-복호의 과정이 적용되어 한층 보안성을 강화해 주고 있기 때문에 이 방법을 현재 사용하고 있으나, 현재는 AES(Advanced Encryption Standard)가 새로운 표준으로 정해져 사용되고 있다. [그림 12-10]은 3중 DES의 암호화와 복호화 과정을, [그림 12-11]은 이를 좀 더 친숙한 이미지로 표현하여 주고 있다.

DES에는 실제 어떤 방법으로 운용되느냐에 따라서 ECB 모드(Electronic Codebook Mode), CBC 모드(Cipher Block Chaining Mode), CFB 모드(Cipher Feedback Mode),

그리고 OFB 모드(Output Feedback Mode) 이렇게 4가지의 운영모드가 있다.

3중 DES의 암호화 $C = E_{K1}(D_{K2}(E_{K1}(m)))$

3중 DES의 복호화 $M = D_{K1}(E_{K2}(D_{K1}(m)))$

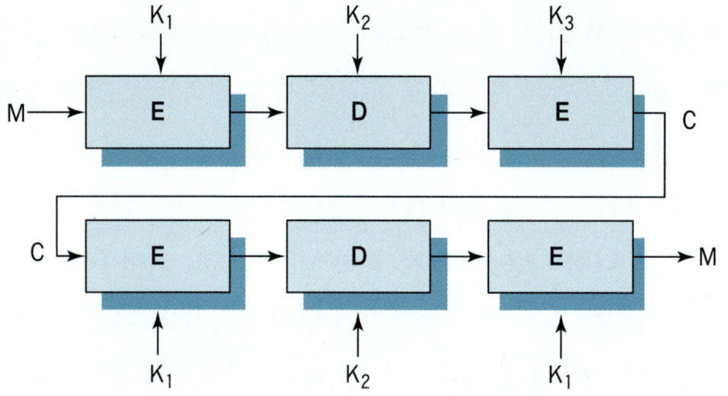

[그림 12-10] 3중 DES 암호화와 복호화 알고리즘

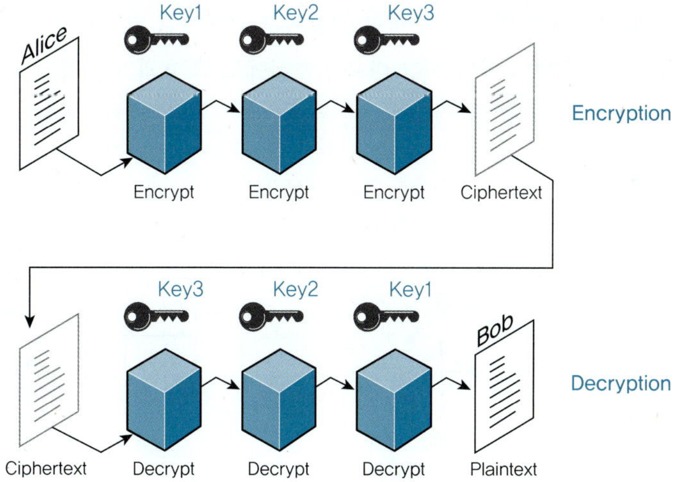

[그림 12-11] 3중 DES 암호화와 복호화 과정

① ECB 모드

ECB 모드는 DES 암호 방식의 사용 방식 중 가장 간단한 방식으로, 평문을 64비트씩 나누어 암호화하는 방식이다. 평문을 64비트씩 나눌 때 마지막 블록이 64비트가 되지 않을 때는 임의의 약속된 비트 모양을 패딩하게 된다.

이 방식은 동일한 평문 블록 모양에 따라 항상 동일한 암호문이 출력되므로 암호 해독자들의 해독 가능성을 높게 만든다. 즉, 문서의 종류에 따라 동일한 문서 모양을 갖고 있으므로 암호문 단독 공격의 가능성을 높게 해준다.

② CBC 모드

CBC 모드는 출력 암호문이 다음 평문 블록에 영향을 미치게 하여 각 암호문 블록이 전단의 암호문의 영향을 받도록 만든 방식으로 ECB에서 발생하는 동일한 평문에 의한 동일한 암호문이 발생하지 않도록 구성한 동작 모드이다. CBC 모드 동작은 [그림 12-12]와 같이 처음 입력된 평문 블록 M1은 초기 벡터 IV0과 XOR 되어 DES 암호기에 입력된다. 암호기로부터 출력된 암호문은 다시 다음 단 평문 블록 M2와 XOR 되어 DES 암호기에 입력된다. 복호화는 이 반대로 암호문 C1을 DES 복호기에 입력으로 넣고 나온 결과와 초기 벡터 IV0과 XOR하여 평문 블록M1을 얻게 된다. 이 작업을 반복하므로 모든 평문 블록을 얻을 수 있게 된다.

CBC 방식의 특징은 현 단계에서 생성되는 암호문이 그 다음으로 생성되는 암호문 블럭에 영향을 미치기 때문에 특정 암호문 블럭이 전달되는 과정에서 발생되는 채널상의 잡음에 의한 오류는 해당 암호문뿐만 아니라 그 다음 암호문에도 그 효과가 연장된다.

암호화 $C_i = E_K(M_i \oplus C_{i-1})$

복호화 $M_i = D_K(C_i) \oplus C_{i-1}$

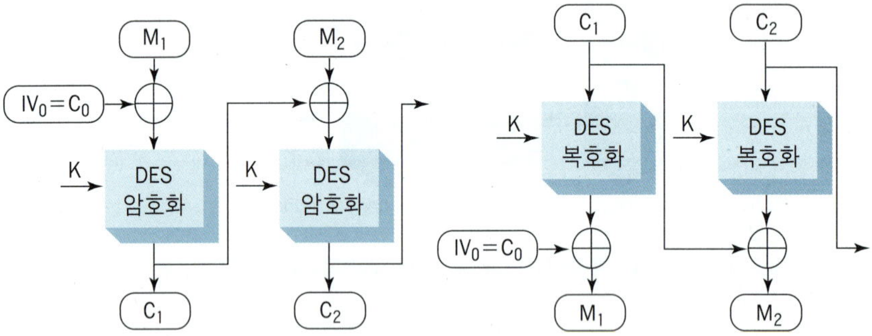

[그림 12-12] CBC 모드

③ CFB 모드

CFB 방식도 CBC 방식과 마찬가지로 입력으로 들어가는 평문 블럭이 동일한 경우 동일한 암호문이 나타나지 않도록 앞 단의 암호문이 다음 단의 평문을 암호화 하는데 사용하도록 구성하는 방식이다. CBC 방식과 비슷하지만 암호문이 DES 암호기의 입력으로 사용된다는 점이 다르다. 다시 말해서 CBC 방식에선 앞 단의 암호문과 평문 블록이 XOR되어 DES 암호기에 입력으로 들어가지만 CFB에서는 DES 암호기를 거쳐 나온 암호문과 평문 블록을 XOR하여 나온 결과가 암호문으로 사용되고, 이 암호문이 다음 단계의 DES 암호기에 입력으로 들어가게 된다.

CFB 방식도 CBC 방식과 마찬가지로 한 비트의 에러가 평문 블럭 내에 있으면 이 비트에 의하여 다음 단계의 암호문에 영향을 미치게 된다. 또한 전송 중간에 에러가 발생한 경우에도 복호화 과정에서도 문제가 될 수 있다.

④ OFB 모드

OFB 방식은 CFB 방식과 마찬가지로 DES를 이용한 알고리즘에 의해서 생성되는 일종의 키 수열과 n비트 단위의 평문이 XOR 되어 암호화가 이루어진다. n비트 문자의 암호화에 스트림 암호가 적용된나는 측면에서는 CFB 방식과 동일하지만, 키 수열은 평문과 무관하게 생성되기 때문에 현재 생성된 암호문이 그 다음 암호화에는 영향을 미치지 않는다는 차이점을 가지고 있다.

OFB 방식은 키 수열의 생성에 있어서 이전에 생성되었던 암호문이 이용되고 있지 않기 때문에 채널상의 잡음에 의한 다른 암호문으로의 오류의 파급효과가 발생되지 않고 단지 해당 암호문만이 영향을 받게 된다. 즉, OFB 방식 동작은 평문 블럭이 동일하면 암호문이 같아지는 ECB 방식의 단점과 오류 전파가 발생하는 CBC 방식과 CFB 방식을 개선한 동작 모드이다.

| 미니요약 | DES(Data Encryption Standard)

DES는 평문을 64비트 단위로 나누어 64비트의 키로 전치, 환자 및 XOR 연산을 16번 반복하여 암호화를 수행하게 된다.

DES에는 ECB 모드, CBC 모드, CFB 모드, 그리고 OFB 모드 이렇게 4가지의 운영모드가 있다.

| 미니강의 | AES(Advanced Encryption Standard)

2001년 미국 표준 기술 연구소(NIST)에 의해 제정된 암호화 방식으로, 두 명의 벨기에 암호 학자인 요한 대먼(Joan Daemen)과 빈센트 라이먼(Vincent Rijmen)에 의해 개발된 레인달(Rijindael)에 기반한 암호화 방식이다.

AES는 미 정부가 채택하였고 전 세계적으로 널리 사용되고 있으며, DES를 대체한 암호화 및 복호화 과정에서 동일한 키를 사용하는 대칭키 알고리즘방식이다. 미국 표준 기술 연구소(NIST)는 이 방식을 2001년 11월 미국 연방 정보 처리 표준(FIPS-197)으로 공표하였으며, ISO/IEC 18033-3표준에 포함되기도 하였다. 또한 이 방식을 미 국가안보국에 의해 1급 비밀(Top Secret)에 사용할 수 있도록 승인된 알고리즘으로서 최초로 공개된 알고리즘이기도 하다.

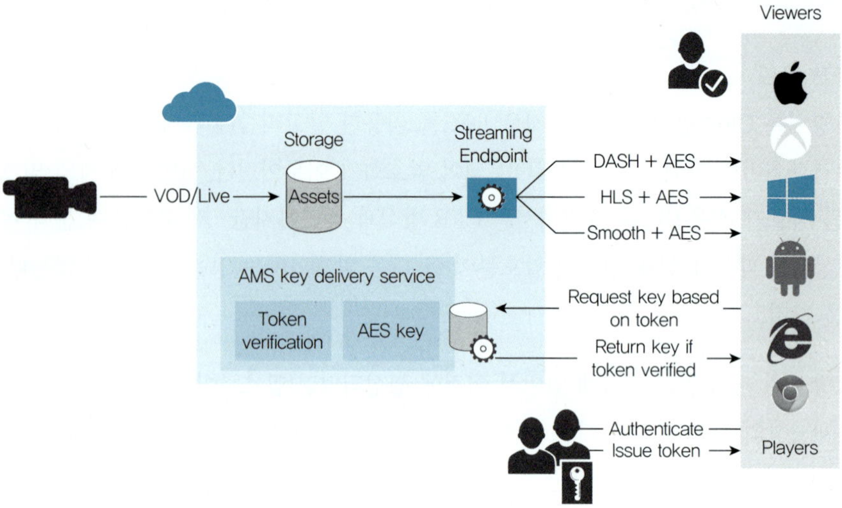

[AES-128 구동 예]

AES 알고리즘은 전형적인 페이스텔 구조를 사용하지 않고 각 라운드에서 대체(Substitution)와 치환(Permutation)을 이용하여 데이터 블록 전체를 병렬 처리하는데 이때 입력으로 사용하는 키를 44개의 32비트 워드배열로 확장한다. 4개의 서로 다른 워드(128비트)를 각 라운드에서 라운드 키로 사용한다.

1번의 치환과 3번의 대체를 이용하는 AES 알고리즘은

① 바이트 대체(Substitute Bytes): S-Box라는 표를 이용하여 바이트 단위 형태로 블록을 교환한다.

② 행 이동(Shift Rows): 단순히 행과 행을 치환한다.

③ 열 섞기(Mix Columns): 열에 속한 모든 바이트의 함수로서 열에 있는 각 바이트를 대체하여 변화시킨다.

④ 라운드 키 더하기(Add Round Key): 확장된 키의 일부와 현재 블록을 비트별로 XOR 한다.

대부분 블록 암호 방식은 복호 알고리즘에서는 확장 키의 순서를 뒤집어서 사용하는데, AES 알고리즘에서는 암호와 복호 알고리즘이 동일하지 않다. 이것이 AES 구조의 특성이다.

*) AES 알고리즘은 128비트 블록과 길이가 128, 192, 256 비트인 키를 사용하는데, 가장 많이 사용하는 키의 길이는 128 비트이다.

*) 대체 상자를 나타내는 S-Box는 대체용 참조표로 사용되는 표로서 대칭암호를 구현하는데 사용된다.

〈암호화 알고리즘 비교표〉

구 분	Key Length	Block Length
DES(1976) (Data Encryption Standard)	56	64
IDEA(1991) (International Data Encryption Algorithm)	128	64
AES(1998) (Advanced Encryption Standard)	128, 192, 256	128

| 미니강의 | "56비트 DES" 구멍 뚫렸다.

이론적으로만 파괴가 가능하다고 알려진 비밀키 방식의 세계적 표준암호 알고리즘인 56비트 DES가 실제로 깨지는 사태가 처음으로 벌어져 국내외 업계 및 관계자들의 주의가 요망되고 있다. 이 같은 일은 암호 및 정보보안 분야의 세계 최고의 기술력을 자랑하는 RSA 데이터 시큐리티사가 자사의 암호화 기술력을 과시하기 위해 지난해부터 공개적으로 실시하고 있는 암호알고리즘 해독 콘테스트에서 분산컴퓨팅 기술을 연구하는 「DCT(Distributed Computing Technologies)」라는 단체에 의해 40일만에 깨진 것이다.

DES 알고리즘은 미국이 지난 70년대에 개발해 지금까지 세계 각국이 국제간 금융거래와 자국의 금융거래보안을 위해 금융망에 소프트웨어가 아닌 칩 형태로 구현되어 널리 이용되고 있는 대표적인 알고리즘이다. 또 민간기업이나 심지어 국방 분야 등에까지도 활용되고 있을 정도로 세계적 표준 알고리즘으로 업계는 받아들이고 있다.

12.2.3 공개키 암호 알고리즘

위에서 살펴본 암호화 방법들은 암호화와 복호화를 위해 하나의 키만을 사용하는 관용 암호 방식들이었다. 이 관용 암호 방식은 비밀통신을 하고자 하는 사람이 적을 경우에는 별 문제가 없지만, 비밀통신에 참가하는 사람이 늘어나면 늘어날수록 키의 생성과 분배에 어려움이 따르기 때문에 문제가 된다. n명이 비밀통신을 하기 위해서 필요한 키의 개수는 n(n+1)/2로 n이 증가할수록 기하급수적으로 키의 개수가 증가하게 된다. 따라서 이러한 문제를 해결하기 위한 방안으로 공개키 암호방식이 제안되었다.

공개키 방식은 암호화와 복호화를 위해 사용하는 키가 서로 달라서 비대칭 암호 방식(Asymmetric Cryptosystem)으로도 부르는데 암호화와 동시에 인증(Authentication) 서비스를 제공하는 디지털 서명이 가능하다는 장점이 있다. 공개키 암호 방식은 합성수의 소인수 분해가 어렵다는 점을 이용하거나, 지수함수의 역인 이산대수의 해를 구하는 것이 힘든 이산대수 문제, 배낭(Knapsack) 문제 등을 이용하고 있다. 그러나 이들 방식은 연산에 소요되는 계산량과 수행 시간이 암호강도와 비례하여 요구된다는 단점을 갖고 있다.

공개키 방식에서는 암호화와 복호화를 위해 두 개의 서로 다른 키를 사용하는데, 비밀 통신을 할 경우 암호화 키는 공개하고 복호화 키는 비밀로 하게 된다. 따라서 불특정 다수 n명이 비밀통신을 하기 위해서는 필요한 키 개수가 n에 비례하여 증가하기 때문에 n의 제곱에 비례하여 증가하는 관용 암호 방식에 비해 키 생성이나 키 관리가 간단하다. [그림 12-13]은 이런 공개키 암호화 과정을 간단히 보여준다.

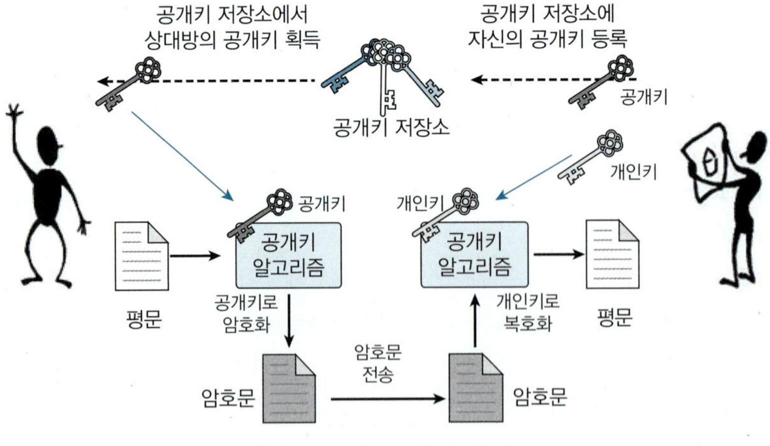

[그림 12-13] 공개키 암호화 과정

(1) RSA 암호방식

RSA 암호방식은 1798년에 MIT의 로널드 라이베스트(Ron Rivest), 아디 샤미르(Adi Shamir)와 래너드 애들먼(Leonard Adleman) 세 사람의 연구에 의해 체계화된 것으로 이 사람들의 앞 글자를 따서 만든 것이다. 이 RSA 알고리즘은 1983년 MIT에 의해 미국에 특허로 등록되었다가 2000년 9월 그 특허가 만료되었다.

이것은 매우 큰 정수의 소인수 분해가 어렵다는 것을 이용한 것으로 백 자리보다 큰 2개의 수 p, q를 선택하여 n = p · q를 계산하게 된다. 이때 p와 q를 아는 사람은 n을 계산하는 것이 쉽지만, n만 알고 있는 사람은 n으로부터 p, q를 알아내는 것이 힘든 소인수 분해의 어려움을 이용하는 것이다.

RSA에서 공개키 Ke, 비밀키 Kd를 계산하는 절차는 다음과 같다.

① 2개의 큰 소수 p와 q를 생성하여 n=p · q를 계산한다.
② Euler 함수값 φ(n)=(p−1) · (q−1)과 서로 소가 되는 Ke를 계산한다.
③ φ(n)과 Ke로부터 유클리드(Euclid)를 사용하여 Ke · Kd가 mod φ(n)으로 1이 되는 Kd를 계산한다.
④ n, Ke는 공개하고 p, q, Kd는 비밀로 유지한다.

암호화 과정은 다음과 같다. 평문 M을 공개키 Ke를 사용하여 M^{Ke}를 계산한 다음 mod n을 구하면 암호문 C를 구할 수 있다.

$$C \equiv M^{Ke} (\text{mod } n)$$

복호화 과정은 암호문 C를 비밀키 Kd를 이용하여 C^{Kd}한 다음 mod n을 하면 다시 평문을 구할 수 있게 된다. 이때 관계식은 다음과 같다.

$$C^{Kd} \equiv (M^{Ke})^{Kd} = M^{t\varphi(n)+1} = M^{t\varphi(n)} M \cdot M (\text{mod}\, n)$$

여기서 t는 Ke · Kd≡1 (mod φ(n))에서 유도되는 Ke · Kd=tφ(n)+1을 만족하는 정수이다.

공개키와 비밀키를 생성하는 과정을 예를 들어 설명하면, 우선 p = 11, q = 3이라 하면 p · q인 33을 공개하고 φ(33)=(11−1)(3−1)=20과 서로소인 정수 중에서 임의로 Ke=3을 선택하여 공개한다. 그리고 $Ke \cdot Kd \equiv 1 \bmod \varphi(n)$를 계산하면 $3 \cdot 7 \equiv 1 \pmod{20}$이므로 Kd=7이다. 이때 비밀키는 p=11, q=3, Kd=7이며 공개키는 n=33과 Ke=3이다.

어떤 가입자가 자신의 공개키 n=33과 Ke=3을 마치 전화번호부에서 찾듯이 찾아내어 평문 M=5를 암호화 한다면 암호문은 $C \equiv 5^3 = 125 \equiv 26 \pmod{33}$이 된다. 복호화는 수신자가 암호문 C=26을 받았다면 수신자는 자신만의 비밀키 Kd=7을 이용하여 26^7을 mod 33에서 계산하여 평문 M=5를 얻을 수 있다.

위에서는 예를 들어 설명하였다. 하지만 공개키 Ke와 n을 가지고 비밀키를 구할 수 있다면, RSA는 쉽게 해독된다. 왜냐하면 n으로부터 $\varphi(n)$을 구한다면 유클리드 알고리즘을 사용하여 비밀키 Kd를 쉽게 계산할 수 있으므로 전체적인 암호화 강도는 $\varphi(n)$의 계산에 달려있는데 n을 소인수 분해할 수 있다면 $\varphi(n)$은 자동적으로 계산되기 때문이다. 하지만 n의 소인수 분해를 모르고 $\varphi(n)$을 구하는 방법은 알려지지 않고 있다. 그리고 보다 안전한 RSA 공개키 암호 시스템을 위하여 p와 q를 선택하는 조건이 부가적으로 필요하다. 소수 p와 q는 다음 조건을 만족해야 한다.

- P−1과 q−1은 거의 같은 크기이다.
- p−1과 q−1은 큰 소인수를 갖는다.
- p−1과 q−1의 최대공약수는 작은 수이다.

[그림 12-14]는 이런 RSA 알고리즘을 이용하여 암호화 통신의 동작원리를 보여주고 있다.

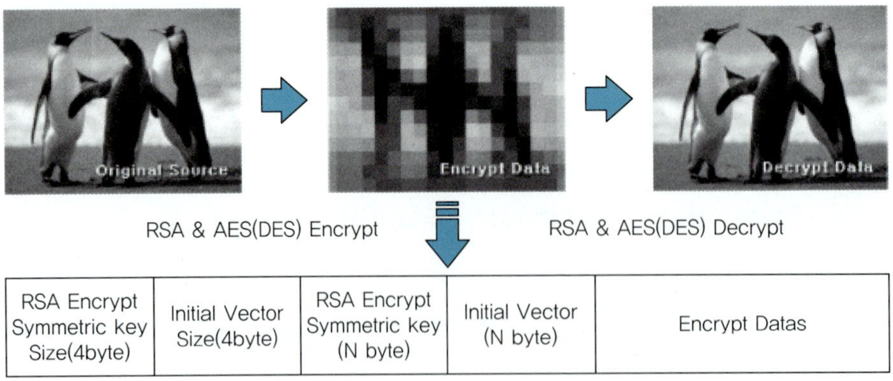

[그림 12-14] RSA 알고리즘을 이용한 암호화 동작원리

| 미니강의 | 유클리드 호제법(Euclid Algorithm)

유클리드 알고리즘은 어떠한 두 자연수가 주어질 때 그들의 최대공약수를 구할 수 있다. 입력한 두 수 중에서 큰 수를 작은 수로 나눈 나머지를 구해서 나머지가 0이면 작은 수가 최대 공약수이고, 그렇지 않으면 반복해서 나머지가 0이 될 때까지 나누는 방법이다.

식으로 나타내면 f(x)와 g(x)의 최대 공약수는 f(x)를 g(x)로 나누어 그 나머지와 g(x)의 최대 공약수와 같다. 즉 $f(x) = g(x)Q(x) + R(x)$에서 g(x)와 R(x)의 최대 공약수는 f(x)와 g(x)의 최대 공약수와 같다.

12.3 암호 관리

네트워크가 발달하면서 많은 사용자들이 네트워크를 통해 정보를 주고받고 있다. 이와 같이 통신을 통해서 상대방에게 정보를 전달하게 되는데, 이때 사용되는 선로는 사용자들이 공유를 하게 되므로 이 선로 상에 전송되는 트래픽 정보들을 제3자가 모니터링 하거나 또는 주고받는 메시지의 내용을 볼 수도 있다. 이런 이유에서 위에서 살펴본 암호화 알고리즘을 사용하게 되는데 이런 알고리즘은 통신을 하고자 하는 두 사람 간에 정보를 제3자가 보지 못하도록 하기위해 존재하게 된다. 이와 같은 일이 가능하기 위해서는 우선 암호 관리라는 것이 필요한데, 암호 관리라는 것은 암호화에 필요한 알고리즘을 어디에서 수행하며 여기에 사용되는 키를 어떻게 분배할 것인지에 대한 문제를 다루는 것이다. 다음에서는 이런 문제들에 대해서 살펴보도록 하겠다.

12.3.1 암호화 장치의 위치

어떤 정보를 네트워크를 통하여 보내기 위해서는, 우선 이 정보가 보안이 필요한지를 판별하고 보안이 필요한 경우 네트워크 상에 존재하는 많은 보안 위협 요소로부터 어떻게 안전하게 목적지까지 전송할 것인지를 결정하는 것이 중요하다. 그러기 위해서는 이 암호화를 위한 도구는 어디에 위치해야 할 것인지를 정하는 것이 우선적으로 필요하다. 여러 가지 방안이 있겠지만, 여기서는 링크 암호화와 종단간 암호화 두 가지로 구분하여 살펴보도록 한다.

링크 암호화의 경우는, 모든 링크 각각의 끝에 암호화 장치를 설치하여 모든 트래픽에 대해 보안을 강구하는 방법이다. 이와 같은 방법은 네트워크 규모가 크면 클수록 암호화 장치가 더 많이 필요하게 된다. 그래도 네트워크를 통해 보내려고 하는 사람과 받는 사람의 쌍보다는 암호화 장치의 수가 적다. 이렇게 하면 링크를 통해 메시지가 나가기 위해서 메시지가 암호화되기 때문에 링크를 통해 전달되는 메시지에 대한 보안을 유지할 수가 있다. 하지만 이와 같은 방법에도 단점은 존재한다. 링크의 시작 위치에서 메시지에 대한 암호화가 필요하고, 링크의 끝에서 다시 메시지에 대한 복호화가 되어야 한다. 이렇게 하면 네트워크가 큰 경우에는 지나가는 경로 상에 많은 암호화 장치들이 있는데 이들 장치들을 거칠 때마다 복호화 및 암호화를 수행하여야 하기 때문에 여기에 소요되는 시간이 커지게 된다. 그리고 네트워크 노드 중간에 존재하는 네트워크 장치에서는 처리하여야 할 트래픽 량이 많기 때문에 이들 트래픽에 대한 처리를 위해 많은 부하가 걸리게 된다.

종단간 암호화의 경우는, 암호화가 양 끝단의 호스트에서 이루어진다. 송신 호스트가 데이터를 암호화해서 전송하면 이 데이터는 중간에 어떤 노드에서도 다시 암호화 과정을 거치지 않고 최종 목적지까지 전송된다. 하지만 암호화는 패킷 전체에 대해서 수행되는 것이 아니라 패킷의 헤더를 제외한 나머지 부분에 대해서만 암호화를 수행하게 된다. 이렇게 하므로 인해서 사용자 데이터에 대해서는 보안이 유지되지만 이들 패킷의 흐름에 대한 정보는 보호받지 못하게 된다. 다시 말해 패킷 헤더의 송신지와 목적지 주소를 중간에서 모니터링을 통해 알아낼 수 있기 때문에 이들 패킷에 대한 패킷 흐름을 파악할 수 있게 된다. 두 가지 방법 모두 장단점이 있는데 이들 두 가지 방법들을 함께 사용함으로써 좀더 확실한 보안을 제공할 수 있다.

12.3.2 키 관리 및 분배

현대 암호에서 암호 알고리즘은 일반적으로 공개된다. 그렇기 때문에 이 알고리즘을 사용하여 암호화하기 위해서는 관용키 방식에서 사용되는 암호화 키나 공개키 방식에서 사용되는 복호화 키는 가장 중요하게 관리되어야 할 정보이다. 암호에 의해 보호되는 정보의 보안은 직접적으로 키에 대한 보호에 의존하기 때문에 키 관리 및 키 분배는 암호에 중요한 요소이다. 여기서 말하는 키 관리는 키 생성 및 보관을 어떻게 할 것인지를 말하는 것이고, 키 분배라는 것은 비밀 통신을 원하는 두 사람 사이에 비밀키를 사전에 분배하는 행위를 말하는 것이다.

공개키 암호방식은 관용키 암호방식에 비해 암호화 시간이 매우 오래 걸리므로 실제의 데이터를 공개키 암호방식으로 암호화하여 전송하기는 어려운 일이다. 그러나 관용키 암호방식으로 암호화를 하기 위해서는 통신하고 있는 서로가 둘만이 알고 있는 비밀키를 가지고 있어야 한다는 전제조건이 필요하다. 이것을 만족시키기 위하여 관용키 암호방식으로 실제 데이터를 암호화 하지만, 이를 위한 관용키는 공개키 암호방식으로 서로 교환하게 된다. 다음에서는 이들 두 가지 방식에서의 키 분배에 대해 살펴보도록 하겠다.

(1) 관용키(또는 대칭형) 암호방식의 키 분배

관용키 암호방식에서, 비밀 통신을 위해서는 쌍방이 같은 비밀키를 갖고 있어야 하고, 다른 사람은 이 키에 접근할 수 없어야 한다. 아무나 이 키에 접근할 수 있다면, 다른 사람이 이 비밀키로 둘 사이의 비밀통신 내용을 알 수 있기 때문이다. 또한 관용키 암호방식에서는 사용자가 n명일 때 n개의 키를 분배해야 한다. 이렇게 많은 키를 분배하다 보면 키의 노출 가능성도 그만큼 커지게 된다.

그러므로 관용키 암호방식에서 키 분배 방법으로는 여러 가지 다양한 방법들이 있을 수 있다.

- 비밀통신을 하려는 두 사람 중에 어느 한쪽이 키를 생성하여 물리적으로 직접 전달하는 방법.
- 비밀통신을 하려는 두 사람 사이가 아니라 제3자가 키를 생성하여 물리적으로 직접 전달하는 방법.
- 둘 사이에 이전에 비밀통신을 위해 사용한 비밀키가 있는 경우에, 이 비밀키로 새로 생성한 비밀키를 암호화하여 전달하는 방법.
- 비밀통신을 하려는 두 사람이 제3자와 암호화된 링크를 갖고 있는 경우에 제3자가 암호화된 링크를 통해서 두 사람에게 비밀키를 전달하는 방법.

앞에 두 방법은 키를 누가 생성하느냐에 따라 분류하고 있으며 이 생성된 키를 생성한 사람은 직접 비밀키를 물리적으로 상대방을 직접 만나서 전달하게 된다. 다음의 두 방법도 키를 누가 생성하느냐에 따라 분류하고 있으며, 앞의 방식과는 달리 새로 생성한 비밀키를 직접 만나서 전달하는 것이 아니라, 통신상으로 전달하는 방법을 사용하고 있다.

(2) 공개키 암호방식의 키 분배

공개키 암호방식은 암호화와 복호화를 위해 서로 다른 두 개의 키를 사용하며, 이들 중 비밀키는 자신이 보관하고, 공개키는 공개하기 때문에 관용키 암호 방식에서처럼 사전에 비밀키를 분배해야 하는 키 분배 문제가 없다. 그리고 사용자가 많아져도 사용자들이 사용하기 위한 키의 수는 관용 키에서처럼 사용자가 n명일 때 n개의 키가 필요하지만, 공개키 방식에서는 2n개만이 필요하다. [그림 12-15]는 왜 공개키 암호방식에서 키가 2n개만 필요하고 키의 사전 분배가 필요 없는지를 보여주고 있다.

그러나 공개키 암호 방식에서 각 사용자가 다른 사용자의 공개키들을 관리해야 하는데 네트워크에 등록된 모든 사용자에 대해 관리하는 것이 현실적으로 쉽지 않기 때문에 사용자 개인이 단독으로 사용하기에는 힘들다. 이를 위해 모든 키들을 관리해주는 믿을 수 있는 제3의 기관이 필요한데 바로 키 분배 센터(Key Distribution Center)가 필요하다. 키 분배 센터는 모든 사용자들의 키를 관리하며 통신하려는 사용자들이 키를 요청하면 키 분배 센터는 키를 암호화하여 요청한 사용자들에게 나누어주게 된다. 키 분배 센터는 전체 보안체제에 큰 영향을 미치기 때문에 안전성을 보장받아야 하고 또한 신뢰할 수 있는 기관이어야 한다.

또한 공개키 알고리즘은 일반적으로 관용키 알고리즘에 비해 훨씬 느리다. 따라서 실제 사용에 있어서는 송신자는 보내고자 하는 메시지를 비밀키를 사용하여 관용키 암호 방식으로 암호화하고 암호화된 메시지를 다시 수신자의 공개키로 암호화하여 암호문과 암호화된 비밀키를 보낸다. 그러면 수신자는 자신의 비밀키를 사용하여 암호문을 복호화 하고 또한 암호화된 비밀키를 다시 복호화하여 이 비밀키로 암호화된 메시지를 복호화하는 방법으로 해결하고 있다.

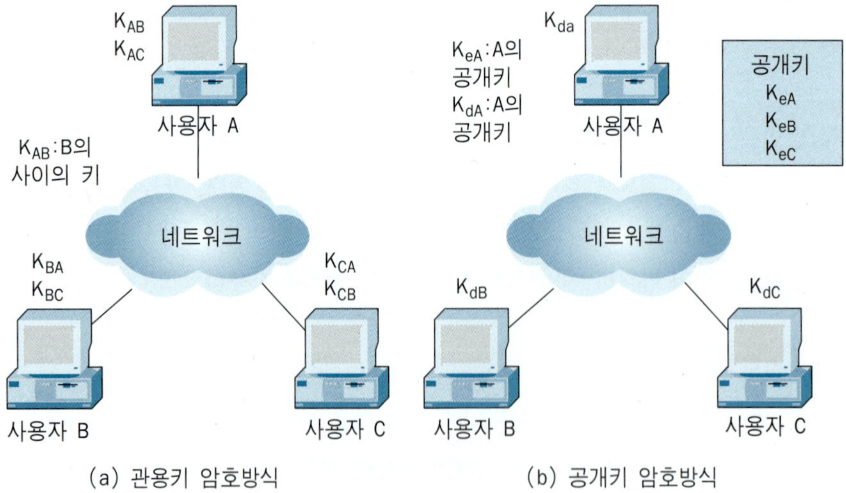

[그림 12-15] 암호화 방식의 키 분배

| 미니요약 | 암호화 관리

암호화 관리라는 것은 암호화에 필요한 알고리즘을 어디에서 수행하며 여기에 사용되는 키를 어떻게 분배할 것인지에 대한 문제를 다루는 것이다.

12.4 디지털 서명

디지털 서명은 종이 문서에 사인이나 도장을 찍어서 서명하던 기존의 서명 방법을 전자적 형태로 저장된 메시지에 서명하는 방법이다. 서명된 메시지는 공개된 증명 알고리즘을 사용하여 확인할 수 있으며, 따라서 어떠한 사람도 디지털 서명을 확인할 수 있다.

디지털 서명은 서명 알고리즘(Signing Algorithm)과 증명 알고리즘(Verification Algorithm)으로 구성된다. 송신자는 보내고자 하는 메시지에 서명 알고리즘을 이용하여 메시지에 서명할 수 있으며, 이 서명된 메시지는 공개된 증명 알고리즘을 사용하여 상대방의 서명을 증명할 수도 있다.

DSS(Digital Signature Standard)는 ElGamal 서명 기법의 변형으로 1994년에 표준으로 채택되었다.

송신자가 어떤 메시지를 전송하고도 송신하지 않았다고 주장할 때에 수신측은 이를 증명할 방법이 없다. 이러한 경우를 막기 위하여 디지털 서명(Digital Signature)을 사용한다. 즉, 송신자 A가 어떤 메시지를 보냈다는 것을 확인하기 위해서는 A의 비밀키로 암호화함으로써 확인할 수 있다. 왜냐하면 A 이외의 다른 사람은 A의 비밀키를 갖고 있지 않기 때문에 A 이외에 그 누구도 그 암호화된 메시지를 만들 수는 없는 것이다. 즉, 디지털 서명은 송신자에 대한 인증을 해주므로 부인 불가(Nonrepudiation) 문제를 해결한다. [그림 12-16]은 이러한 디지털 서명에 의한 인증을 보여주고 있다.

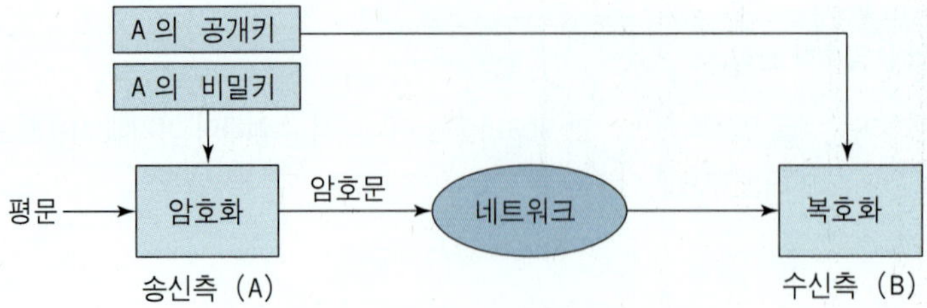

[그림 12-16] 디지털 서명에 의한 인증

한편 송수신측의 암호화 처리의 시간을 줄이기 위하여 전체 평문 메시지를 대상으로 디지털 서명을 하지 않고 전송할 메시지의 MD(Message Digest)를 만들고, 이 MD만을 대상으로 디지털 서명을 한 후에 이 메시지를 평문과 같이 전송한다. 이렇게 MD를 이용하면 송수신측에서 암호화 시간이 단축될 뿐만 아니라 디지털 서명 및 데이터의 무결성(Integrity)도 검증을 할 수 있게 된다.

[그림 12-17]은 공개 키를 사용하여 메시지를 암호화와 디지털 서명을 동시에 하는 과정을 보여주고 있다. 디지털 서명을 위해서 A는 우선 자신의 비밀키로 암호화하고, 다른 제3자가 메시지를 중간에서 보지 못하도록 하기 위하여 B의 공개키로 다시 암호화 한다. 수신측에서는 송신측의 역과정을 통하여 복호화를 수행하게 되는데, 우선 수신한 메시지를 B의 비밀키로 복호화하고 다시 A의 공개키로 복호화하면 A가 보낸 메시지를 얻게 된다.

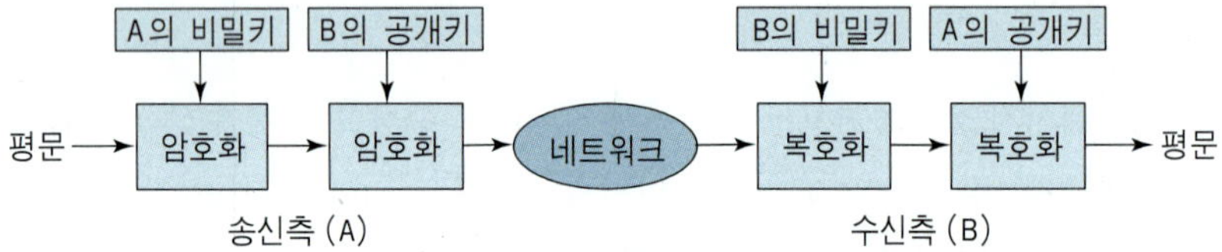

[그림 12-17] 디지털 서명과 메시지 암호화

위에서 살펴보았듯이 디지털 서명이 유효하기 위해서는 다음의 기본적인 요구사항들을 만족해야만 한다.

- 위조 불가(Unforgeable): 합법적인 서명자만이 디지털 서명을 생성할 수 있어야 한다.
- 서명자 인증(User Authentication): 디지털 서명의 서명자를 불특정 다수가 검증할 수 있어야 한다.

- 부인 방지(Non-Repudiation): 서명자는 서명행위 이후에 서명한 사실을 부인할 수 없어야 한다.
- 변경 불가(Unalterable): 서명한 문서의 내용을 변경할 수 없어야 한다.
- 재사용불가(Not Reusable): 전자문서의 서명을 다른 전자문서의 서명으로 사용할 수 없어야 한다.

디지털 서명은 크게 두 부분으로 설명된다. 즉, 비암호식 인증방법과 암호식 인증방법으로 구분된다. 비암호식 인증은 신청 시마다 특정한 소프트웨어 플랫폼에 연결되는 신원확인 및 인증 메커니즘에 의해서만 가능하다. 암호식 인증은 적절히 관리만 된다면 복수 적용을 위하여 이용될 수 있으며 인증 및 암호화 서비스 모두를 포괄할 수 있다. 두 가지의 기술을 결합시키면 고도의 안전한 디지털 서명을 수행할 수가 있게 된다.

| 미니요약 | 디지털 서명

디지털 서명은 종이 문서에 사인이나 도장을 찍어서 서명하던 방법을 전자적 형태로 저장된 메시지에 서명하는 방법이다.

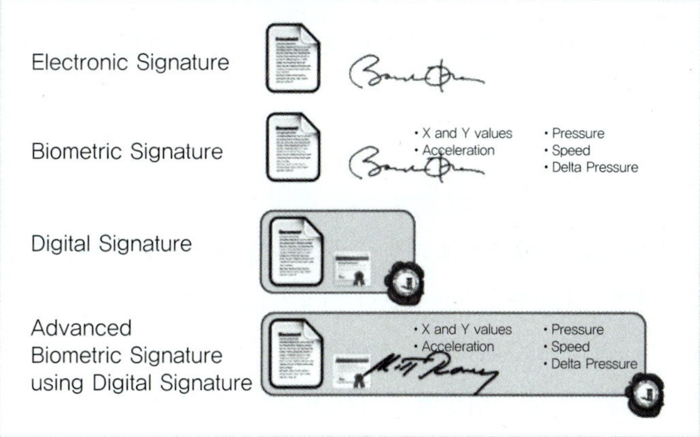

[디지털 서명의 형태]

12.5 인터넷 보안

12.5.1 웹 보안(Web Security)

웹 보안은 다른 일반 네트워크 혹은 인터넷 보안과 유사하다. 웹 보안은 오히려 암호화 시스템과 좀 더 가깝다고도 말할 수 있다. 웹 보안은 크게 두 가지로 구분해 볼 수 있다.

첫째는, 웹 서버 시스템에서의 보안과 사용자 인증 등의 기법들을 이야기 할 수 있다. 웹은 기본적으로 익명성을 보장하면서도 CGI(Common Gateway Interface)를 이용해서 사용자가 호스트 측의 프로그램을 실행하도록 요구할 수 있게 되어있다. 이런 경우에 서버측에서의 보안을 고려할 필요가 있게 된다.

둘째는, 바로 일반 네트워크 암호화 시스템과 관련해서 웹에 적용한 네트워크 암호화 프로토콜을 이야기 할 수 있겠다. 잘 알려진 네트워크 암호화 알고리즘 혹은 프로토콜인 공개키 암호화 방식들인, DES, RSA, Keberos 등을 웹 프로토콜에 적용한 S-HTTP, SSL, Shen 등의 프로토콜 등이 있다.

다음에서는 웹과 관련된 상기의 두 가지 즉 웹 서버의 보안과 웹 암호화 프로토콜에 대해서 알아보도록 하겠다.

(1) 웹 서버 보안

현재 웹은 기본적으로 모든 사람에게 개방된 시스템을 지향한다. 서버에 접근하는 사용자는 무명으로 접근하며, 서버측에서는 접근한 사용자를 확인할 길이 없다. 모든 기술적 사항도 공개되어 있다. 그러므로 네트워크 상에서 웹 서버는 보안상 중요한 허점이 될 수도 있다. 다만 아직 웹 서버가 보안 허점의 중심적 요소는 아니지만, 웹 서버측의 환경설정 등을 통해 보안요소를 강화하는 것이 반드시 필요하다.

(2) 웹 보안 프로토콜

① S-HTTP(Secure Hypertext Transfer Protocol)

S-HTTP는 EIT(Enterprise Integration Technologies)에서 제안한 HTTP의 보안 확장 판이다. 프로토콜은 HTTP 세션으로 주고받는 자료를 암호화하고 디지털 서명을 해

서 주고받는 메커니즘이다. 메시지 포맷은 PKCS-7, PEM, PGP 등의 포맷을 사용하고, 암호화 방식은 RSA, RC2, MD4 등의 여러 가지 방식을 이용할 수 있도록 설계되어있다. S-HTTP는 HTTP를 캡슐화 하면서도 HTTP의 형식을 그대로 따르고 있다. 즉, HTTP의 요청(Request)과 응답(Response) 구조를 그대로 이용하고 있다. 물론 URL의 프로토콜 가운데 shttp라는 앵커가 새로이 정의되었다. 즉, shttp://.../ 형태의 URL이 새롭게 제안되었다. 이런 s-http는 모자익에 시범적으로 구현되었다. 암호화와 관련된 정보가 요청(Request) 헤더에 따라서 전달되고 상대편과 암호화된 정보를 주고받는다. S-HTTP의 장점은 다양한 암호화 메커니즘을 광범위하게 수용할 수 있다는 점이며, 이러한 인터넷 전자상거래나 금융 계정에 대한 온라인 액세스와 같은 민감한 거래의 경우를 위한 S-HTTP는 Eric Rescorla 와 Allan M. Schiffman에 의하여 처음으로 개발되고 1999년 RFC 2660으로 명명되었다.

② SSL(Secure Socket Layer)

SSL(Secured Socket Layer)은 테리사(Terrisa)가 개발해 Netscape사가 Netscape과 NetSite의 암호화 중심 프로토콜로 사용하였던 방식이다. SSL은 서버와 클라이언트 간에 인증으로 RSA 방식과 X. 509를 사용하고, 실제 암호화된 정보는 새로운 임호화 소켓 채널을 통해 전송하는 방식이다. SSL은 특히 네트워크 레이어의 암호화 방식이기 때문에 HTTP 뿐 아니라 NNTP, FTP 등에도 사용할 수 있다. 기본적으로 Authentication, Encryption, Integrity를 보장하며, TLS(Transport Layer Security)라는 이름으로 표준화 되었다.

〈표 12-4〉 웹 보안 프로토콜 비교

백업 종류	S-HTTP	SSL
보호 범위	웹에만 적용	Telnet, Ftp 등 응용 프로토콜을 지원
인증 방식	각각 인증서가 필요하다.	클라이언트의 인증이 선택적이다.
인증서	클라이언트에서 인증서를 보낼 수 있다.	오직 서버만이 인증할 수 있다.
암호화와 인증 단위	메시지 단위	서비스 단위
연결주소	shttp:// 형태	https:// 형태

| 미니요약 | 웹 보안 (Web Security)

웹 보안은 웹 서버 시스템에서의 보안과 사용자 인증 등의 기법들, 웹에 적용한 네트워크 암호화 프로토콜로 구분해 볼 수 있다.

12.5.2 방화벽(Firewall)

방화벽은 네트워크간의 인가되지 않은 접근을 막아주는 역할을 한다. 즉, 인터넷으로부터 내부 네트워크를 보호하는 것이다.

인터넷이 보편화되기 전에는, 네트워크를 운영하는 기관들은 외부의 네트워크와 단절된 네트워크를 자체적으로 구축하여 운영하였다. 따라서 네트워크에 속해 있는 컴퓨터는 다른 외부 네트워크에 접근할 수가 없었다. 물론 이런 네트워크를 구축 및 운영하는 경우에는 외부 네트워크로부터의 침입을 방지할 수는 있지만, 내부 네트워크 사용자들이 인터넷과 같은 외부 네트워크를 사용할 수도 없었다. 하지만 최근에는 인터넷 등과 같은 외부 네트워크를 통한 정보 수집, 교환 및 정보 서비스 등이 중요시 되었으며, 많은 기관이나 기업들이 이러한 인터넷과 연동하는 네트워크를 운영하고 있다. 하지만 이러한 외부 네트워크와 연동을 하는 경우, 가장 문제가 되는 것은 어떻게 외부의 해커들의 침입으로부터 내부 네트워크를 안전하게 보호할 수 있느냐이다.

즉 이러한 경우에, 외부와 연결된 내부 네트워크에 대하여 불순한 의도를 가진 외부로부터의 접근을 효과적 막을 수 있는 환경 구축을 위한 방안이 바로 방화벽을 설치하는 것이라 할 수 있다. 이러한 방화벽에는 다음과 같은 종류가 있다.

- 배스천 호스트(Bastion Host)
- 이중 홈 게이트웨이(Dual-Homed Gateway)
- 스크리닝 라우터(Screening Router)
- 스크린된 호스트 게이트웨이(Screened Host Gateway)
- 스크린된 서브네트 게이트웨이(Screened Subnetwork Gateway)
- 프락시 서버/응용 게이트웨이

(1) 배스천 호스트(Bastion Host)

배스천 호스트는 인터넷 사용자가 내부 네트워크로의 액세스를 원할 경우, 우선 배스천 호스트를 통과하여야만 내부 네트워크를 액세스하여 자원 및 정보를 사용할 수 있도록 하는 것이다.

해커 및 불법 침입자가 배스천 호스트에 있는 중요한 정보를 악용하여 내부 네트워크로 접근하는 것을 방지하기 위해서는, 배스천 호스트 내에 존재하는 모든 사용자 계정을 지워야 하며 중요하지 않은 파일이나 명령 및 유틸리티, IP Forwarding 파일 그리고 라우팅 정보 등을 삭제하여야만 한다. 배스천 호스트는 내부 네트워크로의 접근에 대한 기록, 감시 및 추적을 위한 기록 및 모니터링 기능을 가지고 있어야만 한다.

(2) 이중 홈 게이트웨이(Dual-Homed Gateway)

이중 홈 게이트웨이는 두 개의 네트워크 인터페이스를 가진 배스천 호스트를 말하며, 하나의 네트워크 인터페이스는 인터넷 등 외부 네트워크에 연결되며, 다른 하나의 네트워크 인터페이스는 보호하고자 하는 내부 네트워크에 연결되어 양 네트워크간의 직접적인 접근을 허용하지 않는 방식을 말한다. 라우팅 기능이 없는 이중 홈 게이트웨이를 이용하여 인터넷 혹은 내부 네트워크의 정당한 사용자들이 응용 시비스를 제공받는 방법은 두 가지로 구분되는데, 첫 번째 방법은 이중 홈 게이트웨이 상에서 실행되며 서비스를 제공하는 프락시 서버를 사용하는 것이고, 두 번째 방법은 응용 서비스를 제공해 주는 이중 홈 게이트웨이에 직접 로그인한 다음 다시 내부 네트워크로 접근하는 것인데, 이 경우 강력한 인증 방법이 게이트웨이에 구현되어야 한다.

(3) 스크리닝 라우터(Screening Router)

스크리닝 라우터는 OSI 참조 모델의 3계층과 4계층에서 동작되기 때문에 3계층과 4계층에서 동작하는 프로토콜인 IP, TCP 혹은 UDP의 헤더에 포함된 내용을 분석해서 동작한다. 스크리닝 라우터란 네트워크에서 사용하는 통신 프로토콜의 형태, 발신지 주소와 목적지 주소, 통신 프로토콜의 제어 필드 그리고 통신 시 사용하는 포트 번호를 분석해서, 내부 네트워크에서 외부 네트워크로 나가는 패킷 트래픽을 허가 및 거절하거나 혹은 외부 네트워크에서 내부 네트워크로 진입하는 패킷 트래픽의 진입 허가 및 거절을 행하는 라우터를 말한다.

이러한 진입 허가 혹은 거절 결정은 패킷 필터 규칙에 따른 라우팅 테이블에 의해 결정된다. 일반 패킷과 특수한 프로토콜에 입각한 포트로 전송되는 패킷을 구별하는 능력 때문에 패킷 필터 라우터라고도 한다.

(4) 스크린된 호스트 게이트웨이(Screened Host Gateway)

스크린된 호스트 게이트웨이는 이중 홈 게이트웨이와 스크리닝 라우터를 혼합하여 사용한 방화벽 시스템이다. 방화벽 시스템의 구성 방법은 인터넷과 배스천 호스트 사이에 스크리닝 라우터를 접속하고, 스크리닝 라우터와 내부 네트워크 사이에서 내부 네트워크 상에 배스천 호스트를 접속한다. 인터넷과 같은 외부 네트워크로부터 내부 네트워크로 들어오는 패킷 트래픽을 스크리닝 라우터에서 패킷 필터 규칙에 의해 1차로 방어하고, 스크리닝 라우터를 통과한 트래픽은 모두 프락시 서버를 구동하는 배스천 호스트에서 입력되는 트래픽을 점검받으며, 스크리닝 라우터 혹은 배스천 호스트를 통과하지 못한 모든 패킷 트래픽은 거절된다.

(5) 스크린된 서브네트 게이트웨이

스크린 서브네트는 일명 DMZ(DeMilitarized Zone)의 역할을 외부 네트워크와 내부 네트워크 사이에 두는 것으로 완충지역 개념의 서브네트를 운영하는 것이다. 여기에 스크린 라우터를 이용하여 이 완충지역을 곧바로 통과 못하게 하지만, 외부 네트워크와 내부 네트워크에서도 이 스크린 서브네트에 접근할 수는 있다.

스크리닝 라우터는 인터넷과 스크린된 서브네트 그리고 내부 네트워크와 스크린된 서브네트 사이에 각각 놓이며 입출력 되는 패킷 트래픽을 패킷 필터 규칙을 이용하여 필터링하게 되며, 스크린된 서브네트에 설치된 배스천 호스트는 프락시 서버를 이용하여 명확히 진입이 허용되지 않은 모든 트래픽을 거절하는 기능을 수행한다. 이러한 구성에서 스크린된 서브네트에 대한 접근은 배스천 호스트를 통해서만 가능하기 때문에 침입자가 스크린된 서브네트를 통과하는 것은 거의 불가능하다.

(6) 프락시 서버/응용 게이트웨이

프락시 서버는 방화벽 시스템 즉, 배스천 호스트 같은 시스템에서 구동되는 응용 소프트웨어를 말하는데 Store-and-Forward 트래픽뿐만 아니라 대화형의 트래픽을 처리할 수 있으며, 사용자 응용 계층에서 트래픽을 분석할 수 있도록 프로그램 된다. 따라서 이것은 사용자 단계와 응용 프로토콜 단계에서 접근 제어를 제공할 수 있고, 응용 프로그램의 사용에 대한 기록을 유지하고 감시, 추적을 위해서도 사용될 수 있다.

응용 게이트웨이는 사용자 단계에서 들어오고 나가는 모든 트래픽에 대한 기록을 관리하고 제어할 수 있으며, 해커 및 불법 침입자를 방어하기 위해서 강력한 인증 기법이 필요하다. 응용 게이트웨이는 사용되는 응용 서비스에 따라 각각 다른 소프트웨어를 구현하여 사용하기 때문에 고수준의 보안을 제공할 수 있다.

| 미니요약 | 방화벽(FireWall)

방화벽은 네트워크간의 인가되지 않은 접근을 막아주는 역할을 한다. 즉, 인터넷으로부터 내부 네트워크를 보호하는 것이다.
방화벽에는 배스천 호스트, 이중 홈 게이트웨이, 스크리닝 라우터, 스크린된 호스트 게이트웨이, 스크린된 서브네트 게이트웨이, 프락시 서버/응용 게이트웨이 같은 다양한 종류가 있다.

| 미니강의 | 프락시(Proxy)

사용자가 이제까지 인터넷을 통해 접근했던 정보들을 컴퓨터의 하드디스크 일정 영역에 저장해 둠으로써 마치 하드디스크가 캐시 기억 장소의 역할을 대신하게 되면서, 이후 사용자가 인터넷 서비스를 요청하면 일단 하드디스크에 저장되어 있는 프락시 정보를 이용한다.
만일 사용자가 요청한 정보가 하드디스크에 있으면 통신망을 통해 원격지로부터 자료를 수신하지 않고도 사용자에게 정보를 제공할 수 있기 때문에 보다 빠르게 요청 응답을 제공할 수 있다는 장점이 있다.
사용자가 요청한 정보가 원격지에 있는 호스트에서 변경된 경우에는 하드디스크에 있는 프락시 정보가 올바르지 못하게 되기 때문에 사용자 요청이 발생하면 무조건 하드디스크에서 전달하는 것이 아니라 일단 상대방 호스트에게 정보 수정 여부를 확인한 뒤 정보가 바뀌지 않았으면 하드디스크의 내용을 사용자에게 전달한다.

| 미니강의 | 침입탐지시스템(IDS, Intrusion Detection System)

방화벽이 탐지하지 못하는 모든 종류의 악의적인 네트워크 트래픽 및 컴퓨터 사용을 탐지하기 위한 장비로서, 취약한 서비스에 대한 공격과 어플리케이션에서의 데이터 처리 공격(Data Driven Attack), 권한 확대(Privilege Escalation) 및 침입자 로그인/침입자에 의한 주요 파일 접근/악성 소프트웨어 등과 같은 호스트 기반 공격도 탐지하는 역할을 수행한다.

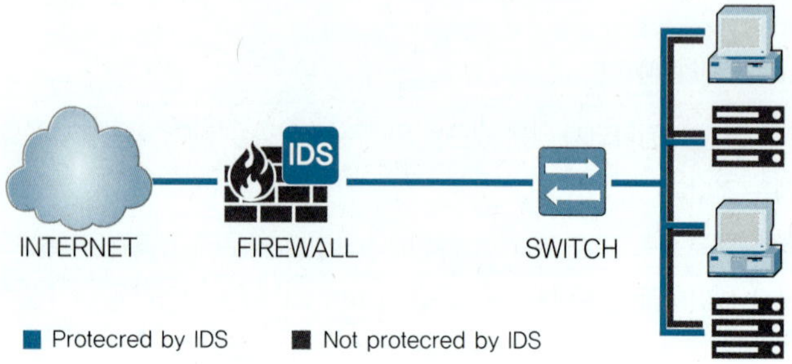

[IDS 구성 예 및 기능]

침입탐지시스템인 IDS는 센서의 종류와 위치 그리고 엔진 경고 생성 방법론 등에 따라 구분된다. 악용탐지시스템(Misuse Detection System)은 악의적인 것으로 추정되는 트래픽이나 데이터 패턴을 감시하여 침입을 식별하며, 변칙 기반 침입탐지시스템(Anomaly Based Detection System)은 일반적인 동작과 구별되는 트래픽 또는 어플리케이션 컨텐트를 알려 침입을 탐지하는 역할을 수행한다.

- **네트워크 침입탐지시스템**: 네트워크 트래픽을 검사하고 모니터링하여 침입을 식별하는 장비로서, 포트 미러링 또는 네트워크 탭(Tap)을 이용하여 장비에 연결하여 구동된다.
- **호스트 기반 침입탐지시스템**: 호스트에서 시스템 콜, 어플리케이션 로그, 파일 시스템의 수정사항 그리고 호스트의 동작과 상태 등을 분석하여 침입을 식별하는 장비이다.
- **하이브리드 침입탐지시스템**: 네트워크 및 호스트 기반 침입탐지시스템을 결합한 방식으로 호스트 에이전트 데이터는 네트워크의 종합적인 관점을 위해 네트워크 정보와 결합된다.

이외에도 수동적 시스템 및 반응적 시스템 등으로 구분되기도 하는데, IDS는 침입 발생 자체를 막기 위한 방화벽과는 다르게, 의심스러운 침입에 대하여 경보 신호를 보내는 것이 주기능이다.

| 미니강의 | 침입방지시스템(IPS, Intrusion Prevention System)

잠재적 위협을 인지한 후에 이에 대하여 즉각적인 대응을 위한 예방적인 차원의 접근방식으로서, 네트워크 트래픽을 감시하다 의심스러운 접근에 대하여 해당 사항을 관리자에게 즉각적으로 전달할 수 있는 기능을 갖는 시스템을 침입방지시스템, IPS라 한다.

이를 위하여 IPS는 패킷을 검사하고, 그것이 부당하거나 의심스러우면 해당 IP 주소 또는 해당 포트에서 들어오는 모든 트래픽을 차단하는 한편, 합법적인 트래픽에 대해서는 아무런 방해나 서비스 지연 없이 전달한다.

탐지 기법으로는 주소 대조, HTTP 스트링과 서브 스트링 대조, 일반 패턴 대조, TCP 접속 분석, 변칙적인 패킷 탐지, 비정상적인 트래픽 탐지 및 TCP/UDP 포트 대조 등의 방법을 사용한다.

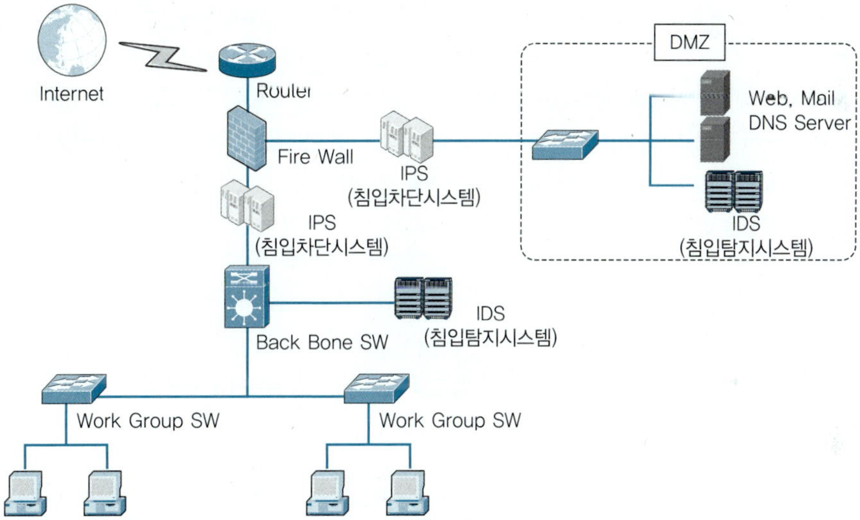

[보안시스템 구성 예]

〈IDS vs. IPS 기능 비교표〉

구분	IDS	IPS
목적	침입 여부의 감지	침입 이전의 방지
특징	로그, Signature 기반의 패턴 매칭	정책, 규칙 DB 기반의 비정상행위 탐지
장점	실시간 탐지 사후분석 대응기술	실시간 즉각 대응 세션 기반 탐지 가능
단점	변형된 패턴에 대해 탐지의 어려움	오탐 현상 발생 가능 고가의 장비

| 미니강의 | 분산 서비스 거부(DDoS: Distributed Denial of Service)

DDoS 공격은 단일 또는 다수의 공격자가 특정 서비스 제공을 불가능하도록 차단하는 형태의 공격을 말한다. 서버, 기기, 서비스, 네트워크 어플라이언스 때로는 애플리케이션 내의 특정 트랜잭션까지 거의 모든 것에 대한 접근을 차단하는 공격으로서 여러 시스템에서 실행되어 시스템의 동작이 멈출 만큼 많은 요청을 보내거나 대규모 쿼리로 데이터베이스를 공격하여 인터넷 대역폭과 CPU, RAM 용량에 과부하가 걸려 해당 서비스의 중단시키는 것을 목적으로 한다.

2000년대 초 이런 공격으로 야후!, 아마존, CNN, 이베이 등이 다운되기도 하였었다. 1990년 중반에는 초당 요청 수 150개 정도로 구성되었었으나, 오늘날에는 1,000Gbps를 상회하기도 하는데, 그 기반은 봇넷이다. 봇넷은 악성 코드에 감염돼 중앙에서 제어되는 시스템으로 구성된 네트워크 집합으로서, 최근에는 보통 컴퓨터와 서버 외에도 IoT와 모바일 기기도 대상이 되고 있다.

DDoS 공격의 유형은 세 가지로 분류 되는데, 첫 째는 대량의 가짜 트래픽을 사용해 웹사이트나 서버와 같은 리소스를 다운시키는 공격(ICMP, UDP 포함) 및 스푸프 패킷 범람 공격을 들 수 있으며, 두 번째는 패킷을 사용해 네트워크 인프라와 인프라 관리 툴을 목표로 하는 공격으로 SYN 플러드(SYN Flood), 스머프(Smúrf) DDoS 공격이 그리고 마지막 세 번째는 조직의 애플리케이션 계층을 목표로 하며 악성 요청으로 애플리케이션에 과부하를 일으키는 방식으로 작동한다.

이러한 봇넷을 이용한 DDoS 공격의 실행이 늘어나고 있으며 앞으로도 상당기간 지속될 가능성이 높다.

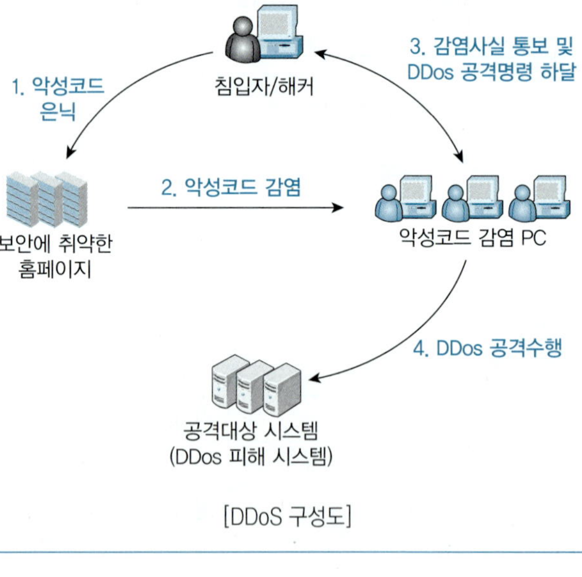

[DDoS 구성도]

| 미니강의 | 보안침해 현황 및 이상적인 네트워크 보안 구성

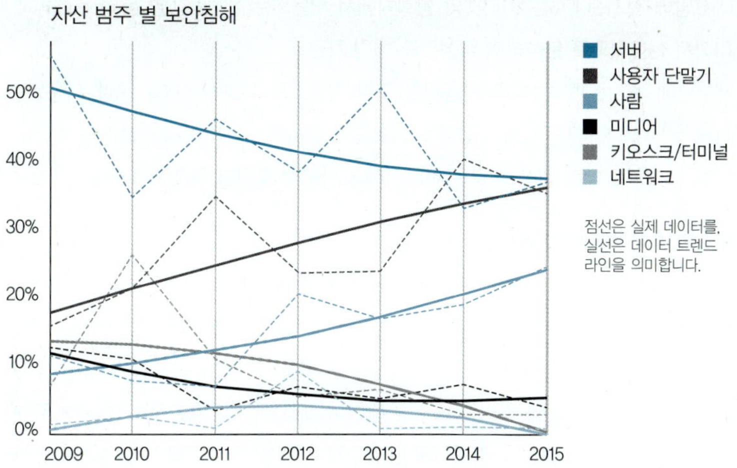

[시스템 자산별 보안 침해 현황]

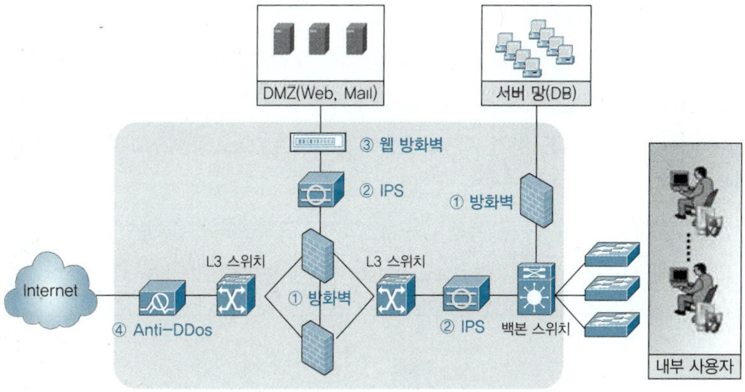

[서비스 제공을 위한 서비스망 구성도]

① 방화벽(인터넷망/서버망)

A. 인터넷망 방화벽 구축하여 외부/DMZ/내부망 보안도메인으로 분리 및 접근제어

B. 인터넷망 방화벽의 NAT 기능을 사용하여 내부망을 사설IP로 구성하여 보안강화

C. 방화벽 장애 시 서비스 가용성을 보장하기 위해 Fail-Over(High Availability/이중화) 구성

D. 가장 중요한 정보를 보유하고 있는 서버 망에 별도로 방화벽을 구축하여 외부는 물론 내부 사용자로부터의 불법적 접근 차단

E. 서버 망 방화벽은 장애 시 서비스 가용성을 보장하기 위해 Fail-Open(Bypass) 구성

② IPS(침입방지시스템)

A. DMZ망에 설치된 IPS는 인터넷망 방화벽에서 허용되는 웹 및 메일 등의 트래픽에 대해 데이터까지 심층적으로 분석하여 악성코드/해킹 차단

B. 내부망에 설치된 IPS는 내부사용자가 외부 악성코드 유포사이트를 통해 다운받는 악성코드 차단 및 내부 사용자 PC에서 외부로 정보를 유출시키는 스파이웨어 트래픽 차단

C. 장비 자체의 장애가 발생할 경우에도 서비스 가용성 보장을 위해 Fail-Open(Bypass) 구성

③ 웹 방화벽(Web Application Firewall)

A. 근래에 발생하고 있는 서버 대상은 공격은 대부분 웹 서비스 공격임

B. 웹 서비스가 중요한 사이트의 경우 웹 서비스에 특화된 보안솔루션인 웹 방화벽을 구축하여 웹 서비스 해킹공격 방어

C. 웹 방화벽은 IPS와 같이 알려진 공격에 대한 시그니쳐 기반 방어 및 구축되어 있는 웹 서버의 주요정보에 대한 무결성을 검증하여 알려지지 않은 공격에 의해 내부 정보가 변조되는 것을 방어하는 기능을 동시 제공

D. 장비 자체의 장애가 발생할 경우에도 서비스 가용성 보장을 위해 Fail-Open(Bypass) 구성

④ Anti-DDoS(DDoS 대응장비)

A. 근래에 무분별하게 발생하고 있는 DDoS공격에 대해 효과적으로 방어를 위한 전문 DDoS 대응장비 구축

B. 외부에서 사이트로 접근하기 위한 최전방에 설치하여 DDoS 공격 방어 및 정상적인 트래픽에 대해서는 내부 접근 허용

C. 정상적인 내부 서비스(웹 등) 트래픽이 차단되지 않도록 오탐을 줄이는 것이 매우 중요함

D. 장비 자체의 장애가 발생할 경우에도 서비스 가용성 보장을 위해 Fail-Open(Bypass) 구성

| 미니강의 | 정보보안 마인드맵

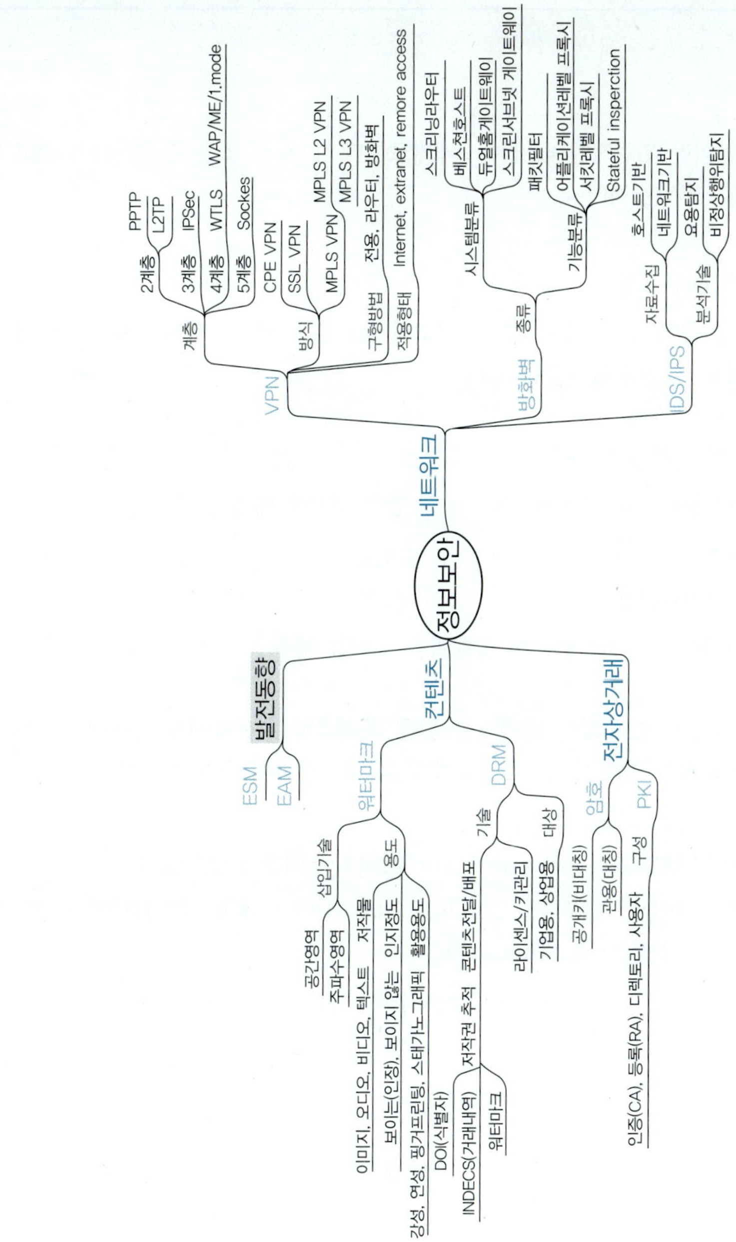

요약

01 네트워크 보안이란 위협적인 해커나 크래커로부터 내 자신 또는 공공기관이 갖고 있는 중요한 정보를 지키는 것이다.

02 네트워크 보안의 중요성

- 네트워크를 통해 전송되는 정보는 변조되거나 훔쳐가도 흔적이 남지 않아 변조 사실을 알아내는 것이 불가능하기 때문

03 공격에 대해 몇 가지로 분류

- 두 통신 당사자를 제외한 제3자가 통신 중인 정보에 대해 공격하는 경우
  - 수동적(Passive)인 공격
  - 능동적(Active)인 공격
- 통신 당사자들 중 어느 한쪽이 상대방을 속이는 경우

04 암호화 알고리즘 – 암호화는 메시지를 최종 목적지의 수신자에게 가는 동안 제3자에 의해서 이 메시지를 알아볼 수 없도록 평문을 재구성하여 암호문을 만드는 것인데 이때 메시지의 재구성 방법

- 관용키 암호방식(Conventional Cryptography, 대칭키 암호방식)
  환자(Substitution) 암호, 전치(Transposition) 암호, 혼합(Product) 암호, DES(Data Encryption Standard)
- 공개키 암호방식(Conventional Cryptography)
  RSA 암호
- 관용키 암호방식은 nx(n–1)/2, 공개키 암호방식은 2xn개의 키를 갖는다.

05 DES는 평문을 64비트 단위로 나누어 64비트의 키로 전치, 환자 및 XOR 연산을 16번 반복하여 암호화를 수행하게 된다.

- 운영모드 – ECB 모드, CBC 모드, CFB 모드, OFB 모드 등 4가지

06 공개키 암호방식

- n명의 불특정 다수가 통신할 때 필요한 키의 개수는 n(n+1)/2로, n이 증가할수록 기하급수적으로 키의 개수가 증가하게 되는데 이러한 문제를 해결하기 위한 방안으로 제안된 방식이다.
- 공개키 암호 방식은 합성수의 소인수 분해가 어렵다는 점을 이용하거나 지수함수의 역인 이산대수의 해를 구하는 것이 힘든 이산대수 문제를 이용하고 있다.
- 공개키 방식에서는 암호화와 복호화를 위해 두 개의 서로 다른 키를 사용하는데 비밀 통신을 할 경우 암호화 키는 공개하고 복호화 키는 비밀로 하게 된다.

07 암호화 관리라는 것은 암호화에 필요한 알고리즘을 어디에서 수행하며 여기에 사용되는 키를 어떻게 분배할 것인지에 대한 문제를 다루는 것이다.

08 디지털 시명은 종이 문서에 사인이나 도장을 찍어서 서명하던 방법을 전자적 형태로 저장된 메시지에 서명하는 방법이다.

- 암호식 인증은 적절히 관리만 된다면 복수 적용을 위하여 이용될 수 있으며 인증 및 암호화 서비스, 모두를 포괄할 수 있다.

09 웹 보안은 웹 서버 시스템에서의 보안과 사용자 인증 등의 기법들, 웹에 적용한 네트워크 암호화 프로토콜로 구분해 볼 수 있다.

10 방화벽 – 네트워크간의 인가되지 않은 접근을 막아주는 역할을 한다. 즉, 인터넷으로부터 내부 네트워크를 보호하는 것이다.

- 방화벽의 종류
  - 배스천 호스트
  - 이중 홈 게이트웨이
  - 스크리닝 라우터
  - 스크린된 호스트 게이트웨이
  - 스크린된 서브네트 게이트웨이
  - 프락시 서버/응용 게이트웨이

연습문제

01 위협적인 해커나 크래커로부터 내 자신 또는 공공기관이 갖고 있는 중요한 정보를 지키는 것을 무엇이라고 하는가?

a. 게이트웨이
b. 정보 이론
c. 네트워크 보안
d. 방화벽

02 전자 문서가 일반화 되면서 발생할 수 있는 문제가 아닌 것은?

a. 전자 문서를 컴퓨터에서 쉽게 처리할 수 있다.
b. 전자 문서에 대한 무단 복사 할 수 있다.
c. 전자 문서에 대한 위조가 가능하다.
d. 전자 문서는 어느 것이 원본인지 구분할 수 없다.

03 제3자가 네트워크 중간에서 두 사람간에 주고받는 메시지를 모니터링 하다가 자신에게 불리한 정보를 담은 메시지를 보곤 이 메시지를 변경하여 보냈다면 이는 어떤 공격해 해당하는가?

a. DOS 공격
b. 능동적 공격
c. 수동적 공격
d. 스팸 메일

04 메시지를 최종 목적지의 수신자에게 가는 동안 제3자에 의해서 이 메시지를 알아볼 수 없도록 평문을 재구성하는 방법을 무엇이라고 하는가?

a. 암호화
b. 암호화 알고리즘
c. 비밀키
d. 공개키

05 알파벳을 4 시프트 시킨 암호 알파벳을 갖고 평문 "CIPHER"라는 문자를 암호화 하였는데 다음과 같은 암호문 "FLSKHU"가 된다. 이와 같은 암호방식을 무엇이라 하는가?

a. 환자 암호(Substitution Cipher)
b. 전치 암호(Transposition Cipher)
c. 혼합 암호(Product Cipher)
d. DES(Data Encryption Standard)

06 다음 중 DES에 대한 설명으로 잘못된 것은?

a. 평문을 64비트 단위로 나누어 64비트의 키로 전치, 환자 및 XOR 연산을 16번 반복하여 암호화를 수행

b. 입력된 56비트의 키로부터 16단계에서 사용되는 48비트의 키를 생성

c. 64비트 평문은 L0, R0 2개의 32비트로 나뉘어져 16번의 암호화 과정을 거침

d. 함수 f는 32비트의 입력과 56비트의 서브키 K를 입력으로 받아 64비트의 암호문으로 치환하는 기능을 수행

07 다음 중 DES의 동작 모드가 아닌 것은?

a. CBM 모드(Code Book Mode)

b. CBC 모드(Cipher Block Chaining Mode)

c. CFB 모드(Cipher Feedback Mode)

d. OFB 모드(Output Feedback Mode)

08 RSA에서 공개키와 비밀키를 생성하는 과정에서 우선 p = 9, q = 5를 선택하여 p·q인 48을 얻고 공개키 Ke = 3을 선택하였다면 이때 Kd를 얻을 수 있다. 다음 중 공개되는 키는 무엇인가?

a. p = 8, Kd = 5 b. q = 6, Kd = 7

c. p·q = 48, Kd = 11 d. p·q = 48, Kd = 13

09 60명의 사용자가 관용키 암호방식으로 암호화를 수행하는 비밀 통신에 참가하려고 한다면 사용자들 전부에게 필요한 키의 수는?

a. 1750 b. 1760

c. 1770 d. 1780

10 암호화에 필요한 알고리즘을 어디에서 수행하며 여기에 사용되는 키를 어떻게 분배할 것인지에 대한 문제를 다루는 것은 무엇인가?

a. 암호화 알고리즘 b. 암호화 관리

c. 키 분배 d. 키 관리

11 다음은 무엇에 대한 설명인가?

> 종이 문서에 사인이나 도장을 찍어서 서명하던 방법을 전자적 형태로 저장된 메시지를 서명하는 방법이다. 이는 서명 알고리즘(signing algorithm)과 증명 알고리즘(verification algorithm)으로 구성된다.

a. 인증
b. 디지털 서명
c. 관용키 암호방식
d. 공개키 암호방식

12 다음 중 사용자 A가 사용자 B에게 메시지에 대해 디지털 서명과 메시지 암호화하여 전송하려 한다면 어떤 순서로 A, B의 공개키와 A, B의 비밀키를 사용하여 암호화하여야 하는가?

a. B의 공개키 → A의 공개키
b. A의 공개키 → B의 비밀키
c. A의 비밀키 → B의 공개키
d. B의 비밀키 → A의 비밀키

13 다음 중 디지털 서명이 유효하기 위한 기본적인 요구사항들에 대한 설명으로 잘못 연결된 것은?

a. 위조 불가(Unforgeable): 합법적인 서명자만이 디지털 서명을 생성할 수 있어야 한다.
b. 서명자 인증(User authentication): 디지털 서명의 서명자를 불특정 다수가 검증할 수 있어야 한다.
c. 부인 방지(Non-repudiation): 서명자는 서명행위 이후에 서명한 사실을 부인할 수 없어야 한다.
d. 변경 불가(Unalterable): 전자문서의 서명을 다른 전자문서의 서명으로 사용할 수 없어야 한다.

14 다음과 같은 방화벽의 종류 중 계층 3과 4에서 동작하는 프로토콜인 IP, TCP 혹은 UDP의 헤더에 포함된 내용을 분석해서 동작하는 방화벽 시스템은 무엇인가?

a. 배스천 호스트
b. 이중 홈 게이트웨이
c. 스크리닝 라우터
d. 스크린된 호스트 게이트웨이

15 관용키 암호방식과 공개키 암호방식의 차이점에 대하여 설명하시오.

16 56비트 DES가 22시간 만에 깨지면서 2중 DES가 제안되었는데 이 방법 또한 키를 찾기 위해 단일 DES에서보다 작업 시간 크게 증가되지 못한 이유는 무엇인지 설명하시오.

17 사용자 A가 메시지를 사용자 B에게 보냈는데 이를 부인하지 못하도록 하기 위해서는 어떤 방법으로 메시지를 암호화하면 되는지 설명하시오.

18 방화벽이 필요한 이유에 대하여 설명하시오.

19 침입탐지시스템 및 침입방지시스템에 대하여 간략히 비교, 설명하고, 방화벽과 이들을 혼합 구성하는 방법에 대하여 설명하시오

| 참고 사이트 |

- http://www.cisco.com/warp/public/3/kr/network/index.html: CISCO에서 제공하는 네트워크 용어정리 사이트로서 표준적인 용어를 알파벳순서로 정리해 놓았다.
- http://kmh.yeungnam-c.ac.kr/Network2/concept/enterstudy/ day16/text16-0.htm: 인터넷 보안에 대한 개념을 정리해 놓았다.
- http://www.hackerslab.org/korg/library/club/guadian/des.html: DES에 대하여 정리해 놓았다.
- http://cnscenter.future.co.kr/security/tool.html: 네트워크 보안 툴들을 정리해 놓았다.
- http://home.ewha.ac.kr/~jhkim/972project/bs1/ec4_1_3.html: 메시지 인증과 디지털 서명에 대한 내용을 정리해 놓았다.
- http://csrc.nist.gov/publications/nistpubs/800-57/sp800-57-Part1-revised2_Mar08-2007.pdf: NIST의 보안관련 문서를 볼 수 있다..
- http://www.andxor.com/supported-signatures.html: 전자서명에 관한 내용을 정리해 놓았다.

| 참고문헌 |

- Prentice Hall(조경산 역), 컴퓨터 네트워크와 인터넷, 그린출판사, pp490-501, 1997
- 정진욱, 곽경섭, 김준년, 강충구, 데이터 통신입문과 DATA COMMUNICATIONS, 광문각, pp621-656, 1998
- Larry L. Peterson, Bruce S. Davie(박창윤, 송주석, 유혁, 이정태, 전우직 공역), 컴퓨터 네트워크 소프트웨어 및 시스템, 사이텍미디어, pp630-681, 2001
- James F.Kurose, Keith W.Ross, Computer Networking, Addison-Wesley, pp565-625, 1999
- William Stallings, Cryptography and Network Security, Prentice Hall, pp49-92, 1999

CHAPTER 13

MPLS

contents

CHAPTER 13

MPLS(Multi-Protocol Label Switching)

폭발적인 사용자 증가 및 생활화 현상을 보이고 있는 인터넷은 다양한 트래픽 특성을 지원하기 위해 전달 네트워크의 핵심인 백본 네트워크를 비롯한 전체 네트워크 구조가 더욱 복잡해지고 있고, 네트워크 트래픽 또한 괄목할만한 성장세를 지속하고 있다. 실시간, 대용량 처리능력을 필요로 하는 다양한 멀티미디어 응용 프로그램들이 속속 등장하였고 더불어 응용 프로그램 및 사용자가 요구하는 다양한 서비스 품질을 만족시키기 위해 레이블 스위칭 기술을 비롯한 많은 연구가 진행되었으며, IETF(Internet Engineering Task Force)에서는 레이블 스위칭 기술을 기반으로 하는 MPLS를 표준화하게 되었다. 본 장에서는 MPLS가 등장하게 된 배경과 기술적인 역사에 대해서 살펴보고 MPLS를 구성하는 기술들에 대해 상세히 언급한다.

- MPLS가 등장하기까지의 기술 변천과 등장 배경에 대해 살펴본다.
- MPLS 구성 요소에 대해서 살펴본다.
- MPLS 동작에 대해서 살펴본다.
- MPLS를 이용한 QoS(Quality of Service) 제공 방법에 대해서 살펴본다.
- MPLS를 이용한 트래픽 엔지니어링 개념과 동작 방법을 살펴본다.

13.1 MPLS 개요

WWW(World Wide Web)로부터 시작된 인터넷의 대중화는 최근 TCP/IP(Transmission Control Protocol/Internet Protocol) 기반의 인터넷 프로토콜이 실질적인 표준으로 확고히 자리 매김을 함에 따라 급속한 사용자 증가와 더불어 네트워크 트래픽 또한 괄목할만한 성장세를 지속해 오고 있다. 고속 모뎀, ISDN(Integrated Services Digital Network), 케이블 모뎀, xDSL(Digital Subscriber Line) 등과 같은 고속 액세스 기술을 포함하여 모바일 IPv6, 무선 인터넷, 블루트스, Home PNA(Home Phone line Networking Alliance)와 같은 기술들의 대중화는 지능형 전자 제품들의 확산과 더불어 인터넷 수요를 더욱 폭발적으로 증가시킬 것이다.

네트워크 제공자 입장에서 인터넷 트래픽의 꾸준한 증가는 네트워크의 물리적인 크기뿐만 아니라, 네트워크 인프라를 단시간에 효과적으로 확장, 운영해야 하는 큰 부담으로 작용하게 되었다. 또한 사용자들의 양적, 질적 수준의 증가는 대역폭 확대, 서비스 지속성, 그리고 QoS(Quality of Service) 보장 등과 같은 문제에 대해서도 끊임없는 변화를 요구하고 있다.

이처럼 IP의 유연성과 확장성, 그리고 ATM(Asynchronous Transfer Mode), 기가비트 이더넷(Gigabit Ethernet) 등의 고속 스위칭 기술을 이용하여 인터넷의 병목 지점이었던 라우터에서 고속으로 트래픽을 처리하고 다양한 부가 서비스를 제공하고자, IETF에서는 레이블 스위칭 기술을 기반으로 MPLS를 제안하였다. MPLS 기술은 안정성과 확장성이 검증된 IP 라우팅 프로토콜과 고속 스위칭 기술을 결합하여 패킷을 전달하는 방식으로, 네트워크 확장성과 네트워크 자원의 효과적인 운용을 위해 IP 네트워크에서 제공할 수 없었던 트래픽 엔지니어링(TE: Traffic Engineering)과 같은 새로운 기술들을 적용하였다.

결과적으로 MPLS는 IP와 ATM, 프레임 릴레이, 그리고 이더넷 기술을 수용함으로써 기존 IP 네트워크의 많은 제약 사항을 해결하였고, 다양한 부가 서비스를 효과적으로 창출할 수 있기 때문에 차세대 인터넷의 핵심 기술로 평가 받고 있다. 또한 MPLS는 기존의 목적지 기반 홉 단위(Hop-by-Hop) 라우팅 대신 레이블 스위칭 기법을 사용하였고, 고정 길이의 레이블을 이용하기 때문에 포워딩 엔진을 하드웨어로 구성하기가 쉬워 대용량 스위치의 구현을 가능하게 하였다.

초기 레이블 스위칭의 가장 큰 장점은 IP 패킷 라우팅과 2계층 스위칭 기술의 접목을 통한 성능 향상이었으나, 최근 ASIC(Application Specific Integrated Circuit) 기반 3계층 스위칭 기술의 확산으로 이러한 성능 향상은 더 이상 큰 장점이 되지 못하고 있다. MPLS가 각광받는 보다 큰 이유는 확장성 있는 VPN(Virtual Private Network), 트래픽 엔지니어링과 같은 기능을 제공하고, 라우팅과 포워딩의 완전한 분리를 통해 IPv6과 같은 새로운 기술들을 보다 쉽게 네트워크에 적용할 수 있다는 점을 들 수 있다.

[그림 13-1]은 이런 통신망의 발전 방향을 보여주고 있다.

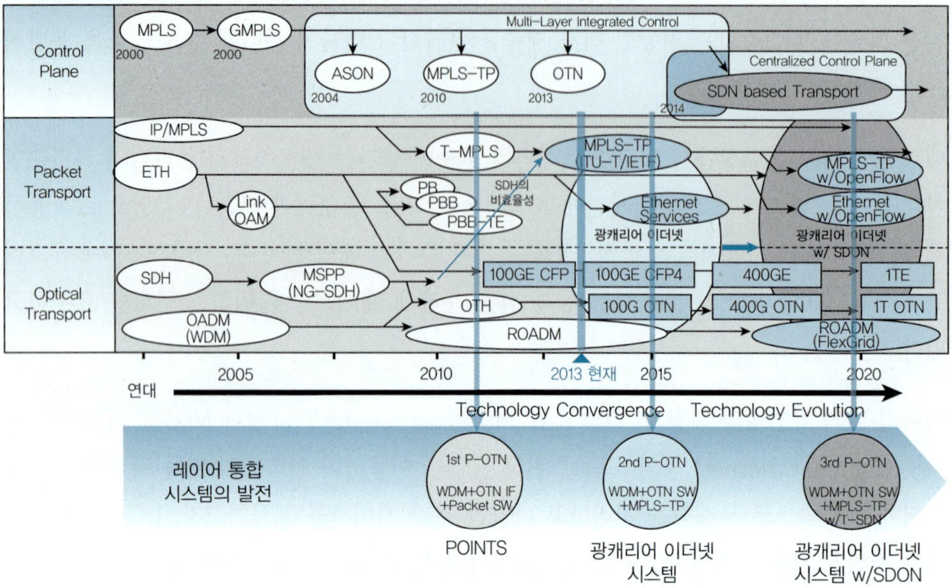

[그림 13-1] 통신망의 발전 방향

13.2 IP 스위칭과 태그 스위칭(IP Switching & Tag Switching)

IP 패킷 헤더 정보를 통해 홉 단위 라우팅을 수행하였던 기존의 방식은 경로를 찾기 위해 많은 작업을 수행하기 때문에 라우터의 전송 속도를 감소시키는 주된 원인이었다. 최초 레이블 스위칭 기술은 이러한 라우터의 단점을 개선하고자 3계층 장비에 2계층 스위칭 능력을 부여함으로써 시작되었고, 시스코의 태그 스위칭(Tag Switching), IBM의 ARIS(Aggregate Route Based IP Switching), 도시바의 CSR(Cell Switching Router), 입실론(Ipsilon)의 IP 스위칭, 루슨트의 IP 네비게이터 등과 같이 다양한 형태로 비슷한 시기에 첫 선을 보였다.

레이블 스위칭 기술은 "Cut-through" 방식의 패킷 전송 기술로써 패킷 전송과 경로 설정을 완전히 분리하여 고속 전송을 구현하고자 하였다. 레이블은 3계층 경로 정보와 밀접한 관련이 있으며, 레이블 스위치는 레이블을 기초로 패킷을 스위칭 한다. 즉, 일단 경로 정보에 의해 레이블이 할당되면 패킷의 전송은 라우팅 정보와 상관없이 레이블에 의해서만 이루어진다.

본 절에서는 라우터 기반 네트워크에서 레이블 스위치 기반 네트워크로의 전환에 있어 촉매제가 되었던 IP 스위칭 기술과, 이를 발전시켜 MPLS의 기술적인 모태가 되었던 태그 스위칭에 대해서 살펴보기로 한다.

13.2.1 IP 스위칭(IP Switching)

레이블 스위칭의 시발점이 되었던 IP 스위칭을 처음 입실론사(현재는 Nokia)에서 제안하였을 때 엄청난 반향이 있었다. IP 스위칭은 [그림 13-2]에서와 같이 ATM의 신호(Signaling) 기능과 관리 기능을 IP 스위치 제어기로 대체한 IP 스위치를 중심으로 동작한다. 즉, IP 스위칭은 ATM 스위치와 IP 라우팅 기능을 스위치 제어 프로토콜인 GSMP(Generic Switch Management Protocol)를 매개로 하여 결합한 형태로써, IP의 장점인 확장성, 안정성, 단순성과 ATM의 장점인 빠른 전송 속도, 대용량의 대역폭, QoS 제공을 목적으로 하였다.

IP 스위칭에서는 라우팅 프로토콜에 근거한 특정 송신측과 수신측간의 패킷 스트림을 플로우(Flow)라는 개념으로 정의하고 있다. 플로우에 속한 최초 패킷들의 트래픽 특성에 따라 라우터에서의 처리 방법이 결정되면, 이후 해당 플로우 패킷들은 동일한 방법으로 전송된다. 즉, 패킷 스트림은 [그림 13-2]의 ①에서와 같이 기존의 방식처럼 라우팅 될 수 도 있고, ②에서와 같이 ATM 스위치에서 바로 "Cut-through" 방식을 통하여 전송될 수도 있다.

(1) IP 스위칭 동작

IP 스위칭은 ATM 스위치를 사용하기 때문에 입력 플로우에 대해 레이블 값인 VPI/VCI(Virtual Path Identifier/Virtual Channel Identifier)를 할당한다. IP 스위치 제어기는 초기 입력 패킷들에 대해 판별 기능을 수행하여 VPI/VCI 할당 여부를 결정한다. VPI/VCI 가 설정된 이후에 입력되는 패킷들은 [그림 13-2]의 ②에서와 같이 ATM 스위치만을 경유하여 전송된다.

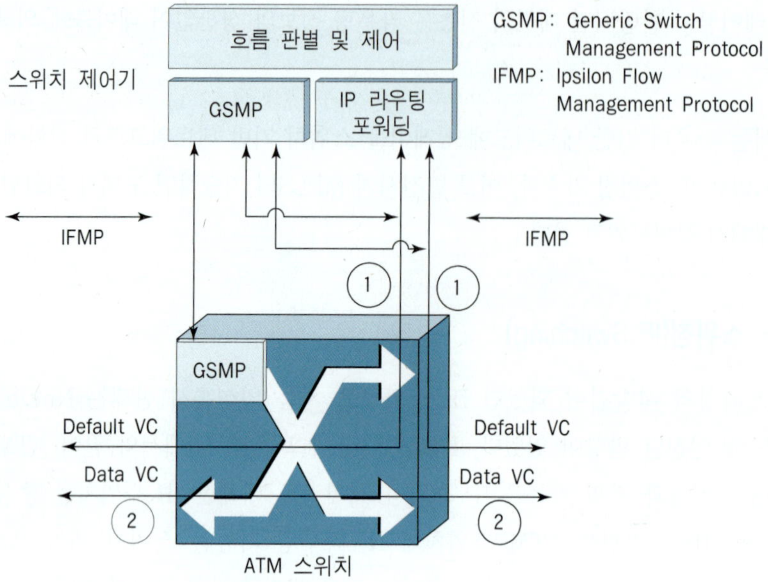

[그림 13-2] IP 스위치 구조

플로우 판별 기능은 ATM 스위치에 의해 스위칭이 이루어질 플로우와 라우팅 될 플로우를 구별하는 기능을 수행한다. 일반적으로 장시간 전송이 필요한 멀티미디어 트래픽이나 많은 양의 파일 전송, WWW에 관련된 플로우는 직접 스위칭하고, 트래픽 지속 시간이 짧고 적은 수의 패킷으로 구성되는 트래픽은 기존의 라우팅 방식으로 전송된다. 선택된 플로우에 대해서는 ATM 스위치 양단에 VPI/VCI가 설정되고, 입력 플로우의 VPI/VCI 값은 출력 VPI/VCI 값으로 바뀌어 전송된다. 따라서 IP 스위치를 이용해서 종단간(End-to-End) 고속 전송을 수행하기 위해서는 플로우와 할당된 VPI/VCI 바인딩 정보를 인접 상향노드(Upstream Node)에게 알리기 위한 방법이 필요하며, 이것이 바로 IFMP(Ipsilon Flow Management Protocol)이다.

IP 스위치 동작을 살펴보면 초기에는 인접한 IP 스위치 간에 기본적으로 설정된 VPI/VCI를 통하여 패킷을 송수신 하다가 스위칭하기로 결정된 플로우에 대해서는 VPI/VCI 값을 할당하고, 이러한 바인딩 정보를 상향노드([그림 13-3]에서 B의 상향노드는 A)로 IFMP를 이용하여 전달한다. 모든 IP 스위치에 바인딩 정보가 전달되면 해당 플로우에 대한 종단간 "Cut-through" 경로가 설정되며, 이후 입력되는 패킷들은 "Cut-through" 경로 상으로 스위칭 된다. [그림 13-3]과 같이 구성된 IP 스위치 네트워크에서 IP 스위치의 동작을 살펴보면 다음과 같다.

도 효과적으로 적용될 수 있다. 태그 스위칭은 포워딩과 제어를 수행하는 두 가지 요소로 구성된다. 포워딩 요소는 태그 정보와 태그 포워딩 정보를 이용하여 고속 패킷 포워딩을 수행하며, 제어 요소는 태그 스위치 간에 정확한 태그 포워딩 정보를 유지하도록 하는 역할을 담당하고 있다.

태그 스위칭 네트워크는 [그림 13-4]와 같이 태그 에지 라우터(TER: Tag Edge Router)와 태그 스위칭 라우터(TSR: Tag Switching Router)로 구성된다. TER은 태그 정보가 없는 패킷(Untagged Packet)의 헤더에 태그 정보를 삽입하여 태그 패킷(Tagged Packet)으로 바꾸거나, 반대로 태그 패킷을 일반 패킷으로 바꾸어 전달하는 기능을 수행한다. TSR은 태그 패킷을 인접한 TSR이나 TER로 태그 스와핑을 통하여 고속으로 전달하는 기능을 수행한다.

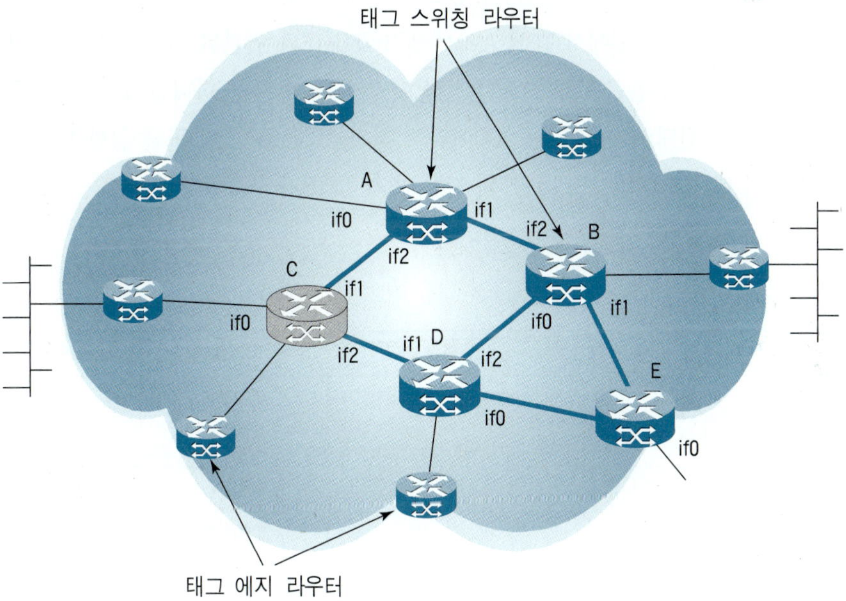

[그림 13-4] 태그 스위칭 네트워크 구조

(1) 태그 스위칭 동작

기존의 라우터는 OSPF(Open Shortest Path First), RIP(Routing Information Protocol), BGP(Border Gateway Protocol)와 같은 다양한 라우팅 프로토콜에 의해 제공되는 정보를 사용하여 라우팅 테이블을 생성하고, 라우팅 테이블에 근거하여 패킷을 전송한다. 그러나 TER(Tag Edge Router)과 TSR(Tag Switching Router)에서 라우팅 테이블은 패킷 전송을 위해 사용되지는 않고 TFIB(Tag Forwarding Information Base)를 구성하는데 사용되며, TFIB가 실질적인 패킷 전송에 사용된다. TFIB는 FEC(Forwarding Equivalence Class)와 태그간의 로컬 바인딩 정보, FEC와 다음 홉 간의 맵핑 정보 그리고 다음 홉으로부터 수신한 태그와 FEC 사이의 원격 바인딩 정보로 구성된다. 여기서 FEC란 패킷의 목적지 IP 주소가 다를지라도 같은 방식으로 처리할 수 있는 패킷의 집합을 의미하며, FEC의 범위는 크게 IP 주소 프리픽스(예: 203.252/16)로부터 작게는 개별 IP 주소까지 될 수 있다.

TFIB 구축 과정을 구체적으로 살펴보면 다음과 같다. 우선 특정 FEC를 위한 로컬 바인딩 설정을 위해 TSR은 가용한 태그 중 하나를 선택하고, 해당 태그를 입력 태그로 하여 TFIB 엔트리를 생성한다. TFIB 필드 중 다음 홉은 FEC 패킷들을 전송하기 위한 인접 TSR의 주소를 나타내며 출력 인터페이스는 다음 홉으로 전달할 때 사용되는 인터페이스를 의미한다. 예를 들어 [그림 13-4]에서 TSR A에서 203.252/16과 연관된 FEC를 설정할 때 라우팅 정보를 이용해 다음 홉을 TSR B로 결정하고, 가용한 태그 중 하나를 선택하여 TFIB 엔트리를 생성한다. 선택한 태그 값을 100이라고 하자. TSR B, C, D도 동일한 FEC에 대해 같은 과정을 수행하고 나면 〈표 13-1〉과 같은 초기 TFIB가 구축된다.

〈표 13-1〉 초기 TFIB

	입력 태그	출력 태그	다음 홉	출력 인터페이스
TSR A	100	?	TSR B	if1
TSR B	6	?	TSR E	if1
TSR C	17	?	TSR D	if2
TSR D	5	?	TSR E	if0
TSR E	6	?	TSR E	if0

초기 TFIB가 설정된 후 완전한 TFIB를 설정하는 과정은 다음과 같다. 우선 TSR A는 로컬 바인딩 정보를 인접한 TSR B, C로 보낸다. 그러나 TSR B는 A로부터 수신한 바인딩 정보가 자신의 라우팅 정보로 판단할 때 다음 홉으로부터 온 것이 아니기 때문에 폐기한다. 마찬가지로 TSR B가 TSR A, D, E에 동일한 태그 바인딩 정보를 보내면 TSR D, E는 203.252/16을 위한 다음 홉이 B가 아니므로 바인딩 정보를 폐기하지만, TSR A는 해당 정

보를 203.252/16 FEC를 위한 TFIB의 출력 태그를 갱신하는데 사용한다. 이런 과정을 통해 203.252/16으로의 전송에 필요한 TFIB가 〈표 13-2〉와 같이 완성된다.

TSR은 로컬 태그 바인딩을 설정하고, 설정된 바인딩 정보를 〈주소 프리픽스, 태그〉형태로 인접 TSR로 전달하는데, 주소 프리픽스는 FEC를 지칭하며 태그는 해당 TSR이 FEC와 관련하여 사용하는 태그 값을 나타낸다. TSR은 다른 TSR로부터 태그 바인딩 정보를 받으면 바인딩 정보의 FEC와 동일한 로컬 바인딩 정보를 TFIB에서 찾고, 특히 해당 FEC의 다음 홉으로부터 태그 바인딩 정보가 수신되었으면, 수신한 태그를 TFIB의 해당 엔트리에 삽입한다. 이처럼 인접 바인딩 정보를 수신하여 FEC 별로 TFIB를 갱신하는 과정을 원격 바인딩이라고 한다.

〈표 13-2〉 완성된 TFIB

	입력 태그	출력 태그	다음 홉	출력 인터페이스
TSR A	100	6	TSR B	if1
TSR B	6	6	TSR E	if1
TSR C	17	5	TSR D	if2
TSR D	5	6	TSR E	if0
TSR E	6	?	TSR E	if0

태그 바인딩 정보를 인접한 TSR/TER로 전달하는 방법은 라우팅 프로토콜에 따라 다른데, 만약 OSPF를 사용한다면 바인딩 정보는 TDP(Tag Distribution Protocol) 프로토콜을 이용하여 전달된다. OSPF와 같은 라우팅 프로토콜은 태그 바인딩 정보를 전달하는데 사용할 수 없는데, OSPF 라우팅 정보는 모든 OSPF 라우터에게 직접 전달되는 반년, 태그 바인딩 정보는 인접하는 라우터에게만 전달되어야 하기 때문이다. 그러나 RIP, BGP와 같은 라우팅 프로토콜을 사용한다면, 라우팅 프로토콜에 태그 바인딩 정보를 피기백(Piggyback) 하여 전달할 수 있다.

(2) TDP(Tag Distribution Protocol)

라우팅 프로토콜의 피기백을 통해 태그 바인딩 정보를 전달하는 방법은 라우팅 프로토콜에 따라 구현이 불가능할 수 있기 때문에 태그 스위칭에서는 TDP 프로토콜을 정의하여 바인딩 정보를 전달한다. TSR은 태그 바인딩 정보를 교환하기 위해서 인접 TSR과 TDP 세션을 설정하며 TDP 메시지는 하나 이상의 프로토콜 정보 요소(PIE: Protocol Information Elements)와 헤더로 구성된다. TDP 헤더는 버전, 길이, TDP 식별자 필드로 구성되며, 버전 필드는 TDP의 버전을 나타내고, 길이 필드는 메시지의 총 길이 그리고 TDP 식별자 필드는 메시지를 생성한 TSR을 나타내며, PIE 정보는 〈타입, 길이, 값〉 형태의 구조체로 되어있다. TDP를 이용한 바인딩 정보의 교환은 신뢰성 있고 정확한 전달을 필요로 하기 때문에 TCP를 이용한다.

태그 바인딩 정보를 인접 라우터에게 분배하는 방식에는 자동 하향 분배(Downstream Unsolicited Distribution) 방식과 요구 기반 하향 분배(Downstream on Demand Distribution) 방식이 있다. 먼저 자동 하향 분배방식은 바인딩 정보를 분배할 때 상향 TSR의 요청이 없어도 하향 TSR에서 태그 바인딩 정보를 자동으로 분배하는 방식이다. 이와 달리 요구기반 하향 분배 방식은 상향 TSR의 명시적인 요청이 있을 경우에만 하향 TSR이 바인딩 정보를 분배하는 방식이다. 태그 바인딩 정보 분배는 링크나 TSR에 많은 부하를 줄 수 있기 때문에 네트워크 상황에 따라 적절한 분배 방식을 선택하는 것이 중요하다.

13.3 MPLS 구성

몇몇 주요 벤더들을 중심으로 개발되었던 다양한 레이블 스위칭 기술의 표준화를 위해, 1996년 시스코와 IBM의 제안으로 1997년 3월 IETF 산하에 MPLS 워킹그룹이 결성되었고, 주로 시스코의 태그 스위칭과 IBM의 ARIS 기술을 기반으로 MPLS 기술이 표준화되었다. MPLS 최초 버전에서는 라우팅 처리 부분만 언급하였으나, 현재는 MPLS 구조, 네트워크 관리를 위한 MIB(Management Information Base), 레이블 스택, BGP 확장, RSVP(Resource Reservation Protocol) 확장, VPN, LDP(Label Distribution Protocol) 등 많은 표준안이 규정되었고, MPLS-TE, QoS, GMPLS(Generalized MPLS) 등에 관련된 다수의 표준안이 완성되었다. 그러나 최초 목적과 달리 현재 MPLS의 장점으로는 네트워크를 효율적으로 이용할 수 있는 인프라 제공, QoS 지원, 가상 임대선(Virtual Leased Line), VPN 등과 같은 서비스들의 용이한 적용, 강력한 트래픽 엔지니어링 제공, 다양한 라우팅 기술 적용 등이 부각되고 있다.

MPLS 등장 배경은 크게 다음 몇 가지로 나누어 볼 수 있다. 우선 몇몇 주요 벤더들을 중심으로 개발된 다양한 레이블 스위칭 기술의 국제적인 표준화가 절실하였다는 것이다. 즉,

이종의 레이블 스위치를 이용하여 종단간 QoS 지원을 위해서는 국제 표준안이 반드시 선행되어야만 했다.

MPLS의 두 번째 목적은 네트워크 확장에 따라 기하급수적으로 커지는 라우팅 테이블의 고속 룩업과 라우터의 전달 기능을 단순화한 고속 패킷 전송의 실현이었다. 그러나 최근 ASIC 기술의 발전에 따라 라우팅 테이블 검색시간은 더 이상 중요한 문제가 되지 않고 있다.

다음으로 MPLS는 트래픽 엔지니어링 기능의 제공을 목적으로 하고 있다. 기존 라우터에서는 IP 주소만을 참조하여 경로를 선택하기 때문에 특정 경로에 트래픽이 집중되어 폭주현상이 발생하더라도 다른 경로로 패킷을 라우팅 할 수 없었다. MPLS에서는 이러한 문제점을 트래픽 엔지니어링 기능을 이용하여 해결하고자 하였다. 또한 MPLS 트래픽 엔지니어링은 대체 경로를 통한 부하 분산뿐만 아니라 네트워크 자원을 균형적으로 사용할 수 있는 여건을 제공하기 때문에 네트워크 사업자들은 막대한 투자비용을 절감할 수 있게 되었다.

MPLS의 마지막 목적은 최선형(Best Effort) 서비스 이외에 트래픽의 요구에 따라 다양한 QoS를 지원하는 차별화된 서비스(Differentiated Service)의 제공이다. 이는 특정 가입자 트래픽에 대한 우선순위 부여 및 처리를 의미하며 이러한 QoS 서비스는 MPLS와 RSVP, 그리고 트래픽 엔지니어링 기능 등을 유기적으로 조합하여 제공된다.

13.3.1 레이블(Label)

MPLS는 고정된 짧은 길이의 레이블을 기반으로 스위칭 하는 레이블 스와핑 방식을 이용한다. IP 헤더 처리 과정은 MPLS 네트워크에 진입하는 시점에서 단 한번만 수행되며 MPLS 네트워크 경계에서는 IP 패킷 스트림에 대해 분류과정을 수행하여 FEC 단위로 레이블을 할당한다. 그리고 할당된 경로의 특성에 따라서 트래픽 엔지니어링이나 VPN과 같은 다양한 서비스를 제공한다. MPLS에서 레이블은 동일한 FEC에 속한 패킷 스트림을 식별할 수 있는 식별자로 사용되며, 네트워크 내에서 패킷이 전달되어야 하는 경로나 QoS와 같은 트래픽 특성을 갖고 있다.

FEC는 목적지 IP 주소와 상관없이 MPLS 네트워크 내에서 공통의 경로로 전달되는 IP 패킷의 집합을 의미하며 레이블과 1:1 관계를 갖는다. [그림 13-5]에서 LER A로 상이한 목적지 주소, 203.252/16과 203.255/16을 갖는 패킷 IP 1, IP 2가 수신되었다고 하자. LER A는 두 패킷의 목적지 주소가 같은 경로를 통하여 전달되는 것을 확인하고 IP 1, IP 2 패킷에 동일한 레이블, L1을 할당하여 LSR A로 전송한다. 할당된 레이블은 LSR A, C를 거치면서 역시 동일한 값, L2, L3을 할당 받는다. 마지막으로 LER B는 레이블을 제거하고 라우팅 테이블 정보에 따라 패킷을 라우팅한다.

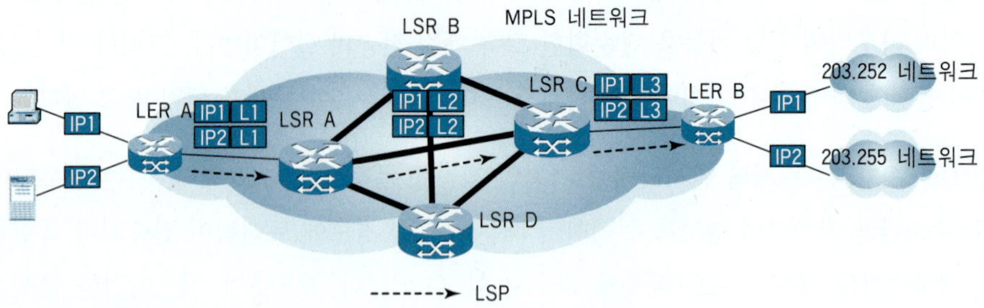

[그림 13-5] MPLS FEC, 레이블 그리고 LSP

(1) 레이블 포맷

MPLS 레이블은 [그림 13-6]에서와 같이 32비트로 이루어져 있다. 먼저 레이블 필드는 20비트 길이를 가지며 할당된 레이블 값을 의미한다. 레이블 값 0~16은 예약되어 있는 값으로 사용자가 임의로 사용할 수 없다. 3비트 길이를 갖는 EXP(Experimental) 또는 COS(Class of Service) 필드는 DiffServ와 같은 QoS를 제공할 때 사용되는 필드이다. S비트는 하나 이상의 레이블을 사용하는 경우, 일련의 레이블에서 해당 레이블이 마지막 레이블인지 아닌지를 표시하기 위해 사용되는 필드이며 S = '1' 인 경우 마지막 레이블을 의미한다. 마지막으로 TTL(Time To Live) 필드는 IP의 TTL 필드와 같이 패킷의 전달 홉을 제한하는 필드로 일반적으로 경유할 수 있는 홉 개수를 의미하고, LSR, LER에서는 패킷의 TTL을 감소시킬 수 있다.

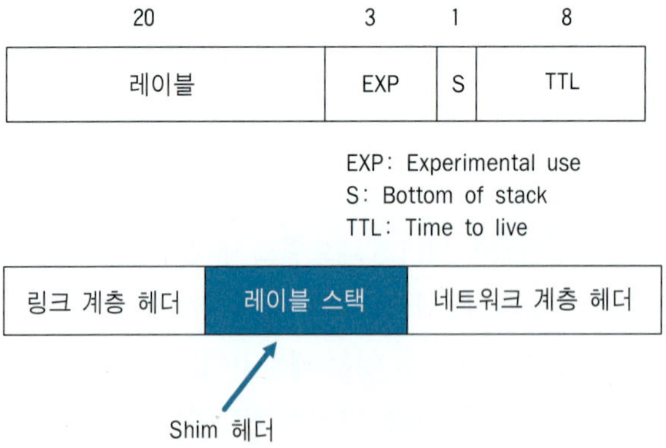

[그림 13-6] MPLS 레이블 포맷

(2) 레이블 인캡슐레이션

MPLS는 다양한 네트워크 계층 프로토콜과 더불어 ATM, 프레임 릴레이, PPP(Point to Point Protocol), 이더넷 등과 같은 다수의 데이터 링크 계층을 지원한다. 따라서 데이터 링크 계층의 종류에 따라 다양한 형태의 레이블 표기 방법이 있으며, 레이블의 위치에 따라 다음과 같이 3가지 종류로 구분할 수 있다.

- **2계층 헤더**: ATM의 VPI/VCI, 이더넷의 MAC(Medium Access Control) 주소
- **3계층 헤더**: IP 주소, 플로우 레이블(Flow label)
- **2.5계층 헤더**: 2계층과 3계층 사이에 Shim 헤더

MPLS 레이블을 ATM의 VPI/VCI로 맵핑하는 방법은 [그림 13-7]에서와 같이 세 가지가 있다. 먼저 SVC(Switched Virtual Channel) 인코딩은 레이블 스택의 최상위 레이블을 VPI, VCI 필드로 맵핑하며 LSP는 하나의 ATM SVC에 해당한다. SVC 인코딩 방법은 간단하지만 하나 이상의 레이블을 전달할 수 없기 때문에 레이블 스태킹(Label Stacking)을 지원하지 못한다. 두 번째는 SVP 인코딩 방식이다. SVP 인코딩에서 최상위 레이블은 VPI 필드에 맵핑되고 두 번째 레이블은 VCI 필드에 맵핑된다. 이 경우 두 개의 레이블을 VPI/VCI 필드에 기록할 수 있으며 VPI 필드를 이용하여 ATM LSR이 제공하는 VP 스위칭 기능을 제공할 수 있다. 마지막으로 SVP 멀티포인트 인코딩 방식은 SVP 인코딩과 유사하게 최상위 레이블은 VPI 필드에, 그리고 두 번째 레이블은 VCI 필드로 맵핑한다. 그러나 SVP 인코딩과 달리 두 번째 레이블을 기술하고 남은 VCI 필드에 LSP의 인그레스 LSR를 삽입한다. 따라서 SVP 멀티포인트 인코딩을 이용하면 ATM에서 제공하던 다중점-점 VP 지원과 VP 터널링 서비스를 제공할 수 있다.

ATM 네트워크에서 MPLS 레이블을 사용하기 위해서는 상기한 인코딩 방법 이외에 몇 가지 선택사항이 더 존재한다. 이러한 선택사항은 인코딩 된 VPI/VCI를 ATM 네트워크 내부에서 어떻게 운용할 것인지에 관한 것이며 다음과 같이 세 가지로 구분된다.

- **VP 병합**: VP 병합은 상이한 VP 값을 갖는 셀 스트림을 하나의 VP 값을 갖는 셀 스트림으로 통합하여 다수의 레이블을 전달하는 방식으로 VP 내에서 사용자 스트림은 서로 상이한 VCI 값을 갖는다.
- **비 VC(Non-VC) 병합**: 비 VC 병합은 사용자 셀 스트림을 구분하기 위해서 단순히 VC만을 사용한다. 비 VC 병합에서는 VP를 사용하지 않고 단지 VC만을 사용하기 때문에 간

단하며 수신측에서 패킷으로 재결합하기가 용이하다. 그러나 LSR은 송신측과 수신측 사이에 설정된 모든 VC 레이블을 기억하고 있어야 하기 때문에 확장성에 문제가 있다.

- **셀 인터리빙을 지원하지 않는 VC 병합:** 셀 인터리빙을 지원하지 않는 VC 병합은 하나의 VC 상에 다수의 셀 스트림을 다중화 하는 경우 사용하는 방식이다. 일반적으로 이 방식은 셀 다중화를 지원하지 않는 AAL5(ATM Adaptation Layer 5)를 위한 방식으로 다수의 셀 스트림을 하나의 VC 상에 전달하기 위해서 특정 패킷으로부터 생성된 모든 셀은 출력 포트로 전달되기 전에 반드시 LSR에 저장되어야 한다. LSR에서는 저장된 셀 스트림을 패킷 단위로 동일한 VC를 사용하여 전달하며 VC 병합 방식은 셀을 버퍼링 해야 하기 때문에 다른 인코딩 방식에 비해 전달 지연이 발생한다.

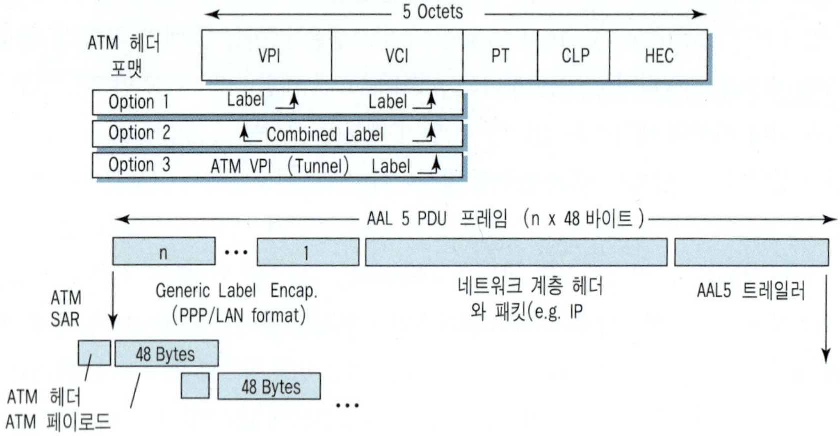

[그림 13-7] MPLS 인캡슐레이션 – ATM

[그림 13-8]은 프레임 릴레이를 사용하는 경우의 레이블 사용법을 도시하고 있다. 프레임 릴레이 경우에는 2.5계층에 32비트의 Shim 헤더가 삽입되며 [그림 13-8]에서 n은 레이블 스택의 개수(Depth)를 의미한다. 마지막으로 PPP 또는 LAN을 데이터 링크로 사용하는 경우에도 [그림 13-9]에서와 같이 2.5계층에 Shim 헤더가 삽입된다. 이더넷을 사용하는 경우에는 순수한 이더넷 프레임인지, MPLS 프레임인지를 구분하기 위해 이더넷 프레임 헤더에 있는 프로토콜 타입 필드를 사용한다. 이 경우에도 n은 레이블 스택의 개수를 의미한다.

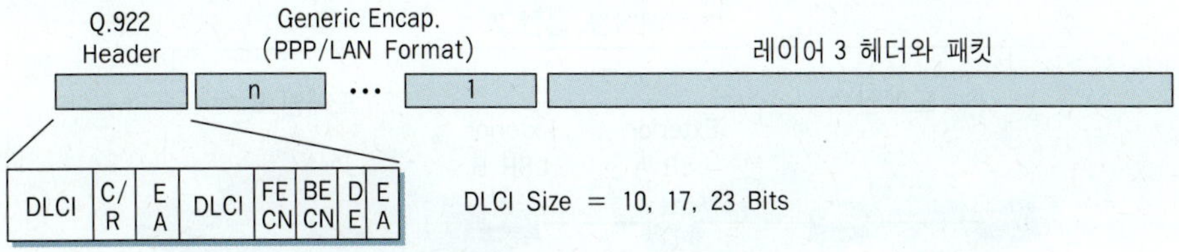

[그림 13-8] MPLS 인캡슐레이션 - 프레임 릴레이

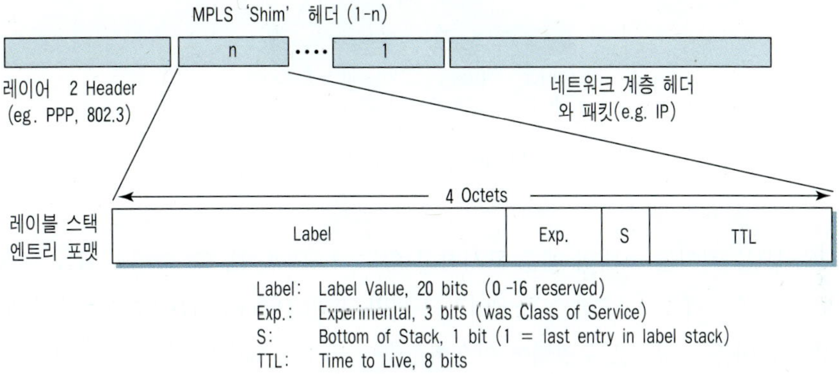

[그림 13-9] MPLS 인캡슐레이션 - PPP와 이더넷

(3) 레이블 스택

MPLS는 하나의 패킷 내에 하나 이상의 레이블을 전송할 수 있기 때문에 계층적인 구성을 갖는 대규모 네트워크에도 효과적으로 적용될 수 있다. 레이블 스태킹 지원을 위해 임의의 LSR은 [그림 13-10]에서와 같이 경계(Border) LSR이 될 수 있으며, 경계 LSR 내부에 있는 LSR들은 도메인 내부의 동작과 레이블 할당에만 관련이 있다. 또한 LSR에서 레이블이 삽입된 패킷의 처리는 레이블의 계층 구조와는 무관하며 LSR의 동작을 빠르고 간단히게 하기 위해 LSR은 레이블의 계층과 상관없이 항상 최상위 레이블만을 처리한다.

[그림 13-10]에서와 같이 도메인 C에 LSR C, D, E, 그리고 F가 있고 LSR C와 F가 경계 LSR 이라고 하자. 또한 도메인 C는 패킷을 생성하거나 종단하지 않는 경유(transit) 도메인이라 가정하자. LSR A와 B는 각각 도메인 A와 B의 경계 라우터가 되고 도메인 C의 내부 LSR들은 외부 도메인 A, B의 동작으로부터 격리된다. 즉, 도메인 B로부터 주소를 방송하는 경우, LSR B는 메시지를 LSR F로 분배하고 LSR F는 LSR C로 분배한 뒤, 마지막으로 LSR A로 전달된다. 즉, 외부 도메인을 위한 레이블 정보는 도메인 내부 LSR D, E에는 전달되지 않는다.

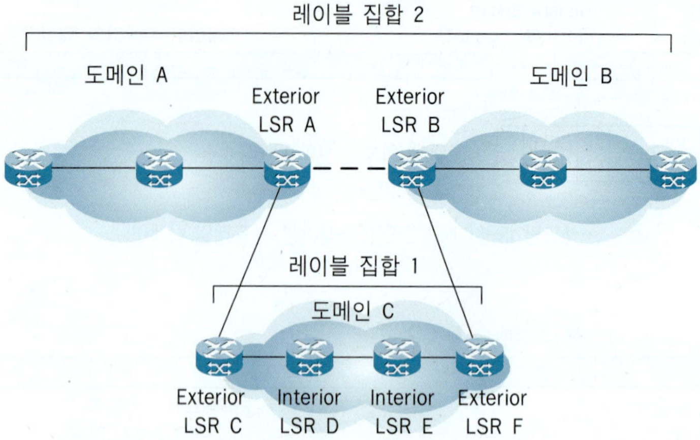

[그림 13-10] 레이블 스택과 계층구조

[그림 13-11]은 레이블 스택의 예를 도시하고 있고, LSR A, B, G, 그리고 H를 도메인의 경계 노드 즉 인그레스, 이그레스 LSR이라고 하자. LSR C와 F의 LSR 테이블은 2개의 깊이를 갖는 레이블 스택으로 구성되어 있으며 LSR D와 E의 테이블은 1개의 레이블 깊이를 갖는다.

[그림 13-11]에서 레이블 스택 동작 과정을 살펴보면 먼저 LSR A는 레이블 21을 할당하여 LSR C로 보낸다. LSR C는 기존 레이블을 푸시(Push) 하고 새로운 레이블 33을 할당하여 LSR D로 전달한다. 따라서 LSR C에서 D로 전달되는 패킷은 2개의 레이블을 갖지만, LSR D는 최상위 레이블 33만을 참조한다. LSR D는 테이블을 참조하여 입력 포트 a로 33의 레이블 값을 달고 오는 패킷을 출력 포트 e, 레이블 값 14로 스와핑 하여 전달한다. LSR E는 최상위 레이블을 제거한 뒤, 두 번째 레이블인 42, 21을 최상위 레이블로 하여 포트 s로 전달한다.

[그림 13-11]의 경우에 2개의 외부 레이블(LSR A에서 21, LSR B에서 42) 처리를 위해 내부 LSR에서 오직 하나의 레이블(LSR C의 33)만을 사용할 수 있다는 점에 주목해야 한다. 즉, MPLS 레이블 스태킹은 하나 이상의 외부 레이블을 하나의 내부 레이블로 통합하여 처리가 가능하며, 이를 통해 네트워크에서 필요한 레이블 개수를 획기적으로 감소시킬 수 있다.

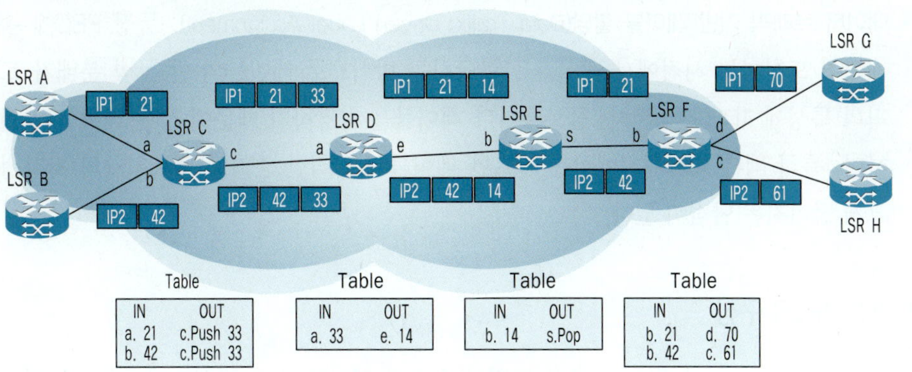

[그림 13-11] 레이블 스태킹 예

(4) 레이블 할당

라우팅 프로토콜이나 트래픽 엔지니어링에 의해 결정된 전송 경로를 특정 레이블로 맵핑하는 과정을 레이블 할당이라고 하며, 종단간에 합의된 레이블을 사용하기 위해서는, 인접한 라우터 사이에 레이블 바인딩 정보를 분배하는 과정이 필요하다. 이처럼 인접 라우터 간에 레이블 할당 정보를 분배하는 프로토콜을 레이블 분배 프로토콜(LDP)이라 하며 LDP는 인접한 LSR/LER 사이에서 LSP를 설정, 유지 그리고 해제하기 위한 메시지와 절차들로 구성된다.

레이블을 할당하는 방법은 다음과 같이 2가지 방식으로 구분되며, 그 중 MPLS 표준안에서는 라우팅 프로토콜에 의해 결정된 경로를 기반으로 레이블을 할당하는 제어 트래픽 기반 레이블 할당(Control Traffic Driven Label Assignment) 방식에 대해서만 규정하고 있다.

- 제어 트래픽 기반 레이블 할당: 특정 FEC에 속한 패킷을 전송하기 전에 미리 레이블을 할당하는 방식으로 라우팅 프로토콜이나 트래픽 엔지니어링에 의해 패킷 전달 경로를 결정하고 해당 경로에 대해서 레이블을 미리 할당하는 방식이다.
  - 토폴로지 기반 레이블 할당(Topology Driven Label Assignment): 라우팅 정보를 기반으로 네트워크 토폴로지를 구성하고 이를 통해 레이블을 할당하여 LSP를 설정하는 방식이다. 네트워크 성능을 고려하여 대역폭이 결정될 수 있고, 여러 경로를 하나의 레이블로 통합하여 필요한 레이블의 개수를 줄여 확장성을 높일 수 있다.
  - 요구 기반 레이블 할당(Request Driven Label Assignment): 요구 제어 메시지를 이용해 레이블을 할당하는 방법으로 RSVP, CR-LDP(Constraint-based Routing LDP) 등을 사용해서 레이블을 할당할 수 있다.

- 데이터 트래픽 기반 레이블 할당(Data Traffic Driven Label Assignment): 특정 FEC에 속한 패킷이 도착하는 시점에서 레이블을 할당하는 방식으로 레이블의 할당 및 분배가 트래픽의 특성에 따라 결정된다. 플로우마다 레이블을 할당하기 때문에 많은 레이블이 필요하며, 특히 백본 네트워크에서는 필요한 레이블의 급격한 증가로 네트워크의 확장성이 크게 떨어지는 단점이 있다.

13.3.2 MPLS 구성

MPLS 네트워크는 기능적으로 크게 포워딩 요소와 제어 요소로 구성되며, 패킷을 전달하는 포워딩과 이를 관리하는 제어 기능을 분리함으로써 각각의 기능을 독립적으로 발전시킬 수 있다는 장점을 제공한다. 먼저 제어 요소는 레이블을 기반으로 트래픽 엔지니어링, 명시적 라우팅(Explicit Routing) 등과 같은 기능을 수행하며 할당된 레이블 정보를 인접한 LSR과 LDP를 이용하여 협상하는 기능을 수행한다. 포워딩 요소는 제어 요소를 통해 결정된 레이블에 대해 레이블 스와핑 기술을 이용해서 고속 포워딩을 수행한다.

일반적으로 MPLS 네트워크는 [그림 13-12]에서와 같이 네트워크 코어에 위치하는 LSR(Label Switch Router)과 네트워크 가장 자리에 위치하면서 포워딩 기능과 라우팅 모듈이 결합된 형태의 LER(Label Edge Router)로 구성된다. 패킷이 입력되는 쪽에 위치한 LER을 인그레스(Ingress) LER, 외부로 나가는 쪽에 위치한 LER을 이그레스(Egress) LER이라고 한다.

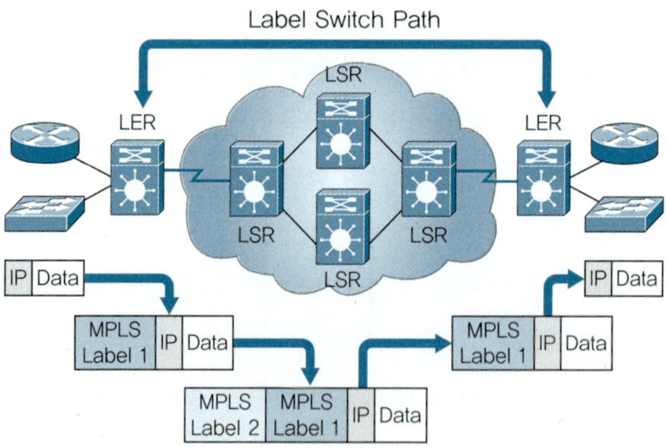

[그림 13-12] MPLS 네트워크 구조

(1) LSR(Label Switch Router)

LSR은 MPLS 네트워크 코어에 위치하는 라우터로써 레이블 스와핑 기능을 수행하는 라우터 혹은 ATM 스위치를 의미한다. MPLS 네트워크로 입력되는 패킷은 인그레스 LER에서 레이블이 할당되고, LSR은 패킷에 첨부된 레이블 값을 검색하여 출력 레이블 및 출력 인터페이스를 결정한다. 즉, LSR은 입력 레이블을 출력 레이블로 스와핑하고 출력 인터페이스를 통하여 다음 홉으로 패킷을 전달한다. LSR에서 레이블 스와핑에 필요한 모든 정보는 레이블 정보 베이스(LIB: Label Information Base)에 저장된다.

LSR에서는 FEC 별로 하나의 레이블을 할당하기 때문에 레이블 개수는 중요한 의미를 갖는다. 백본 라우터의 경우 많은 수의 연결이 존재하므로 라우터에서 레이블 상태를 관리하는 데에는 많은 오버헤드가 발생한다. 또한 다중 도메인의 경우, 서로 다른 종류의 LSR이 상호 동작해야 하므로 LSR에서 레이블 공간의 많고 적음에 따라 LSR이 병목으로 작용할 가능성도 있다.

(2) LSP(Label Switched Path)

FEC를 위해 LSR간에 설정된 일련의 레이블을 LSP라 하고, 특정 목적지에 도달하기 위해 같은 LSP를 사용하는 패킷들은 동일한 FEC에 속한다. 즉, LSP는 FEC에 속한 패킷이 전달되는 경로를 의미하며 ATM에서 VCC(Virtual Channel Connection)와 유사하다. [그림 13-11]에서와 같이 하나의 LSP에는 하나 이상의 패킷 플로우가 동시에 전송될 수 있으며, LSP는 LDP, RSVP-TE, CR-LDP 등과 같은 레이블 분배 프로토콜에 의해 설정된다.

(3) 인그레스 LER(Ingress Label Edge Router)

MPLS 네트워크의 가장자리에 위치한 라우터로써 MPLS 네트워크에서 가장 많은 기능을 수행하는 라우터이다. 인그레스 LER은 외부로부터 수신한 패킷의 헤더를 분석하여 LSP를 결정하고 레이블을 할당한 후, 출력 인터페이스의 종류에 따라 패킷을 인캡슐레이션하여 전송하는 기능을 수행한다. 인그레스 LER은 입력되는 트래픽의 목적지, 트래픽 특성 등 다양한 변수를 고려하여 레이블을 선택한다.

(4) 이그레스 LER(Egress Label Edge Router)

인그레스 LER과 마찬가지로 MPLS 네트워크의 가장자리에 위치한 라우터로써, 레이블이 부착된 패킷이 입력되면 레이블을 제거하고 라우팅 테이블 정보를 이용하여 IP 패킷을 목적지로 전송하는 기능을 수행한다.

MPLS 네트워크를 구성하는 인그레스/이그레스 LER과 LSR은 동일한 라우팅 프로토콜을 수행하고, 라우팅 정보를 바탕으로 FIB(Forwarding Information Base)를 구성한다. FIB는 FEC에 대한 포워딩 정보를 정의하고 있으며 FIB를 바탕으로 레이블을 할당하는데, 레이블 할당 및 해제를 위해 각 라우터에는 LDP가 동작해야 한다. 인그레스 LER 및 LSR은 인접한 라우터 레이블 바인딩 정보를 교환하고 필요한 LIB를 생성한다. LIB는 FEC 별로 입출력 인터페이스, 레이블로 구성되어 있고, 실제 패킷을 스와핑 할 때 필요한 정보를 제공하게 된다.

13.3.3 레이블 분배 프로토콜(Label Distribution Protocol)

FEC 별로 할당된 레이블 정보는 반드시 인접한 LSR간에 합의가 이루어져야만 데이터 전송을 수행할 수 있다. 이처럼 이웃한 LER/LSR 간에 레이블과 전송 경로를 교환하고 합의하는 일련의 과정을 레이블 분배라고 하며 레이블 분배는 크게 다음의 두 가지 방식으로 나누어진다.

- **명시적 레이블 분배(Explicit Label Distribution)**: 레이블 분배를 위해 새로운 프로토콜을 정의하는 방식이다. 즉, LDP와 같은 전용 프로토콜을 사용하여 레이블 정보를 교환한다.
- **피기백**: 피기백 방식은 레이블 분배를 위해 새로운 프로토콜을 정의하지 않고, 대신 OSPF, BGP와 같은 라우팅 프로토콜, RSVP와 같은 신호 프로토콜을 수정하여 제어 정보와 함께 레이블 정보를 분배하는 방식이다. 확장된 RSVP가 이러한 방식에 속한다.

아울러 레이블 분배 프로토콜을 이용하여 레이블 바인딩 정보를 인접한 라우터에 분배할 때 레이블 분배를 요청하는 주체와 시간에 따라서 다음과 같이 두 가지 방식이 존재한다.

- **하향 노드 분배 방식(Downstream Unsolicited)**: 상향 LSR의 레이블 요구와 상관없이 하향 LSR이 레이블을 주기적으로 분배하는 방식이다.
- **요구별 하향 노드 분배 방식(Downstream on Demand)**: 상향 LSR로부터 명시적인 레이블 분배 요청이 있을 경우에만 하향 LSR이 레이블 정보를 분배한다.

13.4 MPLS 구현

MPLS 네트워크에서는 외부 네트워크로부터 수신된 패킷에 대해 인그레스 LER에서 LIB 검색을 수행하여 레이블을 할당하며 레이블이 부가된 패킷은 오직 레이블에 의해서만 스위칭 된다. 일단 레이블이 할당되면 3계층 주소는 더 이상 사용되지 않고, 레이블 스와핑을 통하여 이그레스 LER까지 패킷이 전달된다. 패킷이 이그레스 LER에 도착하면 이그레스 LER는 레이블 정보를 떼어버리고 네트워크 계층 주소를 기반으로 패킷을 라우팅 한다.

[그림 13-13]은 MPLS 네트워크를 경유하는 호스트 203.252.53.58과 129.254.192.57 간의 전달 동작과 LSP 상에 있는 LER, LSR에서 패킷을 전달하기 위한 LIB를 도시하고 있다.

- 호스트 203.252.53.58은 다른 네트워크에 존재하는 호스트 129.254.192.57로 데이터를 전송하기 위해서 129.254.192/8 네트워크로의 전달을 담당하는 LER 1로 데이터를 전송한다. LER 1은 호스트 203.252.53.58의 디폴트 라우터일 수도 있고 아닐 수도 있다.
- LER 1에서는 수신한 IP 패킷 헤더의 목적지 주소와 일치하는 FEC 항목을 LIB에서 검색하고 적절한 출력 레이블을 첨부하여 다음 홉인 LSR A로 전달한다. [그림 13-13]의 경우에 LER 1은 129.254.192/8에 관한 내용을 LIB에서 검색하고, 패킷에 레이블 '50'을 할당하여 출력 포트 '0'을 통하여 LSR A로 전송한다.
- LSR A는 LIB에서 입력된 패킷의 포트 번호와 레이블을 근거로 Shortest Exact Matching을 수행하여 출력 포트와 레이블을 찾는다. 즉 '0'번 포트로 레이블 '50'을 갖는 패킷이 들어오면 해당 패킷을 '1'번 포트, 레이블 '40'으로 스와핑하며, 다음 홉 주소는 LSR B가 된다.
- LSR B는 LSR A와 동일한 과정 수행하며 LSR B의 경우에는 입력 포트 '1', 입력 레이블 '40'을 출력 포트 '0', 출력 레이블 '98'로 스와핑 하여 LER 2로 전달한다.
- 마지막으로 LER 2는 해당 LSP의 종단임을 인식하고 레이블을 제거한다. LER 2는 순수한 IP 패킷을 라우팅 프로토콜 내용을 바탕으로 최종적으로 IP 패킷을 호스트 B로 전송한다.

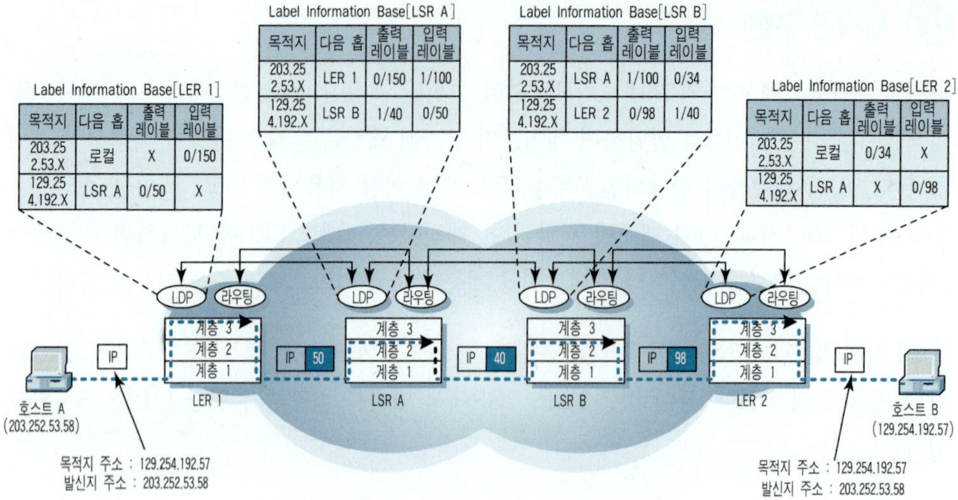

[그림 13-13] MPLS 패킷 전달 과정

MPLS가 기존 네트워크 계층 포워딩보다 우수한 또 다른 점은 [그림 13-13]에서 알 수 있듯이 단지 레이블 룩업과 스와핑이 가능한 장비면 충분히 LSR로 구성할 수 있다는 것이다. 인그레스 LER에서만 패킷의 네트워크 계층 정보를 고속으로 룩업 할 필요가 있고, 나머지 이그레스 LER, LSR에서는 이러한 고가의 기능을 필요로 하지 않는다. 따라서 매번 라우팅을 수행하는 IP 네트워크에 비해 훨씬 간단하고 고속 전송이 가능해 진다.

13.5 MPLS 트래픽 엔지니어링

인터넷 가입자 증가 및 다양한 멀티미디어 서비스들의 활성화로 인터넷 트래픽 양은 확산일로에 있다. 이에 대한 네트워크 사업자들의 대응 방안으로는 추가 투자를 통한 네트워크 확장, 트래픽 엔지니어링을 들 수 있는데, 특히 트래픽 엔지니어링은 효율적인 트래픽 분산을 통해 과다한 투자를 줄이고 네트워크의 안정을 기할 수 있다는 점에서 통신사업자들의 주된 관심의 대상이 되고 있다.

13.5.1 MPLS 트래픽 엔지니어링

트래픽 엔지니어링이란 트래픽을 골고루 분산시켜 특정 경로에 트래픽이 집중되는 것을 막고 네트워크 자원의 효과적인 사용을 목적으로 트래픽 경로를 제어하는 기술을 의미한다. 즉, 경로 제어를 통해 폭주(Congestion)현상을 방지하고 자원 이용 효율성을 최대한 보장하는 기술이 트래픽 엔지니어링이다. 따라서 폭주현상의 최소화와 네트워크 자원의 효율적인 사용이 트래픽 엔지니어링의 가장 중요한 목표이며, 폭주 제어는 일시적인 폭주보다는 장시간 지속되는 폭주현상을 줄이는 것에 더 중점을 두고 있다. 기존의 부하 분산 기법은 네트워크 링크와 관련된 라우팅 매트릭을 조절하여 일부 트래픽 엔지니어링 기능을 제공할 수 있으나, 이러한 방식으로 트래픽을 분산시키기에는 한계가 있고, 대체 경로가 많은 대규모 네트워크에서 가장 합리적인 대체 경로를 찾는 것은 매우 어려운 일이다.

MPLS에서는 기본적으로 라우팅 프로토콜에 의해 결정된 경로를 기반으로 LSP를 설정하지만 명시적 경로를 설정할 수 있는 기능과 네트워크 자원을 적절히 할당할 수 있는 기능을 동시에 제공함으로써 트래픽 엔지니어링을 효과적으로 수행할 수 있다. 또한 MPLS-TE는 효율적인 자원 분배 이외에 신속한 장애 복구(Fast Re-route) 및 디프서브(DiffServ)와 연계한 DS-TE(DiffServ aware TE)를 통해 종단간 QoS 보장을 가능하게 함으로써, VoIP(Voice over IP), 가상 전용선 서비스 등과 같은 고수준의 서비스 제공을 가능하게 한다.

IP의 특징인 홉 기반 라우팅은 ATM, 프레임 릴레이에 비해 확장성이 뛰어난 반면, 트래픽은 항상 노드에서 결정하는 최단 경로를 경유하게 되므로, 일부 경로에서는 폭주가 발생하는 반면 다른 경로의 이용률은 매우 낮은 불균형을 초래할 수 있다. 엄청난 트래픽이 예상되는 차세대 인터넷에서는 트래픽의 폭주를 수용할 수 있도록 트래픽을 분산할 수 있는 트래픽 엔지니어링 기능을 반드시 수행할 수 있어야만 한다.

[그림 13-14]는 기존 IP 네트워크에서의 트래픽 집중 현상과 이를 MPLS 트래픽 엔지니어링을 통해 해결하는 방법을 설명하고 있다. 먼저 LSR, LER을 기존의 라우터라고 가정하고, LSP는 라우팅 프로토콜을 이용해 계산된 경로라면 [그림 13-14]에서는 라우터 E와 F, 라우터 D와 A, 그리고 라우터 C와 A간의 경로와 같이 세 개의 경로가 존재한다. 이러한 경로 모두는 라우터 A와 B를 경유하게 되므로, 상대적으로 다른 경로의 이용률은 낮아지고 라우터 A와 B 간의 경로에 트래픽이 집중되는 현상이 발생한다. 이러한 트래픽 불균형의 해결 방안으로 일부 IGP(Interior Gateway Protocol)에서는 매트릭 값 조정을 통한 부하 분산 방법을 적용하고 있으나, IGP는 링크를 경유하는 모든 트래픽에 적용되기 때문에 개별적인 트래픽 제어는 불가능하다.

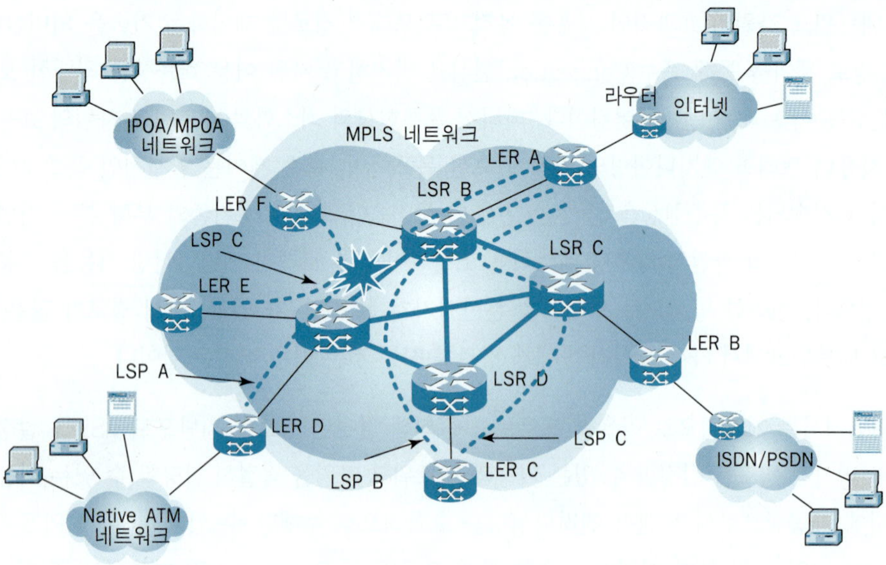

[그림 13-14] MPLS 트래픽 엔지니어링 기능

반면, MPLS-TE에서는 Constraint 기반 라우팅에 의해 특정 경로의 링크에 트래픽이 집중된다고 판단되면, 즉시 대체 경로(Alternative Path)로 LSP를 설정한다. [그림 13-14]에서 LSP D는 LSR A와 B 간의 트래픽 폭주를 방지하기 위해 설정된 LSP B의 대체 경로이다. 이러한 인입 트래픽에 의한 동적 대체 구조는 효율적인 네트워크 관리와 전체적인 네트워크의 안정성을 크게 향상시킬 수 있다. 이러한 MPLS-TE의 장점을 요약하면 다음과 같다.

- ATM이나 프레임릴레이에서만 가능하던 명시적 경로 설정을 네트워크 계층에 적용하여 네트워크 구조 및 용량에 맞는 트래픽 분배로 네트워크 효율을 극대화할 수 있다.
- 링크나 노드 장애 시 빠른 복구를 가능하게 함으로써 네트워크의 신뢰도를 높일 수 있다.
- LSP 선택은 각 링크의 현재 가용 용량을 기반으로 이루어지므로, 링크 용량이 부족한 경우 자동적으로 다른 LSP를 선택한다.
- QoS와 연계해 트래픽의 우선순위에 따른 LSP 터널을 별도 관리함으로써, 중요 트래픽에 대한 품질 보장이 가능하다. 즉, 우선순위에 따른 QoS 보장 서비스를 가능하게 한다.

| 미니요약 | 트래픽 엔지니어링

트래픽 엔지니어링이란 트래픽을 네트워크 상에 골고루 분산시켜 특정 경로에 트래픽이 집중되는 것을 막고 자원을 효과적으로 사용하기 위해 트래픽의 경로를 제어해주는 기술을 의미한다. 즉 네트워크상의 특정 경로를 제어하여 폭주현상을 방지하고 네트워크 트래픽을 전달하는데 필요한 네트워크 자원 사용의 효율성을 최대한 높이는 기술이다.

13.5.2 MPLS 트래픽 엔지니어링 구성 요소

MPLS 트래픽 엔지니어링은 링크 사용량과 같은 네트워크 상태 정보를 분배하는 기능, 상태 정보를 기반으로 경로를 산출하는 기능, 그리고 산출된 경로에 대해서 트래픽 엔지니어링 터널(Tunnel)을 설정하고 제어하는 기능들로 구성된다. 이를 위해 터널 헤드엔드 라우터는 [그림 13-15]와 같은 몇 가지 기능 블록으로 구성된다.

(1) 상태 정보 분배

상태 정보 분배는 네트워크 구성과 가용 링크 용량에 관한 정보를 플러딩(Flooding) 하는 것을 의미한다. 네트워크 정보 분배는 링크 상태 알고리즘을 사용하고, 네트워크 관련 정보를 전체 노드에게 전달하는 IS-IS 또는 OSPF가 사용된다. 이웃 노드 간에만 라우팅 정보를 교환하는 RIP와 같은 거리 벡터(Distance Vector) 알고리즘은 전체 네트워크 토폴로지를 구하기가 어렵기 때문에 트래픽 엔지니어링을 위한 프로토콜로는 부적합하다. 반면에 IS-IS나 OSPF에서는 모든 라우터가 전체 네트워크에 대한 동일한 토폴로지 정보를 갖고 있기 때문에, 경로 선택을 위한 충분한 정보를 갖는다. 그러나 기존의 IS-IS나 OSPF 라우팅 프로토콜의 링크 상태 정보에는 트래픽 엔지니어링을 위한 링크 정보가 없기 때문에, 최대 링크 대역폭, 가용 링크 대역폭, 사용 중인 링크 대역폭, 링크 설정 정보(attribute) 등이 추가되어야 한다.

(2) 경로 선택

트래픽 폭주로 인해 새로운 터널 설정이 필요한 경우나, LSP 장애 발생시에 새로운 LSP 설정을 원하는 라우터에서는 Constraint 기반 라우팅을 통하여 새로운 최적 경로를 계산한다. 새로운 경로는 TE 토폴로지 DB의 링크 정보를 기반으로 새로운 LSP가 요구하는 제약 사항을 만족시키는 링크를 Dijkstra 알고리즘을 통해 산출한다.

(3) 경로 설정과 링크 접속 제어

트래픽 엔지니어링을 위한 다음 단계는 선택된 경로에 대해 LSP를 설정하는 것이다. LSP 설정을 위한 신호 프로토콜로는 RSVP-TE 또는 CR-LDP를 사용한다. RSVP-TE는 트래픽 엔지니어링 기능을 위해 RSVP를 확장한 것으로 PATH 메시지와 RESV 메시지를 사용한다. 터널 시작 라우터는 산출된 경로를 명시적 경로 객체(ERO: Explicit Route Object)에 기술한 PATH 메시지를 보내고, 이를 수신한 터널 종단 라우터는 RESV 메시지를 다시 터널 시작 라우터로 보낸다. PATH 메시지에는 ERO 객체 이외에 요구 대역폭 정보가 포함되는데, PATH 메시지가 경유하는 터널 중간 라우터가 요구 대역폭을 만족시키지 못하는 경우, 에러 메시지가 시작 라우터로 전달되고 터널 설정은 실패하게 된다. RESV 메시지에는 레이블 정보가 포함되어 있으며 이는 실제 터널 경유 패킷의 레이블로 사용된다.

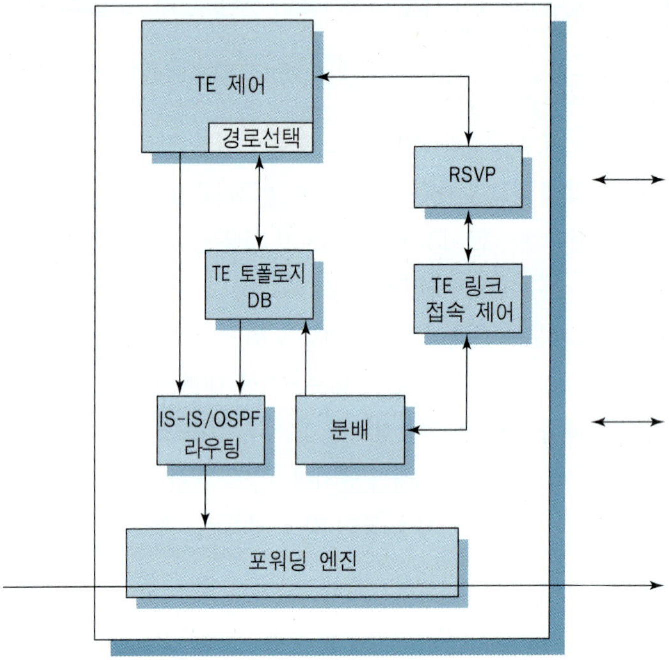

[그림 13-15] MPLS 트래픽 엔지니어링 구성

(4) TE 컨트롤 및 설정된 LSP 터널을 통한 데이터 포워딩

경로 설정을 완료한 터널 시작 라우터는 설정된 터널 정보를 IGP 라우팅 테이블에 반영한다. 라우팅 테이블에는 터널 종단 라우터와 하단 라우터들에 대한 루트 정보가 터널로 등록된다. 즉, 터널 종단 라우터와 그 하단 라우터를 목적지로 하는 패킷들은 기존의 새롭게 설정된 터널을 통해 포워딩 된다.

13.6 MPLS와 QoS(Quality of Service)

일반적으로 QoS가 MPLS의 탄생 원인이라고 생각하지만 실제로는 그렇지 않다. VPN, 트래픽 엔지니어링과 같은 기능들에 비해서, QoS는 MPLS의 기본 목적이 아니다. MPLS에서 QoS 관련한 대부분의 연구는 기존의 IP QoS 서비스를 효과적으로 지원하는 방법에 국한되어있다. 즉, MPLS 에서는 새로운 QoS 서비스를 제공하는 것이 아니라 기존 IP QoS를 효과적으로 지원하기 위한 방법만을 정의하고 있다는 뜻이다.

MPLS가 IP QoS 모델을 확장하지 않고 단지 지원만 하는 이유 중의 하나는 MPLS가 종단간 프로토콜이 아니라는 점이다. 즉, IP와 달리 MPLS는 호스트간 통신을 지원하지 않을 뿐만 아니라, 향후 MPLS를 수행하지 않는 많은 IP 네트워크가 존재할 것이다. 따라서 MPLS를 종단간 서비스로 확장하는 일은 없을 것으로 보인다. 일반적으로 QoS는 통신 주체인 종단 호스트간의 통신 특성을 의미하며, QoS를 제공한다는 의미는 IP QoS를 제공하는 것이지 MPLS QoS를 제공한다는 의미는 아니다. 그러나 이것은 MPLS가 IP QoS를 제공하는데 아무런 역할도 하지 않는다는 것은 아니다. MPLS는 IP QoS를 ATM-LSR과 같이 다양한 플랫폼에서 좀더 효과적으로 제공할 수 있다.

13.6.1 MPLS와 IntServ(Integrated Service)

Integrated Services(IntServ)는 1990년대 중반에 IETF에서 진행되었던 QoS 구조를 지칭하는 말이다. IntServ 워킹 그룹에서는 종단간 QoS를 제공하기 위해 응용 프로그램이 요구하는 최소한의 대역폭 또는 최소한의 지연을 만족시킬 수 있는 구조를 개발하고자 하였다. 이러한 결과로 IntServ 워킹 그룹에서는 응용 프로그램의 요구를 만족시킬 수 있는 다양한 서비스 클래스에 대한 정의와 RSVP(French, Répondez s'il vous plait)가 어떤 형태로 서비스 클래스를 만족시킬 수 있는지에 대한 방법을 제시하였다.

RSVP는 IntServ 워킹 그룹과 별개의 워킹 그룹에서 만들어졌고, RSVP와 IntServ는 완전히 별개의 개념이다. 즉, IntServ는 RSVP 뿐만 아니라 다양한 신호 프로토콜을 사용할 수 있고, RSVP는 IntServ가 필요로 하는 정보 이외에 다른 다양한 정보를 전달할 수 있다. 그럼에도 불구하고 RSVP가 IntServ QoS 구조 전체를 의미하고 있는 것으로 사용되고 있다.

IntServ의 특징 중의 하나는 응용 프로그램이 네트워크로 전송할 트래픽 양과 보장받고 싶은 QoS를 기술한다는 점이다. 전송할 트래픽은 TSpec으로 기술하며, 네트워크로부터 받고자 하는 QoS는 RSpec으로 규정한다.

MPLS에서 RSVP를 지원하는 목적은, 예약이 설정된 플로우를 LSR(Label Switch Router)에서 식별하기 위해서이다. 즉, RSVP 예약이 설정된 플로우와 레이블간의 바인딩을 생성하고 이러한 바인딩 정보를 분배함으로써 RSVP 예약이 된 플로우를 QoS가 보장되는 FEC로 간주하는 것이다.

MPLS에서는 RSVP를 이용해서 예약된 플로우와 레이블을 바인딩 하기위해 새로운 LABEL 객체를 정의하였고, LABEL 객체는 RESV 메시지에 포함되어 전달된다. RESV 메시지는 수신측으로부터 송신측으로 전달되기 때문에 이러한 형태의 레이블 할당 방법은 하향 레이블 할당 방식에 해당한다. [그림 13-16]에서와 같이 LABEL 객체를 포함하고 있는 RESV 메시지를 받은 LSR은 LABEL 객체에서 정의하고 있는 레이블 정보를 자신의 LFIB의 출력 레이블로 설정한다. 그리고 새로운 레이블을 할당하여 LABEL 객체에 포함시킨 후 RESV 메시지를 상향노드로 전달한다. [그림 13-16]에서 LSR R3는 호스트 2로부터 RESV 메시지를 받으면 해당 예약 플로우에 대해 레이블 '5'을 할당하고 인접 상향노드인 LSR R2로 전달한다. 마찬가지로 LSR R2는 LSR R3으로부터 RESV 메시지를 받으면 해당 예약 플로우에 대해 레이블 '9'을 할당하고 인접 상향노드인 LSR R1로 전달한다. 이와 동시에 LSR R2는 수신된 레이블 값 '5'를 해당 플로우에 대한 출력 레이블 값으로 설정하고 QoS 관련 정보를 저장한다.

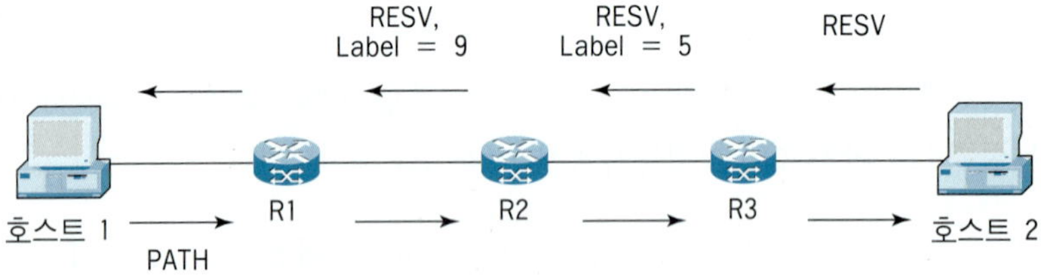

[그림 13-16] RESV 메시지를 이용한 레이블 분배

RESV를 이용한 레이블 할당 방식은 바인딩 정보의 전달이 RSVP 메시지에 의해 이루어지기 때문에 제어 트래픽 기반 레이블 할당 방식과 피기백 방식에 해당한다. RSVP 예약이 되어 있는 플로우에 대한 LSP를 설정할 때 흥미로운 사실은 기존 IP에서와 달리 MPLS에서는 LSP의 처음 라우터([그림 13-16]에서 R1)에서만 예약된 플로우인지 아닌지를 검사하면 된다는 것이다. 또한 기존 IP 네트워크에서는 개별 플로우(Microflow)에 대해서만 RSVP 예약이 가능했지만, MPLS에서는 플로우 개념을 확장하여 다양한 형태의 플로우가 LSP에 적용될 수 있다.

예를 들어 [그림 13-16]에서 R1은 목적지 IP 주소가 같은 모든 패킷들을 하나의 LSP 상에 실어 전달할 수 있기 때문에 하나의 예약된 LSP는 개별 플로우만 전달하는 것이 아니라 여러 플로우를 한데 모아 QoS가 보장된 LSP 상에 실어 보낼 수 있다. 이는 대역폭을 보장하고 다수의 트래픽을 다중화 할 수 있기 때문에 가상 전용 회선 서비스와 같은 서비스를 제공하는데 특히 적합하다. 또한 대규모 트래픽에 대한 대역폭을 효과적으로 보장하기 때문에 MPLS 트래픽 엔지니어링 구현 시에도 효과적으로 사용될 수 있다.

MPLS에서 RSVP를 좀 더 효과적으로 사용하기 위해 LABEL_REQUEST 객체가 RSVP PATH 메시지에 추가 되었다. LABEL_REQUEST 객체는 LSP를 설정하기 위해 LSP의 마지막 LSR([그림 13-16]에서 R3)에게 RESV 메시지를 보낼 것을 요구한다. 또한 MPLS 헤더에는 다중화 관련 필드가 없고 RSVP LSP는 하나 이상의 플로우가 전송될 수 있기 때문에 LABEL_REQUEST 객체에는 해당 플로우를 수신할 상위 프로토콜을 기술하는 필드가 추가되었다. 즉, 상위 계층 프로토콜마다 하나 이상의 LSP를 설정하고 LSP에는 상위 프로토콜이 동일한 플로우가 한데 모여 전달될 수 있다.

일반적으로 RSVP는 네트워크 확장성(Scalability)에 문제가 있다고 하지만, 엄밀하게 얘기하면 정확한 기술은 아니다. RSVP를 이용하여 개별 플로우에 대해 예약을 수행하는 경우에는 네트워크 확장성에 문제가 있지만, 여러 개의 플로우를 하나로 묶어 이것에 대한 예약을 수행하는 경우, 확장성 문제를 많이 완화할 수 있기 때문이다.

네트워크 확장성과 관련된 RSVP의 또 다른 문제점은 소프트 상태와 관련된 것이다. 만일 라우터에서 다수의 RSVP 예약을 관리해야 한다면 리프레시 메시지 트래픽 양도 상당히 많아지고, 이를 처리하기 위한 자원 낭비가 심해진다. 또한 리프레시 메시지는 TCP를 사용하지 않고 UDP를 사용하기 때문에 메시지가 분실되는 경우 상황은 더 나빠진다.

RSVP의 알려진 문제점들을 MPLS 네트워크에서 효과적으로 처리하기 위해 MPLS 워킹 그룹과 RSVP 워킹 그룹에서는 몇 가지 방안을 제시하고 있다.

- **MESSAGE_ID와 MESSAGE_ID_ACK 객체**: RSVP 메시지 전달의 신뢰성을 보장하기 위해 MESSAGE_ID, MESSAGE_ID_ACK 객체를 추가하였다. 인접한 노드간에 RSVP 메시지를 전달할 때 송신 노드는 해당 예약에 대한 식별자를 생성하여 MESSAGE_ID 객체에 삽입하고 응답을 필요로 한다는 의미를 갖는 플래그를 설정하여 메시지를 수신 노드로 전달한다. 수신 노드는 MESSAGE_ID_ACK 객체에 해당 식별자를 삽입하여 ACK 전송함으로써 송신 노드로부터 메시지를 성공적으로 수신하였음을 알린다.
- **요약 리프레시(Summary Refresh) 메시지**: 일단 RSVP 메시지와 메시지 식별자의 관계가 설정되고 나면, 해당 예약 상태를 유지하기 위해 보내는 메시지에는 모든 데이터를 포함할 필요가 없고 단지 메시지 식별자만 전달하면 된다. 또한 다수의 메시지 식별자를 하나의 RSVP 메시지에 전달함으로써 하나의 메시지로 다수의 예약 상태를 리프레시 할 수 있다.

| 미니강의 | IntServ(Integrated Service, 통합형 서비스)

인터넷 QoS 보장을 위한 서비스 모델로서 자원 예약 모델, 즉

- RSVP와 같은 자원예약 신호제어용 프로토콜에 의해 요구되는 자원을 사전에 예약하도록 하여 망으로 유입되는 트래픽에 대해 수락제어를 하는 사전 자원예약 방식에 의해 QoS를 제공하는 모델
- 예약된 서비스에 대해서만 해당 자원을 할당하는 등의 요구되는 QoS를 제공하는 유입 패킷을 패킷 흐름별 또는 연결 세션별로 분류하는 자원 예약

등의 모델을 일컫는 말이다.

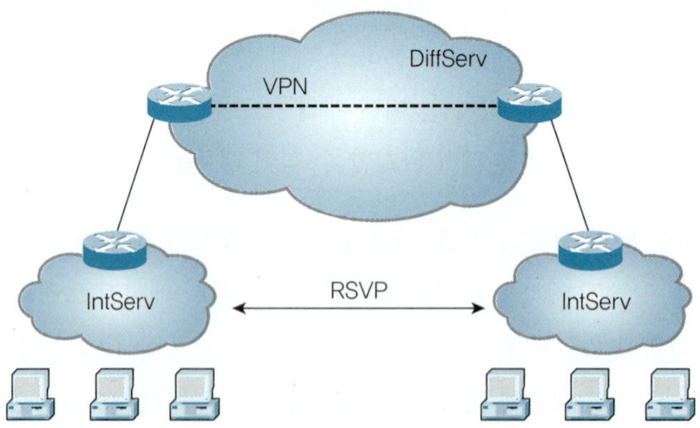

[네트워크 구성 예]

〈IntServ vs. DiffServ 기능 비교〉

구분	IntServ	DiffServ
목표	실시간 트래픽 관리	다양한 서비스레벨 지원
기능	전송 경로 결정	전송 방식 결정
QoS보장	흐름 당	군집(Domain) 당
QoS보장범위	단대단(End-to-End)	도메인 내(Edge-to-Edge)
자원 예약	응용에 의해 제어	에지(Edge) 노드에서 제어
자원 관리	분배형	집중형
신호제어 형식	RSVP 프로토콜	IP 패킷 헤더 내 DSCP
확장성	제약 받음(단거리 N/W)	확장 가능(장거리 N/W)
구현성	복잡	단순

13.6.2 MPLS와 DiffServ(Differentiated Service)

MPLS 네트워크에서 DiffServ를 지원하는 문제는 다양한 DSCP(DiffServ Code Point) 패킷들을 LSR에서 어떻게 처리하느냐에 관련된 문제이다. 하지만 DSCP는 IP 헤더에 전달되고 LSR은 IP 헤더를 참조하지 않기 때문에 레이블에서 적당한 PHB(Per Hop Behavior)를 유출해 내는 방법이 존재해야 한다. MPLS에서는 이를 위해 2가지 방법을 제시하고 있다.

MPLS Shim 헤더에는 Exp(COS) 필드가 있고, 이 필드의 원래 목적은 DiffServ 패킷을 지원하기 위해서였다. 그러나 DSCP는 6비트인 반면에 Exp 필드는 오직 3비트이기 때문에 직접 맵핑 하는 데는 어려움이 따른다. 이러한 불일치는 역사적인 문제에서 기인한다. MPLS 표준안을 정의할 당시 대부분의 라우터는 IP 헤더의 3비트만을 이용해서 QoS를 제공하였고, DiffServ 워킹 그룹이 결성되기 전에 MPLS 레이블 포맷이 정의되었기 때문에 이런 결과가 발생하였다. 또한 MPLS 헤더 길이를 가능한 짧게 하고자 하였고, 3비트를 이용한 8개의 QoS 클래스는 실질적으로 충분한 QoS 서비스를 제공할 수 있다는 공감대가 형성되었기 때문이다.

그러나 DiffServ 표준안에서 64개의 DSCP를 정의하고 있기 때문에 이를 MPLS Shim 헤더에 적절히 맵핑하는 방법이 필요하지만 8개 이하의 PHB가 필요한 네트워크에서 DiffServ를 지원하는 방법은 DSCP와 PHB의 맵핑 테이블을 통해 쉽게 지원이 가능하다.

Exp 비트를 사용하는 경우 레이블은 LSR로 하여금 패킷을 어디로 포워딩 해야 하는지를 알려주고 Exp 비트는 어떤 PHB를 통해 패킷을 처리할 것인지를 알려준다. 이처럼 Exp 비트를 사용하여 QoS를 기술하는 LSP를 E-LSP라고 하며 Exp 비트로부터 PHB를 유출할 수 있는 LSP를 나타낸다.

만일 8개 이상의 PHB를 지원해야 하는 경우에는 Exp 필드만으로는 필요한 PHB를 표시할 수 없기 때문에 어떠한 형태로든 레이블과 Exp 필드를 사용해서 필요한 PHB를 기술할 수 있어야 하고 이러한 형태의 LSP를 L-LSP라고 한다. 여기서 'L'은 레이블을 나타내며 레이블로부터 PHB를 유출하는 LSP를 의미한다.

ATM과 같은 경우에는 레이블만을 이용해서 PHB를 정의할 수 있는 방법을 필요로 한다. 또한 레이블에 PHB 정보를 전달하고자 하는 경우, 레이블 분배 프로토콜을 확장해야 한다. 대부분의 레이블 바인딩 분배 프로토콜은 레이블과 FEC간의 바인딩 정보만을 분배하기 때문에 레이블과 FEC, 그리고 PHB 간의 바인딩 정보를 분배하는 메커니즘을 필요로 한다.

레이블 분배 프로토콜을 살펴보기 전에 DiffServ AF(Assured Forward) PHB 규격에 대해 자세히 살펴볼 필요가 있다. AF에서는 동일한 플로우에 속한 패킷들이 만약 폐기 우선순위(Drop Preference)만 다르다면 반드시 동일한 순서로 전달되어야 한다고 규정하고 있다. 즉, AF PHB에서는 순서가 바뀌어서 패킷이 전달되어서는 안되기 때문에 같은 AF에 속한 패킷들은 일반적으로 동일한 큐에 의해 처리된다.

만일 서로 다른 PHB에 속한 패킷 스트림을 하나의 LSP 상에 실어 보내고자 하는 경우에는 레이블 이외에 다른 필드가 더 필요하다. 이를 위해 Shim 헤더를 사용하는 경우에는 Exp 비트를 사용하고 ATM의 경우에는 Cell Loss Priority(CLP) 비트를 사용해서 PHB를 기술할 수 있다. 즉, Shim 헤더의 경우에는 Exp 비트를 이용해서 AF 폐기 우선순위를 기술하고, ATM 인 경우에는 CLP 비트를 사용해서 셀 폐기 우선순위를 나타낸다. CLP가 1비트이기 때문에 ATM의 경우에는 두 가지 셀 폐기 우선순위를 지원할 수 있다.

[그림 13-17]은 MPLS 네트워크에서 DiffServ 관련 정보를 전달하는 두 가지 방법을 도시하고 있다. [그림 13-17]의 (a)는 하나의 E-LSP를 이용해서 최대 8개까지의 PHB에 속한 패킷들을 전달하는 것을 나타내고 있다. 이 경우 패킷이 속한 PHB는 Exp 비트를 이용해서 나타낼 수 있다. [그림 13-17]의 (b)는 2개의 L-LSP를 이용해서 AF PHB 패킷과 디폴트 패킷 서비스를 제공하는 내용이다. Exp 비트의 설정은 LSP의 종류에 따라 달라진다.

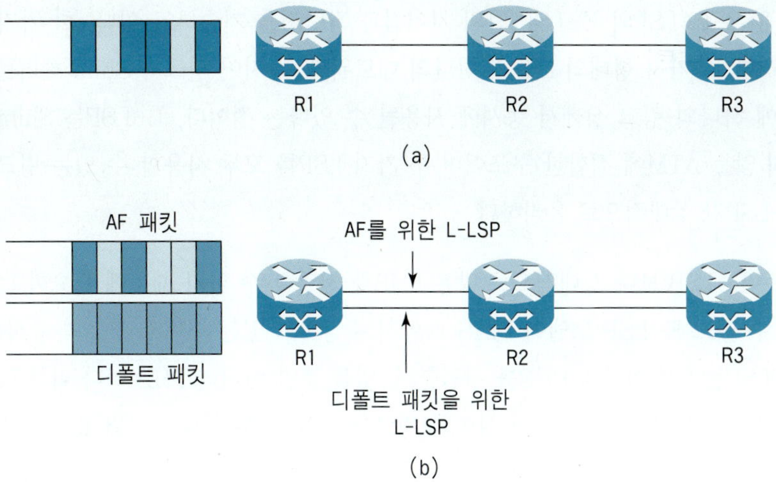

[그림 13-17] DiffServ 지원을 위한 E-LSP와 L-LSP

E-LSP를 사용하는 경우에 R1은 PHB와 Exp 간의 맵핑 정보를 반드시 갖고 있이야 하며, R2와 R3에서는 Exp를 동일한 PHB로 바꿀 수 있는 정보를 갖고 있어야 한다. 그러나 L-LSP를 사용하는 경우 Exp 비트는 AF PHB 에만 관련되기 때문에 이러한 선택은 임의로 수행될 수 있다.

〈표 13-3〉 E-LPS와 L-LSP 비교

E-LSP	L-LSP
Exp 비트에 의해 PHB가 결정	PHB는 레이블 또는 레이블과 Exp/CLP 비트에 의해 결정
추가적인 신호 프로토콜이 필요하지 않다.	PHB는 LSP 설정시에 신호 프로토콜을 이용해 전달
Exp로부터 PHB를 유출할 수 있어야 함	레이블에서 PHB를 유출하는 정보는 신호 프로토콜을 이용. Exp/CLP 비트로부터 PHB를 유출하는 정보는 잘 알려진 값을 사용
Shim 헤더를 필요로 한다. 따라서 ATM 링크에서는 사용이 불가능하다.	ATM 링크에 적합하다.
LSP 당 최대 8개의 PHB가 지원	AF PHB를 제외하면 하나의 LSP당 하나의 PHB가 지원

〈표 13-3〉은 L-LSP와 E-LSP 간의 차이점과 장단점을 기술하고 있다. 한 가지 유의할 점은 이러한 두 가지 형태의 LSP가 하나의 네트워크, 심지어 링크가 Shim 헤더를 사용하는 경우에 하나의 링크 상에서 동시에 사용될 수 있다는 점이다. L-LSP는 Shim 헤더를 사용하지 않는 ATM에 적합한 구조이며 두 가지 LSP를 모두 사용할 수 있는 링크의 경우에는 E-LSP가 상대적으로 유리하다.

E-LSP는 L-LSP 보다 상대적으로 많은 PHB를 전달할 수 있기 때문에 필요한 LSP의 수를 줄일 수 있고 E-LSP 모델이 DiffServ에서 주장하고 있는 서비스 모델과 유사하다. 하지만 L-LSP는 8개 이상의 PHB를 지원할 수 있을 뿐만 아니라 PHB 마다 다른 LSP를 사용하기 때문에 상이한 PHB 마다 상이한 경로를 설정할 수 있다. [그림 13-18]은 이러한 DiffServ의 구조를 보여주고 있다.

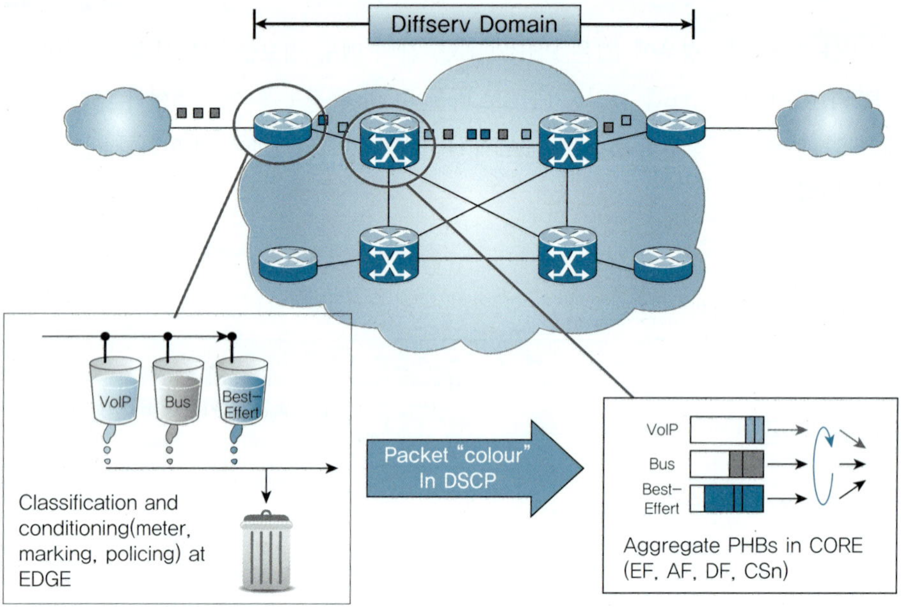

[그림 13-18] DiffServ 구조

| 미니강의 | MPLS와 SDN(Multi-Protocol Label Switching vs. Software Defined Network)

상당 기간 많은 조직에서 다양한 네트워크 환경의 사용을 지원하였던 전통적인 통신 방식인 MPLS는 오늘날 클라우드, 고속 그리고 광역의 인터넷 연동 및 가상 사설 네트워크(VPN)으로의 신속 이동 능력 등 다양한 요구와 비용절감이라는 벽에 맞닥뜨리고 있다.
이러한 간편한 사용자 환경과 비즈니스 향상을 위한 대안으로 제시되고 있는 것이 SDN이며 그 중 SD-WAN이 주목 받고 있는 이유이기도 하다.

- MPLS

  전통적으로 대부분의 통신 환경에 사용되며 수년간 지속적으로 활용되어 왔다. 기본적으로 MPLS는 모든 프로토콜 데이터를 전송할 수 있으며, 패킷을 레이어 3까지 갈 필요 없이 레이어 2에서 바로 전달함으로써 패킷 전달을 위한 신뢰할 수 있는 대역폭을 제공한다. MPLS는 긴 네트워크 주소 대신 라벨을 기반으로 한 노드에서 다음 노드로 데이터를 전달하는데, 이를 통하여 VPN과 같은 지원 어플리케이션 및 QoS의 지원도 가능하다.

- SDN(SD-WAN)

  SDN 기술, 특히 그 중 SD-WAN은 클라우드 기반의 어플리케이션 활용에 최적화하기 위한 기술이다. 클라우드 뿐만 아니라 WAN 하드웨어나 소프트웨어에도 적용이 가능하며 전송 서비스 전체에 가상 오버레이를 형성하며, 트래픽 라우팅과 경로 선택은 사용자 정의 정책으로 이루어져 오늘날 인터넷 연결, 지사 사무소 및 사설 데이터 서비스 전반에 적용되고 있다. 이러한 방법은 통합 관리 및 네트워크 복잡성 감소를 통한 비용 절감, 다양한 하이브리드 네트워크 모델 적용 그리고 실시간 분석을 통한 높은 성능 보장 등 수동 구성 단계의 축소 및 네트워크 민첩성의 향상을 가능하게 한다.

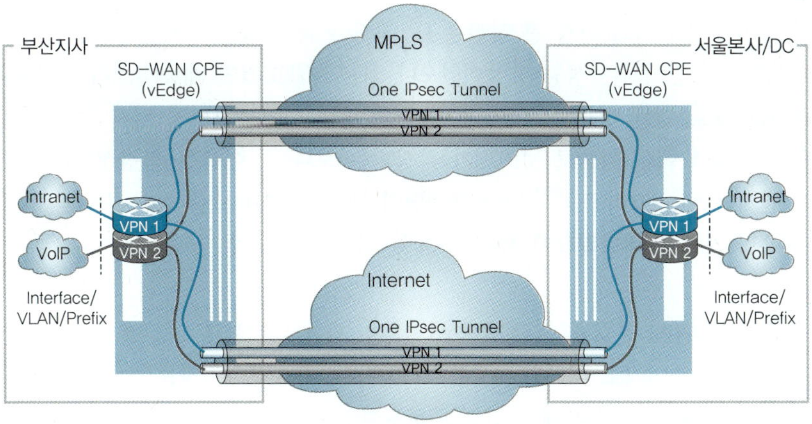

[SDN과 MPLS의 통합구조]

요약

01 네트워크 제공자 입장에서 인터넷 트래픽의 꾸준한 증가는 네트워크의 물리적인 크기뿐만 아니라 대역폭과 같은 네트워크 인프라를 단시간에 효과적으로 확장, 운영해야 하는 부담으로 작용하게 되었다. 또한 인터넷 사용자들의 양적, 질적 수준의 증가는 대역폭 확대, 유연한 라우팅, QoS 보장 등과 같은 문제에 대해서도 끊임없는 문제를 제기하고 있다.

02 MPLS 기술은 기존 IP 네트워크에서 이미 검증된 라우팅 프로토콜과 ATM이 제공하는 고속 멀티 서비스 스위칭 기능과 유기적으로 결합하여 패킷을 고속으로 전달하는 방식이다.

03 MPLS는 충분한 네트워크 확장성을 제공하며 고속의 데이터 전송과 함께 기존의 IP 네트워크에서는 제공할 수 없었던 트래픽 엔지니어링과 같은 다양한 부가 서비스 수용을 목적으로 하고 있다.

04 MPLS는 레이블 스위칭 기술을 기반으로 네트워크 확장성과 트래픽 엔지니어링 문제를 주된 목적으로 하고 있다. 레이블 스위칭 기술은 계층 3패킷 스트림과 맵핑된 고정 길이의 레이블 정보를 바탕으로 높은 성능과 탄력성 있는 포워딩 기법을 제공한다.

05 초기 레이블 스위칭의 가장 큰 장점은 IP 패킷 포워딩 기술과 계층 2스위칭 기술을 접목시킴으로써 얻어지는 성능 향상이었으나 최근 ASIC 기반 계층 3스위칭 기술의 확산으로 MPLS로 인한 성능 향상은 더 이상 큰 장점으로 부각되지 되지 않는다. 향후 IP 기반 네트워크 핵심 기술로 MPLS가 각광받는 보다 큰 이유는 확장성 있는 VPN, 트래픽 엔지니어링, 그리고 라우팅과 포워딩의 분리를 통해 보다 쉽게 IPv6와 같은 새로운 라우팅 기술을 네트워크에 적용할 수 있다는 점을 들 수 있다.

06 IP 스위칭은 ATM 신호기능, 관리기능과 같은 제어부분을 IP 프로토콜 기능을 수행하는 IP 스위치 제어기로 대체한 ATM 스위치이다. 즉 IP 스위칭은 ATM 스위치 기능과 IP 라우팅 기능을 스위치 제어 신호 프로토콜인 GSMP를 매개로 하여 유기적으로 결합한 스위치로써, IP의 장점인 확장성, 안정성, 단순성과 ATM의 장점인 빠른 전송 속도, 대용량의 대역폭, 다양한 서비스 제공을 목적으로 하고 있다.

07 GSMP는 ATM 기반 IP 스위치 제어를 위한 범용 스위치 관리 프로토콜이다. GSMP는 ATM 스위치 및 스위치에 설정된 연결을 제어하는 기능을 수행하며 연결 관리, 포트 관리, 구성 관리, 통계 관리 및 이벤트 관리 기능을 수행한다. GSMP는 마스터/슬레이브 프로토콜로써 ATM 스위치는 슬레이브에 해당하고 IP 스위치 제이기가 마스터에 해당한다.

08 최초 통합 레이블 스위칭 기술 개발의 목적과는 달리, 현재 MPLS의 장점으로는 네트워크를 효율적으로 이용할 수 있는 기반 제공, 종단간 효과적인 QoS 지원, 가상 임대선, VPN 등과 같은 부가 서비스의 용이한 적용, 강력한 트래픽 엔지니어링, 라우팅과 포워딩의 분리로 인한 다양한 라우팅 기술 적용 등이 부각되고 있다.

09 MPLS의 목적 중 하나는 기존의 TCP/IP 기반 인터넷에서 제공할 수 없었던 트래픽 엔지니어링 기능을 제공하기 위해서이다.

10 MPLS 표준안의 또 다른 목적은 최선형 서비스만을 제공하던 인터넷에 QoS를 지원하는 차별화된 서비스를 제공하기 위해서이다.

11 MPLS 네트워크에서 종단 간에 합의된 레이블을 사용하기 위해서는, 즉 LSP를 설정하기 위해서는 인접한 라우터에 레이블 바인딩 정보를 분배하는 과정을 수행하여야 한다. MPLS에서 인접한 라우터 간에 레이블 할당정보를 분배하는데 사용되는 프로토콜을 레이블 분배 프로토콜이라 한다.

12 MPLS 네트워크를 기능적으로 분류하면 크게 포워딩 요소와 제어 요소로 나누어 볼 수 있으며 MPLS에서는 패킷을 전달하는 포워딩과 이를 관리하는 제어기능을 분리함으로써 각각의 기능을 독립적으로 발전시킬 수 있다는 장점을 제공한다.

13 LSR은 MPLS 네트워크 코어에 위치하는 라우터로써 MPLS 레이블 스와핑 기능을 수행하는 라우터 혹은 ATM 스위치를 의미한다. 즉 LSR은 입력 패킷의 레이블을 출력 레이블로 스와핑 하여 검색된 출력 인터페이스를 통하여 다음 홉으로 패킷을 전송한다. LSR에서는 레이블 스와핑에 필요한 모든 정보를 레이블 정보 베이스(LIB)에 저장하고 LDP 프로토콜을 통하여 레이블 정보를 교환한다.

14 특정 FEC를 위해 LSR간에 설정된 일련의 레이블을 LSP라 하고, MPLS 네트워크 내 특정 목적지에 도달하기 위해 같은 레이블을 사용하는 패킷들은 동일한 FEC에 속

한다고 간주한다. 즉 LSP는 FEC에 속한 패킷이 전달되는 경로를 의미하며 ATM에서 VCC와 유사하다.

15 MPLS 네트워크를 구성하는 인그레스/이그레스 LER과 LSR 들은 동일한 계층 3 라우팅 프로토콜을 수행하고, 라우팅 프로토콜 수행 결과로 얻어지는 라우팅 정보를 바탕으로 FIB를 구성한다.

16 인그레스 LER 및 LSR은 할당된 레이블을 인접한 라우터 간에 교환해주는 LDP를 통해 레이블 스위칭에 필요한 LIB를 생성한다. LIB는 모든 FEC에 해당하는 입출력 인터페이스와 입출력 레이블로 이루어져 있고, LIB는 실제 패킷이 MPLS 네트워크로 전송될 때 필요한 정보를 제공하게 된다.

17 MPLS가 기존 네트워크 계층 포워딩보다 나은 점은 복잡하고 값비싼 장비를 필요로 하지 않고 단지 레이블 룩업과 스와핑만 가능한 장비면 충분히 LSR로 동작이 가능하다는 것이다. 단지 인그레스 LER에서만 들어온 패킷이 갖고 있는 네트워크 계층 정보를 고속으로 룩업 할 필요가 있고 나머지 이그레스 LER, LSR에서는 이러한 고가의 기능을 필요로 하지 않는다. 따라서 매번 계층 3 라우팅을 수행하는 기존 IP 네트워크에 비해 상대적으로 간단하고, 고속 전송이 가능하다.

18 FEC 별로 할당된 레이블 정보는 반드시 인접한 LSR간에 교환되고 레이블 할당에 대한 합의가 이루어져야만 레이블 교환 방식에 의해서 고속 데이터 전송을 수행할 수 있다. 이처럼 이웃한 LER/LSR 간에 레이블과 전송 경로를 함께 알려주고 합의를 하는 일련의 과정을 레이블 분배라고 한다.

19 초기 MPLS 표준안에는 CR-LDP가 레이블 분배 프로토콜의 표준으로 규정되었으나, RSVP를 레이블 분배 프로토콜로써 사용하기 위해 시스코에서 대대적인 수정을 거듭하여 RSVP-TE(RSVP-Traffic Engineering)를 제안하였고, 현재는 거의 유사한 기능을 제공하는 CR-LDP와 RSVP-TE 두 프로토콜 모두 라우팅 분배 프로토콜로써 사용할 수 있다.

20 트래픽 엔지니어링이란 트래픽을 네트워크 상에 골고루 분산시켜 특정 경로에 트래픽이 집중되는 것을 막고 네트워크 자원을 효과적으로 사용하기 위해 트래픽의 경로를 제어해주는 기술을 의미한다. 즉, 네트워크상의 특정 경로를 제어하여 폭주현상을 방지하고 네트워크 트래픽을 전달하는데 필요한 네트워크 자원 사용의 효율성을 최대한 높이는 기술이다.

21 네트워크 상태 정보 분배는 링크 상태 알고리즘을 사용하고 네트워크 관련 정보를 이웃 노드뿐만 아니라 전체 노드에게 전달하는 IS-IS 또는 OSPF가 라우팅 프로토콜로 사용된다. 인접한 이웃노드 간에만 라우팅 정보를 교환하는 RIP는 전체 네트워크 토폴로지를 구하기가 어렵기 때문에 트래픽 엔지니어링을 위한 프로토콜로는 부적합하다.

연습문제

01 다음 중 레이블 스위칭 기술이 아닌 것은?

a. IP 스위칭
b. VPN
c. 태그 스위칭
d. Cell Switching Router

02 IP 스위칭의 구성요소가 아닌 것은?

a. ATM 스위치
b. IP 제어기
c. IFMP
d. LDP

03 GSMP의 특징이 아닌 것은?

a. 마스터/슬레이브 구조
b. ATM 스위치 제어
c. 통계 관리
d. 접근 통제

04 태그 스위칭 네트워크 구성요소가 아닌 것은?

a. TSR
b. OSPF
c. IFMP
d. TFIB

05 MPLS 레이블 구성 방식 중 이더넷을 사용하는 경우의 레이블 구성 방식은?

a. 계층 2 헤더
b. 계층 3 헤더
c. 계층 2.5 헤더
d. 계층 4 헤더

06 MPLS에서 지원하는 데이터 링크 계층 방식이 아닌 것은?

a. 이더넷
b. PPP
c. 프레임 릴레이
d. CDMA

07 라우팅 정보에 의해 레이블을 할당하여 LSP를 설정하는 레이블 할당 방식은?

a. 데이터 트래픽 기반 레이블 할당 방식
b 요구 기반 레이블 할당 방식
c. 토폴로지 기반 레이블 할당 방식
d. 상향노드 할당 방식

08 피기백을 사용할 수 없는 프로토콜은?

a. OSPF　　b. PIM
c. RIP　　d. IS-IS

09 MPLS의 레이블 스위칭에 대하여 올바르게 설명한 것은?

a. IP 망의 경우 인그레스 LER이 IP 주소를 확인한 후 떼어내고 MPLS 레이블을 붙인다.
b. 2계층의 빠른 스위칭 장점을 도입하여 3계층 라우팅보다 향상된 전송이 가능하다.
c. 인그레스 LER에서 레이블이 한번 할당되면 이그레스 LER까지 동일한 레이블을 갖고 스위칭 되므로 별도의 작업 없이 빠르게 스위칭이 가능하다.
d. VPN을 구축할 경우 별도의 레이블이 필요하며 이것을 레이블 큐잉이라 한다.

10 MPLS 트래픽 엔지니어링의 구성요소가 아닌 것은?

a. 상태 정보 분배　　b. 경로 선택
c. 레이블 분배　　d. 링크 접속 제어

11 트래픽 엔지니어링의 목적을 서술하시오.

12 MPLS의 등장 배경에 대해서 기술하시오

13 IP 스위칭과 태그 스위칭의 장단점을 기술하시오.

14 RSVP-TE와 CR-LDP의 차이점과 장단점을 기술하시오.

15 IntServ.와 DiffServ.를 간략하게 비교 서술하시오.

| 참고 사이트 |

- http://www.opticalforum.com: 광 네트워크 전반에 걸친 표준과 개요를 쉽게 설명하고 있다.
- http://mpls-linux.sourceforge.net, http://sourceforge.net/mpls-linux: MPLS를 구현한 리눅스 기반 소스들에 대해서 소개하고 있다.
- http://www.osdi-coalition.com/documents.asp: 광 도메인 서비스 관련 상세한 내용을 기술하고 있다.
- http://nbvpn.francetelecom.com: MPLS VPN 워킹 그룹 활동과 표준화 문서를 볼 수 있다.
- http://www.itu.int/ITU-T/com11/index.html: ITU-T SG-11 의 활동 내용과 표준 문서를 볼 수 있다.
- http://www.itu.int/ITU-T/com13/index.html: ITU-T SG-13 의 활동 내용과 표준 문서를 볼 수 있다.
- http:/www.iec.org/tutorials/mpls: MPLS 튜토리얼을 참고할 수 있다.
- http:/www.mpls.or.kr: 국내 MPLS 포름 활동 내역과 관련 내용을 살펴 볼 수 있다.
- http:/www.mplsrc.com: MPLS와 관련된 다양한 프로그램 소스, 논문, 그리고 표준안을 볼 수 있다.
- http://ensxoddl.tistory.com/186: Carrier Ethernet에 대한 관련 내용을 살펴 볼 수 있다.

| 참고문헌 |

- Neil Jerran, Adrian Farrel, MPLS in Optical Networks, DataConnection White Paper, Oct. 2001.
- Nortel Networks, Using MPLS for real time services, Nortel White Paper.
- Paul Brittain, Adrian Farrel, MPLS Traffic Engineering – A Choice of Signaling Protocols, Jan. 2000.
- Nortel Networks, Using CR-LDP for service interworking, Traffic Engineering, and Qulaity of Service in Carrier Networks, Nortel White Paper.
- Li Li, Nancy Feldman, IP Traffic Engineering Using MPLS Explicit Routing in Carrier Networks, Nortel White Paper.
- Changcheng Huang, Vishal Sharma, Building Reliable MPLS Networks Using a Path Protection Mechanism, IEEE Com. Mag., Mar. 2002.

- Osama Aboul-Magd, Bilel Jamoussi, QoS and Service Interworking Using Constraint-Route Label Distribution Protocol, IEEE Com. Mag., May 2001.
- Brian Willams, Quality of Service Differentiated Services and Multiprotocol Label Switching, Erisson White Paper, Mar. 2000
- Ken-ichi Sato, et al., GMPLS-Based Photonic Multilayer Router Architecture - An Overview of Traffic Engineering and Signaling Technology, IEEE Com. Mag., Mar. 2002.
- Patrick B. Chu, Shi-Sheng Lee, MEMS: The Path to Large Optical Crossconnects, IEEE Com. Mag., Mar. 2002.
- 김홍주, 이현재, 유재훈 외 4인, 광-회선-패킷 통합 전달망 기술 동향, ETRI, 2013
- RFC 1953, "Ipsilon Flow Management Protocol Specification for IPv4, Version 1.0", May 1996
- RFC 2105, "Cisco Systems' Tag Switching Architecture Overview", 02/06/1997

CHAPTER 14

SDN & NFV

contents

CHAPTER 14

SDN & NFV(Software Defined Network & Network Function Virtualization)

다양화, 복잡화되어 가고 있는 현재의 업무 환경은 기존의 단순 인터넷 접속이라는 컴퓨터 환경에서 용도와 수행 업무에 따르는 네트워크 환경으로의 변화를 요구하고 있다. 이와 같은 변화를 위하여 기업이나 사용자들은 서버, 응용 프로그램, 네트워크 및 저장장치 등의 물리적인 IT 리소스들을 가상화(Virtualization)하여 논리적인 리소스들로 생성하고 이를 활용하려고 한다. 이와 같은 최근의 가상화 개념의 정립 및 도입과 적용을 위하여 이번 장에서는 이에 대한 다양한 기술들을 살펴보고자 한다.

- 가상화의 개념과 기술변천 과정에 대해 살펴본다.
- 가상화중 소프트웨어 정의 네트워크(SDN, Software Defined Networking)에 대해서 살펴본다.
- 가상화중 네트워크 가상화(Network Virtualization)에 대해서 살펴본다.
- 가상화중 네트워크 기능 가상화(NFV, Network Function Virtualization)에 대해서 살펴본다.
- SDN+NFV의 통합 환경에 대해서 살펴본다.

14.1 가상화(Virtualization)

컴퓨터의 리소스(또는 전산 자원)들을 추상화하는 개념에서 시작된 가상화라는 용어는 물리적인 컴퓨터 리소스의 특징을 다른 시스템, 응용 프로그램 및 최종 사용자들로부터 감추는 기술을 의미한다. 즉, 동일한 하드웨어에서 여러 다른 종류의 운영체제를 실행할 수 있는 기술이기도 하다. 기업들은 이러한 가상화를 통해 전산 자원들의 효용률(Utilization)을 높일 수가 있게 되었다.

가상화라는 용어는 1960년대 이후에 주로 사용되었으며, 전체 컴퓨터 시스템에서 개별 기능/구성요소에까지 많은 면과 영역에 적용되어왔다. 이러한 가상화 기술의 공통 주제는 리소스들을 하나로 합치거나 제어 시스템을 단순화하여 다중 송수신 접근이 가능하도록 하는 데 있었다. 가상화는 모든 컴퓨터들을 시뮬레이트하는 플랫폼 가상화와 리소스들을 시뮬레이트하는 리소스 가상화로 구분된다.

14.1.1 플랫폼 가상화

가상화(Virtualization)란 단어의 어원은 1960년대에 하드웨어와 소프트웨어를 결합하는 가상 머신이라는 용어에서부터이다. 우리는 이것을 편하게 플랫폼 가상화라고 부르며, 그 기원은 IBM M44/44X 시스템에서 시작되었다. 이때에는 가짜 컴퓨터(Pseudo Machine)를 구성한다고 하는 경우에 사용되었다.

플랫폼 가상화는 주어진 하드웨어 플랫폼 위에서 제어 프로그램, 곧 호스트 소프트웨어를 통해 실행된다. 호스트 소프트웨어는 호스트 아래의 게스트 소프트웨어에 맞추어 "가상 머신"이라는 새로운 시뮬레이트된 환경을 만들어 낸다. 이때, 게스트 소프트웨어는 완전한 운영 체제를 일컬으며, 독립된 하드웨어 플랫폼에 설치된 것처럼 실행된다. 일반적으로 가상 컴퓨터들은 하나의 단일 물리적인 컴퓨터 위에서 시뮬레이트되는데, 이들의 수는 호스트 하드웨어의 리소스에 제한을 받는다. 일반적으로 게스트 운영체제가 호스트 운영체제와 같을 필요는 없다.

게스트 운영체제는 특정한 주변 기기들이 제대로 기능하도록 하여야 하므로, 시뮬레이션은

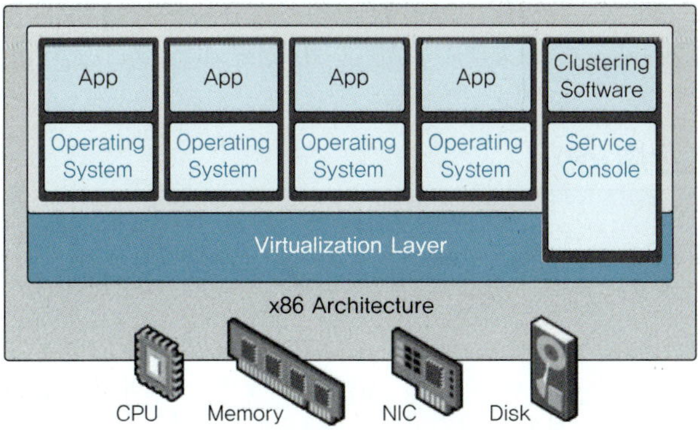

[그림 14-1] 플랫폼 가상화 예

이를 지원해야만 한다. 이를테면, 하드 디스크 드라이브나 네트워크 인터페이스 카드와 같은 장치들을 말한다. [그림 14-1]은 그러한 예를 보여주고 있다.

14.1.2 리소스 가상화

플랫폼 가상화의 개념에서 저장 볼륨, 시스템 명, 네트워크 리소스 등과 같은 특정한 시스템 리소스들의 가상화로 개념이 확장된 것을 말한다. 즉, 가상 메모리, 저장 장치 가상화, 가상 사설 네트워크(VPN) 및 가상 주소(NAT) 등이 이 범주에 속한다고 할 수 있다. [그림 14-2]는 다양한 리소스들을 가상화한 경우를 보여주고 있는 예이다.

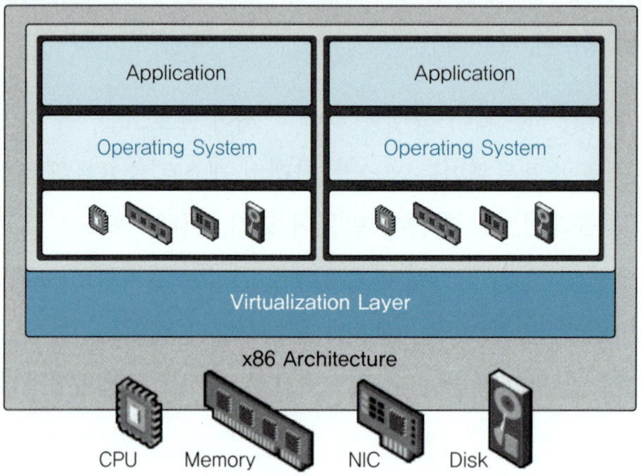

[그림 14-2] 리소스 가상화 예

| 미니강의 | 현대적 의미의 가상화

현대적 의미의 가상화는 기존의 플랫폼 및 리소스 가상화의 개념을 좀더 세분화하고 기능화하였다.

〈현대적 의미의 가상화 분류〉

	서버 가상화	프리젠테이션 가상화(SBC)		클라이언트 가상화	어플리케이션 스트리밍
		어플리케이션 가상화	데스크탑 가상화		
주요 특징	여러 대의 물리적 서버를 고성능 서버 상의 가상머신으로 통합	서버에 필요한 소프트웨어와 데이터가 준비되고 사용자의 PC는 입출력 장치로 사용됨	개인화된 데스크탑을 서버에서 제공, 사용자의 PC는 입출력 장치로 사용됨	로컬 PC에 외부와 격리된 가상공간을 구축	로컬 PC에는 어플리케이션이 설치되지 않고 사용할 때 중앙에서 스트리밍

장점	• 자원활용률 극대화 • 신속한 서비스 제공 및 백업 • 데이터 센터 비용 절감 • IT의 유연성 증대	• 한대의 서버에서 복수의 사용자 어플리케이션 사용 • 신속한 사용자 환경 전개	• 부하 관리 자동화 • CPU, Memory, HDD, Network에 대한 QoS • 가상 데스크탑 스케쥴 관리 • 사용자별 개인화 환경 제공	• 사용자 PC의 로컬 자원(그래픽 환경 등)을 사용함으로써, 성능 및 업무 효율성 보장 • 사용자가 클라이언트 환경에 설치되어 있는 어플리케이션 사용	• 사용자 PC의 로컬 자원(그래픽 환경 등)을 사용함으로써, 성능 및 업무 효율성 보장 • 사용자 별 어플리케이션 관리 불필요 • 신속한 어플리케이션 배포
단점	• 데이터 센터 운영 프로세스 전환 필요 • 가상화 도입과정에서 관리 포인트 증가	• 사용자 환경의 제약 • 3D 환경 등 고성능 자원 제공 미흡	• 3D 환경 등 고성능 시스템 자원 제공 미흡	• 데이터는 클라이언트 환경에 저장	• 스트리밍 서버에서 어플리케이션 별 피키징 필요 • 개별 어플리케이션 별 커스터마이징 요구
적용 업무	• 웹 /포털 /데이터베이스	• Task Worker 업무	• Power & Knowledge Worker 업무	• 설계 및 R&D 등 개발 환경	• 소프트웨어 테스트, 개발 • Office Worker

14.2 SDN(Software Defined Networking, 소프트웨어 정의 네트워크)

스위치와 라우터를 트리 형태로 배치한 구조의 네트워크 환경은 지금까지의 클라이언트-서버 중심의 구조에서는 크게 문제가 되지 않아왔다. 그러나 모바일 장치와 컨텐츠의 폭발적 증가 및 클라우드 기반 가상화 서비스의 전개 그리고 현재의 네트워크 구조와 관리 구조에 대한 변화를 요구하고 있다. 즉, 급변하는 네트워크 사용 환경의 변화를 따라가지 못하는 기술의 한계와 벤더 중심의 기술 개발 환경이 아래와 같은 이유로 변화가 필요해진 것이다.

▶ 트래픽 패턴의 변화

서버에서 어플리케이션이 구동되고 사용자와 관련 데이터를 송수신하였지만, 현재의 어플리케이션은 데이터를 사용자에게 제공하기 전에 관련 서버들(어플리케이션 서버, DB 서버 등)과의 트래픽 송수신 후 관련 정보를 제공한다.

▶ **가상화 기술의 전개**

단일 서버와 사용자와의 단순 연결 관계에서, 다수의 가상 머신(VM)에 분산되어 있는 서버들과 연동되는 가상화 기술의 도입되었다.

▶ **정체의 원인인 네트워크 구조의 복잡성**

광대역, 고성능 그리고 안전한 보안을 위하여 대량의 컴퓨터들이 고정된 형태의 네트워크에 연동되어 운영하여 왔으나, 이러한 복잡성으로 인하여 네트워크는 소통을 최대화하려는 노력을 반감시켜 왔다.

▶ **네트워크 관리의 어려움**

트래픽 패턴의 동적 변화로 네트워크의 규모 예측이 불가능해지고, 사용자 어플리케이션의 범위 확대 및 자원의 수적 증가로 관리는 점차 복잡해지고만 있다.

▶ **벤더 의존성**

변화하는 비즈니스와 사용자 요구에 맞추어 새로운 기능과 서비스를 제공하려는 노력에 반하여, 벤더들은 투자비 회수에 맞추어 장치 생산 주기를 결정하고 있다.

이러한 환경 변화와 시장의 요구 그리고 네트워크를 구성하는 기술적인 기능들간의 부조화를 해결하기 위한 대안으로 네트워크의 데이터 평면(Data Plane)과 제어 평면(Control Plane)을 분리하여 표준화된 인터페이스를 통하여 다양한 환경에 적합한 제어 평면을 제공하기 위하여 SDN이 등장하게 되는 것이다.

| 미니요약 | SDN(Software Defined Networking, 소프트웨어 정의 네트워킹)

SDN은 개방형 API(오픈플로우)를 통해 네트워크의 트래픽 전달 동작을 소프트웨어 기반 컨트롤러에서 제어/관리하는 접근방식이다. 트래픽 경로를 지정하는 제어 평면과 트패픽 전송을 수행하는 데이터 평면이 분리되어 있다.

14.2.1 SDN 개요

소프트웨어로 네트워크를 제어하는 기술은 1980년대 지능망(IN, Intelligent Network) 기술에 도입된 후, AT&T가 No.7 신호교환기에서 이를 적용하여, 신호교환기가 제어 평면 기능을 수행하고 전화교환기가 데이터 평면 역할을 수행하도록 하였다. 90년대엔 ATM 기술에 적용되다가, 2003년 IETF에서 forCES(forwarding and Control Element Separation) 워킹 그룹을 구성하였고 IP 포워딩, IntServ, DiffServ QoS를 제어대상으로 하는 RFC 3654를 발표하기도 하였다.

ITU-T는 향상된 품질의 멀티미디어 서비스 제공을 위하여 2008년 9월 SG13 워킹 그룹을 구성하고 iSCP(independent Scalable Control Plane) 구조를 제안하였다. 2006년에는 FIND(Future INternet Design) 프로그램의 일부로 스탠포드와 버클리 대학에서 SANE(clean-slate Security Architecture for Enterprise Network)과 Ethane 프로젝트를 수행하고, 이것이 OpenFlow로 이어진다.

2011년 3월에는 OpenFlow 기술의 상용화를 위하여 ONF(Open Networking Foundation) 표준화 단체가 구성되어 SDN 기술로 확장되고, 이에 대한 표준화가 추진되고 있다.

| 미니강의 | **SDN(Software Defined Networking, 소프트웨어 정의 네트워킹)**

SDN(소프트웨어 정의 네트워킹)의 기원은 썬마이크로시스템즈가 자바를 1995년에 출시한 직후 시작되었다.

14.2.2 SDN 개념

제어 평면과 전달 평면으로 분리되는 SDN은 네트워크의 구조 혹은 새로운 패러다임으로서 OpenFlow라는 인터페이스 기술을 포함하고 있다. 이러한 SDN은 먼저 소프트웨어 정의 포워딩(Software Defined Forwarding)을 지원해야 하는데, 이 기능은 기존의 장치에서 수행하던 데이터 포워딩 기능을 개방형 인터페이스와 소프트웨어를 통해서 제어해야 한다는 것을 의미한다. 또한 글로벌 관리 추상화(Global Management Abstraction)를 목표로 한다는 것이다. 즉, 전체 네트워크의 상태를 보면서 네트워크 요소의 제어를 수행하는 것이다.

[그림 14-3]은 이런 SDN의 기본 구조를 보여주고 있다. 네트워크의 주요 기능이 SDN 컨트롤러에 집중화되어 전체를 관리하고 네트워크를 하나의 장비로 취급할 수 있게 하는 것이다. 이를 통해 관리자는 벤더에 의존하지 않고 제어할 수 있는 네트워크를 설계 및 운영할 수 있게 단순화하는 것이다.

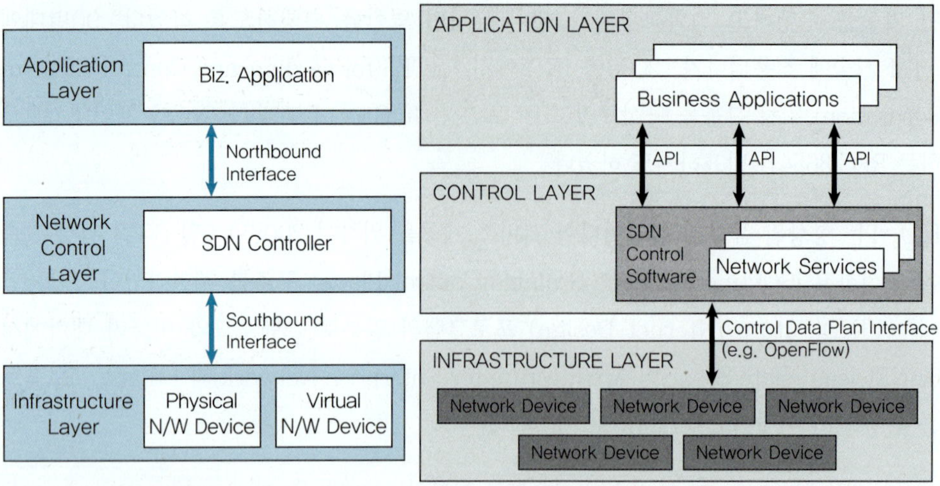

[그림 14-3] SDN의 개념

SDN은 SDN 컨트롤 계층과 어플리케이션 계층 간에 API를 제공하는데 이는 API를 통해 공통된 서비스의 구현과 라우팅, 접근제어, 트래픽 엔지니어링, QoS 관리 등을 구현한다.

[그림 14-4]는 컨트롤 계층과 어플리케이션 계층에서 구현 가능한 다양한 기능들을 보여준다. 이들 중 대표적인 기능들은 먼저 컨트롤 계층의 Commissioning 기능과 Global Load Balancing 기능이 있으며, 어플리케이션 계층의 Cloud Orchestration 기능 등을 들 수 있다.

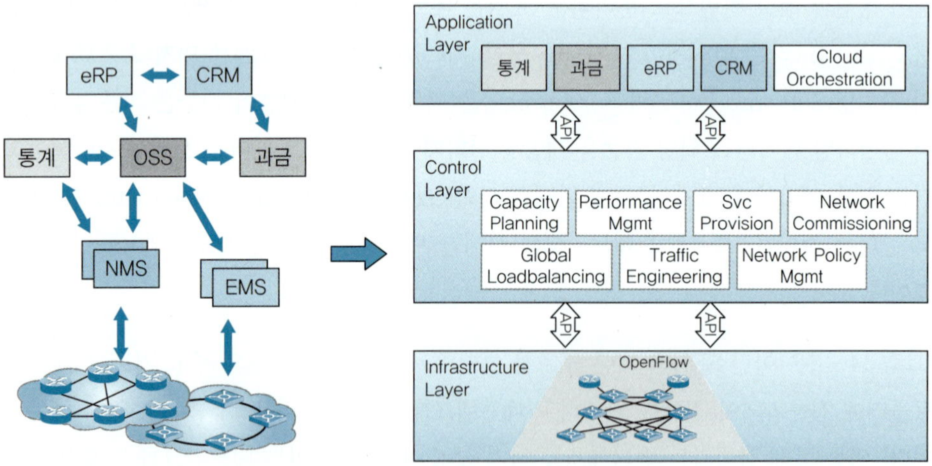

[그림 14-4] SDN의 어플리케이션

14.2.3 OpenFlow

네트워크들을 연결해 주는 주요 장비인 라우터(Router)는 제어 평면과 데이터 평면 그리고 관리 기능 등을 제품에 포함하고 있다. 이런 이유로 각 장비 제조 업체별로 다른 설정 방법과 관리 방법이 존재하였다. 물론 이들 간의 표준 프로토콜은 IETF를 포함한 표준화 단체에서 정의하고 결정하지만 사용자가 특정 기능을 추가하거나 변경할 수는 없었다. 이러한 상황을 해결하기 위하여 2008년부터 ONF(Open Networking Foundation)를 중심으로 연구되어온 기술이 OpenFlow인 것이다.

SDN의 가장 중요한 기술로서 평가 받는 OpenFlow는 SDN에서 컨트롤러와 네트워크 장비간의 인터페이스를 위한 규격으로 사용되는 기술을 말한다.

(1) OpenFlow 개요

▶ 제어 평면과 데이터 평면의 분리

OpenFlow는 제어 평면과 데이터 평면을 분리하고 이들 간을 연결하는 인터페이스를 담당하는 표준 기술이며, 이런 기술을 기존의 하드웨어가 아닌 소프트웨어로서 구현한다. 즉, 프로토콜 계층 1~4까지의 헤더 정보를 조합한 패킷을 제어하는 기능과 전달하는 기능을 분리하고 이를 소프트웨어적으로 제어하는 기술을 OpenFlow라고 할 수 있다.

▶ 컨트롤러와 스위치로 구성

컨트롤러는 스위치에게 동작을 명하고, 스위치는 그 명에 따라 해당 동작을 수행하는 역할을 한다. 이때 컨트롤러는 해당 동작을 위해 패킷의 포워딩 방법이나 VLAN 우선순위 값 등을 전송하여 처리하도록 한다.

OpenFlow 컨트롤러의 주 역할은 경로 계산이다. 즉, 다양한 매개 변수들을 감안하여 경로를 결정하고 이를 OpenFlow 스위치에 전송하여 플로우 테이블에 저장되도록 한다. 스위치는 패킷을 수신할 때마다 해당 플로우 테이블을 참조하여 해당 동작을 수행하는 것이다.

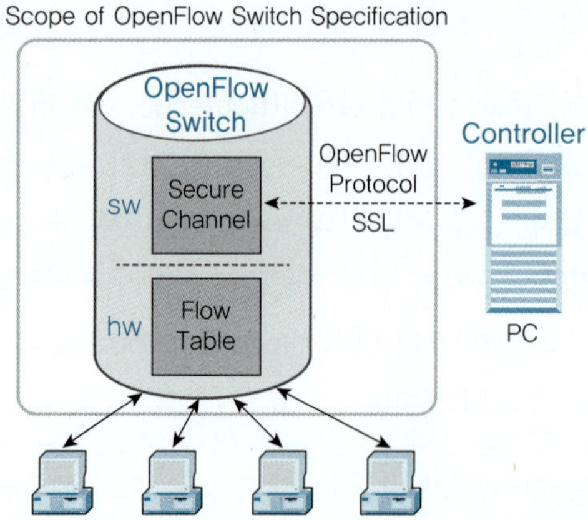

[그림 14-5] OpenFlow 스위치

▶ 플로우 테이블

스위치는 복수개의 플로우 테이블을 갖는데, 이는 조건(Match Field), 처리(Actions) 및 통계(Counters)라는 3개의 정보로 플로우 엔트리(Flow Entry)를 생성하고 이것들을 모아 테이블을 구성한다.

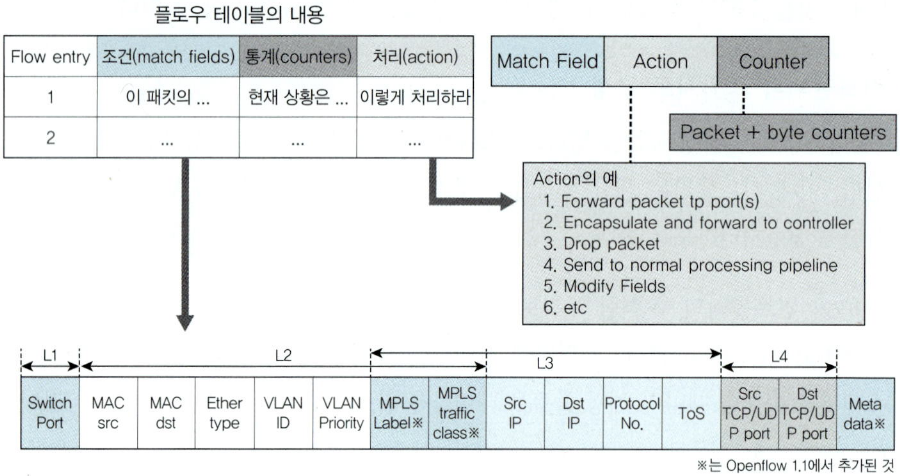

[그림 14-6] OpenFlow의 플로우 테이블

[그림 14-6]은 헤더 정보 중 조건과 처리(Action)의 예를 보여준다. 이때 헤더 정보로 정의할 수 있는 조건은 1계층에 속하는 스위치의 포트 번호에서부터 4계층의 TCP/UDP 포트

번호까지 다양하다. 또한 처리에서 지정할 수 있는 것은 전송, 폐기, 지정된 필드의 값 다시 작성 등을 들 수 있다.

▶ 파이프라인 처리(Pipelining)

플로우 테이블은 번호가 부여되는데, 0부터 시작된다. [그림 14-7]은 모든 입력 패킷이 0번 플로우 테이블부터 비교되고, 엔트리가 있으면 플로우 통계(Counter)의 값이 증가하며, 처리(Action)로 정해진 명령을 실행하는 모습을 보여주고 있다.

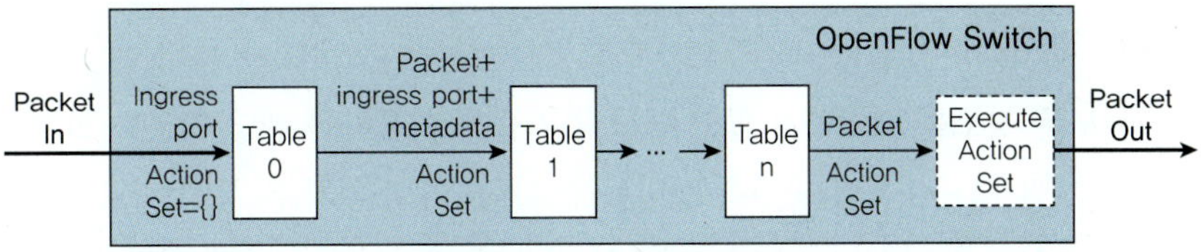

[그림 14-7] 파이프라인 처리

▶ 그룹 테이블

OpenFlow는 그룹 테이블을 정의할 수 있는데, 그룹이란 어떤 플로우에 대해 일련의 Action Bucket들이 실행되도록 하는 것을 의미한다. 이때, Action Bucket이란 실행할 Action들의 집합이며 파라미터들을 포함한다. 그룹은 그룹 테이블 내의 엔트리에 의해 스위치 내에서 정의되는데, [그림 14-8]처럼 각 엔트리들은 ID 값, 그룹 타입, 통계(Counter) 및 Action Bucket 들로 구성된다.

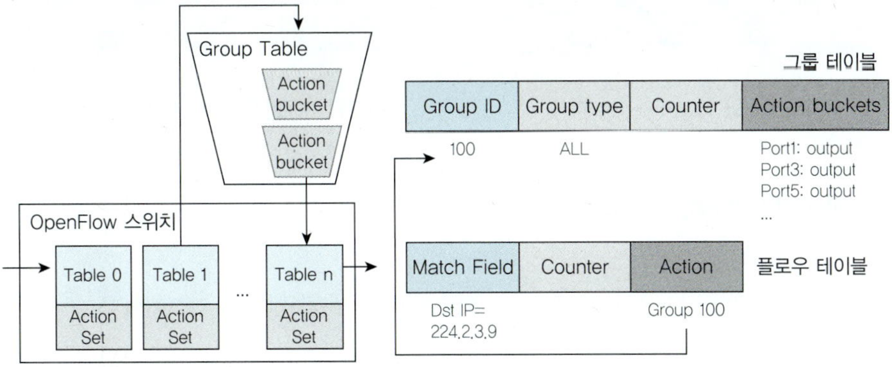

[그림 14-8] 플로우 테이블과 그룹 테이블의 관계

(2) 라우팅 방식

ONF의 OpenFlow 규격을 사용하는 라우팅에는 다음의 2가지 방식을 사용한다.

▶ Hop-by-Hop 방식

컨트롤러가 모든 스위치의 상태와 서비스 별로 해당 경로를 알고 있어야 하는 방식이다. 즉, [그림 14-9]처럼 각 스위치는 전송할 패킷이 목적지에 도달할 때까지 릴레이 방식으로 계속 다음 스위치로 포워딩해야 한다. 이 방식은 복잡한 경로 구성이 자유로우며, 효율을 극대화할 수 있지만, 모든 정보를 가지고 있어야 하므로 확장성에 문제가 있다.

▶ Overlay 방식

컨트롤러가 모든 경로를 제어하지 않고 터널링 기술을 이용하여 해당 경로를 설정하는 방식이다. 즉, [그림 14-10]처럼 송신측 장비들(컨트롤러와 스위치)은 통신 경로의 발신지와 수신지만 알고 있으면 되고, 나머지는 기존의 라우팅 매커니즘에 따라 설정한다. 이 방식은 대규모 네트워크뿐 아니라 기존의 네트워크에도 적용할 수 있지만, 사용 효율은 변동이 미비하다.

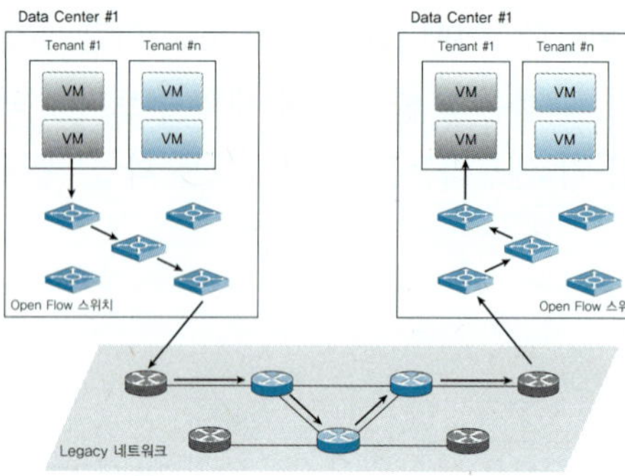

[그림 14-9] Hop-by-Hop 방식

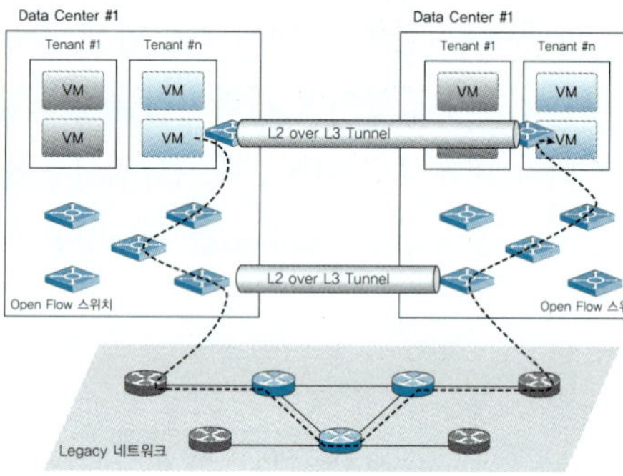

[그림 14-10] Overlay 방식

| 미니요약 | 라우팅(Routing)

- Hop-by-Hop 방식
  컨트롤러가 모든 스위치의 상태와 서비스 별로 해당 경로를 알고 있어야 하는 방식
- Overlay 방식
  컨트롤러가 모든 경로를 제어하지 않고 터널링 기술을 이용하여 해당 경로를 설정하는 방식

14.2.4 SDN 구조

SDN은 개방형 인터페이스를 제공하여 네트워크 장비들의 연결 및 제어를 위한 소프트웨어 개발이 가능하도록 하고 이를 통하여 데이터의 원활한 흐름이 보장될 수 있도록 한다.

SDN은 [그림 14-11]과 같이 데이터 평면(Data Plane), 제어 평면(Control Plane) 및 응용 평면(Application Plane)으로 구분되는 구조를 가진다. 데이터 평면은 네트워크 구성 요소들로 구성되며, SDN Datapath는 제어-데이터 평면 인터페이스 에이전트를 통하여 제어 평면과 연결된다. SDN 응용 프로그램은 응용 평면에 상주하며, NorthBound Interface(NBI) 드라이버를 통하여 관련 내용을 전달한다. 중앙의 제어 평면은 SDN 컨트롤러가 이와 같은 명령을 번역하고 수행하는 역할을 수행한다.

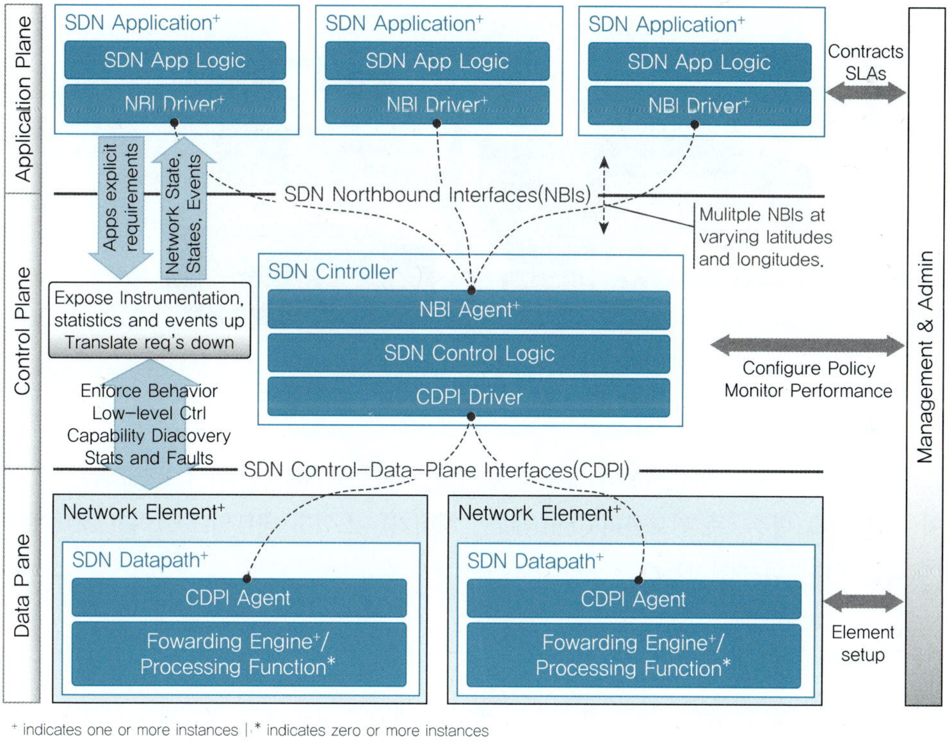

[그림 14-11] SDN 아키텍처

| 미니요약 | SDN 아키텍처(3 Layer + 2 Interface)

- 데이터 평면(Data Plane): 패킷을 단순히 전달하는 계층.
- 제어 평면(Control Plane): 네트워크 구성 및 운영/제어를 총괄하는 계층.
- 응용 평면(Application Plane): 다양한 네트워크 서비스를 위한 응용 계층.
- NorthBound Interface: 다른 Layer에 직/간접 제어를 위해 응용 평면에 제공되는 인터페이스로 대부분 Restful API를 사용함.
- Control Data Plane Interface(SouthBound Interface): 데이터 평면의 포워딩 제어 및 정보 수집을 위한 인터페이스로 OpenFlow가 대표적인 프로토콜임.

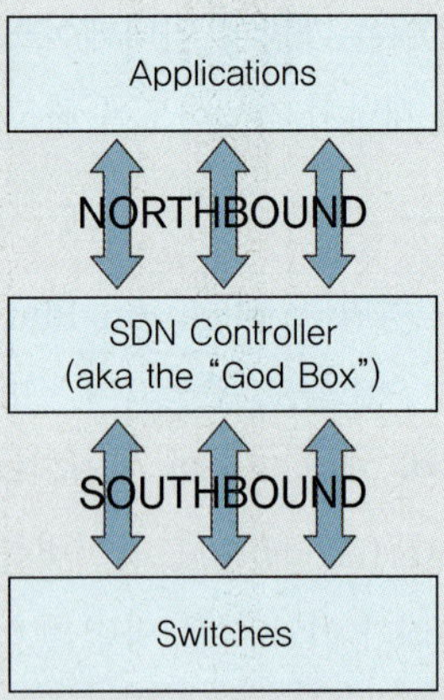

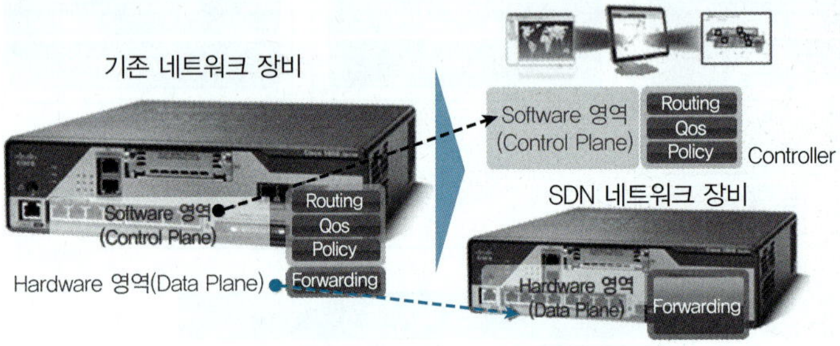

[그림 14-12] SDN 아키텍쳐 구분

[그림 14-12]는 SDN 아키텍처의 실제 적용 예를 보여주고 있다. 이와 같은 SDN은 세 가지 기본 기술 범주, 즉 컨트롤러(Controller, 제어기), 스위칭 네트워크 그리고 오버레이(Overlay) 네트워크를 갖는다.

(1) 컨트롤러(Controller, 제어기)

SDN의 가장 중요한 중심 기술로서 자신이 속한 도메인에 있는 모든 네트워크 기기와 대화하고, 토폴로지를 학습하며, 관련 네트워크를 프로그램 할 수 있는 영역을 의미한다.

SDN은 컨트롤러를 통해서 기존의 분산 모델(전달 경로를 결정하기 위해 네트워크 기기들끼리 서로 통신)에서 중앙집중형 모델로 변신할 수 있게 된 것이다. 또한 이를 통하여 기업 정책을 전체적이고 독립적인 방식으로 스위치, 라우터, 방화벽 그리고 로드 밸런싱 같은 관련 기기들을 추상화한 네트워크 미들웨어(Middleware)처럼 기능하게 한다.

컨트롤러는 소프트웨어가 구동하는 플랫폼일 뿐만 아니라 또한 소프트웨어가 통신할 때 사용하는 통신 게이트웨이이기도 하다. 컨트롤러는 2가지 통신을 사용하는데, 먼저 내부 통신(Control Data Plane Interface 또는 SouthBound Interface)을 들 수 있다. 이것은 네트워크 기기를 프로그래밍하거나 네트워크 기기들로부터 관련 데이터를 수신하는 통신을 말한다. 대표적인 예는 OpenFlow가 있다. 다음으로는 외부 통신(NorthBound Interface)을 들 수 있는데, 이것은 어플리케이션과 컨트롤러 간의 통신을 의미한다.

(2) 스위칭(Switching)

SDN의 중심 역할을 수행하는 장비로서, 컨트롤러가 프로그래밍하는 것이 주로 스위치의 전달 테이블이며, 하드웨어 스위치나 소프트웨어 스위치 모두 SDN 내부에서 중요한 역할을 수행한다.

소프트 스위치는 액세스 리스트, 속도 제한 및 트래픽 우선순위 부여를 위한 QoS 매개 변수 그리고 가상 포트에 적용된 전달 기능 등을 가질 수 있는데, 이와 같은 기능들을 부여하면 백본 하드웨어 스위치는 트래픽의 신속한 전송에만 초점을 맞출 수 있게 되는 것이다. 즉, 소프트 스위치로는 모든 것을 충족시킬 수가 없는데, 엔드 투 엔드 기업 정책 배포, 트래픽 조율(Steering) 그리고 보안 집행 등은 여전히 하드웨어 스위치의 역할로 존재하게 되는 것이다.

컨트롤러가 하드웨어 스위치와 소프트웨어 스위치 모두의 전달 행태를 프로그래밍하기 위해 사용하는 주요 내부 프로토콜로는 OpenFlow가 있는데, 이 OpenFlow는 ONF(Open Networking Foundation)에서 작업을 진행하는 표준 프로토콜이다.

외부 통신을 위해 컨트롤러는 흔히 API를 제공하는데, 대표적인 것으로는 REST(Representational State Transfer) API를 들 수 있다. API는 컨트롤러 외부의 어플리케이션이 컨트롤러에게 네트워크에서 어떤 업무를 수행해야 할지를 지시할 수 있는 방법을 제공하는데, OpenFlow 외에 해당 장비 공급업체의 고유 API가 내부 방향에 대한 통신 수단으로 제공되고 있기도 하다(대표적인 사례가 Cisco사의 ONE 프로젝트).

(3) 오버레이(Overlay)

오버레이는 논리적으로는 서로 분리되어 있는 동시에 하단의 동일한 실제 네트워크는 공유하는 가상 네트워크 그룹을 생성하기 위해 사용하는 것을 의미한다. 즉, 하나의 패킷(또는 프레임)이 다른 패킷(또는 프레임)으로 캡슐화되고, 이 패킷은 캡슐이 제거되는 터널 종단으로 전달된 후 원래의 패킷 목적지로 전송된다.

그 중 한 가지 방법은 가장 대중화된 VXLAN(Virtual eXtensible LAN)이 있는데, 이는 2계층 프레임을 3계층 UDP 패킷 내부에 캡슐화하는 방법을 사용한다. VXLAN은 2계층 프레임 전체를 보존하고 있기 때문에, VLAN 태그도 그대로 보존되어 있어서 하나의 VXLAN 세그먼트 내부에 여러 개의 3계층 네트워크가 공존할 수 있게 해준다. 또한 이와 유사한 것으로 NVGRE(Network Virtualization with GRE)가 있는데, 이는 마이크로소프트가 개발한 기술로서 브로드캐스트, 언노운 유니캐스트, 그리고 멀티캐스트를 전송하기 위해 멀티캐스트가 필요하지 않다는 것에서 VXLAN과 차별화된 기술이다.

또 다른 하나의 오버레이는 NVO3(Network Virtualization Overlays)이다. 이는 IETF 워킹 그룹에서 개발된 기술로서 트래픽 분리, 하부 백본에서처럼 3계층 분리에 대한 걱정을 하지 않고 네트워크 어디에서나 가상 머신을 배포할 수 있는 방식이다.

이와 같이 중앙의 컨트롤러는 네트워크의 토폴로지를 알아내고, 외부 방향으로는 어플리케이션 그리고 내부적으로는 스위치 사이에서 미들웨어처럼 동작하는 것이다. 외부 어플리케이션은 조직의 정책, 네트워크 구성 같은 것들을 컨트롤러에게 알려주고, 컨트롤러는 이런 정책과 구성을 네트워크 스위치에게 내부 프로토콜을 이용하여 명령하고 실행하는 것이다.

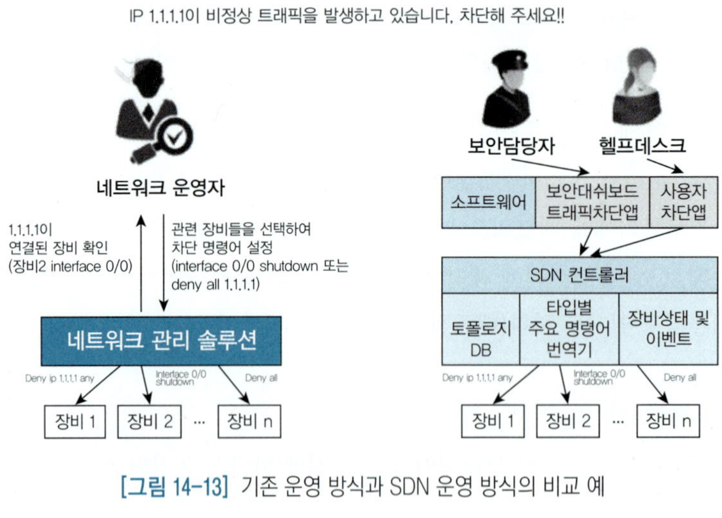

[그림 14-13] 기존 운영 방식과 SDN 운영 방식의 비교 예

[그림 14-13]은 기존의 네트워크 관리 솔루션들이 장비를 처리하는 방식과 SDN 운영 방식을 비교하는 예이다. 그림에서처럼 기존의 운영 방식에서는 각각의 장비가 이해하는 언어를 이용하여 하나씩 맵핑하고 처리하기 위하여 관련 전문가를 통해서만 운영이 가능하다. 하지만 SDN 환경에서는 사용하기 쉬운 여러 어플리케이션을 활용하여 관련 정보를 컨트롤러에게 전송하고 컨트롤러가 이를 네트워크에 적용하는 방식을 보여주고 있다. 즉, SDN은 누구나 쉽게 네트워크에서 원하는 기능을 구현하는 그런 네트워크를 구성하는 것을 목표로 한다.

14.3 네트워크 가상화

기업들이 효율적인 자원활용, 구축 및 관리비 절감 그리고 복잡성 감소 등을 위하여 가상화를 구현하고 있다. 특히, 하드웨어 비용과 관리의 복잡성 감소는 네트워크 가상화를 도입하는 가장 중요한 요소가 되고 있다. [그림 14-14]는 이런 네트워크의 가상화 개념을 보여준다.

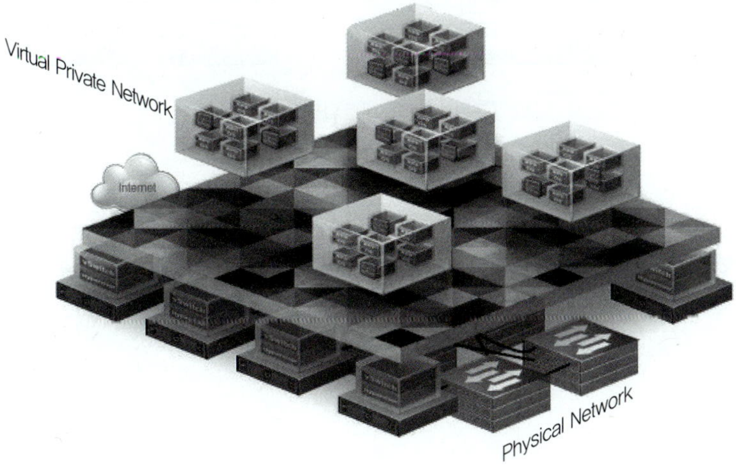

[그림 14-14] 네트워크 가상화 개념

네트워크 가상화는 다수의 물리적 자원을 하나의 논리적 장치로 사용하거나, 또는 하나의 물리적 자원을 복수의 서로 다른 용도로 분할하는 것을 말한다. 즉, 라우터, 방화벽, 스위치 등과 같은 물리적인 네트워크 관련 장비들을 마치 하나의 자원과 같이 활용하는 것을 말한다. 기존의 폐쇄형 사설 네트워크를 구성하는 VPN(Virtual Private Network) 기술이나 VLAN(Virtual LAN) 기술 등이 네트워크 가상화의 실 사용 예이다. 하지만 이 기술들은 대규모 네트워크의 구축이 불가능하였고, 관리성과 확장성 등에서 한계를 나타내었었다.

효율적인 자원 할당에서 오는 비용 절감과 네트워크 서비스의 향상이라는 혜택으로 인하여 기업들은 광대역통신망(WAN)과 데이터 센터 등을 포괄하는 대규모 가상 네트워크의 구축을 추진하고 있다.

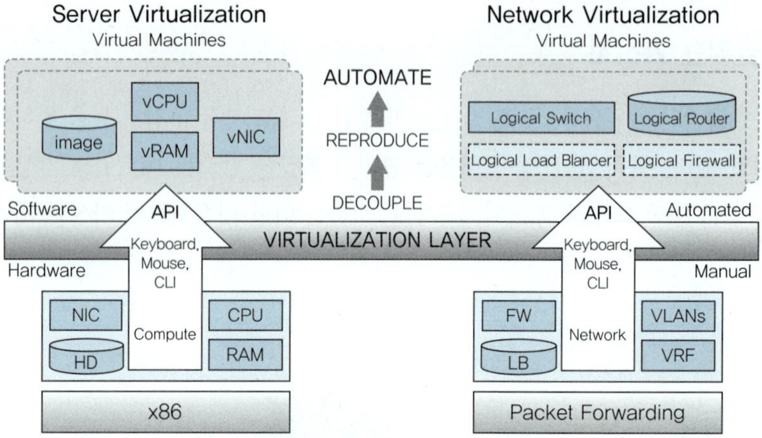

[그림 14-15] 네트워크 가상화

[그림 14-15]에서 보이는 바와 같이 네트워크 가상화는 관리의 용이성, 비용 효율적인 네트워크 구성 등이 가능해짐으로써, 최소의 장비만으로 네트워크 구조를 보다 효과적으로 만들어 줌으로 갈수록 중요성이 증대되고 있는 것이다.

14.4 NFV(Network Function Virtualization, 네트워크 기능 가상화)

NFV(Network Function Virtualization, 네트워크 기능 가상화)는 네트워크를 구성하는 구성 요소인 네트워크 장비를 하드웨어와 소프트웨어로 분리하고, 범용 서비스 가상화 기반에서 네트워크의 기능을 가상화하여 주는 기술을 말한다. 즉, 물리적인 네트워크 장비들의 기능을 가상화하여 VM(Virtual Machine) Server 또는 범용 프로세서를 내장한 장비처럼 구동하는 방식을 의미한다.

또한 앞에서 설명한 네트워크 가상화가 네트워크를 경유하는 터널을 만들고 각각의 데이터 전송별 서비스라는 개념을 사용하였다면, NFV는 다음 단계인 해당 터널에 실제적인 서비스를 포함시키는 것이다. 방화벽, IDS, IPS 등과 같은 4~7계층 기능 및 로드 밸런싱 등의 기능까지 가상화 하는 것이다. 이와 같은 내용을 [그림 14-16]에서 기존 네트워크와 NFV를 적용하였을 경우를 비교하여 보여주고 있다.

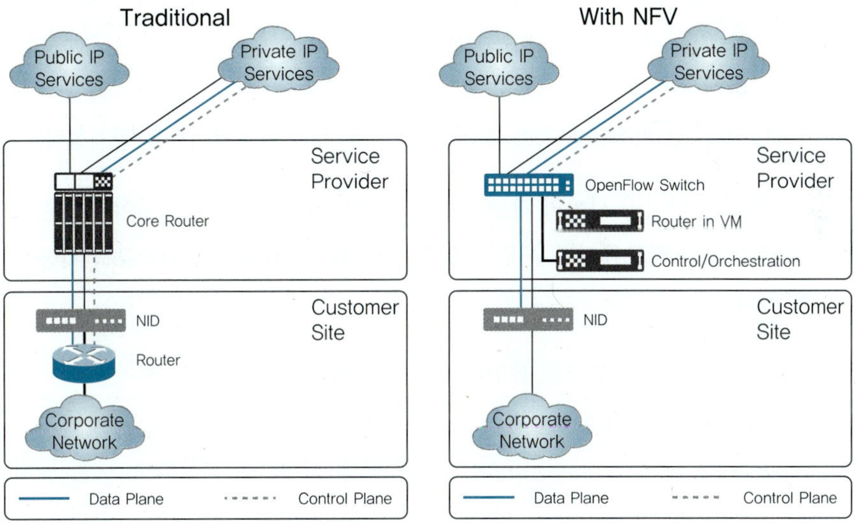

[그림 14-16] 기존 네트워크와 NFV 비교

14.4.1 NFV 개요

1988년 3월 설립되어 유럽의 정보통신 관련 기술표준을 개발하고 글로벌 정보통신 표준 제안 및 국제표준사전 구축업무를 수행하는 표준화 기구인 유럽전기통신표준협회(ETSI, European Telecommunications Standards Institute)와 산업규격그룹(ISG, Industry Specification Group)이 국제표준화를 주도하는 NFV 기술은 스위칭(Switching), 라우팅(Routing), 방화벽(FireWall) 그리고 BRAS(Broadband Remote Access Server) 등과 같은 네트워킹의 기능을 하드웨어로부터 분리해 이를 서버 플랫폼에서 운영하고자 하는 방식을 말한다.

이 방식으로의 전환을 통하여 고객의 요구사항을 더 잘 수용할 수 있도록 서비스를 자동화해 다음과 같은 기능을 향상시킬 수 있게 된다.

- 사용자에게 보다 효율적인 서비스를 제공할 수 있도록 다양한 서비스 플랫폼을 제시
- 서버 및 네트워크에 대한 최적의 배치방법을 제시해 전력 소모율을 감소
- 서버 및 네트워크의 설계, 시험 및 구축을 위한 기술 제시
- 최적의 제품 라이프 사이클을 유지할 수 있도록 업그레이드 요구사항을 제시

NFV의 기본 목적은 다양한 네트워크의 기능들을 표준화된 가상 서버에서 운용하고자 하는 것이다. 즉, 표준 서버 가상화 기술을 수용하여 산업표준 범위 내에서 소프트웨어로 제어가 가능한 네트워킹 기능을 실행하는 것이며, 나아가서는 신규 장비를 추가로 설치하지 않고서도 용이하게 서비스를 제공할 수 있고 또한 변경도 가능하도록 구현하는데 있다. 이를 위하여 구조와 주요 기능블록 등을 정의하고, 이들 간의 인터페이스를 정의한다.

NFV는 네트워크뿐 아니라 서버의 기능까지 가상화해 네트워크와 하드웨어의 의존도를 최소화하여 네트워크와 하드웨어를 공유할 수 있도록 하기 위하여 다음과 같은 기능을 실행할 수 있게 한다.

- 다수의 서버와 로컬 네트워크를 통합하여 성능을 향상시키고, 필요 시에는 서비스의 이동 및 변경을 통하여 민첩성과 서비스 확장성 및 탄력성 향상
- API(Application Programming Interface)를 통해 서비스를 제공하며, 이를 통해 서비스 프로그램 능력을 향상시킨다. 또한 서버관리 비용을 최적화시킴으로써 비용 절감 효과 기대
- 소프트웨어 기반 플랫폼으로 제어되는 기능을 통해 서비스를 자동화하고 기능을 향상시켜 사용자의 요구사항을 수용할 수 있는 기반 마련

14.4.2 표준화 동향

2012년 12월 ETSI-ISG 그룹은 통신사업자들(AT&T, BT, 도이치텔레콤, 오렌지, 텔레콤이탈리아, 텔레포니카, 버라이존, NEC, 도코모 등) 중심으로 NFV 기술표준화 워킹 그룹을 설립했다.

(1) 표준화 목적

NFV에 대한 산업규격을 제정하기 위한 것이며, ETSI 규격이 아닌 통신사업자 및 장비 공급업체 들이 참여하여 제정되는 산업규격으로 제정된다.

(2) 활동 사항

NFV표준화 그룹은 4개의 워킹 그룹, 2개의 전문 그룹 및 2개의 지원 그룹으로 구성되며, 공식적인 활동 기간은 2년(2013년 1월 ~ 2015년 1월)으로 하였다.

4개의 표준문서명은 다음과 같다.

- **엔드투엔드 아키텍처**: GS NFV002 NFV/앤디 말리스(Andy Malis, 버라이존)
  가상화된 네트워크 기능과 하부 가상 인프라의 상위 기능 구조 및 설계사항을 기술함. 기능 요소들을 정의하고 각 기능요소들간 인터페이스를 정의함으로써 이 기종의 NFV간 상호 운용성을 보장
- **이용 케이스**: GS NFV001 NFV/엘렌나 디마리아(Elena Demaria, 텔레콤이탈리아)
  NFV ISG가 추구하는 기술적인 목표를 수용할 수 있는 어플리케이션을 중심으로 적용 사례 기술
- **가상화 요구**: GS NFV0004 NFV/ 수잔나 사바터(Susana Sabater, 보다폰)
  NFV 백서 초안 내용을 중심으로 작성되었으며, 서비스 모델을 포함하는 비즈니스 및 기술 요구사항이 기술
- **터미놀로지(Terminology)**: GS NFV0003 NFV/베네트(Bennett, 시스코)
  NFV ISG 문서의 전문용어에 대한 정의가 기술

14.4.3 요구 사항

가상화된 네트워크 구성 시 유연성, 보안성, 신뢰성 및 안정성, 서비스 연속성 등에 대한 요구사항은 다음과 같다.

- **유연성**: 네트워크 상의 트래픽 량에 따라 손쉽게 하드웨어 자원을 확장하거나 축소할 수 있는 유연성을 보장
- **보안기능**: 외부로부터의 불법 공격으로부터 가상화된 환경을 보호할 수 있도록 고도의

보안기능을 보유

- 신뢰성 및 네트워크 안정성: NFV 서비스 가용성 및 연속성을 위해 신뢰성과 안정성을 보장
- 서비스 연속성: 중단없이 서비스를 제공할 수 있도록 연속성을 보장

이에 반하여 NFV 네트워크에 대한 요구사항은 다음과 같다.

- 관리 및 조정기능: 가상화된 기능의 전체 주기, 인프라 자원 및 이들 자원에 적용되는 다양한 운용에 대한 관리 및 조정이 가능
- 자동화 기능: 트래픽에 대한 네트워크 용량 조절, 소프트웨어 업그레이드, 장애에 대한 대응 등 운용 관련 기능에 대한 자동화 기능
- 에너지 효율성: 가상 네트워크의 에너지 소모 최소화를 위한 기술적인 능력 보유
- 이동성 및 원격 설치: 가상화된 소프트웨어 기능을 실행할 수 있어야 하며, 원격 설치 및 운영 지원
- 성능 최적화: 가상화된 소프트웨어 기능의 성능 목표 만족 여부
- 호환성 및 지속성 보장: 기존 네트워크와의 호환성 유지 및 서비스의 지속성에 대한 기술 지원

(1) 구성 요소

상호 운용성을 보장하는 기능 블록과 이들간의 인터페이스 및 프로토콜은 다음과 같다.

- NFVI(NFV Infrastructure): COTS 범용 하드웨어와 가속기능 및 하드웨어 가상화에 필요한 소프트웨어 계층으로 구성돼 있으며, 가상 네트워크 기능을 수행하는 데 필요한 가상 자원을 제공하는 인프라
- VNF(Virtualized Network Function): NFVI상에서 실행될 수 있는 네트워크 기능을 구현한 소프트웨어들의 집합체로서, 기존의 네트워크 노드를 소트프웨어로 가상화한 것으로 자체 관리 시스템인 EMS(Element Management System)를 포함
- NFV-M&O(NFV-Management and Orchestration): NFVI의 물리 및 가상 자원과 VNF의 조율 및 라이프 사이클 관리를 담당하는 모듈
- OSS(Operation Support System)/BSS(Business Support System)와 연동해 기존 네트워크 환경의 전반적인 관리가 가능

14.4.4 그외 표준화 기구의 표준화 동향

(1) ONF 포럼

2011년 SDN 기술개발 및 표준화를 위해 산업체들을 중심으로 설립된 개방형 네트워킹 포럼(ONF, Open Networking Foundation)은 9개의 워킹 그룹에서 SDN과 NFV 기술 중심의 네트워크 기능규격을 개발하고 있다.

(2) IETF(Internet Engineering Task Force)

SDN 기술 표준화를 위하여 1개의 리서치 그룹과 2개의 워킹 그룹이 활동하고 있다.

- IETF SDN RG(Research Group): 기존 네트워크에 대한 SDN의 개방화, 가상화, 프로그램화 기능 등에 주력하고 있으며, 사용자의 요구에 따라 보다 유연하게 제어, 설정 및 관리 기능을 제공할 수 있는 새로운 네트워킹 개념에 대한 연구 이슈를 제시하고 있다.
- IETF I2RS WG(IETF Interface to Routing System Working Group): 주니퍼 및 시스코 등을 중심으로 라우터와 네트워크 장비 간 통신을 위한 데이터 모델 및 인터페이스 표준화 등을 진행하고 있다. 또한 기존의 네트워크 장비에 개방형 인터페이스를 제공함으로써 제한적이지만 SDN의 개방화 및 프로그램화 기능을 기존 라우터 및 스위치 장비에 구현하고 있다.
- IETF SPRING WG(IETF Source Packet Routing in Networking Working Group): 패킷의 라우팅 경로를 패킷 헤더에 덧붙이는 소스(source) 기반의 라우팅 기술 표준화에 주력하고 있으며, 이는 오버레이 형태로 SDN 경로제어에 사용될 수 있다.

(3) ITU-T(International Telecommunications Union-Telecommunications)

2012년 11월 시작되었으며, SG13을 중심으로 SDN 프레임워크, 유즈케이스 및 검증도구 등에 관한 표준을 개발하고 있다.

ITU-T의 SDN 프레임워크 구조에서는 NFV 표준 개발을 위한 SDN의 기본 참조모델과 정의를 기술하고 있다. 아울러 2013년 7월에는 JCA-SDN을 신설해서 다른 표준 기구들간의 SDN 표준화 조정 작업을 진행하고도 있다.

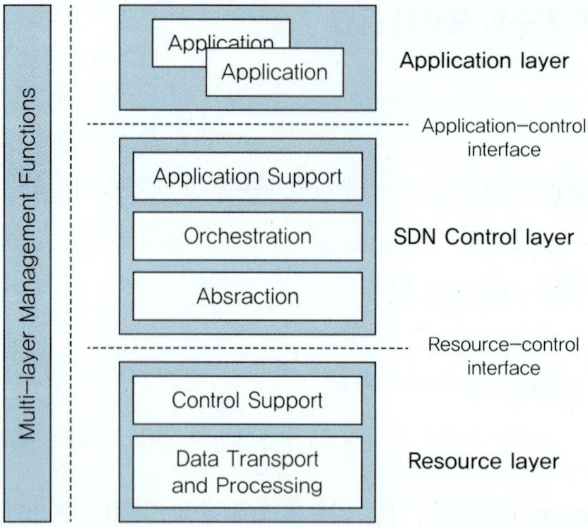

[그림 14-17] ITU-T의 SDN 프레임워크 구조

14.5 SDN + NFV Hybrid

SDN과 NFV는 각각 별개의 기술이지만 향후 서로 보완적인 기술로 네트워크에 적용될 것이다. 즉, NFV가 하드웨어 기능을 가상화해 구동하는 방식이라면, SDN은 관리자가 중앙 통제 시스템에서 전체 네트워크 장비의 트래픽을 관리하는 방식이다. 이처럼 기술 구현 방식은 상이하지만 NFV에 의해 하드웨어와 소프트웨어로 분리된 각종 기능을 SDN을 이용하여 제어하는 방식을 의미한다.

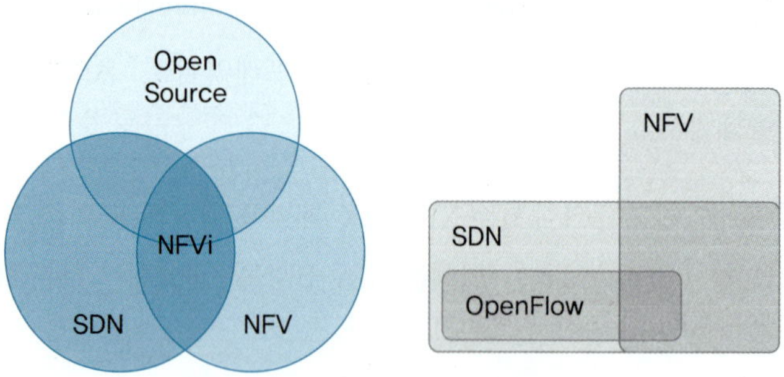

[그림 14-18] SDN과 NFV의 관계

SDN을 통하면 중앙화와 원격화로 네트워크의 설정과 관리를 자동화할 수 있어 편리하다

는 장점이 발생한다. 또한 변화하는 네트워크의 상황과 응용 프로그램의 요구 조건에 맞도록 프로그래밍이 가능해진다. 때문에 저렴한 범용 라우터나 스위치 등의 네트워크 장비들을 사용할 수 있게 돼 이용률을 높이고 비용 절감 효과까지 얻을 수 있게 되는 것이다.

NFV는 기존 하드웨어 중심으로 구현된 네트워크의 라우터, 방화벽, IDP(Intrusion Detection System, 침입탐지 시스템), IPS(Intrusion Prevention System, 침입차단 시스템), DNS(Domain Name System) 및 캐싱 등의 다양한 네트워크 기능들을 소프트웨어 형태로 구현해 운영하는 가상화 기술이다. 특히 x86 플랫폼에서 실행되며, 사용자가 네트워크의 특정 기능을 활성화할 수 있게 한다.

이와 같이 SDN이 네트워크를 보다 쉽게 관리하고 설정할 수 있게 하며, NFV는 해당 네트워크를 쉽게 구축하고 확장할 수 있도록 한다. 즉, SDN은 네트워크의 빠른 변화를 가능하게 하고, NFV는 구축, 관리 비용 및 공간과 자원의 효율적인 관리가 가능하도록 하는 것이다. [그림 14-19]는 이런 SDN과 NFV의 개념상 차이점을 보여주고 있다.

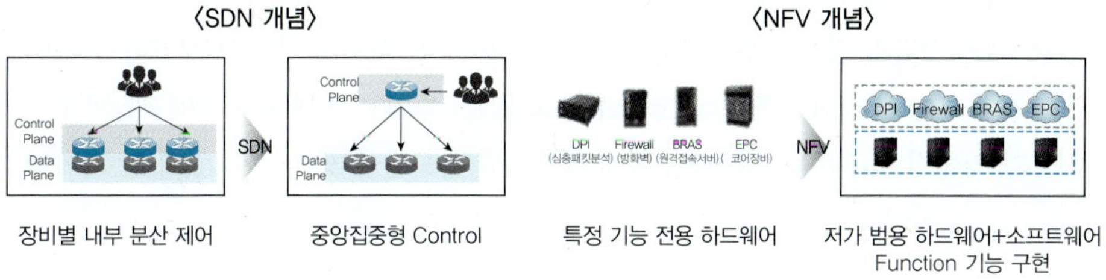

[그림 14-19] SDN과 NFV

〈표 14-1〉 SDN vs. NFV 비교

	SDN	NFV
출범 동기	Control, Data Plan분리 중앙화된 관리 네트워크 프로그래밍	특정 장비에 귀속된 네트워크 기능을 일반 서버에 재배치
적용 위치	Campus, Data Center / Cloud	Service Provider Network
사용 장비	상용 서버와 스위치	상용 서버와 스위치
Applications	Cloud Orchestration과 Networking	Router, FireWall, Gateway, CDN, WAN가속기 등
대표 Protocol	OpenFlow	아직 제정 안됨
규격 제정	Open Networking Foundation	ESTI NFV Working Group

[그림 14-20] (a)는 가장 보편적으로 구성하는 데이터 평면과 제어 평면이 통합된 라우터를 이용한 네트워크의 구성을 보여주고 있다. 이와 같은 환경에서 (b)와 같이 NFV 기술로 라우터의 기능 가상화를 적용시켰을 경우의 구성이며, (c)는 SDN+NFV 기술을 도입하여 데이터 평면과 제어 평면을 분리하여, 데이터는 데이터 평면에서 전송되고 라우팅 기능은 중앙의 서버에서 구동되는 가상 기기에서 구동되는 모습을 보여주고 있다.

SDN은 가상 네트워크를 구성하여 빠른 변화에 대응할 수 있도록 하며, NFV는 CAPEX(CAPital EXpenditures), OPEX(OPerating EXpenditures), 공간과 관련 자원의 소요를 줄여준다. 물론 SDN과 NFV는 서로 상호보완적인 관계로 독립적으로 구성하는 것도 가능하다. SDN이 제공하는 데이터 평면과 제어 평면의 분리는 NFV 기술의 성능을 향상시키고, 기존의 네트워크와의 호환성을 높이며, 운영 및 유지보수 절차를 용이하게 할 수 있다. 즉, NFV는 SDN 소프트웨어가 구동할 수 있는 인프라를 제공함으로써 SDN을 지원할 수 있게 한다.

SDN+NFV Hybrid를 통해서 데이터 평면과 제어 평면을 분리하면 성능을 더욱 높일 수 있으며, 이의 구현 비용 또한 절감할 수 있다. 즉, 다양한 전용 기술들을 통합하여 표준화하고 관련 기술 개발과 적용을 손쉽게 하는 것은 물론 전용 장비를 새로이 개발하여 관련 장비의 설치에 따른 물리적인 한계를 줄여줄 수도 있는 것이다. 이와 같이 SDN과 NFV 기술은 서로가 기술적인 부분을 보완하여 미래 네트워크의 모습을 제공할 수 있게 될 것이다.

| 미니강의 | CAPEX(Capital Expenditure)

설비투자비용을 의미하며, 자본적 지출, 고정자산에 관한 지출 중에서 고정자산의 가치를 증가시키고 가용연수를 증가시키는 지출을 의미한다. 또한 향후 기업의 영업과 관련하여 고정자산의 유지와 수선을 위하여 혹은 신규구입을 위하여 투자하는 금액을 일컫기도 한다.

| 미니강의 | OPEX(Operating Expenditure)

영업비용을 의미하며, 판매비 및 일반관리비를 포함한 영업지용과 운영 및 유지보수비용도 포함한다.

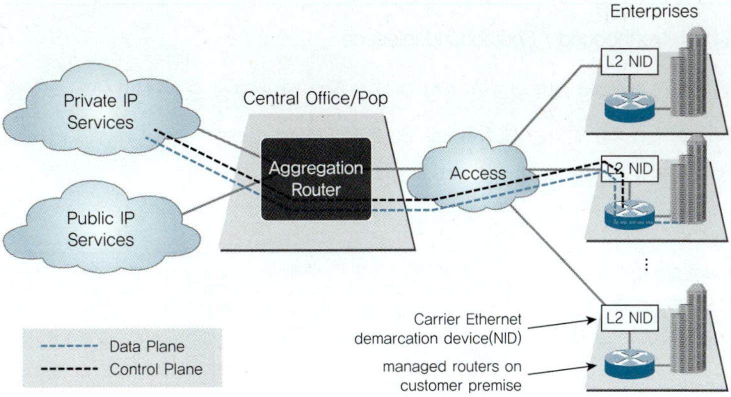

(a) 일반적인 구성의 기존 네트워크

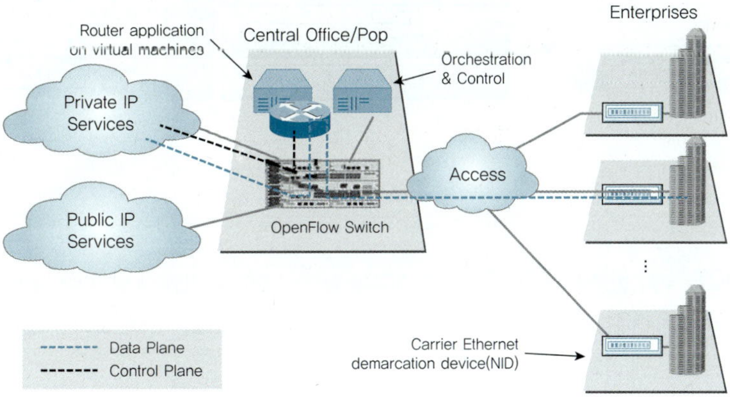

(b) NFV 기술이 적용된 네트워크

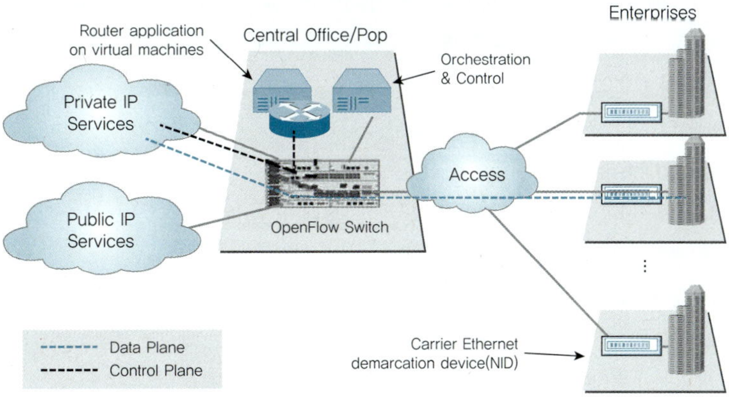

(c) SDN + NFV 기술이 적용된 네트워크

[그림 14-20] 기존 네트워크와 SDN, NFV 적용 네트워크 비교

| 미니강의 | Northbound / Southbound Interface

Northbound Interface는 네트워크의 특정 구성 요소가 상위 구성 요소와 통신할 수 있도록 해주는 인터페이스를 말한다. 이와는 대조적으로 Southbound Interface는 특정 네트워크 구성요소가 하위의 구성 요소들과 통신할 수 있도록 해주는 역할을 수행한다.

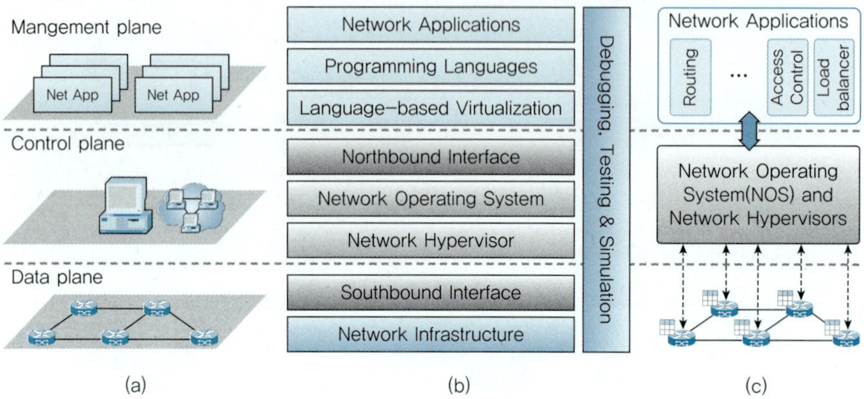

[SDN 구성]

일반적으로 북쪽 방향의 흐름이라는 것은 위쪽을 향하는 것이며, 이와 대조적으로 남쪽 방향의 흐름이라는 것은 아래쪽을 향한다고 생각한다. 그러므로 Northbound는 구성도에서 위쪽에 그려지며, Southbound는 맨 아래쪽에 그려진다.

특히, Southbound Interface는 OpenFlow 프로토콜로 대변되며, 주요 기능으로는 SDN 컨트롤러와 네트워크 노드(물리적 스위치와 가상 스위치 그리고 라우터 등 모든 관련 장비들)간의 통신을 가능하게 하며, Northbound API를 통하여 요청된 기능을 구현할 수 있도록 하는 것이다.

Northbound interface는SDN 컨트롤러와 응용 프로그램 또는 상위 계층 제어 프로그램 간의 통신이 가능하도록 하는 것이다.

그러므로 엔터프라이즈 데이터 센터의 구성은 다음과 같다.

- Northbound Interface

  Northbound API의 기능에는 자동화 및 오케이스트레이션을 위한 관리 솔루션과 시스템간에 실행 가능한 데이터 공유가 포함된다.

- Southbound Interface

  Southbound API의 기능에는 스위치 패브릭과의 통신, 네트워크 가상화 프로토콜 또는 분산 컴퓨팅 네트워크의 통합이 포함된다.

| 미니강의 | NFV Framework

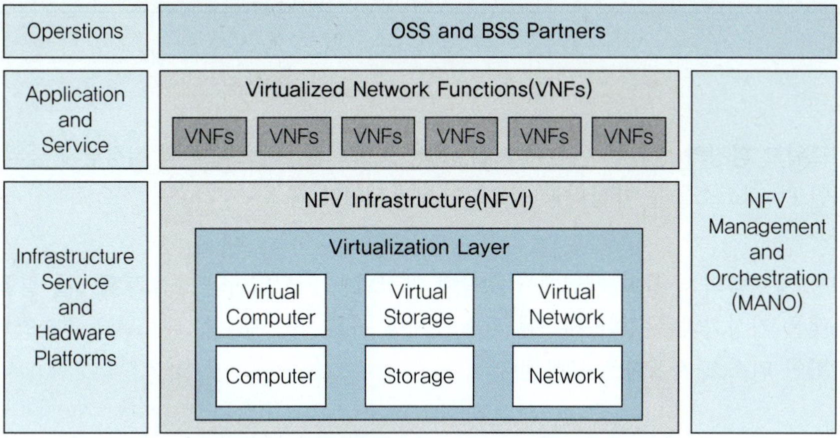

[NFV Framework]

▶ VNF(Virtualized Network Functions)

- 기존의 가상화되지 않은 네트워크 기능의 가상화된 형태
- 하나의 VNF는 여러 컴포넌트로 구성
- 각 컴포넌트는 하나의 VM에서 동작하거나, 모두 다른 VM에서 동작할 수 있음

▶ NFVI(Network Function Virtualization Infrastructure)

- VNF의 실행을 지원하는 물리적/소프트웨어적 자원의 집합
- 하부 자원에 대한 관리 및 최적화

▶ NFV Management & Orchestration(MANO)

- 컴퓨팅/스토리시/네트워킹 자원의 Infra Manager를 통한 자원 제어 및 접근 권한 관리
- NFV 서비스와 VNF에 대한 라이프 사이클 관리

요약

01 네트워크 환경의 변화를 위하여 서버, 응용 프로그램, 네트워크 및 저장장치 등의 물리적인 IT 리소스들을 가상화할 필요성이 대두되었다.

02 전산 자원들의 추상화 개념에서 시작된 가상화는 하드웨어와 소프트웨어를 결합하는 플랫폼 가상화와 특정한 시스템 리소스(저장 볼륨, 시스템 명, 네트워크 리소스)의 가상화인 리소스 가상화로 구분된다.

03 현대적 의미의 가상화는 이를 좀 더 세분화하여 서버 가상화, 어플리케이션 가상화, 데스크탑 가상화 및 클라이언트 가상화 등으로 구분한다.

04 SDN은 캠퍼스 네트워크에서 새로운 프로토콜을 실험할 때마다 해당 네트워크를 변경해야 하는 어려움을 해결하기 위하여 시작된 개념으로 네트워크의 트래픽 전달 동작을 소프트웨어 기반 컨트롤러에서 제어 및 관리하는 방식이다.

05 SDN은 전송하고자 하는 데이터 트래픽의 전송을 담당하는 데이터 평면과 해당 전송을 위하여 관련 네트워크 자원을 활용하여 해당 트래픽의 전송 경로 등을 제어하는 제어 평면으로 나뉜다.

06 SDN은 SDN 컨트롤 계층과 어플리케이션 계층으로 구분되며, 이 계층들은 Commissioning 기능, Global Load Balancing 기능 및 Cloud Orchestration 기능들을 제공한다.

07 OpenFlow는 SDN을 구현하기 위해 처음으로 제정된 표준 인터페이스로서 데이터 패킷의 전달 경로 및 방식을 결정한다.

08 OpenFlow는 이와 같은 기능을 수행하기 위한 네트워크 상의 스위치나 라우터에서 해당 네트워크에 데이터 전송을 하기 위한 통신 프로토콜을 말한다.

09 OpenFlow에서 데이터 전송을 위하여 수행하는 라우팅 방식은 해당 컨트롤러가 모든 스위치의 상태와 서비스 별 경로를 알고 있어야 하는 Hop-by-Hop 방식과 모든 전송 경로를 제어하지 않고 터널링 기술을 이용하여 경로를 설정하는 Overlay 방식으로 구분된다.

10 SDN은 데이터 평면, 제어 평면 그리고 응용 평면으로 구분되는데, 제어 평면과 응용 평면 사이는 NorthBound Interface를 통하여 연결되고, 데이터 평면과 제어 평면 사이는 Control Data Plane Interface(또는 SouthBound interface)를 통하여 연결된다.

11 SDN은 세 가지 기술 범주로 구분되는데, 컨트롤러(Controller, 제어기), 스위칭 그리고 오버레이가 그 범주이다.

12 네트워크를 구성하는 자원들의 효율적인 활용, 구축 및 관리비 절감 그리고 해당 네트워크의 복잡성 감소 등이 가상화 도입 이유인데, 특히 하드웨어 비용과 관리의 복잡성 감소가 네트워크 가상화를 도입하는 가장 중요한 이유이다.

13 NFV는 표준 IT 가상화 기술을 이용하여 다양한 네트워크 디바이스(고 용량 서버, 스위치, 스토리지, 네트워크 노드 등)를 통합하고자 하는 기술로서 네트워크 구성에 필요한 하드웨어 기능을 소프트웨어적으로 구현해서 이를 서버에서 실행하는 기술을 말한다.

14 SDN의 데이터 평면과 제어 평면의 분리는 NFV 기술의 성능을 향상시키고, 기존 네트워크와의 호환성을 높이며 운영 및 유지보수 절차를 간소화 시켜준다. 마찬가지로 NFV는 SDN 소프트웨어가 가동할 수 있는 인프라를 제공함으로써 SDN을 지원한다.

연습문제

01 다음 중 가상화 기술이 아닌 것은?

a. SDN　　b. MPLS
c. NFV　　d. OpenFlow

02 전산 자원 중 특정한 시스템 리소스의 가상화를 구현하는 가상화 방식은?

a. 플랫폼 가상화　　b. 서버 가상화
c. 리소스 가상화　　d. 어플리케이션 가상화

03 SDN 구성 시 구분되는 평면이 아닌 것은?

a. 제어 평면(Control Plane)
b. 데이터 평면(Data Plane)
c. 네트워크 평면(Network Plane)
d. 어플리케이션 평면(Application Plane)

04 OpenFlow에 대하여 간략히 서술하시오.

05 OpenFlow 스위치가 패킷 송수신 시 참조하는 플로우 테이블의 구성 정보가 아닌 것은?

a. 조건(Match)　　b. 통계(Counters)
c. 갱신(Update)　　d. 처리(Actions)

06 OpenFlow의 라우팅 방식인 Hop-by-Hop 방식과 Overlay 방식에 대하여 간략히 서술하시오.

a. Hop-by-Hop 라우팅 방식
b. Overlay 라우팅 방식

07 SDN 아키텍쳐 중 네트워크 구성 및 운영/제어를 총괄하는 계층은?

a. 제어 평면(Control Plane)
b. 데이터 평면(Data Plane)
c. 네트워크 평면(Network Plane)
d. 어플리케이션 평면(Application Plane)

08 SDN의 중심 기술로서 자신이 속한 도메인에 있는 모든 네트워크 기기들과 대화하고 관련 네트워크를 프로그램 할 수 있는 영역은?

a. 스위칭 (Switching)
b. 오버레이 (Overlay)
c. 라우팅 (Routing)
d. 컨트롤러 (Controller)

09 다음 중 SDN 컨트롤러의 소프트 스위치의 역할인 것은?

a. 엔드 투 엔드 기업 정책 배포
b. 전송 트래픽 조율 (Steering)
c. 액세스 리스트
d. 네트워크 보안 집행

10 다음 중 SDN Overlay 수행 방법(또는 기술)이 아닌 것은?

a. VXLAN
b. NVGRE
c. NVO3
d. CDPI

11 다음 중 NFV의 기능이 아닌 것은?

a. 서버와 네트워크를 통합하여 성능을 향상시키고 민첩성과 서비스 확장성 향상
b. API를 통해 서비스를 제공하고 장비 관리 비용 절감 및 최적화
c. 플로우 테이블을 참조하여 데이터를 신속하게 전송
d. 서비스 자동화를 통해 기능 향상 및 사용자 요구사항 수용

12 다음 중 NFV 구성 요소가 아닌 것은?

a. VNF
b. CDPI
c. NFVI
d. OSS

13 SDN+NFV Hybrid에 대하여 간략히 설명하시오.

| 참고 사이트 |

- http://www.ni.com/white-paper/8708/ko/: 가상화(Virtualization)에 대한 기본 정보가 소개되어 있다.
- https://ko.wikipedia.org/wiki/가상화: Wikipedia 백과사전 중 가상화에 대한 내용이 소개되어 있다.
- http://www.cctvnews.co.kr/news/articleView.html?idxno=49643: NFV 기술 표준화에 대한 정보가 소개되어 있다.
- https://www.sdxcentral.com/articles/contributed/nfv-and-sdn-whats-the-difference/: SDN과 NFV에 대한 정보가 소개되어 있다.
- https://www.opennetworking.org/sdn-resources/sdn-defined: SDN에 대한 정보가 소개되어 있다.
- http://www.openflow.org/documents/openflow-wp-latest.pdf: OpenFlow에 대한 최신 정보가 소개되어 있다.
- http://www.itworld.co.kr/: IT 전반에 대한 정보가 소개되어 있다.

| 참고문헌 |

- ETSI ISG NFV, portal.etsi.org/portal/server.pt/community/NFV/367
- 이종화, 'ETSI NFV 기술 표준화 동향', TTA 저널, Vol.151, 한국정보통신기술협회, 2014. 1.
- ETSI ISG NFV, 'Network Functions Virtualization & Introductory White Paper v2.0', 2013.10
- www.itu.int/en/ITU-T/jca/sdn(ITU-T Joint Coordination Activity on Software Defined Networking)
- 이종화, 신명기, 'ETSI ISG NFV의 네트워크 기능 가상화 기술', 정보과학회지, 2013. 9.
- Prayson Pate, NFV and SDN: What's the Difference?, 2013. 3.
- "Open Networking Foundation - OpenFlow v1.4"
- 김우주, 'Network Function Virtualization 기술동향', 2013.07.
- William Stallings, 'Foundations of Modern Networking: SDN, NFV, QoE, IoT and Cloud, Addison Wesley
- 유재형, 김우성, 윤찬현, 'SDN/OpenFlow 기술 동향 및 전망', KNOM Review Vol. 15

| 찾아보기 |

A

B

C

D

E

F

N

O

P

Q

R

저자 소개

정진욱

1974년 성균관대학교 전기공학과 졸업
1979년 성균관대학교 일반대학원 전자공학과 졸업(공학석사)
1991년 서울대학교 대학원 전자계산학과 졸업(이학박사)

주요경력

1973~1985년 한국과학기술연구소 실장
1992~1993년 미국 Maryland 대학교 객원교수
1997~1998년 컴퓨터 침해사고 대응팀 협의회(CONCERT) 운영위원장
2002~2002년 한국정보처리학회 회장
1985~2011년 성균관대학교 정보통신공학부 교수
2007~2010년 성균관대학교 대학원장
2009~2015년 인터넷윤리실천협의회 회장
2011~현재 성균관대학교 소프트웨어대학 명예교수

관심분야

컴퓨터 네트워크, 네트워크 관리, 네트워크 보안, 인터넷 QoS

안성진

1988년 성균관대학교 정보공학과 졸업
1990년 성균관대학교 일반대학원 정보공학과 졸업(공학석사)
1998년 성균관대학교 전기전자 및 컴퓨터공학과 졸업(공학박사)
현재 성균관대학교 컴퓨터교육과 교수

주요경력

1990~1995년 한국전자통신연구원(ETRI) 연구전산망 연구원
1996년 정보통신기술사 자격취득

관심분야

네트워크 관리, 네트워크 보안, 정보시스템 구조, 정보시스템 감리

김현철

1990년 성균관대학교 정보공학과 졸업
1992년 성균관대학교 일반대학원 정보공학과 졸업(공학석사)
2005년 성균관대학교 전기전자 및 컴퓨터공학부 졸업(공학박사)
현재 남서울대학교 컴퓨터학과 교수

주요경력

1992~2002년 한국전자통신연구원(ETRI) 선임연구원
2003~2005년 ㈜아이트로닉스정보통신 연구소장
2005~2006년 한국정보통신대학교(ICU) 교수

관심분야

초고속 통신망, 광 인터넷, BcN, IPTV

조강홍

1997년 성균관대학교 정보공학과 졸업
1999년 성균관대학교 전기전자 및 컴퓨터공학부 일반대학원 졸업(공학석사)
2003년 성균관대학교 전기전자 및 컴퓨터공학부 졸업(공학박사)
현재 동양미래대학 인터넷정보과 교수

주요경력

1999~2001년 성균관대학교, 수원여자대학, 철도대학 강사 역임
2001~2002년 ㈜아이에스피 통신개발팀 책임연구원

관심분야

네트워크 관리, 인터넷 QoS, QoS 라우팅, 장애복구 라우팅

유수현

1986년 중앙대학교 공과대학 전자공학과 졸업
2003년 한양대학교 산업대학원 전자통신공학과 졸업(공학석사)
현재 ㈜비온드아이티 네트워크 컨설팅 상무이사 재직 중

주요경력

1986년~1990년 동양전자통신㈜ 교환기 기술팀 재직
1992년~2002년 삼성그룹 네트워크 부서 재직
2002년~2008년 커머스네트웍스㈜ NI/SI 컨설팅 사업부 총괄 재직
2009년~네트워크 컨설팅관련 업무

관심분야

네트워크 설계, 구축, 운영 지원, 관리, 컨설팅